U0867506

卓 泽 渊 法 论 丛 书

法政治学研究

卓泽渊 著

法律出版社
LAW PRESS · CHINA

总 序

法是什么？法的内容是什么？法的本质、功能和价值是什么？是一些看起来十分简单而又十分难以回答的问题。说它简单，是因为这些问题几乎是所有的法学入门者都必须首先学习，也都能说出一个子曰的问题；说它困难，是因为这些问题几乎是所有的法学家都感到十分棘手，甚至没有人能够自称并同时被大家公认已经毫无疑义地回答了这些问题。历史上许多法学大师都从这些问题起步，并取得了丰硕的成果，但是还没有一个法学家被公认穷尽了对于法的解析与论说。

从法是什么来看：

在西方，从古希腊的苏格拉底、柏拉图、亚里士多德，经古罗马的西塞罗以及著名的五大法学家，中世纪的奥古斯丁、阿奎那，近代的格老秀斯、卢梭、孟德斯鸠、洛克，直到奥斯丁、庞德、凯尔森，乃至德沃金等人，无不关注这个问题，而且一直探讨着这个明知没有结论又要无限追寻下去的问题。20 世纪中期，美国法学家庞德还一再思考“什么是法律?"或"法是什么?"庞德的《通过法律的社会控制》第二章即为"什么是法律?",《法律的任务》第二章也是"法是什么?"①英国的著名法学家哈特还写出了专门解析法律概念的著作,书名就是《法律的概念》,②他们对法的论述,为人类法学发展作出了重要的理论贡献,灿若法学这一浩瀚星河中的点点星光。

在中国,从老子、孔子,经董仲舒、朱熹,到梁启超、康有为、严复以及今天的法理学家,乃至所有法学家,几乎都希望自己能在什么是法的问题上获得真知灼见,并对世人有所贡献。对于法是什么或者什么是法的问题,提出了种种解答方案。或者供后来者参考,或者为后来者提供一个新起点以帮助他们去继续那没有终结的探索。先贤们对于法的论述,像火炬一样照亮了人类法学理论的夜空,它们是一把把穿越历史的火炬,引导和照耀着后学们一段一段的前进历程。

我显然是一个微不足道的执迷不悟者。积多年的学习与研究概莫能离什么是法这一问题之左右。曾经尝试着给法下一个自我的定义。③但是这依然是难以令人满意的。它只是在中国关于法的若干定义之中较为独特地追求科学性而淡化了法的阶级性而已。我也赞成法是具有阶级性的,但并不赞成对于阶级性的夸大。这一定义最终也只是面对阶级性被不恰当地夸大而做了一个不继续错误的努力,并不敢肯定自己更接近了法的本质或内涵。

从法的内容是什么来看:

法的内容是什么?它是一个极小的问题,但它最起码涉及法的分类等方面的众多学说。法的分类理论很多,具体的种类划分也特别复杂。

---

① [美]罗斯科·庞德:《通过法律的社会控制》,沈宗灵、董世忠译,商务印书馆1984年版。

② [英]H. L. A. 哈特:《法律的概念》,中国大百科全书出版社1996年版。

③ 卓泽渊主编:《法学导论》,法律出版社1998年第1版,1999年第2版,2002年第3版,2003年第4版。卓泽渊著:《法学导论》,法律出版社2007年版,《法理学》,法律出版社2009年版,大体都将法定义为:"法是表现为国家意志的,以权利义务为主要内容的,具有普遍约束力和国家强制性的社会行为规范。"

其中包括宪法、刑法、民法、行政法、诉讼法；公法和私法；成文法与不成文法等。其实，这些对于法的划分是远不周延的。因为这些分类都还是立足于或着眼于制度的法而作出的，忽略了法在存在方式上的观念、制度与现实的三种形态。这三种形态也是法的三个层次。第一种形态或第一个层次，观念的法。观念的法是抽象而普遍的。社会大众可能不学习法律，但是只要他们生活在法律社会中，就会有法的观念，就有他们心目中的法的"定义"。他们中的许多人尽管不能从理论上对法进行阐释，但是他们关于法的理解是客观存在的，而且影响着他们的行为。第二种形态或第二个层次，制度的法。制度的法是明确而规范的。它是以立法的结果状态存在的。立法上，作为制度的法是规范而严格的。制度的法都以具体的法典或判例作为存在载体，或者表现为成文法或者表现为不成文法。他们都具有规范的意义，都能够明确地告诉人们可以做什么，不能做什么以及必须做什么。在规范意义上，成文法与不成文法都是明确的，只是表达上具有差异，或因表达差异而有所区别。作为制度的法，都是严格的；即使有所模糊也是在有限幅度内的模糊。其含义相对确定，不可随意变更。第三种形态或第三个层次，现实的法。现实的法是生动而变化的。它存在于社会的现实之中，具体说来，存在于政府行政、检察活动、法官审判以及社会民众的社会生活之中。它通过具体的法律行为、法律文件包括法律文书，乃至社会生活的现实来表达，是最生动的法、最富于变化的法。

从法的本质、功能和价值是什么来看：

随着时代的发展、法的发展，对于法的认识也要发展。在我国社会的发展中，法的本质、法的功能、法的价值都发生着重要的变化；对于法的这三个方面的认识——本质观、功能观和价值观也应当得到更新。这些问题早已引起了一些法学家的注意和重视，他们还作出了许多精彩的论述，但是关于本质观、功能观和价值观这样的最基本的认知还没有得到普遍的认同，一些教科书还固守着早该抛弃的结论。

在当代,法的意志本质是什么？在理论意义上,曾经占据主导地位的观点是,法是统治阶级意志的体现。一般认为其根据在于马克思主义经典作家的论述。马克思和恩格斯在《共产党宣言》中,在批驳资产阶级用其自由、教育和法律等观念来为其所有制辩护时,有过这样的论述:"你们的观念本身是资产阶级的生产关系和所有制关系的产物,正像你们的法律不过是被奉为法律的你们这个阶级的意志一样,而这种意志的内容是由你们这个阶级的物质生活条件来决定的。"①第一,马克思、恩格斯在这里只是对资产阶级法律意志归属的揭露,并不是对所有法的意志归属的结论;第二,即使马克思和恩格斯是对资产阶级法的意志归属的结论,也只是对阶级对立社会的法的意志归属的揭示,不是对社会主义法的结论。因为社会主义社会是要最终消灭阶级的社会。如果一直保持着完整的统治阶级与被统治阶级或者完整的阶级对抗,社会主义就永远无法完成自己消灭阶级和阶级斗争的使命。从实践的意义上,社会主义时期法的意志本质在实践中恐怕也不能再归结为统治阶级意志的体现。如果一定要固守这样的结论,我们就必须回答出哪些社会成员构成了统治阶级,哪些社会成员构成了被统治阶级,统治阶级与被统治阶级之间的分野何在,两大阶级对立与斗争的事实为何,我们对于这种阶级斗争的立场与期待是什么？这些问题,我们是无法回答的。因为它根本就没有社会的现实依据。我国目前的法律,其本质属性,只能是也应该是全体人民意志的体现。

法的社会功能是什么？我们一直将其与法是统治阶级意志体现的本质属性相联系,以为法是阶级斗争的工具或者将其表述为阶级专政的工具。在这一认识的基础上,甚至认为法律机构就是专政工具,甚至将其形象地直呼为"刀把子"。历史发展到现在,这一功能认识也同样必须被修正。到了当代,中国法的功能也许应该被定位为社会管理的工具。在现实社会中,法作为社会管理的手段,应该是维护社会秩序与实现社

① 《马克思恩格斯选集》(第1卷),第298页。

会和谐的工具。其规范功能,包括指引功能、教育功能以及社会功能中的社会公共管理职能都应当受到特别重视。法的功能定位应该从阶级斗争工具转化为社会管理的工具。

法的价值目标是什么?从20世纪中叶以来的很长的历史时期,我们一直否认法有价值存在,甚至错误地认为价值理论都是资产阶级的学说,似乎法根本就与价值无关。经过改革开放的发展,我们逐步认识到社会主义司法机关及其改革目标都应当在于实现全社会的公平与正义。其实就整个法律来说,其价值目标也应该是实现和维护全社会的公平正义,促进人类的全面自由发展。一个进步的社会,它的法律不是要不要公平正义的问题,而是在何种程度上实现了公平正义,是否真正地符合公平正义。我们必须改变那种既有的对于法的价值的无知状态,科学地把握法的价值,推进法学理论的进步,使法的制度及其实施最大限度地符合于公平正义。通过对公平正义的追求,最终促进人类的全面自由发展。

对这些基本而重大的理论与现实问题的探讨,也许永远都没有绝对的定论,永无止境。能对法是什么做一个相对合理的回答,能在宏观上对法的内容做些研究,能对法的本质、功能、价值提出新的见解,能在其中的某个领域有所发现,能对某个方面的某些问题进行一些探讨,并获得某些成果,实为不易。我只是尝试着做了一些浅尝辄止的工作。我所主编的《法学导论》和《法理学》①都已经数次修订再版,甚至还独自写作了国家规划教材《法学导论》,以及法律出版社21世纪法学规划教材《法理学》,但无非是对法的基本解说。我所写作的《法的价值论》不过是希望对第一种形态或第一个层次的法——观念的法作一些初步的探索。在法的价值论领域我已经出版了三个版别的著作。分别是由重庆大学出版社在1994年出版的《法律价值》,法律出版社在1999年出版的《法

---

① 卓泽渊主编的《法学导论》、《法理学》,由法律出版社出版。从1998~2004年共出版了4版,为多所高校采用为教材,该教学模式已经在一定程度上得到了法理学界的认同。

的价值论》,人民出版社在2001年出版的《法的价值总论》。① 我所主持编著的《中华人民共和国法律小全书》(法律出版社2002年版),这也许是20世纪中期以来,在中国内地由学者编注的第一部法律全书,也许可以算做我对第二种形态或第二个层次的法——制度的法作的一些初步工作。我所出版的三个版本的《法治国家论》、②2005年版的《法政治学》都不过是希望对第三种形态或第三个层次的法——现实的法作一些思考。在现实的法这一方面,法治国家的著作已有三个版本:中国方正出版社2001年出版的《法治国家论》,法律出版社2003年和2004年分别出版的《法治国家论》。还有一部学术演讲录性质的《法治泛论》,是我学术演讲稿的集成;随笔文集《法苑抒意》则是在严肃的学术写作之余偶尔为之的信笔记述或时事短评。③ 现在将《法的价值论》、《法治国家论》、《法政治学》和《法苑抒意》集成一个系列出版,也许可以构成一个粗略的整体,以后还会有新的著作列入。几部著作跨度20多年,前后不断修订,其中的交错、重复和错漏繁多。这些往复交错的文字,都不过是为了对法有一番言说。在这三种形态或三个层次的法的研究中,我总是把自己在不同时期对于法的本质、功能和价值的认识熔铸于其间。形成了三种形态或三个层次与三个基本认识的交汇,逐步形成了以本套丛书为代表的学术认知。综观所有的著作或所有的论述,几乎都没有离开过一个"法"字,于是就将我这套丛书命名为"法论丛书",借以表达我个人的学术见解。

在不自觉与自觉、非理性与理性的人生旅途上,我与法结下了不解之缘。法的神圣、神秘与神异,牵引我不断思考和探索。之所以我能继

---

① 列入本丛书出版的《法的价值论》第2版,也只是对本人已经出版的有关法的价值论的著作的一次集中的全面梳理,全新地写作了十多万字,意在对有关的认知能有所深化。

② 《法治国家论》的几个版本,先后于2001年由中国方正出版社出版,2003年由法律出版社纳入西南政法大学学子学术文库出版,2004年修订后再由法律出版社出版,并拟于2005年内由法律出版社在本套丛书中推出新的版本。

③ 《法苑抒意》这一著作的文稿正在收集整理中,拟纳入本套丛书。

续这些努力，老师的教导、朋友的关爱、家人的支持都是不可或缺的动力。我愿意把这一论丛敬献给我的老师、朋友和家人，是他们帮助我敲开了学术之门，使我由此远行。不知道我能走多远，但我深知身后那期待的眼神。为了那无限的情谊，我将努力为之！

卓泽渊

2005 年 3 月于海淀大有庄

2011 年春节修订于大有庄

自序：历史发展的时代要求

一

从人类进入政治国家状态以来，法律与政治总是相伴随。历史发展到当代，政治与法治更是紧密地联系在一起。法治已经成为现代政治的重要目标，法治也成为民主政治的有力保障，是否法治还成为政治进步程度的重要评价标准。在当代中国，政治与法治的发展交相辉映，相互促进，走向了政治与法治协调共进的交响曲。面对政治与法治的互动式交叉推进，中国的政治学和法学都担负着予以科学总结与理论指导的重任。而传统政治学的某一学科或法学的某一学科，都难以全面担负起提供理论总结与指导的双重重任。中国政治民主化和国家法治化的目标、依法治国、依法执政、依法行政、公正司法的时代要求为中国法政治学的发展提供了最好的历史空间，也为中国法政治学的创立提供了前所未有的历史机遇。政治与法治的发展呼唤着法政治学的产生。这也就为法政治学的创立奠定了实践基础，并提出了现实的要求。

基于法律与社会的密切联系，产生了法社会学；基于法律与经济的密切联系，产生了法经济学；基于法律与行为的密切联系，产生了法行为学；基于法律与哲学的密切联系，产生了法哲学；基于法学与伦理学的密切联系，产生了法伦理学。法律与政治、法学与政治学之间具有与前述各种联系相比并不逊色的密切联系，但却一直没有产生法政治学。法律与政治、法学与政治学的密切联系与交叉重叠关系，使许多社会现象兼具政治与法律的双重性质，呼唤着法政治学的创立。这也就为法政治学的创立奠定了理论基础，提出了理论要求。

法政治学的创立在中国具有现实和学理的双重依据，是历史发展的时代要求。

二

创立法政治学的客观依据在于，法律与政治之间具有密切关系，尤其是二者之间存在交叉重叠关系，由此导致的许多社会现象既具有法律属性，也具有政治属性。这些为法政治学的创立提供了最坚实的基础。

法学、政治学都是古老的学科。法政治学从逻辑意义上讲是个本该较早建立的学科，然而千百年来，历史并没有赋予法政治学得以创立的机遇。政治学从哲学中分离出来以后，法学又从逐步政治学中分离出来。政治学和法学作为相互独立而又紧密联系的学科被分别地确立了和发展了起来。法学与政治学的距离逐步凸显，逐步发展成为两个相互独立、并行发展的学科或学术领域。然而政治学与法学研究对象的相关性质并不因学科的分离而有任何变化。许多政治现象或法律现象仍然一如既往地紧密联系在一起。他们既是政治现象，又是法律现象。我们应该创立起本该创立的法政治学学科，为法律和政治的良性发展提供理论支持。

三

法律与政治的混同与分离留下了惨痛的教训,使法律与政治保持正常关系是之所以要创建法政治学的现实原因,也是法政治学所应担负的历史使命。

政治与法律本来就相对独立又紧密联系着。但是由于种种原因,人们在政治与法律的关系上总是犯着这样那样的错误。这些错误主要表现在两个方面:一是将政治与法律相互混同;二是将政治与法律绝对分离。

将法律与政治的混同曾经导致了极为严重的恶果。最直接的后果就是将法律问题政治化,用政治方法解决法律问题,最终导致对于法律的否定,将法学演变成为了时事政治和空头政治,使法学的学理性丧失,使法学成为现实政治的附庸。由于法律问题的过度政治化,曾经使大批法学家身心都受到严重的摧残。中国在20世纪六七十年代将法律与政治相等同,将法学学术与政治宣传相等同的惨痛教训值得牢牢记取。

将政治与法律关系错误对待的另一个极端,是将法律与政治分离,这同样会有严重的恶果。它很容易导致政治失去法律的约束而变得肆无忌惮,使政治的法治化成为困难,使政治民主的发展受到阻碍。这也很容易使法律拒绝政治,使本身就与政治紧密联系的法律和法学人为地远离政治,使法律和法学因学者情绪而出现回避政治的不理性状态。20世纪80年代以来,中国开始了拨乱反正。但一些曾经受伤的法学家似乎故意地回避着与政治密切相关的法律问题。一些年轻的法学家也似乎缺少对于与政治相关的法律问题进行严肃思考的兴趣。在法律过度政治化的背景下和现实中,将法律与政治相疏离,这是情理之中的,也是可以理解的,但并不正常。经过了改革开放的发展,当然有理由也有必要更加理性地对待法律与政治,而不是一味地排拒政治。

中国学术界需要重新定位政治与法律之间的关系,并从学理上把握二者之间的内在联系,正确对待法律的政治属性,更好地推进法治建设;正确对待政治与法律的关系,更好地推进政治的法治化进程。

四

从法政治学的思想材料的积累来看,可以认为法政治学起源于政治学、法学的萌芽阶段,并一直随着人类政治学与法学的发展而发展着。从古及今的漫长时间里,科学领域的学科之间并没有现代这样的明确划分。政治学家们在从事政治学研究的同时,也从事着法学的研究;法学家们在从事法学研究的同时,也从事着政治学的研究。他们的许多著作都既可以说是政治学的巨著,也可以说是法学的巨著。苏格拉底、柏拉图、亚里士多德,乃至以后的卢梭、洛克、孟德斯鸠等人都既是政治学家也是法学家。及至当代,政治学和法学除了在教学意义上有严格的学科分别之外,在大量的学术性著作中,也同样是没有严格分别的。许多法学家或政治学家的著作仍然直接地把二者结合起来。20世纪的世界政治学和法学名著中,相当一部分都是交叉的。谁也不能说罗尔斯是绝对的政治学家或者法学家,其《正义论》得到了政治学和法学乃至其他相关学科的同等重视。

从法政治学被作为一门相对独立的学科门类的研究来看,法政治学已经为西方法学家和政治学家们普遍注意。在西方,法政治学作为法学与政治学的边缘学科得到了学术界的普遍认可。大学开设专门的法政治学课程,也有学者写出了以法政治学为题的教科书。其中应以美国David Kairys编辑的Politics of Law为代表。① 由于学术研究方式和教学模式的原因,西方一直没有一部直接命名为法政治学的专门性著作,来

① David Kairys, *Editor*, *Politics of Law*, A Member of the Perseus Books Group, 1998.

直接论述法政治学的研究对象、研究方法以及法政治学与其他相关学科之间的关系等。由于缺乏这种对于学科根据和方法的论述,所以法政治学作为一门独立学科的状态,也还模糊不清。我国的一些著名法学教授论述了法学中的政治问题,诸如法治、宪政、正义、人权、司法改革,并提及了民主问题、中央与地方关系问题、社会治安综合治理问题、一国两制问题、基层社会自治问题、反腐倡廉问题、公民财产权利保护问题,等等。但是,以法政治学为题的学术研究长期没有得到有效的开展。

五

创立和研究法政治学的目的很容易被误解。我一再声明其目的并不在于宣扬政治或者强化政治。这主要是因为,现实政治的强势已经遍及了该及于与不该及于的许多领域,过度泛化的政治不是要被宣扬或强化,而必须退缩回自己应有的领域之内。政治的权威也不是不伟大,这几乎是从政治国家形成以来都无须担心的问题。恰恰相反的是,一直忧虑的是政治的过度张扬与强势,压缩了社会应有的自治空间,在特定的时候甚至破坏法治、妨碍民主、窒息社会、危害人民,最终导致社会正义被颠覆,人民幸福被毁坏。如果将本书的目的理解为宣扬与强化政治,实在是对于本书的严重误读。

创设法政治学的目的,在本书中有集中的论述,在这里我必须简短地声明:倡导法政治学的理论目的在于深化对法律与政治关系的认识,对政治与法律之间的一系列重大实践问题作出理论回答,丰富和发展法学、政治学,以至于创立和发展法政治学或法律政治学,在学理上有所贡献。实践目的在于回答重大的现实问题,提升政治的理性程度,提升法律的理性水平,推进政治的法治运行,协调法律与政治关系。总之,是希望通过倡导法治,实现民主,推动政治的法治化和民主化,最终促进社会正义与人民幸福。倡导以法治,根本上是倡导以民主,来彻底杜绝和有效阻止政治专制、专断、人治或非法治。通过法治的途径为中国正在推进的政治体制改革,为中国政治的民主化寻找出路、创设机制、提供保障,实现并维系民主。解决中国政治的出路问题是本书的重要企求之一。本书的篇章设计、内容写作都浸润了这些目标设定与价值追求。对于一些资讯的冗长叙述,对于一些陌生问题的初步探讨,都饱含了我的良苦用心。尽管存在作者表达的好坏与高低的问题,但目标与价值是确定的,坚定不移的。

六

法政治学,作为一个研究方向应该是没有疑义的,但是如何构建起一个学科体系,本书只是一个尝试。在许多年以后,它也许会被淘汰。但是由其所引发的以法政治学为题的研究,也许会不断延伸或发展。所以,我期待着本书的被超越和否定,因为那将显示着中国的法政治学的发展。现在摆在您面前的著作,是一部供法学、政治学专业的硕士、博士研究生参阅的教材,是一部供党政领导干部学习的理论读物,也是一部供学术界批评和借鉴的学术专著。我实在不敢肯定它是怎样的一部著作,但愿它能够为关注法政治学的前辈、同辈和后学提供一个可以批判和超越的底线。希望它能收到抛砖引玉的效果,我期待着那一时刻早日到来。那时,本著作的使命也就归于完结,我将欣喜地站在新秀和新著的光影下,为他们喝彩。

当然,我更期待本书所寄寓的理想包括明示和暗含的理想,都能成为现实;期待本书能为中国的政治文明与法治发展作一些思想启迪、理论准备与蓝图勾勒;期待本书能成为中国政治文明与法治发展中的一朵美丽的浪花。

目录

总　序 / 1

自序：历史发展的时代要求 / 1

导　论 / 1

一、学科的定位 / 1
二、学科的特征 / 9
三、客观的基础 / 16
四、创立的意义 / 21

第一编　法与政治

第一章　法・政治 / 31

一、法律与政治的联系 / 32
二、法律与政治的区别 / 38
三、政治是法律的基础 / 43
四、法律是政治的规则 / 47

第二章　法与政治主体 / 56

一、法—人民—公民—选民 / 56

二、法与集团、阶层、阶级、国家 / 72

三、法与政党 / 76

四、法与政治家 / 98

第三章　法与政治行为 / 104

一、法与政治行为的联系 / 104

二、法与政治统治 / 109

三、法与个体政治行为 / 118

四、法与群体政治行为 / 129

第四章　法与政治责任 / 135

一、政治责任与现代政治 / 135

二、政治责任与法律责任 / 142

三、政治责任的法律调整 / 147

四、建立政治责任的法律机制 / 152

第二编　法与权力

第五章　法·权力 / 159

一、权力的性质与运行 / 159

二、权力与权利的关系 / 169

三、权力是法的政治基础 / 174

四、法是权力的直接根据 / 178

第六章　法与执政权 / 183

一、执政权与依法执政 / 183

二、依法执政的主体 / 192

三、依法执政的方式 / 201
四、依法执政与依法治国 / 207

第七章　法与立法权 / 212

一、立法权与国家 / 212
二、立法机关的基础与职能 / 219
三、立法程序的政治性与法定性 / 225
四、立法监督是政治运作过程 / 229

第八章　法与司法权 / 235

一、司法的基本属性 / 235
二、司法改革的意义与目标 / 240
三、司法改革的重点与推进 / 249
四、司法公正的评价及其制约因素 / 260

第九章　法与行政权 / 267

一、法与行政权力的设定 / 267
二、法与行政机关的设置 / 274
三、法与行政权力的配置 / 276
四、依法行政与法治政府 / 286

第三编　法与民主

第十章　法・民主 / 303

一、民主与法相伴随行 / 303
二、民主是法的政治目标 / 315
三、法是民主的制度依据 / 319
四、法补救民主的失误 / 323

第十一章　法与选举 / 329

一、选举与政治民主 / 329

二、选举与法律互动 / 337

三、选举的法律原则 / 341

四、选举的法律保证 / 347

第十二章　法与公决 / 351

一、公决及其历史发展 / 351

二、国际法律问题的公决 / 358

三、国内法律事务的公决 / 363

四、公决的法律规制 / 369

第十三章　法与宪政 / 376

一、宪政即规制政治 / 377

二、宪政的基础 / 383

三、宪政与法治 / 396

四、宪政与民主 / 405

第四编　法与国家

第十四章　法·国家 / 411

一、法与国家的关系 / 411

二、法与国家主权 / 419

三、法与国家职能 / 426

四、法与国家机构 / 430

第十五章　法治国家及其基本特征 / 436

一、法治及其与国家的关系 / 436

二、法治国家的理论界定 / 439

三、法治国家的宏观特征 / 457
四、法治国家的微观特征 / 466

第十六章　法治国家的理论基础 / 480

一、法治的理性根据 / 481
二、民主治国论 / 488
三、权力制约论 / 495
四、法治优越论 / 505

第十七章　法治国家的社会条件 / 513

一、法治国家与社会条件 / 513
二、经济的市场化 / 517
三、政治的民主化 / 522
四、认识的理性化 / 526

第十八章　法治国家建设的实践 / 542

一、西方的法治国家探索 / 542
二、中国的法治国家历程 / 546
三、中国建设法治国家的进程 / 556
四、中国法治国家建设的基本特征 / 562

结语:为了正义和幸福 / 571

一、为了社会的正义 / 571
二、为了人民的幸福 / 573
三、为了正义与幸福 / 575

主要参考文献 / 577

后记 / 583

导 论

法政治学或者称为法律政治学是一个从逻辑意义上本来早就该创立的学科。千百年来,历史并没有赋予法政治学得以创立的机遇。在西方始于现代,在中国,历史发展到今天,法政治学作为一个学科应运而生了。法政治学的创立绝不是一个偶然,它有自己的学科定位和基本特征,它是在特定的社会基础上创立起来的,它的创立具有重要的理论意义和实践意义。

一、学科的定位

如何定位法政治学学科,是法政治学在学科划分中,在法学和政治学的学科体系中得以成立的首要问题与根本所在。定位法政治学是建构法政治学学科的前提性环节。

(一)基本定义

一个概念的定义是最基本的,但是要作出一个精当的定义也往往是最困难的。法政治学作为中国历史上并不存在的一个固定词组或者一个新兴学科的名称，如何定义它的确是一件极为困难的事情。

1. 法政治学的概念

法政治学也可以被称为法律政治学，是以法律与政治的内在联系为基础，以具有政治与法律双重属性的社会现象作为研究对象，以政治学和法学的研究方法来研究相关社会现象而形成的法学、政治学的边缘学科或者交叉学科。

中文的法政治学，大体相当于英文中的 politics of law 或者 legal politics；也可以称为法律政治学，甚至政治学法学或者法学政治学，是法学和政治学的边缘学科与交叉学科。

这些不同的称谓，从严格的语义出发，也可以找出他们之间的细微差异，但其所指的研究对象大体相当。怎么命名固然重要，但更重要的还是它所研究的内容是什么。在特定学科名称之下，究竟对哪些社会现象进行研究，探讨哪些问题，这才是一个学科最根本的问题。因此，本书对这些概念不做严格的学理区分，或者有时就是相互混用。法政治学作为一个学科概念，在西方已经被认可，但是由于学术表达方式的影响，他们的相关著作并不注重严格的内容界定。“politics of law”或者“legal politics”翻译成中文，本身就会有多种表述。这些不同称谓或者表述，还可以继续并存，学者们也可以继续各抒己见。但是对于具有法律与政治双重属性的社会现象的研究，以及在研究过程中对于法学、政治学研究方法的综合运用，却是正确而全面地认识有关政治法律现象所必需。所以，特别重要的是，在进行名称的语词争议时，千万不要忽略了更为重要的研究对象与方法问题。相信，随着时间的推移和研究的深入，学术界会逐步地得出大体相近的结论。

法政治学的目的在于更深入地揭示法律与政治之间的内在联系，更全面地认识具有法律和政治双重属性的社会现象；阐明相关法律现象的政治意义和特定政治现象的法律意义；谋求对特定的法律现象进行更好的政治学分析并作出准确的政治定位，对特定的政治现象进行更好的法学解析并探寻政治实践的法治化路径。法政治学努力深化人们对于法律和政治的认识,解析重大的政治法律现象,回答重大的政治法律问题,促进法律的政治效用的更好发挥,提升政治的法治化运作水平,为政治与法律各自及其互动关系的良性发展提供理论支持,为高级法律人才和政治人才的培养提供必要的理论学说。

2. 法政治学不同于政治法学

法政治学可以称为政治学法学或者法律政治学,但是不能称为政治法学,实际上也不同于政治法学。从英文的表达来看,法政治学也许可以被称为"politics of law",而政治法学则更应该被称为"political law"。具体说来:

政治法学可以认为,应该是指具有很强政治属性的法学学科。在法学中确实有很多具有很强政治学性质的学科,如宪法学、行政法学等。宪法学、行政法学等都可以被称为政治法学,它是以政治作为内容的法学学科的总称。政治法学的名称命名有些类同于行政法学、民事法学、刑事法学、商事法学、诉讼法学等。法学前的限制词"行政"、"民事"、"刑事"、"商事"、"诉讼"是对法学领域的限定;政治法学中的"政治"似乎也是对特定法学领域的范围限定。也许正是因此,有的学者称公法学为政治法学,或者说政治法学就是公法学。这是从中文表述意义上所获得的认知。

政治法学在西方被等同于政治学。Blacks Law Dictionary 中将"political law"解释为"political science"的同义语。在解释"political science"时说,"The branch of learning concerned with the study of the principles and conduct of government—Also termed political law."①《元照英美法词典》将"political law"翻译为政治法学。解释为"研究政治科学或政府机构的组织与管理的法学部门,通常称为'政治学'(political science)。"②但是这两部辞书中都没有 politics of law 的词条。

---

① Bryan A. Garner, *Editor in Chief*, *Black Law Dictionary*(seventh edition), West Group 1999, 1179.

② 薛波主编:《元照英美法词典》,法律出版社2003年版,第1063页。

综合而论,法政治学与政治法学至少包含着这样几个方面的差异。一是法政治学是法学和政治学的边缘学科,但是政治法学则应当属于许多政治性很强的法学领域的统称。二是法政治学是一个分支学科,而政治法学则不是,它是一些具有很强政治属性的法学学科的统称,是一个学科群。三是法政治学特别强调同时具有政治或法律双重属性的社会现象作为其研究对象,政治法学则是以其研究的法律现象具有很强的政治性而著称,虽然其研究对象也具有双重的属性,但并不特别强调这种双重属性,它更多强调的是具有政治属性的法律现象。简单地说,政治法学应该是关于政治方面法律的学问,它当然既与政治相关,也与法学相关。但是政治法学的研究对象侧重的是政治方面的法律,而不完全是具有政治和法律双重属性的社会现象;它探讨的也不完全是政治与法律之间的共同性问题;它是一个学科群的总称而不是一个居于法学与政治学之间的边缘学科。对于法政治学与政治法学之间的差异与联系,我们还可以做进一步的探讨,并得出法政治学不同于政治法学的结论。值得注意的是,法政治学与政治法学之间的严格区分在理论上是必要的,但是在实践中并无多大的实在意义,也没有必要花费过多的精力去寻找它们之间的差别。因为学科或一定学科群之间的交叉或重叠并非有害,除了可能导致研究资源的重叠分布的弊端之外,它更有利于从不同的角度把有关的社会现象与社会问题研究得更加深入和透彻。

(二)学科依据

从学理上讲,法政治学学科的成立具有三个基础,即法律与政治的紧密联系;存在具有政治和法律双重属性的社会现象;政治学和法学作为相互独立而又紧密联系的学科被分别地确立并发展了起来,为法政治学提供了相应的理论基础与研究方法。

1. 法律与政治的内在联系

法律与政治具有深刻的内在联系,这种内在联系是法政治学得以建立的客观依据。正是这种内在联系构成了法政治学作为一个学科得以成立的现实基础。

首先,许多法律现象都是政治现象。在政治社会之中,许多重大法律问题都是政治问题;许多重大的法律现象也就是政治现象。从国家产生以来,国体和政体问题,都是重大的法律现象、法律问题,也同时就是重大的政治现象、政治问题。国体和政体当然地需要法律或者类似于法律的规则来加以确认和确立。国体和政体直接关涉一个国家的政治状态。国体首先表明的是国家的阶级本质与阶级归属,是从阶级划分意义上对于国家进行或作出的本质定性。政体问题关涉统治者组织政权的基本方式以及政治运作的基本体系,同样是重大的法律问题。这些重大的法律问题无不是政治问题。在现代法律体系中,宪法具有最高的法律地位,号称国家的根本大法。其内容首要解决的就是国家的国体和政体问题,它首先规定的就是谁掌握国家政权和怎样组织国家政权。

除此之外,其他许多法律现象也同样可能是政治现象。例如,企业法人的对外贸易和参与国际经济合作的法律现象,应该说比国体和政体等现象要次要得多和平常得多,但是它们也是政治现象。在现代,是否加入世界贸易组织,看起来是一个国际经济活动的问题,但其内在地包含着深刻的政治因素。当今世界的各个国家也都把是否加入世界贸易组织以及在世界贸易组织中的活动,作为本国参与国际政治活动的内容之一,深受国际政治的影响,并与国际政治紧密地联系在一起。一国是否允许本国企业享有对外贸易的进出口权,参与国际经济贸易,这在表面上是企业法人的进出口法律权利问题,实际上它标示着一个国家的开放程度、民主程度、自由程度。由此看来,它也不是一个单纯的经济或法律问题,而且也是重要的政治问题;国际经济贸易权不仅是法律现象,也是政治现象。

其次,许多政治现象都是法律现象。个别的政治现象或法律现象未必具有双重的属性。但是大量的政治现象都与法律现象是交叉或重叠的。就政治社会的选举来说,当然是政治现象,但是只要是属于国家范畴的选举都和法律密切相关。什么人拥有选举权,什么人拥有被选举权,选举需要经历怎样的程序,选举出现的问题如何解决,选举中的舞弊如何制裁,选举的结果具有怎样的效力等都是政治问题和政治现象,也都是法律问题和法律现象。世界各国关于选举的法律所要解决和回答的也就是这些问题。就国家权力来说,无疑是极为重要的政治现象,但是随着政治民主的发展,所有的国家权力的获得都必须有法律上的根据,并经过法定的程序。所有国家权力的行使都必须具有法律的依据。依法行使权力,是法治的基本要求,也是权力被正当行使的标志和标准。依法治国、依法执政、依法行政、依法治理等都与国家权力的形式密切相关甚至就是国家权力的行使本身,它们无一例外地需要法律的规制与保障。

由于政治现象与法律现象的这种密切关系,使得法学与政治学的联系十分紧密。有学者甚至这样给政治下定义,“政治是为实现特定利益而依照法律规定运作国家权力、行使公民权利、处理和协调国家权力与公民权利的关系以保障和实现公民权利的活动,这种活动由政治主体、政治行为、政治制度、政治目的等要素构成,这些要素由法律来规定,或者说在法律规定中得到反映”。[①] 基于政治现象与法律现象、政治学科与法律学科的密切关系,由此而产生的法政治学,既属于政治学的范畴,也属于法学的范畴,是法学与政治学之间的边缘学科,并在政治学和法学中独树一帜,成为一个相对独立的研究领域和学术空间。

2. 研究对象的双重属性

在人类社会处于国家状态的时候,许多社会现象就是具有政治和法律双重属性的社会现象。法政治学的研究对象就是具有政治与法律双重属性的社会现象,即与法律密切相关的政治现象和与政治密切相关的法律现象。特定社会现象的双重属性为法政治学的成立提供了对象前提。

法政治学要研究具有法律性质的政治现象。法政治学,从政治学的视角出发当然首要的是政治现象,但是它所研究的政治现象一定是直接具有法律性质的政治现象。不直接具有法律性质的政治现象不是法政治学所要研究的范畴。也就是说,法政治学并不研究所有与法律有关的

① 何士青:《政治文明的法学解读》,中国社会科学出版社 2004 年版,第 10 页。

政治现象。政治现象几乎都与法律有着这样那样的联系。如果将一切与法律相关的政治现象都纳入研究视野，就会出现两个问题：一是使法政治学失去存在的根据。由于政治与法律的广泛而普遍的联系，几乎所有的政治现象都可以被囊括进与法相关的政治现象之中。将法政治学的研究对象设定为一切与法有关的政治现象，过于广泛的学科范围将会淡化法政治学的学科特定性，使法政治学成为政治学的重复或者成为一般政治学的翻版。这样作为政治学复制品的法政治学显然也就没了自己独立存在的意义。二是作为一个边缘性的法律学科或政治学科也无力担负这么繁重的学科任务。过于繁重的学科任务，将会使其不堪重负而达不成推进学术的目的。每个学科都有自己特定的研究对象，这种研究对象的设定和界域划分，有利于对研究对象进行更为深入的研究，也有利于对特定研究对象作出其他学科难以作出的研究结论。

法政治学要研究具有政治性质的法律现象。法律现象并不是孤立的存在，尤其是不能远离政治而存在。政治与法律之间的孪生关系，使得二者之间总是相互交叉的。正如有许多政治现象同时也是法律现象一样，许多法律现象也是当然的政治现象。在法律现象中大量存在着与政治密切相关的内容或部分。对与政治密切相关的法律现象仅仅进行法学的研究是难以全面认识和解析这些法律现象的。因此，在对于具有政治因素的法律现象进行研究的同时，也必须从政治的视角出发，使用政治的研究方法进行研究，只有这样才能全面地认识有关的法律现象。从法学的视角来考察，我们也同样可以说法政治学研究的将是具有政治性质的法律现象。凡是不具有政治性质的法律现象即不属于法政治学研究的范畴。是否具有政治性质，是法律现象能否成为法政治学研究对象的划分尺度。只有具有政治性质的法律现象才是法政治学研究的对象。当然，也需要注意的是法政治学所要研究的法律现象是那些具有政治性质的法律现象，而不是全部的法律现象，更不是与政治相关的法律现象。如果将法政治学定位于对所有法律现象的研究，就无异于将法政治学等同于整个法学，从而毁灭了自己。如果将一切与政治相关的法律现象都纳入自己的视野,既可能将自己湮灭在整个法学之中,也可能因范围的过于宽泛而不堪重负。所以强调法政治学研究对象具有政治性质,具有特别重要的意义。它可以使法政治学的研究范围不至于过度宽泛而失去其特定性与科学性。

3. 法学与政治学研究的发展

从政治学延伸而对法学进行研究,或者从法学延伸而对政治学进行研究,或者在学术上将法律与政治结合起来进行研究,早已是法学和政治学发展的共同倾向。

在西方,几乎所有的政治学家都曾涉猎法学问题,同样也几乎所有的法学家也都涉猎了政治学问题,而且随着政治学的发展,这一倾向所导致的学术研究更加深入。政治学和法学在西方一直是被联系在一起的。英国的《牛津法律大辞典》在"法律与政治"一词条的解释中说,"正如法理学的理论研究与政治理论总是紧密联系的一样,实践性更强的法律规则与现实的政治总是密切相关的。法律规则是由政治家和政治组织为实现某种政治理论、政治信念和政治目的而制定或废除的。许多法律制度对政治方针,亦即政治的政策产生影响,现实政治在某种程度上也受到在法律上是可能的或允许的因素的影响和控制,受到法定程序、方法和阶段的影响和控制。严格地说,宪法性条款不是法律规则,而是政治性协定和惯例。但是,它们与法律规则的效力并没有多少差别,同样具有约束力和强制性。公共管理的整个领域都充满着法律需要与政治需要、法律手段与政治手段、法律作用与政治作用的交互影响。在公法中,政治的作用和影响非常明显。同时,政治影响也不断渗透到私法之中,诸如雇主与雇工、地主与佃户之类的关系,越来越多地受制于政治性需要"。①

在中国,政治学与法学之间的联系从来都没有被从理论上真正割裂

---

① [英]沃克:《牛津法律大辞典》,邓正来等译,光明日报出版社 1989 年版,第 520~521 页。

过。在中国开创独立学科的政治学和法学教育之初,它们就被紧紧地连在一起。1902 年京师大学堂创设“政治法律科”时就将二者紧密地结合起来。其后的许多大学都开设有法政专科,甚至法政系、法政学院。在 1949 年以前的政治学和法学的关系上,两大学科的教育活动一直都联结在一起。在 1949 年以后,法政两个词素的位置发生了极具戏剧性的颠倒——法政演变成为了政法。法政与政法也许有重大的区别,但是它们都强调和特别重视法律与政治的关系却是不争的事实。在 20 世纪 50 年代的高等教育调整之后,法律、法学都被硬生生地与政治、政治学捆绑在一起。专门性的法学高等教育组织几乎都被命名为政法学院、政法系等,甚至法律机构被统称为政法部门。这种将法律与政治,法学与政治学强行捆绑的做法有混淆学科界限之弊。但是它所表明的法律与政治、法学与政治学的紧密联系却是无可争议的。现在进行法政治学的研究,不是要继续混淆学科之间的界限,而是要在正确认识学科界限的基础上,运用法政治学作为边缘学科的独特优势,对相关的特定社会现象进行专门的、更深入的研究。

二、学科的特征

任何一个学科要得以成立都有自己的特征,并以其主要的特征与其他学科相区别,并以其作为自己能够成立的根据。法政治学也不例外,它也有自己的特征作为自己的基本标志。

(一) 主要特征

法政治学既立足于政治学和法学,也区别于政治学和法学。法政治学作为一个相对独立的学科,其特征主要在于:

一是法政治学以法律与政治的内在联系为基础。法律总是与政治紧密联系在一起的,反之亦然。在国家状态之中,政治与法律相互伴生、相互联系、相互影响、相互牵连的这种关系一直存在并影响着人类社会的发展与变化。这是两种社会现象的固有联系,也是社会法律与政治的历史与现实。法政治学特别注重的是法律与政治的内在联系,并以这种联系作为法政治学得以建立的学科根据。没有法律与政治的客观的内在联系,就不可能有法政治学的产生和发展,法政治学学科也因缺乏建立的基础而无法成立。法政治学不仅以政治与法律的内在联系作为基础,而且还以此与其他学科相区别,成为自己的学科特定性。

二是法政治学注重研究对象的双重属性。法政治学研究的对象是与法律密切相关的政治现象,和与政治相关的法律现象,而不是一切政治现象或法律现象。从研究对象的角度来讲,法政治学的研究对象,既不完全是政治学的研究对象,也不完全是法学的研究对象。反过来说,这些研究对象既属于政治学也属于法学。法政治学并没有新颖而独特的研究对象,更不可能与政治学或法学相分离。它仅仅是特别关注具有双重属性的研究对象,并使用普遍的与两大学科相对主要的研究方法来进行认识和开展研究。从这个意义上讲,法政治学不是独立于政治学的独立学科,也不是独立于法学的学科,它恰恰是以政治学和法学为基础的,可以同时分属两大学科门类的边缘性学科。研究对象的双重属性决定了法政治学学科的双重属性。

三是法政治学以法学和政治学为学理基础。法政治学是建立在法学和政治学的发展基础之上的。法学和政治学的基本知识、基本原理是法政治学的学理基础;法学和政治学的学术研究与学术发展是法政治学创立与发展的动力。没有法学和政治学的知识前提、学术发展与理论积累,就不可能有法政治学的产生形成。因此法政治学的创立和发展都需要直接以法学和政治学的基本知识、基本原理作为基础,并以法学和政治学的学术发展作为推动力量。

四是法政治学注重研究方法的多重支持。从研究方法的意义上讲,法政治学当然要运用人文社会科学或哲学社会科学共同的研究方法,除此之外,它既运用政治学的研究方法也运用法学的研究方法。法学与政治学的研究方法有着许多共同之处,他们共享着整个人文社会科学共同的研究方法,如哲学科学方法、经济分析方法、历史分析方法、比较研究方法、计量科学方法。法学与政治学也有着不同的研究方法,尤其是有着不同的侧重方面。例如,法学就特别注重规则解释方法、案例分析方法、逻辑分析方法;而政治学者更多关注阶级分析方法以及集团理论、精英理论、制度理论、新制度理论、公共选择理论。两大学科共同或独自方法的同时或分别运用,对于具有法律与政治双重属性的社会现象进行解析将更加全面而深刻。法政治学并不刻意地单独使用政治学或者法学的研究方法,恰恰相反的是无论是哲学社会科学或者说人文社会科学的共同方法,还是相对独特的政治学方法或法学方法,只要对于解析和认识相关社会现象是有益的、有效的,就分别或一并使用之。方法是认识的手段和工具,是达成目标的路径,我们没有必要为方法所局限。其实无论是什么方法,只要对认识和深化认识是有益的、有用的,我们就应该毫无疑义地使用之,不必刻意地区分某种方法属于哪一学科而加以拒绝或接纳。

也许有学者会以法政治学没有自己独特的研究方法来责难法政治学作为一个学科的独立性,其实这是没有疑问的。在既有相关学科之中,也并不是每一个学科都有自己绝对独特的研究方法。作为边缘学科来说,大多数都是将相关学科的研究方法加以采纳,从而使研究的手段更加丰富,也使研究的成果更为独特或者新颖,也并非都要去独创自己的研究方法。

对于研究方法,我们必须明白的两个基本认识是:第一,不同的研究方法会带来不同的研究成果甚至形成不同的学术流派。研究方法的更新是学术更新的动力之一,而且是极大的动力,学术流派的形成与发展很多都是以研究方法作为路径和标志的。在法学领域,哲学法学派、历史法学派、实证主义法学、社会学法学等,其形成与发展都与研究方法具有内在的联系与极大的关联。在政治学领域,研究方法的不同也会形成不同的学术流派。第二,研究方法最终要为研究主题和研究的目的服务,不能将主题与目标受制于研究方法。在各种知识获取与学术研究之中应当是主题与目的决定着研究的方法取舍。美国学者对此也同样认为,“相当多的学者采取的是多元实用的研究途径,也就是说研究方法应该由我们的研究问题所决定。多元主义并不意味着任何一个研究方法对于问题都是适用的。另外值得重视的是,同一个研究者也可以在同一个研究项目中综合使用不同的研究方法,比如说案例研究、统计方法与数理模式。”①

(二)区别于其他学科

法政治学区别于一般政治学分支学科的主要特征在于:其一,从研究的对象来讲,法政治学集中研究的是政治与法律相重叠的社会现象,而不是单纯的政治现象。在21世纪的中国,民主政治建设问题、政府职能转换问题、党政关系问题、政治参与的方式与途径问题、政治发展与政治稳定问题、政治腐败与廉政建设等政治问题,无一不同时也是法律问题。这些政治问题都具有法律问题的形式,实际上是具有法律性质的政治问题。其二,从研究的方法来说,法政治学侧重于对政治现象进行法学分析,并对法律现象进行政治学分析。换句话说,它注重在政治现象研究中的法学方法论的运用。法学有与政治学并不完全相同的思维方式和研究手段。例如,规范解释的方法、案例分析的方法、逻辑推理的方法,这些都是法学的基本研究方法。如果将其更多地运用于相关政治现象的研究,也许会获得新的发现和收获。同理,对法律现象若能更多地运用政治学方法进行研究,相信也一定可以获得新的更多的理论成果。

法政治学区别于一般法学分支学科的主要方面是:在研究的对象上,它关注的不是单纯的法律现象,而是与政治现象交叉的法律现象,甚至是直接具有政治性质的法律现象。在政治社会之中,纯而又纯的法律现象实际上是少之又少的。就是一些看似与政治无关的案件,其处理的

---

① [美]万明:“政治学研究方法”,载华世平主编:《政治学》,中国人民大学出版社2007年版,第23页。可参见Evan S. Lieberman,Nested Analysis as a Mixed – Method Strategy for Comparative Research,载《美国政治学评论》第99期,第3号(2005年8月),第435~452页。

结果往往与政治具有密切的联系,至于那些原本就是政治问题的法律事务,更是直接具有政治的内涵。公民权利的法律保护状态直接制约着公民的自由、平等以及社会的民主状况与发展等,这些问题都是具有政治后果和政治效用的问题。法政治学区别于法学的地方也在于它只关注具有政治意义的法律现象。其中包括明显具有政治背景或政治影响力的法律现象,同时也包括那些暗含政治因素与政治影响力的法律现象。在研究的方法上,它除了要使用法学的研究方法之外,还要使用政治学的研究方法。政治学有自己相对独特或侧重使用的研究方法,阶级分析方法以及集团理论、精英理论、制度理论、新制度理论、公共选择理论等都是政治学常用的研究方法。在法政治学的研究中,将会比一般的法学学科更多地运用阶级分析的方法。在定量分析和定性分析上,政治学会比法学更多地采用定性分析的方法。因此,法政治学也会注意到对于政治问题进行定性分析的特殊意义。

(三)边缘学科和交叉学科

学科是科学的门类划分。学科与学科之间并不是绝对分离的。由于社会现象之间相互联系的性质,使得解析和研究社会现象的学科之间也会相互交叉和重叠。有时,从一个角度看,某一子学科属于更大外延的甲学科;换一个角度看,某一子学科则属于另一个更大外延的乙学科。学科的归属并不都有严格的界限。某一子学科的双重属性,往往使其可以获得多种归属,这是极为正常的情形。

将某些子学科归属于不同的学科不仅不是错误的,而且还是必须的。因为交叉学科必须从相交叉的学科中获取自己的研究对象和研究手段。承认这种学科之间的交叉性,也就必然承认某些子学科归属上的双重性或多重性。对其进行多重的学科归类,是对客观实际的尊重,也是学科划分科学性的要求。

在法学相关领域,交叉学科不断涌现。历史上早就出现的法律逻辑学,从逻辑学的意义上看,它是逻辑学的子学科;从法律学的角度看,它又是法律学的子学科。法社会学也是一个典型的例证,在社会学意义上,法社会学是社会学的子学科;在法律学的意义上,法社会学则是法律学的子学科。我们现在探讨的法政治学,应该被认为既是法学的分支学科,也是政治学的分支学科。

法政治学在法学中应该属于法理学或法哲学的范畴,是法学的理论学科。法学大体上可以被划分为理论法学和应用法学两大门类。法政治学属于理论法学的范畴。在理论法学中,还包括法律基本理论、法律发展历史、法律思想历史,以及侧重于理论解析的相关学科,如比较法学、法社会学、法经济学、法伦理学、法律逻辑学、法律文化学、行为法学等。法政治学是人们对法律和政治两种相互交叉的社会现象进行专门化研究的产物。它是对政治法律现象进行的理论解析和理论认知。它的基本研究方式还是理论的方式。它也需要实践的材料,但是它本身并不以直接用于实践作为自己的诉求。其根本的目的还是要对具有政治和法律双重属性的社会现象进行深入研究,得出科学的结论来指导相关的法律实践。

法政治学在政治学中应该属于理论政治学的范畴。传统的政治学中包含着政治学原理、中外政治制度、行政学、国际政治学等。在当代西方政治学的发展中,新兴学科大量涌现。一时间,出现了大量的以"政治"作为定语、以"政治学"为中心词,以及没有这两个语词而又属于政治学范畴的相关学科。以"政治"为定语的,如政治人类学、政治心理学、政治社会学、政治伦理学、政治地理学、政治计量学;以"政治学"为中心词的,如历史政治学、现代政治学、未来政治学、发展政治学、生态政治学、知识政治学、网络政治学以及两者之外的公共政策分析理论、公共选择理论、新制度经济学。这些新兴的政治学分支学科,许多都是政治学与其他学科交叉形成的,属于政治学与其他学科之间的交叉学科。法政治学应当是若干新兴的政治学分支学科之一。面对纷繁的政治学分支学科,假如政治学可以被划分为理论政治学和应用政治学,那么,就可以把法政治学归属于理论政治学的范畴。

法政治学是法学与政治学的边缘学科。由于法律与政治的不可分离，法学与政治学具有天然的联系。如果说人类的一切知识最早被总括在哲学领域之中，那么政治学、法学知识都被总括在哲学范畴之中。早在古希腊，苏格拉底、柏拉图、亚里士多德等就开始了政治学、法学范畴的研究。政治学、法学虽然萌生在古希腊和古罗马，但是被作为相对独立的社会科学还是近代学科划分的产物。随着政治和法律的发展，政治学知识与法学知识和法学理论的不断累加，以致传统的哲学学科无法完全囊括两者的时候，政治学、法学才从哲学中分离了出来。尽管政治学、法学从哲学中分离出来成为相对独立的学科门类，但这也只是人类在自己知识领域的变化，对于法律现象的政治性质或政治现象的法律性质并没有因此而发生任何改变，分离出来的法学的研究对象与政治学的研究对象之间的交叉重叠依然存在并持续互动。所以，从古及今的许许多多的哲学家或人文社会科学家，既是政治学家又是法学家，他们的著作既是政治学著作，也是法学著作。法政治学似乎特别关注法律与政治的关联关系并以此作为自己的基础，但是它并不是简单的学术或学科混同，或者是历史的简单复归。它是法律与政治关系以既有认识为基础的被深化认识的新表现与新成果。① 法政治学是学术和学科发展之中，基于法学与政治学基础之上的边缘性分支学科，既属于法学的边缘性学科，也属于政治学的边缘性学科。

法政治学是法学、政治学的交叉学科。如果认为法学中产生出法政治学，或者政治学中产生出法政治学，是法学、政治学学科细密划分的结果，是学科分析的产物，那么，我们转换一个视角，就可以发现：法政治学是法学与政治学综合的结果，是交叉作用的产物。法政治学兼具法学、政治学的双重属性，是法学与政治学相结合的产物，不仅仅是法学、政治学分别的边缘学科，同时更是法学、政治学相互作用、结合的交叉学科。

---

①　这种新成果并不是指本书，而是指法政治学这一学科。本书只是中国法政治学创立与发展的一种尝试，其中一定包含着许多失误或者试错。

三、客观的基础

法政治学的创立并不是空中楼阁，它的创立有其重要的学术积淀和时代背景。正是这些不断累积的基础和适宜的时代背景为法政治学的创立作出了最好的准备。

（一）学术积淀

任何一个学科的发展都必须具有一定的历史基础。这种历史基础既是事物发展渐进性的要求与反映，也是一定学科建立和发展知识的准备。法政治学的创立也经历了这样的学术历程。

1. 法律与政治研究古已有之

对包含法政治学研究对象在内的法律与政治的研究，从古希腊以来，从中国的夏商周以来就开始了。在西方，从古希腊的苏格拉底、柏拉图、亚里士多德，到古罗马的西塞罗，经中世纪的奥古斯丁、阿奎那、马基雅维利，到近代的洛克、孟德斯鸠、卢梭、康德、黑格尔、杰弗逊等，从政治学和法学的意义上讲，都是一身两任的思想家。除了现在无法具体知道苏格拉底是否有自己的专门著作和有什么样的专门著作之外，其他著名思想家的著作，都向世人揭示了政治学与法学的密切联系。如柏拉图的《理想国》、《政治家》和《法律篇》，亚里士多德的《政治学》、《雅典政制》，西塞罗的《共和国》、《法律篇》和《执政篇》，奥古斯丁的《上帝之城》，阿奎那的《论君主政治》，马基雅维利的《君主论》，洛克的《政府论》，孟德斯鸠的《论法的精神》，卢梭的《论人类不平等的起源》和《社会契约论》，康德的《政治权利原则》、《永久和平》和《法律哲学》，黑格尔的《法哲学原理》，杰弗逊起草的美国《独立宣言》，等等。在中国，从古及今，老子、孔子、庄子、商鞅、荀况，到以后的董仲舒、王夫之、严复、康有为、梁启超，很难说他们仅仅是政治学家或者法学家。他们对于政治学和法学都有精深的研究和精辟的论述，并留下了许多宝贵的政治学、法学论著。在卷帙浩繁的古典著作中,法学和政治学总是紧紧相随。其中有作为老子思想代表的《道德经》,作为孔子思想代表的《论语》以及孟轲的《孟子》、庄周的《庄子》、商鞅的《商君书》、荀况的《荀子》、董仲舒的《春秋繁露》、王夫之的《读通鉴论》、严复的《论世变之亟》和《救亡决论》、康有为的《大同书》、梁启超的《饮冰室合集》(其中包含《变法通论》、《中国法理学发达史论》、《先秦政治思想史》),等等。它们既是政治学著作也是法学著作。作为一个分支学科的法政治学是法学与政治学发展到现代,交叉研究、综合作用而产生的边缘学科,而对于法政治学研究对象的研究,则可以说是古已有之。古代社会的关于法政治学问题的研究,是现代法政治学研究的理论基础,现代法政治学的研究必须充分尊重和充分利用其理论资源,更不可狂妄地加以漠视。

2. 法政治学研究起始于当代

政治学、法学的研究可以说是历史悠久,但是严格学科划分意义上的政治学和法学,则是近代学科分立的产物,至于法政治学更是法学、政治学进一步发展的结果。因此,不能简单地以古已有之来描述法政治学的产生。

西方将政治学与法学(Politics and Law)集中进行论述的著作很多,也许正如中国的“政法”在学术上的并联使用一样。但是,要说它们就是法政治学意义的使用或著作,还显得比较武断。即使是一些以“法政治学”(Politics of Law)名义出现的西方著作,我们也无法肯定它们就是作为法学分支学科的“法政治学”。因此,我们也许难以准确地说,西方最早的法政治学著作是哪一部,通过有关资料检索,我们可以发现:Stuart A. Scheingold 在 1984 年出版了“The Politics of Law and Order: Street Crime and Public Policy”(Longman Press)。Christian Reus-Smit 在 2004 年编辑了“The Politics of International Law ”(Cambridge University Press)一书,它们似乎可以被归入法政治学领域的著作,但是他们毕竟不是对法政治学进行一般论述的著述。美国学者 David Kairys 编辑了 Politics of Law。这一著作出版于 1998 年,形式为论文集,但是其名称更直接地表明了它的“法政治学”意味。

3. 中国法政治学的初步发展

在中国依法治国，建设法治国家的历程中，中国法学界的法学家们逐步意识到并明确提出了开展法政治学研究的问题。我在1999年着手法治国家理论的研究时，就开始了对于法政治学的关注和探索，但专门化的法政治学研究则始于2003年秋季。2004年下半年，为中共中央党校政法部的法学理论专业硕士研究生开设了“法政治学”课程，①同时为西南政法大学的法学理论专业的博士研究生讲述了“法政治学专题讲座”。2005年1月在《现代法学》发表了《论法政治学的创立》一文，阐述了创立法政治学的学术见解。2005年3月在法律出版社出版了《法政治学》一书，尝试性地建构了法政治学最基本最初步的理论体系。② 同年，在中央党校政法部的政治学理论专业中开设法政治学博士研究生入学考试与招生方向，并于秋季完成相应招生。随之，法政治学的研究得到了法学界更多的关注和重视。2005年在北戴河召开的中国法学会繁荣法学研究工作会议上，学会领导在主题报告中明确指出要“推动发展法政治学研究会等新兴学科、交叉学科研究会，加快完善中国法学会研究会组织体系。”2007年我申报并被获准了中国法学的“中国法政治学报告”的课题，并在2010年结题。

法政治学研究逐步成为法学研究与政治学研究的内容之一并得到了学术界的正视，引起学术界的关注，许多学者开始了法政治学的研究，有的甚至开始了法政治学的教学工作。

(二)时代背景

用历史的眼光来看，中国法政治学的产生是中国近现代历史发展的结果，尤其是中国改革开放的产物。从现实的时代场景来看，中国的民

---

① 中央党校政法部法学理论专业硕士研究生从2004级开始，各年级均开设《法政治学》作为必修课；随后的宪法行政法专业亦开设这一课程。

② 至于这一体系是否成立，还有待法学界批评与论证，它仅仅是为法学界提供了一个可供批评的样本。

主政治的发展与依法治国的提出为法政治学的创立创造了历史前提与时代背景,尤其是它们所提出的现实而重大的问题必须回答,是法政治学创立的时代要求。

1. 民主政治的发展

民主政治本来就应该是社会主义政治的本质。但是由于种种原因,在相当长的一个历史时期,我们误解为民主政治是资本主义的东西,似乎社会主义不需要民主政治。这当然是对社会主义政治的极大误解,也正是因为这种误解,使得我们的政治长期远离民主,在特定的历史背景之下,甚至走到了民主的反面。

1978 年中国改革开放启动之后,我们逐步认识到民主是社会主义政治的本质和目标。没有民主就没有社会主义。民主政治在中国逐步得到认可并加以恢复重建。我们废除了领导职务在实际上的终身制,在宪法上规定并逐步实行了领导职务的任期制与限任制。我们开始了基层民主政治建设,在农村实行普遍的村民自治,直至在全国范围内实行了村民委员会的直选;在城市,我们尝试进行居民委员会制度的改革,全国许多地区都已经开始甚至普遍推行居委会的直接选举,基层民主在城市中得到了现实发展。同时,我们也开始了中国共产党内的民主建设,党内的选举制度的改革,逐步在全国许多地方开始试点,并取得了一系列重要的经验与成绩。就社会生活来看,社会生活的民主建设取得了很大的成就。人民的自由权利的内容得到了进一步的充实,自由和权利都得到了更好的实现。

由基层民主向高层民主、党内民主向党外民主发展的政治民主路径,日益显露端倪并取得成效。为民主政治提供法治保障日益为社会所认识,并成为一些地区推进基层民主建设的成功经验。没有制度保障的民主,在党内将成为混乱,对国家和社会都是灾难。民主的不良发展或者恶性发展或者演变成为混乱,最终会葬送民主;或者演变成为专制,最终否定民主。总之,没有制度保障的民主会否定自我、摧毁自己,成为祸害。

中国民主政治的发展为法治建设提供了政治前提和政治空间,同时也提出了人民当家做主与依法治国、党的领导如何统一等问题。中国民主政治的发展为中国法治的发展奠定了基础,也为中国的民主、法治与法学、政治学提出了新的课题。对于这些课题的解答,是中国法学、政治学肩负的历史重任和社会责任。创立法政治学,对相关的问题作出更好的回答,是民主政治发展对法学、政治学的现实要求,也是对创立法政治学的要求。

2. 依法治国的推进

依法治国应该是社会主义的治国方式。在中国传统社会之中,治国的基本方式在本质上是人治。在近现代社会转型之中,法治逐步受到重视,但是并没有成为社会的管理模式,远未成为社会的生活方式与秩序状态。在1949年之后,法治理当受到应有的重视,但是由于历史与时代的原因,法治并没有如期而至。在一个很长的时期中,我们一直误以为,法治是资产阶级的专利。

1978年中国开始了改革开放,提出了“发扬社会主义民主,健全社会主义法制”的原则,一直发展到1997的中国共产党的第十五次代表大会。这次大会将“依法治国,建设社会主义法治国家”确立为治国的基本方略,1999年《中华人民共和国宪法》修正案又将其予以宪法确认。从此,依法治国,建设社会主义法治国家成了我国重要的宪法原则。随着依法治国这一治国基本方略的确立与实施,“依法行政”、“建设中国特色的社会主义法律体系”、“依法执政”、“以保证司法公正为目标,逐步推进司法体制改革”、“坚持党的领导、人民当家做主和依法治国的有机统一”、“社会主义和谐社会就是民主法治的社会”的口号与原则不断提出,并成为法治建设的新目标。依法治国如何与人民当家做主、党的领导相统一这些问题,远不是传统的法学或者政治学所能全面阐释并提供理论支撑的,于是作为政治学和法学边缘交叉学科的法政治学的产生和发展就成为了时代的呼唤。

四、创立的意义

特定学科的创立发展具有多元的重要意义。它有利于人们对于相关社会现象的研究更加专门化,促进相关研究向纵深发展;它有利于对相关社会现象进行分别的研究,认清它们之间的联系与区别;它有利于学术的繁荣与科学的进步,使人们研究的视野更加广阔。法政治学的创立对于法律与政治的研究,对于法律与政治之间关系的认识,对于繁荣整个法学和政治学,尤其是解决现实重大的政治法律问题,都具有重要的理论意义与实践意义。

(一)理论意义

法政治学的创立作为一个理论学科,必然具有其应有的理论意义。法政治学的应时创立,为法学、政治学理论的发展提供了新的增长点,具有独特的理论贡献。

1. 丰富法学理论

从法学的角度来看,法政治学的研究目的在于完善法学的理论体系。法与社会、经济、文化都有着重要的密切联系,与政治也有着同样的密切联系。为了使法与社会、经济、文化等之间各种关系得到很好的理论解析,完善法学的理论体系,人们创立了法社会学、法经济学、法文化学,等等。但是由于一直没有能够建构起法政治学的初步体系,我们无法或难以全面地研究与法密切相关的政治现象,揭示法与政治之间的内在关系。给政治现象,尤其是对与法密切相关的政治现象以必要的法学阐释,是法学发展的任务,也是法学要满足历史发展需要所必须担负的使命。

法政治学的创立和发展对于法学的发展,无疑具有极为重要的意义,它甚至有望成为如同法社会学、法经济学、法文化学同等学术地位的法学学科,为法学理论的完善作出贡献。法社会学等学科的发展为法学研究开辟了新的视野，为认识法律现象提供了新的视角和新的手段。相信法政治学的创立，必将从新的意义上，为法学的发展开辟新的领域，为认识法律现象提供新的视角、视野与路径，从而丰富法学内容，充实法学体系。

2. 充实政治学理论

从政治学的视角来看，法政治学的研究目的在于充实政治学的理论内容，完善政治学的学科体系。政治不是孤立的存在，尤其是随着法治的发展，政治与法律之间的密切关系得到了进一步凸显。在历史和现实中，完全摆脱法律的政治是不存在的。离开法学参与的政治学，也不可能准确而全面地认识政治现象。无视法律和法学存在的政治学一定是片面的和残缺的。要对政治现象具有准确而全面的认知，对政治上的法律问题的关注就必不可少。

对与法律密切相关的政治问题，从法学视角加以关注，是政治学理论发展和完善的需要。政治学是古老的社会科学，它已经是洋洋大观的学术领域。政治学庞大的学科体系和知识结构都反映了政治学发展的重大成就，政治学的发展也不断向边缘学科延伸。法政治学的研究意义并不局限于法学领域；它在政治学意义上，同样具有重要的理论贡献。法政治学的研究会以自己独特的视角给政治学的发展提供另一新的理论支持；可以从新的角度给政治学的发展以新的理论贡献，使政治学愈加丰富，也使政治学的学科体系更加充实。

3. 创建法政治学学科

法政治学研究的目的与意义都是多元与多重的，其基本的学科意义就在于创建法政治学学科，丰富法学和政治学的知识与科学领域。就中国法政治学的现实状况来说，依然处于初创阶段，对于什么是法政治学，法政治学的研究对象和研究领域是什么，法政治学具有怎样的学科知识结构，法政治学与相关学科是怎样的学科关系等，学术界并无一致的认识，包括本书在内的一系列研究都还在尝试性的探索之中。经过一个时期的学术研究，如果创立起相对独立的法政治学学科必将更加有效地推进相关的学术发展,使相关的研究成果更加深化。法政治学研究的初始过程,也是就法政治学学术资源积累,乃至创立法政治学学科的过程。当这种学术资源积累到相当的程度,法政治学学科也就创立了起来。

法政治学学科的创立,将具有理论和实践的双重意义,必将有力地推进中国的政治和法治建设,使政治学和法学都因此而获益。法政治学学科建立的学术与实践价值都是不容低估的,在理论和实践上的意义都值得重视。对于法政治学问题的研究,最直接的贡献还是创建法政治学的学科体系,确立法政治学研究的基本内容,为完整的法政治学的建立创造条件。

(二)实践意义

理论总是与实践联系在一起,法政治学的研究和发展,首先是理论的进步,但是它并不局限于理论,它更要总结和指导社会的法律与政治实践。

1. 回答重大的现实问题

在政治社会,每一个时代,在政治和法律上都有许多重大的理论和实践问题,需要从理论上作出科学的解答。这些问题是社会发展所提出来的,如果解答得好,社会就能得到顺利发展;如果解答得不好,社会就因为理论的供给不足而阻滞。社会发展到现代,也提出了一系列重大的法律政治问题,急需作出回答。尤其是高速发展的现代社会,及时迅速地回答时代所提出的问题,就能最快地推动社会发展;迟延或者不能回答社会发展提出的问题,就必然延缓社会发展的进程。在当代中国如何依法治国,建设社会主义法治国家;如何建立法治政府,推进依法行政;如何实现党的领导,人民当家做主与依法治国的统一;为什么说和谐社会是民主法治的社会,如何构建民主法治化的和谐社会等,众多重大的理论与现实问题需要作出科学的解答。对于这些问题的解答,是任何一个传统的法学学科都难以承担的,它们需要一个兼具法学与政治学两种学术优势与知识手段的新兴学科来加以解决。法政治学应该是一种有意义的尝试。

2. 提高政治的理性程度

理性的政治是人类文明发展的成果,是政治文明的重要内容。政治文明是人类文明的构成部分。政治文明的含义:其一,它可能是指政治的发展状况,即政治在特定历史阶段所达到的发展程度;其二,它也可能是指政治的发展目标,即政治发展到一定程度后,人们对政治提出的理性要求;其三,它还可能是指政治发展的优秀成果,即经过政治建设后使政治获得良性发展的优秀成果。无论从哪一意义上讲,政治文明都不是从来就有的。除了作为发展状况的客观尺度的意义之外,从目标的角度来说,人们之所以提出政治文明的目标,是因为政治文明需要政治的相当发展作为客观基础。政治文明的发展是一个渐进的过程,当然更是一个需要人们为之不懈努力的过程。政治文明不是从天而降的,它的建设需要一定的历史条件与社会背景,更需要政治文明建设者的不断努力和成果积累。在民主政治的发展中,我国提出了政治文明建设的目标,这是一个十分重要的政治任务。

在现代世界,什么样的政治是文明的政治,政治要以怎样的姿态出现才可能是文明的,这是必须思考的问题。在现代的社会背景下,作为文明的政治,必须是实行民主的政治,必须是尊重人权的政治,必须是符合法治的政治,必须是具有理性的政治。

政治不是直觉的产物,政治应该是理性的。很长时间以来,政治与理性之间出现了极其严重的分裂状态:一方面,在理论上政治需要理性和应该理性;另一方面,现实政治又表现出严重的非理性。如何使政治归于和保持应有的理性,对于政治的理性认知是重要的前提。没有对于政治的理性认知,即使有理性的政治愿望也不可能使政治理性化。对于政治的理性认知:一是要依赖政治学本身使命的担负;二是法学等相关学科也要为此提供必要的条件。法政治学专门对于涉法政治现象进行理论探究,当然可以为政治现象提供良好的法律理性,并提升现实政治的理性程度。

3. 提升法律的理性水平

法律是人类理性进步的产物，并应当始终以人类的理性为基础。但是，法律常常免不了受到非理性因素的影响。在特定的历史时期，法律也可能为非理性所左右，出现历史性的悲剧。

人类在历史和现实中都有良法与恶法存在。恶法的产生有时是受阶级因素的局限，出自某种阶级原因；有时则是受非理性的干扰，出自非理性的因素。法政治学当然难以完全改变法的非理性成分，但是它在防止非理性因素的侵扰，使法律更具有理性精神方面，则是可以有所作为的。法政治学通过自己对于政治、法律现象的理性认知，对政治、法律现象给出理性的结论。这对于引导人类法律的理性发展，显然是有意义的。

现实社会生活中，法律的非理性，一直为学术界尤其是政治学、法学界所诟病，但是一直没有一个很好的学科门类来对此予以特别的关注和专门的研究。如果能够凭借法政治学的研究，推进法律在政治意义上的理性认知，或者政治在法律意义上的理性认知，其意义是不言而喻的。就现实的法律来说，提升其理性程度，是极为必要的。它可以更为有效地防止恶法的产生，确保法律的良性发展。

4. 推进政治的法治运行

法治是一种整体的社会状态，它涉及社会的各个方面。当然，社会的每一个方面与法律之间的联系并不能等量齐观。有的方面与法治的联系紧密一些，有些方面则可能要疏远一些。但是，无论从何种意义上讲，政治都是同法律密切联系的社会方面。

法治建设体现在社会的各个方面，政治是法治建设中极为重要的方面。在进行经济的法治建设、文化的法治建设的同时，还必须进行政治的法治建设。比起需要经济、文化的法治化，其实我们更需要政治的法治化。在经济、文化的法治化进程中，政治的法治化可能是其先导，也可能成为其障碍。政治法治化对于经济、文化法治化的制约作用是特殊的。

政治的法治建设需要法政治学的理论支持。政治的法治化不是政治的随意变化,也不是政治的随遇而安,而是政治理性发展的结果。恣意妄为的政治与随波逐流的政治,都不是法治政治。法治政治是在法律的规制之下,严格而有效地依法运行的政治。法律如何规制政治是极为困难的问题。如何把政治纳入法治的轨道,如何给政治以法律的约束,如何给政治以法律的保障,可以说是一个又一个的难题。这些难题的解都不是可以随便获得的。它既需要遵循政治的规律,也得遵循法治的规律。对于政治与法治关系的理性认识,确保政治与法律的理性运作,是政治法治化的基本要求和重要方面。

人们也许会发出疑问,法政治学至今也没有完整的学科体系,那么为什么人类已经有了政治的法治化的成果呢?法政治学学科正在构筑之中,但是这并不意味着具有政治与法律双重属性的社会现象的思考与研究就没有开展过。本书对有关方面的论述已经清楚地表明,对政治现象进行法学研究,对法律现象进行政治学研究,或将政治与法律结合起来进行研究,是人类自从有了政治和法律两种社会现象之后,就开始的工作。人类在政治与法律的问题上积累了丰富的思想成果和理论财富。

5. 协调法律与政治关系

从理论上讲,科学的目的在于认识世界。认识世界既包括认识自然世界也包括认识人为世界。法律和政治都是人为世界的重要的社会存在,二者之间的联系是不容否定的,否定必然会导致理论上的歧见。它会使法学丧失其准确揭示法律现象和准确认识法律现象的功能,使法学在这一问题上失去其科学的本质。由应然的科学走向实然的谬误,最终阻碍法学本身的发展。

从实践上讲,法律永远无法摆脱政治的制约和影响,现实就是如此。如果否认这一点,就是自欺欺人,就无法很好地推进法律发展和法治建设。同时,政治也始终需要法律作为自己的表现形式和存在方式。如果不能很好地认识到这一点,就会在政治建设上遇到严重的障碍,或者放任政治的任性,不利于政治的法治化发展,不利于政治文明的进步。政治的不文明,本身就是灾难。政治的非法治化发展,往往会导致难以预期的后果。暴政、专制都可能在法律和法治缺失的情况下成为阻碍人类进步的绊脚石。

为了正确定位法律与政治之间的关系，针对中国的现实状况，应该注意以下两个方面：

首先，消除以政治代替法律的现象。法律与政治是有所分别的，但是在长期的社会实践中，至少在曾经的半个世纪中，由于受阶级斗争理论的影响，我们不恰当地仅仅把法律作为体现统治阶级意志和进行阶级统治的工具，导致了理论上的严重偏差和实践上的严重混乱。在一个很长的历史时期中，法律被等同于政治。将法律与政治等同的恶果，是使法律与政治的差别消失，法律成为了政治的附属物，甚至为政治所取代。政治决定一切，当然也包括过分夸大政治决定法律的意义在内。历史教训是极为深刻的。

其次，消除法学排拒政治的现象。正是因为法律曾经被不恰当地等同于政治，或在政治与法律之间将政治的功用无限夸大，于是在噩梦醒来之后，一些人对政治的误解还在法律意识上延伸：或者继续把法律等同于政治，以延续法律的政治化路径；或者将对于政治的厌恶加之于法律的身上而产生对法律的抵触。随着时间的流逝，人们对政治产生的厌恶情绪进一步蔓延，于是在研究法律问题时就故意回避政治，对法律与政治之间的客观联系置若罔闻、视而不见；也有学者本着矫枉过正的观念，否定政治对法律的影响，走向了另一个极端；有的学者甚至对于谈及政治的法学著作采取不屑一顾的态度，在他们自己的著作中也唯恐避之不及。在法学理论上似乎形成了一种法律可以离开政治的假象。

但客观上，法律与政治既有所分别，又紧密联系，许多社会现象兼具法律与政治的双重属性。造成法律可以离开政治，法学研究可以离开政治的假象，并不是科学的态度，也会有害于理论和实践的发展。强调正确定位法律与政治之间的关系，并不是要重犯泛政治化的错误，更不是无限上纲，片面夸大政治的作用，使历史的悲剧重演。法政治学的研究正是要随时警醒我们，并将法律与政治的关系理性化。

第一编　法与政治

“法”在原始社会末期、奴隶制社会初期就产生了。具体到西方，古希腊就创制了法律并且产生了对于法律的普遍运用、认知、研究，形成了关于法律的丰富的思想学说；具体到中国，应该说在夏商时代就产生了法律，并开始了法律的广泛运用与相应的法学研究。“法”在古代被写作“灋”，根据《说文解字》的诠释：“灋，刑也，平之如水，从水；廌，所以触不直者去之，从去。”对于“法”的含义众说纷纭。可以认为它是以权利义务为主要内容的，表现为国家意志的行为规则。在一般的情况下，人们又把“法”称为“法律”。在没有特别说明或特殊语境的地方“法”与“法律”就是同义语。

“政治”在人类社会出现以来就产生了。“政治”一词在中国最早见于春秋战国时代的《尚书》、《周易》和《论语》等典籍，多指统治者理国治民之事；在古希腊被用指国家事务。政治，如果是指公共事务，自从人类有公共权力以来就有了政治；如果是指“阶级之间、民族之间、社会集团之间基于各自根本利益所发生的相互关系以及与此有关的活动”，①那也是从人类进入政治国家之时就产生了。

法与政治相伴而来，同步发展，在漫长的人类社会中并行、互动，形成了密切的、复杂的相互关系，影响着人类发展的状况与进程。

---

① 《中国大百科全书·哲学》，中国大百科全书出版社1985年版，第1166页。

第一章　法·政治

在人类创造了政治之后，政治就成为人类无法摆脱而又必须面对的怪物。也许正是因此，亚里士多德才将人定义为政治的动物，即“人类在本性上，也正是一个政治动物”；[①]马克思才有“人是最名副其实的政治动物”的结论。[②] 现代政治学家罗伯特·A. 达尔认为，“无论一个人是否喜欢，实际上都不能完全置身于某种政治体系之外……政治是人类生存的一个不可避免的事实。每个人都在某一时期以某种方式卷入某种政治体系”。[③] 其实，人不仅是政治的动物，也是规则的动物。在众多的规则中，法律无疑是极为重要的规则。因此，甚至也可以说人是法律的动物。至少人类社会进入国家状态以来，法律和政治都成为了当然的存在物，人们总是在政治和法律的环境中生存的。政治和法律构成了国家状态之下的人的生存环境与活动空间。

---

① ［古希腊］亚里士多德：《政治学》，吴寿彭译，商务印书馆1965年版，第7页。

② 《马克思恩格斯全集》第46卷（上册），第21页。

③ ［美］罗伯特·A. 达尔：《现代政治分析》，王沪宁、陈峰译，上海译文出版社1987年版，第5页。

一、法律与政治的联系

作为人类社会并存的两种社会现象,法律和政治之间有着密切的关系,它们之间具有内在的天然联系,有时甚至融为一体。

(一)法律与政治的一致性

将法律与政治进行比较,就可以很容易发现它们的一致性十分突出,具体表现在它们的产生前后相继、进程基本一致、内容相互交叉、变化彼此互动。

1. 产生前后相继

在总体上也许可以说法律与政治在人类历史上出现的时间阶段大体一致。也许可以说政治是法律的先导和基础;法律则是政治发展的必然结果。人类公共事务的出现和累加,必然要求集中处理这些公共事务,公共权力机关的产生就成为社会发展的必然要求。公共事务的存在为法律的产生提出了现实需要,公共权力机关的出现为法律的产生创造了组织基础。如果说公共事务的管理就是政治,法律也就是紧随政治的产生而产生的。法律为处理公共事务而产生也就是为政治而产生,法律本身就是管理公共事务的产物,在这个意义上,法律本身就是政治。在人类活动中出现政治活动的同时,出现了法律活动。政治是人类群体生活的产物,法律也同样是人类群体生活的产物,二者都以人类的群体活动为基础。国家是政治的集中表现之一,是政治的最主要、最重要的载体;政治是国家存在的最基本的表现方式之一。国家既是法律产生的前提,也以法律作为自己产生和发展的条件。国家与法律是互动发展、同时产生的,任何法律都是依附在国家身上的。在一定意义上说,法律是国家意志的外化,是国家的符号与标志。在人类的社会活动出现之后,在国家形成的过程之中,政治逐步产生了,与之相伴的法律也产生了。

2. 进程基本一致

从相对静态的意义上讲,法律与政治在性质上总是一致的。同时存在的法律与政治,在性质上总是相同的。每个时代的法律与政治都保持着性质上的同质性,并且在总体上不会错位。从动态的意义来讲,当政治的时代性质发生了变化,政治的主导者一定会努力地改变法律,以使法律的时代性质与政治保持一致。在一种性质的法律为另外一种性质的法律所取代时,只要这样的法律不被废止,政治也就会随着法律的性质变化而变化其性质。从社会形态的角度看,在政治或法律的性质在由奴隶制向封建制转化,或由封建制向资本主义转化的过程中,或许是相关的政治先行变革,或者是相关的法律先行变革,后变革者都会紧随前变革者改变自己的性质。从社会的经济状态来看,农业经济时代、工业经济时代、知识经济时代,不同的时代有不同的政治状况,不同的时代也会有不同的法律制度。在与经济相适应的过程中,法律与政治总是相依相伴的,它们大体保持着相同的性质。若某一方面发生变化,另一方面也将随之发生相应的变化。法律与政治的时代变革总是基本同步的,而且都是向同一性质转换。

3. 内容相互交叉

法律与政治的内容总是相互交叉的,有相当多的内容甚至相互重叠。就整个政治和法律来说,可以说是相互包含。具体地考察,不难发现许多社会现象既是政治现象,也是法律现象。例如,国家制度、宪政、选举等都是严格意义的政治现象,也是严格意义的法律现象。另外也有一些社会现象既与政治密切联系也与法律密切联系。比如,民主、主权、国体、人权等既与政治相关,也与法律相关。法律与政治之间的相互交叉,以及因相互交叉而出现的相互重叠,使法律与政治之间的关系更加紧密。法律与政治从它们出现以来就具有密切的联系,在二者的发展中一直处于相互交叉的关系。这种交叉关系不仅仅在历史中存在,而且在现实中每天都发生,并且还将发展下去。法律与政治二者之间的交叉关系,为法政治学的成立提供了研究对象意义上的前提,提供了法政治学创立的可能性。

4.变化彼此互动

政治和法律都不是静止的社会存在,在政治和法律的发展中总是彼此互动的。当一个社会的政治发展变化了,其法律必将发生相应的变化。政治变化往往是法律变化的先导和前兆。同样,一国法律发生了变化,其政治也将因法律的变化而作出相应的调整。尤其是由于法律具有相对的稳定性,一旦确立就难以改变,只要法律不因政治的原因而被变更,政治就将或迟或早地因法律的变化而发生相应的变化。其实,历史上的许多社会变革本身就具有法律与政治双重变革的性质,其中典型的代表是中国历史上的历次变法。“变法”这个词本身就包含着政治变革和法律变革的双重性质。康有为、梁启超等人发动的戊戌变法,既是政治的变革也是法律的变革,其变法主张之中本身就包含着这样的两个方面。历史上,戊戌变法失败了,但是戊戌变法的精神并没有失败,清王朝也就是在总结戊戌变法的基础上,吸收了变法派的主张,开始了自主的变法运动。伴随着政治的改良,他们对封建法律进行了体系上的革命。从1901年到1911年间,清王朝全面变革了自己的法律体系,开创了以宪法为主导、以各个部门法为主体的现代法律体系,从而开启了中国法律体系现代化的大门。这其中,谁也无法区分是政治改革在前还是法律改革在前,是政治改革带动了法律改革还是法律改革带动了政治改革。法律与政治的状况,是历史发展的结果,是现实社会的反映。他们之中任何一个因素的变化都是特定时代社会变化的产物。法律适应政治的变化所作出的变化,或者政治为适应法律的变化而作出的变化,都不过最终是适应社会的变化而已。在社会的基础之上,法律与政治相互作用,彼此影响,形成互动的架构与互动的运行模式。

(二)法与政治的一体化

法与政治不仅具有紧密的内在关系,而且有时甚至是混同、合为一体的。法与政治之间的内在联系和一体化状况一直存在,导致和决定着法与政治之间的密切联系和互动关系。法与政治之间的一体化既表现为一些政治问题就是法律问题,也表现为一些法律问题就是政治问题;既表现为国内法与政治的一体化,也表现为国际法与政治的一体化。

1. 法与政治的同一性

法律现象与政治现象并不是绝然分别的,恰恰相反的是,它们有时是紧密联系,有时则是合二为一的。法律问题就是政治问题,政治问题就是法律问题。孟德斯鸠将法律分为国际法、政治法和民法三大类。"社会是应该加以维持的,作为社会的生活者,人类在治者和被治者的关系上是有法律的,这就是政治法。""人类在一切公民间的关系上也有法律,这就是民法。"①

2. 法与政治的相关性

法与政治是相互联系的,其相关性十分明显且无可怀疑,无论是从国内法的视角还是从国际法的视角来考察,我们都可以得出同样的结论,法与政治是两个不可分割的相关社会现象。

(1)国内法与政治

首先,国内法是政治力量实现政治意图的直接手段。政治意图的实现方式是多元多样的。国内法是由一国的立法机关制定的,它首先是政治目标的制度化与规范化。一个国家的立法机构通过法定的程序将有关政治诉求转化为法律的制度化规定,然后再通过法律实施的方式加以实现。国内法与政治的紧密联系,是不言而喻的。它本身就是国内政治的构成部分。许多立法过程就是政治决策过程,也是各种政治力量相互碰撞、妥协,达成一致的过程。国内法的制定或者是专制政治的产物,或者是民主政治的结果,但是它都与政治密不可分。如果说法律一旦制定,还有可能在一定意义上疏离了政治的话,在立法过程中,各种政治力量就如何制定法律、制定怎样的法律,展开的政治活动本身就是政治。不论结果如何,都可以认为,立法是各种政治力量谋求实现自己政治意

---

①　[法]孟德斯鸠:《论法的精神》(上册),张雁深译,商务印书馆1961年版,第5页。

图的过程。

其次,国内法的立法过程也是政治运作的过程。国内的各种政治主张都会介入立法之中,并希望通过立法表达其意愿,将其意志上升为法律。各种冲突着的政治主张,其互相之间的矛盾也是在立法的程序之中得到缓解和解决。立法的最终程序是一个票决过程。在票决过程中,只要没有程序的瑕疵,就没有疑问;而且被通过的法律必然是要付诸实施的,因此无论有怎样的政治分歧,决定一旦以法律的方式作出,各种不同意见都不可能立即改变既成的法律文件。即使要修订也是以后的事情,并且还需要启动修改法律的程序才行。在各种政治分歧存在的情况下,立法其实也是解决政治分歧的重要方式。

从具体的法律制度来看,不论是政治性很强的法律部门,还是相对远离政治的法律部门。他们都不可能不受政治的影响,并反映着政治的状况。

在一个国家的内部,宪法和部门法所遇到或提出的重大法律问题都可以说是政治问题。宪法问题、国家机关的组织法问题、选举法的问题都可以说是政治问题。就宪法问题来看,一个国家设立怎样的国家制度、社会制度、政治制度、经济制度,国家的结构形式、国家机关的职权与职责等,这些都是宪法所要规范的。这些问题是法律问题,更是政治问题。在国家机关的组织法中,必须设定各级各类国家机关的组织体系、机构划分、职权职责以及运作原则和方式等,这些都首先是政治问题,然后才是法律问题。在选举法中,什么人有选举权,什么人有被选举权,对什么职位实行选举,实行怎样的选举(是直接选举或是间接选举),这些都是必不可少的内容。这些内容,与其说是法律事务还不如说是政治事务更为准确。所以这些问题的解决多数都是以政治决策作为前提的。如果在相应问题上没有政治结论,法律的规范是无法制定的。即使有关这些问题的规则最初就是通过立法来确立的,这个立法过程在实质上就是政治决策的过程,立法过程也就是政治过程。

在其他法律部门之中,许多法律问题,也只不过是以法律形式表现出来的政治问题。例如,我国土地承包经营的问题,它首先就是一个如何对待农村集体所有制的政治问题。保护私有财产是否写入宪法,这看起来是一个宪法修正案或宪法条款的问题,根本上是政治问题。它首先取决于政治权力对待私有财产的政治态度。在高度公有的政治背景之下,宪法是不可能写上保护私有财产的。宪法是否写入保护私有财产,不仅仅是一个法律的变化,更是一个重大的政治变化。国家保障人权,是否写进宪法,在表面上是修宪的问题,实际上是如何认识人权的政治问题。

(2)国际法与政治

在当代国际社会中,国际关系的日益密切加速了法与政治的一体化进程。在一般的国际关系之中,有关各国都越来越多地通过法律的途径或运用法律的手段实现自己的政治目的。在特定的国际关系之中,国际强权势力和弱势国家也都常常通过法律的方式来谋求达成自己的政治目标。

国际社会越来越强调国际法治的意义。如前所述,联合国也一再呼吁世界各国既要在国内推行法治也要在国际社会推行法治。联合国明确表示要反对那种在国际社会讲法治,在国内不讲法治的国家;也反对那种在国内大讲法治,在国际社会不讲法治的国家。国家与国家之间的关系越来越依赖双边或多边的国际条约来明确各方的权利义务,以建立稳定长期的国际关系。国际法治发展越好,国际秩序就越稳定。在良好的国际法治环境中,国家之间的各种政治纷争就会减少,一旦发生了也容易及时获得解决。国家之间,乃至整个国际社会,法治的作用越来越得到凸显。法治是国际政治的重要内容,也是处理国际事务的重要准则。

随着国际社会法治的加强,国际强权势力已经不能再像历史上那样直接赤裸裸地干涉别国内政,侵犯别国主权了。一些强权国家要干涉别国的内政或侵犯别国主权,也往往利用法律的手段来达成自己的目的。它可能通过联合国宪章和有关法律文件,通过国际会议的表决方式来达成自己的目的；也可能寻找某一国际组织或国际公约作为自己行动的根据，对他国进行干预。与之相适应，一些弱势国家也逐步学会了运用国际法律来保护自己的合法权益，对抗强权势力的干预与侵犯，法律也成为弱势国家实行自卫的武器。一些以法律冲突形式表现出来的国与国之间的纠纷，往往都是其相互之间政治纠纷的外化和表现。如果仅仅将其理解为一个单纯的法律纠纷，就可能作出错误判断和错误决策。

国家与国家之间的关系历来都是政治关系，过去如此，现在也如此，将来还会如此。国家之间政治分歧常常得依靠法律的准则或者机制来加以解决，国际法就是处理国家相互之间矛盾的法律。国家之间按照国际法律原则，通过协商、谈判、订立条约对双方的政治事务进行协调，就是依法解决国家之间的政治冲突和纠纷。国际协商、谈判、订约都是国际法解决国际争端的方式。更何况还有国际司法机构，担负着解决国家之间纠纷的司法职能。国家之间的法律纠纷总是与政治纠葛混合在一起，在国际社会中，任何人都无法将法律与政治彻底分离。所有的国际法律问题都是政治问题，大量的政治问题都会以法律问题的方式表现出来。

二、法律与政治的区别

法律与政治有着重要的区别，这些区别既是学理的，更是实践的，我们混淆了或者忽略了它们之间的区别，就会犯严重的错误，造成重大的损失。

（一）法与政治的区别

法律与政治是人类社会上层建筑中的不同现象。作为不同社会现象，当然存在着重要差别。正是这些差别使之成为不同事物，共存于人类社会之中。

1. 产生时间有先后

在总体上，可以说法律与政治产生的时间大体相同。但是仔细分析,就不难发现,在人类社会公共事务和公共管理产生之后,政治就产生了。首先是人的社会性决定了政治在社会中的率先产生。人是社会的动物,人一旦以类的方式存在,就有了社会。有了社会就有了公共事务,有了公共事务就有了对于公共事务的处理,就有了政治。一旦人们开始对公共事务进行处理和对待,就开始了最初的政治活动。再说,政治作为一种对社会公共事务进行管理的社会现象,并无严格的形式要求,所以其产生就相对较为容易,也就比法律相对更早。

法律则不同,它是一定的行为规则,而且是一定社会成员共同的行为规则,它就要求有一个形成的过程。法律是在人与人的交往中产生的,这种交往会产生出对于规则的需求。这些规则首先是习惯、道德、传统,继而固化,有的被公共权力赋予强制力保障,就转化成为法律。其次,法律有特定的表现形式,甚至有特殊的产生过程,因此就比政治相对产生得要迟缓一些。法律在制定主体、制定过程和表现形式等方面的特殊性,就使其总体上比政治产生要晚,甚至是政治产生之后,经过一定阶段的发展,为了政治乃至整个社会的发展需要才产生的。

2. 表现形式有差异

法律有其独特而严格的表现形式。法律的表现形式特定,不同层级的法律有不同的表现形式,不允许混淆或者混同。即使是人类早期的法律,也比一般的习惯规则更加规范和严格。它要得到普遍的认同和国家强制力的保障,也会具有区别于习惯等规则的必要形式。随着人类法律的发展,到现代法律更是以其严格的形式与其他社会规范相区别。

政治则不一样,它往往表现为对公共事务的管理和公共权力的运行。只要有这两个方面存在,就可以说有政治的存在。政治的表现形式远比法律灵活多样,政治形式的变化也比法律多姿多彩。尤其是在现代社会,政治的表现形式纷繁得令人眼花缭乱,目不暇接。政治可以是议会立法、总统讲话、司法改革,可以是政党执政、在野党倒阁,也可以是某种政治决定、决策、声明的作出与发布,还可以是结社、集会以及游行、示威等抗议活动。在特定的时代,政治甚至还有更多特别的表现形式,如某个执政党报刊的“社论”、署名文章等。

3. 基本内容有区别

与政治相比较，法律调整的内容是相对有限的。首先，法律仅仅调控人们的行为。法律从不直接调整人们的思想，更不追究纯思想的所谓的违法犯罪。只有行为才是法律调整的对象和目标，这是法律与道德、宗教教规、习惯、纪律等的重大区别之所在。从法律的作用来看，即使法律对人们的思想有所作用，其目的最终还在要调控人们的行为。其次，法律仅仅调整重大的社会关系，仅仅调整那些需要国家强制力干预的领域与方面。对于一般的属于道德、习惯、纪律范畴的社会关系，法律不予调整。

政治的内容非常广博，涵盖面远远广于法律的内容。在人类的集体生活中，政治是必需的。政治的调整范围几乎遍及所有的社会关系。政治涉及人类生活的方方面面，也体现在人类生活之中。政治既调控人们的行为也调控人们的思想。政治与法律内容的重叠与差异，使得法律在很大程度上不过是政治的构成部分而已。除了较为技术性的规则之外，法律在总体上还是政治的构成部分，法律的外延大大小于政治的外延。

4. 调控手段有强弱

政治和法律在一定程度上都是社会的调控工具。但是在调控手段上，政治和法律有着重大差异。法律调控的最终保障是国家强制力，没有国家强制力作为后盾的规则，也许是道德规范、习惯规则，也可能是政治纪律，但不是法律规范。只有法律才必须而且必然具有国家强制性，由国家强制力保障实施。法律的这一特性使得法律的手段更加有效而不容置疑。警察、检察官、法官、法庭、监狱等都构成了贯彻法律的手段，绝大多数的法律都凭借这些手段得以充分而有效的实施。

政治的调控手段多元多样，并不依赖国家的强制力。政治可以靠政策召唤、政党威信、领袖魅力、说服动员、组织号召以及必要的舆论引导等来推进。政治调控手段的多元多样，大大扩展了政治调控的空间和充实了政治调控的方式。政治的这种性质使之获得了更为丰富的手段支持和实现措施，但是也妨碍了政治调控的有效性。政治与法律调控手段的差异必然地导致了效力的差异。将政治的调控手段与法律的调控手段加以比较，就不难发现，法律远比政治更加强大有力，因为它身后支撑的是国家的警察、检察官、法院、法庭与监狱。

（二）混淆法律与政治的灾难

政治与法律的差异很多，认识这些差异也是对法政治学进行科学构建的前提之一，混淆法律与政治，必然是错误的、不科学的、非理性的。认识政治与法律的差异，是建构法政治学的理论前提，不可小觑，更不可忽略。人类历史上混淆法律与政治，将二者错误等同的情形时有发生。就在20世纪的中期，中国就为此付出了极其昂贵的代价。对于二者区别的把握，是建立法政治学的认识基础。混淆法律与政治之间的界限，或者将二者等同起来，都可能犯重大错误。我们必须将法律与政治加以科学的分别和正确的结合，只有这样政治与法律才能各得其所、各司其职、各显其能、相得益彰。

1. 用政治取代法律的灾难

在混淆法律与政治的错误中，在逻辑上存在两种可能：一是导致以政治取代法律；二是导致以法律取代政治。前者是最首要的，其实，由于法律与政治在实际社会生活中的地位和影响的不同，结果多数情况下都只能是政治取代法律，使法律成为政治的奴婢。用政治取代法律的错误，它将直接表现为法律与法学的泛政治化，给各种法律问题都贴上政治的标签，使与政治有联系或没有联系的法律现象，都被打上政治的烙印。用政治手段来解决法律问题，导致法律上的泛政治化。在政治取代法律的灾难中，法学也会遭遇同样的泛政治化危险，法学的理论研究被简单地等同于政治分歧，甚至被视为敌对行为加以错误的对待。法学的泛政治化不仅在学理上是非科学的，而且还会在实践上阻碍法学的进步，妨碍法学的发展，甚至导致法学的倒退，又从理论与实践的关系上作用于现实的法制建设。

在实践上,泛政治化将使法制被简单政治化。历史上法制被简单地视为阶级斗争的工具,最终成为政治斗争的工具,使法律被整体地降格,被庸俗化。在泛政治化的背景下,法治成为泡影,人治乘机抬头,大行其道。社会管理、国家事务都远离法治的轨道,专制主义借机滋长,横行无忌。权力无视法律地胡作非为,法治不存在,民主被践踏。历史上的否定法治的人治或专制,就是在泛政治化的背景下出现的。

在理论上,泛政治化将使法学学术与法学教学政治化。在学术与教育活动中,用政治标准代替学术标准,使法学的科学性被否定。这不仅会阻碍法学本身的发展,而且会使法学被庸俗政治所摧残。历史上,我们曾经出现的学术灾难值得牢记。我们也应该注意到,政治取代法律的同时,政治还会取代其他的许多东西,法学不过是其中的一分子,政治的泛滥就成为灾难。法学的悲剧一旦成为法学人的悲剧,整个法学和法律都难以自保。法律、法学界对于泛政治化的警惕和防范,是历史经验更多是历史教训的警示与要求。

2. 用法律取代政治的灾难

用法律取代政治,是存在逻辑可能性的。在中国历史上用政治取代法律十分寻常,而用法律取代政治则十分罕见,甚至难以发生。中国历朝历代的统治者利用政治来否定法律的情形随处可见,利用法律来否定政治的情形,极难甚至从未普遍出现过。

尽管历史上很少发生用法律取代政治的情形,但是并不是绝然没有或者永远不会发生。如果真的出现了用法律取代政治的情形,也是有问题的,有时甚至还十分严重。它可能使政治得势者滥用法律手段,用法律打击政治竞争对手,将对方置于政治与法律的双重不利地位。例如,政治竞争者利用法律来达成打垮对方的目的,从而破坏政治生态与环境,恶化政治风气,败坏政治道德。用法律取代政治的现象,在历史上没有普遍出现过,并不等没有出现过,更不等于以后不会出现。我们推进法治建设的过程中对此问题必须有充分的认识。

三、政治是法律的基础

政治是法律的基础，是以法律与政治的一致性作为重要根据的。政治是法律的基础，其内涵非常丰富。法律总是直接或间接地受制于政治，并以政治作为自己的基础。

（一）法律以政治为基础

法律与政治都是国家的现象。自有国家这样的政治组织以来，法和政治就因国家而紧紧相随。相对于国家而言，法律和政治都以国家作为基础。就法律与政治之间的关系而言，政治就是法律的基础。法律之所以将政治作为自己的基础，是因为：

1. 政治为法律提供权力基础

权力是政治的核心元素，是法律得以制定或认可的政治基础。任何法律都是以权力作为自己基础的；没有权力，法律就无法产生。任何时代的法律都是以国家权力作为根据的，并且直接表现为某种权力意志的体现。尽管这种权力意志背后还有更为深刻的根据，但是法律的制定和认可都必然和必须首先具有权力这一基础。法律作为国家意志，由国家制定或认可就是充分的证明。从立法上讲，是权力使法律具有了神圣的性质，是权力使法律具有了强制服从的力量，使人们不能不敬畏法律。

权力为法律提供了心理和暴力的双重保障。一方面，人们慑于权力的神圣性，而延伸至对法律的敬畏，发自内心地尊重与服从法律。权力在一定程度上制造和维持着人们对于法律的心理上的服从，法律的神圣性在一定的意义上说也是导源于国家的神圣性的。中国古代社会对于国法的崇敬就是这样的。中国人把国法与天理、人情相提并论，并加以服从，这种现象与法律是国家意志具有不可分割的联系。另一方面，人们更慑于现实的权力威胁，不得不遵行法律。谁违反了法律，权力的强制力就会降临，就将受到法律的制裁。人们必须依照法律的规定行事，否则就必须对自己的违法承担应有的法律责任。这是法律依赖国家而对社会成员的现实的压迫,迫使社会成员自觉地遵守法律。

2. 政治为法律提供组织基础

政治组织是政治社会存在的外在标志与活动主体。法律是人类政治社会的产物。进而还可以说,法律是人类社会政治组织的产物。没有政治性质的组织,人类的法律就失去了制定主体和执行主体。在人类社会中,政治组织作为公共权力的拥有者担负着维持公共秩序和达成某种或某些政治目的的使命。政治组织为了达成自己的目的就会制定和认可法律,并保障法律被切实地贯彻。从法律本身来看,它就是人类有组织活动的要求与结果。没有政治性质的组织存在,人类没有必要去创设法律,而且创设出来的法律也没有最有效的执行者和监督者。

可以认为一般的公民对于法律的制定、执行和监督也有重要的作用,但事实上,个人的作用始终是以组织的存在为前提,并且从属于组织的。没有议会、政府、司法机关等政治组织,任何个体对于法律的制定、执行和监督都是软弱无力的,也是难以持久的。议会作为政治组织,是立法机关,一个国家的根本大法和基本法律都由其产生,没有它的存在、运行等作用的发挥,就不可能制定出法律。政府作为政治组织,它是法律的执行机关,或者可以直接称为执法机关。没有政府,行政法规就无法产生;就所有的与行政相关的法规来说,都无法得到有效的执行。司法机关并不是非政治组织,同样是政治组织的构成部分,只是其特殊的元素而已。从表面来说,守法是社会成员包括相关社会组织的自觉,但是没有政治组织,法律的遵守也会在极大程度上成为空谈,最后遭到毁坏。

3. 政治为法律提供政策基础

政策是政治的意志表现,政治主体的不同,其政策也会有所差异。政策分为国家政策、政党政策等,国家的政策始终是制定法律和实施法律的重要指针。国家的政策总是随着国家形势的发展变化而发展变化的。国家政策的变化既可能是一些新法律得以制定的前提,也可能是一些既有法律必须进行修改的依据,还可能是某些法律应该被废止的原因。至于政党的政策,也会对法律的状况与变化产生影响。政党的政策因各个政党在国家和社会生活中的地位和作用的不同,而对法律产生不同的影响。在众多的政党中,尤其以执政党的政策对法律的影响最为巨大。执政党的政策或者通过议会,或者通过政府,或者通过他们具有表达优势的其他方式来对法律产生影响。

政治为法律提供政策基础,全面地影响着法律的创制、修改和废止等立法活动,也为法律的实施提供了政策性质的依据,指导法律的实施。立法活动中,各种政治力量的代表都努力贯彻自己所代表的组织的政策,并力争将其体现在立法中,转化为法律的规范。立法是各种政治力量政治主张相互作用的结果,是冲突、妥协的产物。法律的实施必然涉及对于法律文本的解读。如何理解既定的法律条款,国家的政策或特定情况下的执政党政策,为对于法律的理解提供了政策性指导。

(二)法律受制于政治状况

法律受制于政治是在这样的意义上成立的:法律调整的许多问题和许多内容,都具有政治的性质,直接受制于政治;与政治无关的法律问题和法律方面,也与政治的环境与状况密切相关,间接地受制于政治。前者可以称为法律直接的政治性质,后者可以称为法律的间接政治性质。

1.法律直接受制于政治

大量的宪法、行政法以及国际法问题以及宪法、国家机关组织法、立法法、地方自治法、军事法和外交等方面的法律法规,无不具有直接的政治性,理所当然地直接受制于政治。这些法律所涉及的国家制度问题、经济制度问题、文化制度问题、教育制度问题、国家政体问题、行政区划问题、立法权限问题、立法程序问题、地方自治问题、民族区域问题以及国家主权、国际关系等,都是重大的法律问题,更是重大的政治问题,同时具有法律和政治的双重属性。从政治角度看,是具有法律属性的政治问题;从法律角度看,是具有政治性质的法律问题。在这样的问题和事项上,有关的宪法、法律和法规就具有政治的属性,而且是直接的政治属性。在这些方面,法律与政治不可分离,法律必然直接受制于政治。

2. 法律间接受制于政治

也有许多法律并无直接的政治属性,并不直接受制于政治。例如,环境保护的法律、交通规则的法律、医疗技术的法律、科学技术的法律等都与政治具有相当的距离。它们与政治之间并不具有直接的联系。在充分认识到法律的政治属性的同时,也要反对随意将法律问题政治化——在法律问题上犯泛政治化的错误。泛政治化,既不符合法律实际,也会有害于法学的发展。但是,也要清醒地认识到,即使是远离政治的法律问题,也不可避免地与政治有着千丝万缕的联系,并间接地受制于政治的状况。

第一,法律能否与政治保持应有的关系,首先取决于政治的状况。本来有的法律问题就是政治问题,有的法律问题远离政治。但是,在泛政治化的时代,任何法律问题都可以被套上政治的外衣,任何法律都无法脱离政治,都无可奈何地带有政治的烙印。在那样的政治背景之下,本与政治无涉的法律,想远离政治也无法远离。只有在政治正常的状态下,与政治无直接关联的法律,其本性才可以得到政治的尊重,使其保持与政治应有的距离。从这个意义上讲,即使是那些远离政治的法律,如果没有良好政治背景,也难以真正地远离政治。

第二,所有的法律问题,都会受到政治的影响。医疗卫生的法律,应当是远离政治的,其实不然。在畸形的政治之下,人们的生命与健康并不如空头的政治重要,医疗卫生立法就必然不会受到重视。即使存在相关的立法,也无法得到很好的贯彻实施。在科学技术受到政治歧视的时代,科技立法的数量有限,而且其效用也不会得到很好的发挥。在政治上,人的问题没有得到正确认识的时候,环境保护法中的人的地位就得不到确认,以人为本,使人与自然和谐相处的环境立法就无法产生。在人被否定的政治背景之下,交通法规对于人的健康与生命就不会予以应有的珍爱,交通立法中甚至可能出现否定人、否定人的生命的畸形规则。

四、法律是政治的规则

法律是政治的规则，具体表现为它表达着政治意志、调整着政治关系、规范着政治行为、维护着政治秩序、制约着政治发展。

（一）法律表达政治意志

任何政治主体，之所以是一个政治主体是因为它有自己独立的政治意志。没有政治意志的政治主体是不存在的。因为任何组织或个人，如果没有意志就不可能成为政治主体。独立的政治意志是政治主体存在的标志；是否具有自己独立的政治意志也是一个政治主体是否成熟，是否具有足够的从政能力的反映。严格地说，没有独立意志的政治主体，是不合格的政治主体。即使是两个政治意志完全相同的主体，就其意志单元来说，还是独立存在的，只是他们之间形成了合意。需要注意的是，这里所说的独立意志并不是指独特的意志。按理，不同的政治主体理当具有不同的政治意志。但在实际的社会生活中，不同的政治主体则可能有某些相同的政治意志。独立的意志强调的是政治主体在意志上的自主性，强调的是意志与主体之间的归属关系。特定政治主体即使与别人的意志一致，也应该是其自主认同的结果。

法律要么是一个政治主体意志的表达，要么是多个政治主体不同意志综合碰撞的产物。政治主体的意志总需要适当的表达方式。政策、法律都是政治主体意志的载体。但是，法律具有政策所不具有的独特的权威性、神圣性，并且具有通过司法程序强制要求全社会遵循的性质。如果有可能，主导社会的政治主体就会力图把自己的意志表现为最具有权威性和强制性的法律。如果只有某一政治主体独揽政治大权，它就可以顺利地把自己的意志表现为法律。如果有多个政治主体并不绝对地服从于谁，他们也就是多种政治力量，就会在各种舞台上发表不同意见。不同政治主体表达意志的场合和方式有很多，诸如议会、会议、文件、传媒、集会。不同的政治主体都会利用这些场合和方式来表达自己的政治意志。由于议会独特的性质、地位和作用,作为立法机构的议会往往会成为各个政治主体表达意志的最好选择和最好场所。各种政治意志就会在议会上相互碰撞,最终形成一个综合的意志,表现为法律。

(二)法律调整政治关系

不同的政治主体之间会形成多种政治关系。这些关系之中有统治者与被统治者之间的关系、政治领袖与社会民众之间的关系,以及公权力与公民的关系等。

1. 调整统治者与被统治者的关系

当人类进入阶级社会以后,阶级斗争就没有停息过。统治阶级也就是在政治上控制着国家权力的阶级。统治者总是希望并具体地利用法律将自己的统治地位加以确认,并以此为根据对自己的统治地位加以保护。法律对于统治关系的确认首先在于统治阶级会运用法律来确立自己的统治地位,并将这种政治优势转化成为法律上的优势,以法律的手段来维护和维持自己的政治地位。法律对于统治阶级统治地位的确认,首先就有对统治地位的宣示意义。通过法律的规定,向全社会表明特定的政治主体掌控着国家的权力,是特定国家及其相应社会的当然统治者。在宪法出现之前,统治阶级总是运用宪法性质的法律法规来确认其地位。在宪法出现以后,作为国家根本大法的宪法就成为统治阶级确认自己统治地位的最佳手段。自从宪法产生以来,就担负着这样的历史使命,这也是宪法被视为政治法的首要原因。其次,这种确认是其他具体法律规范的立法前提之一,也是贯彻相关法律的指导思想。现代大多数国家,尤其法制发展到相当程度的国家,他们都有自己的法律体系。在整个法律体系中,宪法只是根本的部分,它还需要部门法来加以贯彻落实。部门法对于宪法或类似规范所确立的统治阶级的统治地位的维护,为宪法政治原则的实现提供了有效途径。

2. 调整领袖与社会民众的关系

政治领袖是政治产生以来就具有的政治主体。它与社会民众相对应,并为许多社会民众追随。历史发展早已证明,政治领袖具有重要的作用,有时甚至是决定性的作用。这是在任何时候都无法也不必否定的客观事实。由于领袖在日常活动中起指挥调度的主导作用,在关键时刻又可能起扭转乾坤的独特作用,所以这就很容易导致对于领袖作用的无限夸大。在许多场合领袖的作用都是不可忽视的,尤其是在那些具有人治传统,或正在实行人治,或者正在向法治转化的国度,领袖作用就会更加突出。否定领袖作用固然是不对的,但是夸大领袖的作用,也同样是错误的,甚至是更严重的错误。过分夸大领袖的作用,很容易把国家的前途与命运,把天下兴亡都寄希望于一个或几个英明的领袖,这就难免会导致灾难性的后果。那种无限冀望于个别领袖的观念,即使是从最良好愿望出发的期待,也往往可能导致意想不到的恶果。在政治上要正确定位领袖的作用,正确处理领袖与社会民众之间的关系,唯一而有效的方式,就是对领袖的行为予以法律或准法律的规制。只有这样,才能避免出现那种政策或法律等因领导人改变而改变,或者因领导人的注意力的改变而改变的悲剧。对于已经拥有国家政权的政治组织来说,最重要的是要有对于政治领袖的法律规制。运用法律来规范政治领袖的行为,对于保障民主,对于确保领袖正确处理自己与民众之间的关系,都是特别重要的。

3. 调整公权力与公民的关系

公民是政治国家中最基本的民主主体,是人民在政治国家中的个体化。公民是政治国家的基础。政治国家是公民集体的产物,理当为公民服务。政治国家一出现就在某种意义上成为公民的对立物,以其社会管理权统治社会,乃主统治公民。政治国家是由若干公权力来代表的。政治国家与公民之间的关系,在社会生活中表现为公权力与公民之间的关系。公权力的第一位主体是政府,其次也包括司法机关等。在专制社会中,公权力不仅不受法律的约束,甚至将法律作为专制的权杖;法律不仅不能约束公权力,甚至成为公权力的帮凶。只有在民主社会中,为使公权力忠于人民、服务公民,才运用法律调整公权力与公民之间的关系。

一是通过法律来确定公民的权利,并保障公民权利的实现。法律既防止对公民权利的任何侵犯,更把限制公权力,防止公权力侵犯公民权利作为法治的根本要求。公民的权利是公权力的行为边界,任何公权力都不能因其权力的行使而侵犯公民的合法权益。二是通过法律设定公民的义务,防止对公民义务的随意加大与加重。这也除了是对公民的要求之外,也有效地防止了公权力对公民权利的侵害。三是通过法律赋予公权组织以相应的职权,并要求其在法定范围内依照法定程序行使。法律要求公权力既不失职也不越权,既为公民服务又不至于奴役公民。法律调整公权力与公民之间的关系,是法律调整政治关系的重要内容与方式,其调整的情形也是特定政治的民主状况的重要体现。

(三)法律规范政治行为

政治主体多元,政治利益复杂,也决定和导致了政治行为的种类繁多,内容丰富。从政治行为各种相互对应的类别划分来看,政治行为中有统治的政治行为与非统治的政治行为,个体的政治行为与群体的政治行为,理性的政治行为与非理性的政治行为,直接的政治行为与间接的政治行为,公开的政治行为与秘密的政治行为,国内的政治行为与国际的政治行为。① 从政治行为的性质来看,有政治斗争、政治统治、政治管理和政治参与等。② 政治行为是千奇百怪、千差万别、千头万绪的。复杂的政治行为与政治利益密切相关,与政治主体密切相关。规范政治行为也就是要规范政治主体在政治上的动与不动的外部状态。落实不到具体的主体之上,政治行为的规范就不可能实现。法律对于社会关系包括政治关系的权利义务的设置,为法律规范政治行为提供了具体方法。

提出规范政治行为的目的,在于维护政治秩序。政治行为必须被规范,否则就难免出现混乱。政治行为的混乱必然会给社会造成灾难性的后果。因此,在任何时代,都应该给政治行为以法律的规制,避免政治行

① 陈子明等:《现代政治学导论》,宁夏人民出版社1988年版,第123~124页。

② 王浦劬主编:《政治学基础》,北京大学出版社1995年版,第三篇。

为的无序状态。因为政治行为中有理性,也有非理性;有文明的,也有野蛮的;有推动社会发展进步的,也有阻碍社会发展进步的。作为统治者来说,也许他们并不在意某种政治行为对于人类理性与社会发展有多大的危害,但是他们总是会关注每种政治行为对于现行政治的影响、对自己政治统治的作用。不管特定社会是由谁来统治或主导的,对于政治行为的法律规范,都应该是他们共同的行为方式。

无论法律规范的是什么样的政治行为,只要有法律规范的存在,都可以增强政治行为的秩序性,避免政治行为的无序化。运用法律来规范政治行为,比单纯政治或政策来规范政治行为要进步得多,也有效得多。经过了数千年的发展,人们也逐步并更加深刻地认识到运用法律来规范政治行为最为有效。单纯运用政治手段来规范政治行为,难以避免其本身就是不规范的,难免成为政治闹剧。相反,法律可以运用有序的规范较为有效地防止政治行为的无序性。

(四)法律维护政治秩序

政治需要秩序,没有秩序的政治就是混乱。混乱是政治的灾难,它既妨碍政治正常运作,更有可能毁坏政治本身。政治的有序性,是政治得以存在的要求,是政治统治者能够持续统治的基本保证。历代统治者所谋求的长治久安、天下太平的政治理想中,首要的就是谋求政治统治得以持续下去。长治久安、天下太平首先就是要有一定的政治秩序。这种政治秩序的存续,是政治运作的前提。统治者运用其拥有国家政权的优势,必须也必然会运用法律的武器来巩固自己的政治秩序。

政治活动是政治生命力的体现,政治秩序也是政治运作的需要。政治一旦存在就不是静止的,政治是运动着的政治。参与政治活动的人是众多的,政治活动的时间是持续的,因此,如何规范政治活动,保证政治活动的有序性,就是一个重大的难题。政治的活动秩序问题历来都为人们所关注。政治统治者要使自己的政治有效和良性运转,就必然要运用法律来规范政治活动,确保政治活动不走向政治目标的反面。

法律为政治活动提供行为准则、基本程序,从而建构起必要的政治秩序。政治秩序是良性政治状态的必备要素。没有政治秩序,就是混乱,它对于绝大多数政治主体都是灾难。因为没有政治秩序,政治主体就失去了政治活动必要条件。即使是那些要破坏既有政治秩序的革命家,他们破坏政治秩序的目的,也是为了建构新的政治秩序。从这个意义上说,革命的目的在于更新政治秩序,并不在于破坏政治秩序。他们无可奈何,不得不做出的破坏也是暂时的,是手段而不是目的。法律以明确的、强制的规则形式来维系政治秩序,是非常重要和必要的,它可以有效地避免政治的无序,确保政治的顺利运行。

(五)法律制约政治运行

法律并不仅仅被动地接受政治的约束。相反,政治的运行还必须受到法律的制约。人类为什么要用法律来制约政治呢?

1. 防止暴政

暴政是与仁政相对应也相对立的,是对民主的反动,是对正常政治的颠覆和反动。仁政未必是民主政治,但是仁政一定比暴政可爱。因为仁政中还保留着哪怕是居高临下的对于人的同情和怜悯、对于人民的妥协和关爱。仁政毕竟是仁爱的,有着尊重民本、体恤民情、关注民意的一些缓和政治矛盾,推进社会和谐的措施。在人类没有普遍进入民主时代的时候,仁政就是难得的政治状态。能有仁政出现,也是非民主时代人民的幸事了。但是,暴政是人类的灾难。千百年来,暴政的罪恶可以说是罄竹难书,人类为此所付出的代价也是难以数计。中外的政治学家们曾为人类如何防止暴政,如何摆脱暴政,如何与暴政进行斗争,进行了努力的探索,也积累了丰富的政治经验,形成了一系列政治学说。

人类的政治,如果处于理性状态,也都是会反对暴政的。实施仁政是历代明君或仁君的政治理想和施政方式。历代的明君或仁君也会自觉不自觉地在一定程度上采用法律的手段来推行仁政。这至少是因为,法律的公开性使其具有一定的抑制暴政的功用。人类防止暴政的手段和方法都是多样的,在多样的方法中运用法律来制约暴政,无疑是最成功、最有效的方式。因为法律的公开表达方式决定了暴政者难以公然地运用法律来以售其奸。历史上只有极少数暴君才会把自己的暴政淋漓尽致地表现在法律中,法律作为政治运行的重要方式本身就对暴政有制约作用。

法律的社会意识也为抑制暴政提供了精神武器。从社会的意识角度看,只要法律存在,法律还得到社会的一般尊重,暴政就会受到法律的观念制约而被适度遏制。有了法律观念,人们就可能将一些防止暴政的法律措施制度化、规范化。只要有了制度化、规范化的政治运行规则,暴政就会受到阻碍而不可能畅行无阻。法律的存在,也会在一定程度上阻止明君、仁君向暴君的畸形转化。明君和仁君都会顾及法律的既有规定而在一定程度上抑制自己的行为,人们也许就会因此而幸免暴政,或能使暴政的程度减轻。即使是专制君主,如果社会有着一定的法律观念,在其暴政的推行中也会遇到较多的障碍。贤士仁臣也可以在一定程度上运用法律来阻止或修正暴政,甚至推翻暴君与暴政,为仁政带来希望或者契机。

法律如果内含着民主和法治的精神或者制度,那对于暴政就更是有效的制约措施。有了民主和法治内核的法律制度存在,暴政存在的空间就会极为有限。一旦出现了,人们还可以以法律作为斗争的手段,向暴政宣战。暴政就可能被制止。在暴政结束之后,由于反对暴政的法律制度的存在,还可以用以制裁暴政者,铲除暴政的祸根,为未来的民主和法治开辟道路。

2. 实现法治

法治思想的萌生与发展经历了数千年的历程,从近代以来逐步成为了政治实践、历史潮流和发展目标。到了 21 世纪,法治成为国际社会和各国国内的政治走向与政治潮流。国际社会也一再呼吁那些在国内倡导法治的国家必须在国际社会中坚持法治;那些在国际社会中主张法治的国家也必须在国内推行法治。这种呼声无疑有助于各国在国际社会和国内统治上保持法治的统一性,全面推进法治建设。

法治的根本使命在于约束权力,防止权力的滥用,反对权力的极端化。一般所说的权力当然是指政治权力。在政治现象之中，最经常、最难规范的也就是权力。权力的正常运用是社会良性发展的保障，权力的畸形运用必将给人类带来灾难。在理论上，权力始终是政治学说和法律学说的焦点。对于权力进行研究，始终是政治学和法学的重要任务。在实践上，对权力进行规范的任务也就主要地落在了法治的身上。政治道德虽然也在一定程度上制约着权力，但是其效能相对来说是十分有限的。面对丧失道德的当权者，政治道德的效用近乎为零。

法律对于权力的制约，是法律对于政治进行制约的具体表现。要实现法治，就必须对权力进行限制，对权力进行限制也就是对政治进行规范。所谓规范政治，其重要的内容就防止权力的滥用，就是对权力进行制约。为了实现法治的理想，就必须规范权力和制约权力。只有当权力都在正常的轨道上运行，一旦越轨就会被有效制止的情况下，法治才会成为现实。

法律制约权力，实行法治，是法律制约政治的最佳状态。人类的法治化努力也就是实现和坚守法律对权力的有效制约，实现并维护法治。

3.保障民主

民主一旦建立，就有一个如何保持的问题。何以保证民主被确立和坚持，法律就发挥着极为重要的作用。

法律可能是专制的工具，但更可能是民主的工具。只认识到法律可以被专制和民主所利用，就过于简单了。因为专制与民主对于法律的利用，其状态是不同的。严格地说，专制对于法律的依赖是有限的，因为专制者在需要法律时，才利用法律进行专制的统治；在其不需要法律，或者视法律为桎梏时，就会抛弃法律，而直接采取更能表达其意愿的专制手段。民主根本无法脱离法律。统治者内部的少数人，或者统治集团整体，乃至全体社会成员，他们要把民主坚持下去，就必须借助一种可以记载与确立民主的方式。在众多的方式中，唯有法律的方式具有最大的确定性和稳定性。有了确定而稳定的法律确认，民主就有了一个制度性质的基础。一旦被侵犯，就有一个衡量的标准与准绳。被侵犯的民主要得到修复和补救,也有一个恢复与重建的尺度。

其实,即使是在专制之下,只要专制者采用法律的手段来表达专制和推行专制,这样的专制也会因法律的表达方式和存在方式而受到某种程度的制约。专制者将其意志精练地表达为法律规范的过程,其专制意志也许就会因此而受到一定的限制,而不会像在单纯的政治行为中那样被恣意滥用。法律的相对长久的存在方式也可能对短期的专制行为构成某种制约,使专制者不敢绝对地肆意妄为。法律的立此存照意味多少会使专制者有所顾忌。他们为自己所谓的名声或者为了顾及社会的批评和反抗,也会在一定程度上降低其专制程度,或对其专制予以某种法律上的装扮。只要有了这种降低,对于专制也是或多或少的制约。即使是其中的某种装扮,也可以说它表现得更为狡猾和阴险,但是也同样可以看到这将降低其专制的程度。也许正因如此,一些大独裁者,他们极端专制的时候也总会彻底放弃法律而采用单纯的政治行为一意孤行。这时,他们连法律的面纱也会抛弃,赤裸裸的政治统治就成为摆脱法律或不受法律约束的暴政。

同时,法律自身的性质还可以为制裁独裁、专制等提供根据,为制裁相关的违法犯罪提供处罚的措施与手段。法律的这种制裁作用即使不能被实际运用,也或多或少地具有威慑的力量。它可以在一定程度上遏制反民主的行为,从而为民主提供一种独特的保障。所以说,法律是在一定程度上保持民主的需要。

第二章　法与政治主体

政治主体是政治行为的行为人，也是政治关系中权利的享有者和义务的承担者。政治主体是多元的，有作为个人的政治主体，也有作为群体的政治主体；有人民、公民、阶级、民族、政党、政治家、国家等。政治主体是政治学必须关注和研究的，也是法学所必须关注和研究的。虽然法学和政治学都关注政治主体，但是这两个学科对政治主体的认识视角和认识结论是有所分别的。不同的主体在政治学和法学中的地位和意义也不尽相同。本书无法对所有的政治主体进行逐一讨论，仅仅对必须关注的主要政治主体加以专门的论述。

一、法—人民—公民—选民

从应然的意义上说，法理当是人们意志的体现。人民这个语词，有时是从政治视角出发所指的公民中的特定成员，有时则类同于公民的含义并与公民这一概念相混用。研究法与人民、公民之间的关系，是法政治学的必要主题。

（一）人民与公民

公民和人民都是政治学和法学经常使用的最基本的概念。对二者进行区分，认识二者与法之间的关系，具有重要的学理意义和实践价值。

1. 概念范畴不同

人民主要是政治范畴的概念。人民这一概念在政治上既被作为具有鲜明阶级属性的概念，也被作为没有阶级差别的概念。首先，让我们来考察作为阶级意义的人民。在中国改革开放以前的阶级斗争时代，在阶级和阶级斗争的观念中，人们所理解的人民总是与敌人相对应的，人民的概念也是与敌人的概念相对应而提出的。人民与敌人之间的划分则主要是由政治来进行的，二者之间的关系也主要是由政治来调整的。人民与敌人的划分以及对相互关系的调整，是政治的主要内容。对人民与敌人进行划分是政治的重要任务，在特定的历史背景下甚至是政治的首要任务。在政治斗争激烈的社会环境之中，划分人民与敌人是政治的重要任务，人民与敌人之间的关系也是基本的政治关系。人民与敌人之间的区分与关系调整是政治的重要甚至根本问题。其次，让我们来考察非阶级意义的人民概念。在并不强调阶级和阶级斗争的场合，人民的概念常常并不具有与敌人相对的含义，而是指广大群众、社会公众、社会成员，是指不特定的人的总体。在这个含义上，人民就是没有阶级差别的社会成员的总称，或者就是指全体社会成员。在这个意义上的人民，虽然不具有阶级划分的含义，也不与敌人相对应，但是它仍然是政治的概念。政治家们在许多场合、政治文件在许多地方所提及的人民就是在这样的含义上使用的。

如果说人民主要是政治范畴的概念，公民则主要是一个法律范畴的概念。在宪法、行政法以及全部的公法领域，公民都是最基本的主体范畴，是最不可缺少的法律概念。因为公民在法律上是指拥有一国国籍的自然人。是否拥有一个国家的国籍当然是特定自然人在一国是否具有一定法律地位——享有法律权利、承担法律义务的根据。公民与国家相对应，公民与国家之间的关系是由法律来确定的，是法律所必须调整的对象。公民与国家的关系是基本的法律关系,是法制与法治的基础。在私法方面,公民的概念也许没有公法领域那样广泛,但也同样被普遍使用。法律对于人身权利、财产权利、文化权利的调整,根本就不可能不用或漠视公民这一概念。

许多著作都简单地以为人民是绝对的政治概念,公民是绝对法律的概念,似乎他们完全互不相干地在各自的领域被使用。其实,这种看法并不全面。人民是政治概念,但是在解析法律的意志主体与本质归属时,人民的概念是不可回避的。在法哲学或法理学的角度,法律和法学都必须使用人民的概念。在对法律进行政治考量的时候,公民作为人民的法律化和具体化,是不可回避的。所以政治和政治学也同样会使用到公民的概念,并以对与公民相关问题的研究,来检讨政治的情形以及人民的实际状况。

2. 主体类别不同

从主体的意义上看,人民与公民是在不同领域中被更多地涉及的主体。具体说来,人民更多地是政治主体,公民更多地是法律主体。它们分别是不同领域的主要主体单元。他们虽然有着重要的联系,但也有明显的分别而不相混淆。

人民,在总体上是一个整体性的政治主体,是政治上必须确立和明晰的基本的主体单元。人民是政治的最广泛的、最具有概括性的概念之一,作为整体性概念,往往在人们论述法律的意志主体或本质归属时被使用。人民虽然是一个政治主体,但由于法律的政治属性,使得法律和法学都不可能彻底摆脱人民这一政治主体。法律和法学也会使用到人民的概念,只是在法律和法学中的人民概念,是在法律的意志主体与本质归属意义上使用的。它的运用所回答的往往是法的意志归属与服务目标问题。人民往往是在解决法的最根本的超越法律自身的政治层面的问题时,才被提及并广泛运用。在具体的法律关系中,并不涉及人民的概念。人民是高高在于公民之上的政治概念,即使是在法律和法学中使用,也超越了具体的法律关系主体,而成为比法律关系主体更为概括与抽象的政治主体。

公民主要是一个法律主体,常常存在于具体的法律关系之中。在法律的意志主体和本质归属上,法学并不提及公民的概念。它既不提及也不否认公民这一概念,它往往使用的是“人民”这一语词。在具体的法律关系中,法律和法学都运用公民的概念来表示特定的主体,并用以设定法律上的关系。运用公民这一语词,法律具体设定了公民与国家之间的法律关系、公民与社会之间的法律关系、公民和公民之间的法律关系。这些关系存在于宪法之中,也存在于民法、行政法、刑法以及诉讼法之中。公民作为法律上的主体,具体地作为法律关系的主体,存在于各个法律部门的法律关系之中。

3. 存在的期间不同

人民是在政治社会的任何历史时代都存在的。在阶级对立和非阶级对立的时代,只要政治存在,就会有人民的概念存在。严格意义的公民概念则是在国家、法律和共和的背景下才可能存在的。二者存在的历史时期是不同的。

自从人类进入政治社会之后,人民的概念就存在了,尽管其含义差异悬殊,但是其作为一个政治范畴的客观存在则是不争的事实。尽管人民概念存在的时候,国家和法律也存在着,但是它对国家和法律的依赖远不如公民那么强烈而直接。人民的概念与是否存在共和制没有联系。在共和制中有人民的概念,在非共和制中也有人民的概念。

但是政治社会中未必会有公民。公民必须直接以国家作为条件,没有国家即无所谓公民。公民还必须以法律的产生作为条件,它是一个法律意义上的概念,是法律上的特定主体的称谓。公民的概念意味着被称为公民的人都享有应有的尊严,都是平等的;他们是国家的基础,是人民在国家和法律中的具体化。公民身份,是一个自然人能参与国家和社会政治活动的主体根据。国家的选举权与被选举权的分配都是以特定主体是否具有本国公民身份作为标准和依据的。国家对于国家与个人之间的权利义务的分配或设定,也主要是以个人是否具有公民身份作为前提条件的。

(二)法律与人民

人民作为一个整体是政治的当然主体。作为整体的人民,是多个个体的统称,但并不是每一个个体自身。人民作为政治的主体是在多种意义上成立的。

1. 政治视角下的人民

在政治视角下,人民是被多重含义使用的,或者被作为最终的权力主体,或者被作为与敌人相对应的主体,有时也被作为全体社会成员的泛称。

(1)人民应是最终的权力主体

国家是原始人类在氏族组织的基础上发展形成的新的特殊社会组织。这种社会组织是凌驾于社会之上的公共权力,是人民设立了它。它是人民建立的,理当归属于人民。之所以这么认为,是因为:

第一,国家的组织是人民设立的。国家何以产生,是谁创设了国家这一独特的机构。只要稍微关注历史发展的事实,就会得出结论,是人民创立了国家。从没有国家的原始时代走出来,国家顺应时代的要求产生了。但是国家并不是无中生有的,它真切地产生于人民的社会实践,是最广大的人民为国家的产生提供了基础和产床。国家是在人民管理社会事务的时候,面对复杂的社会实践,而不得不设立的专门组织。不管这种组织的产生对于人民来说具有怎样的意义,这个机构来自于人民的创造却是没有疑问的。

第二,国家的权力是由人民赋予的。国家是代替氏族组织而产生的。在国家产生之前,氏族就是人民的,人民中的每一分子都拥有平等的权利和权力。氏族拥有的所有管理权力来自于人民的授权。在氏族社会中人们共同劳动、共同管理,氏族的权力属于每一个人民。随着国家的产生,原来氏族的权力就转归了国家。这种权力的转移实际上是人民将它对氏族组织的授权转移给了国家组织。国家从氏族那里获得的组织权力,在本质上仍然是人民的权力。即使这个权力从氏族转归了国家,这个权力的来源在实际上还是人民的权力。这一点并不因接受权力的主体发生了变化而变化。

(2)人民是与敌人对应的主体

在阶级斗争的意义上,人民也一直是政治的主体。人民是与敌人相对应的政治主体。在不同的时代,不同的阶级有着不同的敌我观念,也会有不同的敌我划分。在敌我之间既有斗争,也有妥协。敌我斗争构成了政治斗争的重要线索,是贯穿历史的一条主线。

人民与敌人的划分具有很强的相对性。这种相对性,表现为主体上的相对性质和时代意义上的相对性质。

在主体意义上,人民和敌人的划分是相对的。同一政治主体,在一个阶级看来属于它所称谓的人民范畴,在另一个阶级看来则是它所称谓的敌人范畴。敌我划分的主体相对性是十分明显的。主体不同,判别敌我的立足点、标准和视角就不同,结论必然不一样。尤其是在激烈的阶级斗争时代,敌对阶级,其敌我观和敌我阵营都是截然分明的,不容混淆。谁混淆了敌我,就意味着谁就要犯政治上的立场错误。也许正因如此,一些面对激烈政治斗争的政治家才喊出了“谁是我们的朋友,谁是我们的敌人的问题,是革命的首要问题”。无产阶级是如此,资产阶级也同样如此。在资产阶级中也还有像施米特那样的政治学家和法学家,始终认为敌我问题是政治学和法学的根本问题。

在时代意义上,人民与敌人的划分是相对的。同一阶级在不同时代,其敌我观念有着重大的差异,对敌我的划分也有着很大的差异。在一个时期被称为敌人的,在另一个时期则可能被列入人民的行列。中国抗日战争之前,地主阶级、官僚资产阶级一直被作为无产阶级的敌人。在抗日战争爆发之后,国内阶级斗争让位于国际阶级斗争。在这种背景之下,地主阶级和官僚资产阶级只要支持抗日和拥护抗日就成为了无产阶级抗日斗争的同盟军。在无产阶级看来,他们就不再属于敌人的范畴。无产阶级的敌人也转变为了侵略者和卖国者。时代的转换可能会导致敌我划分的转换,这也是人民与敌人的相对性的重要表现。随着社会的发展,人类发展到逐步消灭阶级的时代,人民的范围就会愈加广泛。人民概念的使用逐步地不再以与敌人相对应的含义出现,有时甚至代指的是绝大多数社会成员。

(3)人民是全体社会成员的泛称

人民,在特定的意义上是与敌人相对应的,在更多的时候却被作为类同于公民概念的全体社会成员的泛称。在人类历史上众多的政治宣言性的政治文件,包括演说中,都广泛使用"人民"的概念。其中的许多都指的是全体社会成员。

在全体社会成员意义上使用的人民概念是没有阶级划分的,但是它同样是政治意义上的。人民概念的这种使用,具有一定的社会现实依据。因为现实社会成员的阶级划分尽管存在但并不是泾渭分明的,有时甚至是相当模糊的。人与人之间的联系是多元多维的,不同阶级的社会成员之间的交流交往现实地存在并运行着。他们并不会随时使用阶级的观念来处理人与人之间的关系。同时不同阶级与阶层的社会成员也是流动的,富有者阶级或阶层中的成员可能成为贫穷者,而贫穷者阶级或阶层中的成员也可能成为富有者,从而引起阶级身份与划分的变化。不论是富有者或是贫穷者都是社会成员,他们也会具有某些共同的愿望。这些共同愿望不仅仅是非政治的,就是在政治领域也可能有相同的诉求,比如国际和平、国家主权、民族独立、社会管理、社会安宁、公平正义,都可能成为全体社会成员的政治愿望。因此,人民作为全体社会成员来使用就有其正当性。

在政治家的心目中既有基于以上原因的概念使用,有时也是故意地模糊人际差异包括阶级差别,以协调社会关系,整合社会。政治家为了达成自己个人的或者社会整体的目标,常常都会在全体社会成员意义上使用"人民"的概念。甚至极其反动的政治家如希特勒等魔鬼也会广泛使用"人民"的概念。只不过,在他们那里"人民"仅仅是一个装饰或者遮羞布。

2. 法律视角下的人民

在法律的视角下,人民也是法律的主人。在应然的意义上,法律应该是人民意志的体现。在实践的意义上，法的意志主体则是多元的，不同法律的意志主体会有所差异。在整体的意义上，人民是法的意志主体，是宪法权利的主体。在整体意义之外，人民作为一个整体则不是具体法律关系的主体。

(1)人民应当是法律的主人

人民是国家权力的终极来源，国家乃至整个政治权力都必须归属于人民。在众多的各种意志之中，只有人民的意志才是最高的意志，也只有人民的意志才是法律最根本的依据。法律不过是人民意志的外化，人民意志的表达形式是多样的。人民意志的不同的表达方式，适用于社会的不同方面。但是人民是国家的主人，当然也应该是法律的主人。人民应该是法律的最终归属者和最终拥有者。

(2)法律应该是人民意志的体现

法律是某种意志体现，其直接表现为一种国家意志。在其国家意志的表现形式的背后有着更深刻的意志根据。这种意志的根据一是社会的物质生活条件；二是人民的意志。社会物质生活条件具有确定性。但是，不同主体的物质生活条件是不同的，不同主体对于相同的物质生活条件的感知与认识也是不同的。在不同主体看来，人民的含义不同，所以法所体现的意志主体才有所差距。但是从应然的意义上讲，法律应该是人民意志的外化，是人民意志的载体，法律在归根结底的意义上应该是人民意志的体现。

(3)人民不是具体法律关系的主体

人民作为法律的主体首先是立法意义的，因为法律应当是人民意志的体现。其次是宪法意义的，因为宪法的基本权利既是公民的也是作为整体的人民的。尤其是那些相对于国家和政府的权利，与国家和政府相对应的主体更是人民。但是在民事、商事、刑事的法律关系之中，人民作为整体则不是它们中的任何一个主体。在这些法律关系里，人民都是以具体的公民或非公民的外国人、无国籍人的身份存在，自然人都是以公民或者非公民的身份发挥作用，进行活动，享有权利、承担义务的。

(三)法律与公民

任何时代,只要有公民存在,公民身份就是通过法律来确认的。法律对公民与国家之间、公民与社会之间,以及公民相互之间的权利义务进行确定并调整。法律确立公民的身份资格,确认公民的参政权利,保障公民的自由权利、平等权利、生存发展权利和请求保护权利等。

1. 法律对于公民的意义

法律对于公民的意义是多方面的。法律可以确认公民的身份资格,确认公民的参政权利,保障公民自由权利的充分实现,等等。

(1)确立公民的身份资格

是否具有一国的公民资格,首先要考虑的是,是否具有一国的国籍。一国国籍的取得方式与程序需要法律予以具体的规定。世界各国都制定了自己的国籍法,具体规定国籍的取得方式。公民所具有的国籍分为原始国籍和继有国籍两类。

就原始国籍来说,都是因为出生而取得的。因出生而取得国籍也有两种情形:一是因血缘;二是因出生地而取得。有的国家对于公民国籍的取得采用的是血统主义的原则,有的国家则采用的是出生地主义的原则,还有的国家采取的是兼顾二者的混合主义原则。

就继有国籍来说,都是因为归化或称入籍而取得的。继有国籍是指无国籍人或者外国人根据一国法律的规定而自愿申请并经一国批准而获得该国国籍。取得继有国籍的原因很多,也许是婚姻、收养或准婚生等。继有国籍是一个非本国公民成为本国公民的身份标志。继有国籍一旦获得即应享有作为本国公民的全部权利,并承担全部义务,与原始国籍的公民拥有同等的法律地位。

除了国籍的取得之外,还有国籍的丧失问题。有的国家允许双重国籍,有的国家不允许双重国籍。在不允许双重国籍的国家里,某自然人一旦取得另外某国的国籍,其原有的国籍就自动丧失。国籍的取得意味着一国公民资格的获得,同样一国国籍的丧失也意味着一国公民资格的丧失。

双重国籍问题，是许多国家的国籍法都要予以规范和解决的问题。双重国籍的认可，与双重国籍的被否定，都是以法律的规定作为根据的。双重国籍直接关系到一个自然人在两个国家的法律身份与法律地位。双重国籍的合法存在当然意味着一个自然人作为两个国家公民的身份具有法律上的合法性。

（2）确认公民的参政权利

人民是一个整体的概念，如果在法律权利上使用人民的概念而不是公民的概念，就无法确定每一个个体的法律权利。人民作为整体是国家的主人，尤其是在民主的国家，人民更是毫无疑问的国家主人。作为主人要依靠其整体来实现某种具体的权利总是困难，甚至是不可能的。人民当家做主要得以具体落实就必须落实到每一个"人民"，实际上就必须落实到每一个公民的身上。所以说，一国公民权利的状况反映了一国民主的状况，反映了人民是否当家做主以及如何当家做主的状况。

在体现人民权利状况的公民权利中，尤其以政治权利最为突出。政治权利的内容是广泛的。在广泛的政治权利之中，公民参政的权利是其代表与中心。首先是公民权利的内容需要法律予以确认。法律对公民参政权利的基本方面加以确认，也就固化了参政的权利事项，使公民的参政权利于法有据。同时也为可能的侵权行为设置了不可逾越的界限，将有利于公民的参政权利无障碍地得以实现。其次，法律确认公民参政的途径和方式。客观地说，公民参政的途径和方式，都需要法律予以明确规定。法律所确认的途径和方式就具有恒久的意义，很难被随意地废弃或者朝令夕改。一旦参政权利遭受侵犯，公民也能够因法律的确认而获得救济的手段。国家通过《宪法》、《选举法》以及对于申诉、控告、检举的法律规定和保障，保证公民参政权利得以实现。

（3）保障公民的自由权利

公民的自由表现在人身、思想、政治、经济、文化等各个方面。这些自由的存在是公民之所以是公民而不是私民的标志。公民的人身自由，是所有自由中最首要的部分。因为没有人身自由，一切自由都将化为乌有。人身自由是所有其他任何自由的前提条件和客观基础。人身自由的程度是一个社会是否自由的最重要的标志。它所表明的是在不违反法律的情况下,公民享有支配自己身体,进行相应活动的自由。它在法律上表现为:非经法定程序,公民不被非法拘禁、审讯、逮捕与处罚等。公民也具有思想的自由,而且是绝对的自由。法律或者政治所能制约的是人们的行为,是思想的表达方式与方法,但是对于思想本身,法律和政治都是无能为力的。法律和政治都不强迫人们的思想,也无法强迫人们的思想。法律对于思想自由采取的是一种彻底的放任态度。所限制的最多是表达思想的方式与方法。同时法律还要保护思想自由,将限制思想自由和妨碍思想自由的行为宣布为非法,并加以处罚。法律对于公民的政治自由,往往采取直接的、明确规定的形式来加以认可。法律为公民的政治自由提供根据,公民也具有经济上的自由。作为经济自由来说,首先是财产的自由,其次是进行经济活动的自由以及获得经济收益的自由等。在文化上,公民还享有文化生活的自由。公民在文化上的自由状况反映了社会进步的程度和社会发展的阶段。法律为公民的文化自由作出明确的法律确认,并给予法律上的保障。

(4)保护公民的平等权利

公民在法律地位上都应当是平等的。但是公民概念的出现与公民平等权利的形成都经历了漫长的历史发展过程。历史上的形形色色的身份等级制度,都是公民平等的障碍。在等级特权的社会中,是不会有严格意义的公民概念的。公民概念的出现,本身就是平等发展的产物,是人类平等发展到一定程度的体现。在公民概念出现以后,也仅仅是为公民的平等提供了一个平等的法律概念与身份。要真正实现平等,还有一个过程。这个过程是渐进的、缓慢的。随着社会的发展,法律对于公民的平等予以了越来越多的关注。

公民的平等权利是指公民在法律地位上是一致的,即公民在法律上一律平等,或法律面前人人平等。作为公民都具有同等的法律权利与法律义务,任何人都不能享有超越法律的特权。任何特权的存在本身就是对于平等法律的否定，也是对于公民平等的破坏。与特权相对应的另一极端是歧视。歧视同样是对平等的挑战，它从另一个侧面危害着平等。这一个方面的危害常常为人们所忽略。事实上它的破坏力并不逊色于特权，所以对歧视同样应该予以特别重视，防止歧视的发生。

公民的平等权利意味着任何公民的违法犯罪行为都应该受到法律的追究，而不得例外。这一平等要求是以法律地位的平等作为前提的。既然公民在法律地位上，在法律的权利义务上是平等的，公民就无一例外地应当平等地遵守法律，服从法律。在违法犯罪问题上，公民平等意味着任何公民的违法犯罪事实一旦发生，都必须受到法律的追究，没有人可以凌驾于法律之上。同时公民平等也意味着同等的违法犯罪行为应当承担同等的法律责任。也就是说必须同罪同罚。

公民的平等权利意味着公民不因自己的出生、血缘、种族、民族、籍贯、身体状况、经济状况、文化程度等因素的差异而被差别对待。公民的平等是一种法律上的地位平等，是一种同等情形被同等对待的平等。

(5)保障公民的生存发展

公民是作为自然人而存在的，公民的生存权利是公民作为自然人的必然要求。这一权利也可以说是公民所具有的自然生命的本质所决定的。公民具有生存的权利就要求给公民的生命以法律的保障。首先要确认公民的生命权利，宣布生命在法律上的神圣性质，使生命权利的地位得到明确的法律肯定。其次还要保护公民的生命权利，将一切危害公民生命的行为宣布为违法或者犯罪，并对这些违法犯罪加以严厉的打击。

生存是生命得以延续的表现，生存质量是一个不可忽视的重大问题。公民发展权利是由生存权利延展提升而形成的。公民的发展权利对于公民各个方面的进步具有重要的意义。如果生命没有发展，就将是僵化的、枯萎的、没有生机与活力的。所以要保证生命质量的提高，发展权利就被自然而然地提了出来。发展权利包括劳动权利、受教育权利等，这些权利的实现有利于提高生命质量和生存质量。

法律对于生存权利的保障,是法律自古以来的永恒命题,法律对于发展权利的保障则更多地体现了时代发展的要求和人类进步的需要。在当代,生存权和发展权已经演变成为公民的最基本人权和最基本的法律权利。法律一要保护公民的生存权利,二要保护公民的发展权利。只有把两大权利都保护好了,才可以说法律对于公民本身作为自然人的基本权利有了应有的重视。

(6)保障公民的请求权利

公民的概念既是区别于私民的概念而出现的,也是相对于国家而存在的。公民是国家的基础,他与国家之间有着法律上的权利义务关系。可以说,宪法在很大程度上就是调整公民与国家之间的关系的法律。国家保护了公民,赋予了公民权利,公民就有接受国家统治、服从国家法律的义务。反过来说,公民接受了国家的统治,服从了国家的法律,国家就有义务保障公民的生命、安全、自由、平等、发展等各种法律所确认和保护的利益。公民相对于国家就拥有请求国家予以保护的权利。公民请求国家保护的权利,往往表现为公民的诉讼权利、申诉控告权利等。

公民享有诉讼权利,是公民之所以是公民的标志。作为公民,他们是否真正拥有实际的权利是第二位的;第一位的是他们有权利因其权利受到侵害而向国家请求保护。不管他们的权利是否真正受到了侵害,他们都拥有诉讼的权利。国家没有任何理由对于公民的请求不予理睬。只要公民的请求是符合法定程序的,国家就必须有专门的机构接受其诉求,对其提出的诉讼主张进行审理,作出支持或不支持的裁判。这种裁判是国家权威的体现,是国家对于公民的权力,也是国家对于公民请求权利所担负的不可推卸的责任。正因如此,许多国家都禁止法院拒绝受理公民的诉讼,甚至许多国家都把法院的拒绝审判作为违法行为加以特别禁止。

除了通过诉讼方式来行使请求权利之外,公民还可以通过申诉、控告、检举的方式来维护自己的合法权利,行使自己的请求权利。公民的申诉、控告、检举是否正确是一个方面,更重要的方面还是国家必须接受公民的申诉、控告和检举。其实这些申诉、控告和检举也是请求权利的表现。它表现为公民请求国家对特定事项予以调查了解或者处置,以便公民自身的权利得到保护,或使社会的利益得以维护,或者实现公民自己当家做主的民主权利,推进国家和社会的进步。

2. 公民对法律的义务

公民在享有法律权利的同时,必须遵守法律,服从法律裁判。这两个方面都是公民必须承担的义务,也是对一个公民关于法律的道德要求。

公民对于法律的首要义务就是遵守法律规范。公民有遵守法律规范的义务是由公民享有权利所决定的。公民享有了权利,也就意味着公民必须履行义务。在逻辑上,如果公民不履行义务,公民的权利就无从享有。履行义务实际上是享有权利的条件和保证,没有义务的履行即无权利的享有。为了保护所有公民的合法权利,因而法律不会允许只享受权利,不履行义务的公民存在。一旦出现了这样的公民,就是对法律的违背,也是对公民自身权利的威胁。

公民有遵守法律规范的义务是由保护公民自身利益的需要决定的。法律是保护公民自身利益的重要手段,没有法律,每一个公民的利益就缺乏有效的保障;如果法律不断被违反,违法者又受不到有效的制裁,公民的利益就无法获得有效的保护。一个公民的违法行为不能受到制裁,也意味着别人侵犯他的利益时也同样可以逍遥法外。这对于公民个人与整体来说,都必然是一种伤害和威胁。在利益没有保障的社会中生活,公民的安全、生命、财产都会受到威胁。为了保障公民的自身利益,公民就必须遵守法律。

公民有遵守法律规范的义务是由维护社会秩序的需要决定的。每个公民都是在社会中生活的,任何社会生活的安全和稳定都需要法律作为保障,法律是使社会秩序得以维系的重要手段。没有法律也就没有良好的社会秩序,法律被违反,也同样没有良好的社会秩序。任何违法行为都是对社会秩序的破坏,在缺乏秩序的社会中生活,公民就会置身于危险与恐怖之中。公民要过上有秩序的生活,就必须遵守法律规范。

公民有遵守法律规范的义务是公民对于国家的责任。组织国家也许是人民的共同决定。人民共同决定成立了国家,当然就有服从国家法令的义务。即使国家不是人民共同决定的产物,其产生也并未获得全体人民的认可,但只有在国家的背景之下,公民才具有了作为国家主人和社会主体的“公民”地位和身份,才具有了作为公民的法律人格。鉴于此,公民也有义务服从法律。法律一旦由国家颁布就具有了国家的权威性,遵守和服从法律就是公民的义务。

公民除了必须承担遵守法律规范的义务之外,还必须承担服从法律裁判的义务。法律裁判是由国家专门机关依照法律的规定对有关争议所作出的具有法律效力的裁定与判决。这些裁判是法律的具体化,是法律在实际社会生活中的应用。对于法律裁判的服从也就是对法律的尊重和遵守。在不违反法律的时候,遵守法律很难有显性的表现。只有在面对法律裁判的时候,才可以更好地检测有关公民是否真正的遵守法律。可以说,是否服从法律裁判是是否服从法律的具体体现。

法律是事前存在的,对于作为争议的当事人的公民来说,法律的存在是没有偏颇的,任何法律都并非特别为某一公民作出。它对于争议的各方当事人来说至少在形式上既不存在偏袒也不存在歧视。对于不偏不倚的事前立法来说,公民没有理由不予以服从。

法律的裁判是由中立的司法机关作出的,服从裁判具有公正性。争议的各方都有自身的利益,由中立的第三者来对纠纷进行裁判,无疑比任一方单方面地裁断更为公正。司法机关是职业的法律适用机构,它对于法律的适用具有最为权威的性质和最为准确的职业优势,服从法律的裁判当然是公民遵从法律的表现。

当然,公民依法的上诉、申诉并不影响他对法律的遵守。因为依法上诉和申诉,本身也是对法律的遵守,并不违反法律。由于法律裁判具有违反法律的可能性,所以上诉与申诉都是法律所允许并予以保障的。上诉和申诉所反对的并不是法律本身,而是可能违反法律的裁判,或者被上诉人和申诉人认为是违反法律的裁判。但是，作为当事人的公民，除了依法进行上诉和申诉之外，没有理由拒绝执行已经产生法律效力的裁判。

（四）法律与选民

选民是重要的政治主体，从选举现象在历史上出现以来，就有了选民这一特定的政治主体。选民的定义纷繁，一般认为选民是指依法具有选举资格的公民。

选民与公民具有密切的关系。选民是公民中的一部分，是公民之中达到一定年龄，并具有作为选举人与被选举人而参加选举的政治权利的人。首先，选民是一种特定的政治身份，它往往要求满足一定的智力成熟状态，因此也就有了关于年龄的要求。选民必须满足一定的年龄条件，世界上大多数国家都将选民的年龄限定在 18 周岁，我国也是如此。其次，选民是参加政治选举的人，必须具有政治权利，具体说来也就是必须具有选举资格和被选举资格。凡是被剥夺了政治权利的人也就失去了选举与被选举的权利，当然也没有选举人与被选举人的资格。

选民的资格是法定的。各国选举法和相关法律都对选民的资格予以规定。有的国家关于选民资格的法定条件极为简单。例如，依照我国法律规定，选民只需要具备三个条件即可，即必须是中华人民共和国公民，年满 18 周岁，没有被剥夺政治权利。我国宪法第 34 条规定："中华人民共和国年满十八周岁的公民，不分民族、种族、性别、职业、家庭出身、宗教信仰、教育程度、财产状况、居住期限，都有选举权和被选举权；但是依照法律被剥夺政治权利的人除外。"当然也有一些国家对选民的资格有着更多的法律要求，其中除了年龄要求之外，还有教育资格、居住资格和财产资格等方面的要求。选民资格的过多条件设置必然将更多的公民排除在了选民之外，剥夺更多公民的选举权。这是对选举权平等性的反动，也是对部分公民的歧视。

法律设定了选民的权利和义务。从权利的视角看，选民有选举权和被选举权，也有对当选者的监督权、罢免权和补选权。所谓选举权，在广义上包括狭义的选举权与被选举权在内。狭义的选举权是指选民对被选举人进行选择和认可的权利。选举人有权参加提名候选人,参加讨论、酝酿、协商候选人名单,参加投票选举等活动。所谓的被选举权,则是指一国公民具有的作为候选人,被选任为国家权力机关代表或其他公职人员的权利。由于各国法律对候选人资格与选民资格具有相同的规定,因此一般认为具有选举权的选民也就具有被选举的资格,二者统一和同一。选举权与被选举权是被联合国通过的《公民权利和政治权利国际公约》所确认的一项公民的基本政治权利,是一体的重要公民权与人权。选民的选举权并不限于投票或者当选即结束,其实他们还享有对当选者的监督权、罢免权与补选权等。这三项权利都是选举权的延伸内容,也是选举权的重要组成部分。没有这三项权利,选举权的内容就不完善,选举权就缺乏有效而全面的保障。从义务的角度来看,选民也具有一定的义务:选民必须依法参加选举,选民的选举活动应该也必须依法进行。

二、法与集团、阶层、阶级、国家

政治主体远不止于人民、公民和选民,政治利益集团、阶层、阶级、国家都是重要的政治主体,他们与法律也具有密切的联系。

(一)法与利益集团

利益集团是由具有共同或相近的利益的组织或个人为了最大限度地实现其共同目的或利益而自发结成的利益同盟。在资本主义国家,利益集团已经成为重要的政治主体,影响着政治、经济、文化乃至社会的发展。对于利益集团,我国社会一直未能予以正视,但是它正在逐步形成和发展,并客观地发挥着一定的作用。

利益集团具有正当性,应当得到认真的对待。只要社会的一体化模式被打破,进入并呈现出多元化状态;只要不同主体之间具有利益的差别性与共同性，相应的利益集团就必然会产生。利益差别和利益共同是利益集团得以建立的前提。没有利益差别性，任何社会主体的利益都是一致的，就没有形成利益集团的必要性。因为所有的主体都属于同一利益集团，也就无所谓利益集团；不同利益集团之间的差别也就是利益的差别；没有利益共同性，就无法形成利益集团。利益集团就是相同利益的主体的集合体，这种集合体的内在利益是一致的。

利益集团也具有一些负面影响，但是这种负面影响并不能否定利益集团的客观存在。通过对利益集团进行分析，我们不难发现，利益集团自身的属性决定了他影响社会发展的正面与负面的双重性质。一是同利性。集团所有成员的利益是趋同的，甚至原本就是一致的。在利益上的共同性是全体成员相互连接的基础，也是利益集团得以维系的保障。他们的共同利益一旦不存在，就必然会导致利益集团的解体。二是非营利性。利益集团的成立并不是为了获取直接的经济利润，而是为了形成有组织的力量，对政府施加影响和压力，进而影响政府决策，这才是利益集团的真正追求与目标所在。三是目标单一性。利益集团都是为了某一行业、某一区域的某些利益而结成的同盟，因此他们的目标是明确而又单一的，除此之外的其他目标都不予顾及和过问。四是非政党性。利益集团并不是政党，它的组织形式不是政党式的，它也没有政党那种谋求执政的诉求，它不需要也不谋求直接执掌政权。五是排他性。利益集团的所有成员都有对自己利益也是共同利益的认知，并延伸到对相应主体的身份认同，也就自然地具有对其他社会主体的排斥性。六是狭隘性。利益集团所关心的必然是其共同的利益，对于其他集团或主体的利益难免有忽略或者带有偏见，有时甚至过分强调自身利益而不顾社会公正与社会和谐。

作为利益集团，是经济利益的集团，其实也是政治利益集团。利益集团显然首先是以经济利益作为基础的。在现实社会中，他们可能具有共同的自然环境、区域位置、历史基础、行业归属、企业性质、政策待遇、法律地位，这些因素多数都是直接与经济利益相关的；少数与经济利益无关的，也与其社会利益密切相关。这些利益必然反映到政治上来，使这些利益集团同时也成为政治集团。他们会形成共同的政治态度、政治立场、政治主张。

利益集团无论是在经济上还是在非经济的其他方面形成的共同利益，法律作为利益的调节器，必然会予以关注。那些重大的利益以及利益差别，会影响立法、执法、司法和守法；反过来，立法、执法、司法、守法也会作用于利益集团。法律要正视利益集团的客观存在，但是更要引导利益集团作用的正常发挥，防止利益集团的畸形化发展和对于社会的破坏作用。利益集团可能会基于自身的狭隘利益，不顾社会公共利益，不顾其他社会主体的利益。他们可能由经济利益集团演变成为政治利益集团，发表政治主张，成为政治力量，力图左右政治。他们也可能参与立法、影响执法、妨碍司法、拒绝守法，从而破坏法治，对此法律必须予以有效的控制，防止其畸形化发展。这些作用的发挥有正常的方面，也有畸形的方面，对其不可一概否定，也不可一概肯定，只能以法律予以调整，才可能达成理想的状态。

如何使利益集团发挥良好的作用，这是一个极为艰难的问题。西方国家也走过了一段发展的历程。当初，利益集团活动的目标主要是国会议员，他们到国会会议场所的走廊、过道上与议员们接触，动员与说服议员接受其主张，成为其代言人。他们的活动被称为“院外活动”。起步阶段的院外活动极其不规范，有时有的利益团体甚至用行贿等非法方式来收买议员。“随着利益集团的广泛出现，院外活动日益频繁，政府也用立法的手段，规定了院外活动的一些限制，允许其公开活动。随着时间的推移，院外活动逐渐有了比较成熟的形式，它的活动对象已不限于立法机关，其手段也从秘密转为公开。当前的院外活动的含义，包括了利益集团企图影响政府决策的任何行为。”①在我国，对于利益集团问题及其作用的良性发挥还需要我们结合中国实际加以特别的探索。

---

① 陈子明等：《现代政治学导论》，宁夏人民出版社1988年版，第54页。

（二）法与阶级

阶级就是由于在社会生产关系中的地位不同以及人们与生产资料的关系不同而集成的特殊政治集团。阶级是按照人们在一定的社会生产体系中所处的地位不同，对生产资料的占有关系不同，在社会劳动组织中所起的作用不同，获得社会财富的方式和多寡不同而划分的不同的社会集团。

阶级是客观存在的，不同的阶级是不同的政治主体，在政治学中是必不可少的；在法学中，阶级的划分也具有重要的意义。阶级是社会的政治主体，是主要的政治活动者。在阶级社会之中，法律作为政治方面的社会存在，体现的是主导阶级的意志，或者说就是统治阶级的意志。统治阶级与被统治阶级的划分及其不同的政治立场，在法的阶级本质分析上具有重要意义，是认识法的阶级属性的重要工具。阶级分析方法有利于人们认识不同时代法的阶级属性和阶级倾向。但是我们也要注意，到了社会主义历史时期，由于所有制乃至整个生产关系的变革，人民的阵营会不断扩大，既有的阶级划分会逐步模糊。随着社会主义法的人民性的不断增长，传统社会中的阶级性逐步让位于社会主义时期法律的人民性。在社会主义发展中，虽然法律的阶级性还会存在，并在一定程度上发挥作用，但是人民性扩大，既有阶级差别消失和变化的事实不容忽视和否定。我们必须从社会主义社会和社会主义法的实际来解析社会主义法的阶级性与人民性。

（三）法与国家

法律与国家始终是连接在一起的，作为政治主体的国家在国内与国际双重意义上与法律具有特别密切的关系。

在我国，国家几乎是一切政治权力的总和。国家是法律的制定者、执行者和适用者。所有的立法机关、行政机关、司法机关都是国家机关的构成部分；所有的立法机关的立法工作都不过是代表国家制定或者认可法律，国家的立法活动总是通过它的立法机关来进行和完成的；所有的行政机关都不过是国家的行政机关，是国家法律的执行者和行政法律的适用者;所有的司法机关不过是国家的司法机关,负责运用法律来处理案件并直接作用于自然人(包括公民)或者法人。

在国际上,国家是国际政治关系与法律关系的双重主体。国际关系首先是政治关系,国家主权在国际的意义上首先就是领土主权、统治主权。从一定意义上讲,领土划分就是国家之间政治权力行使的范围与界限。统治主权是当然的政治权力,任何主权国家都严格维护自己的领土主权与统治权力,关于领土与统治的权力纷争就是重大政治纷争。在这个意义上,国际法就是调节国家之间的权力关系的法律。

三、法与政党

在政党尚未产生,政党政治尚未产生之前,法与政党之间没有什么联系。随着近代社会政党、政党政治的出现,法与政党之间的关系就不可回避地出现在世人面前,而且以多元的状态表现为重大的政治关系。

(一)政党法律制度

政党法律制度是随着政党的出现及其发展而逐步形成的。现代世界,政党法律制度已经成为许多国家政治法律制度的重要内容。

1. 政党法律制度的形成

政党体制是多样的。政党制中最基本的划分有一党制、两党制和多党制。在一党制中又有一党权威制、一党多元制和一党极权制;在两党制中有英国式两党制和美国式两党制;在多党制中还有极化多党制、有限多党制和稳定多党制等。① 基于不同的政党体制,世界上的许多国家都建立了相应的政党法律制度。从宏观上把握政党法律制度,主要可以注意以下几个基本方面。

① 李步云主编:《宪法比较研究》,法律出版社1998年版,第950~989页。

第一,政党制度的形成是一个渐进的历史过程,对于政党进行法制化的调整也是在政党制度的发展过程中逐步产生发展起来的。在19世纪后期之前,人们普遍地把政党视为一种结社组织。宪法和法律都有关于结社以及由此而形成的社会团体的规定,所以各国并不在结社法律和社团管理法律之外制定专门的政党法律来调整政党及其活动。只是到了19世纪的后期,少数国家才对政党参与选举的条件和程序作出特别的规定,这也就是早期的政党立法,具有代表性的是美国一些州的地方立法。在19世纪末,美国的一些州开始了相关的政党立法,对政党组织的竞选活动进行规定,在选举法中也增加了关于政党提名程序和助选行动的法律规定。其他一些资产阶级国家为了限制工人阶级政党的活动,或者某些资产阶级的法西斯主义者为了镇压其他政党的活动,制定了一系列关于政党的法律。例如,德国1878年的《镇压社会民主党企图危害治安的法令》,这也被称为最早针对某一政党的专项立法。20世纪二三十年代,德国和意大利的法西斯政府颁布了许多解散其他政党的法令。就整个政党制度而言,在第二次世界大战结束前,全世界除了选举法中有关政党参选的规定,以及针对特定政党的禁止或限制性规定之外,都还没有对政党进行一般规范的综合性的法律制度。

第二,政党作用使相关的政党立法不断增加并形成了政党法律制度。政党法律制度是以政党在社会中的重要作用和影响作为客观基础形成起来的。在第二次世界大战之后,由于资产阶级的政党制度日渐成熟,政党制度的法制化进程也日益加快。许多国家都将政党从一般的社会组织中区别开来,确认其特殊的法律地位。经过了第二次世界大战期间的发展,战争结束后,资产阶级的政党制度进一步完善,运用政党对国家机器进行运作的技术日渐成熟。资产阶级的执政党成为政权运转的动力来源和重要元素。政党对社会生活,尤其是政治生活的影响达到了空前广泛的程度。在现代"政党制度的内容包括一个国家的各个政党在政治生活中所处的法律地位,政党同国家政权的关系,政党对政治生活的影响,政党自身的运转方式,以及政党在行使国家政权或干预政治的活动方式、方法、规则和程序”。[1] 这时资产阶级的立法机关不可能对这些政党现象置若罔闻。他们把立法的目光投向了政党现象,并努力将政党纳入法制的轨道,加以特别的规定和调整。[2]

第三,政党法律制度的形成与正常发挥政党功能、规范政党政治行为、维护社会秩序,尤其是维护政治秩序密切相关。政党是一个特殊的社会组织,他们大量的社会活动如果没有法律调整,就可能偏离正确的轨道,甚至造成对于社会的危害。为了使政党的正面效用得到充分发挥,也需要制定必要的政党法制。同时,由于政党的不断涌现,政党活动的频繁以及影响力巨大,为了维护必要的政治秩序,统治者、社会管理者都会想到运用法律的手段对政党进行法律意义上的调控。对政党进行法律调控的目的在于保证政党政治的良性运行,防止政党政治的畸形发展,维护社会秩序。

第四,政党法律制度的形成,也包含着政党发展的自身要求。政党作为一个独特的社会组织,随着它的发展,它本身也会要求法律的确认。如果没有法律的制度保障,政党的法律地位就得不到有效的确认,政党的许多权益也得不到法律的保护。所以许多政党为了维护自己的利益也会要求制定相关的法律制度,对于相关的事项予以法律上的规范。更有一些政党,为了确保自己在国家和社会生活中的执政地位等,也设法对自己的执政地位等加以法律确认。

到 1976 年,全世界 157 部宪法对政党作出了规定,[3]更多的国家在选举法等法律中规定了与政党相关的权利和义务。到现在,越来越多的国家在宪法中对政党作出规定,或者制定了专门的政党法。政党法律制度由此在全世界许多国家逐步建立起来。

---

① 高怀鹏:《比较政党与政党政治》,知识产权出版社 2008 年版,第 7 页。

② 李步云主编:《宪法比较研究》,法律出版社 1998 年版,第 990 ~991 页。

③ [荷]亨利·范·马尔赛文等:《成文宪法比较研究》,陈云生译,华夏出版社 1987 年版,第 95 页。

2. 政党的法律地位

全世界的绝大多数国家都有政党活动。即使是那些禁止政党的国家，事实上政党也许依然活跃。如果从法律上考察，可以把世界上的国家划分为允许政党存在的国家和禁止政党存在的国家；也可以把法律制度划分为允许政党存在的法律制度和禁止政党存在的法律制度。世界上大多数国家都允许政党依法存在并活动。也有少数国家实行不允许政党存在和活动的党禁制，它们是约旦、不丹、利比亚和巴林等实行君主制和军权制的小国。在允许政党存在的国家中，政党的法律地位可以从两个角度来加以考察，即合法政党与非法政党的法律地位，执政党和非执政党的法律地位。

(1)合法政党与非法政党

法律地位对于政党来说是特别重要的。一个政党如果得不到法律的认可，或者在法律上被确认为非法，这个政党能否长期存在就值得怀疑。政党所具有的法律合法性，是政党依法开展活动的前提，也是政党获得法律保护的根据。

对于政党的合法性认可，世界各国主要采用两种基本模式：一是法定制。它通过宪法和法律对于政党的合法地位、成立要件、基本准则、权利义务作出规定，这种模式中的政党法律制度具有完备性的特点。依照相关的法律规定被确认为合法的政党，就是合法政党。韩国、泰国和土耳其等国除了在宪法上有关于政党的规定之外，还有专门的立法对政党的合法要件作出规定。在这些国家中，政党的合法性有法律上的明确规定。二是默认制。它并不在立法上对政党进行具体的规定，而只要相关的政党不违反法律的规定，即为合法。默认制也被称为追惩制。只要相关的政党不违反法律的规定，即受法律的保护，一旦违反法律，则将受到法律的制裁。美国就是实行默认制的代表。在美国，法律没有关于政党的系统的一般性规定。只要在选举登记中，符合法定的参加选举的条件即可参加选举，其合法性也就得到了认可。但是，如果立法和司法机关发现某一政党构成了对现存法制的威胁，他们就会采用法律手段予以控制或者镇压。1954 年,美国国会就通过了《1954 年共产党管制法》,对美国共产党的活动予以管制,这当然体现了美国在政治和法律上对于共产党的态度,受到管制的政党的行为当然会受到特别的制约与约束。

关于非法政党的法律地位。非法政党是在两层意义上存在的:一是在允许政党存在的国家,有的政党被确认为合法,有的政党则被确认为非法;二是在不允许政党存在的国家——实行党禁制的国家,存在的所有政党都被视为非法。顺便说明的是,在实行党禁制的国家,政党也有法律地位,只是其在法律上是不被承认的地位而已。这种不被认可的地位就是其地位。两种政党都不具有法律上的合法性,他们都为法律所反对,相关组织的存在和活动都是违反法律的。非法政党的地位,在法律上当然是被否定的。但被法律否定的政党,并不是实际不存在的政党,两种情形的非法政党都可能客观存在。非法政党尽管为法律和当局所反对,但是他们常常客观存在着,并成为现实政治权力的威胁和障碍。

(2)执政党与非执政党

在一党制的国家,那个唯一的政党往往就是执政党。该党的执政地位需要法律确认,但并不存在执政党与非执政党的划分。在多个政党存在的国家中,政党就必然地划分为执政党和非执政党。

执政党的地位显然需要法律予以确认,但是法律并不仅仅确认执政党的法律地位,也同样确认非执政党的法律地位。

首先,法律确认执政党的地位。执政党主导着一个国家的政治实践和走向,在一个国家的政治生活和社会生活中具有极为重要的作用,产生着重要的影响。也正因如此,不同的国家总是在法律上用不同的方式规定着执政党的地位。就各国对于执政党地位取得的法律确认来说,主要有两种基本的方式:一是对执政党获得执政路径进行规定;二是将执政党的地位直接赋予某个政党。前一种方式存在于两党制或多党制的资本主义国家,后一种方式则主要存在于发展中国家和社会主义国家。埃及 1971 年宪法规定,"阿拉伯社会主义联盟是政治组织。它是建立在民主原则基础上的,是代表农民、工人、士兵、知识分子和民族资产阶级的劳动人民力量联盟。它是这一联盟提高民主和社会主义价值、监督各方面全国行动和把全国行动引向既定目标的工具。阿拉伯社会主义联盟通过其组织,在人民和承担全国行动职责和各种机构中进行政治工作,维护劳动人民力量联盟的权力"。缅甸1974年宪法规定,"国家应只采取一党制,缅甸社会主义纲领党是唯一的政党,它应领导国家"。阿尔及利亚1976年宪法规定,"民族解放阵线是组织和领导人民实现社会主义革命目标的先锋力量。它是社会主义革命的指路人,是社会的领导力量。它是社会主义革命的指导、规划和鼓动机关。它通过对群众的思想教育,组织和配备干部,注意经常动员人民起来建设社会主义社会"。苏联的1977年宪法则与中国等社会主义国家的宪法规定类似,"苏联共产党是苏联社会主义的领导力量和指导力量,是苏联社会政治制度以及一切国家机关和社会团体的核心。苏共为人民而存在并为人民服务。用马克思列宁主义学说武装起来的苏联共产党规定社会发展的总的前景,规定苏联的内外政策路线,领导苏联人民进行伟大的创造性活动,使苏联人民争取共产主义胜利和斗争具有计划性,并有科学根据"。①

其次,法律确认非执政党的地位。有执政党,当然就存在相对应的非执政党。有的国家将执政党之外的政党称为在野党,有的国家将执政党之外的政党称为参政党。相关各国法律在确认执政党地位的同时也确认了非执政党的地位。或者是被称为在野党或者是被称为参政党,不同的非执政党称谓也表明其不同的社会作用以及在国家政治生活中的不同地位与影响。

3. 政党立法的法律形式

政党立法是关于政党的法律制度的总称。政党并不是法律制度的产物,在政党出现之初也没有政党的法律制度。这也就是有的学者所认为的,"政党体系作为社会政治体制的重要组成部分,一般是在长期的政

---

① 李步云主编:《宪法比较研究》,法律出版社1998年版,第997页。

治发展中逐步形成的,而不是由法律明文规定的"。[①] 但是我们也必须注意到,由于对于历史的反省和法治本身的发展,关于政党的立法不断涌现,"政党制度的法律化,已经成为当代各国政治制度的共同趋势"。[②] 各国政党立法具体表现为五种基本形式,即宪法性规定、基本法律规定、专项法律规定、选举法律规定和宪法惯例。

第一,宪法性规定。政党立法的宪法性规定,往往表现为宪法的相关条款对政党的组织组成、活动原则和既定格局作出原则性的规定。中国的 1982 年宪法序言就规定,"中国各族人民将继续在中国共产党领导下"。[③] 这就确认了中国共产党的领导地位。中华人民共和国宪法在对其最高效力进行宣示时,又明确规定,"全国各族人民、一切国家机关和武装力量、各政党和各社会团体、各企事业组织,都必须以宪法为根本的活动准则,并且负有维护宪法尊严、保证宪法实施的职责"。这也就意味着中国共产党作为政党之一,也必须以宪法为根本的活动准则。苏联的 1976 年宪法规定,"苏联共产党是苏联社会的领导力量,是苏联社会政治制度以及一切国家机关和社会团体的核心"。法国 1958 年宪法规定,"各政党和政治团体协助选举表达意见。它们可以自由地组织并进行活动,它们必须遵守国家主权原则和民主原则"。

第二,基本法律规定。世界上的许多国家设立专门的基本法律来规制政党,对所有政党作出一般性的法律规定,作为所有政党行为的基本准则。在 20 世纪 50 年代以前只有个别的国家制定专门的基本法律来调整政党行为。随着时代的发展,已有许多国家制定了相关的基本法律。联邦德国于 1967 年、韩国于 1962 年、印度尼西亚于 1975 年、墨西哥于 1977 年、土耳其于 1983 年先后制定了政党基本法。立法的目的在于对政党活动进行法律监控,尤其是对政党的政治和组织事项进行法律

---

① 高怀鹏:《比较政党与政党政治》,知识产权出版社 2008 年版,第 85 页。

② 周民锋主编:《西方国家政治制度比较》,华东理工大学出版社 2001 年版,第 148 页。

③ 参见《中华人民共和国宪法》(1982)序言。

控制。将政党活动纳入法律的轨道,确保政党在宪法和法律的范围内活动。

第三,特别法律规定。关于政党的特别法律规定,是针对某个特定的政党所制定的专门性的规范性法律文件。这种法律存在着两种完全相反的情形:一种是诸如1974年缅甸的《保障党的领导作用法》,具体规定的是缅甸社会主义纲领党对国家和社会进行领导的权力,以及这种权力的行使方法。另一种则是对某一政党实行管制或取缔的专项立法,如美国的《1954年共产党管制法》。在该法律中宣布共产党不受法律保护,剥夺了美国共产党作为政党的权利。

第四,选举法律规定。由于政党与选举具有密不可分的联系,许多国家乃至许多国家的许多地方都在相关的选举立法中规范政党在选举中的行为。有的是在选举法中作出相关的规定,有的则制定专门的政党选举法予以调整。例如,墨西哥1977年生效的关于政党参选的法律即为《政治组织和选举程序法》。选举与政党之间的关系被法律规范加以明确,并成为政党参与选举的行为规则。一些国家的选举法规定了选举中党员身份的确定规则,政党参与选举的活动程序,控制政党的选举费用,预防和惩治对政党参选的不当捐助。

第五,宪法惯例。宪法惯例也是政党立法的重要形式。一些资本主义国家的政党制度是在历史的发展进程中逐步形成起来的。渐进的政党制度与渐进的法制发展形成了有趣的关系,它们在有关方面相互联系,彼此互动。一些政党制度虽然没有宪法或法律的明确规定,但却以宪法惯例的形式形成发展起来,成为公认的宪法惯例,而被作为宪法规则加以信守。这种宪法惯例在英国有,美国有,其他的国家也存在。在英国的立法中很难见到有关政党的宪法和法律规定,但是其两党制已经是公认的政党制度,甚至是公认的宪法制度之一。例如,在议会制国家中,议会中的多数党为执政党,这未必有宪法上的明确规定,但是它却可能是普遍认同的宪法规则。其实,它的存在方式是宪法惯例。①

4. 政党立法的内容

政党立法的内容十分丰富，多姿多彩。综观各国政党立法，其内容主要包括政党的登记制度、活动原则、经费来源等基本方面。

(1)政党的登记制度

世界上许多国家并不要求政党进行登记，如美国。由于美国实行的是默认制或者称追惩制，这种制度也决定了它不需要进行政党登记。也有许多国家在法律上明确要求合法成立的政党必须登记，如韩国、泰国、菲律宾、墨西哥等。

政党的登记制度包括行政登记和选举登记。行政登记是行政机关对建立政党的申报作出的受理与批准行为。登记的主管机关为政府的特定机关或者部门。行政登记的主要目的在于对政党的设立情况进行掌握，为对政党的管理奠定基础。选举登记则是由选举活动的主管机关对建立政党的申报所作出的受理与批准的行为，负责登记的常常是选举委员会或类似的机构。

泰国实行的是行政登记制度。其1981年施行的政党条例就规定，政党组织的发起人应成立建党委员会，发起人不得少于15人，建党者和申请者必须超过5000人。党员来自全国各地，每个行政大区至少包括5个府，每个府党员人数不得少于50人。申请登记的政党的政纲不得危害国家安全和法制以及国王为首的民主政体，不得有造成国内种族或宗教之间分裂冲突的内容。

韩国采取的是选举登记制度。其政党法规定，建立政党应该有20人以上的发起人，由发起人组成创党准备委员会。创党准备委员会的申请应当载明政党的名称；政党办公室之所在地；地区党部、党支部及党联络所之所在地和名称；政纲和党章；代表人、干部、会计负责人之姓名、住址；党员人数等。并附代表人、干部、会计负责人的就职同意书，地区党

① 李步云主编：《宪法比较研究》，法律出版社1998年版，第984~991页。

部的登记抄本及有关的公告凭证资料。墨西哥采取的政党登记制度也是选举登记制度，其于1977年生效的《政治组织和选举程序法》把申请登记的政党分为两类，即长期登记的政党和有条件登记的政党。长期登记的政党的主要条件包括承担政党义务，在申请登记前4年进行经常性的政治活动，成员在6.5万人以上，是在全国半数以上的州举行代表大会并至少在11个州有候选人的政治组织。有条件登记的政党为党员在6.5万人以下，但许诺履行法定的政党义务的组织。

政党登记一旦完成，即在法律上被认可为一个政党，具有法律上的政党人格，享有法律上的权利，也承担着法律上的义务。但是已经被登记的政党也许会因为某种特定原因而不被法律继续认可，这时就有政党登记的取消问题。政党登记的取消在学理上也许可以划分为主动取消和被动取消①。主动取消的情形，可以泰国为例。泰国法律规定，一旦政党内部决定予以解散，其代表人向有关登记机关申告取消登记，有关机关受理后即予以取消并对社会公告。被动取消的情形有两种：一种如泰国法律规定的，党员人数低于法定人数并经过了一定期间，或者参加全国议员大选的候选人未达到议会规定的半数的政党，或者对以国王为首的民主政体有敌对和危害行为的政党，法院将责令其解散，建党登记相应取消。墨西哥的法律规定，有条件登记的政党，如连续3次在大选中所得的选票不足1.5%，则被选举委员会取消其登记。②

（2）政党的活动原则

为政党确立活动原则，是政党立法的重要目标。确立了政党活动的原则，也就为政党的活动作出了基本的法律定向。也许正是基于这样的原因，政党立法对政党活动原则就予以特别的关注。综观各国政党立法的普遍情形，许多国家的政党法都规定了政党活动应当遵循以下原则：

第一，民主原则。政党活动的民主原则，体现在政党内和政党外的

---

① “主动取消”与“被动取消”是笔者所拟的一种划分和称谓，是否科学，尚可探讨。

② 李步云主编：《宪法比较研究》，法律出版社1998年版，第1004～1005页。

两个方面。在政党的内部当然应该贯彻民主原则。在国家的政治生活中,政党在处理自己与其他主体之间的关系时,也应遵循民主原则。法国宪法规定,“各党派和团体可自由地组织和进行活动,但必须遵守国家主权原则和民主原则”。[①] 意大利宪法规定,“为了采取各种民主方法参加决定国家政策,一切公民均有自由组织政党的权利”。[②] 韩国的政党法规定,“本法之宗旨在于确保政党在国民参与政治意见形成上所必要的组织,且保障政党之民主组织与活动,以贡献民主政治之健全发展”。[③] 世界上许多国家的宪法和专门的政党立法都要求所有的政党必须贯彻民主原则。[④]

对于政党的民主原则,还可以把握以下两个基本认识:一是政党本身就是政治民主或民主政治的产物。合法的政党必须坚持民主原则,是社会政治生活对政党提出的当然要求,也是政党从一产生就具有的历史使命。政党如果不坚持民主,政党的存在和意义就值得怀疑。二是政党是资产阶级民主与社会主义民主都需要的政治元素。这些政治元素不论它的目标有何不同,但是对于它所处的社会的民主来说,分别具有服从、推进、实现等多方面的意义。尽管社会主义和资本主义有诸多的差异,但是在推进政党的党内民主和党外民主方面可以说是其法律的要求。资产阶级和无产阶级都会运用法律来保障政党对于民主的意义。

第二,表达和实现民意原则。政党的设立就是为了表达民意并实现民意。政党是一个形成民意的管道,也是社会共同意见得以表达的一个路径。相同政治见解的人未必都成为一个政党的成员,但是一个政党的成员则应该具有基本立场一致的共同见解,他们代表着社会的民意。韩国政党法直接将政党定义为“以参与国民政治意见形成为目的之国民自

---

① 法国宪法(1958 年)第 4 条第 2 款。

② 意大利宪法(1947 年)第 49 条。

③ 韩国政党法(1980 年)第 1 条。

④ 李步云主编:《宪法比较研究》,法律出版社 1998 年版,第 1011 ~ 1012 页。

愿性组织”。① 德国政党法(1967年)的规定同样是具有代表性的,“政党在公共生活的各个方面协助人民表达其政治上的愿望,在这里,特别是施加影响,使公众意见得到一定的表现:兴办政治上的教育;促使公民积极参与政治生活;培养有能力的公民担任公共职务;通过提名竞选人而参加联邦、州和区的选举;对议会和政府里的政治工作的开展施加影响;在国家意志的形成过程中争取其制定的政治上的目标;关心人民和国家机关之间的经常而密切的联系”。② 至于一些社会主义国家的宪法或相关法律更是明确规定,政党要体现人民的意志,反映人民的愿望和要求。

第三,人民利益原则。尽管对于人民利益有着完全不同的理解,但是有关国家的政党立法也总是把人民利益作为政党活动的重要原则加以特别强调。将政党的利益归属于人民,是政党的政治口号,也是许多法律对政党的要求。在不同的社会,所存在的首先且主要是对于“人民”范围的不同理解,而不是在口头上是否尊重和维护人民的利益。只有进步的社会中,其法律所要求的政党必须代表人民的利益,才是真正的人民利益。

韩国政党法就规定,“本法所谓之政党,指为国民之利益,促进有责任之政治主张或政策……”③越南宪法规定,“党为越南工人阶级和人民的利益而存在和活动”。④

第四,合法原则。不同的政党也许有着不同的法律态度。尤其是革命党往往总是对当局的法律抱有敌视的情绪,站在对立的立场上加以反对。但是,从法律的角度上讲,任何法律都是当时社会主导意志的体现。现存的社会关系和社会秩序都将立足于维护和保障这一基本的法律基点,所有的法律都不会鼓励违法或非法。所以,如果说不同的政党,由于

---

① 韩国政党法(1980年)第2条。

② 德国(当时为联邦德国)政党法(1967年)第1条。

③ 韩国政党法(1980年)第2条。

④ 越南宪法(1980年)第4条。

其所处的环境和时代不同,还可能在对待法律的态度上有所差异的话,那么所有的法律都将要求所有的政党都必须在法律的范围内活动。合法是各国法律对于政党的基本要求。在自己党章和党纲中,表明自己及其行为的合法性也是所有政党在法律上被认可为合法的最基本的要求。

从法律的角度来看,各国都要求政党必须在宪法和法律的范围内活动。菲律宾宪法规定,允许根据人民的自由选择而逐渐形成一种自由、公开的政党制度,但须遵守宪法的规定。① 而土耳其的宪法则规定,成立政党无须经过事先许可,政党应在宪法和法律规范范围内活动。②

从政党的角度来看,无论是执政党和参政党、在野党,都必须在宪法和法律的范围内活动。

作为执政党,它掌握着国家的权力,主导着国家政治与社会发展,它不可能也不可以反对法律。如果它确实认为某些法律有碍社会进步,或者有碍于其政党立场,也会采取合法的方式,遵循法定的路径,将既有的立法加以修改或者废止。它自己不必违法,同样也不希望参政党或在野党违法,因为任何违法都是对现有法律秩序的破坏。执政党当然会把维护法律秩序作为自己的使命,因为它与它主导的政治秩序和社会秩序密切相关。

作为参政党,它是执政党的辅助者,它对既有的法律存在不同意见,完全可以通过与执政党之间进行协商的方式,通过必要的法律途径来加以解决。它直接违反法律,将是对其与执政党之间、与国家权力之间关系的破坏。它的违法行为对于自己来说,也是有害无益,因为在法治状态中,任何政党都必须对自己的违法行为承担法律后果。至少在理论上、在应然的意义上,参政党为自己本党的利益,为与执政党、与国家权力之间关系,都不会也不应违法。

作为在野党,也许确实存在着对既有法律的严重不满。但是在法律

---

① 菲律宾宪法(1986年)第6条。

② 土耳其宪法(1982年)第68条。

未被修改之前，它还必须遵循，否则就会将自己置于违法的不利地位，同时也为相对敌对的执政党对其进行政治上的打压提供了口实。法律也许是由执政党主导制定的，但是它的最直接的意志主体还是国家而不是执政党，它也并不绝然纯粹是执政党的意志。因此，对于既有法律，在野党也没有理由一定要予以反对或者要加以违反。在野党是在一定法律秩序中存在的政党。尊重和服从法律，是任何政党的义务，也是在野党的义务。如果在野党故意违反法律，其实也就会造成自己相对于执政党的不利的法律地位。这样，在野党的合法性堪忧，生存也堪忧。理性的在野党，愿意选择与执政党的对抗，也不会选择对于法律的对抗。因为前者只是政治分歧，它是不同政党之间正常的政治态度；后者则是法律上的是非，它事关政党的合法与违法，也事关政党的存亡。从根本立场上讲，在野党也同样不会选择违法。

合法应该是所有政党共同的原则，也是所有法律对政党的普遍要求，但是这并不意味着政党就不违法。政党总是要考虑本党利益的，当一党利益与法律相冲突时就难免违法，一党在法律上出现疏忽或者失误也可能导致违法的发生。当然，根据法律面前人人平等和过罚相当的原则，所有违法的政党都必须承担违法的法律责任。政党违法行为一旦发生，法律受到了伤害，社会受到了伤害，政党也可能受到伤害，因此倡导政党守法，是法律、社会、政党的三重要求。

(3)政党的经费来源

政党一旦成立就必须开展活动，因为成立并不是目的，开展活动实现其政治目标才是它的追求。政党要开展活动，就会有经费需求。政党的经费来源也是多渠道的，主要有以下几种：

第一，党费。通过收缴党费的方式来筹集经费的政党，党费收取对象有三类：一是向所有党员收取。所有的党员都按照自己的收入，以一定的比例向党组织交纳自己的党费。交纳党费被作为党员的基本义务在党章或党纲中加以规定，这实际上实行的是会员制。以收取党费作为重要资金来源的政党必须是组织结构严密、党员管理严密的政党，否则将无法或难以收取党费。这是许多政党主要的经费来源。例如,德国的基督教民主联盟就采用向所有党员收取党费的方法。二是向核心党员收取党费。这种方法并不要求所有的党员把交纳党费作为义务来履行,它只要求核心成员交纳党费。因此,这种党费收取方式又被命名为特定义务制,日本的自民党就采取这样的党费收取方式。三是向被提名而成功的人收取。在有的国家,政党组织可以向因其提名而当选的议员或因其提名而被任命的官员收取经费。这种经费实际上是相关议员或官员对其被某政党提名的一种回报,所以又被称为回报制党费。收取回报来作为党组织的经费是美国两大党采取的经费筹集方式之一。

第二,政治捐款。政治捐款是许多政党经费的重要来源。政治捐款的筹集方式有两种:一是单轨制。由党组织负责经费筹集,政治家个人不担负筹集资金的责任。二是双轨制。由党组织和政治家个人分别为政党活动筹集资金。政治捐款是政党经费的主要来源。有的政党获得的捐款甚至是其最大的收入。日本的自民党获得的政治捐款就是其收入的主要来源。有资料表明,日本自民党在20世纪70年代所获得的政治捐助超过了总收入的90%。日本在1967年成立的日本国民政治协会为自民党筹集资金,它是一个专门为自民党提供政治捐款的组织。对政党捐款显然是政治投资,获得高额的政治捐助必然会影响政党的立场和观点。正是鉴于此,许多国家都对政治捐助有法律上的规制。

第三,经营性收入。许多政党举办营利性质的活动和事业,将其收入作为政党经费的来源。德国社民党就曾经拥有30多家印刷厂和20多种报刊。法国、意大利和日本等国的许多政党都有自己的企业机构为自己创收。

第四,政府资助。政党通过国家财政获得资助,从而获得活动经费。许多国家在法律上规定,对于参加竞选的政党予以财政上的支持。美国、意大利、德国、希腊、瑞典、挪威等国都实行了这一制度。各国对于资助的标准和方式都不尽相同。美国在总统选举中,凡是在20个州的每个州筹集到5000美元,每笔捐款不多于250元,那么这个政党就可以从联邦财政获得等额的补助,补助以最高 500 万美元为限。进入正式选举后,两大党的候选人自动获得 2000 万美元的全部竞选费补助。意大利在 1974 年通过的关于政府提供选举补助的法律规定,凡在大选中 2/3 的选区有候选人的政党都可以获得竞选资助。大选揭晓之后,各个政党还可以按照获得的选票数量从政府那里获得选票资助金。

经费往往制约着政党的活动。政党活动的能力和范围在一定程度上都与经费有着重要的关系。历史上,许多资本主义国家的政党之所以能够在选举中获胜,一个重要的原因就是它能筹集到巨额的资金用于选举。政党资金也就可能成为社会民主的破坏力量。有资料表明,在美国 1860～1980 年的 31 届总统大选之中,26 届获胜的都是为选举支出了最多费用的一方。其他国家的大选也出现类似的情形。许多国家对此都予以重视,在宪法和法律上采取行动,对政党经费进行必要的法律规制,①如"各政党必须公开报告其资金的来源",②"对政党的财政资助以及政党的和议员候选人的竞选经费必须公开",③"每个政党应依法说明其资金来源",④"政党必须公布其收入来源和支出"。⑤ 1967 年的德国政党法规定,政党必须公布其全部账目,说明其经济来源,由经济学家进行审查。来自选民的捐款也要登记。个人捐款在 2 万马克以上者,或法人捐款在 20 万马克以上者,均应将姓名和金额公之于众。⑥ 2002 年德国政党法对政党接受公共资金和捐款作出了更加严格的规定,同时制定了处罚措施。任何政党从联邦到地方各级部门的工作人员,如果在提交给联邦议院议长的工作报告中,未能如实地说明该党的收入或资产来源情况,将被处以 3 年有期徒刑或巨额的罚款。对有关将捐款化整为零以

---

① 李步云主编:《宪法比较研究》,法律出版社 1998 年版,第 1016～1020 页。

② 德国基本法(1949 年)第 21 条。

③ 希腊宪法(1975 年)第 29 条。

④ 巴基斯坦宪法(1973 年)第 17 条。

⑤ 泰国宪法(1978 年)第 38 条。

⑥ 德国政党法(1967 年),另见王长江、姜跃等:《现代政党执政方式比较研究》,上海人民出版社 2002 年版,第 69 页。

及其他隐瞒收入的行为，将予以严厉打击，并规定任何政党不得收受任何公司在得到公用事业方面的合同后，用来表示感谢的捐款。任何政党只允许收受总额不超过100欧元的现金捐款。凡是收到总额超过5万欧元捐款的政党，必须立即向联邦议院议长报告，并将有关情况予以公布。[①] 2002年，美国通过了《跨党派竞选改革法》，对个人的捐款作了限制，将个人捐给每位候选人的资金上限规定为2000美元，在每两年一次的选举期内的捐款总额不能超过9.5万美元。

（二）政党与法治诸环节

政党与法治的各个环节都具有密切的联系。各个政党总是希望尽其可能地影响立法、行政、司法和守法。他们与法治的各个环节都具有重要的关系，并产生重大的影响。

1. 政党与立法

立法在法律社会中具有首要的意义。只要政党政治存在，立法就不可能不受到政党的影响。政党影响立法的方式和路径主要有以下几个方面。

首先，政党通过对议员选举的影响来影响立法。立法都是由立法机关来进行的。在实行代议制的各国，严格意义的立法机关都是代表机关。国会议员的选举中，各个政党都会力图有所作为。在实行总统制的国家，议员选举是与总统选举并列的选举制度和选举程序。议员选举的重要性仅仅次于总统选举，是影响国家政治生活和社会发展的重大因素。在实行议会民主制的国家，议员选举中的获胜政党即成为执政党。议会选举具有更为重大的意义。不论是在什么体制之下，议员选举也就是对立法机关组成人员的选举，其选举结果也就意味着政党在这一竞争上的胜负。议员选举结果直接影响着议会的组成，也制约着议会未来的政治倾向和政治运行。立法是议会的基本职能，其政治倾向一定会表现在其立法之中，成为主导立法发展的内在因素。政党参与了议员选举，

① 德国政党法（2002年）。

当然也就等于参加了立法机关组织人员的选举。在议会选举中获胜的政党,其政治主张就有可能通过议会的立法程序而得以贯彻。政党在选举中获得的议员席次,为立法机关的工作奠定了最根本的、决定性的政治基础。

其次,政党通过自己的议会党团来影响立法。议会中相同党派的议员为了形成整体力量就会组成议会党团。议会党团在议会的每一个决策中都会发挥重要的作用,立法当然是议会党团所关注的。在立法提案提出之前,议会党团都要进行审议和审查,以求形成集体意志。议会党团会将本党议会党团准备的立法提案,与其他政党或政治力量进行协商。通过协商使本党的提案能够通过,从而成为立法。有的国家,议会党团内部有着严格的纪律,要求本党的所有议员都必须按照党团的统一意志行事。为了保证纪律,许多国家的议会党团还设立了督导员。督导员由党的领袖任免,执行领袖指示,监督本党议员按照党的意志和决定开展工作;其中以英国工党的督导员制度最为典型。督导员的职责为,协助本党领袖了解党内情况,督促本党议员遵守党的纪律,用强制的办法使本党议员按党所规定的方针在议会中发言和投票,对不听从命令的议员采取惩戒措施,直至建议领袖把他们开除出议会党团。① 政党通过议会党团的运作,从而实现自己对于立法的掌控,实现自己在立法上的目标。

最后,政党通过自己党员在议会中的作用来影响立法。议会是掌握国家立法权的最高权力机关或立法机关,“政党脱胎于议会,议会是政党的母体,自政党产生的那一刻起,议会就是它的重要活动场所。政党需要议会,因为它可以通过议会登上权力宝座,议会又是各政党进行权力角逐、权力分配的重要场所。议会政党进入议会并加以控制,意味着政党在国家政治生活中将起重要作用”。② 政党影响议会立法的方式是多

---

① 王长江、姜跃等:《现代政党执政方式比较研究》,上海人民出版社2002年版,第72页。

② 高怀鹏:《比较政党与政党政治》,知识产权出版社2008年版,第116页。

样的。首先,各个政党可以使自己认为很优秀的党员通过法定的途径,成为议员,确保他们在议会的立法工作中坚持自己的党性原则,忠诚于本党的事业。其次,各个政党还可以通过对在议会中表现卓著的党员给予鼓励,来倡导本党的政治主张,对在议会中其他党员进行引导和示范。最后,各个政党也可以通过对在议会中背叛自己政党主张的党员加以惩戒直至开除,或者在其他方面不再予以重用,从而使本政党的意图在议会中得以贯彻。① 政党在立法机关的这些作为,都会对立法产生重要的影响。

2. 政党与行政

政党与行政的关系,即是政党与政府之间的关系。只要是有政党制度的国家,无论是采用什么政党制度或政治制度的国家,政党与政府之间都有着密切的联系。这种关系是公开而明显的,政党和政府都不会加以掩盖,也无法加以掩盖。对此问题可以从政党制度和政治制度的两个角度来进行分析。

首先,从政党制度的角度来看政党与行政的关系。世界上的政党制度可以分为政党竞争制和政党非竞争制。在政党竞争制的国家,宪法和法律对于谁为执政党并无明确的规定。只是由在总统选举中获胜的政党作为执政党,掌握国家行政权;或者由在议会选举中拥有多数席位的政党作为执政党,通过组阁来掌握国家行政权。通过竞选总统获胜而成为执政党的政党,它与国家行政机关之间的密切关系,当然是十分清楚的。政府就是由执政党来担任最高领导并组织的。通过竞争议会席位获胜而成为执政党的政党,他们由于在议员选举中获胜,并在议会中占有多数席位,当然在组阁上具有决定性的权力,甚至就由他们组阁。这样建立的政府,其属性显然是归属于执政党的。在政党非竞争制的国家,往往实行的是一党领导多党合作的制度或单一政党制度。在这样的

① 王长江、姜跃等:《现代政党执政方式比较研究》,上海人民出版社2002年版,第72~73页。

国家,往往由法律规定某一政党是国家的执政党,或者赋予其执政党地位。执政党作为这个国家的领导党或执政者,对于行政机关的领导和控制都是必然的,甚至是法定的。正是因为政党制度的不同,才使得政党非竞争制国家容易出现以党代政、党政不分的情形。

其次,从政治制度角度来看政党与行政的关系。在总统制国家,执政党也就是其领袖被选举为政府最高领导人的政党。执政党的领袖当然地成为政府的首脑,政府的组成人员由其提名,经议会批准。政府在行政中必然会贯彻执政党的政治意图,追求执政党的政治目标。在议会制国家,在议会中获得多数席位的政党或政党联盟为执政党,由其组织内阁,内阁对议会负责。在这样的政治体制之中,执政党同样会主导政府的政策和行政活动。

3. 政党与司法

政党与司法之间的关系,十分复杂:一方面,各个政党都希望能在国家的司法问题上发表自己的主张,并实现自己的主张;另一方面,国家在制度建构上又反对任何政党直接干预司法。在社会实际中,也出现了两个方面的情形:一方面,政党实实在在影响着司法;另一方面,政党又因为制度的原因难以干预司法。

政党影响司法的途径主要有这样几个方面:首先,通过法官的任命来影响司法。在美国,联邦法院的法官由总统提名、参议院同意任命。在英国,大法官、上诉法院的法官、主事官、高等法院首席法官、军事法院法官都是由首相建议、国王任命的。其他普通法官则是由大法官建议、国王任命的。在法国,其宪法委员会担负着监督总统和议员选举合法性,并裁决相关争议的重任;其行政法院有权审议政府法令、行政措施和总统命令的合宪性问题。其中,宪法委员会的 9 个成员由总统、国民议会议长和参议院议长各任命 3 人组成,总统则是该委员会的终身委员。行政法院则由总理担任院长。美、英、法三国的总统、首相,无不是执政党的领袖。议会及其议长也不可避免地具有政党的属性。其次,通过法官的政党倾向来影响司法。法官本身也是有政党倾向的。法官的政党倾向,尽管在法律上不能成为影响司法裁判的正当理由,但事实上对于司法裁判的影响是不容忽视的。美国2000年大选中发生了民主党的戈尔与共和党的小布什谁应该当选的争议。胜负的关键在于对佛罗里达州的选举是否重新计票。如果重新计票就必须等待重新计票的结果才能确知谁能当选,如果不重新计票,就是小布什当选。结果美国联邦最高法院的裁决是驳回民主党的重新计票请求,维持原有的计票结论。这样,共和党的小布什就自然胜出了。尽管在这里政党的因素具有怎样的影响难以确知,但是具有共和党倾向的法官占有多数是不争的事实,其中政党因素也许就发挥了重要的作用。最后,通过检察官来影响司法。不论检察官是否属于司法的范畴,他至少与司法紧密联系,甚至关系到某些司法程序能否启动以及如何运行,所以检察官对于司法的影响是十分重大的。美国的联邦总检察长,兼任联邦政府的司法部长,代表政府参与联邦最高法院审理的重大案件的诉讼活动。他对司法的影响是重大的,但他作为执政党领袖选拔、任用的政府法律官员,当然会有自己的政党倾向并受政党主张的影响。

政党对于司法的影响受诸多方面的制约,这主要表现在:其一,并不是所有的总统或首相都会提名法官人选。因为有的总统或首相在其任内就没有任命法官的法定机会,所以尽管总统或首相及其代表的政党希望在法官选任上有所作为,但是由于缺乏机会,也就无可奈何。其二,法官一旦被任命,至少在法律上不是某一政党的法官,政党没有理由要求某法官必须与某党保持一致,法官也不会因为违背某党意愿而受到某种责罚。法官的裁判在理论上和法律上是不受政党制约的。其三,任何政党都不能直接对法官如何裁判发号施令。政党对于司法的影响总是间接的,直接的干预往往会招致敌对政党的反对和法官的抵制,也可能使一个政党处于非常不利的舆论地位。所以政党对于司法的影响总是以各种间接的方式施加。其四,法院内没有政党组织的设置,这从组织上消除了政党对于司法的直接干预。任何政党的组织意图都只有通过其组织机构或层级才可能被不折不扣地贯彻,一旦远离组织体系,党的影响力就会减弱。政党对于司法的影响之所以远不如政党对于议会的影响，一个极为重要的原因就是，政党在议会中有组织，而在法院中没有。

4. 政党与守法

政党守法是指政党对内对外的活动都必须在法律的范围之内，不得违反法律。无论是什么政党都不应该超越法律的规定。执政党为了整个国家和社会的利益，也应该严格遵守法律；非执政党也同样必须遵守法律，否则由执政党主导的国家权力就会强制非执政党严格守法，并承担违法的法律责任。

政党既是一种社会政治现象，也是一种特定的社会政治组织。政党当然会被纳入社会管理的范畴，由法律调整；党也必须遵守和服从法律。法律具体地规定着政党组建的程序和登记的办法等。法律为政党活动提供根据和准则。政党作为政治主体当然享有自己的政治权利，法律就是政党政治权利的根据。每一个政党都有权依法处理自己的对内对外事务。政党的权利在受到国家尊重的同时，政党也需要严格地遵守和服从法律。享有法律权利，履行法律义务，是法律对每一个政党作为一个社会政治主体的基本要求。

政党的内部管理活动也得遵守法律，至少不得违反法律。政党是一个组织系统。作为一个组织系统当然有自己内在的管理，政党内在的组织机构具有对内管理的职权。这种职权不是法律性质的管理，但又与法律密切相关。首先，政党的内部管理，法律原则上不予以过问。政党内部的任何组织调度、人事变化乃至纪律处分都是一个政党自己内部的事务，它依赖于政党自己的规章制度来解决。法律不会对一个政党内部的管理行为进行规范。其次，政党内部的管理不得违反法律的禁止性规定。这方面涉及的问题颇多，至少包含以下几个方面：一是政党不得煽动对现存社会秩序的破坏，否则就是非法的。任何一个社会，其管理者基于种种原因都会维护自己的秩序。对于严重破坏社会秩序的行为都会规定为犯罪，而加以制裁。二是政党对自己成员的纪律处分不得侵犯法律所保护的公民个人权利。如果发生其成员的法定权利遭到侵犯的情形,应该允许相应的成员以公民的身份寻求和获得法律救济。法律也应当给予作为任何政党成员的公民以法律保护,保证其合法的权益不因加入某政党而受到侵犯。

四、法与政治家

政治家当然是政治活动的重要主体。政治家对于政治发展的制约作用甚至决定性影响,是政治学不可忽略的。政治家不仅影响着政治,而且影响着深具政治特色的法律。法律的发展,与政治家们的修养、认识、行为都具有重大的关系。宪法规范着并调整政治家与政治、政治家与法律之间的关系。法治就是既要使政治家的作用得到充分的发挥,确保政治家对于法律和法治的推动作用,又要防止政治家对于法律乃至法治的伤害。法律与政治家之间的关系当然地需要特别关注。因为法律是政治运行的规则,也是政治家的行为规则,政治家必须也必然会受到法律的约束。许多政治家本身就是立法者,或者也可以说,立法者本身就是政治家。历史上许多政治家都是法律专家。虽然政治家并不必须是法律专家,但是他们一定需要相应的法律知识和法律意识,否则他们的政治活动就会因为其对法律的陌生而遇到障碍,甚至给国家和社会带来破坏法治的灾难性恶果。

(一)法律是政治家的规则

政治家应该是依照民主与法治的程序产生的。法律应该是政治家的行为规则,政治家只有依法从政才可能获得预期的政治效果,达成预期的政治目标。只有用法律规制政治家才可能防止政治灾难的发生,同时法律是政治家自身安危与行为效果的保障,是政治家必要的修养。

1.政治家产生与民主法治

除了最初由革命出身的政治家,在某种意义上无须法律之外,其余所有的政治家都必须依法产生。依法诞生,几乎是一切政治家之所以成为政治家的基本方式,是因为即使是那些革命的政治家,也只是其最初的政治家地位不一定需要法律。随着革命政权的建立和发展,他们同样应当通过革命后的民主程序,获得革命后的法律认可。历史上,政治家成长的方式是多样的,有世袭的、禅让的、选任的、选举的。他们都在或多或少的意义上与法律具有联系,并由法律加以确认。在现代社会,即使是政党领袖,在其成为领袖的过程中,也有大量的法律制度需要其遵循。

政治家,除了法定不需要经民主程序产生者之外,都必须是民主的产物。政治家的世袭制,在历史上曾经大行其道,但是从近代以来,它遭受了严重的批判与无情的抛弃。许多国家都否定了世袭君主制。世袭制的一个显著特征就是将前一代的名号、爵位以及财产等按照血统关系世代传承。世袭君主制当然就是君主将其君王地位由父而子的传递,延续其家族的统治。在今天,世袭制君主还以历史遗迹的形式现实地存在着,例如,欧洲的大不列颠及北爱尔兰联合王国、丹麦王国、比利时王国、瑞典王国、挪威王国、荷兰王国、摩纳哥公国、卢森堡大公国、列支敦士登公国、安道尔公国;亚洲的日本、文莱、泰国、马来西亚、柬埔寨王国、不丹王国、尼泊尔共和国、科威特、卡塔尔、巴林、阿曼苏丹国、沙特阿拉伯王国、约旦哈希姆王国;非洲的莱索托、摩洛哥;美洲的加拿大、巴哈马、安提瓜和巴布达、巴巴多斯、伯利兹、圣基茨和尼维斯、圣卢西亚、圣文森特和格林纳丁斯、格林纳达、牙买加;大洋洲的汤加、澳大利亚、新西兰、巴布亚新几内亚、图瓦卢、所罗门群岛等都还有世袭君主。但是,即使是在君主世袭制的许多国家中,他们的最高领导人已经不再是历史传承的国王、女王、大公、苏丹、埃米尔、天皇,实际上早已是取而代之的首相、总理等政府要员。世袭制的政治家多数都只是国家的符号式的象征,并无实际权力。

说世袭君主制的国家,君主多数已经没有实权,这只是从传统世袭制国家意义上看的,但是从实际的世界状况看,情况更为复杂。到现在,有的国家虽然早已废除了君主世袭制并将其彻底否定,也更名为人民民主国家或人民共和国,但是国家的政权甚至最高权力一直被世袭或者类世袭。政治权力理当由人民选择执掌者,政治领袖交替中的继承者也只能由人民通过民主来选举。但是,一些最高领袖并不尊重人民,而是想方设法将其手中的权力移交给其儿子、孙子或者兄弟以及其他有血缘关系与姻亲联系的人。这种隐藏的世袭制,当然是对人民民主、共和国这些理念的反动,是对民主的反动,甚至也是对法治的反动,但是它确实存在并延续着。这种隐藏的世袭制,在有的国家既没有法律作为根据,也没有民主作为基础,一直一脉相承。还有一些国家,没有了世袭君主制,也没有了前述的隐藏的世袭君主制,而是一些政治家的后代或者其他后继者总是凭借前一辈的祖荫,成为新的政治家,执掌各种权力。这种制度或者习惯规则多少有些类似于中国古代的"恩荫制度"。据说在秦代,中国已经有了恩荫制度,到了汉文帝时代成为定制。它是中国封建时代,封建帝王或者朝廷按照高级权贵的政治地位授予其子孙乃至其他亲戚以官职的一种优惠制度。这种制度在汉代为"任子"制,就是高级官员可以保任其子弟为官。后来逐步发展成为除了子、弟、孙之外,宗族、门从等都可以被恩荫为官,人数由 1 人扩大到 2 至 3 人。这种制度是公开的,甚至法律化的。除此之外,其他人为官都得通过科举考试等选拔程序。在现代世界,由父而子、由祖父而孙的为官制度中,又分为通过竞选的和不通过竞选的两种情形。通过竞选的,虽然为人们所诟病,但是由于具有民主与法治的双重合法性,也就难以苛责。但是对于不通过竞选而被选任的一个个政治家后代,往往就由于缺乏民主的合法性和道义的合法性而广受批评。

通过民主的和法治的程序选举或者选拔,才是现代政治家的产生的正确路径。我们必须从民主与法治的要求出发,改革我们的政治体制。作为一个理性的政治体制,它不应该拒绝政治家的后代再次成为政治家,而应该为所有政治家的成长,提供相同的民主与法治程序,确保政治家产生意义上的公正。其实这种制度对于那些优秀的政治家后代也是不公正的,因为他的能力与奉献总是被怀疑,被否定。他们凭借自身的努力完全可以成为优秀的政治家甚至更著名、更伟大的政治家，但是由于这种糟糕的制度反倒让人们低估和轻视了他们，使他们无法得到应有的公正对待。再说，这并不仅仅是人们或者人民的心理平衡的问题，它还关涉有关政治家的选拔与晋升，有关政治家的水平与能力，其他政治家的热情与激情，以及政治家是否需要和能否赢得人民信任并为人民服务的大问题。当然它更关乎一个国家是传统社会还是现代社会，是民主国家还是专制国家，人民是否是国家主人等根本问题。

2. 法律是政治家的行为规范

法律是社会的行为规范，政治家的行为是典型的社会行为，当然应当受到法律的规制。政治家是专门从事政治活动的人，他们对社会具有比其他人更大更多的影响，更应该受到法律的规范。如果法律能够成为人民意志的载体，强调政治家必须守法实际上就是保障人民当家做主的需要。法律体现了人民的意志，政治家是否尊重人民的意志，也就是看他是否遵守法律。所以法律就成为检验政治家对于人民忠诚与否的标准。

政治家与一般社会成员相比较，往往拥有权力，其行为拥有更多更大的影响力，一旦违法就具有一般社会成员所不可及的危害性。也正是由于他们往往是某种公共权力的拥有者，有可能利用权力来达成不可告人的目的，所以必须对其行为予以法律制约。因此，对于政治家的制约也就是对一般社会成员利益的保护，就是对社会公共利益的保护。防止政治家滥用政治权力或政治资源，是法律必须担负的使命，也是法律制约政治家的原因所在。

(二)政治家的法律知识修养

政治家应当具有必要的法律知识修养，这是其作为政治家的角色需要，政治家可能是实际的立法者，政治家甚至有必要成为法律的专家或者由法律专家出任，政治家必须具有应有的法律观念。

1. 政治家可能是实际的立法者

说法律是人民意志的体现，这是从应然意义上讲的。其实，实际上的立法者往往不是全体人民。在现代社会,全体人民作为一个整体也不可能参与立法的实际过程。立法活动总是由一些政治家来进行的:议会的代表无疑都是政治家,许多国家的代表或者议员甚至是职业政治家,从事政治活动就是他们的工作。

立法机关的代表常常就可能是某个政党或某些政治力量的代表。他们之所以能够被选举或推举出来,一个重要原因就是他们具有政治活动能力,能够作为选民的政治代表参与国家政治活动。他们直接地行使国家的政治权力,对国家或地区的政治事务进行表决或决策,对国家权力的运行进行监督。从立法的意义上讲,他们将一定的政治主张上升为法律,并要求执法机关和司法组织以适用法律的方式将其加以贯彻。从立法机关代表的活动与工作内容就可以知道他们本身就是政治家。

2. 政治家可能是法律专家

政治家可能是法律专家。在许多国家,大量的国会议员都是法律专业人士出身,有着良好的法律知识修养,有的堪称法律专家。柏拉图认为,“首先,你设立机关职务并派人去担任这些职务:你确定应该有多少个职位,应该如何去使这些岗位上有合适的官员。接着每个职务都必须有它的特有的法律,你必须确定,每个职务要有哪些法律,需要多少条款和哪种类型”。① “当你有了一个组织得很好的国家,这个国家又有着制定得很完整的法典,那么任命不称职的官员负责施行法典乃是浪费了优良法典,整个事业沦为一出滑稽戏。而且不仅如此,这个国家将发现,它的法律正在大规模地损伤它本身。”②在西方,政治家中的多数都来自法律专业人士,具有良好的法律修养,其中当以美国为代表。“美国总统从华盛顿到克林顿42任41人(克利夫兰一人两任),其中律师出身者25人,另有4人接受过法学教育或从事过法律职业工作,占总数的70%。副总统共47位,其中32人曾任律师,另有4人接受过法学教育或从事

① 柏拉图:《法律篇》,上海人民出版社2001年版,第161页。
② 柏拉图:《法律篇》,上海人民出版社2001年版,第161页。

过律师工作,占总数的76%。国务卿共62位,其中48人从事过律师工作,占总数的77%。”加拿大“最近50年共有9位总理,8位毕业于大学法律专业,占88%”。①

3. 政治家应当具有法律观念

政治家未必一定是法律专家。即使是法律专业出身的政治家,也未必都绝对地具有良好的法律意识。但是从应然的意义上讲,作为政治家一定需要相应的法律知识,尤其是作为一个政治领袖必须具有相应的法律观念。考察各国政治家的知识背景,也可以发现他们未必都是法律人士,但是大多数都对法律有相当多的了解。

政治家们的政治活动总是与法律紧密联系在一起的。他们的竞选或是当选之后的工作,都与法律息息相关。严重时,他们竞选的胜负也要依赖法院依据法律来裁判。政治家不懂得一定的法律,或者不具备应有的法律观念,就难以在政治竞争之中获得胜利,就难以有效地开展自己作为政治家的工作,当然也会因此而失去与竞争者斗争并实现自己政治目标的法律武器。

① 程燎原、江山:《法治与政治权威》,清华大学出版社2001年版,第284、304页。

第三章　法与政治行为

政治行为也可以称为政治活动，是各种政治主体所从事的具有政治意义的行为或活动的总称。政治行为是政治的核心和政治过程中最具有活力的元素。所有的政治在总体上都可以说是由政治行为构成的。政治行为对于政治来说十分重要，它使政治充满生机并丰富多彩。当然政治行为也使政治变得光怪陆离，使政治成为智慧的大碰撞，成为法律的调整对象。

一、法与政治行为的联系

政治行为需要由法律加以必要的规制，人类在自己的法律实践中，创造性地运用法律来调整政治行为。在使政治行为具有活力的同时，也使政治行为被依法作出，使政治本身井然有序。

（一）政治行为需要法律规制

政治行为之所以需要法律规制主要是由政治行为自身的性质和各类政治行为的特性所决定的。政治行为如果没有法律的规制就会像脱缰的野马恣意横行。

1. 政治行为的性质与法律规制

政治行为是政治主体实现自己价值、体现自己意义的外在活动，是各种政治主体在社会生活中的外化，是政治存在与作用发挥的具体表现。任何行为是否为法律所规制都是由行为本身的性质决定的，我们先从政治行为本身的性质来考察它对法律的依赖。

政治行为具有社会性。政治行为包括政治权力的行使、公共政策的制定、公共管理、政治参与和政治沟通等，内涵丰富的类别划分，各类政治行为纷然杂存。政治行为是重要的社会行为。"政治行为是政治关系的直接动态表现，它是人们在特定利益基础上，围绕着政治权力的获得和运用、政治权利的获得和实现而展开的社会活动。"①作为社会活动的政治行为必然为法律所关注。当然，并不是一切行为都为法律所关注，而是只有那些重大的社会行为才为法律所关注。

政治行为具有重大性。政治学学者一般都认为"以政治主体为标准来讨论政治行为……把政治行为大致划分为政治统治、公共治理和政治参与"。②"从社会政治关系内在的要求来看，政治行为主要表现为政治统治行为、政治管理行为和政治参与行为。"③"从政治生活的常态来看，政治行为主要表现为政治统治、政治管理和政治参与。"④从这些认识中，我们可以看到政治统治、公共治理、政治管理行为、政治参与其中的大量行为都具有重要的社会影响，都具有社会影响的重大性。政治行为直接关乎各个政治主体的权利和义务，直接影响着社会的秩序状态，因此，法律不能不予以关注直至规制。

法律正是对重大的社会行为进行规制，以构建和维护相应的社会秩序。政治行为以其社会性和重大性，成为法律规制的对象。

---

① 王浦劬主编：《政治学基础》（第2版），北京大学出版社2006年版，第113页。
② 杨光斌主编：《政治学导论》，中国人民大学出版社2007年版，第246页。
③ 王浦劬主编：《政治学基础》（第2版），北京大学出版社2006年版，第114页。
④ 刘吉发：《政治学导论》，中国人民大学出版社2008年版，第235页。

2. 各类政治行为的法律规制

政治行为是复杂的特殊行为类别，它既包括统治的政治行为也包括非统治行为，既包括个体的政治行为也包括群体的政治行为，既包括理性的政治行为也包括非理性的政治行为，既包括直接的政治行为也包括间接的政治行为，既包括公开的政治行为也包括秘密的政治行为，既包括国内的政治行为也包括国际的政治行为。①

就统治的政治行为和非统治的政治行为来说，他们都需要必要的法律规制。统治的政治行为的法律合法性首先就需要得到法律的确认。任何新设政权都必须也都会通过立法来确立自己的统治，确认自己统治的合法性，为自己的统治行为奠定制度的基础和提供制度的依据。统治的政治行为被法律确认是必需的，非统治的政治行为，在一定意义上也需要法律的规制。非统治的政治行为并不是不重要的行为，在非统治的政治行为之中还有大量与社会管理密切相关的部分，它们自身的重要性往往也需要被法律所确认或者规范。统治的政治行为与非统治的政治行为都在一定程度上需要法律的规制，但是被法律规制的多少与繁简，往往与统治者的性质相关，也与法治发展的程度有关。凡是相对比较进步的阶级，其掌握政权之后，运用法律规制政治行为的情形更为普遍和广泛；凡是法治发展相对比较进步的社会，对政治行为的法律规制越加全面或完备。

就个体的政治行为和群体的政治行为来说，也同样需要必要的法律规制。从政治行为的主体数量状况来看，不过是个体政治行为与群体政治行为。不论是个体的政治行为还是群体的政治行为，都需要法律予以必要的规制。个人和群体的政治行为都需要必要的法律保护，也都需要必要的法律指引，它们都需要法律提供具体的权利义务规则来调整。

就理性的政治行为和非理性的政治行为来说，都需要必要的法律规制。理性的政治行为需要法律为其设定程序，提供保障，非理性的政治

① 陈子明等：《现代政治学导论》，宁夏人民出版社 1988 年版，第 123～124 页。

行为则更需要法律加以校正，确保在必要的限度之内，而不至于破坏政治秩序，或者导致违法犯罪。如果说理性政治行为需要法律规则，非理性政治行为也许更需要法律的调节。法律是理性与非理性政治行为得以规范的必不可少的手段。

至于直接的政治行为和间接的政治行为，公开的政治行为和秘密的政治行为，它们都在一定意义上需要法律规制提供准则和规范，以区分何为合法、何为非法，何为法律所肯定、何为法律所否定，何为法律所保护、何为法律所制裁。

（二）法律规范政治行为的方式

法律与政治行为不是并列的关系，但是二者之间却联系密切，彼此互动，由是形成了政治对法律的影响和法律对政治的调控。法律与政治之间的关系，也部分地通过法律对政治行为的规范得以体现。

1. 确认政治行为的权利

权利是法律主体依法享有的权能与利益。公民与社会组织的权利不是由法律赋予的，而是由法律确认的。公民和社会组织的政治权利也同样如此。法律发展到当代，几乎所有的国家都通过宪法或者法律来确认本国公民或者特定社会组织的政治权利。依照普遍的权利规定，公民的权利十分广泛。这些广泛的权利之中，大量的内容都与政治行为相关，甚至就是作出一定政治行为的权利。例如，公民不分民族、种族、性别、职业、家庭出身、宗教信仰、教育程度、财产状况、居住期限，都有选举权和被选举权，这一权利的核心“选举与被选举”都是政治行为。再如，公民有言论、出版、集会、结社、游行、示威的自由权利，其中的“言论、出版、集会、结社、游行、示威”无一不是政治行为。法律通过对公民和社会组织的作出政治行为的权利的确认，规范政治行为。

2. 设定政治行为的义务

政治行为的权利是与相应义务并存的。就政治行为的内容来说，没有无权利的义务，也没有无义务的权利；就政治行为的主体来说，相应的行为主体既是权利主体，同时也是义务主体。法律正是通过对政治行为设定义务来规范政治行为。

首先,各国法律一般都在规定公民或者社会组织具有政治行为等权利的同时也设定一般的义务。一般都要求,公民在行使自由和权利的时候,不得损害国家的、社会的、集体的利益和其他公民的合法的自由和权利;维护国家统一和全国各民族团结;遵守宪法和法律,保守国家秘密,爱护公共财产,遵守劳动纪律,遵守公共秩序,尊重社会公德;维护祖国的安全、荣誉和利益,不得有危害祖国的安全、荣誉和利益;依照法律服兵役和参加民兵组织以及依照法律纳税等。

其次,各国法律还针对不同的政治关系,在保障相应政治行为权利的同时,设定相应义务。宪法法律规定公民有选举和被选举的权利,可以作出选举与被选举的政治行为,但是法律尤其是选举法也规定任何人都不能作出贿选等违法犯罪行为。宪法法律规定公民有言论、出版、集会、结社、游行、示威等政治行为权利的同时,相关法律也要求不得损害国家的、社会的、集体的利益和其他公民的合法的自由和权利,不能危害社会治安管理,不得发生打砸抢等违法犯罪。各种规范政治行为的法律都在确认权利的同时,也设定义务,从而达到规范政治行为的目的。

3. 追究政治行为的责任

法律权利理当实现,法律义务必须履行。一旦政治行为受阻,无法实现,相关政治主体可以依照宪法法律的规定,寻求法治化的救济,维护自己的合法权益。但是一旦政治行为超出法律许可的范围,危害社会,构成违法犯罪,相应的违法犯罪主体也必须承担应有的法律责任,接受法律的制裁。

政治行为有政治责任,有时甚至有法律责任。政治行为的法律后果是由法律事先规定的,以使相关主体有条件知悉法律的制度性要求,进而调整自己的行为。某些政治行为,或者政治行为的某些后果并不涉嫌违法,更不涉嫌犯罪,当然不必诉诸法律,仅仅承担非法律的政治责任即可。但是,某些政治行为,或者政治行为的某些后果,如果构成违法犯罪,就理当依照法律的规定,追究应有的法律责任。

追究法律责任的制度规定以及实际执行,就能有效地调整政治行为、规范政治行为,确保大多数政治行为能够依法作出,并产生出法律许可的社会后果。如果政治行为不幸地演变成为违法犯罪,也可以依法制裁,校正政治行为。此外,这种责任追究机制又反过来有效地规范着当事者与非当事者的政治行为,使政治行为在有序和可恢复为有序的轨道上运行。

二、法与政治统治

法与政治统治总是联系在一起的。政治统治需要法律为其提供合法性根据,法律也需要政治统治为其创造政治性前提。不同的政治统治有着不同的合法性需求。任何政治统治在道德意义上的合法性与法律意义上的合法性都是其所必需的。法律与政治统治根本就不可分离,良好的法律既为政治统治服务,又制约着政治统治。

(一)政治统治的合法性

政治统治一旦确立,就有一个是否具有合法性的问题。其实,更准确地说,就有一个是否具有正当性的问题。只是由于约定俗成,人们把这种正当性称为合法性。政治统治的合法性是指政治统治本身所具有据以正当存在的道德与法律根据,也指政治统治获得的社会及其成员在道德上的和法律上的认可。合法性存在于社会制度的层面,也存在于社会心理的层面。这种合法性是政治统治得以维持的道德基础与法律基础,也是政治统治能否继续下去的根本保证。政治统治的合法性,是政治的合道德性与合法律性的统一,是政治统治能够长期存在的基本保证,是统治者获得自信的根据,也是社会成员尊重和认可其存在合理性的根据。没有合法性的政治统治,在客观上总是岌岌可危的,其相应的统治者在主观上(只要他们有正常的理性判断能力)也总是提心吊胆的。没有合法性的政治统治对统治者来说,难以自信;对被统治者来说,将难以对其忠诚和尊重。

1. 政治统治的合道德性

政治统治的合法性首先是指政治统治的合道德性。在合道德性意义上的政治统治合法性,蕴涵的是政治在道德上的正当性。这种意义的合法性实际上是对政治统治的道德评价,是道德价值观念运用于政治评价的结论。哈贝马斯认为,“合法性意味着某种政治秩序被认可的价值”。① 政治统治在道德上的正当性,是社会对于其予以内心认可和认同的道德根据。一个政治统治只有具有了道德上的合法性,才可能获得社会的承认而具有普遍的意义。

通过革命建立的统治最先具有的是合道德性,并应继续具有合道德性才能使政治统治得以长期维持。革命是人类社会面对邪恶统治,通过非暴力方式无法达成推翻反动统治的目的,而采取暴力方式以建立新统治的行动。革命后建立的新统治的合法性,主要是合道德性意义上的。因为任何既存的统治者都会将推翻其统治的行为宣布为非法,并加以法律上的制裁。所以革命政权要在既存统治那里获得法律意义上的合法性,是根本不可能的。敌对的旧统治绝对不会在法律上认同对其的否定和反动。革命统治的建立首先必须获得的是道德意义上的合法性,这种合法性,是革命者赢得群众支持的重要感召武器,也是他们能够在成功后被社会认可的政治前提与道德前提。其实建立革命统治的合法性,也就是其革命的道德正当性的反映,是其道德正当性的另一种表述而已。革命统治在道德上的合法性,取决于三个基本的因素:一是旧统治在道德上已经丧失了合法性,其继续统治已经成为了不正当与不道德;二是革命者在道德上具有正当性,革命不是为了一己之私利,或者并非局限于自身之私利;三是社会对革命者的革命行动尤其是建立新的统治的行动具有心理上的认同。新的革命统治只有在具备这三者的情况下,其统

① [德]哈贝马斯:《交往与社会进化》,张博树译,重庆出版社1989年版,第184页。

治的建立才具有正当性、合道德性——合法性。

通过革命建立的统治，为了论证其道德合法性，都会对旧政权进行道德的批判。这种批判，一是将旧政权斥之为不道德和反动者，从而为革命和革命后的新政权提供道德上的合法性根据。革命新政权对旧政权进行彻底的道德否定，从合法性意义上也就不难理解。二是新政权建立之后，他们为了维持并继续证明其政权的合道德性，还可能通过"忆苦思甜"等对比的方式来论证自己比旧政权的优越性，从而来证明自己的道德合法性。

不经过革命获得的政治统治，或者革命后通过依法接班获得的政治统治，他们当然也需要继续维持其道德性上的合法性。但是他们一般都不再需要通过否定以前的政治统治来证明自己，尤其不需要粗暴地否定前任来证明自己。他们更需要的是通过自己的新政有别旧政，新政新的成功来赢得人民的信赖与拥护，从而维系自己的政治统治。他们的目的或者是争取自己的连选连任与本党的继续执政，或者是为本党未来的政治竞争赢得群众基础和社会认同。

道德性上的合法性是任何统治继续存在的伦理根据。一旦社会在心理上对统治加以道德的否定，现存的政治统治就处于不信任的情绪之中，也就处于危险之中。政治统治的合道德性是要依靠统治者的统治行为来确立的。统治者只有能够使自己的统治行为在道德上不被诟病，才可能一直拥有合道德性的合法性质，其统治才可以被长期推行。

2. 政治统治的合法律性

政治统治的合法性还指政治统治本身的合法律性。政治统治是否合乎法律是政治统治得以存在和发展的理性根据。在法律上具有制度根据的政治统治，就更可以对社会实行名正言顺的管理，对国家机器进行名正言顺的运作。政治统治的合法律性常常是在两重意义上被认可的：一是政治统治的建立是否具有法律上的根据；二是政治统治的运作是否具有法律上的根据。这两个方面的统一，形成了政治统治在法律上的合法性。这种合法律性意义上的合法性，不仅有利于证明政治统治在存在与运作上的正当性,也同样表明了对这种政治统治进行否定的不合法性。从而也就为政治统治者维护自己的统治提供了法律前提和手段,政治统治本身及其维持的行为就可以冠冕堂皇地施行。

政治统治建立时是否具有法律意义上的合法性,是与其政权建立的方式密切相关的。凡是通过合法方式掌握统治权的政治统治,其建立就具有合法律性;凡是通过非法定方式(包括革命或政变方式)掌握统治权的政治统治,其建立就不会具有法律意义上的合法性。掌权方式具有法律意义的合法性的,其统治的合法性主要集中在统治行为的合法性上。掌权方式不具有法律意义的合法性的,其最首要的就是通过法律确认自己获得统治权力的法律合法性,然后迅速运用法律来确认和推行自己的统治,从而使自己的统治在建立与维持的双重意义上具有法律意义的合法性。

(二)不同政治统治的合法性

不同政治统治的合法性要求是不同的。对于不同政治统治的合法性进行探究,是政治学家们关注的焦点之一,也是法政治学研究中的重要主题。我们在这里可以对马克斯·韦伯与卡尔·施米特的有关研究做一个简要的概括。

1. 传统型、精英型和法理型统治

不同政治统治的合法性状况是不同的。马克斯·韦伯将政治统治划分为传统型政治统治、精英型政治统治和法理型政治统治三种统治模式,并分别论述了其合法性状况。

传统型统治的合法性来源于世代流传下来的神圣传统,这种传统具有被普遍认同的性质。统治者是根据沿袭下来的传统惯例而获得权力的。历史上的长老制、家长制和世袭制统治等,都是典型的传统型统治。在传统型统治中,传统对于统治权力的决定性意义被特别强调,统治者的个人意志在国家政治中发挥着重大的作用。历史上的世袭君主制就是这种典型的传统型统治。中国古代社会经历了漫长的这种历史过程,西方的古代社会也曾普遍地出现了这样的统治,他们的合法性都是以传统惯例为根据的。

精英型统治的合法性来源于政治精英的魅力和能力。作为统治者的政治精英被神化，他的独特魅力与超凡品质成为其权威的依据，也是其拥有统治地位的依据。人们把政治领袖视为先知、救星、救世主加以尊崇和服从；政治领袖也以自己的超人的天赋与能力作为自己统治的合法性的基础。人类历史上不乏这样的例证，政治领袖的个人魅力与能力成为其统治合法性的根据。在这种政治中的统治者总是被赋予了神圣的色彩，他的追随者们总是极尽对其美化之能事，而最高统治者也会乐于享受这样的歌功颂德与无限吹捧。

法理型统治的合法性来源于法律的制度性规定。统治地位的获得是以法律作为根据的。统治者和服从者都明确地认识到这种统治关系是以客观的规则作为基点的。统治者之所以能统治，与被统治者之所以接受统治，逻辑基础都是同样的，这是依照法律规则进行政治运作的结果。法律既赋予统治者以权力，法律也规制着统治者的权力。社会对于权力保持着一种理性的认知，虽会尊重但不会盲从。

2. 立法型、司法型、政府型、管理型统治

德国的法学家卡尔·施米特在《合法性与正当性》中将国家的类型划分为了立法型国家、司法型国家、政府型国家和管理型国家四类，分别论述了它们的合法性问题。①

施米特着重论述了立法型统治的合法性问题。在他看来，19世纪以来的欧洲大陆各国，人们所理解的“法治国家”事实上不过是一种立法型国家，是议会制立法型国家。立法型国家是一种由规范来支配的国家体制，这些规范是非人格的，因而是普遍的；是事先规定的，因而是出于持久考虑的；是针对可测定和可规定的内容制定出来的。在这一体制中，法律与执法、立法者与执法者彼此分离，实行统治的是法律而不是人、权

---

① 这几种国家类型的论述是综合[德]卡尔·施米特的《政治的概念》(上海人民出版社2003年版)的有关论述而成的。由于翻译和笔者理解的原因，也许存在着误读的地方。

威或者当权者。行使权势和统治的人根据法律或以法律的名义行事。一个立法机构制定法律,但这个机构并不实行统治,也不亲自使自己的法律生效或者运用它们,而是仅仅创造有效的规范,听命于法律的执法当局在此之后可以以它们的名义运用国家权力。立法型国家在组织上的实现总是导致法律与执法、立法权与行政权的分离。所有国家政权行使的普遍合法性就包含着对这样一种国家体制的辩护。一个完整的合法性体系说明了要求服从的理由,并且表明排除任何抵制的权利是正确的。法的特殊表现形式在这里就是法律,对国家强制的特殊辩解就是合法性。在立法型国家中,立法者不言而喻始终仅仅是唯一的、简单的立法者,不同类型的立法者和彼此相对的法律概念之间的任何竞争,都如同现在所强调的那样,将摧毁立法型国家自身。在具有完善的合法性制度的立法型国家中,不能像古罗马那样,存在多种多样的“法的源泉”:法律、民众意见、元老院决议、元首命令、高级官员的指令、智者们的计划等。合乎逻辑的立法型国家的立法者必须掌握着合法性的“垄断权”。

施米特还论述了司法型、政府型和管理型统治的合法性问题。在他看来,在司法型国家中,决定性的政治意志不是由立法者,而是由一件讼案的法官作出最后决定。司法型国家的典型表现是具体的案例裁定,正确的法、正义和理性在其中直接表现出来,不用借助于实现规定的普遍的规范化,因而这种具体的案例裁定并不完全是单纯合法性的规范主义。① 在法的观念稳定、财产固定的时代,大部分是司法型国家,与国家分离、先行于国家、高于国家的,作为法权的守护者和保管者的司法是最后的裁定。司法型国家的惯例是,法官直接以法和正义的名义作出判决,并不需要其他非法官的政治势力把这种正义的规范化介绍和托付给它。这是一个简单的原则,只要法和正义不用插在中间的规范化就具有明确的内容,并且不仅仅是权势欲和占有欲的工具,这一原则就是显而

---

① [德]卡尔·施米特:《政治的概念》,刘小枫编,刘宗坤等译,上海人民出版社2003年版,第249页。此段文字的翻译似显得生涩,但是也还可以理解。若有不甚清楚之处,请予以谅解。

易见的。政府型国家的政治统治,其典型表现是一个进行统治的国家元首,至高无上的个人意志和权威命令。在政府型国家中,君主们用诸如伟大、显赫、出类拔萃、杰出、荣誉和荣耀一类词汇来装扮自己和周围的人。管理型国家的政治统治中,既不是人在统治,也不是规范作为更高的东西生效,而是按照著名的公式"事物自己管理自己",即仅仅按照事物的状态规定并针对一个具体处境而采取的、完全从实用的合目的性观点派生出来的措施。管理型国家将利用司法来批准自己的政治措施。

对于不同类型的国家的划分,有助于更好地认识合法性制度。"对于国家理论和宪法理论来说,关键在于借助立法型国家、司法型国家、政府型国家和管理型国家的区分,来获得可以使人更好、更清晰地认识合法性制度的具体特性及其今日状况的特殊标志。"①

3.不同历史类型的统治

根据历史唯物主义的观点,可以将政治统治划分为奴隶制统治、封建制统治、资本主义统治和社会主义统治四大种类。前三种类型的统治都是剥削阶级的政治统治,只有第四种类型的统治才是无产阶级的政治统治;前三种属于少数人的政治统治,而最后一种属于多数人的政治统治。在马克思主义看来,各种类型的政治统治在其产生之初都具有适应时代需要的合法性,但是随着社会的发展,各种政治统治都会丧失其合法性,成为不合法的政治统治。唯有社会主义的政治统治,它适应社会发展的需要,并且能够与社会发展的历史进程相一致,推动人类社会向共产主义的社会制度迈进,因而它在整个社会主义时期具有合法性。当其合法性丧失的时候,也就是它归于消亡、迎来共产主义社会的时候,那时也就没有了阶级社会意义上的政治统治。共产主义社会以其适应社会发展的需要而具有无限的生命力,因具有不可否定的合法性而成为人类的最高理想。

---

① [德]卡尔·施米特:《政治的概念》,刘小枫编,刘宗坤等译,上海人民出版社2003年版,第259页。

(三)法服务于政治统治

将政治统治合法化的方式很多,诸如将统治者神圣化,或者利用宗教、习俗和惯例的力量将统治者的统治合法化,其中当然也包含运用法律的手段来宣布和强化统治的合法性。统治者或者单独采用某种手段,或者将各种手段兼而用之。在众多的手段中,法律的手段最具有外在影响力,并可以成功由外而内、内外兼备地固化政治统治。政治统治的法律化是政治统治取得合法性的重要路径,也是政治统治获得合法性的过程。因为"只有政治秩序才拥有着或丧失着合法性,只有它们才需要合法化"。① 只要这个社会还没有发展到人类历史的最高顶点,它就有可能丧失既有的合法性而为新的社会所取代。在一个社会的合法性尚不完备的时候,将政治统治法律化就是谋求政治统治合法性的必需。如何实现政治统治的法律化是一个艰难的问题,综观人类历史上各种政治统治的合法化路径,可以得出这样一些基本的结论:

1. 法确认政治统治

统治者为了使自己的统治具有合法性,一旦获得政权,他们首要的任务就是要运用法律来宣布政治统治的建立。从表面上看,这种确立实际上仅仅是对既存事实的确认。但这种确认是非常重要的:第一,它意味着旧的统治的结束和新的统治的诞生。这一确立往往具有划时代的意义,它实质上宣布了一个旧时代的结束和一个新时代的开始。第二,它为统治者相继采取的法律举措提供了制度根据,并为后续的一系列统治的开展开辟了道路。第三,它将有利于统治者以社会或国家代表的身份发号施令,对社会和国家进行有效的管理,对社会关系进行居高临下的调控。第四,它将有利于确立统治者在法律上的权威,使政治统治具有不可侵犯的性质,为维护政治统治提供依据。以法律来宣布政治统治的建立,是政治统治法律化的第一步,也是至关重要的一步。

---

① [德]哈贝马斯:《交往与社会进化》,张博树译,重庆出版社1989年版,第184页。

2. 法维护政治统治

政治统治建立之初遭到旧的敌对势力的反对和破坏在所难免。即使是在政治统治建立以后，还会遭到旧势力和新生的敌对势力的反对和反抗。此外，还有一些非敌对的社会因素也可能危害和危及政治统治的维持。在这三个因素的作用下，政治统治并不都始终是牢不可破、坚不可摧的。即使是特别坚强的政治统治，也存在如何予以保护的问题。维护政治统治的延续和发展，是统治者首要的任务，也是统治者基于自身利益的必要考虑。它所维护的是政治统治者的统治地位的立足点与现实基础，直接的后果将是政治统治的生死存亡。基于维护政治统治的重要意义，所有的统治者都不会对涉及自己的统治地位的大是大非问题麻木不仁，他们会动用一切力量来巩固自己的统治。法律作为一种以国家意志形式表达的最具有强制性的社会规范，当然会成为统治者的首选。

3. 法推行政治统治

政治统治建立后，不是一成不变的，而是一个运动和发展的过程。政治统治的许多方面都需要时时更新。既有的政治统治如果是僵化的或者停滞的，就会缺乏生命力。政治统治之所以是统治就在于，它要推行统治者自己的主张，实现统治者的意志，使社会和国家沿着他所期望的路径发展。所有的统治者都面临着如何推行政治统治的重任。在政治统治的推行中，法律是最可利用的、最方便的工具。法律作为一种普遍的社会规范，具有要求全社会一体遵行的性质，具有所有社会规范中最大的客观有效性和最强的外在约束力，所有法律就必然地成为统治者推行其统治的工具。法律确立着指引政治统治的目标，设定了实行政治统治的路径，预备了贯彻政治统治的手段。

4. 法强化政治统治

法律对于政治统治的强化是规则意义上的强化。这种强化是重要的，具有不可随便变易的性质，具有确定的稳定性，但是法律对于政治统治的效用并不仅仅局限于此。法律的稳定性和长期性，也有强化政治统治的效用。法律确立的政治统治一直被法律维护着，久而久之，政治统治也就因法律的这种凝固作用而具有恒久的性质。一个曾经被怀疑的政治统治,随着历史的发展,也可能会得到人们更多的心理认同和习惯认可。政治统治也就因此而被强化、固化,从而获得超乎客观的主观默认与顺从,这其实奠定和增强的就是社会心理与社会普遍的合法性基础。

三、法与个体政治行为

个体政治行为是最基本的政治行为,是政治行为的基本单元。法是个体政治行为的根据、规程和保障。探究个体政治行为与法律之间的关系对于政治行为研究具有重要的意义。

(一)法与公民的政治参与

政治参与是公民试图影响国家机构的人事构成和政策制定而作出的各种政治行为。公民是政治参与的主体。政治参与是公民政治权利实现的具体体现,是政治统治获得合法性认可的重要路径,它反映了一个社会的民主化程度及进程。对于政治参与,法律总是予以极大的关注,并予以有效的规范。从法与公民政治参与之间的关系来讲,至少可以获得以下几个方面的认识:法是政治参与的规则,法为制度化政治参与提供制度根据,为非制度化政治参与提供现实保障。

1.法是政治参与的规则

在现代社会之中,公民必然地、或多或少地参与政治。在政治社会中生活的公民,始终都无法完全拒绝政治。当然,一般的政治参与还不是政治学意义上的政治参与。作为政治学意义的政治参与,有各种不同的诠释。一般倾向认为,正因为公民难免会成为政治参与的主体,国家就必须为公民的政治参与确立基本的法律规则。

大量的学者认为,所有的政治参与都是合法的。本书也采纳政治参与是合法政治行为,至少是不违法政治行为的观点。只有合法的政治参与才是政治参与,政治参与没有合法与非法之分。既然所有的政治参与都是合法的或至少是不违法的。合法的或不违法的政治参与,就应获得法律的保护,至少不应受到法律的制裁。那么,法律如何保护政治参与,就是一个极为重要的问题。它是一个社会民主的法律保障。假如,如有的学者认为的那样,政治参与有合法和非法之分,那么合法的政治参与和非法的政治参与都是政治参与,则法律对于政治参与将更为重要。因为划分政治参与的合法或非法的标准只能是法律,没有法律就根本谈不上合法与非法、不违法与违法。政治参与要产生足够的正当效果,也必须不违反法律的规定。总之,无论怎么认识政治参与的性质,法律都是衡量政治参与性质的标准,对于政治参与都具有极为重要的意义。

政治参与是合法的行为。正常的政治参与行为都得以法律的规定为根据,或者至少不得违反法律的禁止性规定。法律对于正常的政治参与都有一定的规定,甚至有专门的法律文件加以调整。例如,对议会代表的选举或者对特定事项进行公决的投票,它们当然是合法的政治参与。但是议会代表的选举活动也必须依照法律的规定进行,其选举行为也得按照议会代表选举的法律程序进行。即使是非制度化的政治参与,如建议、申诉、控告、信访、集会、游行和示威,也是有法可依的;否则这些政治行为就很难获得法律的保护。

2. 法是制度性政治参与的依据

政治参与最经常的形式是制度性的政治参与。作为制度性的政治参与,它们都应当有法律的根据。一种政治参与形式是否是制度性的,判别的标准也许有多个。衡量是否是制度性的政治参与,可以用这样四个标准:一是规则性,即这种政治参与是否被制度性的文件所认可,其中最根本的是是否为法律所确认,是否有具体的法律规则予以规范。二是特定的重复性,即政治参与是否具有以一定时间或条件作为前提的可重复性。它是指在一定时间或条件具备时则可以重复的政治行为。三是可预见性,即制度性的政治参与都是可以预见的,在具备条件的情况就应当出现。四是公开性,即这种政治参与是否具有对于社会的公开性。

在这四者之中，是否为规则，特别是法律规则所确认是最首要的和最重要的。任何一种政治参与形式只要为法律或类似的规则所确认，也就很容易达成其余的标准。所以，法律的规则化认可，是制度性政治参与的最基本的标志和基础。制度性的政治参与方式很多，综观所有的政治参与，应该认为参加选举、参加听证都是典型的制度性的政治参与方式。在此仅就最典型的选举与听证的参政方式做一个简要的论述。

在选举的政治参与方式中，选举法是选举制度性的重要工具和方式，也是选举能够成为制度性政治参与方式的重要原因。在选举中，选区划分、选民资格、选民登记、选举对象、选举方式、选举结果、选举公布以及选举争议的解决等，都需要法律予以规范。经过了漫长的历史发展，选举也因选举法的进步而变得完善。选举制度因选举法而获得了巨大的历史性的进步。选举既是最典型的制度性政治参与，也是法律作为制度性依据得到最好体现的政治参与。

在听证的政治参与之中，有关听证的法律规章也是最基本的制度前提。听证制度可以在多个方面适用，尤其是在立法和政府决策中的听证程序，对于法律发展和政府决策都具有重要意义。立法听证的参与者，可以对法规草案等发表自己的见解，并通过一定的程序为立法机关所采信，这也就达到了影响政治的目的。政府的决策听证，对于政府的重大方针政策的出台具有前置性的作用：如果政府能够通过听证吸纳公众意见，政府的决策就可能避免一些失误，及早防止政府的方针政策的偏差。听证逐步地也成了一种制度性的政治参与方式。

3. 法规范非制度性的政治参与

非制度性的政治参与也是经常地存在的，只是由于种种原因，它不如制度性的政治参与那样具有特定的重复性和可预见性等。非制度性的政治参与的具体形式有建议、信访、申诉、控告、集会、游行、示威等。

公民或其他政治参与主体，可以用书面的形式向各级各类国家机关及其官员反映自己的意见，提出自己的主张，从而影响政治，这就是政治建议。这种建议是政治参与的方式。但是，是否愿意提出建议，提出怎样的建议,什么时候提出建议,都是随机的。许多国家的宪法或宪法惯例都确认公民等政治主体有权提出政治建议。

信访是公民受到某种不公正对待,或对国家权力的运用存在某种意见,或者有什么意见和建议需要向国家的特定部门表达,而采取的访问特定国家机构的政治行为。信访的方式既可以是书面的,也可以是当面的。信访的提出及其内容也许是因人而异、因地而异、因时而异的。这是在中国被特定化了的一种独特的政治参与形式。

申诉控告,是政治主体面对各种滥用国家权力的违法行为,而向有权机关提出意在对该违法行为实施处罚并对自己予以保护的请求的特定行为,是政治主体面对政治权力的滥用而作出的政治反映。法律同样为这种申诉控告提供了根据。但是,这种申诉控告的出现受制于多种因素,就特定的主体和情形来说并不是必然发生的,并不具有重复性和可预见性。

集会、游行、示威,都是政治愿望表达的方式,法律也有着具体的规范,甚至专门的立法加以特别规定。对于时间、地点、参加人员、组织者都有法律上的某些规定。

4. 法制裁政治参与中的违法犯罪

政治参与中难免出现违法,政治参与中的违法行为一旦出现就要承担相应的法律责任。深入分析政治参与中的违法行为,就会发现其种类也非常复杂,如政治暴力、恐怖、暗杀、叛乱、暴动。各种统治者都会将这些畸形的行为确定为违法或犯罪,加以特别的禁止。对于这些违法行为如何予以禁止和处罚,当然是法律所关注的问题。法律的相关规定,既是政治统治者处理相关事务的根据,也是相关政治参与主体承担法律责任的依据。对于政治参与中违法行为的处罚只能依照法律的规定进行。法律是政治参与者就其违法行为承担责任的根据。

(二)公民的其他涉法政治行为

个体政治行为的方式是非常多样的。从行为者的行为状态看,有积极作为的政治行为与消极不作为的政治行为。无论是作为的个体政治行为还是不作为的个体政治行为都与法律具有这样那样的联系,都可能产生一定的法律后果。从行为的内容来看,有选举行为、投票行为、加入政治组织的行为、上访行为、抗议行为、政治沟通行为、政治宣传行为,等等。这些行为中的许多方面都与法律具有密切的联系。由于选举行为、投票行为等是最典型而又与法律最密切的个体政治行为,因此我们将在有关部分做专门的论述。在这里,我们仅就公民涉法的其他政治行为做一简要的论述。

1. 参加政治组织

人是政治的动物,人大量的政治活动都是在一定组织体系之中进行的,因此人参加某种政治组织就成为人的基本的个体政治行为。这些个体的政治行为都必须是依法作出的或者至少是不违法作出的。

政治组织中最特别的是议会、政府、司法机关,但是这些国家机关性质的政治组织,由于不是公民个体凭自己的志愿或者双方的合意就能加入的。我们暂时不将其列入一般的政治组织进行研究。除了国家机关之外的政治组织,最重要的就是政党了,其余还有类似工会、青年组织等。公民个体作出这些政治行为,必须首先不为法律所禁止。在法治状态之下,对于公权力来说是法无授权即不可为,而对于公民和社会组织来说则是法不禁止即不受制裁。面对各种政治组织,公民个体必须有可以加入的法律权利,至少不得为法律所禁止。否则公民加入这些政治组织的行为就可能构成违法乃至犯罪。

如果认为公民参加政党等政治组织是其权利或者自由的话,公民参加这些组织的政治活动就具有了合法性或者至少是不违法性。公民能够在政治组织中享有各种权利,并依照其章程等履行缴纳党费、参加会议等义务。

2. 申诉控告及上访

申诉控告是公民的一般权利或者称为普遍权利。它是公民作为国家和社会主人的民主权利的构成部分和重要体现。申诉控告针对的是相应主体为自身利益,或者为公共利益或者为他人利益,而就特定国家机关及其工作人员的违法违纪行为,向更上级提出的投诉。由于申诉控告是向被控告者的上级投诉,因此在中国也被称为上访。

由于中国社会正处于转型期,各种旧的社会组织机制被改革被打破,或者本身就不健全,而新的更完善的机制又未能建立。在这样的背景之下,有的公民就向上级提出申诉控告,以维护自己、国家或集体以及他人的合法权益。上访是中国法治不健全的产物。在法治尚不健全的情况下,上访对于人民群众来说是需要,对于缓解和化解社会矛盾都是重要的。因此,它引起了中国社会、执政党、议会、政府、司法机关的高度关注,并开展了声势浩大的大接访。与之相适应,1977 年成立了中共中央办公厅信访局;1980 年成立了国务院办公厅信访局;1986 年将该两机构合并成立了中央办公厅国务院办公厅信访局;2000 年在两办信访局基础上组建了国家信访局。中国的信访立法也从 1982 年的《党政机关信访工作暂行条例(草案)》,到 1995 年颁布的作为行政法规的《信访条例》,再到 2005 年将这一条例加以相应的修订。申诉控告包括信访,已经成为个体政治行为与个体涉法行为,引起了全社会的普遍关注并成为许多政治、法律机构工作的重点。

3. 抗议

抗议是一系列政治行为或活动的总称,包括游行、示威、静坐等。所谓集会一般是指聚集于露天公共场所,发表意见、表达意愿的活动。游行是指在公共道路、露天公共场所列队行进、表达共同意愿的活动。示威是指在露天公共场所或者公共道路上以集会、游行、静坐等方式,表达要求、抗议或者支持、声援等共同意愿的活动。这些活动是经常的政治行为,也是重要的政治行为,还是由法律规制的政治行为。

为了规范或调整相应的抗议行为,许多国家制定了集会游行示威法等法律来保障集会游行示威的权利,设定相关的法律程序,规定相关的法律义务与法律责任。这些法律的立法目的在于保障公民相应政治权利的实现,扰乱、冲击或者以其他方法破坏依法举行的集会、游行、示威的,公安机关可以处以治安管理的行政处罚;情节严重,构成犯罪的,依照刑法有关规定追究刑事责任。我们也要求公民在行使集会、游行、示威权利的时候，遵守宪法和法律，不得损害国家的、社会的、集体的利益和其他公民的合法的自由和权利，保证集会、游行、示威活动和平地进行。有关法律要求，在这些抗议性质的政治活动中，不得携带武器、管制刀具和爆炸物，不得使用暴力或者煽动使用暴力等。对于违反法律规定的抗议者，轻者可以给以治安管理处罚，重者构成犯罪则可能被追究刑事责任。我国目前的法律规定将依法制裁在抗议活动中，携带武器、管制刀具或者爆炸物的参加者；未依照法律规定申请或者申请未获许可，或者未按照主管机关许可的起止时间、地点、路线进行，又拒不服从解散命令，严重破坏社会秩序的负责人和直接责任人员；包围、冲击国家机关，致使国家机关的公务活动或者国事活动不能正常进行的，对集会、游行、示威的负责人和直接责任人员；占领公共场所、拦截车辆行人或者聚众堵塞交通，严重破坏公共场所秩序、交通秩序的，对集会、游行、示威的负责人和直接责任人员。这些人员都将依照刑法规定，被追究刑事责任等。

（三）中国文化中的政治家与法势术

法势术或者说“法、势、术”是中国传统社会中政治家个体进行政治活动的基本手段，甚至被认为是中国的君王之术。其实运用法、势、术是政治家的基本行为方式，尤其是在中国更为盛之。在具有悠久政治文化传统的中国，法、势、术三者在中国有着丰富的历史积淀，其中糟粕与精华并存，歧见颇多。在现实社会中，又有各种误解杂存，非常值得我们认真而全面地加以检省。

1. 政治家与法

在中国传统政治中，法或者“法治”都只是维护统治的工具。中国古代法家所主张的“法治”，远不是近现代以来取诸西方的“法治”含义。它不过是“垂法而治”和“缘法而治”的缩略语，是指统治者将法律作为自己统治的工具和手段。法家的“法治”，本质上还是人治，根本就不同于现代之“法治”。

历代有所成就的政治家——明君或者名臣,他们都会特别重视法的作用,而且认为政治家理当重视法或者"法治"。管子对于法律有着自己的独到见解。他曾说,"法者,天下之所仪也"。① "君臣上下贵贱皆从法,此谓大治"。② "虽有巧目利手,不如拙规矩之正方圆也。故巧者能生规矩,不能废规矩而正方圆。虽圣人能生活,不能废法以治国"。③ 商鞅则是中国古代尚法之代表。他厉行法制,"行之十年,秦民大悦,道不拾遗,山无盗贼,家给人足。民勇于公战,怯于私斗,乡邑大治"。④ 就是作为法家对立者存在的儒家,也依然是重视法律的。即使"儒家固然尊人治者也。而其所以尊之者,非以其人,仍以其法。盖儒家崇拜古圣人者,谓古圣人为能知自然法,能应用自然法以制人定法也"。⑤ 梁启超总结道:"凡社会之初形成国家,其创造之而维持之者,恒藉以英雄或数英雄之力。故古代人民,其崇拜英雄之念特甚。谓一切幸福,惟英雄为能为赐,一切患害,惟英雄能为我捍。于是英雄万能、圣贤万能之观念发生焉。而不知英雄圣贤,固大有造于国家,然其所以能大有造于国家者,非仅恃英雄圣贤自身之力,而更赖有法以盾其后也。"⑥在中国传统政治学说中,他们从不完全否定法律的效用。无论是倾向法家还是倾向儒家的政治家,对于法都是重视的,区别仅仅在于对法的重要地位认识上有差异。

历代大多数政治家都是把法作为工具来认识和运用的。在儒家和法家看来,基本上都认为,法都是为君所用的工具。君王的言论即是金科玉律。君王的意志就是法律,甚至君王就是法律,因此他们可以一言

---

① 《管子·于禁藏篇》。

② 《管子·任法篇》。

③ 《管子·法法篇》。

④ 《史记·商君列传》。

⑤ 梁启超:《梁启超法学文集》,范忠信选编,中国政法大学出版社 2000 年版,第 99 页。

⑥ 梁启超:《梁启超法学文集》,范忠信选编,中国政法大学出版社 2000 年版,第 99 页。

以兴法，一言以废法。“有道之君，行法修制，先民服也。”①至于无道之君，那就是以其一己为法，随心所欲，为所欲为，成为专制暴君。就一般的政治家来说，当然不可视法律为儿戏。他们不敢随意以身试法，也不敢擅自修改律令，但是在他们的心目中，法律不过是“王法”，王法也就是“帝王之法”、“君王之法”。法律是达成政治目标的手段，法律是维护专制统治的手段，法律是维护君王地位的工具，也是实现政治家道德追求的途径。于是，法律的地位就整个地被置于政治之下，成为政治家手中的法宝。尽管是法宝，但是它何时发挥作用，发挥怎样的作用，怎样发挥作用都是由政治家决定和掌控的。

2. 政治家与势

势，即权势，也即权力。政治家必然具有权力。对于公权力的实际掌控和行使，是政治家的本质属性之一。政治家也正是因为拥有权力——势，才成为真正的名副其实的政治家。政治家的所有的政治活动都必然或多或少地与其势相关。

政治家的势与法是紧密联系在一起的。在慎到看来，重“势”与尚“法”有内在的联系。重“势”是为了尚“法”，尚“法”必须重“势”。君主如果想实行“法治”，那就必须掌握能够使法令得以贯彻执行的权势。②在他看来，权势是非常重要的。“腾蛇游雾，飞龙乘云，云罢雾霁，与蚯蚓同，则失其所乘也。故贤而屈于不肖者，权轻也；不肖而服于贤者，位尊也。尧为匹夫，不能使其邻家；而南面而王，则令行禁止。由此观之，贤不足以服不肖，而势位足以屈贤矣。”③韩非也一再强调，“国之所强者，政也；主之所以尊者，权也”。④“故善任势者国安，不知因其势者国危”。⑤“君执柄以处势，故令行禁止。柄者，杀生之制也；势者，胜众之

① 《管子·法法篇》。

② 武树臣、李力：《法家思想与法家精神》，中国广播电视出版社1998年版，第66页。

③ 《慎子·威德》。

④ 《韩非子·心度》。

⑤ 《韩非子·奸劫弑臣》。

资也”。[①] 梁启超在总结相关问题时说，“法治必藉强制而始实现，强制必藉权力而后能行。故言法治者，动与势治相混，几成二位一体之关系”。[②] 梁启超曾经说，“势也者，权力也。法治固万不能舍权力”。[③]

势不可以离开法，应当将势与法相结合。离开法，势必导致千世之乱。韩非子从其时代状况出发，认为“抱法处势则治，背法去势则乱。今废势背法而待尧、舜，尧、舜至乃治，是千世乱而一治也；抱法处势而待桀、纣，桀、纣至乃乱，是千世治而一乱也”。[④] 具体地说，首先，法为政治家提供拥有权力的根据。一个政治家拥有什么样的权力，应当是以法律作为根据。尤其是在民主法治的国家与社会之中，政治家的势更是须臾不可离开法律，因为公权力的行使“法无授权即非法”。其次，法为政治家提供行使权力的程序。政治家如何行使权力，其过程必须是以法律作为程序。政治家的执政与从政行为，都是以法律作为程序规则的。最后，法为政治家提供承担责任的规则。政治家也是充满风险的，究竟具有怎样的风险，需要法律加以确定。这种责任的确定可以使政治家具有最大的责任感和安全感，有利于政治家勇敢地担负政治责任，也有利于政治家权衡利害得失，还使政治家自警自觉而免于失职、渎职，等等。

势也不可离开术。任何权力都是通过必要的方式来行使和实现的。势对于术的依赖就是对于行使或者实现权力的方式方法的依赖。术对于权力是特别重要的，但是什么是科学的权力之术，的确是一个困难的问题。韩非子就认为，“君无术则弊于上”[⑤]“人主者不操术，则威势轻而臣擅名”。[⑥] 没有术，就会使自己威势减轻，并使臣下私自的扩大名望。

① 《韩非子·势难》。

② 梁启超：《梁启超法学文集》，范忠信选编，中国政法大学出版社2000年版，第114页。

③ 梁启超：《梁启超法学文集》，范忠信选编，中国政法大学出版社2000年版，第114页。

④ 《韩非子·势难》。

⑤ 《韩非子·定法》。

⑥ 《韩非子·外储说右下》。

这些看法,在今天看来多少是有些小肚鸡肠,但是从权力如何行使才科学的视角出发来探讨,我们可以发现,没有必要的政治艺术和技巧,权力是难以正确运行和实现的。

3. 政治家与术

术,即权术,在中国古代社会首先是指君主所具有的或应当具有的驾驭臣下的南面之术;其次也指政治权谋、技术、艺术。就君王来说,目的主要在于使臣下忠于职守,执行法令,而不能篡权夺位。韩非子就这样解释术:“术者,因任而授官,循名而责实,操生杀之柄,课群臣之能者也,此人主之能执也。”①或者是“术者,藏之于胸中,以偶众端。而潜御群臣者也”。② “人主之大物,非法则术也”,③在传统的人治社会之中,君王是不可无术的,“君无术,这弊于上;臣无法,则乱于下。此不可一无,皆帝王之具也”。④ 术对于官僚来说,更多是指政治权术。上流者为政治之艺术技巧,下流者沦为政治之阴谋诡计。

但是术并不能离开法,术与法相结合才能使“术”具有更好的载体,更丰富的内涵;术与法相结合才能使“法”得到更好的运用,更良好的效用。韩非子认为,“申不害言术,而公孙鞅为法”。⑤ “徒法而无术,徒术而无法,不可”。⑥ “君无术则弊于上,臣无法则乱天下,此不可一无,皆帝王之具也”。⑦ 法是术的标准,术是法的手段。必须将法、术结合起来,只有将法与术在民主的基础上加以科学的结合,术才可能免于邪恶或罪恶,而趋于善良。

特别需要说明的是,术有其科学的方面,政治当然是社会管理的技术,它对于术的积累与依赖都是理所当然的。政治的技巧是客观存在,

---

① 《韩非子·定法》。
② 《韩非子·难三》。
③ 《韩非子·难三》。
④ 《韩非子·定法》。
⑤ 《韩非子·定法》。
⑥ 《韩非子·定法》。
⑦ 《韩非子·定法》。

也是非常重要的，其中的许多内容也具有最高的审美价值。然而，遗憾的是，在中国历史上术被许多政治家理解为阴谋诡计，而加以不适当的应用。术的不当应用将使政治处于阴暗的状况之中，使政治变得阴森恐怖。这是中国政治发展中的历史性糟粕，在现代民主政治中必须予以摒弃，否则不良的政治文化既会败坏民主也会败坏法治。

4. 法、势、术的结合

传统是一个综合体。就渊源来说，历史深厚，它是在各个民族或者国家自己的土壤之上逐步生成的，其产生与发展都有其内在的合理性和必然性。就内容来说，传统之中的内容有精华也有糟粕，尤其是在历史的发展中，有的成为发展的推动力量，有的则成为阻碍因素。就其前景来说，有的部分将会在未来被发扬光大，有的则必须被淘汰。

法、势、术作为历史上的政治文化遗产来看，其中有精华的部分，也有糟粕的部分。我们要用扬弃的态度，科学地加以区分和对待。如果我们今天能把“法”理解为现代法治之法，把“势”理解为必要的领导职位、职务或职权，把“术”理解为科学的领导方式与方法，我们是可以从中受益的。在当代，如果一个政治家能够适应时代需要，坚持依法治国、依法执政、依法行政与依法办事，正确认识和对待权力，实践政治艺术，讲求政治方法，力争将法、势、术有机而科学地结合，必将成为优秀的政治家，为国家和社会管理作出重要的贡献。

四、法与群体政治行为

人是社会的动物，人的社会性是人作为类的存在物的根本属性，这种社会性也决定了人的群体性。群体是相对于个体的。群体是个体的人结合而形成的，也是个体表现其才能与个性的空间，是个体加入社会的重要路径之一。政治群体的结构复杂，种类繁多。它包括有组织的政治群体和无组织的政治群体。群体政治行为是人的群体行为之一种，包括正式组织政治行为和无组织政治行为两部分。法律与人的群体政治行为之间也有着复杂的结构与互动的关系。

（一）正式政治组织的政治行为与法

从群体是否是正式组织的视角来考察，政治行为可以区分为正式组织的政治行为和无组织的政治行为。在正式政治组织的政治行为中，则有组织政治行为和非组织政治行为两大类。

1. 正式政治组织的组织政治行为

正式政治组织是普遍存在的，诸如立法组织、行政组织、司法组织、政党组织都是正式组织。就正式组织的构成来说，正式的政治组织有规范、地位、角色和权威等基本要素，并由此构成组织政治行为的行为方式。就这四个要素来说，“规范确定了组织的本质和特征，它能帮助我们分析和解释组织的态度与行为趋向。地位关系是我们了解组织的内部冲突和行为的动力。角色和角色网络可以使我们发现组织的个性、情绪、要求和组织内部的权利义务关系以及组织行为的活力。权威使我们看出组织的团结程度和整体行为的有效性。因此，以上四个要素是分析正式组织的政治行为的主要支点”。① 此外，正式组织的政治行为还需要有活动、互动、情感、职责行为、决策等条件。

正式政治组织有着大量的法律行为。正式政治组织中的公权力机构，其所有的政治行为都必须具有法律的根据，都必须依法而行。立法机关必须遵循宪法和立法法为主要内容的相关法律，政府机关必须遵守法律、行政法规为主要内容的相关法律，司法机关必须遵循与诉讼相关的各种法律制度。作为公权力的政治组织的任何政治行为，如同其他行为一样都具有组织性、法律性，因此一旦作出就必然出现组织责任与法律责任的问题。即使是政党等政治组织，虽然不是公权力机关，但是由于它与社会秩序具有重大关系，甚至涉及国家安危与社会稳定，因此法治的国家都会运用法律来规范政党，使政党能够依法办事，依法作出自

① 陈子明等：《现代政治学导论》，宁夏人民出版社 1988 年版，第 147～149 页。

己的政治行为。正式政治组织必须对自己的行为承担应有的责任。这些责任是政治的,也很可能是法律的。由于政治组织的所有政治行为都是由具体的个人作出的,因此在组织承担有关责任的同时,具体行为人也许还须依法承担应有的法律责任。

2. 正式政治组织的非组织政治行为

就正式组织的非组织政治行为来说,它与组织政治行为的概念相对应,是指在正式组织成员之间自发形成于相互交往、相互影响、相互认同的行为。这种行为不受组织规则的约束,是由情感维系和协调的默契行为。非组织政治行为存在于政治组织中的非正式派别之中。正式组织中的某些成员基于共同认识、看法、阅历、需求、利害、情感等因素而形成统一而默契的行为,以共同支持某项决定或者共同反对某项指令等。

正式组织之中存在非组织政治行为是无法完全避免的现象。因为个体之间的认识、看法、阅历、需求、利害、情感等因素的差异性和共同性就决定了非组织政治行为产生的合理性。非组织政治行为对于组织来说具有多重影响,它可能在一定程度上推动和实现正式组织内部的民主,密切正式组织的人际关系,实现成员之间的相互沟通,也可能在正式组织之中形成宗派与小团体,影响组织的整体性。

正式政治组织中的非组织行为,可能会有政治责任的问题,这种责任常常是由行为人自己承担的。一般不涉及法律责任的问题。一旦涉及,因它是由特定个人或若干个人分别或者共同作出的,其非组织特性决定了其法律责任的个别性。当然,其所属的政治组织也会因自己的疏于管理或者不当管理而应承担相应的政治责任或者法律责任,但首要的责任仍然是那些行为的个体。

(二)无组织的政治行为及法律调控

无组织政治行为是现代社会非常普遍的政治行为。尤其是在转型期的社会,处于激烈的社会矛盾与冲突之中,政治行为不仅以正式的组织行为的方式表现出来,更多的无组织政治行为大量产生,甚至成为严重的政治问题。我们有必要对其特点以及与法律之间的关系作一个基本的解析。

1. 无组织政治行为的基本特征

无组织政治行为具有一些重要的基本特征，对于这些特征的认识，是认识其与法律的关系，认识依法应对的基本前提。

首先，无组织政治行为具有自发性。无组织政治行为是由不确定的多数个体，自发地共同作出的。这些个体并不都存在于一个组织体系之中，即使存在于一个组织体系之中，也没有某个人或某些人以组织的名义来号召与发动，更不可能以组织的名义来协调行动。自发性也可以称为无组织性，它是无组织政治行为的一个基本特性。这种自发性决定了政治行为的持久性差，但是也决定了对其进行控制的困难。因为有组织的政治行为，可以通过对组织的控制而实现控制，但是对于无组织政治行为，就难以通过控制组织的方式达到控制的目的。当然这里的难以，并不是不能，我们当然可以依赖各个个体隶属的组织来施加影响而予以控制。这是另外一个方面，它并不否定无组织政治行为的自发性。

其次，无组织政治行为具有突发性。无组织政治行为都是突发的，在政治行为发生之前，人们无法确知该政治行为会在哪里，由哪些具体的人来作出。这种突发性也可以称为难以预测性，这两个不同的特征描述是密切相关的两个方面：因为政治行为是突发的，所以就难以预测；之所以难以预测就是因为它是突发的。无组织政治行为的突发性决定了防范上的困难性与事件发生的不可避免性。要彻底避免某些政治行为的发生必须从根本上治理，彻底消除产生这种政治行为的根源，否则靠点对点的防范，是难以奏效的，也是暂时的。

再次，无组织政治行为具有暂时性。无组织政治行为具有暂时性，不可能持久。许多无组织政治行为甚至在几个小时或者十几小时、数十小时即告结束，认识到它的这一特性对于处置是非常有意义的。但是处置者不能以此麻痹，认为它可以在短暂的时间内自行消除；如果这样认为将是严重误解的，因为无组织政治行为是可以向有组织政治行为转化的。一旦无组织政治行为中产生出政治领袖或者形成政治组织,也会转化为某种意义的有组织的政治行为。

最后,无组织政治行为具有情绪性。无组织政治行为的作出都具有强烈的情绪性质,基于义愤而出现的群情激奋,往往是无组织政治行为发生的感情基础。这种政治行为是突发的,也是激愤所致,但是它可能是社会长期的矛盾积淀、酝酿的结果,是社会怨忿情绪的集中的爆发与表达。

2. 无组织政治行为的法律调控

无组织政治行为是社会管理的重大问题,尤其是在社会矛盾的多发期,更是突出与重要。对其进行法律调控是各国国内法律的重要任务之一。

首先,社会法律意识状况是调控相应政治行为的认识基础。社会的法律意识状况决定和制约着社会的守法情形。在全体公民普遍具有良好法律意识的基础上,公民的无组织政治行为也能在合法的、理性的范围内进行,至少不会导致严重的违法犯罪。反之,如果一个社会法律意识淡漠,公民并不具有良好的守法意识,无组织政治行为就很容易转化为严重违反治安法规甚至违法犯罪。从一般的无组织的抗议集会转化为打砸抢烧,就是无组织政治行为导致违法犯罪的极端表现。在无组织政治行为中违法犯罪的都是其中的参与者个体,但是他或她一定是受整个社会的法律意识状况所影响的。

其次,行为本身的性质和状况决定了法律调控的性质与方式。无组织政治行为是合法行为,还是一般的违法,甚至是犯罪,都是由行为本身来决定的。不同法律性质的行为,决定了法律调控的具体方式。如果是合法的,行为人将依法获得法律的保护;如果是一般违法,行为人将依法被追究违法责任;如果是犯罪,行为人将依法被追究刑事责任。无组织政治行为的行为人的责任如同公民个体的其他行为一样,法律调控的性质与方式均决定于行为本身、既有的法律制度以及执法与司法的情形。

再次,政府处置手段的法治化是调控相应政治行为的重大难题。政府是无组织政治行为的直接管理者。一旦发生这种行为,政府的警察部门首先就会以维护社会治安与秩序的身份与方式介入。如果这种行为转化成为违法犯罪,政府的警察部门必须依法处置直至依法追究违法犯罪者的法律责任。警察部门对于事件与行为的处置的合法性程度取决于政府尤其是其警察部门与相关领导的法律意识和法治水平,更决定于措施的法治化状态。如果政府的处置是合法的,事件的处置结果经得住历史和法律的检验,是最为令人欣慰的,否则就可能成为社会的历史遗留问题,成为引发新的矛盾冲突的焦点,成为新的无组织政治行为的诱因。

最后,无组织政治行为一般由实施者个体承担法律责任。无组织政治行为的无组织性决定了法律责任将由行为人自己承担,一般不会产生或者追究组织责任的问题。即使由于某种特定原因要追究某些成员所属组织的责任,也不能因此免除行为人自身的责任。法律责任自负原则在无组织政治行为中的一个重要体现,就是由行为人自己承担行为责任,自己对法律负责。

第四章　法与政治责任

政治责任是正常政治必需的组成部分。严格地说,没有责任的政治是不完善的政治,也是不负责任的政治。政治责任的确立是政治民主的制度保证,也是政治文明的推动力量。研究政治责任,是建设民主政治、实现政治民主的认识前提。实行政治责任制度,是推动社会民主和政治民主的必然要求。政治责任与法律具有紧密的联系,探究二者之间的机理对于建立文明政治和法治国家都是必需的。

一、政治责任与现代政治

政治责任是文明政治的产物,具有丰富的内涵,是责任政治中的重要元素,也是现代政治的基本要求。政治责任与民主政治和法治政治不可分割,并内在统一。代表现代潮流的政治必然是责任政治、民主政治。政治责任与责任政治、民主政治之间的关系是值得我们探究的。

(一)政治责任的基本阐释

政治责任是政治一经产生即出现的重大问题。在一定意义上说,政治就是公共事务的处理与管理,是公共权力的运用与运行。政治运作的后果直接关系着公共权力运行的状态,直接关系着人民的权力与权利的状况,关系着公权力与人民之间的关系,因此它是非常重要的政治概念与政治问题。

1.政治责任的解说

政治责任定义繁多,其中具有代表性的有三种观点。第一种观点是,“政治责任是指政府及其官员因其享有和行使国家行政权而承担的维护社会制度,维护宪法精神和原则,维护国家法律制度,维护国家安全,维护公民生命和财产不受侵犯,维护社会稳定、发展和秩序等方面的责任”。① 第二种观点是,“所谓政治责任,就是行使公权力者因违反政治义务而承担的政治上的否定性后果。这种政治上的否定性后果也就意味着社会中的个人或组织已丧失了从事行使政治权力的资格”。② 第三种观点是,“政治责任是政治官员履行制定符合民意的公共政策,推动符合民意的公共政策执行的职责以及没有履行好这些职责时所应承担的谴责和制裁。前者是积极意义的政治责任,后者是消极意义的政治责任”。③ 在总体上,笔者比较赞同第三种观点。第一种观点将主体仅仅局限于“政府及其官员”,将责任仅仅确定在“职责”,似过于狭窄。第二种观点将主体扩展到“行使公共权力者”又过于宽泛,将责任仅仅确定在“否定性后果”又过于狭窄。第三种观点对主体和责任的认识,笔者都是赞同的。但觉得将责任划分为积极责任和消极责任,似不如划分为职责性责任和惩罚性责任更为明确;而将“符合民意”引入责任概念,也许会因为“符合民意”的难以界定而陷入困境。

概观政治责任的诸多定义,我们可以做这样阐释:政治责任是拥有

---

① 张国庆:《行政管理学》,北京大学出版社1990年版,第414页。

② 王成栋:《政府责任论》,中国政法大学出版社1999年版,第80页。

③ 张贤明:《论政治责任》,吉林大学出版社2000年版,第22页。

政治权力的组织或个人因其职务所应承担的职责，与违反职责而必须承担的否定性政治后果。前者可以称为职责责任，后者可以称为渎职责任。①

2. 政治责任的主体

政治责任是拥有政治权力的组织或个人所应当或实际承担的政治上的责任；政治责任主体则是应该承担政治责任的组织或者个人。据此，政治责任并不是所有政治主体的责任，而仅仅是政治权力主体的责任。

政治责任主体不同于政治主体，只有具有政治职责的政治主体才可能也才应该成为政治责任主体。政治主体包括国家、政府、政党、阶级、阶层、利益集团、公民等，其中的阶级、阶层、利益集团都很难成为政治责任主体，公民中只有担任政治职责的人才是政治责任主体。一般公民是政治主体，他们个别或者集体地享有政治权利也承担政治义务，但由于他们不具体行使政治权力，因而就不承担政治责任。

政治权力主体同时也应是政治责任主体。尤其是在民主与法治的社会中，更是如此。在民主与法治的国家，一切政治权力的拥有者和行使者都是政治责任的主体。一旦其行为失当或者违反法律，就必须在政治上承担责任，即政治责任。从逻辑上说，只有极度集权的专制统治者才只享有或者行使政治权力而不承担任何政治责任。其实这也仅仅是一个逻辑分析，历史上即使是专制君主，其政治失误也会有政治责任，比如，权威丧失、威信受损、被怀疑、被误解、乃至人民造反、官员谋反，这些都是一定意义的政治责任，只是它们都是另类的政治责任。即使是君主，有时也不得不接受这些或轻或重的政治后果，从某种意义上说，这些也都是政治责任。

拥有政治权力是政治责任主体的基本条件。人民、民族都是政治主

① 鉴于人们经常把政治责任理解为政治渎职责任，或者把政治渎职责任称为政治责任，本书在未加特别说明的地方亦尊重习惯，即所述政治责任也就是指政治渎职责任。

体,但是由于他们都不拥有和行使政治权力,所以他们是没有政治责任的,即不是政治责任的主体。政治责任的主体是拥有公共权力行使资格的组织或个人。具体到这些组织或个人来看,应该认为,凡是具有政治责任的主体都是从事公务的国家机关等公共权力组织及其政务官员。

政治责任主体可以划分为组织和个人两类。从组织的意义上讲,所有的国家机关都具有政治责任。除了国家机关之外,其他因种种原因而具有公共权力的组织也同样具有政治责任。从个人来看,在国家机关等公共权力组织的工作人员中,有政务官员和事务官员之分。其中只有政务官员才有政治责任的问题,事务工作人员是没有政治责任的,因此也就不是政治责任主体。

我们从政治责任主体的身份特定性可以看出,政治责任制度实际上是民主制度的基本要求和构成部分。因为权力在终极意义上是来自人民并最终归属于人民的,任何权力的享有者和行使者都必须对人民负责。他们所承担的政治责任的实质是对人民的责任,是忠于人民的责任。对于政治责任的追究,是对权力本质规定性的维护,在防止权力的畸变和变异,也就是在维护政治权力的人民性本质。

3. 政治责任的内容

就政治责任的内容来说,不外乎两个基本的方面:一是政治权力主体的分内职责;二是政治权力主体因渎职违规行为,而应该承担或所承担的不利后果。前者意义的政治责任,也可以称为职责性的政治责任(可以简称为职责责任);后者意义的政治责任,也可以称为渎职性的政治责任(可以简称为渎职责任)。职责责任与渎职责任二者具有密切的联系,也具有重要的区别,其关系包括以下几个基本方面:

首先,政治主体都具有职责责任,但未必负有渎职责任。政治主体充任公共职务,政治组织规则乃至国家法律都可能有具体的规定,各个主体也都负有特定的职责责任。但是它们是否负有渎职责任,将视其是否具有违规政治行为而定。在违规行为没有被追究的时候,渎职责任还只是一种可能的状态。只有惩罚性的政治责任被确定下来,才可能导致现实而客观的渎职责任。

其次,政治主体的职责责任是判断渎职责任的根据。一个特定的政治主体是否存在渎职的行为,是否要承担渎职职责,这是以其是否渎职作为前提的。判断一个主体是否渎职,首先就要考察其职责的内容,职责责任的确定是渎职责任确定的根据。渎职的多少和大小都是以职责责任的多少和大小作为判断前提的。

再次,职责责任的不履行或不当履行,是相关主体承担渎职责任的原因。任何渎职都是对于职责的不履行或不当履行。在对特定主体确定责任之前,除了要考察其职责责任的范围,还要考察其有无渎职的行为——不履行或不当履行。这是确定渎职责任时对责任主体的行为要求。

最后,追究渎职责任的目的在于促进职责责任的实现。渎职责任的追究是一种事后追究,是对渎职行为进行的制裁。相对于职责责任的实现来说,渎职责任的追究仅仅是手段和过程。渎职责任的事前设定,可以对所有的政治主体起到警示的作用。渎职责任的实际追究也可以让渎职者吸取教训或者给其他政治主体以教育,防止渎职情形再次发生。

(二)政治责任与责任政治

责任政治是人类社会发展到现代的产物,是民主政治与法治政治的要求。政治责任体现在责任政治的各个方面。

1.政治责任是责任政治的重大主题

政治责任是责任政治的构成部分,也是其中的重大主题。政治必须有责任,如果政治没有责任,政治就可能演变成为不负责任的政治,政治就可能转化为专制和专横。追究政治责任是民主政治的要求,也是法治发展的要求。因为不负责任的政治,轻者就可能演变为懈怠,重者就可能构成违法犯罪。在不负责任的政治中,流氓政治就难免产生,专制政治也同样难以避免。政治责任是保持政治纯洁性的良药。没有责任的政治难免被败坏,因而发生严重的损害和损失。设置政治责任与追究政治责任是建立责任政治的必需,是保证政治始终良好的制度保证,这是人类政治经验的总结。良好的政治都是责任政治，民主政治、法治政治作为良好的政治，都莫不如此。

2. 政治责任是政治职位的责任

政治责任首先体现在不同的政治职位具有不同的职责责任。从职责责任上讲，任何职位，只要是政治公职，其担当者就必须对这个职位和职务负政治责任。这种责任实际上是政治岗位设置的要求，是政治岗位意义的体现。没有责任的政治职位和职务，要么就是那个职位是没有必要设立的，要么就是任职者的渎职未被查究或未能被查究。没有职责责任的政治领导也必然没有必要的政治权力。职责是义务也是权力，职责责任是对政治公职担任者的基本要求。作为政治公职人员只有担负起职责责任，在道德上才是正当的，他们才可以免除承担渎职责任的风险。

政治责任突出体现在渎职责任的确认与追究上。从渎职责任上讲，任何渎职行为，渎职者都必须承担责任。渎职责任的追究具有重要的意义。首先，这是对渎职者的惩罚。渎职者当然是有过错的，他们必须对自己的过错承担责任。其次，对渎职者也是一种惩戒，防止渎职者继续渎职与重复渎职。它可以把渎职的损失降低到最低限度，并可以使渎职者牢记教训避免类似的情形再度发生。再次，对其他非渎职者来说，也是一般预防，它可以起到以儆效尤的作用。最后，这也是维护社会公正的需要。对有责任者的追究，是公正的一个方面，这种追究也可以使没有能够担任政治职务者、使人们获得一个政治公正的心理平衡，同时也体现社会正义。

（三）政治责任与民主政治

政治责任是民主政治中必不可少的元素，它是确保政治民主的重要手段。政治责任是政治意志的体现，是民主政治的要求。政治有无责任是政治是否民主的重要标志，凡是民主的政治必然是有责任的政治。

1. 政治责任是政治民主的体现

在民主政治中，政治领导人都肩负着人民的期待。人民是国家和社会的主人，也是权力的主人。人民把权力交付给政治领袖，或者政治领袖们自告奋勇地获得了人民的权力,人民就对他们抱有政治上的期待。人民希望他们能够完成其政治使命,担负起政治重任。他们也只有履行了自己的职责才能说完成了自己的使命。这种使命和重任,就成了他们的职责责任,也是人民对于他们的具体要求。在他们疏于履职的时候,接受处罚,承担相应的政治责任也是势所必然。因为政治领袖辜负了人民的重托,使人民的事业遭到了本不应遭受的损失,就应当对人民承担政治责任。政治领导人是否承担政治责任和怎样承担责任,是政治民主的表现。

政治责任也是政治主体对人民负责的体现。政治领导人所担负的责任是对其权力的制约。任何权力都有扩张的倾向,任何权力都有滥用的可能,尤其是政治权力,最难避免。对政治领导人赋予职责责任,是对其权力行使的事前要求和职责要求。没有这种职责要求,政治权力就没有约束,就可以肆无忌惮地行使,这显然是不被允许的。在政治领导人渎职的情形之下,要求追究其惩罚性的政治责任,或者渎职责任,也是必需的,这是对政治权力的又一种强力约束。政治权力、政治领袖只有在这两种责任存在的政治前提下,才可能兢兢业业,永不懈怠,也才对自己的履职始终保有如履薄冰的审慎,而不至于滥用权力。

2. 政治责任是民主政治的要求

主权在民或者人民当家做主的政治就是民主政治。民主政治当然是所有的公共权力必须对人民负责。公共权力的实际拥有者或行使者得到了人民的信任,并获得了相应的酬金,就应当担负相应的责任。政治责任确保了政治的民主性质,惩戒政治权力的滥用,进而避免政治对于人民的背叛。要使政治始终处于民主化的状态,就必须消灭权力的任性,使任何权力都归于人民之下,营造出对人民负责的政治。政治责任适应民主的要求,是民主不可被忽视或忽略的重要保证。

在民主政治的场景中,政治责任都会被强调,并作为其标志。民主政治要求政治权力的运用者必须担负政治责任,这也是政治权力主体对自己行为负责的表现。政治责任一旦消失,民主政治就不再存在。因为不负责任的政治行为会直接毁坏民主政治本身，不负责任的政治官员就有可能演化成为政治暴君。政治责任是否具有，渎职官员是否承担应有的政治责任，是民主政治与专制政治的重要区别。

二、政治责任与法律责任

对于政治责任进行研究十分重要，在政治学领域已经有不少的学术成果。对政治责任与法律责任的关系加以探究是十分重要的，但是相关的研究无论是在政治学领域还是在法学领域都是十分欠缺的。

（一）政治责任与法律责任的区别

法律责任一般是指违反法律所应承担的否定性法律后果。政治责任则被区分为职责责任和渎职责任。职责责任实际上指的是职责性义务，它与法律责任之间没有可以混同的地方。只有相关政治主体没有担当起职责性法律责任的时候，才会导致承担渎职责任。渎职责任是惩罚性政治责任。法律责任与惩罚性政治责任都是否定性的，都具有惩罚性，因此，渎职责任与法律责任之间就容易混同。也许是因为渎职责任常常被简称为政治责任，所以我国大陆和台湾的许多学者都从渎职责任的角度对政治责任和法律责任进行区分。我国台湾学者陈鉴波认为：政治责任与法律责任有五个方面的区别：一是基本含义不同；二是负责人员的范围不同；三是负责的对象不同；四是负责的原则不同；五是追究责任的方式不同。① 大陆学者张贤明认为政治责任与法律责任的区别主要是以下几个方面：一是法律责任必须有法律的明文的规定，政治责任则不可能完全精确地由法律明文规定。二是政治责任的实现相对于法律责任特别是刑事法律责任的实现而言具有优先性。三是法律责任有其专门的评价机关，政治责任则不必也不能仅以专门机关来评价。四是政

① 陈鉴波：《现代政治学》，台北三民书局1974年版，第556~558页。

治责任与法律责任的承担方式不一样。五是法律责任因其所依之法无溯及力,政治责任则可能有溯及力。六是法律责任是不连带的,政治责任是可以连带的。① 实际上他们所区分的是渎职责任和法律责任。为了尊重约定俗成的观念,本书也将渎职责任与法律责任的区别称为政治责任与法律责任的区别,论述如下:

第一,引发事由不同。政治责任都是由政治主体没有履行或不当履行其政治职责而引发的,直接的原因是政治上的失职或渎职;法律责任都是因违法而引发的,直接的原因是违法。也许其中包含着失职或渎职,但是作为要承担法律责任的失职或渎职,都一定也同时是违法的。

第二,责任主体不同。政治责任的责任主体是政治主体,是一定的政治组织或个人。这种个人在政治组织中也应该是政治人物而非事务人员;在国家机关中应当是政务官员而不是事务官员。法律责任的主体则可能是有法定责任能力的任何组织或个人。

第三,责任内容不同。政治责任的内容主要是政治上的受信任度降低,最严重的情形则是丧失拥有政治权力的资格。就一般政治组织中的个人来说,被开除就是最严重的政治责任;就一般的政治组织整体来说,丧失或被剥夺某种政治权力也就是最严重的政治责任。开除、弹劾、罢免等都是政治责任的内容;法律责任则包括民事责任、行政责任和刑事责任等内容。

第四,责任连带不同。法律责任原则上都是自负的。即使是依法被要求承担连带责任的主体,这一连带责任也是由责任者自负的。法律上的连带责任,其实质还是责任自负。但是政治责任并非如此。政治组织的政治责任就可能由其整体承担。例如,内阁制政府就必须对议会集体负责。内阁基本政策和重大行动不为议会所认同而发生内阁全体辞职或总辞职的情形,就是典型的例证。内阁的所有成员都要以辞职来对整个内阁的政策和行动承担政治责任。在这里,政治责任的责任连带与法

① 张贤明:《论政治责任》,吉林大学出版社 2000 年版,第 52 ~ 69 页。

律责任的责任自负,泾渭分明。

第五,溯及既往不同。在溯及既往的问题上,法律的溯及既往具有严格的法律限制,非法律所特别规定的情形,是不能追究既往的违法犯罪的。法律责任的追究,在原则上是不溯及既往的。但是政治责任的追究则不同。政治责任的追究却可能溯及既往,因此就可能出现同一行为也许在法律上不再承担法律责任,但却依然承担政治责任的情形。

第六,优先性质不同。政治责任与法律责任之间并不具有谁可以取代谁的情形。一旦发生两者并存的情形,一般说来,法律责任优先于政治责任。也就是说,应当承担双重责任的责任主体应该优先承担法律责任,继而承担政治责任。

(二)政治责任与法律责任的联系

政治责任是因为特定政治主体违反职责责任要求,渎职或作出与其责任要求相反的行为,所应该承担的否定性政治后果。

政治责任有来自组织系统内部的和来自国家的两种情形。如果这种责任是局限于一定政治组织内部的,也许与法律无关。例如,某党对其党员的纪律处分,就是该党内部的政治责任承担问题,它与法律有一定的距离。但是,如果这种责任是来自国家的,这种惩罚就需要根据法律的规定来决定并实施。

来自国家的政治责任之所以要根据法律来确定,主要有三个原因:一是来自国家的责任具有最严重的性质。最严重的惩罚性责任按照法律规定,通过法定程序来适用,将更加慎重和严肃。二是为了保证责任确定的公正性。通过法律追究的责任,能使所有的责任都根据一个相对确定的尺度来衡量,就能更好地保证处罚的公平性和一致性。三是为了保护被惩罚的当事人的合法权益。被惩罚者在接受处罚时总是处于相对弱势状态,依照法律来惩罚意在实现罚其所当罚,过罚相当。

政治责任与法律责任主要有以下几个方面的联系:

第一,两种责任的设定都需要以必要的制度作为根据。政治责任和法律责任都不可以随便设定。就政治责任来说,它可能是法律规定的,也可能是由某种政治组织的规范性文件所确立的。至于法律责任更是必须以法律制度或规范作为根据，没有制度根据的责任，既不应是法律责任，也不应是政治责任。

第二，两种责任的施加都需要遵守必要的程序。即使发生了应该追究政治责任的情形，该责任也不是可以随便施加的。政治责任的追究需要经过必要的程序，甚至是相关的法律程序；而法律责任无一不需要经过严格的法律程序。没有程序作为过程的政治责任和法律责任都是不应该成立的，也都是不正常的。

第三，政治责任与法律责任的起因是交叉重叠的关系。有时，引发政治责任的事由可能直接就是引发法律责任的案由，反之亦然。引发政治责任的事由与引发法律责任的案由之间是重叠的。

第四，政治责任与法律责任可能是重叠的。这里的重叠是在两重意义上成立的：某一行为既要承担政治责任又要承担法律责任；某一责任，既是政治责任，又是法律责任。就第一个方面来看，例如，某一政党领袖以该政党的身份而出任政府职务。在政府的工作中出现重大渎职。这时渎职者的渎职行为是一个，但是他完全可能要承担来自政府的和来自政党内部的两方面的政治责任。就第二个方面来看，例如，政府公务员渎职所承担的政治责任和法律责任，本身就可能是同一的。其所承担的警告、记过、记大过、降职、停职、免职、辞退、开除等责任，既是政治责任，也是法律责任。当然，也要注意到，在责任的承担上，政治责任也许会与法律责任相并存，法律责任也同样会与政治责任相并存，它们之间有着优先与否或前后相继的性质，但并不能相互取代。一个政党成员的违法行为，在党内承担了政治责任，并不意味着他就可以因此而免除法律责任。行政的法律责任和刑事的法律责任，只要依法应当承担，都应不可逃避。一位公务员或法官，做出了犯罪行为，并不意味着他们被免职就不再承担法律责任。免职当然是政治责任，也是行政意义的法律责任，但是这并不是他所应承担的全部法律责任，他还需要承担刑事责任。

（三）政治责任与法律责任的追究

政治责任与法律责任对不同主体分别追究，应不存在任何意义的疑难。问题出现在许多政治责任主体同时又是法律责任主体的情况,追究责任的情况就变得较为复杂,存在着一系列重要的问题。

第一,政治责任与法律责任可否相互取代的问题。政治责任与法律责任应该是不能相互取代的。一个特定的政治权力主体的渎职行为,如果承担了政治责任,并不能因此就减轻或者免除其法律责任。因为它们是不同体系的责任,是以不同的规范作为准则而确定的责任。反之亦然,政治责任主体也不能因其承担了法律责任就要减轻或者免除其政治责任。在历史上和现实中可能都存在着混淆政治责任与法律责任,乃至相互取代的情形。但这只是法治不完善背景下的政治法律现象,一旦建立起真正的法治,这种现象就不会产生,即使有了也能迎刃而解。

第二,政治责任与法律责任何者优先的问题。政治责任与法律责任同时并存,理当法律责任优先。这是因为政治责任是政治组织或社会公众所追究的责任,而任何政治组织和全社会公民都必须遵守法制,服从法律。因此,在政治责任与法律责任并存的情况下,政治责任可以先行,也可以刻意让法律责任确定后再根据司法程序所揭示的证据和司法判决确认的事实,来确定和追究政治责任。是否先追究政治责任是政治组织等依照相关纪律制度与道德规范决定的事情,法律并不因政治责任的追究而退让。相反的是,政治责任很可能因法律责任的尚未确定而等待。当然,任何政治组织都可以根据特定的政治纪律与道德规范,先于法律责任的追究而率先追究政治责任,比如,开除党籍、撤销政治职务等。政治责任可能先于法律责任被确定,但是这也不是政治责任对于法律责任追究的优先。只要法律责任的程序不因政治责任的追究而迟延,就不能说政治责任优先于法律责任。当然,这也是理论上的认知,在现实生活中,政治责任的追究可能为法律责任的追究提供了方便,同理,法律责任的追究也可能为政治责任的确认与追究提供了前提。它们二者实际中的彼此影响也是不言而喻的。

第三,政治责任与法律责任可否双重追究的问题。政治责任与法律责任当然可以并行追究,而且理当双重追究。因为政治责任相对的是人民，是政治组织的纪律、道德规范；而法律责任相对的是违法的事实以及法律的制度性规定。因同一行为而要承担双重责任，说明政治责任与法律责任是有联系的，但不是可以相互折抵或者取代的。因此，对于特定政治主体的行为既不能以已经承担政治责任为由而不再追究法律责任，也不能以已经承担法律责任为由而不再追究政治责任。政治责任与法律责任是可以双罚也应该双罚的，只是不同的惩罚应该由不同主体依据不同的规范作出。

三、政治责任的法律调整

政治责任可能是法律没有规定的，也可能就是由法律直接明确确认的。要对此问题有较为明晰的认识，还需要对政治责任与法律调整之间的关系进行更深入的考察。

（一）政治职责责任的法律调整

法律与政治的宏观职责责任、微观职责责任的关系，是有所差异的。但无论宏观或微观，“职责”与“责任”的大多数内容都需要在一定程度上以法律作为划分责任范围与确定责任内容的根据，甚至以法律作为政治责任具体承担方式的载体或者根据。

1. 宏观职责责任与法律

宏观政治责任究竟有哪些，学术界并无统一认识。其实，宏观的职责责任是就一般的政治权力主体而言的，主要体现在宪法为主导的整个法律体系之中。它是指拥有公共权力的政治组织及其特定官员，所应当承担的政治责任。这种责任主要是义务性质的社会要求，往往以各种法律的原则性规定作为表现形式。它主要体现在以下几个基本方面：

第一，运用政治与法律的手段，保障社会成员的基本人权。人权是人被作为人对待的一种尊严，是每一个人都不可缺少的权利。人们组成国家、建立政府的最直接目的就是要保障自己享有作为人的尊严，使自己能够被同类作为其中一分子来对待,即享有人权。这种目的或许是明确的或许是模糊的,但都是不可否认的。公民共同设立的政府对于每个公民都当然地担负着保障其作为人的责任。政治组织开展政治活动的目的也包括维护社会成员的正当权利,使人具有人的尊严。如果说在自然状态之中,人们还拥有个人作为人的权利,在进入有国家、政府的政治社会中反而失去了这些权利,这就走到了人们设立国家与政府目的的反面,违背了人们设立国家和政府的初衷。从宏观上讲,政治权力主体都对保障公民的人权负有不可推卸的义务。

第二,运用政治与法律的手段,保障社会普遍的民主状况。在原始社会或自然状态中,人们拥有原始的民主权利。从民主的视角来考察,也许是面对原始民主的废弛或者是出于对于民主前景的担忧,原始的人们设立了国家和政府,显然是要使既有的民主获得新的形式,并在新的条件下得以保留和发展。人们设立的国家、政府应是人们面对新的社会背景而创造的新的民主工具。由此观之,维护民主必然是政治权力的责任。设立政治组织并开展活动的目的之一,就在于保障社会普遍的民主,使社会的民主得以维系并发挥促进人类社会文明发展的效用。当然我们也可以看到大量而普遍的公共权力背叛民主的历史和现实,但是这并不能成为公共权力继续失职或渎职的理由。恰恰是因为这样,进步和发展了的现代公共权力必须担负起在历史和现实中被忽略了的民主责任。保障一个社会基本的民主是公共权力存在的天然义务,实现更高层级的民主,使民主的内容和形式都与时俱进,是公共权力保障其人民性的根本要求,也是其人民性的具体体现。

第三,运用政治与法律的手段,保障社会的基本秩序与正常运行。在原始社会中,社会依然有着它的组织结构。由于这种组织状态比较简单,逐渐无法继续适应社会的发展,才有了其后的复杂的政府类的组织乃至体系。在新的形势下,人们用以取代原始组织的各种政治权力——国家和政府等,就天然地应当承担原始组织所需要承担而又无法继续承担的使命。这种使命最基本的内容之一,便是保障社会的基本秩序与正常运行。作为社会主导性质的管理组织,国家和政府对于社会所担负的责任都是不可推卸的。保障社会的基本秩序,维护社会的良好运行,总是政治最经常、也是最基本的责任。社会的秩序状态总是其中每个成员生存与生活的外在环境,是每个人权利实现的基本要求。政府必须维护社会的必要秩序,以确保人们安全而免于危险。同时,这也是推进社会进步所必需的,社会的发展也如同任何个人的发展一样,需要安全稳定的社会环境,这个环境同样必须是由政府、国家来提供的,而且也只有他们才有足够的能力予以提供和保障。

第四,运用政治与法律的手段,维护社会的基本公正。社会是人与人关系的总和。人与人之间的利益差异必然会导致这样那样的纷争。有纷争,就需要裁决,而且需要一种公正的裁决。纠纷得到很好的解决,将会使社会处于稳定的状态之中持续发展。纠纷得到很好的解决的最基本要求必然是裁决必须是基本公正的。基本公正至少可以从两个方面加以理解:一是指这种公正是一个正常社会的最低要求,即公正的必要性质;二是指这种公正是一个社会最多数人所普遍认同的关系状态,即公正具有不同主体在认识上的共同性质。政治权力作为社会的主导力量有义务给社会成员的基本公正以保障。由此,专司裁决的司法才成了国家和政府的基本职责。从应然的意义上讲,政府等政治组织必须首先自身是公正的,这是对它们的最起码的要求,不可突破的道德底线,否则它们就失去了继续存在的合理性和合法性。其次,政府等政治组织还必须对不公正的社会关系加以必要的修正,以恢复公正。它们或者依法地制裁违法犯罪,或者裁判民事商事争议,等等。这些都是它们为社会提供公正的基本方式。政治组织的自我公正和主持公正,是它对社会和公民的责任,必须担负。

任何政治权力都不过是人民的授权,最终都必须对人民负责。对人民承担政治责任,是一切民主政治权力最基本的任务。这是从最根本意义上讲的。在具体的社会生活中,一旦政治权力侵犯了人民的利益,应当担负起必要的责任。这些责任中包含赔偿人民损失,防止类似事件发生,等等。宏观的职责责任,是由宪法和组织法等法律法规所确认的。

2. 微观职责责任与法律

微观的职责责任,是针对具体政治主体而言的,它更离不开法律的具体规定。各类政治主体因其身份不同,职责不同,法律的要求也就不同。法律的不同要求都是通过法律的制度性规定来记载和体现的。没有法律,微观的职责责任就难以得到明确。它是特定政治主体因其特定的政治身份或职位而具有的政治责任。不同的主体的职责责任需要相应的法律作出具体规定。

在具体的政治主体上,有国家性质的政治主体和非国家性质的政治主体。国家性质的政治主体包括权力机构及其代表、政府机关及政务工作人员、司法机关及司法官员。议会、政府、司法机关各有自己的政治责任,议员、公务员(实际上应该是政务官员)、司法官员也有各自的政治责任。在我国,有宪法(人民代表大会、人民政府、人民检察院、人民法院)、组织法以及人民代表法、公务员法、检察官法和法官法等分别予以具体的法律规定。非国家性质的政治主体则包括各种政党性质的社会组织以及这些政党或组织中的成员。他们的政治责任是由他们的党章、党纪或类似的组织内部规则予以确立的。

在国外,由于司法机关和司法官员相对于政治的独立性质使他们具有了更强的法律属性,使得其政治属性成为相对次要的属性,他们的政治责任更多地以法律责任的方式表现出来,出现了法律责任与政治责任同一化的状况。所以在单纯论及政治责任的时候,西方一般不再论及司法机关及其司法官员的政治责任。但是并不意味着他们就没有政治责任。在我国,司法机关和司法官员更多地具有政治机关和政务人员的性质。所以,司法机关和司法官员的政治责任是自然存在的,也是客观存在的。

与宏观的职责责任相比较,微观的职责责任更是具体评价每一个政治主体是否尽职的标准与尺度,也是对失职或渎职的政治主体进行处罚的具体根据。但是微观的职责责任仅仅是处罚设立的根据,还不是处罚本身。它内含的还仅仅是特定政治主体的义务。不同的主体，其职责是不同的，一旦失职，对其所实施的处罚也是不同的。一般说来，凡是国家性质的政治主体都要依法承担相应的政治责任。

（二）政治渎职责任的法律调整

政治渎职责任因为主体不同而可作不同划分，作为政治组织来说，它承担的是组织责任；作为公民个人来说，他承担的则是个人政治责任。他们的责任或许不为法律所调整，或许就是法律所直接规范的事项。

1. 政治组织的渎职责任

就政治组织来说，其责任有立法机关、行政机关、政府机关以及政党组织的政治责任之分。就立法机关来说，它有可能被宣告解散。如果立法机关被宣告解散就必须进行重新选举以组建新的立法机关。政府承担政治责任的方式主要包括被质询、道歉、辞职、接受不信任投票、承担不信任案后果、解散等。我国关于政府的职责制度，尤其是渎职责任的制度到现在还没有全面建立起来。我国的司法机关承担政治责任的方式，目前在法律上还缺乏严格的规定。从目前的宪政体制来看，我国司法机关承担的政治责任的方式主要是被质询以及工作报告不被通过。政党组织责任的制度，在国外主要为放弃执政地位等，在中国相关的制度正在探索之中。政治组织的政治责任，许多都由法律所调整，政治责任在很大程度上就是法律责任。

2. 政治组织中个人的渎职责任

个人的渎职责任是与其职务和身份相关的，就议会组织中的成员来说，西方议员有被罢免的政治责任。在我国，依照代表法的规定，人大代表也可能以被罢免的方式承担政治责任；政府公务员则有警告、记过、记大过、降职、停职、免职、辞退、开除等承担政治责任的方式；司法官员，如前所述，在西方三权分立之下，是没有单纯的政治责任的，但是在中国的现行体制下，在逻辑上与政府官员具有同样的警告、记过、记大过、降职、停职、免职、辞退、开除等政治责任方式。至于党员尤其是党的官员，一旦渎职也有相应的政治责任。各个政党的党章和类似的规章制度中一般都有明确的规定。政党纪律中常见的处分方式有五种:警告、严重警告、撤销党内职务、留党察看、开除党籍。这其实也就是党内的五种政治责任,它是仅仅局限于党内的,不能代替法律责任。也就是说,党员和党的领导的政治责任严格局限于党内的部分显然与法律无关,但是超出党纪进入法律领域而为法律所调整的事项,就存在着双重调整的问题。在这种情形之下,作为党员或者党的领导既要承担党内政治责任,同时还要承担法律化的政治责任,实际上是渎职在政治与法律上的双重责任。我国的政治责任制度正在建立之中,其中的许多内容都具有不确定性。随着法治的发展,应该认为相应的关于政治责任的政治制度和法律制度都将得以建立并不断得到完善。

四、建立政治责任的法律机制

政治学领域已经开始政治责任的研究,并取得了一系列的学术成果,但是政治责任的法律机制研究还没有引起法学界和法律界的足够重视。其实,建立政治责任的法律机制,是政治发展和法治建设的双重要求。如何建立政治责任机制,如何建立政治责任的法律机制,是重大而现实的问题。在推进民主和法治建设的历程中,科学认识政治责任各个部分与法律之间的内在联系和应有机理,建立起良好的政治责任的法律机制是必须完成的历史任务。

(一)政治责任与法治的关联性

政治责任与法是密切相关的。从职责责任来看,也许它本身就是法律规定的职责。例如,宪法以及宪法性法律文件对国家机关及其公务人员的职责要求,就具有政治和法律的双重属性。从渎职责任的角度来看,该类政治责任与法律责任之间是交叉的关系。因此,有许多惩罚性的政治责任本身就是法律责任,如被罢免、被弹劾就既是政治责任也是法律责任。

认识政治责任，并不只是建设政治文明的理论需要，更重要的是，要在对政治责任的尽可能科学的认识的基础上，构建起政治责任机制，包括政治责任的法律机制。由于政治的重要性和政治法治化的要求，在法治发展的过程中，迫切需要建立起政治责任的法律机制。这种法律机制的建立既有利于政治的法治化，也有利于政治的理性化。

政治的法治化是政治科学发展的要求。政治如果不遵守法治的规则，就可能是人治的政治。在人治政治之中，任何责任的追究都难以避免因人而异，因事而异，因时而异。由是，政治本身的严肃就会因此而降低，政治领导人的政治风险就缺乏确定性，政治责任就会成为不可预测的东西。政治责任的不可确定，常常可能导致极为严重的后果，最直接的是可能成为政治投机家侥幸的心理寄托。

政治责任的不确定性可能被恶意利用。不良政治人物认识到政治责任的不确定性后，就利用这种不确定性，为所欲为，以身试法，期望能在不确定的政治责任面前逃脱责任。一旦发生问题，又会寄希望于逃脱责任，甚至采用毒化政治环境的方式来收买其他官员，逃避自己应负的政治责任。

政治责任的不确定性会妨碍优秀政治人才实现政治抱负。鉴于政治责任的不确定性，许多优秀人才就可能消极避世，远离政治，造成政治人才的流失。优秀人才各有专长，政治人才如同其他人才一样，也应该让他们人尽其才。如果不恰当地设置政治责任就可能因政治责任的不可预期而阻吓了优秀人才的进入。优秀者不入，低能者必入之，由此就可能导致政治智能低下的问题。要使优秀的政治人才在政治领域充分发挥作用，也有必要建立正常的政治责任机制，最良好的政治责任机制莫过于法律化的责任机制。

建立起正常的政治责任的法律机制也是对政治责任进行理论研究的需要。对政治责任进行研究的一个重要目的，就是要探求使政治责任科学化的路径。建立政治的法律责任机制，是对政治责任进行研究的重要目标之一。政治责任研究的最重要的现实贡献，就是为政治责任法律机制的建立提供理论支持。

(二)科学的政治责任机制是法治机制

政治权力的不行使、不当行使或者滥用,都是其主体违反政治道德和相关法律的行为。在人治时代,对于政治责任的追究,具有很大的随意性。即使是这样,历史上一些有为的明君,也努力地谋求使之制度化甚至法律化,以克服政治责任追究上的随意性。

政治责任与法律之间的关系,有法制化和法治化两种说法。这两种说法之间并不矛盾,只是有着某些因素的差异。政治责任的法制化是指通过法律的方式将政治责任的追究确定下来,以确保政治责任追究上的准确性和公平性,并使之具有日常化的警示意义。政治责任的法制化状态可能存在于法治国家、法治社会之中,也可能存在于人治国家和人治社会之中。政治责任的法治化则必须存在于法治国家、法治社会之中。政治责任的法治化是比法制化更进一步的状态,是对法制化的深化发展。政治责任的法制化可以独立于政治责任的法治化存在,在政治责任法治化中,它是法治化的前提环节也是其构成部分。与一般意义的政治责任法制化相比较,政治责任的法治化的约束权力、防止权力滥用的目的性更加明确和强烈,它更注重对于法律责任的制度化和切实严格的施行。

政治责任的法制化和法治化都不意味着一切政治责任都要转化为法律责任,而仅仅是认为应该法制化的必须法制化,不应法制化则不必法制化。如同法治并不主张滥用法律一样,政治责任的法治化并不主张将任何政治责任都法制化或都用法律的方式来加以追究。

政治责任的法治机制意味着政治责任需要法律加以确立。政治责任的主体、内容等需要一个相对完善的基本法律制度来确立,以避免政治责任类别上的随意性,保证政治公平,从法律上列明政治责任的主体,载明各种政治责任的具体内容与承担方式。它包括何种政治责任需要法律调整,何种政治责任无须法律调整,与法律无涉,而由政治组织自行决定,何种政治责任必须用何种法律手段来追究。

政治责任的法治机制意味着政治责任需要依照法定的程序加以追究。政治责任的承担也需要一系列的法律程序做保证，这些程序是由法律事前确定的，并由追究者所遵循。政治责任的追究程序同样要求法律面前人人平等，一视同仁，任何人不可在程序上享有特权，也不可遭受歧视。政治责任的程序性要求，是对政治责任追究公正性的法律保证。良好的程序既可以防止错责无辜，又可以使责任者罚当其过，还能使整个追究的过程透明化和公开化。

（三）法治政治是责任政治的目标

将政治法治化，建立法治政治是政治发展的重要目标。法治政治与政治责任具有内在的密切联系，建立政治责任法律机制的科学成果就是建立法治政治。

1.政治是法治的对象

依法约束政治是保障公民基本权利的需要。政治是人类社会的特殊现象，它与每个社会成员都密切相关。它是每个社会成员或者每个公民生存的社会环境，直接影响着每个成员的自由、权利以及生存的状态。如果说个人权利很容易受到其他人的侵害的话，那么同时它还很容易受到公共权力的侵害。将两者相较，公民权利受到政治的侵害后更难得到救济。之所以要对政治加以特别的约束，这是由政治的强权性质决定和导致的。规范政治权力，约束政治权力，制裁违法的政治行为，是保障公民权利的基本需要。

政治权力主体的违法行为比一般违法行为具有更大的破坏性和影响力。从违法行为的受害主体数量和社会救济难度两个方面都可以得出结论：政治违法行为必须承担法律责任。从受害主体来看，一般的违法所涉及的受害主体总是少量的、有限的特定当事人。政治违法行为的受害者则可能是不确定的多数人。再从受害者的权利救济来看，由于政治权力具有强迫的力量，具有人们不得不服从的性质，受害者的权利救济就变得特别困难。基于种种原因，法律不能听任政治横行，因而对其进行法律规制就成为人类发展的必然选择。

政治的发展经历着自己的发展阶段。从政治的规范视角看,政治规范至少有伦理政治阶段和法治政治阶段。人类最初的政治都是伦理的政治。在伦理政治之下,政治受到的主要是道德约束,政治过错接受的主要是道德处罚。政治的法治化是政治发展的高级阶段。只有在法治化状态下的政治,才是制度的政治、规则的政治。政治从道德约束为主向法律约束为主的发展,将为民主,为公民权利提供更加有力的保障。

2. 政治责任的法治化

政治的法治化,也就是要求政治依照法治的轨道运行,政治出现问题之后也要依照法治的方式与方法来加以解决。要求政治遵守法律的实体规定,是政治相关实体法的要求;要求政治遵守法律的程序规定,则是政治相关程序法的要求。法治就是依靠法律的实体和程序指引作用的发挥,使政治有章可循、有法可依来保障政治的高效、清廉与良好;并在此基础上,防止政治权力的滥用,对政治的越轨行为加以必要的处罚。政治责任就是在这样的两个方面建立的。确立政治责任制度实际上也是确立政治法治化制度。

法治政治并不意味着一切政治问题都用法律来解决,而是说需要依照法律解决的就必须依照法律解决。即使无须依照具体的法律规定来处理的,也应该按照法治的精神来对待,实现法治政治的规则化、制度性要求。

第二编　法与权力

法与权力之间的关系复杂多样，是法与国家关系的进一步细化和深化。探讨法与权力之间的机理是法政治学必须研究的重大课题。国家权力可以被划分为若干种类和诸多方面。任何一个种类或任何一个方面的国家权力，与法律之间都有着重要的联系。

立法权是国家的最高权力，或者是国家最首要的权力，人民是一切国家权力的终极来源，立法权是国家其他权力在形式上的来源，因为它通过制定法律将国家权力进行设定和分配。国家的司法权，是国家必需的又一种重要权力。司法权的情形直接关系着一个社会的法律、法治状态，关系着社会的公正与否。司法权与法律之间的联系是毋庸赘述的，但二者之间的关系却十分深刻，并影响巨大。行政权作为国家最庞大的权力，归属于最庞大的国家行政机关。它与法律之间的关系至为复杂，在社会生活中的影响也至为重大，我们应当对行政权力与法律之间的机制有一个学理的科学认知和实践上的良好把握。

第五章　法·权力

认识权力的性质,进而研究权力运行的原则和程序,是对权力进行研究的重要内容。权力与权利之间的关系是对权力作出科学界定必须涉及的基本范畴。在权力与法律之间,如何认识权力是法律的政治基础,法律是权力的直接根据,则是对二者关系的进一步思考。在权力与法律的研究中,最不可缺少的当然是如何对权力进行法律制约,这是一个重大而悠久的课题。人类一直进行着不断的探索,其中包含着种种成功,也包含着种种失误。在民主与法治的视角下,认识法对权力的制约,必然可以获得许多新的启示。

一、权力的性质与运行

权力是古老而又新颖的社会现象。自从人类的群体生活开始以来就产生了权力和权力的运行。对于权力本身性质和运行规律的认识,是对法与权力关系认识的逻辑起点。对权力的认识,将为我们探求法与权力之间的内在关系提供重要的认识基础。

(一)权力的基本认知

权力是什么,权力具有怎样的性质,是我们认识权力问题的最基本内容。对于权力定义与性质的认识,可以为我们研究法与权力之间的关系,进一步阐释和论证法治,奠定必要的学术基础。

1.权力的定义

权力是指特定主体因为拥有一定的资源或者优势而具有的支配他人或者影响他人的力量。它首先是指政治上的强制力量,其次是指职责范围以内的指挥或支配力量。本书所阐述的是在政治上存在的权力,可以被称为政治权力或国家权力。从这个意义上讲所有的权力主体都是与国家相关的作为国家构成部分的公共权力组织。它们所拥有的支配力量就是权力。

很多学者都给权力下过定义。美国学者彼得·布劳认为,“权力是个人或群体将其意志强加于其他人的能力,尽管有反抗,这些个人或群体也可以通过威慑这样做”。帕森斯则认为,“权力是一种保证集体组织系统中各单位履行有约束力的义务的普遍化能力”。

按照前面的定义,作为权力的资源或者优势可能是经济的,也可能是政治的或者其他方面的,如社会文化生活,因而权力也有经济权力和政治权力等的差别。在经济上,拥有财产或资本会不会产生权力呢?当然会。财产权力或资本权力是社会权力在市场经济条件下的主要表现形式。马克思就认为,它是财产或资本的所有者由于对财产或资本享有所有权而获得的“支配他人劳动的权力”。①英国哲学家罗素曾将权力分为治人之权和治物之权;传统的权力和新获得的权力。托夫勒在《权力的转移》中说,“权力是一种有目的地支配他人的力量,是由暴力、财富和知识三者构成的。最简单的体现权力的方式就是行使暴力。这是一种低质量的权力形式,它缺少灵活性,只能用于惩罚,并且风险很大。财

---

① 《马克思恩格斯选集》第1卷,第170页。

富则不仅可用于威胁和惩罚，还可用于奖赏，比暴力灵活得多。高质量的权力则来源于知识，它既可用于惩罚和奖励，也可用于劝说。它既能扩充武力和财富，也能减少达到某个目的所需的武力和财富的数量”。可见，权力的外延已经扩展到何种程度。

本书在这里所讲的权力特指政治权力或者国家权力，也就是一些人所称的公权力或公共权力。这就是我们定义中所说的特定主体，它不包括因为财产、智慧而具有的支配力量。虽然这些力量也具有与权力类似的某些支配性，但是它们不在本书的研究范围之内。

2. 权力的性质

权力有怎样的性质？学者们的认识并不一致。其实，所有的权力主要有以下五个方面的性质：一是具有人民性，二是具有相对性，三是具有支配性，四是具有权威性，五是具有组织性。

权力具有人民性。国家权力是人民权力或者人民权利的产物。国家组织包括政府及其权力都来自于人民的让渡和人民的授权。这也就是人民经常说的“主权在民”的意思。主权在民的“权”既可以解释为权力的“权”，也可以解释为权利的“权”。一般为了与国家权力相区别，也常常不把人民所拥有的权力称为权力而称为权利。正因为如此，才说人民的权力或权利高于国家权力。既然国家权力来自人民，当然地任何国家权力都必须最终归结到对人民负责上来。至少在应然的意义上如此。权力都是来自人民的，这就是权力具有人民性的根据。人民原本在没有国家没有政府的状态之中生活，基于种种原因，他们组织政府形成国家，放弃了自己的部分权利或权力，并将这些权力汇集起来交付给统一的公共机构行使。这些公共机构就是政府和国家组织，人民交付的那部分权力或权利就成了政府或国家组织所拥有的人民授权，即他们手中的权力。

权力都是相对的。从应然的意义上讲，权力的相对性至少包括：第一，权力必须受到人民权利的制约。在国家权力与人民权利二者各自基本定位的情况下，会形成相互消长的关系。但是这种消长关系是有底线的,最基本的底线是人民的基本权利是不容侵犯的,否则人民就有权推翻政府,另行组织政府或者建立国家。当然我们也反对个人权力的极度泛滥,否则就会使国家和社会陷入无政府主义状态,陷入混乱与灾难之中。第二,权力总是在一定地域范围内存在的。一个绝对普遍的权力是不存在的。事实上,任何权力都要受制于一定的地理范围。每个国家或者每个地区都有自己的地理区域,其权力总是在这个区域之中行使的。统治全世界全人类的世俗权力是不存在的,各个权力都有其作用的空间范围。第三,具体的权力总是在一定社会层面上成立的。权力是分别由不同的国家组织行使的,一个能掌控任何社会方面的权力是不存在的,它要受制于社会领域的范围。尤其是在分工日益发达的现代社会,那种无所不及的权力早已消亡,任何权力都不过是某部分的权力而已,都只是在一定的社会层面存在并发挥作用。第四,不同性质的权力总是有所分别的。不同的权力应由不同的机构行使,权力和权力之间应当有所区别。权力与权力之间的界限是客观存在的,并且往往由法律来加以确认和区分。在法治的国家和社会之中,任何越权的行为都将被视为违法行为而被制止或者被追究法律责任。第五,不同的权力拥有者拥有不同的权力。不同机构之间具有相对独立的性质,权力机构之间不能混同其他权力。权力的相对性要求对权力予以必要的规制,使其不至于超出应有的范围而绝对化,而泛滥,而导致权力的恶性膨胀。绝对的权力必然导致专制。柏拉图曾告诫世人:“绝对的权力对行使这种和服从这种权力的人,对他们自己和他们的子孙及其后裔,都是不好的;这种企图无论是以任何方式都是充满灾难的。”①权力的相对性就意味着必须反对权力的绝对化。

权力具有支配性。权力的支配性体现在几乎所有的权力定义之中。在西方,关于权力的学派主要为韦伯主义和帕森斯主义。韦伯认为,“权

① [古希腊]柏拉图:《第七封信札》,第334页。转引自王人博、程燎原:《法治论》,山东人民出版社1989年版,第7页。

力是某种社会关系中一个行动者将处于不顾反对而贯彻自己意志的地位的概率,不管这种概率所依据的基础是什么”。[①] 其中“不顾反对而贯彻”显然是权力支配性的结果。作为韦伯权力定义派生的布劳权力定义认为,权力是“个人或集团通过威慑力量不顾反对而把其意志强加于他人的能力”。[②] 其中“强加于”也同样表明了权力的支配性。帕森斯的权力定义为,“当根据各种义务与集体目标的关系而使这些义务合法化时,在如果遇到顽抗就理所当然会有靠消极情境制裁去强制实行(无论这种强制机构可能是什么)的地方,权力是一种保证集体组织系统中各单位履行有约束力的义务的普遍化能力。”[③]其中“强制实行”也同样表明了权力的支配性。权力的支配性,是权力的本质属性之一,是权力与权利的重要区别之所在。权力之所以为一些主体所追逐,就是因为它具有支配的力量;权力之所以为一些主体所恐惧,也同样是因为它具有支配的力量。支配性使权力具有了不能不服从的外在强制性,即不能不服从的外在压力。这种力量它可以使被支配者产生痛苦,从而畏惧权力;也可能使拥有者产生出畸形的快感,从而滥用权力。权力的支配性是一种客观的性质,对于权力支配性的解读与认识则具有极大的主观性。

权力具有权威性,没有权威性就没有权力。不论是什么学者,在对权力进行定义或者论述时,都无一例外地肯定权力具有权威性。权力权威性的来源主要有三个:一是权力运作的规则性。无规则的权力运作只会导致人们的反感、不安,而绝不可能给人们和社会带来自觉服从与安全稳定。二是权力运作的公开性。公开是权力的必然属性与基本要求。没有公开性,权力就没有权威性,其特定性就难以明确,强制性就难以体现,权威性就无从产生。三是正当的暴力性。权力是不由得人们的,具

---

① 转引自[英]罗德里克·马丁:《权力社会学》,丰子义、张宁译,三联书店1992年版,第81~82页。

② 转引自[英]罗德里克·马丁:《权力社会学》,丰子义、张宁译,三联书店1992年版,第83页。

③ 转引自[英]罗德里克·马丁:《权力社会学》,丰子义、张宁译,三联书店1992年版,第85~86页。

有必须服从的性质。如果有人或组织不服从权力,就可能遭受正当的暴力的强制。这种正当的暴力往往具有法律上的根据,这种必须服从的性质也同样是其权威性的表现。权力的规则性和公开性都是从应然意义上讲的,并不是所有的权力都天然地具有的。而权力正当的暴力性质则既有应然的性质,也具有实然的性质,它是任何权力都具有的。权力的权威性使权力具有了威慑人心的力量,具有迫使人们不得不服从的心理压力。权力在许多情况下,它的号召力和威慑力都是与其权威性不可分的,是其权威性的重要表现。在人类社会的许多时候,人们只要知道号令来源的正当性即奉行,甚至不去责问号令本身的正确性和可行性,这就是权力权威性的表现。权力的权威性常常具有使人们自觉服从而不加疑问的意义与作用,使权力意志得以有效的贯彻。

权力具有组织性。国家权力是一种有组织的系统支配力量,它需要有组织的国家机构来分配、行使。由于权力系统是复杂的,因而必须运用法律予以专门的调整,如我国就有全国人民代表大会组织法、国务院组织法、人民法院组织法、人民检察院组织法,地方各级人民代表大会和地方各级人民政府组织法。权力的组织性意味着权力往往是由一个组织系统来行使的,或者是由一个组织系统中的人来行使的。其中包含着复杂的层级关系和组合要素,也意味着权力具有组织的强大力量,远比个人更为有力。权力的组织属性,使权力具有了强大的组织背景和组织力量。这种属性使权力具有了个人难以对抗的性质,也使得个人常常不得不服从。因此,权力的滥用后果往往是灾难性的。也许正因为如此,法治一定特别强调对于权力的制约,防止权力的滥用。是否制约权力,如何制约权力以及制约权力的良善,一直被作为是否法治以及法治状态的评价标准。法治必须关注对于孤立个体的保护,因为在有组织的权力面前,个人常常是无能为力,无所作为的。

(二)权力的运行原则

权力运行是指权力主体为实现特定目的而运用和行使权力的过程。或者说权力运行是指权力被运用或行使的过程。权力运行在不同时代有着不同的原则。在当代,权力运行的原则不外乎民主原则、法治原则、制约原则和责任原则等。

1. 民主原则

民主,原意为多数人的权力,多数人的统治或者多数人的决定。除了本质上的人民当家做主之外,在程序意义上少数服从多数,也是民主。民主发展到现在,逐步得以完善。其中除了少数服从多数的基本内容之外,还包括尊重少数、保护少数、反对者优先以及确保少数人可以演变成为多数人的途径等内容。这是当代资本主义和社会主义都奉行的权力运行原则。只是这种原则的阶级本质是不同的。资产阶级的民主原则保证的是资产阶级的民主,而社会主义的民主原则保证的是人民民主。具体表现为,一是人民享有最终的政治权力。例如,《中华人民共和国宪法》第 2 条规定,“中华人民共和国的一切权力属于人民”。二是人民有监督权力。我国宪法明确赋予了公民监督权,包括检举、申诉、控告和罢免等权力。三是任何权力都必须对人民负责。表现为按照权力运行的规则运行,而且承担应有的责任。

2. 法治原则

法治是指以民主作为前提和目标,以制约权力作为基本特征的社会管理机制、社会活动方式和社会秩序状态。在我国,依法治国和法治,就是使国家各项工作逐步走上法制化和规范化;就是广大人民群众在党的领导下,依照宪法和法律的规定,通过各种途径和形式参与管理国家、管理经济文化事业、管理社会事务;就是逐步实现社会主义民主的制度化和法律化。法治原则在权力运行之中的表现就是权力的赋予(获得)、权力的行使和权力的剥夺都必须依法进行。权力的赋予与获得是一个过程的两个方面。对于人民代表大会来说,选举产生或任命一定职位的官员就是权力的赋予,而对于这些被选举的官员来说,就是权力的获得。一个时期以来,跑官要官的事例不断被新闻媒体所披露,跑官要官都是对于法治的挑战和否定。权力的行使是权力运行的主要形式。权力行使的关键是必须遵循法治的轨迹,依法用权或依法行权。权力的剥夺也要依法,这里至少有这样的两层含义:一是应当剥夺的必须坚决地依法剥夺;对于不应剥夺的必须依法维护而不能剥夺。这两种状况对于人民代表大会来说,都是必须予以注意的。对于违法犯罪的官员就是应当坚决查办,对于那些同违法犯罪做斗争的人应当依法予以保护。为此,我们还有很多工作需要去做。

3.制约原则

权力必须受到制约。从制约主体之间的关系来看,这种制约包括权力赋予者对于权力的制约,也包括权力主体相互之间的制约。前者,在当代一般地说,是人民对于权力的制约。在封建帝王时代当然是君主的制约,君主又受谁的制约呢?君主在中国又称为“天子”,其权力来自于天,所以要受天的制约。后者则是各种权力拥有者之间的制约。例如,资本主义国家的立法权、行政权和司法权的三权分立就是一个典型代表。从制约的方式来看有政治的制约、道德的制约和法律的制约,等等。总之,权力必须受到制约。

4.责任原则

责任原则是指权力主体对于权力的不当行使或疏于行使,违反法律,侵犯公民和社会的合法权益,必须承担相应的否定性后果。其中包括政治责任、行政责任和法律责任。现在主要的问题是责任难以追究。从现实的国家赔偿责任上讲,赔偿责任的形成首先要求有关机关对自己过错的认可,这就使赔偿非常困难。例如,有的机关错误关押了公民,一是会给公民留一个“事出有因,查无实据”的尾巴,二是会死不认错。这是十分严重的问题,任何一个不负责任或不敢负责任的权力都不会是人民信赖的权力。长此以往,就会失去人民群众,权力部门也难以自我约束。

权力运行的原则远不止这些,还有集权原则等。集权原则典型地存在于专制社会。可以肯定地说,所有的专制社会都必然是集权社会,这是民主社会所必须反对的。在集权原则之下,政治权力被集中于中央政府、最高领袖,或者某一个政党或政治组织,人民处于无权的被支配地位,而专制者又不承担法律的责任。中国历史上专制主义盛行。在“文化大革命”中,集权主义又重新滋生,出现了权力过分集中的现象。现在,权力过度集中的问题依然是我们必须着力解决的难题。

(三)权力的运行程序

权力运行的程序存在于权力主体运用一定手段支配、控制权力客体,实现相应目标的过程之中。

1. 权力运行的整体程序

把权力运行作为一个整体来考察其程序,基本包括五个环节:(A)权力主体——(B)权力主体目标的确定——(C)采取适当的手段——(D)作用于权力的客体——(E)实现权力主体的目标。

权力运行是一个正常的、依次递进的、完整的过程。实际生活中往往更为复杂。在(A)中,有权力主体的身份、资格的确定问题。在(B)中,有目标的提出、论证的问题。论证中还有目标讨论、听取意见、收集反映等活动。在(C)中,包括组织、发动、宣传等。具体落实中可以采用的手段,往往是多个的,有时是在众多的手段中选择某种手段,有时还是运用多种手段相互配合。在(D)中,有权力客体的确定的问题,有接收权力客体的反馈信息,包括客体的认可、服从、响应,也包括客体的抵制、反对和反抗等,从而调整手段乃至目标的问题。在(E)中,需要考虑的是权力运行的结果与目标是否吻合的问题,最终结果与设定目标是否一致的问题,反馈到权力主体,以便调整并形成新的权力运行。

认识了权力运行的程序,就应当明白各个环节的任务,并将各个环节有机地协调起来,形成一个有机的整体,使权力的目标顺利实现。

2. 权力运行的类别程序

从权力的类别来看,权力运行的程序包括政治决策程序、法律制定程序、行政执法程序、司法审判程序等。

政治决策程序。政治决策程序主要是执政党的决策程序。有的学者不太赞成把执政党的政治决策程序纳入权力运行程序的范围。其实,执政党的确在国家和社会的政治生活中享有重要或重大的权力。尤其是在中国,作为执政党的中国共产党是中国各项事业的领导力量。研究它比不研究它要好。只有把执政党的政治决策程序把握好才可能有真正的民主,也才能保证党组织和每个党员都在宪法和法律的范围内活动,党也会因此而少犯错误。党一向的决策原则都是民主集中制。在未来,如何推进民主集中制还需要进一步探索。

法律制定程序,也称为立法程序。它包括提案程序、审议程序、表决程序和公布程序。第一,提案程序。有许多著作都称为“法律议案的提出”,就是指谁有权提出立法议案,即关于制定某种法律法规的正式建议。有的国家只有议员才能提出议案(如美国);有的国家只有政府才能提出议案(如奥地利);有的国家议员、政府,甚至其他特定机构也可以提出议案(如中国)。在中国,全国人大常委会、主席团、专门委员会,国务院、最高人民法院、最高人民检察院、国家军事委员会,30 人以上的人大代表和一个代表团都有权提出议案。第二,审议程序,也可以称为“法律草案的审议”,是指对于有关部门提交的,已经列入会议议程的立法草案进行讨论。一些国家和地区的“三读”就在这个阶段。其中,一读只宣布立法议案的名称,不进行辩论。二读是由有关的委员会对草案进行逐条逐款审议,并提出专门报告。三读是在听取委员会的报告的基础上,全体议员对议案内容进行审议、辩论,再付诸表决。第三,表决程序。这个程序是最为关键的一个程序,它直接决定着相应立法的成败。不同国家,不同层次的法律有不同的表决方式或者票额要求。这种表决要求常常通过宪法、立法法或者议会相关的法律法规来确定。第四,公布程序。有的要求国家元首签署,有的不要求。有的国家元首有否决权,有的国家元首没有否决权。

行政执法程序。它主要包括简易程序、一般程序和听证程序。第一,简易程序也可以称为当场处理程序,指具有行政执法权的机关或者受委托的法定组织对与行政相对人有关的简易行政事务进行当即处理的简便程序。它包括办理简易行政事务和作出简易的行政处罚。前者如办理户口登记、房屋买卖登记;后者如《中华人民共和国行政处罚法》

所规定的可以适用简易程序对行政违法行为作出行政处罚。该简易行政处罚程序为:表明处罚者身份;指出违法事实和处罚理由;告知并允许申辩和陈述;作出当场处罚决定书并予以执行;记录在案以备查。第二,一般程序,也称为普通程序。它是法定行政执法机关或其他依法享有行政执法权的组织,对行政相对人的行为进行行政处理的基本工作程序。以《行政处罚法》规定的程序为例,包括立案;调查取证;审查并作出行政处理决定;制作处理决定书;送达;执行。一般要求调查办案与作出处理决定相分离;情节复杂或重大疑难的违法行为给予较重处罚;行政机关负责人集体讨论决定。第三,听证程序,指行政执法机关或者享有法定行政执法权的组织在作出行政处理决定之前,应当事人的要求而举行的公开听取当事人陈述、申辩、质证的程序。例如,《行政处罚法》第 42 条规定:“行政机关作出责令停产停业、吊销许可证或者执照、较大数额罚款等行政处罚决定之前,应当告知当事人有要求举行听证的权利;当事人要求听证的,行政机关应当组织听证。”

司法审判程序。对于整个诉讼,有一审、二审和再审程序。具体就民事案件来说,则有起诉、立案、答辩、开庭、合议、宣判、执行等程序;就刑事案件来说,则有立案、侦查、起诉、开庭、合议、判决、执行等程序。

二、权力与权利的关系

权力与权利,在英文中分别被称为 power 和 right。二者在内涵与外延上都联系密切,尤其是在汉语中还读音相近。对于二者之间的关系进行认识,是非常必要的。

(一)权利的基本含义

权利是指在社会中产生,并以一定社会承认作为前提的,由其享有者自主享有的权能和利益。这个定义表明,权利是在人与人的相对存在的社会状态之中存在的。孤立的个人无所谓权利。权利也总是以一定的社会承认作为前提。这种承认可能是习惯的、道德的、宗教的和法律的。根据其承认方式的不同被称为习惯权利、道德权利、宗教权利和法律权利。这一定义还表明,权利包含权能和利益两个方面。权能是指权利能够得以实现的可能性,它并不要求权利的绝对实现,只是表明权利具有实现的现实可能,即使不为,也是“非不能为也,而实不愿为也”。利益则是权利的另一主要表现形式,是权能现实化的结果。将二者相比较,权能具有可能性,利益具有现实性。也可以说权能是可以实现但未实现的利益;利益是被实现了的权能。如继承权,在被继承人尚未死亡时,继承人所享有的继承权实际上是一种以权能状态存在的权利。一旦被继承人死亡,继承产生,继承权就由一种权能转化成了利益。

(二)权力与权利的联系

权力与权利是相互联系的两个社会现象。它们都与政治和法律密切相关。两者内在的相互联系性,决定了它们之间的相互关联性。可以认为权力来源于权利,权利是权力的目的,权利优位于权力,权力与权利相互动。

第一,权力来源于权利。在权力与权利谁来源于谁的问题上,一直存在误解。其实早在权力产生之前,权利就已经有了。在原始时代,人们已经有了原始的权利。这些权利遍及氏族内部的生产、分配和消费的各个环节。只是那时的权利和义务是不可分的,也无法区分。似乎所有的权利都具有义务的性质,而所有的义务也具有权利的意味。权力产生之初的情形则不同,在人类社会之初,是没有权力存在的。由于人的认识发展和社会的逐步形成,就逐步产生了一些社会公共事务需要一定的人甚至组织来担任和完成。当初全体氏族成员为了自身的利益而委托氏族首领进行。于是,根据全体氏族成员的委托和信任,氏族首领就享有了对于氏族公共事务进行管理的力量,这种力量也就是最初的权力。当氏族首领个人或者少数人无法承担庞大的公共事务的时候,公共组织也就应运而生了,乃至最终发展成为政府或者国家组织。追根溯源,如果没有氏族成员对于公共事务的管理权利,没有他们设立公共管理人或公共管理组织的权利,也就没有他们对氏族首领或者公共管理机构的授权,也就没有公共权力本身。作为公共管理的权力,它首先是来源于人民的权利。

第二,权力是为维护权利而产生的。在私有出现之后,权利、义务逐步分离,义务不时为懈怠者或不道德者所逃避,权利也就不时遭到各种侵害。各种侵权行为不时发生,如果完全听由受害者自由复仇,就难免会导致混乱。而且一旦遇到受害者是弱者,复仇也就会变得困难。为了保护弱者,也为了防止因自主复仇导致的混乱,就必须建立一种公共权力,来维持社会秩序,保护弱者,使人们的权利得到保障。特别值得一提的是,在保护权利中,首先保护的当然是有产者的权利。具体地说,首先是奴隶主的权利,这也就是人们时常所说的权力和权利的阶级性。但是社会管理毕竟是公共的并以公共的名义进行的,它也具有普遍的社会秩序维护者的意义,于是权力也就成为社会权利的保护者。或者由权力通过法律的方式将某些特定的行为宣布为违法或者犯罪,继而运用法律来制裁违反义务、侵犯权利的行为。从这样的意义来考察,就不难得出权力产生的目的在于维护权利的结论。权力既然是为维护权利而产生的,也就决定它必须为权利服务。如果出现权力对于权利的侵害,那就是权力对自己初衷的背叛。当然,人类历史中这种背叛是随处可见的,因此,使权力回归自己的最初目标就是人类的重要任务。

第三,权利优位于权力。目的与手段相比较来说,目的当然地优位于手段。在目的与手段之间,是目的决定手段,而不是相反。尽管抽象地说,手段与目的具有相对的意义,是可以相互转换的。但是在特定的对应关系之中或从特定的视角出发,手段与目的都是分开的,并不可随意互换其角色与地位。由于权力是来源于权利的,也由于权力的目的之一在于维护和实现权利,相对于权利,权力就是手段和工具,而不是目的。权力要是背离了这一点,也就是对于权力的反动和对于权利的否定。明确了这一点,在面对权利和权力的冲突时,就不难作出正确的选择,即让权力服从于权利。一个民主和法治的国家,绝对不会为了预防犯罪和查缉罪犯而置人民的权利于不顾。它不应该为了以儆效尤,就将犯罪分子甚至是犯罪嫌疑人游街示众;不应该为了抓捕罪犯,就对一个社区的居民住宅进行普遍的搜查;不应该为了预防犯罪,就对每个公民的电子邮件和手机短信进行监控,等等。所有这一切如果出现,就是权力的滥用,就是对人民权利的挑衅与侵犯。只有专制的国家才可能是这样,在民主与法治的国家中,权力必须具有保卫权利的属性,必须履行其维护权利的职责,更不可发生侵犯权利的恶例。

第四,权力与权利是互动的。权力与权利的互动性表现是多方面的。一是权力的越权与失职情形,影响权利的状态。权力就是为维护权利而设立的,权力如果越权,就可能形成对权利的侵害;权力如果失职就可能使受到侵害的权利无法获得救济。权力既不能越权也不能失职,这是法治对权力的基本要求。权力的过与不及都直接影响权利的状态。二是权力对权利保护的情形,制约着权利的状态。权力在很大程度上就是为权利提供保障。权力如果能够很好地保护权利,权利就可以得到很好的实现,同时权力也能够更多地得到人民的拥护与支持。权力如果不能很好地维护权利甚至反而伤害权利,就会产生权利被侵害后无法获得救济的后果,甚至权利本身就为权力所侵害,无可救药。三是权力是否受到法律的制约,影响权利的状态。权力受到法律的制约,权利才可能不受权力的侵害。就权利来说,它可能受到一般的义务主体的侵害。义务主体拒不履行义务,就会使权利主体的权利无法实现。同时,如果权利保护主体——权力怠于保护,或者权力膨胀直接伤害权利,公民、法人或者社会的权利就难以实现,一旦受到侵害也难以获得救济。权力与权利有着正常的结构关系,如果被破坏,就可能使权力无法行使,使权利无法实现。四是权利的状态也影响着权力的行使。权利的正当行使可以为权力的运行提供便利,创造条件。如果权利主体普遍缺乏应有的法律意识,疏于依法享有权利,权力的救济将十分困难,甚至无法实现其保护权利的目的。权利的过度滥用常常会导致权力废弛,使社会整体无序化,在给权力造成困难的同时,也给权利自身造成灾难。在权力与权利的结构关系之中，二者的关系是互动的，相互制约与影响的。

（三）权力与权利的区别

权力与权利是相互联系的社会政治法律现象，但并不是同一现象，二者之间有着重大的区别。这些区别使它们具有不同的社会意义。

第一，权力的主体是一定意义的社会公共管理者，而权利的主体则可以是不特定的组织或者个人。权利的主体范围十分普遍和广泛。就公民权利来说，所有的公民都有权享有权利。对于民事权利来说，也可以认为，所有的社会成员都可能享有权利。但是就权力来说，不是任何人都可以享有的，它有特定的主体范围，一般都局限于社会公共管理组织或者个人。即使是国家或者政府授权从事某种公共管理职能的组织或者个人，也需要必要的国家或者政府授权作为前提。权力主体必须具有一定的管理者身份并具有公共管理的职能，这是权利主体并不具有也不要求的性质。

第二，权利的内容比权力的内容广泛。权利涉及社会生活的方方面面，政治、经济、文化、社会生活等，都有权利存在。权力的内容是有限的，仅限于国家或者政府通过特定程序和方式所获得或者所赋予的事项。在法治的国家或者社会中，权力是严格以法律规定内容为限的，超出了法律的规定范围，即构成对于其他权力或者权利的侵犯，即构成违法。权利并不限于法律的规定。法律所规定的一般也只是基本的权利，就各项具体的权利来说，完全可以在社会成员与组织的交往中建立。权利并不被要求一定要符合法律的既有规定，只要不为法律所禁止即可成立。

第三，权力往往都是由法律特别规定的，由权力主体依法行使；权利则可以因约定而产生，并可由权利主体自主享有。由于权力与国家或政府联系，属于公共管理者的特殊性质，因此为了使其有效并不被滥用，它一般都是由法律所规定的。在法治的视角中，权力的行使必须在法律的范围之内，并由权力主体依照法定的程序进行。权利则不然，它可以因为社会成员的约定而产生，并由权利主体在不违反法律和约定的前提下自主享有。除非特别必要，法律一般不具体设定权利实现的程序，也不对权利主体的实现过程有特别的要求。权力必须依法行使，一般不允许当事人随意变更，但是权利则不然，它既可以因当事人的合意而设立，也可以因合意而变更或可以因合意而消灭。

第四，权利可以放弃和转让，权力不能随意放弃和转让。权利由其自主性所决定，它可以被权利主体所放弃。而权力往往都是职权，它是与职责相伴随的。放弃权力则可能意味着渎职，而渎职不仅为法律所禁止，甚至还为法律所惩罚。因此，原则上权力也不可被其享有者随意放弃。即使是特定情况下的权力放弃，也必须有法律上的规定，并经过必要的法律程序。除一些最基本的权利之外，许多权利都是可以转让的。若非最基本权利，其他权利都可以因当事人合意而转让。权力则不能随意转让，即使是转授权也必须有法律的根据并经过必要的法律程序，否则就是非法。

三、权力是法的政治基础

权力是法的政治基础，无论是从法的制定还是法的实施上，都可以得出这样的结论。没有权力作为法律的政治基础，法律将无法被制定，也无法被实施。法律对于权力具有制定和实施的双重依赖。

（一）法的制定的政治基础

法的制定即立法，法的制定权就是立法权。立法权是重要的政治权力之一。在国家执政的意义上，任何人或任何群体获得或者掌握着政治权力，许多时候都是体现在它拥有立法权并能行使立法权上。立法权始终是执政者特别看重的政治权力，也是执政者获得执政权力的标志。

在任何结构形式的国家中，立法权都是重要的政治权力。在君主制的国家中，国王总是在享有行政权的同时，也具有立法权，甚至首先具有立法权，立法权是王权的重要构成部分，成为王权的基本内容。专制君主的“言出法随”、“口含天宪”、“朝令夕改”，其中一个重要的含义就是他拥有随意立法的权力，他可以一言以立法，一言以废法。在专制集权的统治者那里，随意行使的立法权成为专制权力的构成部分和重要内容。在分权制的国家中，立法权总是与司法权和行政权相并立，共同组成国家的政治权力体系。执政者总会把立法权放到特别重要的位置加以强调。他们或者直接行使立法权，或者将立法权赋予由代表构成的议会。立法权在国家的政治生活中具有举足轻重的意义。在民主制的国家中，议会也总是代表人民行使立法权，立法权及其行使成为体现民主意志的基本途径。在人民代表大会制的国家，人民代表大会行使立法权体现了立法权的重要性质，也是人民民主的重要体现。

立法总是由特定的国家机构或者组织来进行的。在古代的君主制时代，立法权总是由国君来行使的。在专制集权的暴君那里，他的意志就是法律，甚至无须特定的组织机构来制定；他的语录就是法律，直接就成为是非判定与定罪量刑的指针和根据。从这个意义上看，似乎专制君主下的立法权并不特定。其实，这恰恰说明它也是特定的。因为在专制君主享有随意立法权的同时，其他人并不享有这样的权力。事实上只有他才享有这样的权力，这同样是将立法权的权属特定化了，将立法主体特定化了，特定到了君主身上。如果任何人敢于僭越君主而行使其立法权，无疑会被君主认定为非法而加以惩处。在现代民主和法治的国家中，立法权也同样是神圣而特定的，谁有权立法，谁有立法权，如何实现立法权，都有明确的宪法性质的规定，许多国家还有专门的立法法加以特别的规范。非法定的立法机关，没有立法的权力，其所制定的准法律规则也不得与宪法和法律相抵触，不得取代和否定立法机关所制定的法律。其他任何机关都不能取代立法机关，否则就是对国家政治秩序的破坏，就是违宪，就是对法治的破坏。

立法总是依照特定的立法程序进行的。世界各国对其立法活动的程序未必都有明确的文字规定，但是一定有相关的规则。只是这些规则有的是具有明确文字记载的成文法，有的则是没有明确文字记载但又客观存在的习惯法。立法必须依照法定的程序进行,这就使立法具有了神圣性和严肃性,它不是可以任意为之的一般社会行为。它是特定的国家权力运作的行为,本身就是国家权力实现的方式。它得遵循所有国家权力运行都必须遵守的程序规则和关于立法的特殊规则。由于它在国家权力中的独特性质与地位,使它运作的程序性比许多国家权力的运作都更为严格。立法的程序性特征,是与立法所具有的国家特殊权力性质相联系的。立法权所具有的国家特殊权力的性质,是立法具有神圣性和权威性的现实基础。例如,立法中法律议案的提出、法律草案的审议、法律的通过、法律的公布,或者立法中的"三读"、"四读"程序,都有特别严格的程序规定,只要法律具有这样的程序要求,立法机关就必须遵循,并严格执行;否则其制定的法律就可能因程序的欠缺而归于无效,达不到制定法律的目的。立法机关也可能因此而招致违宪的后果,受到批评甚至被追究违宪责任。

立法总是政治意志的定型化和规范化。政治意志有的是临时性的,有的是阶段性的,有的则是长期性的。对于长期性的政治意志就需要用法律来加以记载。如果某种意志能够以法律的形式加以体现,它就可以通过规范化的立法过程被确定下来,被长时期地坚持或固守。这种被固化的意志就具有了不可轻易改变的性质,就具有了特别的稳定性。立法也是某些政治意志规范化的路径。政治意志本身并不具有作为人们行为规范的严格的、明确的性质。通过立法,政治意志可以转化为人们的行为规则,并得到国家强制力的保障,强制人们加以遵守和奉行。政治意志一旦成为法律规范,就具有了作为法律化的行为规范必须具有的指引性、明确性和强制性。政治意志就不再仅仅是原有意义的政治意志,同时还增加了国家意志的性质和行为规范的性质。立法是以一定的政治意志作为基础和要旨的,因此也就使立法具有了超出一般国家活动的意义。它是特定政治意志法制化的过程和路径,它贯彻并实现特定的政治意志。在现代社会中,统治者的具有稳定性的政治意图都总是设法通过立法的方式加以确认,并予以长期坚持。

（二）法的实施的政治基础

法律要得到实施当然需要权力予以保障。没有国家权力作为后盾，法律就无法实现。国家权力为法律的实施提供了最有力的政治基础，使法律实施具有了国家的强制性与神圣性。

权力首先是法律适用的政治基础。法律适用是特定国家机关的专门活动，其职权是由法律特别规定的。它具有专属性，这种专属性一方面是指特定的法律适用权只能由特定的国家机关行使，这种特定是法律意义上的特定，即法定。即使同样是国家机关但是由于不具有法定的职权，也同样不能行使相关的法律适用的职权。另一方面这也意味着，非法定的国家机关无权适用特定的法律。除法律规定的国家机关之外，任何公民、法人或其他社会组织都无权进行法律适用，否则就是违法甚至是犯罪。法律适用的国家性质决定了它应有的权威性和强制性。法律适用以行政和司法作为平台。行政许可、行政处罚等无不是具体的法律适用过程；民事审判、刑事审判、行政审判都以适用法律为目的。行政活动的大量内容都是适用法律的活动；司法几乎是围绕如何适用相关法律来展开的。法律适用的国家政治性质决定了法律适用必须审慎，必须严格依法进行，不可错误适用法律，否则就必然导致冤假错案。由于法律适用是一种以国家组织作为政治基础的特殊行为，所以行政与司法中的适用法律错误必须由国家承担相应的赔偿责任，其理由也正在于此。

权力也是法的遵守的政治基础。任何社会只要有法存在，法的遵守都必须依赖国家权力作为后盾，如果没有国家权力作为后盾，违反法律不会受到制裁，法律也就难以得到遵守。正如伟大的思想家们所告诫的那样，意志如果不是国家的，那将是毫无意义的空气震动而已。如果法律没有国家在其背后保障其被人们所遵守，法律同样是毫无意义的空气震动。在以强大的国家权力作为后盾，并力图对所有的违法犯罪都予以法律制裁的状态中，尚且还有一些人不顾法律的规定，而违反法律。一旦国家权力在法律的遵守上消失，法律将被毁弃。违法者固然不会遵守法律，而那些本来具有守法之意的民众也许会因违法不受制裁，而放弃对法律的信守。在那种情形之下,谁坚守法律,谁就可能成为最大的受害者。久而久之,原本坚守法律的人也会放弃他曾经拥有的法律信念。他们不演变成为法律的违反者就已经是最大的幸事了。那时的法律至多只是纸上的规定,永远不可能成为社会的行为规范,也永远得不到人们的切实遵行。在守法的意义上,保障法律得以遵行的国家权力是不可或缺的。如有所疏漏,法律就会在遵守上被打折扣,就得不到严格的遵守。在人们日常的守法活动中,也许感觉不到国家权力的存在及其意义,一旦国家权力有所疏虞,法律在社会中的权威和遵守就岌岌可危;一旦国家权力完全消失,法律在社会中的规范意义也就会消失。

四、法是权力的直接根据

权力得以设立和行使的根据也许是多样的,包括社会的、政治的、经济的、历史的、文化的,等等。但是最直接的根据只能是法律。因为只有以法律作为权力的根据,人们才能最好地确知权力行使的范围、权力行使的程序、权力滥用的后果以及相关违法的责任等。

(一)法与权力来源

权力是来自人民的,这是从权力的终极来源意义上讲的。就每个具体权力的来源来说,它们都是由法律所明确规定或者是被依法授予的,法律是权力来源的直接根据。

人民是权力的终极来源,而人民又无法实际掌握和运用所有的权力,所以人民才通过立法的途径,将整体的政治权力根据其内部各个部分的性质加以区分,然后再将不同的权力分配给不同的机构来行使。正是因此,人民从来都不把所有的权力交付给某一个人或某一个组织,而是将权力加以区分后,分别分配。每个国家机关获得的权力都是有限的,都只能是人民权力的某一部分。这就有效地阻止了专制集权者的出现以及对权力的滥用。人民用法律来分配权力,也用法律来评价各个国家机关行使权力的情形与效果,从而监督各个国家机关。这当然是从民主政治的角度上讲,因为专制政治中人民是没有地位的,人民更不是国家的主人和真正的主权者。自从民主政治产生以来,所有真正的民主国家,政治权力至少在形式上总是由人民所有并归诸人民,并由人民运用法律来加以区分与配置。

因为人民是权力的终极来源,而人民又无法实际掌握和运用所有的权力,所以才通过法律来记载自己关于权力分配与运行的意志,以此来要求国家机关及其公务人员加以实现。人民总是通过其代表机关制定出法律,表达其意志,再将蕴涵着其意志的法律作为国家权力运行的准则,作为国家机关工作人员公务行为的准则。人民总是通过立法为各个国家机关设定权力的范围和界限,规定权力的具体内容与事项,使各个国家机关及其工作人员都能依法明确并切实行使自己的权力。这些法律也就是其权力的直接来源。确保这些机构和人员的行为都符合法律,也就是要确保这些机构和人员都能忠诚于人民的意志。在这里法律是人民意志的体现。遵守法律就是遵从人民的意愿,也就是服从人民的意志。法律成为人民意志的记录和标志。所有的国家机关及其工作人员都是在实现人民的意志而已。

人民是权力的终极来源,而人民又无法实际掌握和运用所有的权力,所以才把法律作为所有国家机关及其工作人员履行职责情况的衡量标准。国家机关及其工作人员是否恪尽职守,忠实履行自己的职责,除了法律之外没有别的评价标准。法律是代表人民的意志的,是人民确立的行为准则。任何一个权力行使者只要是按照法律的规定来行使权力,他就是忠实于人民利益的,符合人民意志的。所有的国家机关及其工作人员都是依法设立或者委任的,法律就是检验其工作绩效,对其进行评价的准则。凡是既全面履行了法定职责,而又不违反法律规定的,就是合法的国家权力的行使者,就应该为法律所肯定。但是值得注意的是,这并不是评定优秀的标准。这是对所有国家机关及其工作人员的要求,既是最低标准也是最高要求,它不允许讨价还价,不允许变通执行,而必须不折不扣。凡是符合法律的,就应肯定,凡是不符合法律的,就必须承担相应的法律责任。

(二)法与权力范围

除了人民之外,其他任何组织或者个人的权力都是有限的和部分的。除作为整体的人民之外,没有任何一个组织或者个人可以拥有无限的权力或者全部的权力。每一个国家机关的职权是由法律规定的,他们都必须在法律规定的职权范围内行使自己的权力。严格地说,这种权力不能被任意扩大,也不能被随意缩小。国家机关对于权力的随意扩大就必然是对其他权力的僭越,必然超出自己的权限范围,本身也就是违法。国家机关对于自己的权力的随意缩小,也就是失职或者渎职,是对国家对人民的不负责任,同样也是违反法律的。法律对于权力的范围具有根本的决定意义,法律是国家机关权力范围的决定者。

在国家机关之间,往往可能出现权力的交叉重叠。权力的交叉重叠就必然导致重复管理。浪费管理资源尚且事小,导致政出多门,人民权利难保,则事关重大。政出多门必然会导致国家机关之间权责不清,或使人民受害或使相互扯皮,受害最直接的是人民利益,最终受害的还是人民。防止权力交叉重叠的最有效的、防患于未然的最好办法就是用法律来分别设定各个权力的范围。一旦出现纠葛也便于依照法律的规定及时处置,防止造成更为严重的损失。

在国家机关之间,往往也可能出现权力的疏漏与缺失。面对复杂的社会问题,一些机构往往绕着问题走,能推则推,能退则退,相关的部门也相互推诿。在这种情况下,确定各自的责任范围,其实也就是确定各自的权力范围。因为国家机关的责任与权力的范围是一致的。这时,既有的立法就成为判别的根据。如果既有的立法无法判别,就说明需要新的法律加以补充或者必须对既有的立法进行修改。通过补充或者修改,法律的疏漏不存在了,权力上的疏漏与缺失在制度上就消失了,余下的也就是何以执法的问题。如果负有权责的机关失职,也就必须承担失职的法律责任。

（三）法与权力行使

权力的行使得依照法律实体规定和程序规定来进行。遵循实体法和程序法的规定来行使权力，是任何权力的行使都必须坚持的原则。

权力的实体规定，是权力行使的内容与范围的根据。对于权力行使者来说，在法治国家或法治社会中，法无授权即非法。所以任何权力的拥有和行使都得以法律的既有规定作为依据。工商管理机关不得行使税务管理权，同样，税务管理机关也不得行使工商管理权。在工商管理权和税务征管权中，也还有更为具体的权力，这些权力都是由法律授予的，它们都必须有法律的根据。

权力的程序规定是权力行使的步骤与方法的根据。任何国家机关在行使社会管理权力的时候，除了要遵守实体的法律规定之外，还必须遵守程序的法律规定。不能违反法律程序进行操作。在适当场景和时间的必要告知，必要的权利交代，和必要的文书送达等都是必不可少的；否则就意味着履行职权中的缺陷，就可能使相关公民或者法人的合法权益受到损害。国家机关对于程序性规定的遵守，是国家权力被正当行使的保障，也是国家机关对于人民主权的尊重。对程序法的违反同样是对法律的违反，也同样应该承担应有的法律责任。

（四）法为权力根据的意义

法作为权力的直接根据，一个重大的意义就在于制约权力，实现法治，保障民主。

国家权力总是政治家和其他公务员所掌控的，他们为恶具有最大的危害性。作为国家来说，“必须有一种普遍的强制性力量，以便按照最有利于全体的方式来推动并安排各个部分。正如自然赋予了每个人以支配它的各个成员的绝对权力”。[①] 政治家也许是公务员，也许不是公务员，他们和其他公务员共同或分别地掌握着国家的权力。在公务员体系中的政治家发挥着极为重要的主导作用。他们为恶则具有重大的危害

① ［法］卢梭：《社会契约论》，何兆武译，商务印书馆1980年版，第41页。

性,这种危害性体现在他们行为本身和对社会的表率上。“品行恶劣的显要人士们从而会给国家造成更大的危害,因为他们不仅耽于腐败,而且还将扩散于国家。他们的危害不仅在于他们自己堕落,而且还在于使他人堕落,他们的示范性质比他们的实际行动更加有害。”①

防止权力拥有者为恶的最好办法,就是为他们确定法律准则。哈林顿说,“行政官员的手既是执行法律的力量,那么行政官员的心就必须向人民负责,保证他施政时是按照法律行事的”。② 权力总是由特定主体——政治家和其他公务员行使的,因此防止权力的滥用总是要通过控制政治家与其他公务员的行为来实现。控制政治家和其他公务员的手段是法律,要求他们行使权力必须以法律作为根据。只要他们的政治行为以法律作为直接根据,他们就难以超越法律或者滥用法律,就会忠于职守,权力就可以受到有效的制约。

政治家与其他公务员按照法律,忠实履职的根本目的在于保障人民民主。“国家应该作为一共和国来治理。它规定一个共和主义组织,禁止在特权的名义下行使一切未经法律界定的权力。”③“使法律具有强制性的,是国民的意志;创立或取消公布法律的机构的是国民的意志。”④通过法律的方式使人民当家做主成为现实。法律是人民意志的体现。按照法律行事就是按照人民意志行事,政治家和其他公务员都严格按照人民意志行事,人民民主就得到了实现。

---

① [古罗马]西塞罗:《国家篇　法律篇》,王焕生译,中国政法大学出版社 1997 年版,第 273 页。

② [英]詹姆士·哈林顿:《大洋国》,何新译,商务印书馆 1963 年版,第 26 页。

③ [美]梅利尔·D. 彼得森注释编辑:《杰斐逊集》(上),刘祚昌、邓红风译,三联书店 1993 年版,第 271 页。

④ [美]梅利尔·D. 彼得森注释编辑:《杰斐逊集》(上),刘祚昌、邓红风译,三联书店 1993 年版,第 368 页。

第六章　法与执政权

依法执政是指特定的执政主体依照法律规定的方式和程序,拥有和行使国家权力的过程和结果。法与执政权力、与执政是怎样的关系,需要我们认真地加以探究。法与执政权的关系是法政治学的基本命题。

一、执政权与依法执政

政治与法律的相伴随行,也就决定了执政与法律的内在联系。依法执政更是执政与法律高度结合、内在统一的要求与反映。依法执政是现代法治中法律的重要使命,也是文明政治中执政的基本方式。

(一)执政党的执政权与法律

在人类历史上,除了第一代革命领袖,包括造反英雄自我宣布为君王者之外,几乎所有的执政者的执政权都是由某种意义的法律赋予的。即使是在世袭君主制中,其执政权的获得也有一定意义的法律依据。君主制中,国家的主权与执政权都掌握在君主手中。后继君主的执政权力的来源就是主张其世袭的法律、习惯法或者类似习惯法的祖宗之制。从这个意义上讲,君主继承王位也是有一定法律根据的,其执政权的获得也依赖法律。在非君主制国家中,国家的最高权力机构或者最高领导人的执政权力,更是在一定意义上依照法律获得的。有的国家直接在其宪法中明确规定执政者为何;有的国家则规定了一定选举程序,在选举中获胜的某人或某政党领袖出任国家领导人,执政者则为相应的执政党。由此可见,非君主制国家,执政者获得执政权也总是经过一定法律程序,具有一定法律依据的。

获得执政权只是执政的第一步,如何执政则是执政权行使的核心内容。执政权的行使才是执政的具体行动与客观实践,依法执政首先关注的是执政权的获得,其次更为长期地关注的则是执政权的行使。执政行为必须依法作出,也就是说执政必须依法。如果说依法取得执政权是依法执政的第一步,那么依照法律开展执政活动才是依法执政的核心。执政的获得往往是一个时段,而执政权的行使则是漫长的历史过程。执政者是否守法,对于公民、政权、国家、社会都具有重要的持久的影响力,严重地影响一个社会的法治状态与法治发展。

人类的执政方式的发展经历了漫长的演变,它本身就是一个历史的演进过程。依照权力意志或者依照个人意志执政,在专制社会中也都出现过。依法执政则是执政在民主与法治社会和国家的具体形态。在人类历史发展中,依法执政有其发展的过程,有其时代的特征,也是时代发展的要求。在现代民主与法治的社会中,依法执政与法律的联系,是十分明显和不可忽略的。

(二)依法执政是时代发展的要求

依法执政是社会发展与历史进步的要求,是民主推进与法治完善的要求,具有重要的现实意义。就我国的现实政治发展来说,它是适应社会发展,推进法治进程,加强执政党建设,促进政治文明,实现人民民主的时代要求。

1. 适应社会发展

中国社会正经历着双重意义的社会转型。谈到中国目前正处于转型期,中国现实的社会是一个转型期的社会,人们往往是指在20世纪末期进行的社会改革。这是对的,但是这并不全面,还没有用历史的眼光来看待中国的整个历史发展,尤其没有能够很好地认识中国的近现代历史。

中国社会经历的第一个重要意义的社会转型,是中国从传统社会向现代社会的转型。从鸦片战争、洋务运动、戊戌变法、五四运动以来,中国社会开始了现代化的历程。从传统社会向现代社会的过渡,是中国社会尚未完结的历史使命。这一过程也就是中国的现代化过程,它已经有100年的历史了,至今还持续地进行着。现代化的进程是以世界各国,尤其是世界上的先发展国家作为参照系的;现代化的标准具有明显的时代性。中国的现代化进程全面地更新着中国的经济、政治和文化的传统,使中国社会谋求的是"与万国同制"与"与万国同行",目的在于使中国社会适应时代和世界的发展趋势,自立于世界民族、国家之林。在整整一个半世纪乃至更长的历史中,中国社会一直持续不断地发展着,更新着,朝着现代化的目标迈进。为此涌现了一代又一代杰出的思想家、政治家,尤其是革命家和改革家。

中国社会经历的第二个重要意义的社会转型是指从20世纪的最后20年以来,中国社会正在进行的新一轮社会变革。中国社会经过了几千年的发展,经历了奴隶制、封建制和半殖民地半封建社会,并进入了社会主义社会。在社会主义社会初期,我国社会曾经在政治上实行高度集权,经济上实行高度计划,文化上曾经一度出现过严重专制。随着社会发展,因应时代的要求开始了一场社会主义的自我改革。我国正在推进政治的民主化进步,经济的市场化进程,文化的多元化发展。中国社会在20世纪后期所发动的这场改革正与第一重意义的社会转型相契合。

在两个意义上的社会转型中,社会的政治、经济和文化的更新都对中国提出了从专制向法制,进而向法治进步的要求。所以一百多年来,法治就成为中国人民的梦想。尤其是经历了社会主义几十年的社会实践,人们更深刻地感受到了在中国推行法治的必要性和重要性,以及不要法治的灾难性后果。双重的社会转型提出了一个共同的要求——法治化变革。在法治口号和目标被重新提出之后,依法治国,建设社会主义法治国家成为社会的整体要求,也成了改革开放的需要。在这种背景下,提出并实行依法执政,是中国社会对执政者的要求,是中国社会要完成百年的现代化变革与完成当前的体制改革所必需的,也是中国执政者政治自觉的客观反映和政治进步的外在表现。

2. 推进法治进程

中国的法治发展经历了百年之久,新一轮彻底的法治化变革已经如火如荼。法治是中国从传统社会向现代社会过渡的需要,也是近半个世纪历史的经验与教训的结晶。到现代,法治已经成为中国社会不可逆转的发展方向。社会的法治化发展不断推进,取得了令世人瞩目的重大成就。建设法治国家成了理想目标与现实任务。在这样的背景之下,执政党的依法执政就成为法治发展的客观需要,也是我国的法治建设向纵深发展的必由之路。

法治内在地要求制约权力,则必然要求制约执政党。权力是社会的产物,社会不可没有权力,但社会也不能容忍权力的滥用。任何权力的滥用都是对人民权力和人民权利的侵犯,也都是对权力本身的败坏。法治之治首先就在于规范权力,防止权力滥用,保障权力的正当性和合法性。执政权力显然是重要的社会权力之一,在政党政治中执政权力都是为执政党所掌握的。在政党政治中,政党作用是不容忽视的。不论人们是否认可,政党都发挥着重要的作用。尤其是执政党,它主导着一个社会的政治,也主导着一个国家的发展。由于执政党拥有执政的权力,法治对于执政党执政权力的规制必然首先体现在对于执政党的规制之上。

依法执政是中国宪法与中国共产党党章的共同要求。就中国当代社会的实际情况来说,1982 年的《中华人民共和国宪法》就确立了一切政党都必须在宪法和法律范围内活动的原则。作为执政党的中国共产党也于同期，在自己的宪法中写进了党的组织和党员必须在宪法和法律的范围内活动的组织规则，但是一直没有进一步具体化。随着法治的发展，如何使宪法的规定和执政党党章的规定具体化，是中国社会和共产党都面对的问题。在这种情形之下，提出并实行依法执政，是法治发展的客观要求，也是任何政党必须在宪法和法律范围内活动原则的具体化。

依法执政是中国社会全面法治化的重要启动点。法治发展过程是社会整体化的演进过程，这个过程需要一个启动点。法治不是一蹴而就的，有其不断推进的历史进程。这个进程有其发展的规律，但是人们对其进程并不是无能为力的。人们完全可以发挥自己的主观能动性推进法治的迅速发展，使法治得以加速推进。在法治的发展中也有众多的因素产生着影响，影响法治的因素中政治的因素是尤其不可忽略的。在政治因素中，执政党如何认识法治，是一个思想前提。解决了思想认识问题的执政党也就能够正确地面对法治。但是法治毕竟是一种独特的社会实践，它需要在社会中发挥着重要政治作用的执政党身体力行地推进。执政党既是法治的动力，又是法治的典范。从典范的意义上讲，依法执政无疑是执政党的最佳表现。执政党的依法执政，将会给社会一个守法的范式，供社会效仿，并提高全社会的法治观念和守法水准。执政党若能严格地依法执政，必将极大地促进法治的发展，推进法治发展的进程。

3. 加强执政党建设

世界各国不同的执政党采用并不完全相同的执政方式，执掌着国家的政治权力。执政党的执政方式，反映着执政党的执政能力与执政水平。是否依法执政，能否依法执政，是执政党是否成熟的标志。任何成熟的执政党，都会寻求最佳的执政方式来实现自己的执政目标。在执政的方式中，依法执政是最具有严肃性、稳定性和连续性的方式，也是优秀的执政党所特别注重的方式。

执政党依法执政的提出，本身就表明了执政党认识水平的提升。执政党若能实实在在地推行依法执政,对社会的益处自不待言,就是对于执政党自身来说,也是执政能力的重大提高。在依法执政的过程中,执政党必须具有足够的政治意识、法律意识和艺术地达成自己执政目的的政治技巧。依法执政会给执政党提出全方位的素质要求与能力要求。执政党实行依法执政的过程,也是执政党自我提高的过程。在依法执政的发展中,执政党的能力也会自然而然地得以增强,依法执政的推行必然会加强执政党的建设。

中国共产党在中国执政已经半个世纪,从身份和地位上讲,它早已完成了自己从革命党向执政党的转换。但是从思想观念和理性认识上讲,这种转换还没有彻底完成,还继续着革命党的思维,并用革命党的既有思维主导着执政实践,导致了一些严重的后果。经验和教训一次又一次地警醒人们,必须尽快完成思想观念与理论认识上的从革命党向执政党的转变。

首先,我们来考察执政党和革命党的区别。需要注意的是革命党是执政党的前身,中国共产党所领导的中国革命的胜利是其取得执政党地位的根据。随着既有的革命任务的完成,中国共产党就应该进行工作内容与性质的转换。从革命向执政的过渡,是必须完成的历史性转换。执政与革命有着重要的区别。粗略看来,可以发现:

二者的目的是不同的。革命的目的是获得政权,执政的目的则是如何很好地执掌政权。虽然革命与执政都是围绕政权进行的,但其方向则是相向的。革命要摧毁旧政权,建立新政权;执政时自己新的政权已经建立,执政者面临的不是摧毁政权的任务,而是建设政权和运行政权的问题。革命与执政在政权问题上的态度是截然不同的。一旦混同了这一点,就会发生自己对自己实行革命的悲剧。

二者的性质是不同的。革命是一种推翻旧的统治的激烈的政治斗争,性质主要是政治斗争。执政则是一种如何进行良好统治,良好地运作政治权力,达成自己政治目的的管理过程,本质上是一种社会管理。革命的政治斗争性质决定了革命行为的方式,执政的社会管理性质也同样决定了执政的行为方式。如果一个革命者发生认识错误，就等于是放弃革命，甚至成为执政者的助手。一个执政者如果将二者混同，后果必然是破坏自己的执政基础，错误选择自己的行为模式，最终危及自己的执政地位。

二者的手段是不同的。除了通过议会而实现的和平革命之外，革命更多地要依赖暴力的军事手段，而执政则必须依赖法律手段。在从革命转向执政之后，暴力的军事手段将随之成为社会安全稳定的保障力量。革命能够通过和平的方式实现当然是很好的，但是革命往往不能通过和平的方式进行，于是暴力常常就成为革命无可奈何的选择，或者是一种别无选择的选择。如果革命是暴力的，革命就完全无须运用法律来达成自己的目的。但是执政就完全不同。在执政者看来，革命已经是历史，自己已经由社会的弱势者转而成为社会的强势者，从旧政权的破坏者转化为新政权的建设者。暴力包括军事手段也许还被保留，但是其地位和作用已经转变为新生政权的保护措施。执政者对于暴力包括军事手段的运用也必须依法进行。

二者对待法律的态度是不同的。革命的时候总是没有取得政权，没有自己的法律的时候，所以革命是不会顾及法律的，因为那时的法律都是敌对者的法律，除非那些在自己根据地施行的自己的法律。除此之外，所有的法律都不会为革命者所遵从。因为革命的一个重要目的就是要摧毁包括旧的法统在内的整个旧的政治统治，破坏旧的法律甚至是革命的目标之一，所以革命是无视作为革命对象的法律的，而执政则不是这样。执政中所产生的法律都是执政者自己的法律，就当然地负有保障法律被严格施行的任务。对于法律来说，革命者基本上是仇视、藐视和力图破坏的，而对于执政者来说，对法律则必须是尊崇、坚守和身体力行的，是否坚持法治甚至可以等同于是否坚持自己的执政地位。法治就成了执政者的圣物，成为确保其执政地位的重要法宝。

其次，执政党也不同于领导党。我国社会也曾混淆了执政与领导党的界限，错误地把执政党当做单纯的领导党。其实执政党与领导党在许多方面都有着重要的差异。

二者与政权的关系不同。领导党的存在并不以是否拥有政权为标志。一个领导党,在执政时可以是若干政党或人民的领导党;在革命时,在不执政时,也可以是若干政党或人民的领导党。而执政党则完全不同,执政党必须拥有政权。没有政权的政党就不是执政党。是否掌握政权,是执政党与非执政党的根本的划分标准。

二者的基本性质不同。执政党是法律性质上的,领导党是政治性质的。执政党的地位是由法律确认的,并具有法律意义上的合法性。诸多的政党中,谁是执政党,谁不是执政党,怎么才能成为执政党,都应该是有法律根据的。即使某一政党在其执政前并无法律的身份确认,它一旦执政也会自觉地运用法律的手段确认自己作为执政者的身份和地位,以确保自己执政的合法性。领导党仅仅是政治意义上的,它需要的是其他政党和人民群众的心理认同和行动响应。

二者的行为方式不同。领导党与执政党的行为方式不同,一个是政治的领导行为,另一个是法律的执政行为。换句话说,领导党的行为方式是政治的,而执政党的执政方式则是法律的。行为方式不同是两种身份的差异。一个政党从单纯的领导党转化成为既是领导党又是执政党之后,其行为方式必须进行相应的转换。作为领导党,它必须从政治上担负起它的政党责任,成为若干政党和群众的领导者,政治方法依然是它的重要的方法;但作为执政党,它则必须依法执政,确保政权的合法运行和良好运行,它除了首先进行政治考量之外,还必须进行法律上的严格考量。法律将与执政党紧紧伴随。法律的行为方式应该是执政者面对社会最基本、最主要的行为方式。

中国共产党既是从革命党发展而成的执政党,也是兼具领导党和执政党双重性质的现代政党,依法执政就是其本身历史发展的要求与结果。

4. 促进政治文明

政治文明是政治发展的必然要求和良性表现,是人类文明的重要构成部分。政治文明与否,往往直接影响着国家与社会的安全稳定。政治文明的发展状态也表明了政治的进步程度和现代化水平。任何国家的执政党都是其政治建设的主力,它起着对于整个国家乃至全社会的政治文明的示范作用。执政党的执政方式的阴暗,必然会使整个国家和社会陷入铁幕与恐怖,专制和集权就不可避免。

历史发展到现代,政治文明已经被赋予了民主政治和法治政治的内涵。不民主的政治和不法治的政治,都是不文明的政治,就没有真正的政治文明可言。政治自古以来就被赋予了许多邪恶的内容,而且难以改变其历史形象。政治需要被良性化。在政治良性化的发展中,政治文明对于政治的醇化发挥着极为重要的影响力。促进政治文明的力量是多种多样的,其中来自执政党的力量是巨大的。执政党的依法执政将在相当大的程度上改变政治的不良记录,重塑政治的形象。执政党坚定的依法执政将使政治文明因此而得到提升和强化。

5. 实现人民民主

实现社会主义民主应是坚定不移的原则和方针。为民主所做的一切努力也都可以而且应当归结到实现人民民主之上。在国家和社会的管理上,在经济文化事业上,人民都是国家和社会的主人。他们的地位不容否定,也不可动摇。坚持人民民主也就坚持了社会主义社会的本质。

人民行使主人的权力的方式就是通过人民代表大会制定出法律,然后要求一切政治权力严格依法办事。在法律被实现了的同时,人民的当家做主也就实现了。法律被实施的情况就与人民民主的实现程度成正比。法律的实现程度也就是人民民主程度的标志和尺度,推进人民民主就应该体现在法律被良好实行,法治被最终实现上。

依法执政是为民主服务的,它是民主的体现,也是民主实现的路径和方式。依法执政如果不把民主作为自己的目的,就会偏离它的方向,舍本逐末,甚至走向民主的反面。

二、依法执政的主体

对于依法执政的主体,学术界有着不同的理论认识。综观人类政治发展的历史,执政主体不过是个人或组织两类。作为个人的执政主体,严格地说只存在于王权时代的帝王身上。在专制时代,作为执政者的君主往往就是集权者和极权者。在民主时代,执政的主体必然是一个组织或群体。这个组织或群体经常地表现为某种政治党派。政党是经常而普遍的执政主体。就政党执政来说,情况也是极为复杂的。有两党轮流执政、多党联合或轮流执政和一党执政三种情形,或者可以称为两党制、多党制和一党制三种情形。

(一)两党制轮流执政

两党制是指在一国内由两个主要的政党通过竞选的方式而轮流执政的政党执政制度。正如许多政治学著作所指出的,这里的两党并不是说在一个国家就只能有两个政党或只有两个政党。其实,在两党制国家,法律是允许多个党派存在的,事实上也不止两个政党。只是在若干个并存的政党中,只有两个政党最大,并势均力敌。在英国,目前除了工党和保守党两大政党之外,还有自由党、社会民主党和共产党等。在美国除民主党和共和党之外,还有社会党、社会劳工党、社会主义工人党和共产党等。两党之外的政党常常受到两个大党的排挤和分化,他们在力量上都远不如两个政党强大,所以他们难以甚至根本就无法成为执政党。这里所说的轮流并不是简单的机械的交替,而是两个大党通过竞争,或许由一党继续执政,或许由另一党接替执政。

1. 资产阶级两党制言说

两党制是资产阶级政党成功的执政模式,对于确保自己政治的长治久安具有重要的作用。根据传统的政治学分析,首先,两党制被看做一个比较负责任的体制,选民可以在两个可以替换的政党中作出明确的选择;其次,两党制被看做一种公平的体制,它鼓励政府更换,防止任何一个政党或政党集团无限期地垄断行政权力;最后,两党制被看做一个鼓励和平的、温和的政治活动的体制,因为两个竞争者都为赢得中间人士而竞争。①

马克思批评英国议会中的政党斗争的论述是极为精彩的:“寡头政体不是靠把政权经常保存在同样一些人手中而使自己永存下去的,而是采用这样的办法:它轮流地使政权从一只手中放下,又立刻被另一只手抓住。”②

世界上实行两党制的国家不少。也许是由于历史的原因,从法律角度来看,英美法系国家基本上是两党制的国家。之所以说是基本上,是因为在一定意义上也有例外的情形。例如,印度在一些学者那里就把它归入英美法系,但是它实行的是多党制,而不是两党制。当然也有学者更愿意称印度为印度法系国家,而不是英美法系国家。在世界上,英国、美国、加拿大、澳大利亚和新西兰等国都实行的是两党制。在众多的两党制国家中尤其以美国和英国最具有代表性。

综观资本主义世界的政党制度,我们不难得出结论:两党制是最稳定的政党制度。虽然国家政权的神圣性被降格了,沦落为两党竞争后的战利品而被两党轮替占有,但是其作用是不容低估的:第一,两党制的政党轮替有力地推动了政党竞争,使资产阶级政党永葆活力。在当今世界的各国,只要是一党执政或者一党专政,就必然导致政党的保守性和政治惰性。由于无须竞争,党员精神必然涣散,党员精神萎靡,政党缺乏压力,执政党就没有活力。不可动摇的执政地位使党的领袖养尊处优,使党的成员无所事事,使党在整体上缺乏战斗性和战斗力。久而久之,这个政党就退化了,一旦遇到危机就难以应对,更大的危机恰恰就蕴藏在执政党的麻木不仁之中。这种情形对于执政党本身是最不利的,当然也

① 吴志华主编:《政治学导论》,上海教育出版社 2003 年版,第 230~231 页。
② 《马克思恩格斯全集》(第 11 卷),第 399 页。

必然会使社会政治缺乏活力与生机。第二,两党制最好地保证了资产阶级政党统治。无论是英国还是美国,无论执政的是哪个政党,它们都是资产阶级政党。颠来倒去都是资产阶级在掌握政权。资产阶级两党制设计,成为维护资产阶级统治,确保资产阶级政权长治久安的政治工具。这种政党制度如果没有无产阶级革命的突然爆发以改变其格局,资产阶级统治将在其政党制度的保障下长期持续。第三,两党制的政党轮替最大限度地保持了资产阶级政局稳定。两党制的政党轮替毕竟是在两个大党之间进行的,大党在历史中逐步形成,往往都具有长期的人才储备,悠久的历史传统,稳定的政治策略,常规的政争方式,可以较好地避免不择手段的恶性斗争。在两党竞争体制中,执政党因有在野党的时时监督而不敢懈怠,不能不讲道德、不守法制。即使是在野党,也仍然是有执政希望的大党,在总体上,他们也同样会遵守法制,讲求政治品德,否则它的上台就会成为困难。政党之间在政治和法律允许范围内的斗争,恰恰是维护资产阶级政局稳定的现实需要。第四,两党制有利于倡导政治道德与推进政治法治。因为两党制中,在野党会不断用政治道德与法治准则的镜子去检验执政党,使执政党随时处于在野党的监督之中。作为执政党一方面被迫严于律己,另一方面它也会对在野党反唇相讥。恰恰是这样的政治生态,使两大党都不敢在道德和法律上越雷池半步。

资产阶级两党制是资本主义相关国家历史发展的结果,是其历史、文化、社会发展的产物。同时,资产阶级的两党制又是资产阶级政治家们刻意制作的政治精品。撇开一党制与多党制产生的历史背景与国情不论,简单地加以比较就不难发现:一方面,两党制远比一党制更有活力,更有生机,更有利于资产阶级政治的维系和发展;另一方面,两党制远比多党制具有更大的稳定性,更有利于资产阶级统治的长治久安。其实,一党制所难免的涣散或者专制,无疑是政治的混乱与恐怖;多党制所难免的纷乱或者动荡,同样是政治的危机与灾难。除非由于特定的历史原因而不可避免地形成了一党制或多党制,否则,即使是资产阶级国家,对于一党制或多党制的选择,也将是后患无穷,贻害多端。当然特定国家的政治生态导致了一党制或者多党制,特别是多党制,逐步培育起了与之相适应的政治局面和社会惯性,倒也无可厚非。那也是它们适合自己历史和国情的产物,但是放之于其他国家,则可能是政治的困境与危局。

2. 英国的两党轮流执政

在 1679 年,英国议会中分为代表新贵族和新兴资产阶级利益的议员与代表地主和旧贵族利益的议员两大政治派别。前者提出了"排斥法案",要求取消詹姆士的王位继承权,被称为"辉格党"(Whig);后者反对该议案,被称为"托利党"(Tory)。从此开始了两党的形成和发展历史,直至 19 世纪初两党制正式形成。辉格党更名为自由党;托利党更名为保守党。从 19 世纪 50 年代到 20 世纪 20 年代的 70 年间,英国基本由该两党轮流执政。20 世纪 20 年代以后,从自由党中分离出来的工党,取代了自由党的政治地位,成为与保守党并立的一大政党。从最近这二三十年来看,1979 年以前主要是由工党执政;1979 年以后改由保守党执政;1997 年工党重新执政直到现在。

英国政党执政采用的是议会内阁制。英国实行的是君主立宪制,国家的元首为世袭君主英王。议会由上议院和下议院组成:上议院的议员是世袭的或由国王任命的,两党无法进入竞争;下议院的议员才是选举产生的。这样也就为两党在下议院的竞争提供了条件和场所。凡是在下议院的选举中获得多数议席的政党,即执政党;反之则成为反对党或称在野党。执政党有权组织内阁,以首相为代表的政府就是由执政党来组织的。反对党则可以组织"影子内阁"。如果在下次大选尚未到来前,下议院通过不信任案推翻了执政党,原来的反对党就一跃而成为执政党,"影子内阁"就可以成为正式内阁。在英国的政党内部实行的是集中制,每一次的重要投票,所有的同党党员都必须作为一个集团参加,并不严格地按照党的统一决定进行投票。由于内阁是由在议会中占多数席位的执政党组建的,因此议会与首相及其内阁之间很容易协调一致。首相的立法建议较容易获得议会的通过。

3. 美国的两党轮流执政

1787 年,美利坚合众国召开了制宪会议,在制宪会议上产生了以汉密尔顿为代表的中央集权派,主张实行中央集权和扩大联邦政府的权力;以杰弗逊为代表的地方分权派,主张实行地方分权和增加各州的权力。前者被称为联邦党人,后者被称为反联邦党人。经过历史的分离与组合的演变,到 19 世纪的三四十年代,联邦党人演变组成共和党,反联邦党人演变组成民主党。1861 年美国南北战争爆发,从 1861 年到 1932 年共 72 年,其中共和党执政 56 年,民主党执政 16 年。1933 年民主党的罗斯福上台后推行"新政",加之战争的原因,其担任了 4 任总统,成为美国历史上唯一一个任期超过两届的总统。

美国实行的是总统共和制。美国的两个大党的竞争主要表现在总统选举和国会议员选举两个方面。在总统选举中获胜的党,即执政党。总统是国家元首和政府首脑,他是政府的组织和领导者。在国会议员的选举中,获胜的既可能是执政党,也可能是在野党。各个政党在议会中的席位并不与执政与否有着必然的联系,上下两院之间的多数席位与少数席位也不具有必然的联系。总统与议会之间是分立的平等关系和相互的制约关系。美国的政党组织松散,在全国没有统一的纪律。只是在总统选举时党员们才表现出某种程度的党内团结。议会中的党员也没有严格的纪律约束,他们可以自由决定自己的投票。这与英国议会中的政党及其党员的情形是完全不同的。

(二)多党制联合或轮流执政

多党制是指一个国家的多个政党,通过竞选而由某个政党或某几个政党联合执政的政党制度。多党制国家至少存在三个以上的政党,少则三个,多则数百个,各个政党均有权竞选议会和总统的职位。事实上,在有的多党制国家,有一个政党具有强大的政治实力,可以在竞选中独自获胜,获胜的政党即可单独执政。在许多国家,几个政党的力量不相上下,任何一个政党都难以单独获得竞选的胜利,于是他们就联合起来,争取在竞选中获胜。一旦获胜,几个政党就联合执政。

世界上实行多党制的国家也相当多。大体上可以认为多数的大陆法系国家都实行多党制。这里也只是从大体上可以说大陆法系国家都实行的是多党制。由于有的国家在法系归属上存在不同的认识，所以在这里也就只能认为大体上如此而已。实行多党制的国家大体包括法国、意大利、日本、德国、比利时、丹麦、挪威、荷兰、西班牙、俄罗斯、波兰、印度和韩国。我们可以选择几个具有代表意义的多党制国家的政党执政情形来加以剖析。

1. 法国多党联合执政的多党制

法国是最早实行多党制的国家，有多党制发源地的美称。在资产阶级大革命时期就开始了多党制的实践。从 1848 年延续发展到第二次世界大战之后，法国的多党制一直演变发展。到了第二次世界大战后，法国可以说是政党林立，最多时有五十多个政党。林立的政党较为严重地影响了法国的政治稳定。1958 年戴高乐上台，从议会、总统和政党三个方面，对于既有的多党制执政方式进行了改革，使法国由原来的议会内阁制转而成为"半总统半议会制"。目前法国有"四党两派"。四党为保卫共和联盟、法国民主联盟、社会党和法国共产党；两派为左翼和右翼。左翼政党主要包括工人阶级政党和社会主义派别的政党以及从其他政党中分化出来的较为激进的民主政党。右翼政党如保卫共和联盟。法国的各个政党都难以一党独立执政，几个政党联合执政是法国多党制的基本方式。

2. 意大利议会制多党制

第二次世界大战以后，意大利就实行多党制的执政模式，主要的政党有天主教民主党、左翼民主党、重建共产党、社会民主党、共和党、社会党、自由党、社会运动、北方联盟、民族联盟等。从第二次世界大战以后到现在，天主教民主党，简称天民党，一直是最主要的执政党。从 1945 年到 1992 年的 57 年间，近五十届内阁，有 15 届为天民党执政，其余则由其他政党联合执政。意大利政党众多，在 20 世纪 90 年代，政党数量多达 500 个。政党的繁多，联合执政的政党之间的相互杯葛，导致了政府的频繁更迭。从第二次世界大战后实行多党执政以来,每届政府内阁的平均寿命只有一年左右,最短的只有几周时间。有统计资料表明,在1945年到1983年的38年间,内阁更迭44次,每届内阁平均寿命不到一年的时间。其中天民党执政的15届政府内阁,有两届政府都只有一个月的时间,最长者也不过是16个月,每届政府平均寿命半年左右。

3. 日本一党独大的多党制

在第二次世界大战之前,日本实行的是天皇集权制;在第二次世界大战之后,日本开始实行多党制。1947年日本实施新宪法,实行多党制的议会内阁制。一时间,日本政党大量涌现,出现了自由党、民主党、社会党(现名社民党)、共产党、公明党、进步党、协同党等三百六十多个政党。从1947年到1955年,主要是自由党和民主党轮流执政。1955年,面对日本左右翼社会党统一成立日本社会党,并有可能成为第一大党的局势,自由党和民主党合并成立了自由民主党,简称自民党,从而形成了一党独大的政治局面。从1955年到1993年的38年中,自民党一直独党执政。1993年自民党内阁因不信任案打击而使该党在同年大选中败北。1994年出现了由社会党、公明党、新生党、民社党、新党、先驱新党、社民党及参院民主改革联合会的七党一会联合组阁。1996年1月,自民党重新上台。

日本的多党制是与众不同的。它实行的是一党独大的多党制。日本有许多政党并存,但有一党一直处于压倒多数的优势地位,长期独掌政权。自民党内派系林立,包括桥本派、竹下派、加藤派等多达12个的派系。

(三)一党制执政

一党制是指在一个国家的政治生活中,只有执政党是合法的政党,在法律上没有其他合法政党存在;或者有其他政党并存,但其他政党根本就不可能成为执政党的政党制度。一党制是不存在政党竞争的,所以政治学上也称为无竞争性的政党制度。

按照西方政治学学者的观点,一党制可以被区分为一党权威制、一党多元制和一党极权制。一党权威制是指在一个国家中一个政党具有国家权力的独占性和意识形态的定向性。这个政党虽然不允许其他政治团体存在,但是政治尚未达到极权的阶段。一党多元制是指国家权力为一党所独占,但是该党在组织上是多元的,政治上能容忍不同意见存在,对其他的政治团体也采取比较宽容的态度。一党极权制是指一党独占国家权力,而且利用一切手段包括温和的说服和有组织的恐怖,以达到其政治目的,维护其绝对的统治地位。在这种政党制度之下,社会生活的任何一个角落都要受到极严格的控制。如法西斯的政党政治就是这样的一党制。① 其实从总体上看,一党制可以被区分为法西斯主义的一党制和民族主义国家的一党制。

法西斯主义的一党制,出现在第二次世界大战之前和之中的德国、意大利以及 1975 年以前的西班牙和 1974 年以前的葡萄牙。在法西斯主义的一党制之下,党的领袖也就是国家元首,集各种大权于一身,实行资产阶级恐怖的独裁统治。最典型的是第二次世界大战之前和之中的德国。1921 年希特勒成为纳粹党的领袖。1923 年 11 月,希特勒发动慕尼黑啤酒店暴动失败被捕入狱,1924 年 12 月获释。1925 年希特勒出版了《我的奋斗》一书,大肆宣传大日耳曼主义、种族主义和复仇主义。经过 7 年的时间,到 1932 年,他作为党魁的纳粹党成了全国第一大党。1933 年 1 月希特勒被任命为总理。2 月 27 日他就制造了国会纵火案,迫害共产党人、进步人士和犹太人。3 月宣布取缔共产党,5 月宣布解散工会,7 月解散其他政党,8 月希特勒以纳粹党党魁的身份身兼国家总统、军队最高元帅,集所有的大权于一身,并加紧备战。1936 年干涉西班牙内战,1938 年吞并奥地利和捷克的苏台德地区,1939 年 3 月侵占整个捷克斯洛伐克,9 月侵占了波兰,全面发动了第二次世界大战。1940 年占领了丹麦、挪威、荷兰、比利时、法国;1941 年侵占巴尔干半岛各国,入侵非洲,几乎控制了整个欧洲和北非北部地区,并发动了对苏联的进攻。

---

① 吴志华主编:《政治学导论》,上海教育出版社 2003 年版,第 245 ~ 246 页。

直至1945年纳粹德国投降,法西斯主义的一党制才从德国消失。法西斯主义的一党制不仅在德国,也在日本、葡萄牙、西班牙、土耳其等国犯下了滔天罪行。

除了法西斯主义的一党制之外,还存在另一种一党制,即民族主义国家的一党制。这种一党制主要出现在第二次世界大战以后独立的非洲国家。这些政党是在反对帝国主义和殖民主义的斗争中发展起来的。他们在民族独立的斗争中曾经发挥了极为重大的作用,是民族解放运动的组织者和领导者。在国家独立初期,由于宗主国的影响,大多数非洲国家都实行了多党制。由于历史原因、社会条件、外来干涉等因素的作用,这些国家政局动荡,政变频繁。许多国家都由以前的多党制转变成为一党制。在1989年以后,一些国家又转向了多党制。民族国家实行一党制的途径主要有三种:第一种情形是,某一领导武装斗争的民族主义政党,在国家独立之后,取得了执政党的地位,成了唯一能够执政的政党,如莫桑比克解放阵线。第二种情形是,某政党在国家独立之后,通过议会途径获得了执政的权力,其他政党因力量单薄而无法成为执政党,于是形成了一党制,如坦桑尼亚、几内亚。第三种情形是通过军事政变,建立军人政权继而实行一党制,如埃及、埃塞俄比亚和尼日尔。这些国家的一党制,是历史发展的结果,也是现实的各种矛盾综合作用的产物。民族主义国家的一党制存在着很多的问题:第一,党内的派系繁多,名为一党,实际上党中有党;第二,维持一党制统治,靠的是领导人的人格、权威和走钢丝的技巧,难以长久;第三,经济文化的落后和领导人本身的素质问题往往难免导致独裁专制,引发政变、部族斗争和种族屠杀,国家难以走上正常的发展道路。①

至于中国的一党领导、多党合作的政党体制不同于世界上其他国家的一党制,有其自身的性质与特点。

---

① 吴志华主编:《政治学导论》,上海教育出版社2003年版,第246~247页。

三、依法执政的方式

依法执政的方式问题，是极为重要的执政问题。其内容相当丰富，它涉及执政党依法执政的路径选择等问题。执政党应当依法主导国家权力，通过领导立法来主导法治，通过国家来依法管理社会，通过模范守法以成为法治的楷模，通过完善法制以成为法治的保障。

（一）依法执政路径的宪政选择

执政党的执政方式对国家和执政党来说，是必须解决的重大宪政问题。国家建立政党制度之后就有一个让执政党如何执政的问题。执政的地位确立之后，如何执政也成了首要难题。执政的方式历来都是宪政设计者们必须预设的制度构想，如何执政也是执政者必须解决的重大难题。执政方式将影响国家的兴衰，将决定执政的成败。自从有政党政治以来，相关国家乃至各种执政党就开始了对于执政方式的探索。透过历史，不难发现，执政方式有人治的也有法治的。历史的经验和教训表明，人治的方式在党内不利于民主，在党外拒绝法治，人治难以避免会陷于专制与集权。因此，世界上成功的、成熟的执政党都会采取法治的方式实行依法执政。

依法执政不应仅是一个口号，它应该和必须转化为一系列的制度设计。具体说来，执政党执掌政权的最佳形式和路径必须是法治。通观世界各国执政党的执政模式，不外乎或者控制议会或者控制行政。控制议会的方式是以多数党的方式出现的。它在议会中拥有多数席位，当然也就拥有多数表决权，执政党在议会中也就能够起到决定性的作用。执政党通过议会的立法和权力运作的控制，从而实现对整个国家和社会的影响。控制行政的方式，也是一些执政党所采取的执政方式。它们作为执政党，所拥有的是组阁权力，党内官员就可以执政党党员的身份入主国家机关，运作国家权力。

执政党进入立法机关或是进入政府，是两种不同的执政方式，它们之间的差异是值得认真研究的。在宪政制度、政党制度尚不完善的国家，作为执政党当然会面临着如何执政的问题，面临着通过议会来运作国家权力，还是通过政府来运作国家权力的选择问题。

（二）依法主导国家的权力行使

执政党执政的标志就是成为政治权力的执掌者，所以执政党必须在国家权力上拥有决定性的权力，或者称为根本性的权力。但是，值得注意的是执政党执掌政治权力并不等于由执政党直接行使全部政治权力。执政所指之“政”还是指国家的根本政治权力与重大政治权力之“政”，而不是全部政治权力或一切政治权力。

执政党执政的重要目标就在于实际拥有和运行国家的权力，使国家机器根据执政党所设定的目标来运行。执政党往往通过其执政政策来表达其意志，但是它的意志转化为社会的现实，需要必要的中介，这个中介就是国家和公共权力。执政党总是通过对国家进而对公共权力的作用，实现其意志的。

执政党如何运行国家权力以及运行国家权力的状况，表现为执政党的执政水平和执政能力。能否采取恰当的方式，沿着恰当的路径来运行国家权力对于执政党自身来说，是其执政能否长期持续的制约性因素。运作国家权力的任何失误都可能给特定的国家带来灾难性的后果，于执政党的声誉和地位本身也将是极大的损害。所以，任何执政党都将把自己运作国家权力的能力作为自身建设的重要方面加以强调。相应的人才（领导或干部）培训与储备就是执政党永远的课题。执政党是否拥有足够数量与相当素质的人才，是其能否有效并良好运行国家权力的决定性因素。人才建设永远是一切政党的基础性重大任务，依法主导国家权力——依法执政永远是民主、进步的执政党必须把握的执政方式。否则，对于人民是灾难，对执政党也是灾难。为了保证执政党的依法执政，《德意志联邦共和国基本法》规定，各政党应该相互协作以实现国民的政治意愿。它们的建立是自由的，它们的内部组织必须与民主原则相符合，它们的经费来源必须公之于众，推翻这种秩序或阴谋推翻德意志联邦共和国，都是违反宪法的。联邦宪法法院对违反宪法的政党进行裁决，加以取缔。《德意志联邦共和国政党法》对政党的宪法地位和作用、政党内部秩序、政党选举、政党财务公开、政党平等的诉讼主体地位以及取缔违宪政党等作出了较为全面的规定。

（三）领导立法以主导法治发展

在法制与法治的双重意义上，立法都是依法治国的首先环节。从法制的意义来看，立法是所有法律制度得以建立的前提。因为它是将某种意志也包括代表人民的意志和体现人民意志的政党意志等上升为法律的路径和方式。执法、司法、守法或者法律监督莫不是以法律制度的先决存在作为前提的，立法所建构的正是这样的前提。从法治的角度看，法治就是规则之治、制度之治。立法就是创立规则与制度的过程。法治是法的统治。法律要实现其“统治”就必须具有至高无上的地位，至高无上的法律从何而来就是一个首要的问题。立法所解决的正是这个首要问题。正由于立法有如此的意义，“在现代西方资本主义国家的议会中，大部分议员都有政党认同观念，而立法工作也主要由政党组织来安排。在议会制国家，政党通过选举获得议会的控制权，从而掌握了议案的通过权力，这就为把本党的意志和要求上升为国家意志提供了保障”。①

领导立法是执政党体现其执政地位，实现其执政目标的首要措施。党的领导涉及社会生活的诸多方面，在依法治国的历程中和依法治国实现之后，法制对国家和社会的影响将更大。法制成为引导社会发展、促进社会进步的根本措施，依法治国、依法办事都成为普遍的要求。在西方，“议会是立法机关，通过政党控制议会的多数席位，从而控制立法，把本阶级的意志上升为国家的意志，并以法律的形式确立下来，以维护本阶级的利益”。② 执政党要实现对政治、经济、文化和社会的全方位的整

① 高鹏怀：《比较政党与政党政治》，知识产权出版社2008年版，第26～27页。
② 刘玉萼、石永义：《西方政治制度》，中国人民大学出版社2002年版，第83页。

体领导，就必须高度重视立法，使领导立法工作成为执政党特别重要的工作。通过立法来实现自己对全社会的政治领导，应该成为执政党全党的共识。执政党必须强化通过立法来实现执政的认识，把领导立法作为自己重中之重的工作事项，加以特别的强调和强化。执政党对于立法的重视，在依法治国之中，不应是权宜之计或者应付之举，应该具有高度的理性自觉。执政党必须通过立法来领导国家，并在这一宏大主题上，建立起相应的体制、制度和机制，有章可循，行之有效。

执政党要通过立法来领导国家和社会发展，必须领导立法工作。在西方，其政党制度也是与其议会制度紧密联系的，各个政党都力图通过议会来操控和影响立法。“西方议会制度实际上与西方的政党制度密不可分。西方议会里的活动的一个重要特征，就是多个政党为赢得议席而进行竞争。政党活动构成了西方议会实践的主要内容，这是西方议会制度的一个显著特征。”①

（四）通过国家依法管理社会

执政党不直接管理社会。政党都是以一定的政治理论作为指导的社会政治组织。政党是一种不直接拥有国家权力的社会组织，它区别于国家机关。国家机关是社会公共权力机构，它有权也有责任进行社会管理。在国家产生之后，作为国家组成部分的每一个机关在被设立时就被确定了基本的职责和权限。在一个良好的法治社会中，国家机关的权力总是严格地为法律所确定。国家机关对于社会管理上的法定责任的不履行，或者滥用其对于社会的管理权力，其实质就是法律意义上的失职或渎职。政党却不存在对社会的管理责任，也当然地不存在法律意义上的对于社会管理的失职或渎职的问题。人类有史以来还没有任何一个政党因为社会管理的失职或渎职而被追究法律责任。

国家是执政党管理社会的组织工具。任何政党都会有自己的政治

---

① 人民代表大会制度研究所组织编写：《西方议会制度》，人民出版社2004年版，第61页。

主张,这是一个政党有必要存在和能够存在的决定性因素。没有政治主张的政党,就不成其为政党。这里所说的政治主张,也许是某一个政党所独有的,也可能与其他政党共同拥有,但是即使与其他政党具有同样的政治主张,这也是出自该党自身的意愿。

(五)模范守法以成为法治楷模

执政党必须模范守法,是由法律和法治发展所要求的,也是由执政党自己的性质和需要所决定的,同时还是全社会普遍的法治要求。执政党守法,应该成为全党高度自觉的理性认识。执政党也应以其模范守法赢得全社会的尊重和认同。

首先,执政党模范守法是法律和法治发展的要求。法律作为一种普遍的社会规范当然要求一切政党、武装力量、社会组织与公民个人都必须在其范围内活动,而不得违反。法律面前人人平等或者法律面前一律平等,对于执政党当然是同样适用的。平等守法是法律的基本要求。从法治的角度来看,约束权力尤其是约束政治权力是法治的重心与关键。执政党是执掌政权的党,它掌握着最为重大的政治权力,主导着社会的发展与国家的政策,因此就更加必须受到法律的约束。执政党是否模范守法关系着法律的效力与法治的成败。

其次,执政党模范守法为执政党性质和地位所决定。执政党就是在一定国家执掌政权的政党。它的执政党性质以及在众多政党中独特的执政地位,决定了它必须模范守法。执政党的性质和地位决定了它的行为是在众目睽睽之中的,是为万众瞩目的,因此其一举一动都为社会所关注,都为参政党或在野党所监督。执政党的守法瑕疵必然为其他党派和社会公众所诟病。执政党不能模范守法,必将严重损害自己在政党中的形象,进而损害其在全社会与整个国家的影响力。执政党的严重违法,甚至会使其因此而失去执政的地位。

执政党模范守法是社会普遍的要求。执政党是社会发展与国家政策的主导者,全社会必然会对其提出更高的道德要求。执政党能否模范守法,必然会受到全社会的监督。社会由公民和各种社会组织构成,政党是所有社会组织中最具有政治属性的单元,执政党又是其中特别引人注目的群体。执政党是否守法,是否模范守法,能否成为全社会的楷模,是全体社会成员与各类社会组织都特别关注的。全社会都将对执政党的守法行为具有特别严格的要求,并以此来监督其行为,评价其行为。

(六)完善法制以推进法治发展

模范守法对于执政党来说是必需的,但还是远远不够的。因为守法是对一切政党的要求,只是由于执政党拥有独特的执政地位才使这一问题特别突出和重要,特别要求其必须模范守法。作为执政党,它还必须在完善法制上作出其他政党想做而做不到的重要贡献。

当执政党发现社会发展需要新的立法的时候,就应当通过立法程序制定新的法律,使法律体系始终处于适应社会发展的相对完善状态。当执政党发现既有的宪法和法律与现实和需要发生严重脱节的现象时,就应该对相关问题进行专门的调研,一旦论证成熟就应该通过政治与法治的管道,依法提出修改既有法律的具体建议。这种建议,虽然其他政党也可以提出,但是由于作为执政党具有特殊的政治资源,他们更能集中群众的智慧,反映群众的要求,就应依照法定程序对既有的法律提出修正的建议案。这一作用,对于法制发展是特别重要的。现代社会正经历着巨大变革和飞速发展。面对这样的时局与巨变,执政党必须把握时代发展的脉搏,并与时代一起律动,甚至要引领这个时代社会发展的进程。在这样的时代背景之下,执政党对于法制就担负着更大更多的责任。曾经完备的法制会在社会的发展中逐步显现出不完备性,既有的法律制度会难以或者无法调整现实的社会生活,这时执政党就有着历史的责任来推进法制的不断完善。

执政党能否完善法制不仅是作为执政党执政状况的评价标准,它也关乎整个法制的发展问题。只有执政党积极推进法治,社会才会以最小的代价获得最大的法治发展效益。执政党对于法制不完善状况的任何冷漠、懈怠都可能给法制发展和法治进步带来灾难性的后果。执政党能否担负起不断完善法制的使命,是相应国家法治能否不断发展的重要保障。

四、依法执政与依法治国

依法执政与依法治国是内在统一的。应该认为,依法治国必然提出依法执政的要求,依法执政必将推动依法治国。它们实际上是从执政党执政方式和国家权力运行方式两个方面提出的宏大主题。在现代政党政治国家,甚至可以说,没有依法治国就没有依法执政,没有依法执政也同样没有依法治国。

(一)依法执政是依法治国的构成部分

从依法治国的含义来看,依法执政是依法治国的题中之意。在民主与法治的国家,依法治国的主体是广大人民群众;依法治国的内容是管理国家事务、管理经济文化事业、管理社会事务;依法治国的目标是使这种制度和法律能够被坚持,不因领导人的改变而改变,不因领导人看法和注意力的改变而改变;广大人民群众依法治国方式是依照宪法和法律规定,并通过各种途径和形式;依法治国的领导力量是执政党。执政党在依法治国中具有重要的地位与作用,其依法执政是依法治国的政治前提与重要保证。

从依法治国的范围来看,依法执政同样是依法治国的构成部分。依法治国是指一国的国家事务、经济文化事业、社会事务的管理活动都必须依照宪法和法律进行。政治、经济、文化与社会的发展方向是执政党必须关注的重大问题和根本问题。作为执政党,它必然首先要从政治上,决定国家的大政方针,主导国家的战略策略,乃至发展的步伐与节奏。此外,作为执政党,它对于国家经济、文化与社会发展的重大事项还必须提出自己的发展目标和指导思想,通过法定程序将其转化为国家的政策和法律。政党政治包括执政党建设,是国家政治建设的构成部分。执政党的依法执政是一国政治民主化和法治化的重要体现与保证。“党虽然在国家的政治生活中处于领导者的地位,国家制定法律要以党的政策为指导，但是党是国家的一部分，是处于国家之中，而不是凌驾于国家与法律之上的。”①执政党能否依法执政也就决定在一国在各个方面能否坚持依法办事，能否实现依法治国。

（二）依法治国是依法执政的重要前提

依法治国作为依法执政的重要前提是在多重意义上提出的。抽象地就依法执政与依法治国的关系来说，二者之间应该是一种互为因果的关系。但就法律是国家意志经常的、特殊的并确定的表现形式来说，没有依法治国就没有依法执政的法制前提，依法执政要以依法治国作为必要基础。

首先，依法治国是依法执政的社会前提。在一个社会中，依法治国是国家治理的方式。虽然依法执政可以带动和推动依法治国，但在总体上，执政毕竟是在一国的社会中进行的，因此必先有依法治国而后方有依法执政。治国之权是社会中最大的公共权力，执政权就是治国的权力。就执政党的角度来看，它所拥有的最大的权力也就是治国的权力。执政党的依法执政是依法治国的构成部分，依法治国是依法执政，因为依法执政都是在一定的国家范围内实行的。没有国家的依法治理在先，任何执政党都难以做到依法执政。依法治国与依法执政都以一定的社会作为平台，依法治国的确立，是依法执政的社会前提。

其次，依法治国是依法执政的空间环境。依法执政是法治国家中执政党最基本的执政方式。执政党总是在特定国家中存在的政治实体与政治力量。没有国家，任何政党都会缺乏存在的空间条件。任何执政党都是在国家中执政的，因为所有的执政都是对国家政权的掌控。没有国家作为前提存在，没有执政党对国家政权的掌控，就不会有依法执政的问题提出。在国家没有法治，国家没有依法治理的时候，依法执政就不可能。“只有实行依法治国，才能体现党和国家的正确关系。党是国家

① 李步云：《论法治》，社会科学文献出版社2008年版，第424页。

的一部分，党应当通过使自己的政策得到人民的拥护而实现领导。”①在一定意义上也可以认为，依法执政是依法治国的构成部分，依法治国是依法执政的空间条件。

最后，依法治国是依法执政的法治基础。只有在依法治国的治国方略之下，依法执政才是顺乎逻辑、合乎情理的必然要求。依法治国为依法执政提供的是法治基础。“只有实行依法治国，才能使党的执政地位获得合法的基础。”②没有依法治国作为前提，依法执政既不必要也不可能。因为没有法治的政治，必然是专制与集权的。法治是政治的规则化约束。作为政治极为重要的元素的执政党，它是否遵守法律、推行法治，即是否依法执政，对于依法治国有着必然的依赖。依法治国的法治前提为依法执政提供了法治基础。

（三）依法执政是依法治国的内在要求

依法执政与依法治国的关系是我们必须清楚认识并准确把握的重大问题。依法执政是依法治国的内在要求，换句话说，依法治国内在地要求依法执政。

首先，从政党政治的一般状况来看。当今世界的绝大多数国家都是政党政治的国家。“在现代意义的国家中，政党现象非常普遍，没有政党的国家在当今世界已寥若晨星。政党是当今世界各国政坛最重要、最活跃的政治主体，对于一个国家的发展起着至关重要的作用。”③据统计，“目前世界上二百多个国家和地区中，除了约二十个国家和地区没有政党外，其余的都有政党在活动”。④ 所有的民主国家无一不是实行政党政治的国家。在政党政治的国家之中，国家政权和社会发展方向总是为执政党所掌控的，执政党主导着国家的现状与未来。因此，一个法治国

① 李步云：《论法治》，社会科学文献出版社2008年版，第425页。

② 李步云：《论法治》，社会科学文献出版社2008年版，第439页。

③ 高鹏怀：《比较政党与政党政治》，知识产权出版社2008年版，第3页。

④ 唐晓、王为、王春英：《当代西方国家政治制度》，世界知识出版社2005年版，第106页。

家的建立,没有执政党的倡导和带动,根本就不可能。

其次,从执政党的政治地位来看,执政党是两个或者众多政党之中具有政治主导性的政党。执政党可能是一个或者是几个政党的联合。无论执政党表现为何,它处于执政的地位,或者掌控着议会,或者掌控着政府,并对其他政党有着重要的影响。执政党总是以其独特的政治地位,在政治生活中发挥极为重要的作用。

最后,从执政党的作用来看,执政党总是基于某种政治优势而成为执政党的,其作为执政党的独特地位又为其作用的发挥提供了与众不同的平台和手段。执政党不仅仅可以运用政党的力量,还可以通过政权机关包括议会、政府、司法甚至军事的力量来实现自己的政治目标。执政党是否依法执政具有特别重大的影响,因为“政党本身不是国家权力机构,无法将其意志和主张强加于人,必须在取得国家政权后,凭借其执政或参政的地位和权利,通过立法程序将其政纲转化为国家意志和法律,并运用国家行政权力经过合法程序把它付诸实施”。① 如果执政党不依法执政,整个议会或政府就不可能依法处理立法和行政的事务,一个国家法治就没有可能与希望。

(四)依法执政决定依法治国的成败

依法执政是一个国家执政党推进和维持执政的法治化路径。执政党对法治的破坏,后果是相当严重的。一是损失巨大,二是难以修正。之所以损失巨大,那是由执政党的地位与作用决定的。执政党主导着一国的政治走向,主导着一国的国内政治与国际政策。世界上很多国家民主与法治的成功,经济建设的高速发展都是其执政党科学执政的结果。但是世界上许多国家的灾难也是他们的执政党政策失误和肆意妄为造成的。最严重者如德国法西斯主义的横行也是当时德国执政党专制统治、非法专横的产物。它不仅给德国带来了灾难,甚至给全世界带来了

---

① 唐晓、王为、王春英:《当代西方国家政治制度》,世界知识出版社 2005 年版,第 109 页。

灾难。执政党的错误之所以难以修正是由其政治优势与地位决定的。执政党掌控着最多的政治资源,他们一旦发生错误,其他政党要予以纠正是十分困难的。特别是在政党的门户观念之下,其他政党眼看着执政党的错误,常常只能是望洋兴叹、无可奈何。只有等待民众的觉醒或者其任期届满的重新选举,否则就难有彻底纠正的机会。除此之外,还依赖于执政党的自觉。执政党能否自觉地修正错误,是一个极为复杂难料的问题,它决定于执政党内部的民主机制和领袖状况,甚至受制于所处的政治环境和自我认知。一个具有健全的决策机制的政党,其内部还可能自我修正其错误。对于高度集中、集权的政党,其修正错误必然更加困难,甚至没有可能。

如果执政党不依法执政,就只能依靠其他党派的监督和执政党自身的内部自觉。因此,执政党一旦发生违法情形,在法律上难以受到应有的处罚,在政治上难以被及时修正。所以我们说执政党能否依法执政决定着依法治国的成败。执政党只要不依法执政,依法治国就不可能实现。“在民主法治的社会中,现行的宪法和法律总是对政党及其行为予以规范,要求政党依法存在和活动,最大限度地发挥政党的建设性作用,最有效地防止和限制这种力量可能的危害。”①

---

① 李步云主编:《法理学》,经济科学出版社2000年版,第424页。

第七章　法与立法权

立法权是重要的政治权力，是国家权力的重要组成部分，也是国家主权的重要标志，对于国家具有多重意义。政治民主的发展和国家权力的分工是立法机关建立的客观基础。立法权神圣而又严肃，立法机关则是国家立法权的承担者和享有者。代表民主，议决国政，制定法律，监督执法是立法机关的基本职能。立法的过程本身就是政治的过程，其程序具有政治性也具有法定性。立法监督通过对行政的监督和对司法的监督得以体现，本身就是重要的政治运作过程。立法权的行使状况标示着政治的运行状况，立法权作用的充分发挥是政治昌明、法治发达的必然要求和重要体现。

一、立法权与国家

立法权是国家权力的核心内容，在整个国家权力中居于主导地位，是国家特定的不可转让的权力。

“国家的生存绝不是依靠法律，而是依靠立法权。”①判别一个国家主权的归属，一个重要的标准就是考察其立法权的归属。掌控立法权是掌控国家政治权力的根本路径与重要方式。

（一）立法权对于国家的意义

立法权是国家主权的标志，是国家权力的重要部分，甚至在国家权力中起着主导的作用。在法治国家和社会之中，立法权的地位和作用更不容低估，它是一个国家与社会发展的先导，直接影响和决定一国法治发展的进程。

1. 立法权是国家主权的标志

任何主权国家都享有对内的统治权和对外的独立权。对内统治权的第一位的表现就是能够独立自主地制定自己的法律，对自己的领域实施有效的法律管理。立法权是否为一国自己所掌握，是一国是否独立自主的标志之一。

首先，立法权是一国对内统治权的核心内容。一个国家的权力首先就是对内的统治权。对内统治权首要的表现就是一个国家可以自主地决定自己的内政，每个独立主权的国家都能决定自己对国家事务的管理。国家对于自己政治、经济、文化、社会事务的管理，首先就需要将有关的管理体制、制度和机制，通过立法加以法律化，然后再通过执法、司法和守法等途径加以贯彻。立法权是一国进行内政管理的首要权力，通过立法制定的相关的法律制度是其他权力得以行使的前提和根据。卢梭将行政权与立法权相比较有一段形象的论述：“政治生命的原则就在于主权的权威。立法权是国家的心脏，行政权则是国家的大脑，大脑指使各个部分运动起来。大脑可能陷于麻痹，而人依然活着。一个人可以麻痹不仁地活着；但是一旦心脏停止了它的机能，则任何动物马上就会死掉。”②就整个国家权力来看也是以立法权作为龙头的，正如有的学者

① ［法］卢梭：《社会契约论》，何兆武译，商务印书馆1982年版，第117页。

② ［法］卢梭：《社会契约论》，何兆武译，商务印书馆1982年版，第117页。

所认为的:“现代观念中的‘主权’和最高立法权关系密切,远非最高行政或司法当局宣布开战,判处死刑,处理国家例常庶务,以及在解决百姓纠纷方面担任最后裁判机构的种种功能所能比拟。因此在目前习惯用语中,主权指的是一个社会里面扮演最高立法者的个人或团体。由于它有变更法律的权力,这位立法者在该国被认为具有终极并且合法的权威,而其他机构,不论是立法、行政或司法,至少在理论上,都居于附属的地位。”①国家通过立法权的行使,从而开启对于一个国家的有效管理;通过将各种法律制度加以实施,从而实现自己管理国家和社会的目标。

其次,国际条约的缔结需要国内立法权的认可。从国际条约在一国生效的情况,也可以看出立法的国家主权意义。任何国际条约,虽然被国家元首或政府首脑所签署,但是要最终在一国适用,都需要得到该国立法机关的认可。国际条约在一国国内生效,有的需要通过其立法机关转化为国内立法,才具有效力并在国内适用;有的可以直接在国内适用国际条约。但就是可以直接适用国际条约的国家,这种可以直接适用的规则,也是由立法机关制定的。如果一国的立法机关没有允许国际条约直接适用的规则,也不将国际条约转化为国内立法,国际条约在一国的适用就成为困难。

最后,立法的国际援助不属于国内的立法程序。从立法的国外和国际帮助的效力上,也可以看到立法的主权意义。每一个主权国家都是可以也应该进行自主立法的国家。但是在特定的情况下,一个主权国家也可能邀请其他国家的学者参与其立法活动,也可能要求或接受其他国家或者国际组织在立法上的帮助,但是这并不意味着这个国家不享有独立的立法权。因为来自任何国家或国际组织的立法帮助都只有通过该国自主的立法机关的立法程序,才能最终形成法律,才在该国具有法律的效力。来自国外和国际的帮助,非经该国的立法程序都不具有强制的力

① [英]丹尼斯·罗伊德:《法律的理念》,张茂柏译,新星出版社2005年版,第136页。

量。可见,在国外和国际帮助下形成的法律,其效力也并不来自于这些帮助,而来自于该国的立法者所享有的立法权。

2. 立法权直接来自人民

立法权如同整个国家权力一样,都是来自人民的,但立法权却是由人民或者人民委托的代表与代表机构直接行使的。在洛克看来,人们“把他们全部的自然权力交给他们所加入的社会,社会才把立法权交给他们认为适当的人选,给予委托,以便让正式公布的法律来治理他们”。① “法律是由人民的同意和委派所授权的一些人制定的;没有人民的这种同意和委派,他们中间的任何一个人或若干人都不能享有权威来制定对其余的人具有约束力的法律。”②在分工明晰的现代国家中,管理权往往是由政府所享有的。其实这只是最直接意义上的管理权,也是相对表面意义的管理权;真正最终的当家做主意义上的管理权则是由人民最终享有的。人民享有对于国家和社会的最终管理权的方式,是依靠立法将其意志上升为法律,再通过法律的执行而得以实现。“主权者除了立法权之外便没有任何别的力量,所以只能依靠法律而行动;而法律又只不过是公意的正式表示,所以唯有当人们集合起来的时候,主权者才能行动。”③也正是因此,许多国家的宪法才规定,“一切权力属于人民”。就表明了对于立法权作为最高最终的国家管理权的法律寓意。立法权的行使主体往往是人民代表机关,它是由人民代表组成的,其成员直接来自人民。

立法权对其他国家权力具有主导的作用。国家权力是一个有序的整体,在这个体系之中,立法权具有主导的作用。就立法权与行政权、司法权之间的关系来看,行政权是为实现法律服务的,它是立法机关的执行机关,其法定的使命就是执行法律。执行法律者当然必须尊崇立法,遵从现有的法律制度。司法权是通过司法程序适用法律的权力。这种

---

① [英]洛克:《政府论》(下篇),叶启芳等译,商务印书馆1964年版,第85页。
② [英]洛克:《政府论》(下篇),叶启芳等译,商务印书馆1964年版,第129页。
③ [法]卢梭:《社会契约论》,何兆武译,商务印书馆1982年版,第118页。

适用法律的权力当然是服从立法的,是立法权之下的权力。在一定意义上说,立法权对于行政权、司法权行使的范围、程序、效力、救济都有设定的权力,也都有限定的权力。在非分权的民主国家,立法权由于是民意机构,是代表机构,是人民的权力机构,所以在法律上被认为处于国家权力的顶端,成为人民的代表者,成为国家至高无上权力的拥有者。在实行分权制的国家,即使行政权、司法权在形式上与立法权相并列,但是由于分工的差异,立法权作为规则的制定者依然具有主导的地位和作用。对行政机关和司法机关,都有权要求他们严格依照立法机关已经制定的法律办事或办案。如果立法机关发现现有的立法疏漏,给行政机关或司法机关造成了滥用权力或不当使用权力的可能,完全可以通过立法程序用新的立法加以补救。这种补救将有利于防止行政机关和司法机关权力的不当行使,有力地保障法律的神圣性和权威性,维护立法机关及其所制定法律的尊严。

立法权作为国家的最高管理权并不能代替国家的其他权力,也不能将其他权力兼并,否则就可能导致过度集权的恶果。人类的思想家们早就注意到了这一点,杰斐逊就指出:“历史告诉我们,人的机关,和个人一样,都容易染上暴政的精神。”“政府的全部权力,立法、行政和司法,都集中到立法机构。把这些权力都集中到同一个机构,恰恰是暴君政府的定义。这些权力之由多数人行使,而不是由一个人行使,并不能减轻暴政的程度。”“一个选举产生的暴政并不是我们为之而战斗的政府;我们为之而战斗的政府,不仅应该建基于自由的原则上,而且也应该把权力分开,使其平衡,使任何一个权力机构都不能越出它们的合法的限度之外,使其有效地抑制和制约。由于这个理由……立法、行政和司法部门应该分开和有区别,为的是没有一个人在同时行使其中一个以上的权力”。①

① [美]梅利尔·D.彼得森注释编辑:《杰斐逊集》(上),刘祚昌、邓红风译,三联书店1993年版,第114页、第263页。转引自程燎原、江山:《法治与政治权威》,清华大学出版社2001年版,第155页。

（二）立法权是国家的特定权力

立法权作为一种特定的国家权力，是国家的根本权力。它以独立的权力种类出现在人类的政治舞台上，是权力分立的产物，是人类政治文明的重要成果。

1. 立法权是国家的根本权力

立法权是国家具有的制定法律的特定权力。这种权力是国家专有的，非国家的其他组织则不具有这种权力。非国家立法机关制定的相关规则至多只能称为规章、制度、政策、纪律等。如果一定要称为法律，一是可能被宣告为无效，二是可能构成违法甚至犯罪。这种权力的内容是制定法律，制定法律本身就包含着创制新的法规，修改和废止现行法规的三种活动。这种权力具有极大的特定性，表现在其组织机构是特定的，其工作内容是特定的，其活动程序是特定的。总之，立法需要法律的特别授权，并遵守法律的严格规定。

立法权是国家权力的构成部分。国家权力原本是一个整体。在国家权力没有被分立的时候，立法权就不是独立存在的，它与其他国家权力一道混合地由特定的权力拥有者所行使。在权力没有被划分，没有分离的时候，独立的立法权概念既不可能产生，更不可能存在。在立法权、行政权和司法权不被分离的时候，它们就可能由一个组织，更可能由一个特定的个人所拥有或行使。如果国家权力都由一个人行使，这一个人就是集权的君主，他或她只存在于非民主的君主时代。在那个时代，什么权力都由他行使。他或她如果开明也就是一个开明的君主，否则便是专制的君主。开明君主的存在应当是人类的幸事，而专制君主无疑是人类社会的灾难。那时的立法无非是相应君主专制或开明的意志表现而已。“礼乐征伐自天子出”，法律也不例外，法律不过是君主意志的外化。由于君主与国家融为一体，这时的君主既是个人也是国家，“普天之下莫非王土，率土之滨莫非王臣”即是也，法律也当然地归属于国家化了的君主或君主化的国家。在君主制被否定之后，国家权力被分解为若干部分，并为不同的国家机构所行使，立法权才与其他国家权力一道从整体性的国家权力中分立出来,成为独立的国家权力,由立法机关拥有和行使。

立法权是根本性的国家权力。任何统治都不可能离开立法。就专制统治与民主统治来说,它们都需要法律,也都需要立法,唯有民主统治对立法具有更大的依赖性。国家权力有若干种类,唯有立法权在其中居于与主权者最接近的位置。不管主权者是谁,主权者的意志都需要转化为法律,然后通过全社会或整个国家对于法律的施行来贯彻其意志。立法就是把主权者的意志转化为法律的过程,这个过程对于一个国家和社会的现实状况具有重大的影响,对于其未来发展具有方向性的决定意义。不论是专制统治或是民主统治,立法都始终扮演着重要的角色。专制者也会利用法律来贯彻自己的专制意志,只是在法律所表达的意志不符合或不再符合自己的意志时,才一言以兴法,一言以废法。如果说专制的统治对于法律的需求不是始终如一的话,民主的统治则始终离不开法律,因为民主的意志需要法律来记述,并加以具体化。民主是否被坚守,还可以从民主的立法是否被执行来加以检验。立法也就为民主确立了一个标准,一个被客观化和具体化的标尺。没有民主的立法及其结果,民主就不彻底,民主本身也就缺乏保障。

2. 国家权力分立的产物

立法权作为国家权力的构成部分,与其他国家权力相并存,是从国家产生以来就出现的政治现象。但是相对独立的立法权,则应当是在分权的意识出现之后,尤其是在分权概念的基础上,作为现代民主政治的构成部分而产生的。

具有分权萌芽思想的应该是古希腊的亚里士多德。他对古希腊的政体进行研究之后,得出结论,一切政体都具有三个基本的机能或要素,即议事机能、行政机能和审判机能。古罗马的波里比阿、西塞罗发展了亚里士多德的分权学说。古希腊古罗马的分权学说为后来资产阶级思想家洛克的分权理论、孟德斯鸠的分权理论提供了认识基础。洛克提出了立法权、行政权和外交权分立的思想。在洛克的眼中,立法权是人民委托的权力,"是指享有权利来指导如何运用国家的力量以保障这个社会及其成员的权力"。[①] 人民将立法权委托给他们设立的立法机关行使。立法权是最高的权力,是神圣而不可变更的权力。孟德斯鸠提出了立法权、行政权和司法权分立的学说。孟德斯鸠认为,立法权是制定、修正或废止临时的或永久的法律的权力。它是由人民自己享有的权力。"在一个自由的国家里,每个人都被认为具有自由的精神,都应该由自由来统治自己,所以立法权应该由人民集体享有。"[②]人民通过立法机关——议会来行使自己的立法权。孟德斯鸠眼中立法权的地位与洛克是不同的,洛克认为立法权是最高的权力,而孟德斯鸠则认为,立法权要与行政权和司法权互相制约,它们之间应当是相互制衡的关系。凯尔森则否定三权分立之说,他把国家权力分为立法权和执法权。他认为,"国家的权力或职能:立法与执行",[③]"实际上通常的三分法的基础是二分法。立法职能是同行政和司法这两种职能对立的,后两种职能相互之间比对第一种职能来说显然更加密切地联系着"。[④] 不管学者们如何划分国家的权力或职权,只要国家权力的分权存在,立法权就具有了存在的空间。相对独立的立法权是国家权力分立的产物。

二、立法机关的基础与职能

立法机关作为国家的政治组织,必然具有自己的政治基础,这种政治基础决定了它的政治性质,使其立法权的行使活动不仅是法律的专门

---

① [英]洛克:《政府论》(下篇),叶启芳等译,商务印书馆1986年版,第88~89页。

② [法]孟德斯鸠:《论法的精神》(上册),张雁深译,商务印书馆1982年版,第158页。

③ [奥]凯尔森:《法与国家的一般理论》,沈宗灵译,中国大百科全书出版社1996年版,第284页。

④ [奥]凯尔森:《法与国家的一般理论》,沈宗灵译,中国大百科全书出版社1996年版,第284页。

工作,也是重要的政治行为。立法机关的政治基础制约着它的基本职能,其职能活动必然体现其政治性质,并使其成为政治活动的构成部分。

(一)立法机关的政治基础

立法机关独立设置的政治基础,一是民主政治的发展,二是国家权力的分工。它们为立法机关的独立设置奠定了政治基础,为其实现自己的职能提供了政治条件。

1. 民主发展

在原始时代,人类社会已经开始了民主实践。那时的民主还是直接的民主。这种民主是建立在原始社会人口数量较少,社会组织比较简单的社会基础之上的。随着人类社会的发展,人口逐步增加,社会组织系统也愈加发达。在这样的社会背景之下,原始的直接民主已经无法适应发展了的社会需要。人口的增加使直接民主成为困难,社会组织的发展又为成立代表机构提供了可能,这时人民就选用了代表机构来表达人民意愿的代议制方式,代议制民主逐步发展起来。

由代表组成的代表机关,是议事机关、权力机关,也是立法机关。立法机关的成员——人民代表当初也许只是一定范围内的选举者的代表。这也就是立法机关“委托说”的根据。后来,人们渐渐发现这种“委托说”的代表会导致代表相互之间、代表与整体之间的冲突,也会涣散代表机关本身。于是,人们就转而采用“代表说”,即立法机关的代表是全体人民的代表,而不仅仅是其选举人的代表。立法机关作为一个整体接受人民的委托,是全体人民的代表,他们与全体人们之间存在着委托关系。从委托说到代表说,乃至以后的国家机关说,立法机关从理论到实践都逐步完善。①

立法机关的产生、发展过程就是民主发展进步的过程,这个过程是以社会民主的发展作为基础的。立法机关创设的认识前提就是法律应该是民众意志的体现,当然对于民众的含义,不同的时代,不同的认识主

---

① 李步云主编:《宪法比较研究》,法律出版社1998年版,第773~776页。

体会有所差异。通过组建一个立法机关可以集中民众的意志形成一个共同意志,这种共同意志可以也应当以法律的形式加以表达。立法机关创设的目的就在于创设一个与国家其他权力相并列的专门的立法权力,来行使国家的立法权;集中多数人的智能,形成共同的集体性意志——法律。不论对于民主的认识是多么递进或渐进,但是随着民主的发展,立法机关被符合逻辑地创造了出来。

2. 权力分工

国家权力是一个整体,社会民主没有建立起来的时候,国家权力可能为某个人,或某些人所享有。在专制的背景下,立法权不是相对独立的权力,它被作为皇权或者类似权力的一部分,融合在无所不包的集权或极权之中。没有人可以分享,没有机关可以分享。"礼乐征伐自天子出"就是其写照,立法权不过是王权或"准王权"的构成部分。极端时,如何立法、立什么法都不过在君王的一念之间。极权化的政治权力必然导致严重的专制,使社会的每一个毛孔都难以呼吸。社会民众没有自由,国家的运作被操控在个人或极少数人手中。在专制与集权之下,社会的发展缓慢,国家权力横行,人民受到奴役。集权必然演变为极权,营造出极端的领袖,最大的政治神。国家和社会都可能因此遭受祸害,为君主式的政治领袖的无知与疯狂买单。如果能对集权进行分解,无论如何都应当比单一或唯一的权力主体更有利于人类社会的发展和国家的管理。

鉴于集权的危害,历代许多思想家都对分权进行了研究。洛克将国家权力作出了立法权、行政权和对外权的三权划分。这一划分在孟德斯鸠那里得到了进一步的发展,他又作出了立法权、行政权和司法权的三权划分。这一划分成为其后许多资本主义国家权力架构的指导思想和基本原则,以致在当今资本主义世界还存在着大量的三权分立国家,并以其三权分立而骄傲。其实,无论怎样进行国家权力的分类,只要有分权,立法权都是国家的重要权力之一。

在权力分工现实政治化以后,国家的不同权力分别由不同机构行使,这时国家的权力才逐步演化成为相对分立的立法权、行政权和司法权。现代世界,在三权分立的国家,立法权是相对独立的国家权力,在非三权分立的国家,立法权也具有自己的相对独立性。立法权的相对独立性质,使立法权成为国家权力中最高的权力。它可以为一切国家机关和国家权力设定运行的规则和轨迹,立法机关成为一切权力规则的制度来源。

(二)立法机关的基本职能

立法机关作为国家机关之一,具有众多的职能。其最基本的职能体现为代表民意、议决国政、制定法律、防止暴政、监督执法五大方面,其中的每一个方面又有着极为丰富的内容。

1. 代表民意

立法机关是代表机关,代表民意是最基本的职能。它对民意的代表主要体现在以下几个方面:

一是发表民意。立法机关的代表来自不同的领域和阶层,他们是由不同的地区或领域的社会成员选举产生的。他们对选举他们成为代表的选民有较多的了解,他们有条件也有义务就其所了解的人民意愿进行表达。这种表达的目的在于使他们所代表的人民的意愿为其他代表,或者为社会公众所知悉,所了解。这种表达的目的在于引起立法机关、行政机关和整个社会对于有关问题的关注和重视,以使人民的利益能够得到更好的维护。

二是进行论争。在他们代表人民所发表的意见受到批评,或遭遇反对意见的时候,立法机关的代表应该能够为其主张据理力争。对于自己提出的主张随意放弃,同样是对人民的不负责任。许多的不同意见只有在争论中才更加明晰。争论可以消除误会,增进了解,达成共识。这些正是立法机关所追求的具体目标,也是代表履行职责的表现。

三是提出议案。立法机关的代表表达人民意愿的重要方式就是提出各种议案。他们所提出的议案如果能够引起立法机关的重视,如果能够影响行政机关的政策,甚至能够影响立法机关和行政机关的活动,转化为具体的立法和政策,他们代表人民所提出议案的目的也就在一定程度上实现了。提出议案是立法机关代表经常的工作,也是其作为代表的职责。

2. 议决国政

立法机关相当多的时间并不直接在处理具体的立法事务,它还可能讨论国家的现实状况,国家的大政方针和国家的未来走向,或许是对国家的一些极为重大的事项进行决策。在这些时候,它担负的就是议决国政的重任。立法机关的代表一是要代表人民在立法机关的各种场合发表见解,共同讨论;二是要进行表决,作出决定。这是立法机关作为权力机关的重要体现。

国政的议决对国家和社会的发展会产生深刻而巨大的影响。国政的议决过程首先是人民代表议政的过程。在议政的过程中,代表们共同去寻找治理国家、管理社会的路径与对策。在议政的基础上再通过法定的程序进行表决,就能使不同的意见在充分表达的基础上形成统一的意志。宪法赋予人民的管理国家事务,管理经济文化事业,管理社会事务的权力,就是在这样的过程中实现的。立法机关的代表进行议政与表决的活动也就是代表人民在行使他们的管理权。

议决国政当然与立法是紧密联系的。议决国政的过程,也许就是新立法的准备过程,也许就是对既有立法的效果进行评价的过程,也可能就是监督执法的过程。在议论与表决国政的过程,立法机关会发现需要立法调整的特别事由,确定立法的新目标,发现既有立法的某种不足而进行新的立、改、废。国政议决可能引发具体的立法工作,或导致新的立法活动的开展。

3. 制定法律

制定法律是立法机关的基本工作和经常工作,立法机关也正是因此而得名的。制定法律,包括创制新的法律法规,对现有的法律进行修改和对过时的法律进行废止。创制、修改和废止,是立法机关制定法律的基本方式和主要手段。

通过这些方式,立法机关将人民的意志表达为法律,将人民的政治主张上升为具体的法律规范。这是法律制度的形成机制,也是新法律得以产生的路径。法律的更新不仅仅是以新法律的诞生作为标志,它还包括对有关法律的修改和废止。修改和废止也同样是使一个法律体系永远保持活力的手段,甚至是特别重要的手段。修改和废止法律的活动,能使不适合客观形势发展需要的法律得到适当的改变,能使法律体系始终具有生命活力。

4. 防止暴政

暴政是人类社会的灾难,是最糟糕的政治状态。尤其是在民主制度尚未全面建立,法治还不十分完善的情形下,防止暴政更是人类重要的政治任务,也是立法的重要职能。因为在所有的国家权力之中,只有立法具有先决的意义,立法可以通过制度设计避免暴政的产生。“应该在腐化和暴政袭击我们之前,去防止腐化和暴政的到来。与其在狼进圈之后拔它的爪牙,不如防止它进来。”①

不仅如此,立法还可以通过对政治家选举条件的设定,政治家拥有权力范围的限制,行使权力的程序规定等,防止暴政的出现。只要预设的法律是良善的,这样的法律又能够被政治家们所遵循,暴政是可以避免的。一旦暴政不幸发生,立法还可以通过事前的弹劾、罢免等监督程序设计,使出现的暴政有可能被阻止,被修正。这也是立法独有的重要功能和重大意义。

5. 监督执法

监督执法是代表机关的性质要求。立法机关也是代表机关,它代表人民管理国家、社会事务以及经济文化事业。监督执法,是人民代表机关对于人民的责任。人民选举了代表组成了代表机构,代表及其组织就有责任监督法律执行的情况,确保国家权力都依照法律,最终都依照人

① [美]梅利尔·D. 彼得森注释编辑:《杰斐逊集》(上),刘祚昌、邓红风译,三联书店1993年版,第264页。

民的意愿来行使。立法机关对于执法情况的监督是人民当家做主的本质要求，也是人民当家做主的制度化和现实化。

监督执法是立法工作的必然延伸。立法机关并不是一个仅仅将法律制定出来就完成任务的事务机构。要对立法的实施效果有较好的把握，它还必须关注法律的执行情况。它对执法的关注，有利于了解法律执行的情况，以便进一步对法律进行完善，包括对有关法律进行修改和废止；它对执法的监督更有利于确保已经制定出来的法律被有效而切实地实施。法律被制定出来，如果得不到有效的执行，有关的执法部门就应该承担相应的法律责任。

三、立法程序的政治性与法定性

立法有不同的种类，不同种类的立法有其特殊性，也有其共同性。所有的立法都必须经过立法议案的提出，法律草案的审议，法律的通过和法律的公布四个阶段或程序。参见相关的法理学和立法学著作，这些著作对于立法程序都有一定的论述。立法程序具有政治性也具有法定性。

（一）立法程序的政治性

如果说立法是将政治意志法律化，那么立法程序实际上就是将特定政治主张上升为法律制度的程序。人类社会进入法律社会的同时，也进入了政治社会。人们在经济、文化、国防、外交等方面的不同的社会观念首先就会表现为不同的政治主张。人们的政治主张各异，尤其是各种不同的政治集团，他们更有不同的政治目标与诉求。通过各种渠道和途径来表达其政治主张，是他们最经常的活动。使其政治主张在社会中处于主导的地位，甚至统治的地位，往往是不同政治主张者和政治群体的理想。这些不同的政治主张，在它仅仅是政治主张的时候，所具有的还只是政治的影响力，并不能以此来统一全体公民的意志，更不能动用国家的强制力来强制推行。法律制度具有的行为规范性、国家意志性、国家权威性、普遍约束力等特性使得各种政治主张的持有者,都期待能将其政治主张转化为法律制度。若能达成这一目标,其所持有的政治主张就在继续具有政治主张属性的同时,也具有了法律的属性,相应的政治愿望就可能转化为社会的法律实践。如果认为法律是一种特定的国家意志,这种意志也就是通过立法程序才表现为法律制度的。法律在许多时候都是政治意志的另一种表现。政治意志转化为法律意志的过程,就是立法的过程,所经历的程序必须是立法的程序。所以,立法程序是政治主张上升为法律制度的程序。

立法程序是各种意志之间的妥协程序。立法是一个复杂的过程,是一个各种意志相互进行整合的过程,其中包含着不同意志之间的矛盾、冲突、碰撞和妥协。不同的意志在立法过程都会表现出来,这既是立法的需要,也是立法的障碍。从需要的意义来讲,各种意志的充分表达,产生各种意见,各种意见相互论争、碰撞,最终形成统一的意见,是立法科学性的重要保证。没有不同的意见,仅仅按照某种意见来进行立法活动,就难免会发生错误。立法一旦发生错误,并在社会上施行,就会导致极为严重的后果。立法的错误会将意志的错误放大,更会将意志错误的危害放大。在使立法失去科学性的同时,还会造成灾难性的后果。所以,从立法科学性需要的意义上讲,各种意志的充分表达是立法自身得以正确推进的需要。但是,各种意志的冲突又必然会影响立法的速度,甚至阻碍立法的顺利进行,严重的冲突甚至会诱发政治危机。各种意见杂存,如果没有一个妥协的路径,没有一个解决的程序,各种观点之间的冲突就可能进而超出立法程序的范畴,成为社会的灾难。总之,立法既需要有多种意志的表达与碰撞,也需要不同意志之间的妥协,于是设计一个程序,将冲突着的意志加以有效的协调,是立法发展的要求。立法程序当然不仅仅是为协调矛盾而产生的,但是它的确为各种意志的表达、冲突、协调提供了技术手段。使各种意志既能存在与发生作用,但又不至于妨碍立法的发展,是立法程序的重要功用。

立法程序反映着社会民主的进步程度，是一个技术问题，但并不仅仅是一个技术问题。立法程序必然地包含民主发展程度的因素，体现着民主的状况。在专制社会之中，立法程序是极其简单的，甚至没有什么严格意义的立法程序。专制君主一言以立法、一言以废法，也就谈不上什么立法程序。是在社会民主发展的进程中，随着立法的民主化发展，立法程序日渐复杂和完备，成为立法民主的重要体现和重要保障。人类立法程序的完善经历了漫长的发展过程，而且仍在各国发展之中。立法中是否容许或者鼓励不同意见的发表，是否支持不同意见交换、碰撞，是否既能各抒己见又能有效集中等，是衡量立法程序是否民主的重要尺度。从总体上讲，立法程序的民主性质直接制约着各种意志在立法过程中被尊重和发表的程度。如果没有足够的民主，立法中的各种意志就难以受到应有的尊重，甚至根本就无法得以发表。在总体上，立法程序越民主，立法就越科学。立法程序的民主性质制约着立法程序的科学性质。

（二）立法程序的法定性

立法程序是立法得以进行的规程，是立法行为必须遵循的路径。立法程序反映着一个社会立法技术的进步程度，是立法技术的构成部分。立法程序有一个渐进的发展过程。随着人类社会认识水平的提升，将特定意志上升为法律的技术水平也在提高，进而运用法律来调整社会关系的能力也在提升。立法是人类重要的社会活动，也是一种具有专门化性质的国家权力活动。它会随着人类对立法过程认识的加深而被完善。立法的社会实践也充分表明，法律的产生与制作过程日益技术化和程序化。立法程序在不同的时代的表现是不同的。立法程序从比较粗略，发展到比较细致，从比较不科学发展到比较科学或科学，这是一个历史的发展过程。在这个过程中，立法程序的发展体现着渐进性。各个时代的立法都必须遵循那个时代的立法程序，否则就是对立法程序的违背，就是违法。违反立法程序的立法不仅无法达成立法的目的，而且还会形成以立法破坏法制的恶例。

立法程序要得到严格遵守,就必须首先将立法程序法律化。立法程序是立法的规则,本身也需要转化为法律的规则。只有被立法确认的立法程序,才具有必须被遵守的法律性质。立法程序应当是由宪法、法律尤其是立法法予以制度化和规范化的。事实上,立法程序也被各国纳入宪法、法律尤其是立法法之中加以确认和确立。对立法程序的原则规定,首先可能是由宪法作出的。宪法作为一个国家的根本大法,它要规定国家立法机关的立法活动,为其提供活动原则与工作程序,从而也为立法程序作出了最宏观的规定。这些规定,当然属于立法程序的范畴。其次,立法程序也可能是由其他法律作出的。各国的基本法律和法律,都是其某一社会方面重要的行为规则。如果是关于立法机关的规定,就必然会涉及立法工作的步骤问题,相关的立法程序也就理所当然地为其关注。最后,作为法律层次的立法法,更是关于立法程序的特殊法律制度。立法是特别严肃、重大、神圣的事情,事关人民的权利、国家的发展、权力的运行和社会的秩序,绝不可随意为之,为此,世界上的许多国家都制定了专门的立法法来设定具体的立法程序。立法行为必须依照法律的效力等级,依照宪法、法律尤其是立法法的规定,不断重复必要的程序。立法程序一旦被确立,就应当为立法所遵守,为每一次立法,每一个立法行为所遵循。立法行为必须一次又一次重复遵循立法程序。任何一次疏漏都将是对法律的违背,都可能导致违法甚至违宪的严重后果。

立法程序的法定化,决定了立法程序的特定性。立法程序被法定后,首先就意味着它必须被遵守,任何立法者都不可违反。其次也意味着立法者不可远离程序设定自行其是,对法定的立法程序有所损益。立法者不能省略立法的必要步骤,法定的任何环节都不可缺少或者省略。情势紧急、时间紧迫、条件不允许都不应当成为不遵守法定立法程序的理由,更不可为了立法者个人或集体的表面成绩与成就,不顾立法程序规定,简便行事。同样,立法者也不能在法定的立法程序中随意增加环节,延缓立法进程,或者使立法遭受不应有的干扰。这些都是立法程序法定性的要求。这一要求也是立法程序神圣性和权威性的保障,否则立法就可能被有的立法者视为儿戏，随意出入，为所欲为。鉴于此，我们可以说，立法程序是对轻率立法者和专制立法者的限制，是防止立法轻率与立法专制的重要手段。

四、立法监督是政治运作过程

“立法监督”一词经常在立法机关进行的监督和立法机关被监督的两层意义上使用。其实，立法监督还是理解为由立法机关进行的监督为宜。据此，立法监督就是立法机关依照法定的职权和程序对其他主体实施法律的行为进行的监督。

（一）对行政机关的立法监督

立法机关对行政机关的立法监督是立法机关自身性质的要求。首先，立法机关是人民代表机关，必须代表人民关注行政机关执行法律的状况。立法机关可以和必须以立法者的身份对行政机关的执法活动进行监督，是立法机关自身性质决定的。立法机关是人民代表机关，它由人民产生，对人民负责。立法机关作为人民的代表机关，有权代表人民对每一个国家权力实施监督，其中当然包括对国家行政机关的监督在内。这不仅是它的权力，也是它对人民的责任。它所制定的法律是否被遵循，应当代表人民进行考察，并向人民报告。如果立法机关不能开展对于行政机关的立法监督，既是对自己权力的放弃，又是对人民的失职。其次，立法机关是国家的立法机关。立法机关制定的法律是整个国家的法律，任何国家机关甚至立法机关自身都必须严格遵循。立法机关以及立法机关之外的任何国家机关，包括行政机关都概莫能外，必须对既有的立法一体遵行。如何保证行政机关最好地执行法律，立法监督无疑是重要的促进和推动力量。

立法机关对行政机关的立法监督，是行政机关性质的要求。行政机关是立法机关的法律执行机关，担负着对立法机关所制定的法律的执行任务。行政机关的责任就是将立法机关制定的法律付诸实施,确保制度的规定成为社会的现实。从法律执行的意义上讲,是行政机关将立法机关所制定的法律规范与社会的法律实施连接了起来。行政机关担负的是执法的任务,是从立法到守法的中间环节。行政机关作为法律的执行机关担负着重要的法律责任,它有责任将有关的法律付诸实施。一个时期以来许多人和许多部门一直错误地在行政之外创设一个行政执法的概念,似乎行政机关并不等于行政执法机关。这实在是对行政的误解。行政就是执法,行政机关就是执法机关,这是没有问题的。但是独特的“行政执法”概念一出现,就给人以行政机关之外还有一个行政执法机关的误解,似乎行政执法还不同于行政。其实,行政机关也就是行政执法机关。所有的行政机关都担负着行政执法的使命和责任。立法机关对于行政执法的监督也就是对于整个行政机关执法情形的监督。行政机关是否执行了法律,以及在何种程度上执行了法律,是立法机关必须予以关注的。

立法机关对行政机关的立法监督,是制约行政权力的需要。行政权在一个国家中也许不是最首要的权力,但一定是最重要的权力。行政机关全面地掌控着国家和社会的行政事务的管理,职能包括政治、经济、文化和社会公共事务,其活动范围遍及经济、政治、文化、教育、交通、金融、国防、能源、卫生、治安、消防、国土、环保、社保、城建、航空等各个方面,政府拥有最庞大最广泛的权力。这些权力如果不受监督,不被制约,就可能被滥用,一旦被滥用就可能导致严重的社会灾难。人民控制政府的最重要的路径就是通过立法制定出政府必须遵守的法律,将政府的权力加以规范。人民既要行政权到位,又反对其缺位和越位。如何使行政权行使到位,法律为其提供了唯一科学的手段。监督相关法律的执行就是这一手段获得实效的保证。人民通过立法机关制定出行政机关必须遵守的法律,然后监督行政机关执行这些法律。他们执行法律的状态如何,人民可以个体或群体的形式加以监督,人民也委托立法机关从监督法律实施的角度,监督行政机关严格服从法律。

对行政机关的立法监督，是立法机关完善立法的需要。立法也不是一劳永逸的，在总体上它也需要不断实践不断完善。立法工作如何更好地满足现实需要，始终与时俱进，是一个重大的难题和重要的任务。立法机关需要对自己立法的社会效果进行了解，以致准确把握。立法机关的监督是立法机关考察立法效果的需要。立法机关制定的法律在社会中的实际效果如何，必须通过实施才能得到最终的结论。立法机关对行政机关的监督，就可以进一步把握自己所制定的法律的社会效果，为完善立法收集资讯。哪些法律制度或者法律规范需要立法机关进一步修正、完善或者废止，都只有在社会实践中才能得到更好的认识。立法机关对行政机关的监督也就是深入实际，了解情况，提高立法质量的途径。所以说，对行政机关的立法监督，也是立法机关完善法律——修订法律乃至废止法律的需要。

对行政机关的立法监督，是对行政机关行政活动的全面监督。立法机关对行政机关监督的出发点主要是立法机关所发布的法律、法规以及其他规范性法律文件，在行政机关得以执行的情形。但是立法机关是全面的监督，它并不仅仅局限于此。立法机关对行政机关的监督应当遍及行政的各个方面和全部领域，其中至少包括行政机关根据宪法和法律，规定行政措施，制定行政法规，发布决定和命令的情形；规定各部、各委员会的任务和职责，统一领导各部和各委员会工作，领导全国性行政事务的情形；统一领导全国各级地方行政机关工作，规定中央和地方行政机关职权划分的情形；执行国民经济计划与国家预算，管理科学、教育、经济、文化、卫生等工作的情形；依法任免行政人员的情形，以及履行立法机关依法委托的其他职能的情形。立法机关的监督可以通过检查、视察、调研和接待群众的来信来访加以发现，可以通过行政机关对立法机关所做的工作报告来加以审查，也可以通过专项报告与质询等加以了解。一旦发现行政机关的违法行为，立法机关就可以通过法律的途径，责令行政机关改正，使被行政机关忽略或违反的法律、法规能够得到有效的执行。

(二)对司法机关的立法监督

司法机关及其活动是法律被实现的最终保障。就司法机关执行法律的情况来说,立法机关的法律颁布了,可能被司法机关执行,也有可能不被执行,或者被执行得很差。为了确保法律的有效性,立法机关就有必要对司法机关予以有效的监督,以保证司法机关对于法律的严格执行,尤其是确保司法机关根据法律的规定作出公正的法律裁判。

立法机关对于司法机关的监督,应该以立法机关独特的方式进行。立法机关拥有的最大权力是立法权,因此,立法机关可以通过从立法权的角度出发的如下三种方式进行:一是立法机关监督自己制定的法律在司法机关被执行的情况。在法律中都明确规定的:司法机关的司法官员是否均为合格的资格获得者?新录用的司法官员有无不具备法定条件的情况?司法机关的组织机构建设是否符合法定的要求?司法机关领导的选任是否符合法定的条件与程序?公民的诉讼权利是否都得到了有效的保证?当事人的人权是否都得到了应有的遵守和保护?等等。一旦发现问题就可以运用法定的手段加以监督,必要时可以制定针对性的法律、法规加以改善。二是为司法机关制定出有利于公正司法的法律制度。立法机关可以规定上诉、申诉的具体条件,使上诉、申诉都能有效地进行,从而推进法律的实施,保证司法的严格性质。立法机关可以充分发挥自己拥有立法权的优势,充分利用自己的职权,通过制定法律、法规的方式调节司法状态,实现立法监督。三是对司法机关的司法解释或者被视为典型判例的案件进行立法监督。目前我国的司法机关发布了大量的司法解释和典型案例,它们实际上已经具有一定的规范性文件的性质,具有一定的法律效力,必须对其进行立法监督。其中如果存在违宪、违法的制度设计或法律解释,立法机关显然有权并必须予以纠正。严重违宪与违法的司法解释,立法机关有权要求司法机关立即修正,并令其承担应有的责任。立法机关应当通过对司法解释,对被司法机关列为典型判例的特殊案件及其裁判进行审查,作出监督意见,确保对于全国司法的正确引导而不是违法误导,促使司法机关全国一致地、始终严格地依法办事。

立法机关对于司法的监督必须是有限的。需要特别指出的是，立法机关对于司法的监督是必要的；但是其监督权力是有限的，方式也同样是有限的。其有限性首先表现在，立法机关不能代行司法职能。司法机关正在审理之中的案件，立法机关一般不予干预。因为在案件裁判之前，立法机关无法预知案件是否会被违法处理。立法机关对立法监督的滥用就必然导致极为严重的后果，使司法受到立法的过度干预，而无法独立。

从 20 世纪 80 年代以来，立法机关对于司法机关的干预呈现出不断扩大的趋势，而且不断强化，甚至出现了普遍化的个案监督。后来一个时期，我们又否定了个案监督，但是通过人大代表“提案”或者政协委员的“建议”的个案监督又悄然兴起，成为另类的个案监督。立法机关对于司法机关的监督是必要的，但是通过具体的案件来进行监督则是不可取的。它的直接的危害就是越俎代庖，代行司法职能，破坏权力分工关系，损害司法权威。因为司法机关必须具有社会纠纷的终极裁判权力，必须成为社会争议最终的裁判者，成为社会正义的标志。因此，对司法机关的监督，既是必要的，也是有限的。无限的立法监督将妨碍司法的独立性、公正性、终局性和权威性。也许有人会认为，如果没有立法机关对于司法的监督，在法官素质还不能普遍确保的情况下，司法的情形是令人忧虑的。这种忧虑有其合理之处，但是我们以此为理由，强化立法监督到不适当的地步，加以立法监督者也有各种不足或者问题，就可能使司法更无法独立，更无法成长起来。也许会导致用一个错误去修正另一个错误的恶果。也许我们对于司法的“过早”尊重会有所损失，但是我们谁又能说“过多”监督不会有更大损失呢？我们终究要迈出这样的步伐，司法才能真正担负其自己应有的法律义务、社会责任与人间道义，因此我们现在纵然有所代价，为了长远而科学的未来，在尽力减少损失的情况下，我们还得在所不辞。

（三）立法监督属于宪政制度

立法监督涉及国家权力的配置及其关系，因此不能简单地做一般的考量。必须把立法监督纳入整个国家的宪政构架之中,作为宪政制度的构成部分来加以设计。

立法监督涉及国家本质问题。在人民民主的国家,立法监督是立法机关代表人民进行的监督。因此,立法监督的定位,必须以代表人民作为最终的归宿和最高的理想。立法监督能够实现到什么程度,能否以科学的方式进行,直接关系着人民当家做主,直接关系着人民权力的行使和人民权利的实现。

立法监督涉及国家政体问题。立法监督与立法机关的地位是密切相关的。立法机关在国家机构之中的地位和关系配置,具有极为重要的决定性的作用。立法机关在国家的政权组织形式的结构体系之中,与行政机关、司法机关的关系,都是宪政层面的制度设置。立法监督的制度取决于国家的政体,并为相应的政体服务。

立法监督涉及国家权力结构,国家权力总是由不同机构分别行使的。即使是混合权力的国家,其不同的权力也依然是由不同的国家机构行使的。立法、行政、司法等具体权力都是有分别的。不同的机构具有不同的职权,不同权力之间存在内在的结构、制衡的关系,这些都是必要的,它是防止权力成为专断集权的需要。

对于立法监督的制度具体设计如何,直接关系着行政机关、司法机关的地位、作用和彼此制衡,关系着一个国家的人民能否当家做主以及如何当家做主。立法监督应当纳入国家宪政制度之中,加以统一的考量与设计。只有这样,才能保证国家权力的人民性、统一性、协调性、科学性,才能建立起科学的宪政制度。

第八章　法与司法权

司法权是国家权力之一，也是一种独特的政治权力。司法权具有独特的法律性、独立性、中立性、公正性。对于司法权属性的认识是对司法进行认识和改革的基础。对于司法权的内容，学术界众说纷纭、莫衷一是，需要进行深入的探究。司法体制改革是法律改革的重要内容，法治建设的基本方面，社会发展的必然要求。司法体制改革的目标在于实现司法的独立、公开、权威、公正。整个司法体制改革都应以司法体制作为重点，从司法体制的改革入手，谋求实现司法体制上的构成要素改革与整体结构改革相结合，内在状况改革与外在环境改革相并重，运行机制改革与监督机制改革相并行，外求司法独立与内求司法公正相协同。司法公正当然是司法的最终目标，也是人们对司法进行评价的重要标准。

一、司法的基本属性

司法机关是以法律作为根据的，司法机构具有独立性,司法立场具有独立性,司法活动具有程序性,司法裁判具有公正性,这些司法的属性对司法发挥着决定性的作用与影响。人们也只有尊重了司法的属性,也才能使司法发挥应有的作用,使现实的司法成为真正的理想的司法。

(一)司法整体的法律性

法律是司法整体存在的根据,法律性是整个司法最基本的属性。这种根据意义至少表现在两个方面:一是司法机构作为国家专司司法的国家机关,其设立必须具有法律上的根据。任何国家机关,都是国家机器的组成部分;所有的国家机关及其组成部分的设立都应该有法律上的根据;依法设立是所有国家机关的存在具有合法性的必要条件。二是司法机关的类别、层次和组成部分都必须以法律为根据。从类别来看,司法机关究竟是指哪些种类的机构,也就是说,哪些机关属于司法机关的范畴,都应该具有法律上的根据。从层次来看,中央和地方共设立多少层次的司法机关,相互之间的关系如何,也应以法律的规定作为先决条件。从组成部分来看,各个司法机关中包含什么庭、室、委员会都应以法律的规定作为设立根据。

法律性是司法最基本的属性,这是因为:首先,法律是国家司法机关及其组成部分职权的载体。每一个司法机关有什么样的职权,是由法律来确定的。司法机关的组织法就担负着职权赋予的重任。其次,法律也是国家机关之间,国家机关内部各个组成部分之间权限划分的标准。国家机关是众多的,众多的国家机关之间的关系需要法律予以界定。例如,司法机关与立法机关、行政机关、军事机关等之间如何分工,各自的权限如何划分;在司法机关的内部,各个组成部分之间也有着不同的权限。法律根据是确保司法机关无所遗漏地全面履行职责的需要。再次,法律是司法机关处理与其他国家机关之间的工作关系的准绳。司法机关要依法独立行使自己的职权,但是它也要处理与其他国家机关之间的领导、协调、配合、监督关系。这些关系都需要在法律上予以明确,从而使司法机关既能独立行使职权,又能与其他国家机关之间相互协调,彼此互动。最后,法律是司法机构责任的根据。司法机关作为国家机关之一,有权力当然就有责任。司法机关不承担责任,显然是不行的。没有责任的司法机关难免会滥用司法权力,超越司法权的限度,侵越其他公共权力,同时也会败坏社会公正,比一般的违法犯罪更严重地破坏社会秩序,影响社会的长治久安。如果司法机关的责任不足就无法阻止权力的滥用,个别司法机关及其官员就可能无视法律的规定而枉法裁判等。反之,如果司法机关的责任畸重,就会影响司法官员履行职责的积极性,进而影响职权实现,使司法权力因责任过重而被废弛。同时,司法机关过重的责任也会使罚大于过,从而损害社会公正,使以公正为宗旨的司法机关及其工作人员受到不公正的对待。

(二)司法机构的独立性

司法机构必须具有组织意义的独立性,这是由司法机构所担负的职责决定的。司法机构是对社会争议或者纠纷进行裁判的组织,它应该能够对一切争议进行裁判。作为裁判机构的使命要求它必须具有组织上的独立性质,有三个基本的前提作为其客观依据。

第一,公民、法人、社会团体乃至国家机构都可能成为争议或纠纷的一方当事人。社会是纷繁的,在纷繁复杂的社会之中,公民、法人、社会团体和国家机关之间,必然会产生各种联系,甚至建立多种多样的社会关系包括法律关系。它们之间就难免会产生矛盾和冲突,当这些矛盾和冲突能够通过它们之间的协调得以解决时,就无须求助于第三者。这个中立的第三者,最具有权威性的也就是国家的司法机构。国家的司法机构担负着进行裁判的任务。任何公民、法人、社会团体、国家机关在逻辑上都有可能成为争议的当事人,如果司法机构受制于它们中的任何一分子,就难以进行公正的裁判;即使司法机构能够做到公正裁判,它也无法以公正昭示天下。

第二,任何当事人都会关心自己的利益并为自己的利益而进行努力。任何纠纷的当事人都会关心自己的利益,这一判断至少有两个根据:任何当事人本身就是一个利益的主体;任何当事人如果不关注自己的利益便不会与其他主体产生纠纷。纠纷的产生本身就是社会利益冲突的表现。纠纷只是在相关当事人都关注自己利益的时候,才会发生。只要一方当事人完全放弃自己的利益或者双方都放弃自己的利益,那纠纷根本不会产生或存在。即使误会出现了,也会在相互明了中得以消除。从根本上说,没有当事人利益的介入就没有纠纷的存在。

第三,司法机构没有独立性,就无法对争议作出公正的裁判。司法机构是纠纷的裁判者。它如果不能独立于各方当事人,就无法公正裁判;因为司法机构也有自己的利益,它的利益如果牵涉其中,公正就难以实现。即使司法机构坚持了公正,但由于它有利害牵涉于其中,双方当事人和整个社会也无法相信其公正。司法机构的独立性要求,不是一个对于司法机构公正性能力的信任与否的问题,而是一个给社会以公正信心的问题,必须为社会对于司法机构的公正信念创造制度基础和组织前提。

(三)司法立场的中立性

司法立场的中立性,要求司法机构不能在各方当事人之间有所偏颇,必须保持立场上的不偏不倚的居中状态。司法机构的中立性,是其职责与目标的双重要求。

从职责上讲,司法机构就是要裁判纠纷,解决争议。司法机构的职责,就是通过司法活动,在各方当事人争议的事项上得出最大限度为各方接受的裁判结论。这就要求司法机构在各方之间无所偏颇,无所偏私,中立的立场就成为对其首要的要求。中立性是实现司法机构职责的需要。如果司法机构的立场被怀疑或者确有疑义,当事人对于裁判的信赖度就会大打折扣。一旦裁判作出,当事人也会以各种方式表达自己的不信任,或者上诉,或者申诉,或者拒绝执行。这些都会使司法的公正性受到怀疑。

从目标上讲,司法机构就是要通过对于纠纷的裁判维护和实现社会公正。要作出公正的裁判结论,就必须首先要求裁判者本人的立场是居中的。各方当事人之所以会产生争议也就是他们在具体问题上对何谓公正的认识产生了分歧,这时最需要一个具有公信力的公正者来主持公正。它在各方当事人之间不能有偏颇的立场,如果偏颇,案件必然得不到公正的处理。中立性是公正性的要求,是公正性对司法机构主体立场的要求;没有这一基本的保障,公正就无法体现在裁判的过程和结果之中。

(四)司法活动的程序性

司法活动不是一般的社会活动,它具有严格的程序性。这种严格的程序性是历史的经验总结,是裁判公正性的客观保障,也是司法机关公正性的表现。

司法程序是历史经验的结晶,司法活动是历史久远的社会实践。自从法产生以来,司法就产生了。可以认为法是司法的前提,也可以认为法是司法的工具。司法程序的形成是人类不断积累的司法经验的成果。

司法程序是裁判公正性的保障。程序是为目的服务的,司法程序并不是随意的设想,而是为司法目的作出的技术设计。其中的每一个步骤都包含特定的司法寓意,都有着阶段性的目标。一个一个的步骤最终形成了司法过程的链条,保障司法公正的实现。

司法程序也是司法机关公正性的表现。通过司法程序,司法机构可以把自己的裁判过程昭示各方当事人甚至社会大众。在接受当事人和社会监督的同时,司法机构也会受到程序的约束而公正处理各项诉讼事务,司法机构自身的公正形象也会随之树立。司法程序是司法机构获得社会信赖,确保司法权威的重要依据,它体现着司法的神圣性和权威性。只有通过司法程序的公正才能获得裁判结果的公正。司法程序是司法公正得以体现的重要方面。

(五)司法裁判的公正性

司法的公正性是以司法机构的公正性作为基础的,没有纠纷裁判者——司法机构的公正,最终的司法公正就无法获得。司法机构的公正性,是对司法机构的本质性要求。

司法机构是否公正影响着司法的过程。司法的公正性程度愈高,司法过程就会愈加简便。一般地说,通过一审即可获得公正或被认可为公正,二审就成为多余的程序而不会启动,至于再审的程序就更不可能发生。司法不公是引发诉讼程序不当延伸的重要原因。

司法机构是否公正影响着裁判的执行。司法机构的公正性在裁判中得以体现。公正的裁判,一般地说,会在更大程度上得到当事人的自觉履行。司法公正与否严重地影响着当事人对于裁判执行的心态和情绪。尽管抵制执行的行为是违法的,但是无须强制而自己执行,才是司法裁判得以执行的最佳状态。

司法机构是否公正影响着社会的信念。任何社会都需要公正的信念。只有具有了公正的信念,人们才会对于各种争议的解决充满信心,才会对国家和社会充满信任,也才会在人与人的交往中秉持公正的理念,以公正之心待人,以公正之心处事。公正信念反映着整个社会的精神风貌,影响着整个社会的精神风尚。人类精神境界的提升,人类灵魂的净化,都与社会公正的情形有着重要的联系。整个社会的公正情形又极大程度地取决于司法机构的公正与否,因为社会所有的公正与不公正之不可解决者都是由法院在裁断;各方当事人之公正与不公正的结论,都是由司法机构用裁判来标识。

二、司法改革的意义与目标

司法改革具有重要的意义,并具有明确的目标。对于司法改革意义的认识,可以使我们更加坚定不移地推进司法改革,而不会动摇;对于司法改革目标的认识,可以使我们更加准确无误地进行司法体制改革,而少犯错误。

(一)司法改革的意义

司法对于法律社会来说,是极为不可或缺的重要环节,司法改革对于社会及其各个方面具有重要的意义。司法改革是社会发展的必然要求，是法律改革的重要内容，是法治建设的基本方面，也是政治改革的重大措施。

1. 社会发展的必然要求

在中国历史上，法律在社会生活中的地位并不高，在社会中发挥的实际作用也极为有限。但是到了现在，中国社会已经发生了重大变化，社会对于司法的要求也发生了根本变化。

首先，人们的社会生活对法律的需求逐步得到增强，急需司法予以满足。以前人们的社会交往相对较少，社会关系也较简单，但随着市场经济的发展，人们之间的经济关系得到了空前的发展，大量的经济交往，必然会产生大量的经济纠纷。这些纠纷如果得不到及时解决，就可能影响经济的正常推进，也会影响当事人的正常社会生活。原有的任何非司法的纠纷解决机制都无法适应经济和社会发展的客观需要。原来偶然为之的司法裁决，将成为解决社会矛盾的主要手段。但是对于既有的司法必须进行改革，否则就无法适应社会生活的发展需要。

其次，以前的纠纷解决系统逐步失灵，急需强化司法以化解社会矛盾。以前有严格的行政管理系统，人们之间的纠葛并不一定需要通过法律的途径加以解决，因为每个人都有自己归属的社会组织系统，自己不过是某个强大的、牢固的组织系统中的一员而已。每一个人无不被确定地定位在一个坐标点上，一旦发生纠纷，如果双方属于一个单位或组织，首先就是所在单位或组织的领导出面解决、协调。如果不属于一个单位或组织的，单位与组织之间还会共同来协调和解决。现在情况就大不一样了，原有的组织系统逐步退出了纠纷解决的领域，至少不再是主要裁决机构和最终裁决机构，人们对于法律的依赖就逐步得到增强。婚姻问题、父母子女关系问题、继承问题、住房问题、借贷问题等，有些可能是有关单位和组织不愿解决的，有些可能是有关单位无力解决的，也有些可能是由于各种原因而找不到单位或者组织解决的，这时司法地位和作用都得以凸显和特别强调。

再次，中国社会的经济基础已经发生了重大变化，作为上层建筑的司法也必然要适应这一发展的需要进行改革。从“文化大革命”结束以来，中国的经济基础发生了翻天覆地的大变化。从严格的计划经济，发展到有计划的商品经济，再到市场经济，中国经济经历了巨大的历史变革。经济基础发生了变化，就必然要求与之相适应的上层建筑。现有的司法体制基本上还是在以前计划经济模式上构筑的，虽然有所改革，但是基本格局与框架还是历史延续的结果。这种司法状况与经济基础的状况是不相适应的，有时甚至是对立的。这时只有改革司法才能使先进的经济基础因先进的司法而顺利发展。

最后，中国民众的法律意识已经得到了普遍的增强，落后的司法不改革，无法适应人们对于法律的主观要求。经过普法，民众的法律意识有了很大的提高。经过改革开放以来的法治发展，社会法律意识得到了空前的增强，人民对司法必然有更高的要求。既有的司法体制必须改革才能适应全体人民对于司法的新需要。

2. 法律改革的重要内容

法是由国家制定或认可的，并由国家强制力保障实施的行为规则的总和。或者将法定义为，体现为国家意志的，并由国家强制力保障实施的，以权利义务为主要内容的行为规则的总和。其实这些都是制度或规范意义上的法的定义，从广义上讲，法还应当包括现实社会生活中的法和人们观念中的法，制度上的法不过是法的主要部分，或者是最具有确定性的部分。

中国社会所要进行的改革，当然包括对法律进行的改革在内。而法律改革又不应当仅仅局限在制度或规范的法的含义上，要对整个法或法律进行改革，司法就成为极为重要的内容。因为没有司法，法就只能是制度意义上的法或观念意义上的法，而不包括现实中的法，这显然不是法的全部内容。只对制度或规范意义上的法进行改革，现实社会生活很难有真正的改革，这样的法律改革也会因缺乏实在的意义而减损其应有的效用。

对制度形态的法进行改革和对观念形态的法进行改革是远远不够

的;更根本的是要改革现实中的法,要使制度形态的法和观念形态的法都转化为现实中的法,就必须依赖司法。司法使制度和观念成为现实,要改革法律就必须对司法进行改革,司法改革是法律改革的重要内容。

3. 法治建设的基本方面

法治与非法治是根本对立的。它们是两种不同的治国方略,不同的社会管理方式、社会活动方式与社会秩序状态,也是两种不同的法律运作方式。在这两种情形中,法律具有不同的地位和作用。在非法治状态下,司法不过是权力的组成部分,而且是为权力服务的,法律及其司法都不过是权力的工具,而且是可有可无的工具。

法治本身就包括立法、执法、司法、守法、法律监督等方面。中国要建设法治,甚至要建设法治国家就必须对既有的司法进行根本的改革。法治所需要的司法状况必然不是历史上的那种非法治状况下的司法。现在中国社会已经启动了法治建设,法治建设中也就必然要对司法进行改革,从非法治状态向法治状态的变革必然要求进行相应的法治化的司法改革。

4. 政治改革的重大措施

目前我国的经济体制改革已经在向纵深发展,只有经济体制改革的发展,而没有政治体制改革的稳步跟进,显然是不行的。司法改革的确是政治体制改革中一个值得特别重视的着眼点。

司法对社会分配的公正具有重要的保障意义。一个时期以来,在经济体制改革和市场经济发展中,我国也出现了多元的分配形式与结果,其中包括正常的发家致富,也包括官员的以权谋私和一般公民的非法敛财。以权谋私包括贪污、受贿、挪用、公款消费等引发了全社会对于分配机制的责难。何以使分配正常化,理性和经验都告诉我们需要法律。唯有法律化的分配方式才能使人们具有公平的感觉,唯有法律化的分配方式,才能矫正社会不当的分配结果,对畸形分配予以调整。

司法是人们在空头政治被淡化后的重要政治领域。以前人们的政治观念十分强烈,随着经济建设被特别强调,整个社会逐步进入了务实状态之中。人们对于政治的评价,比以前更加务实。中国社会比历史上任何时代都更加强调法律的作用,法律成为社会生活的重要内容,人们对于法律的重视也成为人们关心政治的重要表现。

法制和法治被日益重视,司法必将成为社会更加关注的政治焦点。从“文化大革命”结束以来,我国不遗余力地宣传和推行法制与法治。以至于到现在,依法治国,建设法治国家被作为一种社会理想和现实目标写进了宪法和法律之中。当强调法制时,人们会问法制被实施得怎样;法的实施的主要内容除了守法和行政执法,就是司法。当谈到法治,人们也许会问,法治与法制相比较,哪一个更是一种社会状态。法治作为一种社会状态,其中一个重要的桥梁就是司法。没有司法,法治将无所作为,法治国家和社会都无法建构。

司法改革在所有的改革中具有政治性很强,风险性很小的特征。法律对于一个社会的政治架构与政治运作的影响是不言而喻的。一个国家的基本制度、社会制度、国家机构、公民的基本权利,民事、商事、刑事的纠纷与矛盾无不有赖于法律的调整,并经司法得以实现或解决。法律、司法对于一个社会的政治、经济、文化的影响是重大的,但是法律、司法在本质上都是社会的稳定力量。法律改革及司法改革都倾向于社会的秩序化,而不是社会的动乱或者动荡,其他任何改革都不具有司法改革的这一优越性质。中国目前的改革就应当在稳定中进行和完成,否则就可能使改革事业被摧毁,甚至使既有的基础也受到破坏。中国是既要改革,又不能动乱或者动荡的国家。法律改革既能满足这一要求,同时又具有关乎全局、由法而社会的特征。所以,在政治改革推进到一定程度时,推出法律改革包括司法改革也就“大势所趋”。

(二)司法改革的目标

司法改革的问题和目标是一体两面的关系,综观这两个方面,司法改革将从司法不独立到司法独立,从司法不公开到司法公开,从司法无权威到司法权威,从司法难公正到司法公正的路径,最终实现司法独立、司法公开、司法权威、司法公正的目标。

1. 司法独立

司法独立是法治的基本原则。司法独立的思想渊源，最早可以追溯到1608年英国普通法院首席大法官爱德华·柯克与英王詹姆士一世的冲突。到十七八世纪，资产阶级启蒙思想家针对封建专制制度和等级制度，提出了三权分立的主张，其中著名的代表人物之一是法国的孟德斯鸠。孟德斯鸠认为，国家权力应分为立法权、行政权、司法权，三种权力分属三个不同的国家机关。“如果司法权不同立法权和行政机关分立，自由也就不存在了。如果司法权同立法权合二为一，则将对公民的生命和自由施行专断的权力，因为法官就是立法者。如果司法权同行政权合二为一，法官便握有压迫者的力量。”德国学者将司法独立而不受干涉分为八个方面：独立于国家和社会间的各种势力；独立于上级官署；独立于政府；独立于议会；独立于政党；独立于新闻舆论；独立于国民时尚与喜好；独立于自我偏好、偏见与激情。美国法学家亨廷顿认为，司法机关的独立表现在它只遵循自己特有的司法原则，表现在观念和行为不被其他政治机构和社会团体的观念和行为所左右。司法独立是世界法治发展到现阶段的普遍要求。现代国际社会的众多国际条约都规定了司法独立的法治原则。1948年《联合国人权宣言》第10条，1966年《联合国公民与政治权利公约》第14条，都规定了司法独立的原则。1985年联合国大会发表的《关于司法机关独立的基本原则》宣布：“各国应保证司法机关的独立，并将此项原则正式载入其本国的宪法或法律之中。尊重并遵守司法机关的独立，是各国政府机构及其他机构的职责。”1993年世界人权大会一致通过的《维也纳行动纲领》将司法独立列为实现人权和可持续发展的重要条件。到现在，世界各国都在宪法和法律中规定了司法独立的基本原则，司法独立成为人类法治文明的共同成果。

司法独立原则是指司法机关或司法官员依法独立行使职权，不受非法干涉。这种独立是依法独立，而不是非法独立；是在法律至上下的独立，并不是法官或法院的擅断与随心所欲。司法独立对于保障法律的切实施行具有重要意义，只有保证司法独立，才有可能实现司法公正。中国社会的司法独立主要受以下因素的影响：

司法受到严重的行政干预。首先，我国政府系统都有主管政法的行政官员，这些行政官员稍微不能进行有效的自我约束，就可能在有意无意之中干预司法。其次，政府系统掌管着司法机关的财政大权。司法机构很难对行政机关进行司法监督。最后，政府官员中存在着以干预司法为政绩的思想观念与实际状况。

司法受到党派与社团的干预。中国共产党的领导是司法必须坚持的，但党的领导有一个如何科学领导的问题。在有的地方，司法会受到个别党组织或党的领导的不当干预；在有的地方，司法也会受到民主党派和其他社会团体，如工会、妇联的不当干预。

司法受到人大的不当干预。人大对于司法的监督是必须的，甚至在一定意义上，人大的干预也未必错误，但在不当的人大干预之下，司法难以独立。现在个别人大对于案件的直接指挥，影响司法机关的自主裁决；人大深入案件具体审判的个案监督在个别地方已经演化为法院的第三审。

司法受到不当的新闻舆论的干预。新闻舆论的监督是必要的，但是新闻舆论的监督不是干预。它不能对于法院的裁决进行引导，使司法跟着新闻舆论走。司法机关应当严格以事实为根据，以法律为准绳，不断提高自身的素质。只有自身素质提高了，才可能面对那种莫衷一是的新闻舆论而固守司法的自我，维护和确保法律的尊严。

2. 司法公开

司法不公开在现实社会中表现得十分突出。司法过程普遍呈现出“黑箱操作”现象。在刑事诉讼中，案件何以从公安机关移送检察机关，又何以从检察机关移送到人民法院，其过程当事人不知道，其亲属更不知道。在有的法院，开庭时，明为公开审理，实际上常常以各种理由拒绝或限制公民旁听，而且假借各种理由阻止或逃避新闻机构的舆论监督。至于从开庭到判决下达之间的过程，更是无人知晓。在民事诉讼中，何时开庭，何时作出裁决，庭审到判决的过程如何，其间是否经过审判委员会，等等，当事人很难知晓，司法官员自己也没有一个定准。直到现在，人民法院还把公开审理作为司法改革的重要内容，实在说明了中国司法神秘主义影响之深远。

司法不公开是源于传统的司法神秘主义。司法如果是神判当然具有不可知性。例如，传统的“油判”、“火判”、“水判”就不可知其何以裁决，而是传说中的神在起作用。今天神早已不存在了，但神判的神秘之风却保留了下来，实在是时代的悲剧。司法再也不是神判，而是一套科学的裁判是非曲直的机制。只要不是神判，人们就有充分的理由要求其过程和理由的公开性。

中国传统文化中就有临事制刑、威不可测的司法传统，其中包含着司法神秘主义的精神。但这正是中国社会司法专制与司法专横的表现。作为现代司法，公开性已经成为其公正性的客观保障。社会有充分的理由要求司法是公开的。有许多人还认为公开审判等是重大的改革措施，还要慢慢来，其实它是早在新中国成立初期的《共同纲领》和第一部《中华人民共和国宪法》中就对人民作出的承诺。在法治建设中，司法机关必须对人民兑现宪法和法律的承诺；本身就已经迟延的兑付，不能再被迟延了。司法公开的推行，必将有助于司法改革的进行，并切实推进司法改革。

3. 司法权威

司法是神圣的，司法本身应当是有权威的。从法律制度来讲，法是国家意志，具有国家强制力，当然具有权威。司法机关本身也就是国家强制机关，怎么会无权威呢？然而事实上，司法的确无权威。

司法无权威的一个重要原因和重要表现是司法活动可以被许多组织和个人所支配，可以为社会舆论所左右，没有真正的司法独立。在司法不独立的背景下，寻求司法权威只能是幻想。可以左右司法者会藐视司法，不能左右司法者也同样会轻视司法。而司法则会在这种藐视与轻视中丧失权威。司法无权威的另一个重要原因和重要表现是司法裁决得不到有效的执行。现在人民法院的裁决得不到执行的现象非常普遍。

虽然经过了很大的努力,情况有所好转,但问题依然非常严重。人民法院的裁决无法兑现,尤其是在民事与经济案件的审判方面,应当受到法律处罚的可以逃脱法律的处罚,应当承担法律责任的人可以逃避法律责任。在这种情形下,司法绝对不可能有什么权威。还有一个重要原因和重要表现是司法机关存在执行观念淡漠,执行力量薄弱的问题。当然,司法无权威也还与司法的公正性等存在着内在的联系,后面还将进一步探讨司法公正的问题。

针对司法无权威的实际情况,应当着力重塑司法权威,从司法体制、司法组织、司法官员、司法过程等各个方面努力,使司法机关成为人们敬畏的权威机构。

4.司法公正

公正至少可以有两种理解,一是指公平正直,二是指公平正义。"法"本身就有公平正直和公平正义两层含义,二者是一致的,只是所强调的侧重点有所不同。"公平正直"侧重于对行为主体的品质描述,"公平正义"更侧重于对行为意义的社会评价。这两个方面都是公正的内涵,其实二者并无严格的区别。因为公平正直有利于公平正义,公平正义必然要求公平正直。因此,司法公正既包含司法的公平正义,也包括司法的公平正直。

司法公正作为一个整体,既是司法机关包括司法官员的自我要求,也是社会的外在期望。就司法公正来说,在强调司法机关和司法官员的自我要求时,应倾向于理解为公平正直;在强调社会对于司法的要求与评价时,应倾向于将其理解为公平正义。司法公正具体到司法活动之中,其基本内容包括:司法的实体符合法律的规定;司法的程序符合法律的规定;司法的实体和程序都符合社会主流的道德准则。

司法公正是人们对于司法程序和结果公平正义性质的要求与评价。谈到司法不公,人们总是责难种种。事实上,司法组织中的确有一批兢兢业业的司法官员,他们辛勤劳作,而不被社会所理解,甚至还被社会所误解、曲解;司法组织中也有一定数量的司法官员滥竽充数,玩忽职守。

司法官员的素质参差不齐:有的司法官员十分优秀,有的司法官员却办了错案都不知道,甚至他本身都是法盲或者半法盲。

人们对于司法公正的期望很高。人们对司法的公正性要求,远比对于其他任何方面的要求都严格,原因就在于:司法在本质上应该是公正的。法本身就应是公正的化身或者公正的代名词,司法本身理所当然就应当将法定的“公正”现实化。一旦司法中出现腐败导致司法不公,它就自然会成为千夫所指。

三、司法改革的重点与推进

司法体制改革是重要的政治任务和法治任务。人民对司法体制改革寄予了厚望,民主政治建设和法治建设都对司法体制改革提出了新的要求。我们必须认清司法体制改革的重点所在与具体推进。

(一)司法改革的重点

在启动全面的司法体制改革的时候,什么是司法体制改革的重点,是必须清楚认识并明确回答的问题。对于司法体制改革重点的认识和把握,将直接影响整个司法改革的发展乃至整个法治的进程。但是一个时期以来,在这一问题上的理论歧见与实践误解都不少,严重地影响着即将建立的体制的先进性。司法体制改革的重点应该定位在司法体制这个不言而喻的中心点上,必须对司法改革的这一重点具有明确认识。

1.要以司法体制为改革重点

司法改革要以司法体制作为重点,是由我国法治与司法的整体性质所决定的。法治是一个整体,司法是法治的一个环节,也是法治中相对独立的单元,也可以说司法本身也是一定意义上的一个整体。法治是一个系统,司法则是这个大系统中的子系统。法治具有整体性质,在法治之中的司法也具有自身的整体性质。既然司法是一个相对独立的整体,在对司法进行改革时,就必须全面关注作为整体的司法,并对司法进行整体性的变革。要对司法进行整体性变革,就必须关注司法体制。司法体制是司法在制度意义上的整体表述,是对司法的制度性概括,是被国家的法律定型化了的司法结构体系与内在机制。要想对司法进行整体化的改革,就必须从司法体制入手,并始终围绕司法体制这个重点来展开改革工作。只有这样,司法改革才可能在尊重司法本身的性质基础上进行,司法改革才符合于司法本身的性质与要求。

司法改革要以司法体制作为重点,是由我国司法存在的问题决定的。司法存在的问题并非细枝末节的事项,而是事关全局的诸多方面。从执政党与法律的关系,到党对司法工作的领导方式;从司法与立法、行政之间的关系,到司法自身的内在结构;从刑事司法、民事司法到行政司法;从审判、检察到侦查;从一审、二审到再审;从审理、裁判到执行;从司法自身的监督体系到司法所承受的国家监督和社会监督等,都需要重新审视。司法存在的问题并非单一的原因所致,其成因十分复杂,而且具有历史形成的整体性。这些整体性的成因在历史的发展中不断整合,已经演化为固定的结构性的问题。各种因素相互交错,彼此重叠。各种问题的多种成因之间又相互纠缠、混合,大有疑难杂症之嫌。面对这样的问题,必须从全局着眼,抓住体制这个根本。只有这样,才能对症下药,对司法的弊病予以彻底的治疗与有效的根除。根除了既有弊端,新的司法体制才可能真正地成为影响深远的、造福后世的制度基础。

司法改革要以司法体制作为重点,是由我国的司法改革的目标确定的。我国现在正在进行的司法改革,其目的在于实现司法的公平与正义。已经达成的共识至少包括社会主义司法制度必须保障在全社会实现公平和正义。根据既定方针,我国必须按照公正司法和严格执法的要求,完善司法机关的机构设置、职权划分和管理制度,进一步健全权责明确、相互配合、相互制约、高效运行的司法体制。从制度上保证审判机关和检察机关依法独立公正地行使审判权和检察权:完善诉讼程序,保障公民和法人的合法权益;切实解决执行难问题;改革司法机关的工作机制和人财物管理体制,逐步实现司法审判和检察同司法行政事务相分离；加强对司法工作的监督，惩治司法领域中的腐败；建设一支政治坚定、业务精通、作风优良、执法公正的司法队伍；公平正义是法的最高价值期求，也是这次司法改革的目标，所有的改革工作都应当是以公正为核心来展开。司法公正，必须在制度性保障下，才可能为人们与社会所长期拥有。否则，公平正义就可能在一时获得，在另一时又将失去。如果司法改革只是一时的得失，这就是改革的悲剧，甚至最终会葬送改革，使改革成为徒劳。基于改革目标的全局性影响和决定性意义，司法改革必须抓住司法体制这个重点来全面推进。

司法改革要以司法体制为重点，也是历史的经验与教训所证明了的必然选择。司法改革究竟是从什么时候开始的，学者们有着完全不同的认识。但是，任何学者都不会认为司法改革是从现在才开始的。至少从改革开放以来，我们就在探索司法改革的路径，也采取了相当多的改革措施。但是二十多年来的改革并没有使司法得到根本改观，这当然与经济的市场化与政治的民主化有关，而司法改革未能明显见效也不能不说是一个客观的现实问题。尽管我们因应时代需要，对司法进行了多年多项的改革；但是由于市场经济的迅速发展和民主政治的快速进步，司法还是捉襟见肘，难以胜任，这不能不引起高度重视。现在推进的司法改革不是要走历史的老路，千百次在一些细节上纠缠，而是要从全局出发，为未来开辟新的道路，为未来的司法发展奠定坚实的体制性基础。鉴于此，司法改革就必须着眼于制度的建构和机制的设立。只有有了良性的、可以自我修正的制度与机制，才能认为新的司法改革达成了预期的目的，实现了对既有改革的历史性超越。司法改革为了达到历次改革所无法企及的目的地，必须从一直未能很好解决的体制问题入手，提纲挈领、纲举目张地进行。

2. 司法体制作为改革重点的含义

把司法体制作为改革重点就意味着，所要改革的是司法的制度体系与运作机制。作为体制，应该认为，它包含制度体系与运作机制两个基本方面，对司法制度体系与运作机制的改革是改革司法体制的重点。司法的制度体系,是司法体制的框架,在整体上决定着司法的基本情形,是关于司法的制度性规划与安排。它首先涉及的是政治权力、国家权力、社会权力、人民权力与公民权利之间的关系问题。应该理解为司法体制改革的目标在于对这几个方面进行合理的配置,并为这种合理的配置提供制度化的体系。其次,司法体制改革当然地包括司法权力各个部分之间的设置,理应把前面论及的政治权力、国家权力、社会权力、人民权力与公民权利的设计理念加以贯彻,最终制作出尽可能完美的司法制度性图景。司法的运作机制,是指司法的要素及其整体互动与运动的内在机理与关系状态,是司法体制的重要构成部分,是司法体制中最具有活力和最富有变化性的因素。如果司法体制改革对此没有充分的考量,就必然会使即使是设计得十分美好的空中楼阁也难以在大地上生根。运作机制制约着司法体制的实际效能与现实状况。

把司法体制作为改革重点意味着,所要改革的是司法的组成要素与结构状态。作为司法的组成要素,就要明确司法由哪些机构和哪些环节构成,这些机构与环节的职责如何设定和为什么设定。司法是由多个要素组合而成的。首先是司法与非司法要素之间的关系问题,这是必须考虑的。它涉及的是司法权外在结构关系的制度安排,如司法权力与政治权力、立法权力、行政权力是什么关系。其次是司法权自身的内在要素与结构问题。从广义上讲,司法权是否包含侦查权、公诉权、审判权三者,或者是否包含裁判权和执行权;各种权力拥有者各自的职责是什么;侦查权、公诉权和审判权是怎样进行权力配置与权力协调的;司法裁判的执行权与司法裁判权是由一个机构行使还是由不同机构行使,彼此之间如何衔接与互动。这就要求在确定各个要素的同时,还必须具体设计出各个要素之间的结构状态。司法也是由各种环节组合而成的。起诉、受理、审理、裁判、执行,一审程序、二审程序、审判监督程序,何以设定,何以衔接,无论是要素或是环节都有一个结构的问题。司法的要素与环节的结构都将影响司法的效能与效用。这种结构状态既包括静态的布局,也包括动态的运作轨迹。司法权内部的管辖、制约、协调、互动都是结构的问题,这些问题得不到很好的解决,司法的运行就会遇到障碍。

把司法体制作为改革重点意味着,不能错把司法体制之下的某些具体的程序或规定作为重点。司法体制改革,顾名思义,所要改革的对象就是司法体制这一宏观架构。如果沉醉于过于具体化的细节改革,而忽略了改革的根本任务,最后会使轰轰烈烈的改革削减其应有的效用。哪些属于司法的体制问题,哪些是司法的枝节问题,要有一个清醒的认识。这里不是说枝节不重要,而是说在体制改革中不可以夸大枝节的作用,更不可拘泥于枝节。在司法活动中,也许一个对象或一个程序都是重要的,但是其效用和影响是否具有全局性和根本性,是令人疑虑的。具体说来,法袍、法槌都是重要的,但是如果以法袍、法槌或类似对象的增减来替代司法体制改革本身,那么司法体制改革就只能是一场闹剧。使某些具体的程序或做法,更符合法理的要求,更有利于公民诉权的享有和行使,当然是改革的目标;但是司法体制改革的根本目的还是要建立一种整体性的制度,使人民能够在这个制度中永远受益,而不是收之东隅,又失之桑榆,甚至得小而失大。

司法体制改革的重点在司法体制,意味着司法体制改革要把长效的体制建设摆在改革的首位,而不能只顾眼前不及长远。在处理各项事务中,从宏观上讲都应该兼顾现在与未来,现实与理想。但是在具体的事务中,则需要有所侧重。在拟制具体的改革措施时,需要更多地关注现实;在制定长远的宏观体制时,就不能目光短浅。一叶障目的改革,所带来的仅仅只是眼前的实效,从长远来说也许还是有害而无益的。现在要谋求的是进行一种长期有效的体制建构,而不仅仅是去获取立竿见影的短期效应。长期以来习惯于政治运动的工作方式,运动式的行为方式在指导思想和行动口号上早已被否定,但在事实上,这种思维并没有从头脑中彻底根除。司法体制改革绝对不能是运动式的,如果还采用运动的方式来推进的话,就可能葬送改革本身,使改革成为徒劳。如果说在推进方式上可以容忍和采用一定的运动方式,但是在体制建构、机制设置、要素设计与结构配置上不应该是运动式的。即使在推进方式上采用运动方式,同样也要保持必要的警醒。必须警惕运动式的推进思维在无意中向体制设计延伸,必须防止运动思维成为未来体制不良的病因。

司法改革应该以司法体制为重点,也必须以司法体制为重点,并且始终围绕这一重点加以推进。只有这样,司法改革才可以达成预期的目标。

3. 何以把司法体制作为重点

认识到了必须把司法体制作为改革重点,也把握了司法改革以司法体制作为重点的含义,不等于就能坚持这一重点。在抓住司法体制这一重点问题上必须注意以下的几个方面:

第一,要在改革方案的拟制中把司法体制作为重点来考虑。改革方案对于任何改革来说,都具有蓝图的意味。谋定而后动,是成功的保证。在谋的时候,首先就要抓住司法体制这个重点,围绕司法体制做文章。以司法体制作为改革重点的方案制定之后,才有可能事半功倍地开展改革。在制定司法改革方案的时候,就要努力从组织上排除本位主义、部门利益的影响,充分发挥人民的力量和学术的力量。只有无私的改革方案才最有利于良好的体制设计;任何掺杂狭隘利益的改革方案都非常容易使改革无法触动体制,而归于流产。

第二,在改革方案的推行中要始终不忘司法体制这一根本。改革司法体制的方案拟订之后,并不是就万事大吉,这也只是走完了第一步。更艰巨的任务还在于如何实施改革方案,使方案所蕴涵的改革意图能够得到全面的实现。实施方案的过程中,还可能对既有的方案进行修正,这种修正是不可缺少也是十分重要的。但是,在对既有方案进行修正时,就有着远离初衷的危险。因此,要警醒我们自己,修正方案,但不要偏离改革的方向,不要偏离改革的中心,不要失落了改革的重点。

第三,发现了重点的移位或偏差之后,要有及时修正的机制、勇气和行动。在实施改革的过程中,可能发现既有的方案或正在进行的改革已经远离了改革的重点,舍本逐末。这时就需要一个修正航向的机制,就需要重新回归到改革的重点,即对于体制的改革上来。这时首先需要的是一个救济的机制，同时也需要修正的勇气，最后还需要有具体的修正行动。机制、勇气和行动，这三者恐怕是一个都不能少，缺少任何一个因素，改革就可能难以回归正途。我们不但要迷途知返，而且还要迷途能返。只有具有从迷途回归正途的机制和能力，并具有实际行动，才永远不会失落体制改革这一重点。

需要特别说明的是，笔者并不认为司法改革的内容仅仅是司法体制改革，或者改革了司法体制就等于改革了整个司法。本节的目的仅仅是在强调司法体制改革是司法改革的重点，没有对于司法体制的改革，就不是彻底的司法改革，就不完全是我们所要追求和推进的司法改革，就无法实现司法改革的目标，也无法完成司法改革的任务。改革司法体制往往比改革司法细节具有更大的阻力，因此要有足够的心理准备、坚强的改革决心和有力的改革行动。改革司法体制，是推进司法改革的坚定不移的重点。我们应该、必须也完全能够完成历史赋予的改革使命，使司法改革因体制改革的成功，而为司法公正的崇高理想开辟道路。

（二）司法改革的整体推进

要整体推进司法改革，就必须将司法体制中的构成要素改革与整体结构改革相结合，内在状况改革与外在环境改革相并重，运行机制改革与监督机制改革相并行，外求司法独立与内求司法公正相协同。

1. 构成要素改革与整体结构改革相结合

要素对于任何事物都有基础的意义。任何事物都是由一定要素构成的。没有要素，事物就没有存在的基础；进行司法改革，当然必须对司法的要素进行改革。然而，结构对于整体的意义是不容低估的，它往往影响着整体作用的发挥，影响着每一个要素的作用。如果不重视结构及其整体的改变，而仅仅着眼于要素，就可能犯一叶障目的错误。任何改革如果只有个别要素的改革而没有结构的变化，都是难以持久的。随着时间的推移，已经被改革的要素又会因结构的限制和驱使而回复到改革前的境地，使改革归于失败。对此，我们必须有清楚的认识。在历史上，司法改革并不是现在才提出、才进行的，实际上对于中国司法改革的探索,可以说是早已在进行之中,但效果一直不尽如人意,甚至被理解为没有进行过任何改革。这恰恰是中国以前的司法改革重点在要素改革而忽视了结构改革的原因所致。在新的司法改革中,必须着重结构改革,将结构改革与要素改革相结合。

整体大于部分之和。这里的整体显然是指具有良好结构之整体,部分之和是指部分的简单相加。一支配合良好的军队远比一支没有良好配合的军队具有更强的战斗力。一个结构良好的司法状态,远比各个要素尚且不错而缺乏良好结构的司法状态有效并有力得多。这是正在进行的司法改革所必须解决的方法论上的认识问题。既要重视各个要素,也要重视各个要素之间的组合形式,使各个要素都在一个良好的结构体系中运行,发挥出最好的作用。

司法是由司法官员、司法组织、司法过程、司法程序、司法手段等要素构成的。司法改革必然包括司法官员选任、晋升、考评、监督、处罚体制的改革,必然包括司法组织的设置、分工、制约机制的改革,必然包括司法过程的公开化、科学化、效率化,必然包括司法手段的有效化、合理化,等等。这些要素的改革是司法改革的基础和基本内容。我们曾经多次对其中的一个要素或几个要素进行过改革的尝试,有的根本就没有取得成功,有的成功了,经过一段时间又恢复到改革之前的状态,使改革成为徒劳。

然而仅有要素的改革是远远不够的,必须有整体的结构改革作为其背景和条件。因为司法改革首先是一个体系改革,司法有其独立完整的体系结构。在司法体制内部,至少有审判机构、检察机构之间的分工与合作的结构问题。在司法体制外部,有司法机构与政党组织之间,司法机构与政府机构之间,司法机构与立法机构之间的关系问题;有司法制度与人事制度、干部制度、财政制度等之间的关系问题。结构得不到改革,而只改革结构的某一个或某几个要素,是无法达到整体改革的目标的。即使在某一个或某几个要素上有所改革,而整体结构没有改革,这些细微的改革很快就会被整体结构所消解,化为乌有。在以前的中国司法改革中,就有这样一个教训。正在推进的司法改革必须注意将其要素改革与整体结构改革结合起来,只有这样,在变革要素的同时,打破既有结构,实行要素重组,建立新的要素结构关系,司法改革才能取得真正的成功。

2. 内在状况改革与外在环境改革相并重

如果说司法的内在状况是司法作用得以发挥的内因,那么司法的外在环境就是司法作用得以发挥的外因。人们常说,内因是变化的根据,外因是变化的条件,这并没有什么错误。但是,它往往被人们误解为,内因才是重要的,而外因是次要的,甚至是无足轻重的。这种认识显然是错误的,而且会在实践中导致极为严重的后果。因为内因与外因之间并没有绝对的决定关系。内因并不能决定外因,也正如外因不能决定内因一样。如果说内因和外因对于特定事物有无决定作用,那么则可以说,一般是内因起决定作用,但在内因处于既定的情况下,则是外因起决定作用。没有必要的外因条件,再好的内因也产生不了应有的意义。考察我国现有的司法状况,不能不认为,其在内因上存在问题,在外因上也存在问题。甚至外因在某种情况下,还起着决定性的作用,对司法具有根本的影响。

司法改革第一方面的改革内容当然是司法内在状况的改革。这种状况,包括内在的元素状况与结构状况。从元素角度看,如果认为司法仅仅限于人民法院,那就只有一个元素。如果是两个元素,一为法院,一为检察院,或者一为审判,一为检察。法院,法官、陪审员、合议庭、审判庭、审判委员会以及各种审判程序等都是其内在元素。从结构角度看,可以认为,结构的第一层次是审判机构与检察机构之间的关系;第二层次是审判机构与审判机构之间的关系;第三层次是各个审判机构内部的元素关系。在审判机构内部,包括法官与法官之间的关系、法官与合议庭之间的关系、法官与审判委员会之间的关系,法官与庭长、院长之间的关系,庭长与院长之间的关系。

司法之外的相关因素就构成了司法的外在环境。司法改革当然要与其外在环境的改革相协调。具体地说，司法是在一定经济、政治、文化、道德、意识背景下存在的，它们构成司法的第一层次的外在环境。司法是与立法、守法、法律监督紧密联系的，它们构成司法的第二层次的外在环境。司法改革是与法制改革，乃至整体的社会改革相并存的，司法的外在环境当然包括外在的社会改革环境在内，司法改革应当与法制系统改革和社会整体改革相协调。我国所进行的改革是全方位的改革，其中有经济改革、政治改革、科技改革、文化改革、教育改革，等等。司法改革仅仅是社会整体改革的构成部分，仅仅是社会整体改革中法律改革的构成部分。

3. 运行机制改革与监督机制改革相并行

司法改革无非是司法自身运行机制改革和司法监督机制改革两个方面。这两个方面都不可偏废，而且必须并行。

司法改革的重要方面是司法监督机制的改革。司法监督是多元的，有来自权力机关的监督、新闻媒介的监督、社会舆论的监督等。对于这些监督，法学界有不同的看法，其中歧见颇多。对于那种以司法独立为由而否定这些监督的意义的观点，笔者是不敢苟同的。笔者以为，这些监督都是必要的，但在现实中都是有缺陷的。因此，这些监督一方面必须坚持，但另一方面也必须改革和完善。权力机关监督，尤其是权力机关的个案监督，人们的认识分歧最大。笔者以为，权力机关对司法的监督是必要的，只要权力机关——人民代表大会的性质没有改变，坚持权力机关对司法的监督就是必不可少的；只要现有的司法机构的素质和水平没有完全达到独立于权力机关的程度，这种监督也是必要的。至于权力机关对司法的个案进行监督，也有其必要性。但是，个案监督不应成为权力机关的日常工作，也不能将个案监督演化为变相司法。否则司法权就得不到应有的尊重和维护，权力机关的监督就可能演变成为立法对司法的不当干预，或成为第二司法机构，从而影响立法工作的进行。至于新闻监督、舆论监督，都是必要的，它们不是应否存在的问题。它们一是严重不足，二是畸形发展。由于它们严重不足，人们还难以充分认识它们的作用;由于它们畸形发展,人们还可能对其产生因噎废食的误解。现在的监督体系中,新闻和舆论的作用没有得到充分而正确的发挥,是我国司法监督体系的严重缺失。

司法改革的核心是司法运行机制的改革。这种改革就是要使司法运行良性化。对于这种良性化,不同的学者会有不同的认识,但是它至少应当包括司法运行的法治化、有效化、高效化、廉洁化、理性化、公正化等,这是司法改革必须关注的主要内容与基本方面。运行机制比监督机制显得更为重要和基本。

4. 外求司法独立与内求司法公正相协同

司法改革涉及司法体制内外两个方面,在内外两个方面都有自己的诉求。司法的内在改革目标是多元的,但最根本的是公正。没有公正,司法就失去了被社会认可的意识基础。司法的权威,当然来自国家的强制保障。国家强制力仅是外在的,来自人们内心的确信才是最深刻、最有力量、最久远的保证。人们内心确信的产生根源于司法公正;没有司法公正,人们对于司法不仅没有确信可言,而且甚至会是批判、否定。司法改革必须围绕司法公正来进行,能否实现司法公正将是检验司法改革成败的首要而根本的标准。党的十六大报告指出,“推进司法体制改革。社会主义司法制度必须保障在全社会实现公平和正义。按照公正司法和严格执法的要求,完善司法机关的机构设置、职权划分和管理制度,进一步健全权责明确、相互配合、相互制约、高效运行的司法体制”。

从外在方面考察,司法最必要的是独立,是不受干扰地实现法律,司法改革和司法公正都必须依赖司法独立。由于司法与相关因素具有千丝万缕的联系,由于人们有不同的利益,各种因素都将干扰司法,或者司法将受到各种因素的干扰,都是必然的。面对各种干扰,关键就在于司法能否独立,能否有效地排除干扰。所以,司法改革必须将司法公正与司法独立结合起来,形成以司法公正为内在要求,司法独立为外在条件的司法改革目标。

司法独立是司法公正的条件,司法公正是司法独立的目的。没有公正，独立就失去了意义，甚至走向了反面；没有独立，公正就没有保障，就可能演化为或大或小的偏私。

四、司法公正的评价及其制约因素

司法公正应当是司法的价值目标，也是世人公认的司法目标。但如何评价司法是否公正，则是法学研究中的难题。对于司法公正的评价及其制约因素的研究，是更好地寻求公正的必需。

（一）司法公正的评价

司法公正的评价具有主观性和多元性等基本的属性。首先，司法公正的评价具有主观性。公正与否的评价毕竟是有关主体的思想结果。它与评价者的素质、认识、利益都具有重要而密切的关系。其次，司法公正的评价具有多元性。司法机关与当事人、当事人与当事人、司法机关与司法机关等不同的评价主体，对于同一司法现象都可能会有不同的评价结论。司法公正在评价上的这两大属性，决定了司法公正得到普遍认同的艰巨性，也为司法机关和司法官员提出了特别的公正要求。

1. 评价主体

司法公正的评价，是由众多主体进行的，对司法过程与结果作出公正与否的评价的主体是多元的。在具体的评价关系之中，有司法官员、诉讼当事人和社会大众等。他们的评价都会对社会总体的司法形象产生影响，也会对司法的运行和司法体制的改革发挥作用。

（1）司法官员

任何司法官员对于自己承办案件的处理方式和结果，应当自认为是公正的，是在自认为公正的基础上作出的。也就是说，法官对于自己所作出的裁定或判决，必须具有自我的公正确信。如果司法官员自己都不能确信自己的裁判是公正的，那么这一裁判结果必然是值得怀疑的，甚至可以说根本就不可能公正。

首先，法官对于案情有着其他任何人都不具有的认识。在民事诉讼中，对于案情的了解，就当事人、律师（包括代理人）和法官三者来说，当事人和律师对于案情的了解都具有片面性，意见也都难免具有倾向性。而法官却可以听取各方当事人的意见，克服各方当事人的片面性。法官是中立的裁判者，案件本身及其裁决结果对于法官没有像当事人或律师那样的利害关系。在刑事诉讼中，控辩双方都各为其利，唯有法官的意见具有中立性的特点，法官裁判的中立性同样是司法公正的保障，法官不应混淆自己与控辩双方的角色差异。

其次，法官是社会的精英，他们具有或应当具有裁判是非的最高智能。法官只能由社会的优秀分子来充任，所以全世界都对法官有特别严格的选任要求。法官独特的智能和对于人生与社会的深刻把握将是他们公正裁判案件的素质基础。

（2）诉讼当事人

案件当事人对于案件的处理结果至为关心。一个刑事案件的判决能得到被告人的公正评价是不容易的。一个民事案件要能得到双方当事人的公正评价将更难，因为原、被告之间的冲突客观存在，而且会影响他们对于法官的客观评价。案件的裁决对于当事人来说，是很难进行客观评价的，因为他们置身事中。但是诉讼当事人最关心案件的审理过程与裁判结果，他们将是率先对司法的公正性质进行评价的人。他们的评价必然会对社会产生影响，并最终影响社会对于司法公正性的评价。

（3）社会大众

社会大众是对司法进行评价的最广泛的主体。社会大众通过舆论、新闻等渠道了解司法进而评价司法，这种评价具有一定的随意性，因为社会大众的评价可能会受到传媒的误导，这是客观的事实。但是最根本的还是司法机关究竟把案件办得怎么样。司法工作，对于司法机关和司法官员来说，是日常事务，没有什么大不了，但对于当事人和社会大众来说则是大事。司法机关和司法官员对于案件的处理都必须慎之又慎，不可失去公正。社会大众也往往是根据一个个案件是否被公正裁判的印象得出的结论。

2. 评价客体

对司法进行公正与否的评价,其评价的客体主要是司法结果、司法过程和司法行为。这三个主要方面,可能为评价者进行单一的评价,也可能为评价者进行全面的评价。这些客体所呈现的状态都会对评价结果和人们对于司法的心态产生重大的影响。

(1)司法结果

司法结果,是对司法进行公正性评价的最为首要的客体。一个案件处理得是否正确,过程固然重要,但结果尤其重要。如果处理程序上有点小问题,只要结果是公正的,当事人也还能谅解,但如果处理结果不公正,当事人和社会大众都会不满意,就是司法官员自已也会因失之偏颇而感到愧疚。绝大部分上诉、申诉所针对的都是司法结果而非司法过程。

司法结果主要是指司法裁判的结果。这个结果首先表现为社会道德和法律都否定的行为是否受到司法裁判的制裁;社会道德和法律都肯定的行为是否都受到了司法裁判的保护。如果该制裁的都制裁了,该保护的都保护了,当然就可以说司法裁判的结果是公正的。其次表现为制裁与保护的程度是否适当。如果对于应受制裁者的制裁手段和程度是适当的,就可以说这个司法结果是公正的;如果对于应受保护者的保护措施和程度是适当的,也同样可以认为,这个司法结果是公正的。但这并不意味着司法过程不重要。

(2)司法过程

司法过程,是司法公正与否的第二个重要的评价客体。没有过程的公正必然没有结果的公正。然而由于传统的原因,我们一向不太重视过程。常常以为程序是次要的,只要有结果的公正就行了,殊不知没有过程或者程序的公正,就不可能有结果的公正。在司法活动中,处处涉及过程及相应的程序问题。在法庭调查中,法官是否允许各方同等地发表对于证据的意见;在法庭辩论中,法官是否实际赋予了双方同等的辩论权等,都可能影响公正。

(3)司法行为

司法行为同样也是司法公正与否的评价客体,而且是评价的重要客体。司法官员在审理案件中的"一颦一笑"都会对当事人产生影响。司法官员在司法过程中,如何向双方交代诉讼权利,如何征求双方的意见,如何对每一个证据进行质证,如何作出司法裁决,都是公正与否的评价客体。这些方面也都体现和包含着法官对待双方当事人的态度和对于事实的认识。法官有意识与无意识的行为,都可能引起当事人和其他诉讼参与人的种种反应,从而影响对于公正与否的评价。

3. 评价标准

司法公正的评价标准是多元的。有时是不同的人,或者同一人在不同的时间和场景中,都可能做出不同的评价。评价的标准主要有法律标准和道德标准,职业标准与社会标准。运用这些标准作出评价,就构成了人们对于司法公正现状的总体认识。

(1)法律标准与道德标准

对于司法的公正性进行评价,法律标准是第一位的。作为法律标准,就是看其在实体和程序两个方面是否符合法律的规定。

作为道德标准则往往是看相关法律行为在法律上的被肯定或否定以及肯定与否定的程度,并以此作为道德评价的依据。

法律评价标准具有较大的确定性和一致性。道德评价标准具有很大的模糊性和多样性。

(2)职业标准与社会标准

职业评价标准是专业人士具有的评价标准。他们使用的是专业的眼光。这种评价又包括职业的有效评价与职业的任意评价。职业的有效评价往往是以裁定或判决的方式来表现的。例如,二审裁定或判决对于一审裁判的评价。职业的任意评价是由专业人士所作出的不具有法律效力的评价。

社会评价标准则是由公众作出的评价。它具有极大的不确定性与多样性，其载体往往根据社会的发展变化而变化，在传统社会中，往往是通过舆论、新闻的方式得以表达。在现代社会，除了新闻舆论方式之外，还有通过互联网来表达的社会评价。

（二）司法公正的制约因素

司法公正受到众多因素的制约。这些因素包括法律制度、司法官员、司法机制、客观限制与社会意识等。

1. 法律制度

法律制度是否健全直接制约和影响着司法的公正，尤其是在中国这样一个具有成文法传统的国家，法律法规的意义更是不容低估的。在许多时候，只要制度上有的，人们就无话可说。如果制度上没有，人们就会怀疑其公正性。而且在法律文件上找不到根据的，法官们常常不敢依照法律的原理和自己的认识来判决。这也就是人民法院拒绝受理的原因。其实拒绝受理是最大的不公正，因为起诉的人总是觉得自己权益受到侵犯的人。他们到法院起诉，目的就是要寻求公正。结果人家一到法院，还没有进门，法院就在接待室把人家拒之门外了。这样公正显然得不到维护。人民法院的立案范围的许多规定，都是值得反思的。

2. 司法官员

司法官员的道德修养制约着司法公正。司法公正要得以实现，首先依赖的是司法官员及其道德修养。司法官员面对各种诱惑和影响，要做到风雨不动安如山，必须依赖其定力。这种定力来自于司法官员自身良好的道德修养。司法官员的品德修养对于司法公正与否是决定性的。没有良好德行的人，一定成不了好法官。人们常常讨论“好人”与“好官”的关系，我以为，可以肯定的是：是好人的，不一定是好法官；不是好人的，一定不是好法官；而好法官必定是好人。这里的“好”首先便是道德意义上的好：没有为人之德的人，必然没有为官之德。司法官员对于法律的忠诚首先取决于其道德水平。愈是缺乏道德修养的人就愈是胆大妄为，肆无忌惮，没有什么法律他可以因道德的约束而不违反。

司法官员的业务素质制约着司法公正的状况。司法官员的业务素质对于司法具有决定性的影响。任何法律制度，即使再好，如果没有良好的司法作为保障，也就没有应有的意义，影响司法水准的基本因素还是法官的业务素质。我国法官的知识水平呈现出参差不齐的状态。有的水平很高，有的水平很低。就整体来说，素质普遍令人忧虑。个别法官的无知也如同其他专业性的组织一样。首先是一般知识的缺乏，其次是专业知识的欠缺。许多法官的裁决文书连事实和理由都说不清楚，文字粗疏，病句连篇，语义含混。这首先不是一个专业素质的问题，而是一个知识水平、文字功夫的问题。专业知识是需要通过专业教育的训练才能获得的。法官欠缺有关知识，司法公正就必然难以实现。

3. 司法机制

司法机制对于司法公正的影响是至关重要的。在好的机制下坏人做不了坏事，在坏的机制下好人做不了好事。司法机制包括司法机构的设置、司法制度的状况和司法程序的设计等。

司法机构的设置既包括在宏观上的司法机关与其他机构之间形成的政治构架，也包括司法机构内部的组织元素和组织形式。如果司法机构受到的外在约束过多，它就不可能具有独立的品格和独立的人格。司法机构不自主的情况下，要公正司法就只能是美好的愿望而不是现实。

司法制度的设计要具有合理性与科学性，制度设计本身如果不合理就不可能有公正的司法。

4. 客观限制

因为司法机关所要证明的事实实际上是永远无法完全证明的，所获得的不过是依赖证据证明的“法律事实”而已，有些真相永远无法知道，因此也会出现失误，使绝对的司法公正不能实现。人类认识的无限性，是从总体上讲的。就每一个案件来说，则未必能完全查明其客观的实际情况。在民事案件中，当事人的举证也无法完全举出所有的证据，有时甚至无法举证。如果因此出现错案，责任当然不在法官，但是就案件本身来说，是没有查明事实的。在刑事案件的处理上，法律对于各个机关办理案件都有严格的时间期限规定，司法机关所承担的工作任务也不允许无限地进行审判工作,在有限的时空中要完全百分之百地了解案件,是不可能的。由于案件本身的复杂和司法机关的时间限制而不能完全查明案情,显然也会导致司法的失误。

5. 社会意识

社会的公正意识是很重要的,它是司法的外在环境。如果社会的意识是畸形的,即使是公正的司法也会受到不应有的责难。病态的社会意识必将妨碍司法公正。畸形的社会意识是从多个方面影响司法公正的。首先影响的是法官对于案件的认识与评判,必然会影响法官的裁决;其次是形成不当的社会舆论,构成不良的社会舆论环境,使即使是公正的司法也被曲解或误解。社会有良好的公正意识就能在一定程度上促进司法公正。

社会仅有公正意识还不够,还应当有追求司法公正的社会良知与良能。对于不公正的司法,社会应当有足够的舆论监督。社会公众也应当具有为社会公正而奉献自我的精神,至少应当有疾恶如仇的美德和支持弱者的善行。体现在司法上就是要帮助司法机关或司法官员,将维护公正的法律付诸实施,使公正不仅是理想而且是现实。

第九章 法与行政权

国家从其产生之时起,就担负着庞大的行政管理职能。随着社会的发展,政治权力效用的发挥,行政权力在越来越多的方面发挥越来越大的作用。为了履行行政管理职能,国家建立了庞大的行政机关。行政机关履行这种职能所依赖的正是行政权力。行政权力是国家最庞大的权力。行政权力如何设定,行政机构如何设置,行政权力如何配置,都是行政权力建设的重要内容,它们都与法律有着密不可分的联系。探析它们之间的内在关系,对于认识行政权力,对于深化解析法律与行政权力之间的关系,都有重要的意义。

一、法与行政权力的设定

行政权力是国家的基本权力之一,是政府拥有的社会管理权。它是由一国运用法律制度来设定和规制的。

(一)行政权力的基本职能

行政权也可以称为行政权力,它是由一国政府所拥有的，在一国范围内实施行政管理的权力。它是国家权力的重要组成部分，在整个国家权力体系之中，与立法权和司法权等国家权力相并列。

关于行政权力，不同的时代和国度的学者有着不完全相同的理解。在西方，布莱克的见解是具有代表性的，他认为“行政权即执行法律的权力……它区别于制定法律以及对法律纠纷裁判的权力”①。在中国，有学者认为，“行政权是由国家宪法、法律赋予的国家行政机关执行法律规范，实施行政管理活动的权力，是国家政权的组成部分”。②“行政权力，就是一个国家权力体系中负责执行权力机关意志、维护社会经济文化秩序、增进社会福利、管理社会事务的支配权力。”③也有学者从政府职能的角度提出了行政权力的范围。“行政权力是由宪法和法律设定的。行政权力作为国家权力之一种，如同其他一切国家权力一样都是由宪法和法律来设定的。”“行政权来源于国家宪法和法律，没有宪法和法律的确认和设定，行政权就失去了存在和行使的合理基础。”④从宏观上考察，行政权力主要包括以下几个方面的基本职能：

1. 执行法律

行政权在严格的意义上，就是法律执行权。也许正是因为这样，许多国家的宪法才把行政机关界定为国家法律的执行机关。我国《宪法》规定：“中华人民共和国国务院，即中央人民政府，是最高国家权力机关的执行机关，是最高国家行政机关。”⑤行政机关管理国家和社会事务，并不意味着行政机关的行政权就是无止境的，就是漫无边际的。应然的状态和实际的情形都不可能容许行政权无限化。

从民主的意义上讲，国家是人民的，只有人民才享有真正的最终的

---

① 转引自张焕光、胡建淼：《行政法学原理》，劳动人事出版社1989年版，第18页。

② 罗豪才主编：《行政法学》，北京大学出版社1996年版，第4页。

③ 应松年主编：《行政法学新论》，中国方正出版社1998年版，第11页。

④ 罗豪才主编：《行政法学》，北京大学出版社1996年版，第4页。

⑤ 《中华人民共和国宪法》(1982年)第85条。

国家和社会管理权。行政机关只是受人民的委托进行管理而已。人民委托行政机关——政府的方式，就是通过制定法律，然后把法律确定为政府的行为准则，要求其严格遵守执行。行政机关严格地执行了法律，也就是它严格地遵守了法律。只有它对法律的严格执行，才能使人民的意志成为社会的现实，也就是说才能使人民的意志真正得以实现。所以，行政机关对于法律的执行如何直接关系着人民能否真正地当家做主，人民的意志能否真正被尊重和现实化。

从非民主的意义上讲，行政机关也依然只能是执行机关。因为没有民主，那就可能是“君主”或者“神主”，或者其他什么“主”。在这样的背景下，行政权也同样不可能是无限的。它必须服从“君”的意志和“神”的意志。行政机关不过是“君”或“神”的代表，它也只能在“君”或“神”的意志之下开展管理活动。行政机关也只是“君”或“神”的执行机关。

行政机关对于法律的执行，应该包括对于社会进行管理的法律的执行和对于自身进行管理的法律的执行。一个国家的法律大量的都是对社会进行管理的。社会的政治、经济、文化、军事、外交、国防、卫生、医药、环境、社会保障等，都需要大量的法律来进行管理。行政机关作为公共管理机关，当然担负着将这些法律予以不折不扣执行的任务。同时，行政机关也是一个庞大而复杂的权力组织，它有层次复杂、类别多样的组织机构。对这些机构及其工作人员的管理，也是一个复杂的法律体系。所以，行政机关既要执行对于社会进行管理的法律，也要执行对自身进行管理的法律。

行政机关对于法律的执行，应该包括对于实体法的执行和对于程序法的执行。法律都是由实体法和程序法两个部分构成的。这两个方面的法律是一个整体。缺少任何一个方面都是不健全的。无论是在社会管理方面，还是在自身管理方面，都有实体法和程序法的划分。在社会管理方面，当然有规定各类社会主体权利义务的实体法，也有规定如何实现这些权利义务的程序法。行政机关在对公民和法人适用这些法律的时候，不能为传统的重实体轻程序的利弊所左右，应该自觉地坚持程序优先的普遍原则,确保社会管理的法律被全方位地执行。在规范行政机关自己行为的法律中,也同样有着实体法和程序法的划分。不仅在管理社会时要有程序法的观念,在执法活动中也应当有实体法和程序法意识,自觉全面地执行法律。

行政机关对于法律的执行是一种职权,既是权力也是职责。行政机关执行法律的权力不可滥用,也不可不用。行政机关滥用行政权就会损害公民或法人的合法权益或者损害社会的公共利益,最终使国家的权力得不到正常实现。行政机关如果疏于执法,使一些法律得不到实施,那就是渎职。执法权的滥用和不用都是违反法律的,都应该承担应有的法律责任。行政机关只有严格执行法律,才能完成其使命。

2. 制定行政法规

行政机关是法律的执行机关,也是行政法规的制定机关。由于行政管理的需要,一定的行政机关尤其是中央的行政机关,还担负着行政立法的重任。他们需要根据行政管理工作的需要,在法定的职权范围内,根据法定的行政立法程序,制定行政法规。

行政法规的制定需要符合宪法和法律的规定,尤其需要在宪法和法律的范围内,根据《立法法》的规定进行。行政法规的制定是极为严肃的立法活动。这一活动将稳定而长期地影响行政管理活动,所制定的法规将被作为公民和法人的行为规则,也将被作为国家行政机关处理相关法律事务的法律根据。尤其是在缺乏宪法、法律具体规定的情况下,这些行政法规就具有当然的法律效力。司法机关在处理有关案件的时候甚至会援引行政法规作出裁判。

尽管行政机关没有对于司法的管辖权,也不能直接作用于司法机关,但是由于行政法规在法律上的效力,就使得行政机关的行政立法活动可能直接影响司法的法律适用和法律裁判。一旦司法机关援引行政法规进行裁判,行政法规的影响力就超出了行政管理本身,而成了法律的重要补充。行政法规在一定程度上成为司法的根据。

行政机关制定行政法规的权力在一定程度上是对立法权的分享。

当然这种分享的立法权相对于立法机关的立法权来说,始终是第二位的,它不得与立法机关的既有立法相抵触。抵触者自然无效。立法机关一旦有新的立法出台,将行政法规取代,或者立法机关新的立法将既有的行政法规否定了,原有的行政法规当然失去其效力。基于立法法的规定,立法机关也有权宣布撤销行政法规。这都是行政法规的法律地位所决定的。由于行政管理范围特别广泛,行政法规的数量总是极为庞大的,立法机关始终难以在每一个行政事项上都制定出完备的法律,所以行政法规始终有其广阔的生存空间,可以充分地发挥作用。

3. 调节经济发展

行政权力调节经济发展并非随意地干预经济,而是通过法定而科学的方式来影响经济的状态与发展趋势,从而达到维护经济秩序、推进经济发展的目的。其基本的方式是编制财政预算。编制财政预算是政府调节经济的重要措施,是行政机关的基本职能之一。行政机关是国家财政的管理者,它当然地依法享有编制财政预算的权力,也担负着编制财政预算的责任。

各国政府都有对经济发展进行调节的权力。这种权力在行使上的差异在于,在不同经济体制或不同经济状况的国家,他们权力的大小不同,使用的调节方式和手段不同。在计划经济国家,政府对经济拥有最大的调控权力,甚至是直接的经济活动操作者,他们可以直接干预社会的经济发展。在市场经济国家,政府则通过一系列的经济杠杆、政策和法律来影响经济发展。政府通过制定经济发展的宏观计划,指导经济发展的路向;通过制定产业政策,调整经济格局;通过提供经济信息来引导市场主体的经济活动;通过确定和控制宏观的经济变量,如财政收支总额、信贷收支总量来调节经济状况;通过法律途径防止和惩治垄断的发生,保持正常的竞争秩序;通过税收政策的变化,维护社会的分配公正,等等。

4. 管理公共事务

人类的共同生活必然导致若干的公共事务。经过历史发展,国家和社会有着越来越多的公共事务,这些公共事务必须有一个承担者。人类社会的政治实践发现和创造了这个承担者——政府。到了现代,国家和社会的公共事务,广泛地存在于教育、文化、公共交通、社会福利、社会保险、社会治安、环境保护、大众传媒等许多方面。政府对于这些公共事务都有管理权,也担负着重要的管理责任。世界各国的宪法和法律,在对国家行政机关进行职权设定的时候,总是以公共事务管理作为中心内容的。公共事务管理,是行政权力适用的主要领域,也是政府管理活动的重要方面。这些公共事务管理的范围、状况标志着一个社会发展进步的程度,也反映着一个政府的效能与工作情形。

(二)法律制度中的行政权力

世界各国都运用宪法和法律等规范性法律文件,来确立行政权力。它们不但在宏观上规定了行政权力,而且还将行政权具体化为各个行政机关的具体职权,从而使行政权力具体化。

"中华人民共和国国务院,即中央人民政府,是最高国家权力机关的执行机关,是最高国家行政机关。"①作为最高国家行政机关的国务院享有下列职权:根据宪法和法律,规定行政措施,制定行政法规,发布决定和命令;向全国人民代表大会或者全国人民代表大会常务委员会提出议案;规定各部和各委员会的任务和职责,统一领导各部和各委员会的工作,并且领导不属于各部和各委员会的全国性的行政工作;统一领导全国地方各级国家行政机关的工作,规定中央和省、自治区、直辖市的国家行政机关的职权的具体划分;编制和执行国民经济和社会发展计划和国家预算;领导和管理经济工作和城乡建设;领导和管理教育、科学、文化、卫生、体育和计划生育工作;领导和管理民政、公安、司法行政和监察等工作;管理对外事务,同外国缔结条约和协定;领导和管理国防建设事业;领导和管理民族事务,保障少数民族的平等权利和民族自治地方的自治权利;保护华侨的正当的权利和利益,保护归侨和侨眷的合法的权

① 《中华人民共和国宪法》(1982年)第85条。

利和利益；改变或者撤销各部、各委员会发布的不适当的命令、指示和规章；改变或者撤销地方各级国家行政机关的不适当的决定和命令；批准省、自治区、直辖市的区域划分，批准自治州、县、自治县、市的建置和区域划分；决定省、自治区、直辖市的范围内部分地区的戒严；审定行政机构的编制，依照法律规定任免、培训、考核和奖惩行政人员；全国人民代表大会和全国人民代表大会常务委员会授予的其他职权。①

至于县级以上地方各级人民政府，它的职权主要是：执行本级人民代表大会及其常务委员会的决议，以及上级国家行政机关的决定和命令，规定行政措施，发布决定和命令。省、自治区、直辖市以及省、自治区的人民政府所在地的市和经国务院批准的较大的市的人民政府，还可以根据法律和国务院的行政法规，制定规章；领导所属各工作部门和下级人民政府的工作；改变或者撤销所属各工作部门的不适当的命令、指示和下级人民政府的不适当的决定、命令；依照法律的规定任免、培训、考核和奖惩国家行政机关工作人员；执行国民经济和社会发展计划、预算，管理本行政区域内的经济、教育、科学、文化、卫生、体育事业、城乡建设事业和财政、民政、公安、民族事务、司法行政、监察、计划生育等行政工作；保护社会主义的全民所有的财产和劳动群众集体所有的财产，保护公民私人所有的合法财产，维护社会秩序，保障公民的人身权利、民主权利和其他权利；保障农村集体经济组织应有的自主权；保障少数民族的权利和尊重少数民族的风俗习惯，帮助本行政区域内各少数民族聚居的地方依照宪法和法律实行区域自治，帮助各少数民族发展政治、经济和文化的建设事业；保障宪法和法律赋予妇女的男女平等、同工同酬和婚姻自由等各项权利；办理上级国家行政机关交办的其他事项。②

乡、民族乡、镇的人民政府主要负责执行本级人民代表大会的决议和上级国家行政机关的决定和命令，发布决定和命令；执行本行政区域

① 《中华人民共和国宪法》(1982 年)第 89 条。
② 《各级人民代表大会和地方各级人民政府组织法》第 51 条。

内的经济和社会发展计划、预算,管理本行政区域内的经济、教育、科学、文化、卫生、体育事业和财政、民政、公安、司法行政、计划生育等行政工作;保护社会主义的全民所有的财产和劳动群众集体所有的财产,保护公民私人所有的合法财产,维护社会秩序,保障公民的人身权利、民主权利和其他权利;保障农村集体经济组织应有的自主权;保障少数民族的权利和尊重少数民族的风俗习惯;保障宪法和法律赋予妇女的男女平等、同工同酬和婚姻自由等各项权利;办理上级人民政府交办的其他事项。①

二、法与行政机关的设置

行政机关包含各级人民政府及其工作部门。行政机关在设立上必须以法律作为自己的根据。作为行政机关根据意义上的法律,其作用主要表现在以下几个方面:

(一)设置行政机关的体制结构

行政机关是极为复杂的,至少有中央行政机关和地方行政机关之分,一般行政机关和专门行政机关之分,常设行政机关和临时行政机关之分。在各类行政机关之中又有着复杂的组织结构关系。例如,在中央行政机关之中,就有不同的组织体制,典型者就有英国、日本和德国的内阁制,美国的总统制,瑞士的委员会制,法国和俄罗斯的半总统制,形形色色,林林总总。

行政机关在任何国家都是一个庞大的体系。在当代,任何国家的行政机关都可以说是十分强大的。即使是弱小的政府都将是十分有权的政府。就行政机关的整体来说,它有着强大的组织系统,它是由众多的子系统所构成的统一整体。一个国家设立怎样的行政系统,具体说来,

① 《各级人民代表大会和地方各级人民政府组织法》第52条。

它应建立具有多少层级的政治机构，这些机构的内部有怎样的单元划分，都是由法律事先确定的。如果在行政机关的运行中出现了问题，需要进行体制的改革，也同样需要依法进行。行政机关对整个社会生活具有最大的权力性质的影响。对于行政机关的改革，既是必要的、艰难的，但又必须慎重。行政体制改革的有效进行，没有法律作为后盾是不行的。法律在这里就成为行政体制改革的基石。行政体制改革也是艰难的，阻力和困难都会很大。排除障碍，推进改革，可以采用的方法和手段很多，但法律的方法和手段是最不可缺少的。行政体制改革影响深远，或成或败都事关重大。行政体制改革除了必须坚决之外，还必须慎重。如何做到既坚决又慎重，法律将是最不可忽视的手段。法律的确定性、稳定性，以及立法过程的严格性、程序性都决定了它在行政体制改革中具有不可替代的作用。通过改革，新的行政体制建立起来后，必须得到法律的确认，并防止对于新体制的破坏。新的行政体制只有被新的法律确认和保护，才可能获得社会普遍的认同，并被作为现行的行政体制发挥应有的作用，进而推动社会的进步和发展。

（二）设定行政机关的职权范围

行政机关有着广泛的职权，从国家存在的物质基础意义上看，行政机关主管着国家范围内的土地、矿山、森林、海洋等。从行政机关工作的社会方面来看，行政机关主管着一国的经济、政治、文化、外交、军事、科技、邮电、交通、运输、财政、税收等。从行政机关自身的工作内容来看，行政机关的职权有行政立法、行政管理等。

行政机关在所有国家机关中职权内容最丰富，对其职权进行法律确认具有独特的意义。其一，法律可以记载行政机关应有的职责权限，使行政机关到位而不缺位。法律的规定，有利于防止行政机关的失职或渎职，也有利于提高行政机关的工作效能。其二，法律对行政机关职权的确认，也为人民群众和公民衡量行政机关的工作提供客观化的根据，这样也就便于人民群众和全体公民对政府进行监督，实现人民当家做主。其三，法律对行政机关职权的确认，也将有效地防止权力滥用，促进行政廉洁。由于行政机关权限特别广泛，行政机关及其官员的腐败是难以遏止的，为了有效防止行政腐败的发生，加强法律对于行政权限的规制是十分必要的。

(三)确定行政机关的法律责任

行政机关的执行行政职能当然是有责任的。这种责任不可不设定，不可滥设定。不当的责任设定将影响行政效果和社会民主。对于行政机关行政责任加以法律的确定，就可以更好地保证行政效用的良好发挥。随着民主和法治的发展，行政机关责任的法定化成为法治建设的必需。行政机关的责任一经法律化，就使其成为一种独特的行政法律责任，行政机关一旦出现违法就必须承担责任，使行政机关的责任具有确定性和严肃性，使其不至于被人为地随意改变。

三、法与行政权力的配置

行政权力是政府执行法律的权力，也是政府管理社会的权力。这种权力具有特殊广泛性和强制性，既不能被随便享有也不能被随意行使。通过法律来配置行政权力是最明确、最规范的方式，法律何以配置行政权力是一个极为重要的法律问题。

(一)行政权力的依法配置

行政权力是国家所有权力中最为庞大复杂的权力，交由任何一个简单的组织来担负，都无法完成其使命。行政权力必须交由不同层级、不同类别的机构来行使。为了使行政权力在不同层级和不同类别的行政机构中得到科学的配置，必须考虑两个基本的因素，第一个是行政的组织结构状况，第二个是法律的制度性规范。在此，需要思考的是，为什么要依照法律进行行政权力的配置，为什么依法配置行政权力是最佳的选择。

1.依法配置行政权力的直接效用

依法配置行政权力最直接的效用是使行政机关的分工明晰，各尽其

职,各负其责,确保行政权力的良好行使。具体说来:

第一,有利于行政权力被科学配置。行政权力总是要在各个行政机关之间进行配置的,只是配置的方式如何选择而已,或者由某个领导人个人说了算,或者由某几个人领导人说了算,或者由各个行政机关在渐进发展中自然形成。这也许都是权力配置的方式。但是这些配置方式,都存在仅仅依赖少数人智能,或者具有随机随意的性质,都在严肃性上存在一定的问题。国家行政权力是庄严的权力和神圣的权力,不是儿戏。通过法律的方式来配置行政权力,就避免了其他方式所难以避免的随机随意性质。通过复杂而严格的立法程序进行,以法律文件形式记载的权力配置,必然比其他任何形式的权力配置都更加慎重,更加理性,当然也会比其他配置方式更加科学。

第二,有利于行政机关的分工明晰。法律是最明确、肯定的社会规范。法律在所有的社会规范之中,具有最大的确定性和稳定性。通过法律来确定行政机关的分工,首先会使分工更为明确,工作界限更为清楚;其次一旦发生权力范围的争议,也可以依法解决。通过法律界定的行政权力,将有利于行政机关全面地担负自己所应担负的责任,而不至于相互推诿,可以有效地防止行政权力的空当状态。行政权力行使中的争议是难免的,有的领域,众多行政机关争相介入,有些领域,众多的行政机关却避之犹恐不及。在这种情形之下,事前的、法定的权力分工就成为职权划分的标准,也成为各自权力范围的根据。

第三,有利于行政机关的各尽其职。行政管理涉及极为广泛的社会方面,政治、经济、文化、教育、科技、国防等,可以说不胜枚举。与之相适应,行政权力的内容也特别广泛。国家的行政权力几乎会到达社会生活的各个领域。社会生活的广泛性和行政权力的广泛性,都可能使行政权力在各个机构之间的划分上出现漏洞。在行政机关职权划分上的疏漏,一定会导致某些社会方面,行政权力管理的缺位。一旦出现这种情形,人们的社会生活就将受到影响。社会生活和行政权力不仅可能出现划分上的疏漏,也还可能出现划分上的重叠与交叉。行政权力的交叉就难免导致行政权力之间的相互冲突。无论是疏漏或是交叉,都会妨碍行政权力的有效行使与良好运行,所以,对于行政权力进行无所遗漏、最少重叠的制度安排就特别重要。法律对于行政权力的配置就是要达成对于行政权力进行科学配置的目的。

第四,有利于行政机关的各负其责。行政机关并不是可以运用行政权力为所欲为的机关。在行使行政权力的时候,既要遵守法定的程序,还得在自己的职权范围之内,一旦渎职就可能导致极为严重的社会后果,渎职本身就是违法和犯罪;一旦超越其职权,其行政行为也同样可能是违法行为,甚至是犯罪。无论是越权或是渎职都是违法行为,严重者都可能构成犯罪,需要承担相应的法律责任。谁来承担法律责任,承担什么样的法律责任,在违法犯罪发生之后,就成为极为重要的问题。如果行政机关的权力界限不清晰,就必然导致行政机关本身的违法和行政官员的犯罪;也会导致法律责任难以追究,使公民和法人的合法权益得不到有效的保障。在越权或渎职的违法犯罪发生之后,行政机关的职权范围就成为判断行政机关是否违法的重要根据,也可能是认定有关人员是否犯罪的根据。法律对于其职权的严格的规定,就是其责任判断的依据。有了法律上的行政权力的明确划分,责任划分也就会相对更加明晰。这就有利于行政机关认真履行自己的行政管理职能,使之既不越位,也不缺位。

2. 依法配置行政权力的重要意义

行政权力的依法配置,除了具有前面所论述的直接效用之外,对于防止权力滥用,推进法治发展,推进政治民主都具有深远的意义。

首先,防止滥用职权。任何权力都难免有被滥用的倾向,这是人类政治实践的经验总结。也许正是因此,人类一直在制度建设上谋求一套有效的机制,防止权力被滥用。在国家的所有权力中,行政权力也许不是最高的权力,但是它一定是最庞大的权力,最广泛的权力。行政权力的滥用也就成了对权力进行监督的重点,可以说对行政权力进行监督,是对整个权力进行监督的重中之重。行政权力被滥用的情形,在历史上,在现实中,在国外,在国内,都存在。防止权力被滥用的措施很多,其中一个极为有效的措施就是将行政权力法定化。有了法律的明确界定,行政权力的内容就有了一个明确规定,行政权力的作用对象和行使程序也会得以明确。行政权力若能在法律中从内容、对象到程序都被界定清楚,滥用行政权力的情形必将大大减少。这样,也就有利于减少滥用行政权力的情况发生。

其次,推进法治发展。行政权力是国家的重要权力。在法治的理念中,对于权力的制约始终是法治的目标。没有对于权力的约束就没有法治。法治是一种社会化的整体状态,它体现在社会的各个方面。法治建设的根本方面是实现国家权力的法治化,为建立法治国家而努力。国家任何权力的大小、强弱,以及在层级与部门上的划分对于整个法治都十分重要。国家行政管理的过程,也就是国家行政权力行使的过程,对这个过程进行法治化,对于整个法治建设是特别重要的。对于行政权力的法律规制是法治发展的要求,也是一个社会法治发展与进步程度的标志。对行政权力进行法律上的配置,是建立行政法治的第一步,或者是首要的环节。如果没有对于行政权力的法律规制,对于行政权力行使上的法律监督就无法继续进行。依法配置行政权力,事关整个行政权力运行的法治化状况,也事关整个法治建设的成败。要推进法治建设,必须从行政权力配置的法治化入手。

最后,促进政治民主。一般地说,法治是目标,当然是正确的。但是,相对于民主来说,法治则是工具,法治最终要服务于民主。行政权力在直接的意义上,是国家的;在终极的意义上,是人民的。不最终归属于人民的权力都是对于权力本身的反动,因为任何权力都是从人民那里得来的。人民是权力的来源,也就决定了权力必须归属于人民。人民作为一个整体如何来左右权力的运行,如何来考察权力的运行状况,这不是没有标准和尺度的。这些标准和尺度中最重要的就是法律的标准和尺度。法律对于任何权力的配置都是人民对于权力进行处置的第一步,也是人民在其后对于权力的运行状况进行评价的标准或尺度。对于行政权力，也同样是如此。国家的行政权力，千百万的人民是无法来集体行使的。他们必须委托他们所信赖的政府来行使。政府行使什么权力，多大范围、多大效力的权力都是由人民确定。人民确定权力的内容、范围、效力的手段就是立法。通过选举代表，制定法律来对权力进行确定。通过立法来配置行政权力，实际上是人民当家做主的体现，也是人民掌控权力的重要方式。它体现的是人民民主，体现的是人民如何以国家和社会主人的身份来设定行政权力、要求行政权力、考察行政权力和监督行政权力。对于行政权力的依法配置，是在行政权力上实行人民民主的第一步。依法配置行政权力的民主意义，不容忽视。

（二）法律上的行政权配置

在法治发展中，行政权力逐步由法律加以配置。由法律配置的行政权，在分工上无疑更加明确，结构上理当更加合理。世界各国都是从纵向和横向的两个方面来进行行政权配置的，并由此构成一个统一的行政权整体。

1. 纵向配置

世界各国的行政机构在宏观上都划分为中央和地方两个层级，在地方一级中又划分为若干层次。这种纵向的上下关系，就是行政组织的纵向结构。为了使整个行政组织形成一个完整统一的系统，成为自上而下的组织体系，就有必要对不同层级的权力进行分配，使之成为一个协调统一的整体。世界各国都通过自己的宪法和法律来分配不同层级行政机关的行政权。在此仅以英、美、法、德、日为例来做一个简要的论述。

英国政府是英国的最高行政机关，即内阁，由首相、阁员大臣和非阁员大臣组成。内阁的主要职能是对提交议会的政策作出最后决定，按照议会通过的政策，行使最高的行政管理权；随时协调和划定各行政部门的权力。首相的责任是，向英王汇报政府工作概况；主持内阁工作；对各部实行总监督，解决各部之间的纠纷；批准无须提交内阁讨论的全部重要决定；任免内阁成员和所有政府成员及其他有关宗教、司法方面的人事任免。[①] 英国《1972年地方政府法》对其所属英格兰、威尔士、苏格兰和北爱尔兰4个地区的地方政府的层级和权力进行了规定。作为地方政府，他们一方面要完成中央政府交付的任务，另一方面还需要完成自治性质的工作。一般说来，郡议会负责警务、消防、教育和社会福利等。区议会负责住房管理和环境保护的部分事务。其地方政府的一般职责是：保障社会安全，掌握警务、消防；进行市政的全面规划与设施建设；管理教育、住房、居民卫生和福利，以及儿童、老人的照顾等；实施环境保护，对污染进行干预和管理。有的地方政府还设立市场，从事交通运输等商业性质的活动。[②]

美国中央政府，也即联邦政府。"美国联邦的行政组织包括总统、总统的执行机构、内阁、部、独立的控制机构、政府公司。"[③]从地方来看，美国有50个州的地方政府。美国各州的政府体制由各州的宪法规定。各州的宪法除了规定公民权利之外，就是规定地方政府组织机构和权力限制的条款。各州宪法仿效联邦宪法所采用的三权分立模式，将行政权与立法权、司法权相并列。美国地方政府之间不是层级的垂直领导关系，"美国的任何地方政府都不能相互管辖，它们都与州政府发生关系，甚至可以跳过州政府直接同联邦发生关系"。[④]

依照法国宪法的规定，法国中央政府为总统所领导，是法国最高行政机关，对议会负责。中央政府由总理、国务部长、部长级代表和国务秘书等成员组成。总统主导政府的大政方针。总理有权向总统建议任免政府成员，并可任免除总统之外的所有文职和军职人员；指导政府活动，协调各部的关系；代表政府向议会提出施政纲领或发表政策声明，并向议会承担责任；总统解散国民议会或行使宪法规定的宣布紧急状态权力时，必须征询总理意见，由总理以政府的名义宣布戒严令；代表政府享有

---

① 李步云主编：《宪法比较研究》，法律出版社1998年版，第839～840页。

② 徐红：《比较政治制度》，同济大学出版社2004年版，第194～195页。

③ 王名扬：《美国行政法》（上），中国法制出版社1995年版，第131页。

④ 徐红：《比较政治制度》，同济大学出版社2004年版，第194～195页。

立法创议权和修宪建议权；对国防负责，领导国防部，负责组织国防并兼任国防委员会副主席，必要时代替总统主持最高国防会议和国防委员会；政府享有广泛的条例制定权和命令发布权。在法国，总理依靠总统而存在，是总统的大管家。① 根据其宪法、法律和法规的规定，法国将地方行政机构分为地方国家行政机关和地方政府两个部分。地方行政机关是中央国家行政机关根据管理需要而设置的。它们根据中央国家行政机关的授权行事，实际上是中央国家行政机关的驻外机构或派出机构，中央国家行政机关在大区设立驻外机构，包括大区长及其附属机构，以及由中央在大区设立的与不同的中央行政机关对口的机构。这些机构都在大区长的领导下工作。大区长由大区首府所在地的省长担任。他是国家在大区的代表，是地方上的国家行政机关，负责大区中的国家事务。其职权主要是，监督国家法律法规在大区的执行，维护国家利益，领导本地区的国家行政管理工作，处理本区域内一切涉及国家利益的事务，管辖中央各部派驻在本大区的机构，监督本区域内的行政和财务管理，促进和协调大区内其他省长的行动。国家还在省派驻了一些机构，省长是这些机构的领导，也是中央政府在该省的代表。法国 1958 年宪法规定，“政府在各省和领地的代表负责维持国家利益、监督行政，并使法律得到遵守。”②省长的职权与大区长类似，主要是维护省内的国家利益；监督国家法律法规在该省的执行；领导在该省的国家行政工作；维护公共秩序，保护公共利益；有权指挥行政警察与司法警察，制定适用于省内的治安条例等。国家在市镇的代表是市长。市长还具有市镇最高行政长官的身份。与地方国家行政机关并列的还有地方政府。地方政府分为大区政府、省政府、市镇政府以及海外领地。大区政府由大区议会主席领导，负责贯彻国家的经济发展和国土整治政策，推动大区经济、社会、文化、科技、卫生事业的发展。省政府由省议会和省议会主席构成。

---

① 李步云主编：《宪法比较研究》，法律出版社 1998 年版，第 847 页。

② 《法国宪法》(1958 年)第 72 条。

省议会的职权包括,通过省的预算,批准省的账目;创建公共事业;参与经济和社会事务;对国家的决定发表意见,对国家的政治和行政问题表示愿望。省议会主席领导省议会的工作,主持省议会的议事活动,编制省的预算,实施省议会的各项决定,管理省的财产,领导省的行政管理工作。市镇政府由市镇议会和市镇长和市镇长助理组成。市镇议会负责市镇管理,设立和组织市镇机构,讨论和表决市镇预算,领导市镇规划,创立和组织市镇公共事业。市镇长既是市镇的最高行政长官,也是国家在市镇的代表。他要在中央和省的领导下,保证法律法令在本市镇的执行,维护社会治安;执行领导警察和司法工作、领导市镇工作机构,任免市镇工作人员,实施市镇议会的预算和决议等市镇自治公务。①

德国的中央政府为联邦政府,由内阁机构、联邦总理办事机构和各部构成。总理是政府首脑,负责制定和执行联邦政府的总的政策方针,并就其承担责任;有权提名并呈请联邦总统任命各部部长和政府高级官员,可以从部长中任命一名副总理;确定内政外交方针并向联邦议院承担政治责任;主持内阁会议,领导内阁委员会的工作;领导各部工作,负责裁定各部之间的分歧。有权要求联邦议院议长提前召集联邦议院大会,甚至提请联邦总统解散联邦议院。内阁拥有广泛的职权。联邦总理办事机构的职权主要是为总理的决策进行准备,并监督决策的执行,协调联邦政府各部的工作。② 德国根据宪法的规定,在地方设立州、县(市)和乡(镇)三级政府。市、县、乡、镇政府之间无隶属关系,都属州管辖。州政府主要负责州的立法范围内的任务,包括文教、警察、乡镇管理和地区规划;受联邦的委托执行联邦法律;作为自己的事务执行联邦的法律;负责州自己的和联邦委托的经济和财政工作。州以下的地方政府的地方自治权是由州宪法和法律规定和授予的,主要包括制定不与上级政府抵触的法律,管理自己的行政事务,自行推选行政官员,对上级对该

---

① 徐红:《比较政治制度》,同济大学出版社 2004 年版,第 197 ~ 199 页;王名扬:《法国行政法》,中国政法大学出版社 1988 年版,第 70 ~ 133 页。

② 宋玉波:《比较政治制度》,法律出版社 2001 年版,第 148 页。

地区作出的重大决定进行复决。①

“战后日本,是世界上行政法最为发达的国家之一,制定有众多的行政法规,建立起了一整套系统、完备的行政法律制度”。② 根据《日本国宪法》,日本中央政府是日本内阁。“一切重要政策都由内阁制定和执行;一切重大议案也都由内阁提出并推动国会审议通过。内阁还有权指挥监督地方各级政府的行政分支,在必要时可以中止民选的地方行政长官的职权。”③内阁由总理大臣及各国务大臣组成。内阁总揽行政权力,指挥监督各级行政机关的工作。总理有权向国会提出议案,任免国务大臣,指挥监督各部工作。内阁各机构分别担负各自的行政职责。④ 日本内阁的主要职权包括诚实执行法律,总理国务;处理外交事务,与外国和国际组织缔结条约(须经国会事前或事后承认);编制并向国会提出预算案,执行国家预算;依法负责官吏的任免、考核、培训、俸给、奖惩等事务;制定政令;决定大赦、特赦、减刑、免除刑罚的执行及恢复权利。内阁还有权解散众议院,召开国会和国会临时会议;在众议院解散时,召开参议院紧急会议,提名最高裁判所法官,任命各级法官。内阁通过向议会负责间接对国民承担责任。⑤ 日本的《日本国宪法》、《地方自治法》、《地方公务员法》、《地方财政法》和《地方税法》为日本地方政府的职权提供了法律根据。其主要的职权有管理财产权(维护、保存和使用属于自治体的财产)、处理事务权(管理消防、环境保护和公用事业)、行政执行权(办理户口、登记居民身份证、执行国家法令等)。地方政府受中央政府的监督,受中央政府各有关部门的监督和管辖,受总理大臣的指挥监督。地方政府没有司法权,无权处理国家运输、通信、邮政和一切直属中央管辖的教育、科研、医疗、航运、图书馆等社会公共事业。⑥

---

① 徐红:《比较政治制度》,同济大学出版社 2004 年版,第 199 ~ 201 页。

② 何勤华:《法律文化史论》,法律出版社 1998 年版,第 157 页。

③ 宋玉波:《比较政治制度》,法律出版社 2001 年版,第 139 页。

④ 徐红:《比较政治制度》,同济大学出版社 2004 年版,第 177 ~ 178 页。

⑤ 宋玉波:《比较政治制度》,法律出版社 2001 年版,第 141 ~ 142 页。

⑥ 徐红:《比较政治制度》,同济大学出版社 2004 年版,第 201 页。

2. 横向配置

国家行政权力的配置不仅仅是在纵向进行的，而且也在横向进行。行政权力的横向配置，就是指在平行的国家行政机关之间，如何配置不同的行政权力。行政权力的横向配置，如同纵向配置一样，都在法律的轨道上，并依照法律制度的规定而得以进行。行政权力的横向配置，相对于纵向配置来说是第二位的，因为作为整体的行政权力首先是划分为不同的层级的，在不同的层级中，才有平行的行政机关如何进行横向分权的问题。在中央政府中，行政权力的横向划分是在各个部之间进行的。由于各个部的设立本身就是根据其行政权力的类别进行的，所以根据行政权力的不同类别建立的各部，当然会被设定为不同行政权力的享有者。它们根据法律对于其职权的设定开展工作。

英国中央政府的行政权力是在首相、内阁、枢密院和各部之间进行配置的。现有近 20 个部，依照有关法律的规定，管理相应事务的中央行政权力被配置给担负全国性事务管理的财政部，教育和科学部，贸易和工业部，农业、渔业和粮食部，环境事务部，就业部，卫生和社会保险部等；担负外交事务的外交部；担负国家安全事务的国防部、内政部；担负地区事务管理的苏格兰事务部、威尔士事务部和北爱尔兰事务部。

美国中央政府的行政权力是在总统办事机构、内阁、行政各部和数量不等的独立机构之间依法进行配置的。行政部有 15 个，为国务院、财政部、国防部、司法部、商务部、劳工部、内政部、农业部等。这些部都有不同的法定职权。作为独立机构的有州际商业委员会、联邦储备委员会、联邦贸易委员会等，它们依照法律的规定，担负着一定的行政职能。

法国的中央政府由总统、总理、各部等构成，其行政权力在它们之间进行配置。其中部有 20 个左右。它们是内政部，外交部，国防部，经济、财政和预算部，国民教育部等，分别依法担负着某一方面的中央行政事务。

德国中央政府的行政权力是在内阁机构、联邦总理办事机构和联邦政府各部之间进行配置的。部级行政机关有内政部、外交部、财政部、司法部等14～20个。

日本的内阁为其中央政府,中央政府的行政权力主要在总理府、行政省厅,以及内阁辅助机构的内阁官房、内阁法制局和人事院等之间依照法律的规定进行分配。

行政权力的横向配置,不仅仅在中央政府存在,在地方政府中依然存在。中央立法机关、中央政府、地方立法机关,为了使地方行政权力有效运用,使地方行政机关有效运行,也同样通过法律的规定,来配置各个行政机关的行政权力。各国在地方行政权力的配置上具体情形各异,但是它们都有一些共同的方面。在总体上至少包含以下几个方面:第一,地方行政权力依然是由不同的行政机关分别行使的,不存在一个大而全,无所不包,无所不能的全能机关。第二,地方行政权力的配置都是依法进行的。依法配置行政权力也是地方行政机关获得权力的直接方式。第三,配置地方行政权力的法律是多元的,有的是宪法,有的是中央政府的行政法规,有的则是地方立法机关的法律法令。

四、依法行政与法治政府

依法行政与法治政府是密切相关的,可以认为,法治政府是依法行政的目标,依法行政是法治政府的内在要求,也是建立法治政府的必要路径;法治政府是政府的法治化状态,依法行政为维系政府的法治化状态服务。

(一)法治政府是依法行政的目标

依法行政是法治对于行政机关及其工作人员的要求,是构建法治政府的必由之路,法治政府则是依法行政的重要目标之一。

1.法治政府是政府的法治化

法治政府是政府法治化的结果,是政府依法而治的状态与目标。政府是人类社会独特的公共权力机关,在最初并不是法治的。法治政府是随着法治的发展，并随着法治发展到一定的程度才产生的政府状态。

法治政府的首要前提政府必须是依法组建的。政府及其组织的建立必须要有宪法和法律的根据。政府依法成立，是政府依法活动的前提。非法成立的就是不是真正的政府，只能是“黑社会”。政府得以建立的法律合法性是任何政府组织设立的基本条件和必要性质。否则政府就不可能得到人民和社会的认可，更不可能依法履职。

法治政府的行为方式必须是依法行政的。政府的任何行为只要是以政府的名义作出的，政府就必须依法，就必须对自己的行为承担应有的政治责任和法律责任。不负责任的政府就是不遵守法律的政府，也不是人民信赖的政府。

法治政府的根本保障必须是依法监督的。一个人民的政府、法治的政府都必须是接受社会和人民监督的政府。人民运用法律所进行的监督，是政府性质的根本保证，是政府合法运行的基本要求。对于政府的监督是民主与法治的双重要求。

2. 法治政府要求依法行政

行政是政府的基本职能和重要责任，法治政府必须是依法行政的政府。法治政府要求政府必须依法行政。

首先，法治政府的性质要求依法行政。法治政府最根本的必须是人民政府和民主政府。人民赋予政府的职能包括权力都是以法律的制度性规定授予的。人民通过法律授权于政府，法律就是政府行动的根据与准则。政府对于法律的是否遵守，也就意味着政府对于人民意志是否尊崇，是否按照人民的意志行事；也决定了政府的行为是否合法，是否合乎人民的愿望和要求。

其次，法治政府的职能要求依法行政。政府有自己的职能，这些职能是通过宪法和法律的具体规定得以确立的。人民是政府权力的终极来源，法律是政府权力的现实根据。法治政府相对于自己的职能来说，不能失职、渎职，也不能越权，要做到这些就必须严格依法行政。政府违反自己职能的行为必然是非法的，政府行为的合法与不合法的标准只能也必须是法律的既有规定。政府承担自己的职责,实现自己的职能必须依法行政。

最后,法治政府的责任要求依法行政。政府必须忠实职守,实现职能,任何失职、渎职、越权都是对于职权的不履行和错误履行。对于失职、渎职和越权行为,政府都必须承担应有的法律责任。这个责任的有无与大小,以及如何追究与承担,都需要以事实为根据,以法律为准绳。如果政府不依法行政,政府就可能为违法责任所困扰,不能不承担,又难以承担。从法治政府必须担负法定职责并承担法律责任的意义上讲,法治政府必须依法行政。

(二)法治政府建设的主要困难

法治政府建设不会是一帆风顺的,一定会存在相当多的困难需要我们一一加以克服。具体说来,主要有权力主体众多、官员素质参差、行政权力膨胀、内部监督虚化、人大监督乏力、司法监督软弱等问题。

1. 权力主体众多

行政机关无疑是整个国家机关体系之中最为庞大的机构。从国务院到各省、直辖市、自治区,再到各地区、地级市,以及各县、区,直至农村乡镇与城市街道办事处,行政机关及其工作部门特别巨大。这是检察机关、人民法院或者人民代表大会所难以比拟的。行政机关不仅仅机构庞大,而且其工作人员也特别众多。不论政府官员的数量与实际需要相比较是多或是少,其总量总是特别巨大的。

庞大的行政机关与数量巨大的行政官员,要全面实现法治化,显然比其他任何机关或部门及其工作人员的法治化都更为艰难。在我国目前至少有400万人的行政公务员队伍。如此众多的公务员,在全世界也是首屈一指的。他们在具体的行政法律关系中都是相应的行政权力的主体。我国要在短期完成行政系统的法治化远非易事。行政机构的庞大与行政官员的众多就当然地成为法治政府建设的障碍。

2. 官员素质参差不齐

行政总是由行政官员进行的,行政官员的素质决定着依法行政的状况。随着依法行政的推进,尤其是公务员队伍的建设与《公务员法》的实施,一大批资深的行政官员的素质得到了极大的提升,一大批优秀的公务员也正在茁壮成长。但是,在有的地方或部门,有的行政官员十分优秀,也有的行政官员在素质和能力上都还存在严重的问题。优秀的行政官员当然有利于依法行政,但素质低劣的官员就会成为依法行政的严重障碍。素质低下的行政官员尽管数量有限但是严重地影响着行政的效率,也影响着依法行政的推行。

在个别地方或部门,如果素质低下的行政官员数量较大就会形成一种不良的行政环境甚至文化,也会使原本不错的行政官员被不良的行政环境所同化,降格为素质低下的行政官员。如果要使行政官员能够优者留、劣者出,在目前的体制和机制中还难以做到,还有赖于进一步的行政体制改革和组织人事制度改革。在这两个改革没有完成之前,要实现行政官员素质的普遍优化实在是困难重重,全面的依法行政也将难以推行。

3.行政权力膨胀

行政权力在各国都是十分强大的。有效的政府往往会是强大的政府。世界各国的政府普遍地主导着一个国家的政治、经济、文化与社会发展。它管理着国家的财政、税收、教育、科技、文化、国防、卫生、环保、城建、规划,以及行政立法、社会保障等。对于行政的法律规制是民主政治与法治国家的重要使命。依法行政是民主政治与法治国家建设的双重要求。

在中国法治政府建设的过程中,我们首先遇到的重大困难也许就是我国权力结构的问题。在我国的国家权力结构体系之中,人民政府有着最为重大的权力,立法权和司法权等所有的国家权力都无法与之相提并论。虽然作为国家权力的行政权也受制于执政党的执政权,但是,执政党的权力更多的还是政治领导权而不是行政管理权。至于具体的行政权力行使,执政党往往不予过问也难于过问。在国家权力的范围内,行政权的独大状态决定了对其进行规制也是困难的。要求其严格依法行使也难以奏效。

行政权的膨胀可以说是世界趋势。在中国的改革开放之中,政府一直是社会发展与社会生活的主导力量。行政的作用如果得不到充分发挥,改革开放的步伐就必然减缓,就难以实现经济与社会的跨越式高速发展。这是后发达国家必然的路径,其实是无可选择的选择。这一现实也就决定了在改革开放的过程中政府权力会不断被强化,会不断膨胀。政府的强力作用对于改革开放,对于社会的发展进步是有益的,也是必需的,但是客观上也会带来政府权力难以制约的问题。

4. 内部监督虚化

行政机关原本有着较好的内部监督的制度设计,体现了一般监督与专门监督的结合。一般的工作监督自不必说。专门的监督主要体现在行政复议与行政监察两个方面。目前的行政复议,在个别地方有没有演变为行政自我护短的问题。行政监察与纪委合署办公之后,在各地的效能如何,行政监察是得以加强还是被削弱了,需要进一步研究。在法治政府建设中,如何强化行政内部监督,是一个重大的问题。

5. 人大监督乏力

人大对于行政权的监督是极为有效的。它既可以被动监督,也可以主动监督;既可以通过立法来监督,也可以通过会议来监督;既可以对官员进行监督,也可以对机关进行监督,等等,在人民代表大会是最高国家权力机关的制度设计中,它对行政的监督应该是最有效的监督。但是实际上却并非如此。在国家权力的结构体系之中,各种权力相互之间存在相互消长的关系。一个权力的膨胀也许就意味着另一个权力的萎缩。这是不言而喻也不容回避的事实。中国现实的立法权的弱小必然导致政府行政权力的庞大,而使之更难以规制。

中国人大权力的弱小是由其自身结构决定的。就中国的立法权来说,我国立法机关是全国人民代表大会。它是一个非常设机构。作为常设机构的是其常务委员会。由于制度设计的原因,我国现有的全国人大常委会也不是一个名副其实的日常工作机构。人大常委会委员的非专职化状态与短会期制度决定了人大常委会工作的有限性和间断性，也决定了其权力的过度有限性。人大常务委员多数是兼职的，使其个人的履职出现困难甚至难以履职，也就影响整体的职能发挥。人大常委本身有自己的本职工作。由于他们绝大多数都是领导干部，因而本职工作的繁重就是可想而知的。在繁重的本职工作之余再履行常委的职责实在是有些强人所难。因而人大常委的工作因兼职而被简化为开会。有时，因为本职工作的影响还不得不请假。多数人大常委都只能在开会期间才能工作，而会期又是有限的，所以人大常委会的机构工作方式与状态就决定了它难以承担全职状态的职责。每两个月一次的例行会议实在难以使其作用得到充分发挥，其权力就必然有限。

人大对行政权的监督不力还是由其立法任务过于繁重而无暇顾及所导致的。我国的立法机关从改革开放以来担负着极为繁重的立法任务。它几乎是在一片废墟之上重新开始中国的法制建设和法律体系的建构。经过几十年的努力，在立法上取得了辉煌的成就，使中国特色的法律体系初步建立。但是中国社会的快速发展使其不堪重负。新的法律尚未制定，既有的法律又陈旧过时。在可以预见的一个很长的历史时期，我国立法机关都还将长期忙于法律制定工作而疏于法律监督。在这样的背景之下，行政权的立法监督就多少有些减弱，行政权的继续独大与膨胀也就成为必然。立法机关对于行政机关的监督也就更加困难。

要改变这一状况，我们就必须从改革人民代表大会的组织结构做起。在人民代表大会的组织结构没有进行有效改革之前的历史阶段，行政权必然难以受到有效的立法监督，依法行政就仍然难以全面实现。

6. 司法监督软弱

我国司法权对于行政权的监督主要是被动监督，即是通过诉讼来进行的监督。依照《宪法》的规定，人民检察院可以通过一般的法律监督来督促行政机关严格依法行政；人民法院可以通过行政审判来监督并促进依法行政。然而这两种监督都十分乏力。

首先，我们来看人民检察院对行政机关的监督。人民检察院在一般监督意义上对行政机关的监督,常常为检察机关自已所忽略,疏于进行。即使对于这种监督权有所行使,也可能以行政机关的不予理睬而告终。检察机关对行政机关作出的,真正确实有效的一般监督少之又少。

其次,我们来看人民法院通过行政审判进行的监督。这种监督本身就是有限的。因为敢于对于行政机关提起诉讼的相对人并不是每一个被行政侵害的当事人。控告行政机关,对于当事人来说的确需要足够的勇气和胆量。就是在这样的前提下,敢于起诉的当事人也难以得到司法的应有保护。司法机关要完全做到公平正义地裁判行政案件,还有诸多的顾虑,还会受到比审判民事案件更多的干扰和压力。

之所以出现这样的情形,这与人民检察院和人民法院的经费来源是有关的。两院的经费都是来自所在地区相应行政区划的。在目前的财政分配制度中,其预算都是由政府主导的。政府如果不能提供足够的经费,“两院”的活动都十分困难。面对这样的财政体制,“两院”对于行政机关的监督不力就是必然的。

之所以出现这样的情形也是与政治传统有关的。在我国历史上,一直将司法隶属于行政。这就形成了司法依附于行政的历史文化和社会心理。一些司法机关自觉不自觉地自称是行政机关的下级部门,一些行政机关和官员也自觉不自觉地将司法机关作为其下属加以对待。这种文化与心理下的司法机关要对行政权进行监督是根本不可能的。

司法权对于行政权的监督不力就必然导致依法行政缺乏保障,违法行政有禁不止。行政的司法监督始终是依法行政得到有效保障,是人民群众社会监督的法治化机制。要使依法行政坚持和巩固,必须改革和强化现实的司法监督。

(三)法治政府建设的具体措施

在加快建设社会主义法治国家的过程中,法治政府建设要取得新成效。对于法治政府建设,我们已经取得了重要的成就,在新的形势下,如何使法治政府建设取得新的成效,从政府的视角出发,我们可以对以下措施进行再思考,以促进法治政府建设。

1. 树立行政即执法理念

从严格的意义上讲，行政其实就是执法。有了这样的理念，我们首先就可以得出，没有法律根据的行政就是违法的结论。任何行政行为都必须具有法律的根据。但是一个时期，我国有关理论与实际部门不适当地将行政与执法区分为两个概念，造成行政未必是执法，执法未必是行政的误解。甚至进而提出行政执法的概念，将行政与执法不适当地分立，淡化了行政的执法性质。这是不妥的。在法治国家的建设中，我们必须注意到行政与执法的同一性与统一性，强调行政的执法意义，这必将有力地提升行政官员行政的严肃性与神圣感，进而推动依法行政的实现。

确立行政即执法的理念就必须强调行政的法定程序性。行政既然是执法，就必须遵守法定的执法程序。在严格的程序推进过程中，行政官员就会不断地查明与适用相应的法律法规，也就会在日常工作中培养法律意识，养成依法行政的行为习惯，并演化为自觉的行为模式。只有当行政官员都把法律作为自己执法的行为根据与程序保障的时候，依法行政才能成为现实，法治政府建设才可能收到实效。

2. 改进法律培训的制度

一是将行政培训制度化。鉴于行政机构与行政官员过于庞大并且时时处于新老交替之中，因此对于行政公务员的法律培训应该注意到以下几个结合：首先录用必考与在职培训相结合，即是指参加公务员考试与公务员竞聘中应当将相应法律知识纳入招聘与录用考试的内容。一旦录用之后，在职培训依然必不可少。在中国法治的构建过程中，没有一劳永逸的法律学习，法律知识如同其他知识一样也需要不断更新。其次定期培训与新法辅导相结合。行政机关应当建立公务员定期进行法律培训的制度。一旦有新法公布，尤其是与业务密切相关的新法，一旦公布即应组织公务人员进行执法学习。最后专业学习与理念培养相结合。要求行政官员对于与自己工作部门相关的，尤其是对自己所执行的法律，必须熟悉并能够准确理解和适用。同时，还要强调，必须树立法治理念,坚持法律至上,自觉服从法律。

二是将行政培训类别化。随着社会发展,行政官员的类别划分越来越细密。不同行政机关所执行的法律相距甚远。例如,规划部门与质检部门、国土部门与计生部门、体育管理与食品卫生、文化管理与森林管理等,跨度大,涉及的法律制度各不相同,对于这些行政机关,必须在一般培训的基础,将法律知识的培训内容类别化,以增强培训的针对性和实效性,确保培训能够有效地推动行政或执法。行政官员在自己日常的行政工作之中严格执行自己所熟知的法律,逐步地强化法律意识、法治观念,提升法治理念,将严格执法作为自己的自觉行动。

3. 强化行政的内部监督

行政机关原本有着较好的内部监督的制度设计,体现了一般监督与专门监督的结合。一般的工作监督自不必说。专门的监督主要体现在行政复议与行政监察两个方面。目前的行政复议,在个别地方有没有演变为行政自我护短的问题?行政监察与纪委合署办公之后,在各地的效能如何,行政监察是得以加强还是被削弱了?这些问题需要进一步研究。在法治政府建设中,如何强化行政内部监督,是一个重大的问题。现实中的行政内部监督,有的有效,有的则流于形式,在有的机关或部门往往只在出了问题的时候才显示出效用。在许多方面,行政内部监督并未发挥其应有的效用。

行政机关内部的监督应该成为行政机关自我调适的重要机制,也应该成为自我约束的重要手段。由于它们置身于行政机关内部,对于行政机关自身的组织来说更容易发现问题,其所作出的监督也更容易为被监督者所接受。但行政机关内部的监督应当予以随机化,使之实现经常化和常规性的监督。

4. 直面行政的外部监督

人大监督与司法监督都是对于行政的外部法定监督。从目前的情况看,对于人大的监督,行政机关还是十分重视的。因为通过《宪法》确立的监督制度,使对行政的监督在每年人大会议上与代表的提案与建议中都能收到较好的效果。但是与之相比较，司法监督的效果就相对有限。许多行政机关都由专职人员出庭应诉，有的行政首长对于自己作为法定代表人的行政诉讼案件或不甚了了，或置若罔闻。因此有必要设立法定代表人出庭应诉制度，至少可以要求一定的比例或者必要的次数。若能如此，对于首长负责制的行政机关来说，其监督促进的作用必然更加显著。

（四）服务政府是法治政府

对于服务型政府，人们有很多不同的解释。其实，服务型政府不过就是以服务作为价值目标、政策导向、行为准则的政府。服务型政府就是从理念到行动上都做到了为人民服务、为公众服务、为社会服务的政府。人们也时常会说，服务型政府是民主政府、人本政府、责任政府、有限政府、绩效政府等等，不一而足。这些都是正确的，但是同时我们必须注意到的是，服务型政府必须是法治政府，服务型政府与法治建设具有内在的紧密联系。

1. 服务型政府理当是法治政府

从服务型政府的服务性质来看。政府之所以必须服务，得从政府设立的初衷谈起。政府是人民和社会为了对公共事务进行良好的管理而设立的。政府从其设立开始就应该是服务的，它应该服务于人民、服务于公众、服务于社会。政府在应然的本质上是为人民服务的工具。但是政府在其发展中又常常背离了它的初衷，甚至走向了它的反面，成为管理甚至统治人民的工具。政府的这种发展，也就是政府的异化和悲哀。政府在这种畸形发展的历史进程中被不断重复，以至于人们舍本逐末地误解了政府，以为政府就是管理，就是统治。殊不知，它的管理或者统治原本就应该是服务。现在，我们将政府从管理型向服务型的转变，实际上是为了使政府更好地符合其被设立的初衷，使政府更好地符合其质的规定性。何以使政府不偏离服务的本质与目标，一个极为重要的办法就是将政府职能法定化，将各个部门或者机关的职权法定化。既使其担当起应有的责任，又使其不滥用自己的权力。要做到这两个方面，服务型政府也就必须是法治政府;建设服务型政府也就是建设法治政府。

从服务型政府的民主性质来看。人们常说服务型政府就是民主政府。这当然是正确的。政府的本质就应该是民主的产物并体现民主。但是政府从其出现以来,就有一种背离民主本质的趋向。如何防止政府背离民主,一直是一个极为重大而艰巨的课题。服务型政府的价值目标、政策导向与行为准则就使得政府必须为人民服务,实现并服务于人民民主。如果追问人民的民主最好通过什么来记载并确保,我们不能不想到法律。在众多的社会规范之中,法律以其独特的明确性、确定性、稳定性、神圣性和国家强制性,成为独树一帜的社会规范,成为约束政府包括政府机关及其工作人员的法宝。从民主的性质来看,法治就是确保政府权力到位而不越位的重要手段。人民也就通过法治确保政府的民主性质,进而体现政府的服务性质。从服务型政府是民主政府的意义上看,我们也可以得出服务型政府必须是法治政府的结论。

从服务型政府必须依法行政来看。服务型政府是必须作为,又不能随意作为的政府。用通俗的话来说,是必须服务而又不能滥用服务的政府。服务型政府必须为社会提供公共物品,但是又不能滥用所拥有的权力。政府的缺位就是失职,政府的越位就是侵权。对于人民或者公众来说,政府一旦失职,社会就会陷入混乱;政府一旦侵犯其权益,就难以得到救济。因为政府是公共权力的拥有机构,具有远非公民个人所能匹敌的资源与优势,并且本身就具有一定的国家强制力量。对于政府来说,如果随意行政,就可能危害政府自身,使政府背离自己的本质,失去自己的宗旨与依归。判别政府缺位与越位以及失职与侵权的标准是什么,是法律。如果有法律,我们就有一个判别的根据;如果没有法律,我们就难以判别。因此,不论是从保障人民权益,还从是维护政府本质的意义来看,政府都必须依法行政。依法行政的政府必须是法治政府。我们可以说法治政府是服务型政府的另一个侧面、另一个解读。法治政府与服务型政府是一体两面的政府,并不是两种不同的政府形态与情形。

2. 建设服务型政府的法治化基础

首先,中国市场经济与民主政治的立法发展成为建设服务型政府法治化的制度基础。中国的服务型政府建设是以市场经济作为基础的,也是在中国社会逐步建设社会主义市场经济的过程中提出并推进的。为了适应市场经济发展的需要,我们先后在市场经济主体方面制定了《全民所有制工业企业法》、《外资企业法》、《中外合资经营企业法》、《中外合作经营企业法》、《个人独资企业法》、《合伙企业法》、《公司法》等;在市场经济秩序方面我们制定了《商标法》、《专利法》、《海商法》、《反不正当竞争法》、《消费者权益保护法》、《合同法》、《招标投标法》等。这些市场经济立法的发展最基本的目标是适应经济发展的自身需要,同时又成为推进服务型政府建设的法制基础。市场经济所要求的政府就必须是服务型的政府。市场经济要求规范行政行为,加强行政执法部门建设,减少和规范行政审批,减少政府对于微观经济运行的干预。市场经济立法正是为了满足市场经济需要的,当然也包括满足对政府服务的这一需要。如果说市场经济为服务型政府提供的是经济基础,那么市场经济立法的发展则是市场经济要求在法律上的反映,也是促进和推动服务型政府建设的相关上层建筑。再说,中国政治民主化立法的发展也为服务型政府建设提供了具有法律意义的政治前提。从改革开放以来,中国的民主政治的立法快速发展,一大批法律相继制定。首先是现行《宪法》的制定与修正都体现了政治民主化发展的重要成就。在政府与人民代表大会建设方面,我们主要制定了《地方各级人民代表大会和地方各级人民政府组织法》、《全国人民代表大会和地方各级人民代表大会选举法》、《全国人民代表大会组织法》、《城市居民委员会组织法》、《村民委员会组织法》、《全国人民代表大会议事规则》、《全国人民代表大会常务委员会议事规则》、《全国人民代表大会和地方各级人民代表大会代表法》等;在国家结构方面,我们以单一制为核心,除了宪法之外,还制定了《民族区域自治法》、《香港特别行政区基本法》、《澳门特别行政区基本法》等;在政府责任与对政府监督方面,我们主要制定了《国家赔偿法》、《各级人民代表大会常务委员会监督法》等。建设服务型政府的目的就是要实现人民民主,就是要使政府及其工作人员回归其人民公仆的本质。政治民主化的立法正是人民当家做主的法律努力与制度根据。政治民主化立法的发展,为服务型政府建设开辟了道路,减少了障碍。同时,政治民主的发展又对服务型政府建设提出了新的要求,可以认为服务型政府建设是政治民主化的产物与体现。

其次,中国以行政诉讼为核心的司法实践为建设服务型政府奠定了法治的实践基础。行政诉讼是在法治发展中发展形成的,保护民主,实现民主的重要的法律制度。通过这个制度,政府就必须严格依法行政。政府一旦违反法律或者涉嫌违法就可能招致公民的反对。通过必要的诉讼程序,如果政府被司法机关裁判认定为违法,就必须对公民承担相应的法律责任,对自己的行政违法行为负责。随着中国行政诉讼制度的创设,尤其是《行政诉讼法》的实施,“民告官”的司法实践,实实在在地推动了中国的法治建设。行政诉讼的开展从法治实践的角度提出了法治政府建设的要求,并有效地推进了法治政府的建设。人民在法律上具体化为公民,对于政府的法律监督通过行政诉讼的方式得以体现。这不仅使人民提升了权利意识,更使各级人民政府在司法监督和人民监督的共同作用之下,提升了服务意识。能否提供法律所确定的服务,能否依法提供服务就成为人民和公民对于政府的要求。通过行政诉讼,服务型政府的建设与维护就具有了良好的机制与保障。

最后,中国社会法律权利意识的提升为服务型政府奠定了法治化的思想基础。一是我国现行《宪法》将公民权利的规定放到《宪法》第二章加以规定,紧随第一章“总纲”之后,处于极为显著位置,表现了宪法意识的发展变化。进而,在宪法修正案中,把国家尊重和保障人权作为宪法原则予以确认,对于全体社会成员权利意识的觉醒与提高发挥了重要的作用。二是《行政诉讼法》的实施无疑广泛地提升了社会的权利意识。三是《行政许可法》等的颁布实施,有效规范了政府权力,预防了行政权力的滥用,促使政府的服务意识不断增强。四是《国家赔偿法》等法律的制定与实施，使公民的权利有了更为广阔的救济途径。所有这一切都提高着公民的法律权利意识。公民法律权利意识的觉醒是服务型政府建设的社会的思想基础。服务型政府建设都是建立在公民的法律权利意识的基础上的。如果公民普遍地漠视权利，任何国家都是无法构建服务型政府的。

3. 建设服务型政府的法治化措施

第一，我们必须用法律来确定政府的服务型定位。这是非常重要的，是防止政府性质畸形变化的必需。在服务型政府的视角下，一方面，政府必须为社会提供体现服务的公共物品，诸如秩序维护、义务教育、医疗保障、失业救济、贫困救助、养老制度；另一方面，政府又不能超越职权胡作非为。政府既不能不服务，也不能乱服务，是对服务型政府的基本要求。要做到这两个方面，就必须借助法律的手段为政府定位，确定政府的权力和责任，使政府全面实现其服务职能，并在同时又不滥用其职权，这就是政府必须法治化的重要原因之所在。只有这样才能准确定位政府的服务地位。为此，我们就必须制定宪法和各类政府组织法来设定政府机构及其各个部门的设立与权限；就必须通过《行政许可法》等来规范政府的权力，防止政府权力的滥用及其对公民权利、社会权利的侵犯；就必须用《行政诉讼法》等来保障人民有控告政府及其工作人员违法的权利，使人民的权利能够得到法律的救济。

第二，我们必须用法律来设定政府的应有职能。政府的职能在不同的时代不同，在不同的经济条件下不同，在不同的社会制度中也不同。我们历次的体制改革多为机构改革。被改革的机构不断被恢复或复辟，改革的成果在社会发展中效能逐步降低，乃至最后所剩无几，形成“膨胀—精简—膨胀—精简”的不良循环。问题就出在我们没有能够很好地从职能出发。只要政府的职能不清、机构重叠、职责交叉，就必然会政出多门、各自为政、相互扯皮。政府的职能状态不改变，单纯的机构改革就难以彻底成功。政府及其各个部门职能的确定，必须根据中国社会发展的实际，根据市场经济、民主政治等发展来取舍与设定。否则，我们政府某些原有职能该放的不放,某些应设的职能当列的不列,就必然会导致政府不该管的一直在管,应该管的无法去管的局面。后果是,不该管的,管不了;该管的,管不好。政府职能一旦确定,就必须用法律固定下来,确定起来,而不可随意变更。否则,改革的成果又会得而复失。能否用法律来固化政府职能范围这一成果,是改革成败的重要因素。

第三,政府机构及其公务人员必须严格依法行政。政府自身不得违反法律。政府的行为都是通过其公务员的行为得以体现的,因此,政府官员不得滥用职权,必须严格依法行政。政府及其工作人员的依法行政,对政府官员提出了很高的法治化要求。但是直到现在为止,我们许多政府官员还没有行政就是执法的意识。甚至错误地理解为只有那些罚款、扣押等行政强制措施的实施才是执法。其实,任何行政行为都必须具有法律的根据。只要是在法律上没有根据的行政行为,就可能是违法的行政行为。各级人民政府及其官员必须树立"法无授权即非法"的行政意识,全面确立行政法治理念。这对于我们多达数百万的政府官员来说,是一个特别艰巨的任务。没有每一个政府官员的法治自觉,要他们都严格依法行政实在是一件非常困难的事情。如何培养政府全体官员的法治理念尤其是依法行政意识,将是中国法治政府也同样是服务型政府建设中的重大难题。

第四,法制应该成为评价政府及其工作人员服务行为的标准。政府及其工作人员的行为是否真正实现了为人民、为公众、为社会服务,根本的就是要看他们是否忠实地履行了法定的职责。法律制度应该成为衡量政府机关及其工作人员是否忠于人民,是否服务人民的标准。我们根本就无法相信一个违法乱纪的政府或者工作人员可以很好地为人民、公众和社会服务,我们也根本不可能相信一个违法乱纪的政府或其工作人员是服务型政府或者是服务型政府的工作人员。政府机关及其工作人员必须自觉地以法律制度作为自己的行为准则,严格依法办事、依法行政,才可能全面实现自己的服务职能,使服务型政府名副其实。

第三编　法与民主

政治社会中，人民的地位如何直接表现为民主的状况如何。人民是国家一切权力的终极来源，决定了民主的重要性。人民将自己个体权力或权利的某些部分予以放弃，并将其凝结成政治权力委托给政府等政治组织，形成政治权力组织。因此，政府等政治权力组织必须忠于人民。这是权力的来源所决定的，也是民主之不可缺少的本质要求。当然，民主也有集中多数人意志与智慧，尊重和保护少数人，避免失误和及时纠错等意义，这是权力问题在科学性意义上的民主要求。民主与法是紧密联系在一起的。人民总是希望并努力通过法律来防止政府等政治权力组织对人民的背叛或对人民意志的违反，法律、法治就是人民确保民主的工具。

法从一诞生就开始了对于自己目标的追求。法的目标是什么？不同的学者有不同的认识。但是在法的众多目标中有着民主的目标，则是许多政治学家和法学家的共同认识。对法与民主之间的关系进行探究，对实现民主的方式、途径与法之间的关系进行研究，是法政治学当然的任务。法律与选举之间具有怎样的关系，法律与宪政之间又如何相互衔接，是法政治学十分关注的问题。

第十章　法·民主

对于民主,法学家、政治学家们都作出了很多精辟的论述,他们也一直在探索法的理想目标。具体说来,法不是自身的目标,法治也只是法的初级目标,而唯有民主才是法与法治的更宏大理想。在法的理想中,也许民主只是其一,但是它一定是不可或缺的其一。对于民主而言,法的意义是十分显著的。法是民主存在的主要载体,是民主活动的基本准则,是民主程序的重要保证,是民主过程的必要保障,同时还是民主失误的补正途径。法对于民主的意义,关乎民主之存亡。

一、民主与法相伴随行

民主是政治主题也是法学主题,是政治学家与法学家共同关注的重大课题,他们对民主进行了长期而大量的思考。民主具有怎样的基本内容,法学家们对民主作出过怎样的理论思考都值得我们认真地探寻。

(一)法学家的民主思考

民主的理性探索早在原始人类中就已开始,然而法学上的民主思考,还是人类进入法律社会,在法产生以后的事情。在古希腊,既有反对民主的法学家苏格拉底,更有拥护民主的法学家德谟克利特、普罗塔哥拉。古希腊奴隶主贵族派和民主派之间的斗争主要是围绕政体进行的。贵族派主张君主政体或贵族政体,民主派主张共和政体。亚里士多德在两派间进行调和。他把政体分为"正宗政体"和"变态政体"。正宗政体包括一人统治的君主政体,少数人统治的贵族政体,多数人统治的共和政体。在这三种"正宗政体"中,他最推崇的是共和政体。他从民主的意义上论述了共和政体的优点。其一,共和政体代表的人数多,意见、智能、力量、美德甚至财富的总和就最多;其二,动摇一个人的感情容易,而动摇全体人民的感情就难,所以它最为稳定;其三,由于共和政体下的决定反映的都是多数人的意志,多数人参与政治就会减少纷争和内乱。

古罗马的众多法学家中,西塞罗的民主法律思想颇具特色。他提出了一整套很有民主色彩的共和主义法律制度的构想。他设想的民选制度中,国家从最高执政官到各级官吏均由民主选举产生。选举、司法和立法行为均通过投票方式公开进行。他设想的立法机关为元老院。元老院由任期届满的执政官组成,作为最高权力机关,掌握立法权,为平民大会准备议决案。但平民大会选举的保民官有权主持元老院会议,并且只有平民大会才有权处死公民和剥夺罗马公民的公民权。他设想的行政机关中,行政首脑是最高执政官。执政官由公民选举精明、谨慎、守法、爱民的人担任,任期 1 年,不得连任,至少不得在 10 年内连任同一职务。军事执政官在指挥战争的情况下可独自掌握兵权,为期只准 6 个月,严禁逾期交还兵权,以防拥兵自重。执政官不论在候选期或任期及卸任后均不准赠送或接受任何人的礼品。公民有权向元老院和平民大会控告违法的执政官。执政官任期届满卸任时,向监察官询问自己任期内的公务行为有无违法情况,但并不能因此免除对其违法行为的起诉。在西塞罗的设想中,国家设有监察官,具有清洗元老院中犯罪成员的权利,依法监督执政官,接受执政官的询问。西塞罗设想的司法机关,坚持全体公民包括执政官都在法律面前一律平等,司法执政官要严格依法办事,严格遵守法律程序,并受平民大会和元老院的监督。一般民事案件可由司法官受理,重大的国事案件(处死罗马公民、剥夺公民权等重罪)由平民大会受理。在西塞罗之后的盖尤斯说,一切权力都是从人民而来的。皇帝的命令何以有法的效力呢?因为皇帝的地位是人民给他的;官吏为什么有权力呢?因为官吏是由人民选举出来的。许多罗马法学家都认为,政治权力的根本渊源是人民;法之所以有效力,必须经由人民的参与政治活动而授予了各级的权力;所有的国家法的制定都必须归诸于在政治上有组织的人民。

在中世纪的法学家中,马西利、马基雅弗利、莫尔、康帕内拉均有或多或少的民主主张。其后,资产阶级革命之前的其他法学家们为资产阶级民主进行了进一步的探索。拉鲍埃西对封建暴君制度进行了猛烈的批判,论证了民主自由的合理性。宗教改革家加尔文提出并论证了自己的宗教民主学说。加尔文认为,国家主权应归于多数人,而不应归于一人,由一个人来统治世界的思想和制度是十分荒谬的。他还于 1541 年在日内瓦建立了一个政教合一的民主政体,以期为资产阶级民主政体提供楷模。加尔文的民主思想和实践,曾得到恩格斯的肯定:“加尔文的教会组织是完全民主的和共和的;而在上帝的王国已经共和化了的地方,人间的王国还能够仍然从属于君主、主教和领主吗?”①“加尔文教在荷兰创立了共和国,并且在英国,特别是在苏格兰,创立了有力的共产主义的政党。”②以至于 17 世纪英国资产阶级革命也“在加尔文教中给自己找到了现成的理论”。③

在资产阶级革命中,弥尔顿特别强调主权在民,认为国家的一切权力都来自人民,都是人民的权力。平民单独就有至高的统治权,他们可

① 《马克思恩格斯全集》(第 22 卷),第 391 页。
② 《马克思恩格斯全集》(第 22 卷),第 391 页。
③ 《马克思恩格斯全集》(第 22 卷),第 391 页。

以不依靠国王,而且可以审判国王本身。他进而主张,法应是人民意志的体现,法永远是社会最高的权威,国王是绝不高于法的。国王如果犯法就应当像最微贱的平民一样受到法的制裁。他提出了"建设自由共和国的简易办法",从有资格的选民中选出的各城镇议会的基础上选举产生全国最高议会,行使国家的立法、行政和司法大权。任何个人权利都不能超过最高议会,任何官员都必须依照最高议会的法律工作,从而防止君主专制主义再生。孟德斯鸠在其分权学说中熔铸了民主的精神。他认为,立法权应该由人民集体享有。在每一个主要地域由居民选举代表一人,再由代表们组成立法机关行使立法权。至于司法权,也应由选自人民阶层中的人员组成法院来行使。卢梭提出了人民主权的民主学说。他认为,作为公民的全体人民是主权者,其主权具有不可分割、不可转让、不可代表的性质。人民主权是一种至上的立法权。法是公意的表现,是全体人民所作出的规定,而不是某部分人所拟订的条文;是对一切人的规定,即法律面前人人平等,而不是对某些人或某个人的规定。国家必须执行公意,政府必须依法行事。政府官吏与人民之间是一种委托关系。人民可以委托他也可以撤换他,他对人民只能是服从。罗伯斯庇尔作为激进的革命民主主义者,其民主思想在卢梭人民主权思想上又有所发展。他提出,在建立资产阶级革命法制时,必须坚持和贯彻人民主权原则,使人民主权法律化。资产阶级的革命法制必须以法律面前人人平等为基础,必须严格司法,建立体现民主的陪审法庭、上诉法院,严格司法程序。他主张实行普选,由人民选出自己的代理人执行国家权力;实行各种政权机构职能分开,任何人不能同时担任两个公职,各种权力及其行使职能都具有一定的独立性;实行对公众公开,全部国民都有权知道自己的委托人员的行为;实行无限制的言论和出版自由。

在资产阶级建立和巩固政权时期,许多资产阶级的法学家又为建立和巩固其政权,进一步发展了资产阶级的民主学说。潘恩所倡导的是代议民主制。在他看来,古代的民主制根本不同于代议制。按照这种民主制,大多数人会集在一起,以第一人称制定法。简单的民主制不过是古代人的公共会堂。当这些民主国家的人口增长和领土扩大以后,这种简单的民主形式就行不通了。而代议制民主就能弥补其缺陷。代议民主制不是像简单民主制那样直接实现每个社会成员的公民权利,而是由每个社会成员根据自己的利益,自由地选举自己的代表,组成议会,制定宪法,并根据宪法建立政府。政府对议会负责,议会对国民负责。议会作为中介代民议政,确保人民主权的实现。他强调宪法的权威性,政府要保障宪法的实施而不得任意更改或违反其中任何一条。议会要根据全体人民的利益制定法律,并经常更选。政府要严格执法,实行政务公开。人民应享有知政、议政、参政的权利。杰弗逊特别强调人民是权力的源泉,自由是民主的保障。作为美国《独立宣言》的起草人,他针对美国状况提出了十分具体的民主措施。一是实行层层分权,既防止因州权都集中在中央政府手中,而增加盗窃、投机、掠劫、冗员及钻营官职的机会,也防止因政府的一切权力集中到一个人或少数人手中而产生专制,从而使人民能够通过监督州权以监督全国政府的权力,实现人民的民主权利。二是实行普选,克服贿选的弊端,使每一个成年男子都有选举权,使任何人都不可能有足够的资财去收买大多数选票。三是实行议员和总统的轮换制,以防止议员、总统终身任职或长期任职而导致的个人或少数人权力膨胀。杰弗逊不仅提出了以上措施,而且在他作为美国总统第二任届满之后主动放弃了竞选,以实现轮换制原则。他还认为,人民可以自由地通过他认为适当的代表处理他们所共同关心的事情,他们可以随时个别地撤换这些代表,或在形式上或职能上改变代表的组织。在建立和巩固资产阶级政权时期,对民主进行法学探索的政治学家、法学家还有华盛顿、孔斯坦、密尔、林肯、洛厄尔、杜威等。

在当代资本主义的发展中,资产阶级学者的民主理论也在发展。规范法学的创始人凯尔森认为,民主与法的秩序密切联系,民主意味着国家的法的秩序中所代表的意志符合国民的意志,民主的对立面是专制的束缚。在专制中,国民被排除在法的秩序的创立之外,法的秩序和人民意志毫无协调的保证。民主不但在积极方面需要全体公民直接或间接参加政府来实现自由的观念，而且在消极方面，也要以赋予一些基本的自由这一方式来实现这个观念。并认为，资本主义国家的经济制度与民主的政治制度联系最密切，它能与高度的民主并存，社会主义国家的经济制度不适宜高度民主的发展，它往往导致极权主义产生。罗素反对权力集中，主张国家政治生活民主化。并认为，国家权力过分集中就容易产生专制和独裁。任何为少数人所操纵的政府都不能保证它的全体公民享受到他们的幸福不可缺少的权力和特权。一切大规模的工业和金融机构为公众所有和为公众所控制，是使权力为公众所控制的一个必要的条件，但这绝不是充分条件，还需要补充以民主，更彻底、更仔细地防止官吏的专横。历史发展到今天，资产阶级民主学说日益完善更加纷繁。

在中国，长期缺乏民主传统。历史上也没有令人瞩目的民主学说。近代以来，随着西学东渐，民主思想才开始在中国大地上萌生、发展。中国学者从“临渊羡鱼”到“退而结网”。康有为、梁启超、谭嗣同、严复等人在批判封建专制的同时，开始了初步的资产阶级民主宣传，并进行了戊戌变法的资产阶级民主实践。中国较为彻底的资产阶级民主思想家，当首推孙中山，他提出了资产阶级民主共和国方案，明确规定了未来国家的民主性质、人民的主权地位和人民的各种民主权利。在孙中山的领导下，中国建立了第一个资产阶级共和国，发布了一系列资产阶级民主法令，确立了一系列资产阶级民主制度。随之，民主思想更加深入人心，以致窃国大盗袁世凯也不得不在一定程度上用民主来装扮自己。中国民主在资产阶级共和制上受阻，迫使仁人志士进行新的探索。陈独秀、李大钊开始用无产阶级的民主理论代替资产阶级的民主学说。马克思主义无产阶级民主理论开始了在中国的传播、发展和实践。

在谈到中国历史上缺乏民主思想时必须注意的是，与民主思想极相类似的中国的民本思想。民本思想在中国有十分漫长的历史和十分深厚的基础。在孔子之前就已形成，经儒家的发扬，最终成为中国政治哲学的主流。民本思想包含着民为邦之本、民意即天意、安民并爱民、重视民意、民贵君轻等重要的社会政治观念。民本思想与民主思想相去甚远，但是，在防范权力的滥用与膨胀方面，在民主政治尚未建立时，民本思想无疑是最有效的手段；在防止专制方面，中国君主专制较少流于独裁政治，政治理论上的民本思想发挥了极其重大的作用；在民主思想的形成方面，尽管民本远离民主，但它的确是中国知识分子接受西方民主思想的桥梁。梁启超、谭嗣同、孙中山就是从民本走向民主的。民本思想在中国对于民主思想的重要意义不容低估。①

（二）民主的基本诠释

中国传统中的"民主"不过是"为民做主"，或做"民众之主"而已。作为法的理想的"民主"是由西方人创设的。古希腊人将"人民"与"权力"结合成"民主"一词，意为"人民的权力"、"多数人的统治"。

民主，的确是诱人的字眼。马克思、恩格斯在《共产党宣言》中指出，"工人阶级的第一步就是使无产阶级上升为统治阶级，争得民主"。② 恩格斯在致爱·伯恩施坦的信中写道："照我的意见，应当这样说：无产阶级为了夺取政权也需要民主的形式。"③西方著名学者悉尼·胡克也认为，"民主的最大敌人也竟觉得不得不蛊惑性地口头表示忠于民主，这正是一个雄辩的标志，表明民主的理想对现代心灵来说本来就是觉得是有道理的，而且是有普遍的号召力的"。④

首先，民主是一定国家制度、社会成员的权利自由以及国家公职人员的民主作风、社会普遍的民主意识的总括。作为国家制度的民主，它直接表明了一定民主的本质，直接决定着一定民主的进步程度。这种民主存在于一切有政治统治的地方和历史时代。在奴隶制国家有奴隶制民主，在封建制国家有封建制民主，在资本主义国家有资本主义民主。

---

① 韦政通：《中国的智能》，吉林文史出版社1988年版；柳文超、李培湘主编：《西方自由民主研究》，重庆出版社1990年版。

② 《马克思恩格斯全集》（第4卷），第489页。

③ 《马克思恩格斯全集》（第36卷），第131页。

④ ［美］胡克：《理性、社会神话和民主》，上海人民出版社1965年版，第283页。

作为政治制度的民主，在现代资本主义国家中有君主制和共和制两种。君主制中包含着二元君主制和立宪君主制；共和制中包含着议会内阁制和总统制。社会主义国家作为政治制度的民主实行的是巴黎公社制度、苏维埃制度、人民代表大会制度等。作为社会成员的权利自由的民主，包括人身权利自由、政治权利自由、经济权利自由和文化权利自由等。其中，人身权利自由主要包含生命权、健康权、安全权、人格权、住宅权、通信自由和通信秘密权，以及不受非法逮捕拘禁权；政治权利自由主要包含知政权、从政权、参政权、议政权等；经济权利自由主要包含财产所有权、合法收入权、生产经营权；文化权利自由包含接受教育权、科学研究权、技术发明创造权、文艺创作权和文化活动权。作为国家公职人员作风的民主，包括国家机关和准国家机关的领导人、一般官员在公职活动中联系群众、对待群众、办事方法等的状态。它是社会民主的重要内容，标志着社会民主化的进步程度。它体现着一定国家或政府的民主状况，代表着国家或政府的民主形象，对整个社会的民主有着极其重要的制约作用。作为社会意识的民主，深藏在民众的心灵之中而又时时支配着人们的行为。在一个封建历史悠久、奴化思想深厚的国家，培养民主意识更为必要，也更为艰巨。在这样的国度很容易出现的两个极端，或者发展为无政府主义，或者陷入专制主义。这都不是理想的境界，都会使民主遭到否定。寻求一条不偏不倚的适中之路是至关重要的民主途径。选择适中的民主之路，民众民主意识的良性化起着极其重要的作用。作为意识的民主在任何社会都是民主的最广泛、最深刻的基础和最必不可少的内容。

其次，民主也是对一定社会政治民主、经济民主、文化民主、管理民主、决策民主、监督民主等的总括。政治民主中包含着社会成员参与国家事务、表现政治要求、实现政治愿望等内容。经济民主要求社会各利益单元能够充分发挥其积极性、能动性，社会经济的透明度得以增强，建立起平等互利、公平竞争的市场经济机制。文化民主表现为社会文化事业和文化生活能真正地百花齐放、百家争鸣，形成自由、平等的学术环境和自由、民主的文化风尚,实现科学文化面前一律平等。管理民主是就管理者的管理活动,管理者与被管理者相互之间的关系提出的要求。管理应是民主的需要、民主的产物。决策民主表现为领导者或民众代表根据人民的授权,通过民主的方式决策,使决策能体现最大多数人的意志,适合最大多数人的要求,并能尊重和保护少数人的利益。监督民主是指各种监督应以民主为依归,以民主的形式,通过民主的途径进行,确保民主不被滥用。至于其他方面的民主,也是民主不可缺少的组成部分。民主应是完备的统一整体。

最后,民主以法定民主为基本内容,以选举民主、决策民主、管理民主和监督民主为主要支柱。法定民主,是一个社会最基本、最重要的民主要求的法律表现和法律确认。它以法的规定形式出现,具有国家意志的属性和权威,并由国家强制力保证实现。任何社会成员和社会团体都有权享有法定民主权利,并不受其他任何侵犯和干涉。民主以法定民主为基本内容的同时,也以选举民主等作为主要的支柱。社会是许许多多社会成员的结合体。这种结合体的正常运作离不开这种结合体中领导者或代表人的重大作用。领导者和代表人的产生必须要有相应的选举制度。选举的民主程度直接影响着社会的运行状况,选举的民主往往被视为民主的主要支柱之一。民主的另一支柱是决策的民主。决策的民主表现为依靠民主讨论、民主协商、先讨论后表决、少数服从多数的方式方法决定事项。有了决策的民主,其享有者才能发挥自己的参与作用、聪明才智,也才能克服或减少决策的随意性,增强决策过程的透明度,调动决策参与者执行决策的积极性。民主的又一支柱是管理民主。管理在任何社会或社会组织中都是必不可少的。社会成员对国家或社会事务管理的方式不外乎三种,一是直接与其他社会成员一道进行管理;二是选举代表自己意志的代表,代表自己参与管理;三是选举出管理者,或由自己的代表选举出管理者实行管理。这三种管理方式都有一个是否民主的问题。管理的民主可以培养社会成员当家做主的基本素质,并作为民主的重要内容在民主中起着举足轻重的作用。民主还有一个重要的支柱，即监督民主。监督民主首先表现为监督主体的民主。监督主体首先应是社会的绝大多数成员甚至全体成员，其次才是专门的监督机构。监督的民主主要表现为监督过程的民主。监督过程应具有必要的透明度和公开性，并且紧紧依靠社会民众。监督的民主还表现为监督结果的民主。监督的结果应在法上具有必要的意义并为社会成员所认可，不能不了了之，不能徒具监督之表而无监督之实。

（三）民主的社会实践

民主并不是纯粹的理论演绎，更重要的是一种社会实践。人类历史上，对民主进行了长达数千年时断时续的社会实践，并对其不断更新。民主实践的历史发展有其十分清楚的历史轨迹。

早在原始社会，人们就已开始了对民主的探索。尽管那时的民主与阶级社会的民主截然有别。在那时，氏族成员对氏族事务享有同等的讨论权和表决权，氏族的重大事项都由氏族议事会集体决定。氏族议事会则由全体成年的氏族成员组成，氏族首领由全体氏族成员推举产生，不享有任何特权，而且可以被随时撤换。这种民主是一种非政治意义、非法律意义的民主。

奴隶制社会建立时，政治意义、法律意义上的民主随之产生。古希腊的斯巴达城邦在其寡头贵族制度中，国家机构由国王、长老会议、公民会议和监察官组成。国王在战时统率军队，拥有较大的权力；在非战时则审判有关家庭法的案件，主持某些祭典。国家最高的政治机关是长老会议，有权决定国家重大事务。长老会议由公民会议选举。公民会议则由 30 岁以上的男性公民组成。监察官（执政官）有 5 人，一年一任，由选举产生，虽然也为贵族独占，但他们有权监督国王，审讯国王，纠察国王的违法行为，左右长老会议，监察公民生活。在古希腊的雅典城邦，经梭伦立法之后，民众大会的作用得以加强，权力得以扩大。各个等级的公民都有权参加民众大会。民众大会有权选举官吏，决定战争与媾和等国家大事。设立 400 人会议作为民众大会常设机构，由雅典 4 个部落各选出 100 人组成，一、二、三等级的公民都可当选。它为民众大会准备议程，预审提交大会的重要决议。设立陪审法院从贵族会议中分享司法权，成为雅典的最高司法机关。每个公民都可以当选为陪审员参与案件审理活动。在雅典克里斯提尼立法以后，雅典民主制又得到了进一步发展。以500人会议代替以前的400人会议，由各选区在前三个等级中选出50名代表组成，它可以管理财政、外交事务，为民众大会准备议案，执行决定。而民众大会也跃升为最高政权机关，掌握最后一级的管理权。危害国家的罪犯，由民众大会通过投票决定。表决时公民在贝壳或陶片上写出应放逐的危害国家的罪犯的姓名，如果所投的票超过6000票就可能被放逐国外，10年之后才准许返回。此后，经阿非埃尔特立法改革、伯里克利制“宪”，雅典民主制得到了更进一步的发展。所有行政官职一律对公民开放。民众大会成为最高权力机关，每隔10天召开一次，年满18岁的男性公民都有权参加，在会上可以提出建议，批评公职人员，讨论对内对外政策。民众大会的规范性决议成为法的主要渊源。500人会议为民众大会准备议案，执行决议，监督国家各管理部门的日常事务。陪审法院的审判人员从年满30岁的男性公民中选出，组成10个陪审庭，具体处理案件。国家对重要公职人员发放定额钱款，使贫穷的公民也可以担任国家的重要公职。① 至于古罗马，罗素总结道：政治上，罗马一开始是多方面与希腊相似的城邦。在埃特鲁斯干诸王统治下的传说时期之后，继起的是一个由元老院管辖下的贵族统治阶级共和国。随着国家的扩张和地位日渐重要，它被迫沿着民主方向进行政制的改革。尽管元老院还大权在握，以护民官为代表的人民大会对国事仍有了发言权。终于，执政官也可由非贵族出身的人来担任了。将近公元前2世纪末，格拉契领导的一场人民民主运动未能成功，而一连串的内战终于导致帝制崩溃，但在形式上还保留着民主制度。②

封建社会，从总体上看，实行的都是君主专制。然而，在意大利的威

① 陈盛清主编：《外国法制史》，北京大学出版社1982年版，第34~41页。

② ［英］罗素：《西方的智能》，马家驹、贺霖译，世界知识出版社1992年版，第148页。

尼斯、热那亚和佛罗伦萨,东欧的诺夫哥罗德等城市都建立过城市贵族或上层分子所享有的共和国民主制,他们以封建社会特殊的国家形式存在于封建社会的历史之中。

资产阶级使民主发展到了一个新的阶段,创立了资本主义的民主制度。资产阶级民主经历了三个发展阶段。在14世纪至16世纪欧洲文艺复兴运动中的资产阶级民主思考,可以说是其发展的第一个阶段。这是一个纯粹的理论探索阶段。17世纪和18世纪资产阶级民主思想经历了第二个发展阶段。在这个阶段中,资产阶级不断深化民主理论并努力进行民主实践。洛克、孟德斯鸠、卢梭等人都是其中著名的思想家、法学家。美国独立战争及其《独立宣言》、《美国宪法》,法国大革命及其《人权和公民权宣言》(《人权宣言》)都是资产阶级民主实践的产物。在19世纪和20世纪,资产阶级的民主理论和民主实践日趋完善,构成了资产阶级民主发展的第三阶段。在资产阶级民主产生发展的同时,无产阶级民主也产生并发展了起来,随着社会主义社会的创立和发展,无产阶级的民主由纯粹的理想追求转而成为现实的社会实践。

民主的历史发展离不开法的作用,法始终把民主作为自己的崇高理想之一。法是国家意志的重要表现形式。在阶级社会之中,法所体现的意志既不是个别人的意志,也不是少数人的意志,而是统治阶级的整体意志、共同意志。这种整体意志、共同意志在特定历史时期也可能以个别人或少数人的意志的形式出现。如果这种个别人意志、少数人意志与统治阶级的整体意志、共同意志相吻合,这种个别人意志、少数人意志并不是个别人的或少数人的,而是整个统治阶级意志的代表。如果这种个别人意志、少数人意志与统治阶级的整体意志、共同意志相左、相对立,就会遭到整个统治阶级的反对,就会为整个统治阶级的意志所修正、否定或取代,严重时可能导致个别人或少数人被“推翻”,被“赶下台”,被“换马”。一般来说,法不应是个别人、少数人意志的体现,即使出现了这种情形,那也只是偶然的个别现象。只有在严重的专横、专制时期,个别人意志、少数人意志才可能在较长时期内以法的形式成立。这种个别人、少数人意志主宰国家的局面，无疑是人类的悲哀，人类社会的惨祸。它历来受到文明、法制和法治的否定，受到民主的批判。即使在最黑暗的封建时代，个别人（即便是暴君）的意志、少数人的意志也难以僭取整个统治阶级的意志。法是统治阶级整体意志、共同意志的体现。法的本质的这一命题与民主乃“多数人的统治”的要求完全一致。这种“多数”可能是绝对多数，也可能是相对多数，但至少必须是统治者内部的多数，所以，可以说民主乃法的本质性内在要求。离开了民主，法就失去了应有的本质，法就不能称其为真正的法。从这个意义上，民主是法产生的前提、存在的依据，是法的理想与追求。

二、民主是法的政治目标

法的目标是什么，是一个十分重要的问题。我们深入到法中，就不难发现，法并不是自身的目标，法治也不是法的终极目标，只有民主才是法和法治的政治归宿。

（一）法不是自身的目标

法是一种行为规则，是众多的社会行为规范之一。在众多的社会行为规范中，它最具有外在权威性和国家强制性。法是意志的载体，但是它本身并没有意志。法不仅没有自己的意志，也没有自己的利害考量，它只是服从于特定人——君主或某种利益集团或人民的意志，去达成其目的。许多人甚至许多法学家都认为法有自己的目的。其实，法所表现的趋利避害、惩恶扬善、伸张正义等目的，归根结蒂并不是法自身的，而是法背后的意志主体的。也就是说，法这种规则，它本身并不是自己的目的，它总是为一定的人的目的服务的。

法是人们在社会生活中的产物，法是神圣的，那是人赋予了它神圣的性质。相对于具体的人，可以说法是每个人的行为规则，法高于任何人的个人意志。但是相对于整体的人，相对于作为类的存在物的人来说，法始终只是人的工具和手段。法不是自己的目的，也不是人的目的。如果将法作为人的最终目标，人就会为法律所奴役，为法律所统治。当人整体地被法作为工具，那当然是错误的，也是不可取的，简直就是对人与法的正当关系的反动。

从应然的意义上说，法将最终服务于人的崇高目标。现实社会中，人的目标是多种的、多层次的、多侧面的。不同的人、不同的人的群体其目标会有所不同，不同的目标也有着高低优劣的差别。从一个较小的范围来看，特定区域与特定时间阶段的人未必能为法确定神圣的目标，因为个体的人或部分的人未必是明智的。但是就人的整体而言，人是智能的，他们能够在错综复杂的目标之中去发现自己的理想。从终极的视角来看，法最终要服务于人的理想。人关于法的理想，是人对法的发展前途的信心，更是人对自己的信心。

（二）法治不是终极的目标

法治是法的统治，是法律至上的秩序状态，也是法律受到最大尊重的社会图景。法律从其产生以来就力图使自己能够成为人们必须遵守执行的规范。谋求法律被严格实施，是人类发展的重要目标，也是人关于法律的重要理想。作为最好的法治状态，当然是法律能够得到人们的自觉服从，但如果遇到法律被违背的情形，即使是动用国家的强制力量，也在所不惜。因此，人们常说法治应该成为法律的目标，这是有道理的。因为只有在法治中，法律才能达到最高的理想状态，才能获得最好的实施与实现。法治对于任何国家来说，对于任何时代来说，也许都是重要的，都具有目标的意义。尤其是在法律不被尊重的国家和社会中，强调法治的目标性，更具有特别重要的意义。法律一旦制定，就必须体现其有效性和强制性，维护其稳定性和权威性。法治内涵法律至上的原则和要求，在法治中法律的至上是体现在众多规则之中的至上。法律是人经过严肃而严格的程序制作出来的，以国家名义发布，以国家意志作为表现形式的，在社会中具有不可动摇的权威。众多的社会规范，任何规则都不能将法律取代。没有什么规则比法律具有更大的外在强制力和更大的有效性。法治作为目标，意味着任何社会成员都要严格依法办事，在法律的执行和遵守上，坚守法律的立场，否则就可能招致不利的法律后果。法律应该成为所有社会成员必须服从的规则。任何个人的意志都应该服从于法律所表达的社会公共意志。

目标有层次分别。尽管法治是社会的目标，也是法律发展的目标，但是法治远不是终极意义的目标。随着人类认识得发展，我们越来越认识到比法治更宏大的目标是公正、民主、人权等。随着人类对法治认识的深化，我们越来越认识到法治首先是严格依法办事，服从法律，即实现法律至上；其次，也是更进一步的要求，法治必须是以民主、人权等作为基本内核，以实现公正、民主、人权等作为重要目标；等等。法治的内涵在社会发展中日益丰富，但是法治最直接的方面，始终是，现在是，将来还是严格依法办事、确保法律至上的状态。因此，在强调法治的同时，必须特别强调法治中的民主的内核与目标意义。没有以民主作为目标的法治必然是短视的，是狭隘的法治，也不是我们追寻的理想。人类的法治经历了形式法治到实质法治的发展过程。需要特别说明的是，人类从形式法治向实质法治的发展并不是对形式法治的抛弃。实质法治是在形式法治的基础上建成的，形式法治的基本属性和重要特征都继续保留在了实质法治之中。实质法治不是简单地对形式法治的否定和超越，而是以形式法治作为基础的升华。人类从形式法治升华到实质法治，一个重要的显著特征就是强调了法治的民主内核与目标的意义，将公正、民主、人权等价值精神熔铸于既有的形式法治之中，从而使法治更加完善，并获得了新的发展。从这样的意义上讲，法律并不止步于法治，更要追求作为法治内核与目标的公正、民主、人权等价值目标。

（三）民主是法和法治的理想

人类之所以要创造法律，可以做许多假设。也许一开始就是简单地为了解决纠纷、强化管理、维护公正的需要，随着社会和法律的发展，逐步充实和丰富了民主、人权等价值内涵。不同的地区或不同的民族，法起源的动因或许会有所不同，但是谁都无法否定的是，法一产生就为专横设置了某种程度的障碍。任何个人的随意任性，在法律的既定性面前都会受到制约。也正是因此，历代的专制者总是要毁弃法律，任人而不任法，任已而不任法。古今中外的专制者概莫能外，他们都不会信守法律。专制的法律都是反民主的，都是君主的工具。极端的专制君主甚至连法律也会抛弃，因为法律的存在本身并不利于专制的横行。法律的必须事前拟制，法律的不可随意擅动，法律的不可随意违反，都会成为专制者的羁绊。法律的这些特性在不利于专制的同时也为民主、公正、人权等价值的生成和寄居提供了便利条件。

从恶法的意义上讲，法律并不具有善良的美德，当然也不一定具有民主、公正与人权的内核，这样的法律是谈不上崇高理想的。即使是这样的法律，也会将邪恶局限在有限的范围之内。只要统治者敢于严格依法办事，它同样也能在一定程度上防止暴政，防止政治的邪恶成为脱缰野马。从良法的意义上讲，法是集体意志的产物，所代表的应是集体意志。这种集体意志借助法律得以体现，在这里法就是为民主服务的。之所以人们要遵从法律，实行法治，不是别的原因，而是因为法更能代表了集体的意志，它是事前的规则，它代表着人们共同的理性判断。

就法的产生是否具有民主属性的两个侧面来分析，我们会发现，民主作为法的理想，是法律发展进步的表现。如果立法是民主的，法律的执行就会越良好；法律实施良好，民主的实现程度也就越高。如果立法不是民主的产物，良好的执行，固然不能带来民主的发展，但是良好执行的法律，也可以在一定程度上制约专制与专横。也就是说，不民主的法律，虽然不能直接达成民主，但可以有效地制约民主的天敌——专制与专横。

之所以要把法设定为民主的工具，把民主设定为法的目标，是因为法会因具有民主的内涵而得以升华，民主会因具有法律的保障而得以实现。渴望法律是民主的产物，渴望代表民主的法律能够被最好实现，也就必然渴望法律、法治能最终服务于民主，成为民主的支柱，以及实现民主的路径。民主是法律的目标或者理想，就必然尊重多数人的意见。民主的外在形式就是少数服从多数。但是民主更深刻的内在要求，还在于保护少数人和反对者。民主之所以能够存在，民主之所以比专制更加可贵与不可或缺，一个极为重要的原因就是，民主在尊重多数人的同时，不会虐待少数人，即使那些少数人是反对者，也会得到法律的应有尊重和必要保护。历史上，人类狭隘的民主观，曾经造成了无尽的伤害，只有民主发展到了现代，我们才清晰而又清醒地认识到民主以多数人意见为基础，尊重并保护少数人、尊重并保护反对者，是那么可贵与重要。法律要以民主作为目标和理想，就是要尊重多数人意见，尊重并保护少数人乃至反对者。这是法律价值境界的超越，是人类法律发展进步文明的反映。我们在运用法律来记载民主、实现民主的时候，必须全面地把握民主，使民主的法律表现是全面的、符合公正的、保证人权的。

民主是法的目标，当然不排除法还有更多的目标，诸如秩序、公正、人权等，也不排除更高的目标，诸如人类的最大正义，为了一切人乃至每个人的最大限度的全面自由发展。

三、法是民主的制度依据

法对于民主来说意义是不可低估的，就制度角度来看，法是民主存在的主要载体，是民主活动的基本准则，是民主程序的重要保证，是民主过程的必要保障。

（一）法是民主制度的重要载体

从民主的内容看，每一种民主制度都只有经过法律化，才可能成为真正的由国家强制力保障的制度。法律是一种独特的国家意志，并具有国家意志的神圣性和权威性，民主具有国家制度的形式后，才可能拥有名正言顺的社会地位并在社会中付诸实施。民主的存在必须获得法的认可和记载。民主是十分广泛的，它涉及政治、经济、文化和社会生活的方方面面。各个方面的民主其最根本的内容当然需要得到法律的确认。

从国家制度、政治制度、社会成员的权利自由等各个角度看都无不如此。尽管，不是民主的任何细节都需要法律化，但是在总体上，如果民主没有法律的依托，民主就会漂若浮萍。没有法律作为记载的民主，实行的过程没有程序的保障，实行的好坏缺乏评价的根据，实行的畸变得不到法律的修正。

从民主的障碍因素来看，民主从来都与专制、专横、非法相对立。如果没有法律化过程，民主就无法与专制、专横、非法相对抗，民主就可能受到它们的侵犯而萎缩，甚而丧失。民主并不是使一切人都感觉到更好。尤其是对于那些希图从不民主中获得益处的人来说，更是如此。破坏民主的行为之所以一直存在和不断发生，就是因为，有的人可以在不民主中获得不可告人的利益。如果民主不能法律化，将使正常的民主活动得不到法律的保护，也使破坏民主的行为乃至相关的违法犯罪受不到应有的法律制裁。历史反反复复地证明，每一种民主制度都有其法上的根据。没有法律根据的民主，是十分危险的民主，不仅会遭到敌对者的破坏，甚至自身也可能误入歧途，产生异化，从民主的基点出发，以背叛民主告终。法是民主正常存在、正常发展的根基。

法是民主活动的基本准则。民主不仅是静止的存在，而且更是动和互动的过程。民主活动是多个人在多个方面的动或互动，这就决定了民主必须要有共同的规则。民主的共同规则是民主存在的前提和基础，甚至是民主的体现，是民主本身。作为民主共同规则的，可能是一定的政策、道德、纪律，也可能是一定的法。但其中最有权威，最有强制力的无疑是法。由于人们经济利益的差异，若无共同的国家强制规则——法，人们就会各行其是，各行其利，民主就不可能存在和发展。将人们行为予以强制性规范是社会有序化生活的必需，也是维持一定民主的必然要求。法之所以能作为民主的活动准则，这既是民主的要求，也是由法本身的属性和功能决定的。法具有国家意志性、国家权威性、国家强制性，使法的行为准则意义非比一般。它所具有的指引功能、评价功能、预测功能、教育功能、强制功能恰恰为民主活动得以正常进行所必需。因而，法就自然地成了民主必须依赖的准则。法作为民主活动的准则可以起到规范民主、保障民主的重大作用。它可以避免民主的偏颇，避免对民主的破坏。即使破坏民主的事件发生了，法也能及时有效地修复民主、重建民主。

（二）法是民主程序的重要保证

程序对于民主的意义是不言而喻的。没有程序就没有民主。是否坚持程序原则，是民主与专制在形式上的重要区别。在政治统治上，民主不过是依照法定程序管理国家的方式，专制不过是仅凭统治者个人或极少数人意志管理国家的方式。民主统治与专制统治的区别也在于，一个有程序并依照程序统治，另一个无程序或不依照程序统治。在民主的国家里，人民，至少是相对多数人掌握着国家权力，而人们中的每一个人都去直接行使权力，显然是不可能的。人们必须依靠推举、选举等方式来决定自己的领袖或代表。这个决定过程必须要有一定的先后步骤和决定方式。这种先后步骤及其相应方式就构成了所谓推举或选举的程序。再说，被推举或选举的领袖、代表如何行使被授予的权力，也要有必要的程序。这种程序是民主的保证。要切实实现民主，仅有以上两种程序是远远不够的，因为这些领袖或代表随时都可能背离民众，于是又有民众对他们的监督、罢免问题，这就又产生了监督程序和罢免程序等。

当然，程序并不保证民主不犯错误，但它可以减少错误。一旦出现了错误，如果有正常的民主程序存在，也可以使错误得以及时纠正。当然这种纠正也可能再次出错。出现了这种情况，民主的程序可以保证它再被纠正，重复再三，直至正确为止。专制不需要程序。即使原本有程序，一旦专制出现，原有的程序也会遭到破坏，被废弃。

民主必须依赖民主程序，而民主程序又必须存在于法之中。只有法定的民主程序才是民主必须遵循而不可擅改的程序，也才能真正地保证民主。

从程序的意义上讲，法是民主过程的必要保障。民主并不是轻而易举的小事。民主建设是一个循序渐进的过程。保证过程的民主是以保证终点的民主为目的的。然而,过程太长了,民主进步太慢,民主更会受到阻碍而反复,甚至导致倒退;过程太短了,民主进步太快,虚涨的民主一旦退潮,甚至会走到民主的反面。保证过程的民主是保证民主的重要环节。民主的发展有其必然的过程,这是由民主自身的性质和特点决定的。作为国家制度的民主有突变的可能,但是它离不开民主发展的量的积累。至于作为权利自由的民主更是一个渐进的量的积累过程。这种量变过程就决定了民主的发展不可能有脱离量变的质变(或无量变的质变)。民主的量的积累过程就是民主发展的历史过程。再说,民主的发展如同其他上层建筑的发展一样,离不开必要的社会经济条件、文化条件。而社会的经济条件、文化条件绝不是一朝一夕可以改变的,因为经济的发展有其历史的连续性和渐进性,而文化的传统也有它的历史继承性和渐变性。没有一定的经济条件和文化条件,就不可能有相应的民主发展。民主既要依赖必要的经济条件、文化条件,而经济条件、文化条件又不是突变的,所以民主也就必然是渐进的。

民主的过程性不仅体现在历史性的民主发展上,也体现在具体的民主事项中。民主有过程,保证民主的过程,也就保证了民主的起点和归宿。保证民主过程最有效的手段无疑是法,因为法具有其他任何社会规范都难以与之相比的稳定性、确定性、明确性、肯定性。民主的过程若能得到法的保证,人们就可以通过法来保证民主自始至终,防止民主的中途变调或异化。在强调民主的过程性时必须注意,过程不是"无程",渐进不是"不进"。那些把过程当做"无程"的观点,实际上是民主急性病的表现。真当做"无程"对待,其结果无疑是欲速则不达。那种把渐进当做"不进"的观点,实际上是民主滞后症的反映。真当做"不进"对待,其结果无疑是阻碍民主的发展。民主发展既不过急又不过慢,更不停滞或倒退,法对于民主过程的保障就具有更为重要的意义。

四、法补救民主的失误

民主出现失误是难免的，只有依法保护少数人包括依法保护反对者，才能防止民主失误的发生，才能在失误不幸发生后，使民主的失误得到有效的补救。

（一）民主失误难以避免

民主，简单地说，就是多数人决定。这种多数人决定存在于整个社会之中就是整个社会的民主；存在于统治阶级内部就是统治阶级的民主；存在于一定社团就是社团的民主；存在于一定社区就是一定社区的民主。理论和实践都反复说明，多数人决定中还可能有多数人的错误，民主的失误在所难免。为什么？

1. 民主失误的原因

第一，民主可能因共同错误而失误。人的认识总是有限的。尤其是在有的事实真相、有的客观真理并没有为多数人所掌握的时候，多数人的失误是无法避免的。在多数人认识错误的情况下，民主就必然会发生失误。由于民主本身也并不等于科学或者真理。民主除了有多数人更接近真理与正确的考量之外，还有一个重要的原因就是，民主的后果是由多数人为主的集体承担的。多数人对自己的失误负责，也天经地义。民主的决定为所有人中的多数人作出决定，只要有多数人的错误存在，民主就可能背离真理，出现失误。这是人类有时明明知道存在失误的可能性，但还要坚持的，人类在追逐正确的最大可能性。那些失误也就不能不是最大正确可能性的代价。

第二，民主可能因程序不当而失误。民主不仅是多数人作出决定，而且还是多数人通过一定的程序作出决定的过程。民主是一个决定，更是一个决定的过程。要完全保证民主过程的科学性同样是困难的，甚至是不可能的。对于有些问题的决策也许并不复杂，并不需要特别的程序,但是对于有些问题的决策就十分复杂,必要的程序必不可少。在民主的过程之中,程序设计与执行的疏漏都可能导致结论的失真。即使多数人的认识是正确的,但是在不当或错误的程序之下,也可能走向反面,得出不科学、不正确的结论,作出错误的决定。这样情况下的失误,同样是民主的失误。只要人类没有彻底解决程序的绝对正确的问题,因程序而导致失误的可能性就客观存在。

第三,民主可能因时过境迁而失误。民主的决定都是在特定的时空中作出的,一旦时空发生变化,既有的民主决定,即便以前是正确的,也可能变得不再正确。如果时过境迁,我们或者根本没有认识到客观形势的变化,或者我们认识到了这种变化,但是根本来不及作出新的民主决定。这时,继续按照既有的民主决定执行,就必然导致错误,也就导致了民主的失误。世界变化的无限性与人类认识的阶段性的矛盾是客观存在的,这种矛盾常常导致人们以经验来主观判断,自以为是,或者盲目地以既有的成功作为未来也能成功的信心所系,结果事与愿违地陷入了失误。

2. 对民主失误的认识

人们不能因民主有失误而否定民主,因为多数人决定毕竟比少数人决定优越——更接近真理,更少出现错误。多数人决定中的失误,是人们获取多数人决定之"优越"的代价或风险。为了民主,人们应当承担民主也可能产生失误的代价或风险。民主比专制更有效益。人们所应考虑的,不是抛弃民主,而是尽量减少民主的代价或风险,在民主中尽可能防止和减少失误,并使失误中的民主能迷途知返。

也许是出于对专制的深恶痛绝,人们总是尽力地歌颂和赞美民主,似乎民主就是真理,就没有失误。其实,这只是一种期望,在理论上和实践中都是一种误解。民主比专制优越若干倍,甚至不可同日而语。但是,民主也会背离真理,也有失误。民主只是比专制更靠近真理,但它并不等同于真理,也不是真理的化身。人们之所以选择民主,在很大程度上都是以民主与专制的失误概率作为依据的。因为民主比专制在概率上更容易揭示真理,更接近真理,因而在将民主与专制相比较的时候,必须肯定的只能是民主而不是专制。对于民主的失误,只是一个防范与修正的问题,而不是要将民主予以抛弃。

也许是出于对畸形民主的恐惧,有的人坚决反对民主,认为民主可能导致多数人的专制。既然少数人的专制应当反对,多数人的专制也同样应当反对。这种看法是错误的,但其顾虑并非毫无道理。不管是少数人的专制还是多数人的专制都必须予以反对。民主如果出现偏差或者失误,的确有恶变为多数人专制的可能性。在民主问题上,既要反对否定民主,也要积极从制度设计与建设上防止民主的恶变。民主发生恶变往往都不是民主自身的问题,而是民主的操作失误,或者是民主的原则未被全面、准确贯彻的结果。

(二)对民主失误的法治救济

民主的失误是无法彻底避免的,因此,我们就必须寻求对民主失误进行补救的路径与手段,法治正是补救民主失误的重要途径与手段之一。法治可以通过为民主提供决定程序以防止失误发生,民主还可以为民主提供修正规则以纠正民主失误,依法保护少数人和反对者将是完善民主的需要,也是补救民主失误的关键环节。

1. 为民主提供决定程序以防止失误发生

民主是一个过程,有时甚至是复杂而漫长的过程,这个过程需要若干的程序保证。历史和现实都说明,民主的许多失误都发生在程序上。没有科学的程序,或者有了很好的程序,而没有被很好地实施,都可能导致民主的失误。因此,对民主的程序不可不认真对待。不同性质的民主需要不同的程序作为过程和保证。在所有的程序中以法律的程序最为严格、规范、有效。法律是由国家立法机关经过复杂的程序拟制发布的。若能将民主的程序法律化,转化为法律程序,必将使民主获得极大的法律保障。被法律化的程序以其独有的严肃性、权威性和强制力,保证民主的过程的合法性。民主的程序合法性,往往是其正确性的保证。程序正确了,民主未必能够确保无误。但是程序一旦错误了,民主的失误也就难以避免。在法律上,为民主设定科学的程序,进而确保民主的法律程序能够被很好地坚持，民主的许多失误就可能避免。

2. 为民主提供修正规则以纠正已有失误

民主的结果一旦产生，民主的失误也许就会不断显现。这时如果我们拥有修正的体制、制度和机制，我们就可以使民主不至于在错误的轨道上滑行，出现失误的民主就可以及时得到中止。民主失误被中止了，我们就能重新审视，通过新的民主过程将失误彻底补救。若能如此，已经发生的民主失误就被终止了，也就可以为新的正确的民主决定所取代。如果我们没有修正错误的规则，面对失误，我们只能“望错兴叹”，错失修正错误的良机，导致更为严重的损失。

法律以其明确的规范性和具体的可操作性，完全可以为民主提供修正错误的规则。诸如法律可以规定，少数人或者反对者在说服多少人后即可申请复议，或者请求重新表决。如果复议或者复决的意见被采纳，民主失误就获得了修正的机会。即使在复议或复决之中，少数人和反对者的意见没有被采纳，也可以使人们加深对既有决定的认识。即使复议与复决没有能够推翻既有的决定，无疑也有助于完善既有的方案，或者为后面的继续推进提供某些启示。如果复议或者复决真正导致了新的决策，也就挽救了民主，防止民主失误的出现或者更为严重后果的发生。

3. 依法保护少数人和反对者以完善民主

保护少数人和反对者是民主得以持续的要求。因为民主中的少数人与反对者并不是确定不变的。在此事决策上的少数人或反对者，可能是彼事上的多数人或赞同者；在此时的少数人或反对者，可能是彼时的多数人或赞同者。所以，保护此时此地的少数人和反对者，则是保护彼事彼时的多数人和赞同者。只有保护了少数人和反对者，民主才是完善的。同时也只有这样，民主中失误才能被防止，才能得到最及时的修正。怎样才能使民主中失误的多数人觉醒，中止并补正失误呢？这就需要在多数人决定的同时，允许少数人不同意见的存在和不同意见的发表，允许少数人对多数人的决定的怀疑。其中的少数人实际上也就是反对者。绝对不允许对少数人和反对者进行镇压，若是，民主一旦失误就难以得到补救。所以法律应成为保护少数人和反对者的工具。

在多数人作出决定时,拥有真理的少数人说服了多数人,或多数人赞同了少数人意见的时候,民主的失误就可以为民主所中止、纠正。在这里,如何保证对少数人意见的尊重,保证少数人意见的发表,允许少数人对既有民主决定的怀疑,就成了关键。"多数人决定"的民主是被法所确认和保护的,要尊重少数人的不同意见,允许少数人发表意见,允许少数人对多数人意见的怀疑,更需要有法的保护。只有这样,才可能在执行多数人决定的同时对少数人的不同意见予以足够的法律保障。保护少数人与少数人的意见,是民主的必然要求。只有这样才能避免民主成为多数人的专制或者专断。那种把多数人对少数人的专制视为民主内容的见解,是极其错误的,甚至是根本反动的。民主发展到现代,保护少数人,保证少数人意见的发表应当成为民主的重要内容。

民主是"多数人决定"。多数人也许都拥有真理,但共同意志的形成过程还可能发生偏差。民主的基础是正确的,民主的决策却可能是错误的。避免民主决策的失真,必须依靠法确立一套民主的程序。这套程序中不仅应有民主决策的制作程序,而且应有民主决策失误的中止程序和纠正程序。这种中止程序和纠正程序如同制作程序一样,都需要法律化,并依法实施。程序是民主的过程与保证。凡是没有程序的民主,都不是真正的民主,而不过是徒有民主虚名的"主民"或"主明"而已,至多是一种开明的专制。

民主是多数人决定。多数人决定有许许多多的优点,也难免有"缺点"。诸如,在民主中会有相互掣肘、议而不决、耗费时日等问题发生。这就需要运用法引导人们,协调利益,调整行为,避免民主"缺点"的产生,一旦产生了,也可以依法予以民主的解决或补救。民主的"缺点"中,有些"缺点"是实实在在的缺点,如"民主可能出现多数人的错误"。但是这种缺点是可以克服的,因为民主中对少数人和反对者的保护与尊重,就为修正多数人的错误提供了条件与可能。民主的"缺点"中,有些"缺点"则是虚假的缺点。如"民主可能成为多数人的专制","民主会导致议而不决”。前者可以通过保护与尊重少数人和反对者而得以避免；后者可以通过民主的根本措施——少数服从多数——而得以解决。因为只要全面地理解和贯彻了民主，这种缺点根本就不会产生。至于片面强调民主所导致的偏颇，则可以在与其他价值目标的互动中予以调适或将其救济。

第十一章　法与选举

选举是民主政治中最常见的政治活动、政治行为和政治参与。选举可以说是政治民主发展的结晶，是社会民主政治的发展阶段与进步程度的表现。选举从一开始就与法律相联系，与法律之间有着复杂的结构关系。

一、选举与政治民主

选举是政治民主发展状况与进程的重要表征，是民主社会之中最重要的政治活动之一。选举活动的开展及其结果对国家与社会的发展都具有重大的影响。

（一）选举是政治民主发展的表征

选举作为政治民主的外在表现和重要形式，它记录了政治民主发展的历程，是政治民主发展的结晶，选举也是现实政治民主的重要表现和载体。

1. 选举是政治民主发展的结晶

在原始时代，氏族的首领既可能是根据某种传统的方式来确定或选任，也可能通过集体的选举产生。就那时存在的选举来说,也许由于氏族成员的数量有限,加之他们集体生活,共同居住,因此,那时的选举是极为简便的。同时,人们对于选举也许没有像今天这样赋予它复杂的内涵和使命。

人民一旦组成国家,国家就必须依靠管理者来管理共同的公共事务。实际的客观情况并不允许人民中的每一分子都直接地参与国家的管理活动。这样,他们就需要选举自己的代表,代表自己在特定的场合发表意见,制定适合选举者需要的法律,决定国家的重大事务,乃至进行公共事务的日常管理。人民进入政治社会之后,选举就是其选择公共事务管理者的活动。选举就是参与社会政治的重要方式和路径。选举是国家存在之后,在民主运行中必然具有的社会历史现象。在专制之下,是不存在选举的,因为专制必然会否定民主,也必然会否定民主的形式——选举。对于选举的发展与存在情形,只能在民主存在的条件下来认识。

在政治社会的初期,社会也许就是一个部落或几个部落组成的一个集体组织,国家或许就是一个部落或城邦。小国寡民是那时社会和国家的情形。那时决定社会或国家的公共管理者,是一个比较简单的事情。它完全可以通过直选的方式予以进行。当初人民选择的代表还是直接的国家管理者,即人们所称的官员。这些直选的官员是受人民直接委托而享有权力的公共事务管理者。后来随着国家的扩大和公共事务的增多,直接选举社会管理者也许继续,但是远远不够了,人民不仅仅要选择官员,而且还要选择代表来组成议会,由议会来决定国家和社会事务。代议民主制也应运而生了,选举就在官员选举和议员选举的双重意义上存在并发展起来。

随着政治社会的发展,国家的疆域不断扩大,民众数量和公共事务的双重增加,导致了小国寡民性质的简单直选越来越困难,甚至不再适应社会发展的需要。简单的直选或者被专制者所废弃,或者因其操作的困难而被淘汰。在奴隶制的专制统治之下,是没有选举存在的;在奴隶制的民主制之下,选举还在一定意义上存在。只是这时的选举是在自由民中进行的。作为奴隶,没有选举权。选举仅仅在包括奴隶主在内的自由民中进行。在封建社会中,选举只是在极为有限的空间中存在。只是到了资本主义社会,选举才被作为资产阶级民主的重要形式得到确认和发展。民主成为资产阶级组织其权力的路径。但是由于资产阶级选举本质的局限和当时科技发展水平的限制,在历史上的资本主义社会中,资本主义初期的选举只是在有限的空间中存在。

历史发展到现在,由于现代科技的发展,现代化的投票、计票手段又为民主选举提供了新型的手段,使原本不可能举行的选举变成了可能。现代的计票手段比历史上任何时候都更加快捷、简便和准确。现代投票与计票方式大大地提高了计票的效率。原本需要长时间完成的投票、计票工作,变得十分迅速及时了,资产阶级选举也随之得到了相当大的发展,选举的范围得到了扩大,选举的效率得到了提高。选举因技术的发展,尤其是电子手段在选举中的运用而得到了飞跃。

社会主义社会的选举,是在总结并否定资产阶级的选举经验的基础上建立起来的。它是人民表达自己的政治主张,选择代表和官员的重要方式。人民通过选举参与政治,实现自己的政治权利。选举是政治权利的重要内容。参与选举的过程也就是实现自己权利的过程。可以认为,我们赢得了人类历史上,政治民主发展的最好阶段,也获得了有史以来最佳的民主选举的手段与工具。民主政治在选举上出现了前所未有的重大发展。我们应该充分利用现代社会的科技成果与政治观念,将民主推进到新的历史阶段与新的时代水平。

2. 选举是现实政治民主的表现

选举涉及的范围是否广泛,选举的程序设计是否民主、科学,选举的结果是否具有公信力,都是现实政治发展状况的标志。选举是现实政治的"晴雨表",标志着现实政治的民主化和法治化状况。

选举的事项范围,对什么实行选举,多少人能参与选举,多少人能作为被选举人,多大范围的人参与间接选举,多大范围内的人参与直接选举等,都是社会政治民主发展程度的反映。在一个民主的社会中,选举的范围总是最大限度地与那个时代所能提供的选举技术相适应。历史上,人类也许曾希望将选举的范围加以最大的扩展,但由于投票、计票的困难,而不能不更多地选用间接选举或者由代表选举的方式。当现代高科技尤其是电子技术的发展为人类提供了便捷的投票和计票手段之后,选举的事项范围、选举人、被选举人范围的扩大都具有了实现的可能,社会的政治民主也获得了新的手段。

选举的程序设计得如何,具体运行得如何,也是社会政治民主进步程度的表现。民主的选举必须首先是程序科学的选举。没有科学的程序设计,就不可能有良好的民主选举。选举的程序直接影响着选举的过程和结果。有了良好的程序设计,也只是具备了选举民主而科学的前提条件之一。真正的民主选举还必须体现在实际运作的程序是否民主与科学上。选举实际操作过程如何,直接关乎选举的本质和结果。对于选举程序在设计与操作上的强调是非常重要的,它关乎民主的本质能否得到最好的体现,关乎选举能否顺利而迅速地举行。

选举的公信力对于选举是非常重要的。选举的本意就是要使政治代表与政治领袖获得社会公认的合法性,也就是要使政治代言人和政治领袖获得公众的认可。没有足够的公信力,选举就失去了应有的社会意义。获得公信力是选举的本质性要求,也是被选举者在获胜后能够履职和必须履职的群众基础、逻辑根据和光荣使命。选举使当选政治人物的职位获得和职务活动具有了道德上的正当性和法律上的合法性。选举是人民代表和政治领袖职位具有正当性和合法性的现实基础和社会基础。选举公信力的大小,是一个社会政治清明、政治民主发展程度的表现。

(二)选举是重要的政治活动

选举权是公民普遍的政治权利,它具有极为重大的政治意义,是将公民个体与集体高度结合的活动与过程,它是公民政治参与的极为重要的政治活动。

1. 选举权是普遍的政治权利

选举权是一个国家政治民主程度的标志。能否具有选举权,也是一个人在政治上是否具有正常政治人格的标志。选举权,从特权演变为平等的政治权利,经历了漫长的历史过程。

在奴隶制时代,如果是在奴隶制专制国家,自由民都没有选举权,奴隶更没有选举权可言。在奴隶制民主国家,也只有自由民才有选举权。对于奴隶来说,他们始终是没有选举权的。奴隶不仅在法律上没有独立的人格,在政治上也同样没有独立的人格。他们在人身上依附于奴隶主,被类同于财产,只是奴隶主会说话的工具。他们几乎被当然地认为没有政治人格,没有选举权利,奴隶是被隔离在选举活动之外。奴隶制时代选举主体的有限性也就可见一斑。

在封建社会,皇权至上的世袭制、分封制下,农民也是没有什么选举权的,因为即使是封建主也未必有选举权。在封建社会后期,随着资产阶级崛起,他们不安于没有政治权利的现状,提出了普选权的问题。在那时的资产阶级眼中,即使争得了这种普选权,这种权利主体也是不包括农民和手工业者的。就是在17世纪中叶,资产阶级提出的普选权主体,还是不包括奴仆和受救济者,他们所谋求的也只是资产阶级自己的普选权。

1832年,英国改革选举制度,降低了对于选举权的高额财产的资格限制。1837年7月,英国伦敦工人协会提出了一个争取普选权的宪章。这一纲领性文件要求,凡年满21周岁的男子皆有选举权;实行秘密投票,废除公开投票制;废除议员候选人的财产资格限制;对当选的议员支付薪俸;议会每年改选一次;平均分配选举区域,按选民人数产生代表。这一宪章运动被列宁称赞为“世界上广泛的、真正群众性的、政治性的无产阶级革命运动”①。英国直到1918年、1928年《人民代表制法》,才确认男女平等的选举权,到1948年才实行一人一票的平等投票权。

美国根据其宪法的规定,众议院的议员由选民直接选举产生,1870年的美国宪法修正案第15条才规定,不得因为种族、肤色或者曾经为奴

---

① 《列宁全集》(第26卷),第276页。

隶而剥夺公民的投票权。直到1920年才确认妇女的投票权。1964年规定各州不得以无力缴纳人头税或其他赋税而剥夺公民的选举权。1965年,美国才取消各州对选民的文字测验。

1918年苏联的《俄罗斯苏维埃联邦社会主义共和国宪法》所确立的选举制度规定,年满18周岁的劳动者,不分性别、信仰、居住情况等,都享有选举权和被选举权,同时宣布剥夺剥削者的选举权。1953年《中华人民共和国全国人民代表大会及地方各级人民代表大会选举法》和1954年的《中华人民共和国宪法》确立了普遍、平等的选举制度,其后又逐步得到完善。到现在,凡年满18周岁的公民,不分民族、种族、性别、职业、社会出身、宗教信仰、教育程度、财产状况和居住期限,都有选举权和被选举权。只有依照法律被剥夺了政治权利的人才没有选举权和被选举权。①

通过以上历史回顾,不难发现选举制度的发展过程也就是政治民主制度的发展过程,选举权是一种经历渐变发展而形成的普遍政治权利。到现代,普选制已经在世界上的多数国家得到了确立。性别区分、财产状况、教育程度、种族差异、肤色区别、家庭出身等都已经不再是限制选举权的因素。选举权的普遍化,增强了社会成员的政治意识和政治参与意识。它可以使社会成员不断产生出政治自觉和政治认知。选举可以使公民认识到自己的政治作用,并郑重地对待和参与政治。社会民主的意识将因此而得到加强,社会政治也会因公众的更多参与而更加民主。选举权利的普遍化享有,使选举权成了普遍的政治权利。参加选举已经成了一般公民参政的最主要和最重要的方式。

2. 选举具有重大的政治意义

选举具有重要的政治意义。选举一般都是对民意代表或者政府首长。前者的目的在于组成议会,后者的目的在于组成政府。选举的意义首先在于可以使公民的选举权现实化。宪法和法律确认了公民的选举

---

① 《大百科全书·法学》,中国大百科全书出版社1984年版,第682~683页。

权和被选举权,只有通过实实在在的选举才能转化为现实,否认就是徒具虚文的纸面规定。其次,选举是法治国家组成议会和政府的必需环节。一个法治国家或者一个具有相应法律的国家,其宪法和法律规定了民意代表与行政首长的选举制度,相应的代表或者首长就必须通过选举才能产生出来,否则,法律制度无法实现,相应的国家机关也无从组建。最后,选举是政治民主的重要体现。一个社会政治民主重要的体现就是其民意代表和政府首长是由人民选举产生的。人民当家做主必须有其诸多的实现方式或者路径。选举和被选举,就是人民获得政治民主的重要体现。选举无论是对代议制机构代表的选择还是对政治领袖的选择,都具有极为重要的意义,它们都将影响一个国家发展的政治路向和具体进程。

对代议制机构代表的选择,在有的国家称为议员的选举,在有的国家则称为人民代表的选举。议员或代表的选举对于议会的组成有着重要的影响,它所选举的是议会的组成人员。在代议制国家,国会的作用是巨大的,国家的重大决策、法律制定甚至重大人事任免都是由议会完成的。议员或代表的素质直接制约着议会的状况,影响着议会的决策质量和立法水平,关系着整个国家在一定时期基本的政治路线、经济目标、社会状态、对外政策等。议员的选举不是一般意义的议会组织的人事变动,而是国家决策机构的组织变化。

对总统等政治领袖的选举,对于国家的政治生活具有直接的影响,因为这些政治领袖本身就是国家政策的制定者和执行者,他们的素质对于国家和社会的管理和发展都有着重大的影响。政治领袖的选举或者是在全国性的大选中进行的,或者是在议会中进行的。无论是在什么层面或范围内进行的选举,只要它选举的是国家领导人,其意义就不容低估。这些领导人担负着国家的政治使命,他们是国家政治发展的决策者和主导者。即使几年一届的选举可以使糟糕的领导者被淘汰或者被替换,但是,其在位期间的影响力和破坏力都是不可小觑的。后来者即使可以对其政策等进行纠正,也要耗费不必要的成本。而且对于有些决策失误与错误来说,则可能是永远无法弥补、永远无法修正的。因此,对于政治领袖的选举来说不可不慎之又慎。

3. 选举是选举者的政治活动

选举人参加选举也就是参与政治,选举的过程也就是选举人参与政治的过程。参与政治的方式是很多的,但是选举是社会大众最经常、最基本的参政方式。申诉、控告、检举、静坐、示威、抗议、游行,也是一定意义上的政治参与,但是未必是绝大多数公民都会参与的。申诉控告等非正常的政治参与方式,对于有的公民来说未必愿意参与,也未必能够实际参与。但是就选举而言,几乎所有的成年公民,不分男女,不分种族都会参与。选举是政治参与者最广泛的政治活动,也是最普遍的政治活动。

选举人可以在选举的过程中对自己的代表,对自己所信赖的政治人物表达自己的偏好。种种选举宣传都不过是为了对选举人产生影响而已。选举人可以对这些宣传抱有兴趣,也可以对这些宣传漠然置之,最根本的还是选举人自己的认识。选举人能够根据自己的认识和判断作出赞同谁、反对谁或另外支持谁的决断,也就是对政治的参与和影响。一个选举人的政治意愿也许是不重要的,但是若干选举人的政治意愿就会变得异常重要,它就可能影响一个国家的未来,影响一个国家的政治、经济、文化、法治乃至整个社会的方方面面。

选举权是政治人格的标志。各国也都存在剥夺选举权的情形,绝大多数国家选举权丧失的条件就是被剥夺了政治权利。被剥夺了政治权利的人也就丧失了选举权和被选举权,也就意味着选举权是被作为重要的政治权利来加以对待的。一个公民是否拥有选举权,并不是一个能否投票的问题,也不是他能否赞成谁或反对谁的问题,最根本的是选举人的政治主体资格问题,是选举人的政治身份与政治地位的问题。选举权首先关乎的是选举人自身的政治问题,所以,选举权对于所有的公民都是十分重要的权利,能否参加选举,即有无选举权对于政治社会中的成员来说是极为重要的。

二、选举与法律互动

法律与选举并不是孪生的，但是一定是互动的。从选举的发展历程来看，法律推动着选举的发展；从选举的结果来看，选举影响着法律的状况。

（一）法律推动选举发展

选举制度从产生、发展到完善的过程，始终都是与法律相伴的。“选举是一种制度化的民主程序，是一种法律行为。选举行为依法而定，依法而行。”①可以说，选举制度的发展过程，也是选举法的发展过程。我们可以在选举制度和选举法的历史发展中找到这样的内在逻辑。

古代社会中已经有选举制度的萌芽，也有了法律对于选举的关注与推动。在公元前9世纪的古希腊斯巴达，国家机构由国王、长老会议和执政官组成。长老会议成员虽然在实质上一定是由贵族出身的长老担任的，但在形式上却是由公民会议选举的。其执政官五人，一年一任，同样为贵族独占，但是在形式上也是由公民选举产生的。长老会议成员与执政官都来自选举，其选举的规则就是斯巴达的习惯法和其后由习惯法编纂而成的成文法“瑞特拉”（教训、格言、法律）。在雅典，公元前6世纪的梭伦立法，提高了民众大会的作用，使各个等级都有权参加，并由它选举官职、决定战争与媾和等国家大事。新设了四百人会议和陪审法院。而四百人会议就是由四个部落各自选举一百人组成的。每个公民都可以当选为陪审法院的陪审员。到公元前的克里斯提尼立法，雅典原来的部落划分则被选区划分所取代，四个部落划分改变为十大选区的划分。由每个选区选举50名代表组成五百人会议以取代以前的四百人会议。对危害国家的犯罪分子实行“贝壳放逐法”，在民众大会上被六千人

① 陈子明等：《现代政治学导论》，宁夏人民出版社1988年版，第141页。

以上投票认为应放逐国外的，则予以放逐，十年后方许返回。在古罗马，市民法就规定了罗马公民享有选举、担任官职、获得荣誉等与异邦人相区别的特殊权利。古罗马的民众大会成员、元老院成员当然只能在罗马市民中选举产生，而且实际上只能在罗马贵族中选举产生。

在近代以来，英国是议会制度出现最早的国家，同样也是近代选举制度出现最早的国家。中英学者对于英国议会的起源时间都有不同的论述。中国学者有的认为是在1265年，也有的反对这一说法，认为英国议会的起源是一个漫长的过程，不便确定其起源的时间。英国学者有的认为是在1295年，有的则根本就反对进行时间的确定。① 但无论持怎样的学术观点，都不可否认，英国是世界议会制度的策源地，英国议会制度产生于英国的中世纪。近现代选举直接就导源于议会制度。我们当然可以把最初的选举追溯到原始社会的氏族或部落的选举中去。那时的选举也是对领袖的选择，但它并不是近现代选举的直接起源。英国的议会选举制度的发展，又总是与相关的法律交织在一起。选举法与选举制度同步发展，携手同行。从选举制度诞生时起，英国有关选举的法律、法令就与选举制度相伴随。到15世纪时，英国就有了专门的选举法规。1688年，英国建立了资产阶级君主立宪制国家以后，选举法律规定了选举上的财产资格、教育程度、居住期限、性别等方面的限制，公开剥夺了绝大多数成年人的选举权，享有选举权的只是极少数的大资产阶级和大地主。经过广大人民的斗争，1832年英国制定了《选举改革法》，降低财产资格限制，扩大了选举权的范围。1918年通过《国民参政法》进一步扩大了选举权，规定年满21岁的男子在一个选区住满6个月，或具有每年价值在10镑以上的营业所者即有选举权；妇女在年满30岁且本人或其丈夫在各该选区拥有价值5镑以上的土地或住所者拥有选举权。1928年通过的《国民参政(男女平等)法》确认了妇女与男子平等的选举权。随后的1939年、1944年、1945年、1948年、1949年、1969年都分别

① 何勤华主编：《英国法律发达史》，法律出版社1999年版，第98～99页。

对选举法进行了修改,最终在法律上建立了年满 18 周岁的公民都具有选举权的普选制。

美国的选举制度同样是与其选举法律的发展紧密联系的。1787 年的美国宪法对议院和总统的选举作出了规定,但语焉不详。各州制定了自己的选举法,这些选举法对于公民的参选有着诸多的限制。1869 年制定(1870 年生效)的宪法第 15 条修正案规定,不得因种族、肤色或者以前是奴隶而剥夺公民的选举权,在形式上承认了黑人和奴隶的选举权。1919 年制定(1920 年生效)的宪法第 19 条修正案又规定,不得因性别取消或剥夺公民的选举权,使妇女获得了选举权。1962 年制定(1964 年生效)的宪法第 24 条修正案规定,不得因未缴纳人头税或其他税款而剥夺公民的选举权。1971 年制定(1971 年生效)的宪法第 26 条修正案规定,年满 18 周岁的公民都有选举权,废除了许多州要求年满 21 周岁的年龄规定。① 从美国宪法修正案与选举制度的变化之间,也同样可以认识到选举法律与选举制度之间的关系。

(二)选举影响法治状况

选举是重要的政治活动,也是重要的法律活动,选举与法律密切相关。从选举对于法律的意义来看,它极大地影响着法律的状况,因为选举为立法机构提供代表来源,为法律适用提供人才支持。

1. 选举产生立法机关的成员

立法,严格地说是一种代表人民管理国家和社会事务,管理经济文化事业,制定规范性法律文件的特殊活动。立法是严肃而重大的国家权力的运作,是一定的政治主张上升为国家意志,上升为法律的重要途径。没有立法,一个国家难以得到良好的治理;没有立法,就根本谈不上任何意义的法治。立法需要由优秀的社会成员组成的代表机关来承担。

选举的重要目的,除了选举总统等政治领袖之外,就是选举出议会

① 这里所列的修正案制定时间,是指议会通过或提出的时间。鉴于许多著作在论述中将其与生效时间相互交错或混淆,特在括号中对生效的时间予以说明。

的议员或者代表,组成立法机关。民意代表的能力直接制约和影响着立法机关的水平。选举的质量制约着代表的素质。由选举产生的代表的代表性如何,能力和工作状况如何,直接关系到法律的制定状况。一个立法状况很好的国家,它的立法机关组成人员在总体上一定是高素质的。当然,高素质的立法代表未必能制定出良好的法律,但是低劣的代表一定无法制定出良好的法律。法律的立、改、废都是由立法机关进行的,代表的素质与立法机关的工作息息相关,直接制约着立法机关的立法水平和效果。立法机关成员的素质与选举是密切相关的。成功的选举也就是把优秀者选拔出来,作为人民的代表,参与国政,决策国事,制定法律。由优秀者构成的立法机关,一般地说也会是优秀的,必然能够更好地担负起法律所赋予的使命,制定出良好的法律。失败的选举则一定会将平庸者选举出来,那样必将损害立法机关的形象,直接降低立法的水平。平庸的立法者当然不可能制定出良好的法律。

2. 选举提供执行法律的官员

法律执行官员,在任何国家都是特别重要的,是他们将法律具体地适用于社会管理活动中的人和事,他们的工作直接关涉法律的效用,是决定法律能否产生实际效果的关键。没有他们的日常工作,法律就只能是纸面上的规定,无法成为社会的现实,社会的管理和正常运转都会遇到障碍和困难。

选举制度发展到现代,选举也为法律提供着适用法律的执法官员。法律都是由一定的官员来执行的。选举为法律执行选拔官员。在现代世界,许多国家的国家元首或政府最高领导人都是由选举产生的,有的是间接选举产生的,有的是由直接选举产生的。作为政府领导人,他们担负着最为重大的法律执行任务。就行政机关来说,整个行政机关就是执法机关。许多国家的宪法都把国家行政机关规定为立法机关的执行机关,除了国家政策的执行之外,执行的对象主要就是法律。

司法官员是一个国家或社会适用法律的最终权威者。他们的工作就是运用法律裁断是非曲直,运用法律来处理各种案件,确保国家权力的规范化运作，确保社会的各种纠纷能得到及时的解决，最终在于维护社会公正，保障人间正义。司法对于任何国家来说都是重要的。法律至上必须表现为司法至上，司法才能在法律适用上具有最高的权威和最大的效力。司法官员从道德上讲应该是社会的良心，从法律上讲应该是法律的化身。正如西塞罗所说，法律是不会说话的法官，法官则是会说话的法律。法官与法律融为一体，才是司法的最高境界，才会使司法成为社会的最终依赖和最后信心。对于法官的选任历来都是特别重大的事项，一直都存在严格的法律程序。即使是在专制时代，对于法官的任命一般地说也不是可以随意处置的小事。法官从来都被严谨的政治家视为国之重器。如何选任司法官员，始终是重大的政治问题。

随着民主选举制度的发展，选举也为法律提供着适用法律的司法官员。司法官员往往是由议会投票通过，然后加以任命的，或者可以说许多国家的法官实际上也是由议会根据一定提名选举产生的。总统或者特定机构的提名，只是确定候选人罢了；任命也只是执行议会的决定。被提名的法官人选是否能够为代表机构所接纳，往往是通过投票表决的方式来决断的。代表机构的投票通过是选拔法官的重要程序，也是直接影响法律适用的关键环节。

三、选举的法律原则

经过历史的积淀，选举制度发展到现代已日益完善。现代的选举制度具有许多重要的法律原则，最基本的原则包括普遍选举原则、平等选举原则、直接选举原则、透明选举原则、差额选举原则、自由选举原则等。

（一）普遍选举原则

普遍选举原则是与限制选举原则相对应的。它是一个确保公民普遍有权参加选举的原则，要求公民普遍地拥有参加选举的权利。现代选举中，公民的选举权限于具有公民身份、享有政治权利、已经达到一定的年龄、不具有丧失行为能力的情形。

对于选举人的公民身份的限制，是基于对选举负责的考虑，也是界定选举主体范围的需要。因为不是一国公民，如果确认其选举权，至少存在三个基本的问题：一是他对于所在选举国是否负责的主观责任感问题；二是他随时可以离开而不必对所在选举国负责的实际问题；三是存在选民范围难以确定，使选举难以进行的问题。对于非公民选举权的限制是合理而必要的。

对于选民政治权利的限制也是必要的。所有的被剥夺政治权利的公民都是个别的，都需要经过法定的程序加以确认。丧失政治权利的原因，常常是因为曾经具有某种政治意义的犯罪行为。如果允许其参加选举，就可能使其既有的犯罪得不到应有的惩罚。选举权是十分慎重严肃的政治权利，既然犯罪者已经被依法剥夺了政治权利，不允许其参加选举，剥夺其选举权也是顺理成章的。

对于选民的年龄要求，是基于选举需要正常的理性认识能力。未成年人由于其智力的发育尚未成熟，他们难以很好地行使自己的选举权利。如果由他人代理其行使选举权，仍然无法解决被代理人本身难以具有正常的选举意志的问题。所以，允许代理也无法达到尊重选举人自由意志的目的。同时，也可能为代理人所利用或左右，反而有碍选举的公平性质。所以对于未成年人不确认其选举权的法律规定是有其道理的。只要该社会成员达到了法定年龄，其选举权就自然拥有而无须办理任何法律手续或经过任何法律程序。

对于丧失行为能力的人来说，其选举权并不是被剥夺的。仅仅是由于他们不具有正常的精神状态，无法具有理性的认识，无法正常地表达自己的意志，无正常的行为能力，所以才不认可其选举的权利。一旦其行为能力恢复，其选举权也当然地随之恢复。丧失行为能力而不具有选举权的情形是个别的，也是偶然的。

历史上许多国家和现实中的少数国家，对于选举权的限制并不仅限于此，他们还对选民作出了民族、种族、肤色、性别、财产、教育、住所、居住年限等方面的限制，使享有选举权的主体范围大大缩小，从而达到左右选举的目的。选举权的范围包括选民的范围，该范围的大小直接影响着选举的民主程度，也反映着一定国家的社会民主和政治文明的状况。

(二)平等选举原则

平等选举原则是指所有选民在选举上的法律权利和地位都是平等的。任何公民都具有一个投票权，每一票都是价值相等的。在世界现行宪法中规定了平等选举权原则的有67部，占总数的47.2%。①

平等选举原则经历了一个历史的发展过程。人类在原始时代的选举也许是平等而普遍的。但是在人类进入政治国家的奴隶制社会之后，其选举就是自由民的事情，作为奴隶他们并不享有选举权，当然也没有被选举权。在历史的发展中，选举权的范围不断扩大，拥有选举权的人的数量和范围不断加大。从仅仅是有产者的选举，扩大到社会多数成员，乃至绝大多数成员的选举；从仅仅是男性成员的选举，扩大到男女平等的选举；从不同的人选票不等值的选举，发展到一人一票、每票等值的选举，人类经历了漫长的历史发展。

在总体意义上，可以认为平等原则是选举发展的进步走向，是选举制度发展进步的成果。但是，也要注意到，不同国家对于平等选举权的不同态度，并不是无缘无故的。确立不平等选举权原则或制度的国家，当然会有其历史根源和现实的政治、经济、文化原因。对其根源和原因的理解和认识，对于认识其选举原则是十分重要的，当然不能采取轻易的否定态度。

从历史发展的趋向来看，选举权走向平等，是选举发展的必由之路。尤其是已经确立平等选举原则的国家，更要切实地奉行平等选举原则，将平等选举原则加以全面施行。

(三)直接选举原则

直接选举与间接选举相对应。它是指选民不通过任何中间人或中

---

① 李林：《立法机关比较研究》，人民日报出版社1991年版，第52页。

间组织，直接对被选举人进行选举的原则。与之相对应的间接选举则是指选民选举出选举人或者选举团或者一定代表机关，再由选举人、选举团或一定的代表机关代表选民对被选举人进行选举。选举可以分为代表机关代表的选举和国家机关领导人的选举两类。有些国家在两个方面的选举上都实行了直接选举，有的国家则在某一方面的选举上实行了直接选举。

从总体上说，直接选举比间接选举更具有民主的性质，民主化的程度会更高。社会直接选举的范围总是在不断扩大，尤其是在现代社会高科技的帮助之下，人们可以更好地进行直接选举。传统的投票和计票方式都可以因现代科技的发展而获得更快的速度，有效地解决了投票与计票的时间问题。同时，它也可以使直接选举受到更严密的监督，有效地防止选举出现偏差。直接选举在现代社会所能获得的高科技支持，必将推进直接选举的扩大。

但是，并不是所有实行直接选举的国家，其民主程度就一定高于实行间接选举的国家。适用直接选举或是间接选举制约的因素是多样的。第一，也许有其国情的限制。第二，也许受到地域范围、通讯手段、投票条件的限制。实行直接选举的国家，如果被选举出来的官员或代表并不享有实际的重大权力——如在有的君主制国家中，君主具有最高的权力，而通过选举产生的其他官员和代表并无实权——在这种国家即使采用的是直接选举，其民主程度依然是值得怀疑的。在此，一点没有要否定直接选举的意味，只是特别地强调，在扩大直接民主的同时，要注意到直接选举扩大的渐进性，尤其是要注意到提升选举的内涵与实际效用。

（四）透明选举原则

透明选举原则的内涵十分丰富，它包含着选举规则的事前公开，选举过程的公开和选举结果的及时公开。透明选举原则也可以称为选举公开原则，但由于公开选举是与秘密选举对应的，公开选举与选举公开又极容易混淆，所以为了避免误解，在这里采用了透明选举的说法。选举的透明与否，直接影响着人们对于选举的信任程度。越是公开透明的选举,就越是具有可信度。选举的透明度不仅仅是政治民主的表征,而且还影响着由此产生的政治人物的正当性、合法性、权威性。它对于政治社会的影响是重大的。

选举应当是依法进行的。依法进行的选举,其选举的法律法规和具体的选举规则必须是公开的。法律法规的公开显然是不成问题的,但是就具体的选举规则来说,公开化的程度有可能大打折扣。特别是在法律法规不健全,需要具体的选举规则来补充的时候,规则的不公开所导致的后果将更为严重。

选举的实际过程的公开,对于选民来说也是特别重要的。选举操作中的任何随意都有可能改变选举的结果,影响选举的公正性。选举结果,也同样应该依照法律法规或选举规则的规定及时公布。及时公布选举结果可以防止舞弊的发生,也有利于使选举获得足够的公信力。

(五)差额选举原则

差额选举是指由选举权人在多个候选人中进行选择,最后只有部分候选人当选的选举。差额选举使选举具有了真正的可选择性,使选举名副其实地成为具有选择意味的选举。是否实行差额选举也是社会民主进步程度的反映。

选举一定要具备可选择性。可选择性也就意味着选举人有权对被选举人进行选择。多个候选人是选举具有可选择性的前提。许多国家由于种种原因,采用了等额选举。在候选人为等额的被选举人的时候,选民的选择性就受到了限制。他们只能对确定的等额候选人说是或者否,或者弃权。而有多个候选人,情况就大为不同了。他们可以在多个候选人中进行比较、选择,可以对每一个候选人作出或赞同或否决或弃权的决定。只要其所赞同的候选人不超过规则允许的人数,即具有法律认可的效力。从总体来说,差额选举使选举具有了更大的可选择性,使选举更符合于选举的本性,因此,差额选举是值得也需要提倡的。一些基于种种原因而不得不采用等额选举的情形,应当逐步地予以克服,进而实行全面的差额选举,使选举具有更大的选择性质和民主性质。

（六）自由选举原则

自由选举原则是指选民有权决定是否参加选举，以及选举谁和不选举谁。自由选举原则，是自由作为政治权利所必然要求的。作为权利的选举权，其主体当然有行使、如何行使的自由。行使中就包括有不行使的决定权。如何行使中就包含着选谁与不选谁的权利。自由选举原则，是选举权始终保持是一种权利的保证。当选举人不再拥有这种自由的时候，选举也就不再是权利，而是蜕变为义务了。具体地说：

自由选举原则的第一个方面是指，是否参加选举是作为选举人一种权利在法律上的行为自由。选民的选举权是，既可以行使也可以放弃的。其放弃选举本身就是选举权的构成部分。不能说选民没有放弃的权利，或者必须受到某种强迫。否则，公民参与选举就不再是权利，而是被作为了义务。选民参与选举与否，是自由的。

自由选举原则的第二个方面是指，公民选举谁也是自由的，他们有权就候选人作出自己的选择，也有权对候选人作出选与不选的结论（弃权甚至投废票）。选举人“不选”行为中包含有弃权和否决两个方面的意义。第二个方面是对自由选举的深化。

只有这两个方面都保证了，才能说选举是自由的，或者说选举贯彻了自由的原则。自由选举的原则有利于保证选举的真实性和民主性。自由选举原则是人民主权原则在选举上的表现。

（七）秘密选举原则

秘密选举原则是指选举人在选票上只表达对被选举人选与不选（包括否决与弃权），或选谁的意思，而不注明选举人自己的姓名的选举原则。可以认为这一原则是自由选举原则的必然要求，也是选举权得以充分实现的保障。它是直接选举中必须坚持的原则。

秘密选举原则有利于保证选举结论与选举人意志之间的一致性。在秘密的情况下，选举人的投票必然具有真实性。在公开的情形下，由于种种原因，投票人会有种种顾虑。将选举人的选举情况予以公开，既不利于选举人表达自己的真实意愿，也是对选举权的干扰和侵犯。依据虚假意愿作出的选举行为,必然是对政治的不负责。在虚假民意基础上的政治必然是危险的。

秘密选举原则有利于防止打击和报复选举人的情形发生。因为要保证选举权被充分享有,要保证选举是自由的,就必须保证选举是秘密的。这里的秘密是指选举人选举谁,不选举谁,其中包括对候选人的赞同、否决与弃权都是其意志自由,都不应当受到干预和妨碍,并不为人知。秘密选举对于选举人来说,是一种重要的法律保护,使选举人不必有受到报复的隐忧,也使候选人不必也无法以报复相威胁。秘密选举鼓励选举人对候选人或在候选人之间,在不受任何威胁与侵害的情况下,作出真实的决断。

由于秘密选举原则对于选举、对于选举人所具有的重要意义,这一原则也常常被分立出来作为一个独立的选举原则,与其他原则相并列。这里需要特别说明的是,秘密选举原则是直接选举中的原则。至于间接选举则并不一定适宜采用秘密选举原则,因为间接选举的选举参加人并不是权力的终极拥有者。作为民众代表的间接选举人,他们必须对作为委托人的人民群众负责,因此,在一定意义上说间接选举应该公开其投票情形,以接受民众的监督。

四、选举的法律保证

从选举的重要性和复杂性的双重意义上讲,对选举进行保证是法律不可忽视的问题。同时,选举也必须依赖法律,而且需要法律为其提供有效和有力的保证。法律对于选举的意义主要表现为提供程序和予以保障两个方面,它使选举能够无所阻碍地顺利进行,并达成自己的目标。选举有可能遭受各种破坏,甚至在某种结果产生之后遭受质疑,这实在是难以避免,如何使选举的结果能够得到法律的确认,是十分重大的问题。如何对各种妨碍因素加以排除,如何制裁其中的违法犯罪,切实解决这些问题也就确保了选举的顺利举行。

(一)设定选举程序

自从政治社会的选举产生以来,法律就成为选举重要的规则,选举也就成为法律调整的重要对象。法律为选举提供基本的程序,使选举能够循着法律的路径推行。

选举是复杂的政治活动,其涉及一系列重大的法律问题。选举的过程中,如何启动和推进,如何产生选举结果,都需要法律一一地加以详细的程序设计。各国选举法律往往从选举机构的组建,选区的划分,选民的登记,候选人的提名、竞选,选票的制作,选举的主持,初选、预选和正式投票,到选举结果的宣布等,每一个环节都用法律加以具体的规范。在实际的运作中,每一个环节都需要按照法律规定的程序来进行。

(二)解决选举讼争

各国法律都对选举纠纷设定了相应的诉讼解决制度。综观世界各国,一旦发生选举讼争,有的国家法律规定由司法机关直接受理,如日本、美国;有的国家法律规定由议会受理,如1958年以前的法国;有的国家法律规定由宪法委员会受理,法国从第五共和国开始实行由宪法委员会兼办选举诉讼事宜;还有的国家法律规定由专门机构受理,如哥斯达黎加。

1. 选举权利诉讼

选举权利诉讼是选举中最经常发生的诉讼纷争,也被称为选举人名册诉讼或者名单诉讼。它包括因选举人和候选人(被选举人)的资格问题引发的纠纷,既涉及选举权也涉及被选举权两个方面,但就具体的纠纷来说则往往都是一个方面的问题。现代各国选举法都规定了选民包括选举人和候选人(被选举人)的资格。选举权本来是十分广泛、普遍享有的权利,但是有时由于种种原因,使个别公民的选举权受到了诸如漏登或者误登等侵害,或者被认为有其他失误,于是就产生了选举权利案件。关于选举人与候选人权利,涉及其是否符合法定年龄,是否达到居住期限、是否存在丧失资格等重大法律事由,以及是否已进行选民登记、已缴纳保证金、提名程序是否合法等问题。对于选举权利案件的处理和审理，核心就是对选举权或被选举权的确认。在各种选举中，一般都依法在选举日前的若干时间前，公布有选举权和被选举权的公民名册或者名单。一旦该名册或名单引发异议，有关公民就有权向选举委员会等提出申诉。选举委员会等对申诉意见，应在法定时间内作出处理决定。申诉人如果对处理决定不服，可以向法院起诉，法院的判决为最后决定。法律对于选举人资格案件的处理和审理的程序设计，无疑为公民选举权利的保护，为选举人资格纠纷的解决，为选举的顺利进行提供了重要而特殊法律程序。

2. 选举条件诉讼

选举条件诉讼是在选举进行中，因选举手续的瑕疵致使有关主体对选举效力的全部或部分发生异议而引起的诉讼。其起因包括选举公告事项违法，选举日期与投票时间不当，投票场所的设备无合法保障，不依选区投票，投票与开票的管理员、监督员的人选不合格，投票箱保管不当，投票记录与开票记录不合法等。这些纠纷，如果不能及时解决，就可能引发社会矛盾与选举冲突。专门机关或者司法机关介入并裁决，就成为推进选举顺利进行，维护选举秩序的重要保证。

3. 当选无效诉讼

当选无效诉讼是指在当选决定作出后，因该决定有瑕疵，而由有关主体对当选效力提出异议的诉讼。造成此种诉讼的主要原因有决定当选的机构违反法定选举程序，选票计算有误包括对争议选票的判定不当，被选举人资格认定违法，对当选的确认不当，或者管理选举机关的负责人因选举而受到违法指控等。如我国《村民委员会组织法》(1998 年)就规定“以威胁、贿赂、伪造选票等不正当手段当选的，其当选无效。”法院通过司法确认程序，可以维护选举秩序和选举公正，有效地阻止因对选举决定不服而引发的社会冲突，并使社会处于有秩序的范围之内，最终恢复秩序。这一诉讼的司法裁判，正是法律保障选举、服务选举的重要体现。

（三）制裁相关违法

凡是破坏选举的行为，法律都予以禁止并加以应有的法律制裁甚至刑罚惩罚。法律为选举设定了一系列措施以制裁破坏选举的违法犯罪，确保选举的正常进行。我国《全国人民代表大会和地方各级人民代表大会选举法》（2010年）规定，为保障选民和代表自由行使选举权和被选举权，对破坏选举，违反治安管理规定的，依法给予治安管理处罚；构成犯罪的，依法追究刑事责任。这些行为包括，以金钱或者其他财物贿赂选民或者代表，妨害选民和代表自由行使选举权和被选举权的；以暴力、威胁、欺骗或者其他非法手段妨害选民和代表自由行使选举权和被选举权的；伪造选举文件、虚报选举票数或者有其他违法行为的；对于控告、检举选举中违法行为的人，或者对于提出要求罢免代表的人进行压制、报复的。国家工作人员有所列行为的，还应当依法给予行政处分。以所列违法行为当选的，其当选无效。主持选举的机构发现有破坏选举的行为或者收到对破坏选举行为的举报，应当及时依法调查处理；需要追究法律责任的，及时移送有关机关予以处理。我国《刑法》规定，在选举各级人民代表大会代表和国家机关领导人员时，以暴力、威胁、欺骗、贿赂、伪造选举文件、虚报选举票数等手段破坏选举或者妨害选民和代表自由行使选举权和被选举权，情节严重的，处3年以下有期徒刑、拘役或者剥夺政治权利。我国的《村民委员会组织法》（1998年）规定，以威胁、贿赂、伪造选票等不正当手段，妨害村民行使选举权、被选举权，破坏村民委员会选举的，村民有权向乡、民族乡、镇的人民代表大会和人民政府或者县级人民代表大会常务委员会和人民政府及其有关主管部门举报，有关机关应当负责调查并依法处理。法律通过强制性的法律制裁甚至刑罚处罚，有力地保护了选举秩序，保证选举的顺利进行。

第十二章　法与公决

公决也被称为全民公决，经历了漫长的历史发展。到当代，它已经成为一项独特的民主和法治制度，作为政治与法律高度混同的政治制度之一，备受政治学与法学的关注。

一、公决及其历史发展

作为公决对象的是重大的政治与法律事项，而启动公决本身又对社会政治与法律具有重大的影响，因此，对公决进行法律调整是法律调控社会的必需。公决事项与公决本身的重大性，使公决制度成了重要的法律制度。公决对于法律有着内在的不可忽视的制度需求。

（一）公决是民主的体现

公决，也称为全民公决或全民表决，是指某个国家或者区域享有投票权的公众对本国或本地区特定的重大问题进行表决的公共政治活动。也有学者称为“全民投票”。这一定义至少意味着以下三个基本的方面：第一，公决的主体是一定国家或者区域中享有投票权的公众。公众的范围是一定国家或区域的公民、国民或住民。由于有的公决是某个国家在一国范围内举行的，其参加者是在相应范围内的全体具有投票权的公民或国民、住民。有的公决是在一国举行的，有的是在一国的某个地区举行的，有的是在尚不隶属于任何国家的某个地区举行的，参加者就是那个特定区域内的具有投票权的所有公众。参加投票的公众都以具有投票权为条件，他们都以个体为单位参加投票，最终形成集体的公决结论。第二，公决的性质是一种公共政治活动。一是具有公共性，二是具有政治性。第三，公决的目的是对本国或本地区的特定的重大问题进行的公决。公决都是为了对本国或本地区特定的重大问题进行表决。表决即得出最终结论是目的，表决的对象是特定的重大问题。

在一定国家或者区域，人们常常需要个别而又集体地对人进行选择和对事作出决定，前者被称为选举，后者被称为公决。“国民的自治精神的表现，不独在于代议制度及国民的政府的制度；因国之不同，除选举之外尚有认国民对于种种事项有直接决定或参与重大的国事之权利的。”①这就是公决。本书不主张将公决与选举混淆，反对将对人的选择——选举作为公决的对象，因此对于选举就列入选举一章加以阐述，而本章也不予更多论及。将公决与选举区分为对人的选择和对事的决定，也只是相对的分别。其实人与事是难以彻底分别的，更何况历史上故意混淆二者界限，甚至以售其奸者也大有人在，也就在实践中搞乱了公决与选举的界限。诸如对官员的信任案进行公决，它表面上决定的是事，实际上针对的是人，针对的是人的去留和人的责任。再如采用是否同意特定人出任总统等职务的方式进行公决，其实质就是一个等额选举。拿破仑的“终身执政官”、“世袭皇帝”的公决就是典型。第二次世界大战之后，一些国家的强人独裁政权也借助这种方式使其独裁统治合

① [日]美浓部达吉：《宪法学原理》，欧宗祐、何作霖译，汤唯点校，中国政法大学出版社2003年版，第330~331页。

法化。[1] 当然，这是以“事”掩盖对“人”的确认，但又没有任何“选举”的含义，因为投票者不存在对于“人”进行选择的问题，它不过是少数专权者的挂羊头卖狗肉而已。

公决是由一定范围的公众通过直接投票的方式，对相关议题表达同意、反对或者弃权的明确态度的表决程序的总称。有的学者称公决为全民投票，这一称谓也就表明了公决的具体行为方式是投票。但是由于“全民投票”容易导致与也具有投票环节的选举相混淆，所以，对全民公决还是以不随便称为全民投票为宜。[2]

经过历史实践，现代世界的公决制度已经发展到非常丰富的程度。按照不同的标准可以把公决做不同的划分。这些林林总总的划分本身就展现了公决的丰富性与多样性。根据学界的基本认识，根据客体的性质，我们可以看到公决有宪法议题的全民公决、领土议题的全民公决、道德议题的全民公决和其他议题的全民公决。依据全民公决实施时有无既存的国家体制和形式进行的分类，公决有公民公决、住民公决两大类。依据全民公决所指向对象的效力情况来看，公决有决定国家前途的公民公决、宪法复决权的公民公决、政策复决权的公民公决、谘询式复决权的公民公决、创制权的公民公决。依据制定法律的控制权转移程度的不同，从全民公决发动主体的角度来看，公决包括由政府主动发动的全民公决、宪法规定的全民公决、人民针对立法申请的全民公决、公民创制法律的全民公决等。需要特别说明的是公民公决与住民公决。由于在一定国家或一定国家内的特定区域进行的公决，参加者都是公民，乃因有国家归属之故。在非国家建制——尚未建立国家的区域内进行公决，参加者当然不是公民也不是国民，因此，称其为住民，其参与的公决也就称

① 魏贻恒：《全民公决的理论与实践》，中国人民大学出版社 2007 年版，第 84 ~ 85 页。

② “不宜随便称为”这也只是笔者的个人见解。由于投票的确是公决与选举的核心环节，人们在日常表述中，甚至一些学术著作中都称公决或选举为“全民投票”或“全民公投”，也有其一定的合理性，因此在引证文字等中，本书亦尊重习惯的这一称谓。

为住民公决。此外，至于政党内地"党内公决"，由于它与法律相涉无多，不是法政治学或法律政治学研究的主要对象，也不是一般所说的公决，因此，本书不作专门的论述。

许多政治学著作将公决与选举、投票的概念混淆。在许多时候让人莫衷一是。其实，我们非常有必要理清三者之间的关系。公决是对事的决定，选举是对人的选择。把握了这一区别就分清了公决与选举。至于投票，它是选举与公决都需要的手段和环节。公决与选举都离不开表决的方式——投票。就公决与投票、选举与投票而言，它们是两组相互交叉的概念。选举是针对人进行选择的重要政治活动，选举需要投票，投票在选举中仅仅是一个环节。投票并不仅限于选举，因为在对事的决定——公决中，也有投票。也许正是因此，有人就把公决称为公民投票或全民投票。其实，投票分别是选举和公决中的重要环节，并为选举和公决服务。

（二）西方公决制度的发展

公决制度属于直接民主制度的范畴，是一个民主国家宪政制度的构成部分。从历史发展上讲，代议制民主是从直接的全民公决中衍生发展起来的。学者们一般认为公决导源于古希腊的雅典城邦的公民大会。据史料记载，在雅典，所有的重大事情都由公民大会决定，由全体公民投票表决，而公民大会每月至少举行一次。在代议制民主形成之后，它并没有否定全民公决的意义。相反地，公决还作为直接民主的重要形式，与代议制民主并存，并成为代议制民主的重要补充。随着科技的发展，全民公决又获得了更多的技术支撑，可以更多地使用，因而也有望成为比近代社会以来更好适用的民主形式，在当今时代的发展中它也更加为人们所重视。公决，在古代以民众大会或者公民大会作为场域，在近代则以美国和法国革命为标志，以瑞士为先锋，被美国、法国、瑞士、澳大利亚等国纳入自己的宪政体制之中。日本法学家美浓部达吉在其《宪法学原理》中认为"可以称为直接民政主义的祖国者，为瑞士"。"可称为国民投票之真的发祥地者为瑞士。""国民投票之通行于瑞士，虽后于法国，然其制度不单对于宪法，对于一般立法亦常实行，使之恰如本国特有的制度而发展的国家，实为瑞士。”①第一次世界大战后民族自决权原则开始在国际关系中被运用，第二次世界大战之后，民族独立运动高涨，全民公决成为国际法中“民族自决”原则在全球实施的手段。在几十年的时间内，经过有关国家的全民公决，诞生了近100个独立的民族国家。

西方国家的公决制度，主要分为国家主导型公决、地方自治型公决和混合型公决。就国家主导型公决来说，它以法国、英国和俄罗斯为主要代表。法国的全民公决具有非强制性、非自发性的特点，是现代全民公决制度的发源地之一。俄罗斯的全民公决制度在公决实践中逐步建立和完善起来。地方自治型公决以美国、德国和日本为代表。在美国，在联邦一级没有全国性的公决制度，公决在以加利福尼亚为代表的西部许多州盛行。“美国各州中，不独对于宪法，即对于普通的立法，亦规定关于特定事项（如首都的位置，州债募集，发行银行的特许），交国民投票，像这样的州，于19世纪前半期，业已不少了。”②也许正是因为美国联邦一级没有全民公决，美国的修宪就成为严重的难题。这当然首先是因为美国修宪程序至为严格，其次也与美国没有全国性的公决制度有关。混合型公决则以瑞士、意大利和澳大利亚为代表。瑞士号称是世界上运用公决实行直接民主最频繁的国家。

到目前，公决制度已经广泛运用于西方国家。从宪法对公决的规定

---

① ［日］美浓部达吉：《宪法学原理》，欧宗祐、何作霖译，汤唯点校，中国政法大学出版社2003年版，第331页的表述为：“可以称为直接民政主义的祖国者，为瑞士。”第333页表述为：“可称为国民投票之真的发祥地者为瑞士。”值得注意的是，瑞士在1802年对联合宪法进行国民投票，作者在第331页写道：法国“1793年的宪法、共和三年（1795年）的宪法、共和八年（1800年）的宪法，皆经国民表决，得多数而决定的。”这显然比瑞士对联合宪法的投票为早。作者在第333页又写道：“国民投票之通行于瑞士，虽后于法国，然其制度不单对于宪法，对于一般立法亦常实行，使之恰如本国特有的制度而发展的国家，实为瑞士。”时至今日，瑞士依然是全世界适用公决制度最多的国家之一。

② ［日］美浓部达吉：《宪法学原理》，欧宗祐、何作霖译，汤唯点校，中国政法大学出版社2003年版，第333页。

情况来看,根据学者苏克西(Markku Suksi)的统计,当今世界160个主要国家的宪法中,有85部宪法,即相当于53.1%的宪法明确规定有某种形式的全民公决条款。从公决的次数看,依照巴特勒(David Butler)和兰尼(Austin Ranney)对世界各地区全国性全民公决次数的统计,仅仅是从1900年到1993年间,瑞士共举行公投357次,其余欧洲各国231次,亚洲国家30次,北美与南美洲国家46次,澳洲与新西兰64次,全球共计实施公投728次。① 由此,我们不难看出西方公决制度的发展趋势与现实状况。

(三)中国公决制度及实践

有的学者认为,在中国古代社会亦有与古希腊和古罗马相似的公决制度。是否确有,尚待考证。从近代以来,中国的思想家们开始了对公决制度在内的民主制度的思考,政治家们基于不同的动因确实开始了公决制度的政治实践。在辛亥革命中,孙中山先生倡导直接民权,形成了他的人民直接行使选举权、罢官权、复决权、创制权等的新民权主义学说,其中当然地包含着人民公决的思想。在孙中山先生的直接民主理论中,真正的直接民主及其公决,是在以县为单位的范围内进行的。他在《建国大纲》中提出,"一完全自治之县,其国民有直接选举官员之权,有直接罢免官员之权,有直接创制法律之权,有直接复决法律之权。"②至于中央层级与省级的全民公决,孙中山先生也曾经有所思考,但在实际的制度设计中,他还是选择了中央、省级由国民大会间接行使创制权与复决权的构想。除了孙中山先生之外,梁启超等人也对包括公决在内的人民权利进行过探讨,并力图加以实现。

1919年,梁启超先生在其《解放与改造发刊词》中率先提出了"联省自治"的政治主张:"一、同人确信旧式的代议政治,不宜于中国,故主张国民总须在法律上取得最后之自决权。二、同人确信国家之组织,全以

---

① 廉思:"当代全民公决制度的类型研究",载《环球法律评论》2008年第5期,第41~48页。

② 孙中山:《建国大纲》第9条。

地方为基础,故主张中央权限,当减到对外维持统一之必要点为止。三、同人确信地方自治,当由自动,故主张各省乃至各县各市,皆宜自动地制定根本法而自守之,国家须加以承认。"梁先生力主仿效美国的联邦制,由各省自制省宪法,实行自治,召开联省会议,成立联省自治政府。这一主张在1920年7月被湖南督军谭延闿、赵恒惕等利用,于1922年1月公布了《湖南省宪法》,意图在北京政府和广州国民政府之外,再建一个全国性的联省自治政府。谭延闿、赵恒惕提出的"省自治"和"联省自治"迅速得到四川、云南、贵州、广东、广西、浙江、陕西、江西、江苏、湖北、福建、河南等省军阀的响应,形成一个规模宏大的要求省自治和联省自治的浪潮。1926年,通过北伐战争,中国得到了统一,联省自治的主张也就无疾而终。"联省自治"原本是中国特定时代先锐的思想家们企图效仿美国联邦制,通过各省先行立宪,进而实现民主共和的政治理想。然而这一理念被地方军阀作为对抗中央与割地自保的借口。在实际上,军阀们从来都没有要彻底实行人民民主的意愿。但是在联省自治中,湖南的制宪活动采用了宪法公决,浙江的制宪制度也作出了公决的安排。1921年4月湖南省宪法起草完毕,8月由审查委员会通过,11月交付全省公民投票公决。据称投票的结果为18,158,875张选票为"可字票",575,230张选票为"否字票",湖南省宪法被通过。同期,为了制宪,浙江省议会制定了《制宪组织法》对宪草的提出、宪草之汇集、宪草之审查、宪法之总决和公布作出了规定。1923年年初,浙江审编完的红、黄、白三部宪法中,分别设计了省政府的委员制、内阁制和省长合议制三种地方政体。甚至已经拟定于8月1日举行公决投票,9月10日开票。但是由于大军阀卢永祥对宪法草案的设计不满。在他看来,该宪法草案不但未实现其割据之企图,反而还捆绑了其谋求专制之手足,于是他极力阻扰,拒不交付公决,浙江的制宪包括宪法公决也就流产了。

国民党全面执政之后,将公民投票的公决制度纳入了宪政体制。1931年国民党政权的《训政时期约法》确认了国民享有选举、罢免、创制、复决之权。其中的罢免、创制与复决都包含着公决的制度设计。

1946年国民党的国民大会通过了《中华民国宪法》，它宣布中华民国之主权属于国民全体，人民享有选举、罢免、创制、复决的权利。但是在具体的规范上，这一宪法将人民的创制复决权（当然包括作为手段的公决）一一加以剥夺。虽然国民党政权的宪法中隐含有公决的规定，但直至1949年国民党政权在全国统治的结束，它也没有真正让人民进行过任何名副其实的全民公决。

二、国际法律问题的公决

公决起源于国内的重大事务的个别而又集体决策。在近代以来，国际领土等法律问题，尤其是民族自决问题日益突出，一定范围内的人民自决的公决，就成了解决许多国际法律问题的重要方式。因此，公决在国际法领域得到了空前的运用和发展。

（一）民族自决与住民公决

在国家范围内进行的全国或区域性质的公决，都是由公民参加的，都可以称为公民公决。但是在殖民地、托管地和非自治领地等区域，由于没有国家的建制，因此也就无所谓国民或者公民，其民众只能称其为住民。其所进行的公决当然地也称为住民公决。

在20世纪初，1917年列宁领导俄国十月革命胜利后，发布的《俄罗斯各族人民权利宣言》宣布，各族人民享有自由自决乃至分立并组成独立国家的权利。美国总统威尔逊在1918年发表了关于处理国际争端的“十四点纲领”讲话，其中专门阐述了民族自决问题。第一次世界大战结束之后，民族自决被国际社会和国际法所接受，并被贯彻到一系列国际条约之中。其后的欧洲将民族自决原则作为重要的原则来指导领土的分配，对有争议领土的归属问题大多采用住民公决来加以解决。在第二次世界大战之后，民族自决原则被写进了《联合国宪章》，其第55条提出要“为造成国际间以尊重人民平等权利及自决原则为根据之和平友好关系所必要之安定及福利条件起见”，也就认可了民族自决原则。1960年联合国大会的《保障殖民地国家和人民的独立之宣言》等进一步确认民族自决权。这些国际法律文件为殖民地人民的民族自决提供了理论武器。自此，民族自决就成为公认的国际法原则，住民自决就成为这一原则得以实现的重要方式。

关于民族自决获得独立的公决，可能是殖民地的民族和殖民国家两个方面的公决的结果，阿尔及利亚的独立公决就是一个例证。作为法属殖民地的阿尔及利亚就是通过阿尔及利亚与法国两方面的公决投票而顺利独立的。1959年9月戴高乐总统提出：“考虑到阿尔及利亚国内和国际的各种情况，我认为有必要从今天起宣布采用自决的办法。由于宪法赋予我有向公民征求意见的权利，只要我还活着，只要人民听我的话，我以法兰西共和国的名义，一方面要求住在12个省里的阿尔及利亚人肯定回答，他们愿意成什么样的人的问题，另一方面要求法国人确认这一抉择结果。”戴高乐公布了其对阿尔及利亚实行的三种选择性政策方案：一是完全独立，与法国彻底决裂；二是“法兰西化”，并入法国；三是阿尔及利亚实行自治。1961年1月18日，在法国和阿尔及利亚分别举行全民公决。表决的结果是法国本土75%的公民和阿尔及利亚70%的公民选择了第一种方案。1962年7月3日阿尔及利亚正式宣告独立。①

为了使住民自决方式得到准确的适用，国际法庭在1971年6月21日和1975年10月16日的咨询意见中认为，住民自决原则是国际法上的惯例，具有拘束力，但为避免破坏另一国际法原则——尊重他国领土主权原则，“住民自决”仅适用于被殖民的人民或民族，且必须在事实或法律上以有种族歧视政策存在为前提。20世纪后期，殖民地民族自决的问题基本解决，加之人权问题的受重视，民族自决向人民自决与人权保障相结合的方向发展，以致《经济、社会及文化权利国际公约》（联合国

① 吴国庆：《当代各国政治体制——法国》，兰州大学出版社1998年版，第174页。

大会1966年12月16日通过)《公民权利和政治权利国际公约》(联合国大会1966年12月16日通过)分别以第1条规定,“所有人民都有自决权。他们凭这种权利自由决定他们的政治地位,并自由谋求他们的经济、社会和文化的发展”。有的西方国家便利用这一规定,干涉他国主权与领土完整。看到这样的国际境况,“针对这种有可能危及世界法治秩序的情形,一些国际法专家(特别是欧洲的学者和政界人士)又反过来限制对外自决权,强调国际民主主义的本质是主权平等;对非殖民地的主权国家的人民,只能在像南非实行种族歧视和压迫那样的例外事例中才承认其分离独立的诉求;在一般场合,无论政府如何专制和独裁,只要没有实施制度化的种族歧视或者宗教歧视,就不能承认其人民享有对外自决权”。①

(二)领土归属的住民公决

在国际法上,除了民族自决需要采用住民公决的形式作出决定之外,因为领土的归属也可能需要用住民公决来加以决定。

历史上,19世纪中叶,在意大利统一过程中,就经过三次住民投票的公决。第一次世界大战后,住民因领土归属而进行公决的情形较为常见。1921年,波兰和德国因上西里西亚的归属发生争执,也举行过住民公决。只是在住民公决投票之后两国对投票结果发生争执,演变成了武装冲突。1935年,德国和法国之间的曾由国际联盟代管15年之久的萨尔地区住民,就其是还归德国,改属法国,还是由国际联盟继续直辖进行了公决,结果90%的公民赞成归属德国。根据公决结果,萨尔重新回归德国,第二次世界大战期间,萨尔地区遭到了战争的严重破坏。“二战”结束以后,法国再次兼并了萨尔并对其实施自治管辖。后来,德法双方反复磋商达成了赋予萨尔地区欧洲国家地位的动议,于1955年10月交付住民全民公决,被否决。1956年10月,德法签署《卢森堡条约》确定

---

① 魏贻恒:《全民公决的理论与实践》,中国人民大学出版社2007年版,第13~15页。

自1957年1月1日起萨尔地区作为一个联邦州重新归属德国。这是国际上,对领土归属实行住民公决的又一个典型例证。

历史进入21世纪后,直布罗陀地区的公决又是一个典型的个案。位于西班牙最南端,地处地中海与大西洋之间的直布罗陀海峡而成为战略要冲的直布罗陀地区,面积为5.9平方公里。18世纪直布罗陀地区成为英国的殖民地,由英国政府管理防务,其他一切事务均由直布罗陀当地政府自治,1981年直布罗陀人被准许享有正式的英国公民身份。就直布罗陀地区的归属问题,西班牙政府与英国政府之间为此进行过多次交涉,都没有达成一致意见。2002年7月,英国政府表示愿意与西班牙政府分享直布罗陀的主权。2002年11月,将此问题交付直布罗陀地区住民公决:参加投票的居民为18,176人,占全地区有投票权公民的87.9%,结果反对分享主权的人数是18,087人,同意分享主权的人数是187人。直布罗陀地区因此也就确定了其领土归属于英国。

(三)国际事务的公决

一个国家的国际法律事务包括一国是否加入某国际组织,是否签订某国际条约,是否加入某一国际行动等都可以进行全民公决。当然,这些公决的国际或者国内性质,也是相对的。许多关于加入或者反对加入国际组织的公决,就可能被认为是具有国际与国内双重属性的公决。

就是否加入联合国进行公决,历史上就有许多实例。1984年瑞士因是否加入联合国而举行了全民公决,结果遭到3/4多数票的否决,作出了反对加入联合国的结论。后来,2000年3月,瑞士12.47万人签名提出倡议,要求加入联合国。2001年10月,瑞士议会通过决议,决定将加入联合国的人民倡议交付公决。为了说服公民赞成加入联合国,瑞士联邦政府反复强调,"全球化的发展,使各国在众多问题上所面临的挑战超出了国界。瑞士不能再与世隔绝,而应该加入到联合国中去,与其他国家共同努力寻求解决危机的办法和反对恐怖主义。一个国家只有参与决策,才谈得上拥有真正意义的主权。让世界听到瑞士的声音至关重要。根据联合国宪章的规定,联合国不会强迫其成员参与任何军事行动。因此加入联合国后，瑞士的中立国地位不会改变。”在瑞士政府的鼓动下，经过全民公决，结果54.6%的选民和全国23个州中的12个州表示“赞成”瑞士加入联合国的提案，符合瑞士联邦宪法规定的“双多数”要求，瑞士作出了加入联合国的决定。对瑞士来说，不论是反对加入或者是决定加入联合国，都是公决的结果，都是公民直接民主的产物，它既是瑞士的国内法问题，又是相关的国际法问题。

就欧盟来说，进行公决也就更为经常。未加入欧盟的欧洲国家可能为是否加入欧盟而公决；已经加入欧盟的国家，也可能为是否认可《欧盟宪法》而公决。有资料表明，围绕欧盟成立，大大小小在欧洲进行了近百次全民公决。《马斯特里赫特条约》、《尼斯条约》、《里斯本条约》都在欧洲国家进行了多次的全民公决。1992年9月，法国就其政府草签的《欧洲联盟条约》即《马斯特里赫特条约》进行全民公决，以51.05%的微弱多数票胜出，使条约得以通过。但是2005年5月，法国就其政府草签的《欧洲宪法条约》举行的全民公决，就有54.87%的公民反对，赞成者仅为45.13%，使条约未能通过。①

在国际关系之中，退出国际条约的情形时有所见。但是就退出国际组织或者废除国际条约进行公决的，并不经常，但也曾出现过。格兰陵退出欧共体就是通过全民公决作出决定的。格陵兰面积是200多万平方公里，人口5.62万，格陵兰人占总人口的87%，丹麦人和其他人种占13%。格兰陵于1973年作为丹麦的一部分随丹麦加入了欧共体。从1979年起，格兰陵自己建立起内部的自治政府，成为在丹麦王国名义下一个有着特殊地位的国家，其外交、防务和司法仍由丹麦负责，首府努克（又称戈特霍布）。1985年，格兰陵通过全民公决，决定退出欧共体，当然同时退出了相关的国际条约。

---

① 赵宝云:《西方六国权力制衡机制通论》，中国人民公安大学出版社2009年版，第217~218页。

三、国内法律事务的公决

在国内法律问题上,公决的事由则可能是因为关于国家元首与议会的大选及其是否提前,制宪和修改宪法,制定某一新法律等重大事项。因事意义的投票——公决,它同样是公民实现民主权利的体现,是社会政治民主的体现。

(一)关于选举的公决

关于选举的公决,涉及国家元首直接选举的公决、变相选举的公决、关于选举提前与延期的公决和国家特定公务人员的去留即罢免等问题的公决等。

1. 等额直接选举实际上是全民公决。有的国家和有的学者笼统地把对国家元首如总统等的直接选举归入全民公决。这当然有一定的道理,但是也存在逻辑的困境。其实,对总统等的直接选举,是有两种情形的,一是具有选择性的选举,候选人多于应选人数,显然它具有一定的全民公决的意思,但毕竟是选举,是对人的选择,所以还是以归入选举,而不归入公决为宜。二是不具有选举性的选举,即等额的所谓选举。由于其没有选择性,而且是由公民直接投票以表达认可与否的态度的,因此要将其归入公决,也未尝不可。

2. 变相选举的公决。某些国家特定统治者为了实现自己的选举目的,而实行的变相选举的公决。这种公决的首创者是拿破仑。1802 年拿破仑以全民公决的途径,对其可否担任终身执政官进行公决,达成了目的;1804 年再次利用全民公决的途径,对其是否可以成为世袭皇帝进行公决,也达成了目的。其后的希特勒也利用公决的形式,达成自己攫取与掌控权力的目的。1933 年 11 月,德国就其纳粹议会的候选人名单进行全民公决。德国选民中有 96% 的人参加了投票,92% 的人赞成。连关押在达豪集中营被迫害的 2242 个囚犯中也有 2154 人投赞成票。1934

年德国兴登堡总统去世,举行全民公决:是否同意将总统的权力授予总理。其实也就是是否同意将总统权力授予希特勒。德国90%的选民即3800多万人投了赞成票(只有425万人反对)。希特勒借此攫取了德国国家元首的权力。1936年德国对总统和国会进行总投票,选举票只有一种,票面只印"赞成"一词,反对者必须涂去"赞成",另书"反对",以此希特勒及其法西斯元凶们顺利当选。拿破仑尤其是希特勒,利用公决所进行的勾当,严重地败坏了全民公决,玷污了全民公决,以直接民主的形式彻底地否定了民主。人民没有自由,人民就没有自决,人民的民主就是骗人的把戏,只能是历史的惨痛笑柄。但是历史的悲剧至今并没有在世界绝迹,一些专制统治者还一再借助虚伪的公决或者选举,维系其专制统治。这样的公决或者选举不过是强权者合法化的工具而已。

3. 关于选举提前与延期的公决。一些国家就其是否提前进行总统大选或者议会大选所进行的公决。提前或延后进行选举的公决,具有对现任总统或议会是否信任的性质。如果信任,提前大选的决定就不可能提出,即使提出了也无法获得通过。如果不信任,显然就需要提前大选。因此,有的国家对此,也以信任投票的名义进行公决。这种公决往往是在国内矛盾激化,在任总统或议会无法控制局面的情况下进行的。世界上对大选提前或延期举行进行公决的实例,时有发生。在匈牙利,1989年和1990年两次进行过提前大选的全民公决;在委内瑞拉、韩国都发生过对提前大选进行公决的政治事件。相应地,大选延期的公决也曾经发生,乌兹别克斯坦在1995年就举行过对总统卡里莫夫延长任期的全民公决。结果硬是获得通过,并延长了3年任期。2003年吉尔吉斯斯坦也对总统延长任期进行了全民公决,使得其总统任期获得了延长。

4. 罢免公决。罢免公决是由法定数量的公民依法提出动议,对特定议员或官员是否予以罢免,所进行的全民公决。罢免公决不同于选举,它是在议员或官员任期内发生的。据此就可以把罢免公决划分为罢免议员的公决和罢免官员的公决。就罢免议员的公决来说,又可以分为罢免全体议员的公决和罢免个别议员的公决。就罢免官员来说,一是针对行政官员的罢免公决。如对总统的罢免,有的国家的宪法明确规定必须经过全民公决程序。至于其他行政官员,则有不同于罢免总统的规定。德国、韩国、日本以及美国的某些州的法律中都有罢免行政官员的规则。二是针对法官的罢免公决。日本的宪法规定,“最高裁判所裁判官,应于任命后,举行众议院议员选举时,交付国民审查。经过十年后,并应于举行众议院议员总选举时,再交付审查,以后亦同,于前项情形,如投票多数可决罢免裁判官时,应罢免该裁判官。”美国亦有极少的州对于民选法官,规定了罢免的公决制度。①

(二)通过新宪法的公决

由于宪法是一国的根本大法,在各国的法律体系之中具有至高无上的地位,它关系着国家一系列重大的根本性问题。由于宪法独特的地位与作用,各国的改革首先就是从宪法的修改启动的,所以修改宪法实质上就是重大改革措施的出台,为此各国对于宪法的通过都特别重视。新宪法通过全民公决,就是这种重大性的体现和要求。

世界上许多国家的新宪法都是通过全民公决而最后制定的。新宪法的公决历史,可以追溯到1793年的法国宪法。当然法国的直接民主思想,与卢梭有着极大的关系。卢梭就曾猛烈批评代表的观念,他认为,“代表的观念是近代的产物,它起源于封建政府,起源于那种使人类屈辱并使‘人’这个名称丧失尊严的、既罪恶而又荒谬的政府制度”。② 1792年法国的国民会议通过决议宣布,未经人民批准的宪法,不得视为宪法。于是法国1793年宪法即交付全民公决,被全民公决通过才得以生效。正是这部宪法宣布“人民议定法律”。③ 其后,1795年的法国宪法、1800年的法国宪法均是经国民全体公决,获多数通过而生效的。由此就形成

① 魏贻恒:《全民公决的理论与实践》,中国人民大学出版社2007年版,第84~87页。

② [法]卢梭:《社会契约论》,商务印书馆1980年版,第125页。

③ 赵宝云:《西方六国权力制衡机制通论》,中国人民公安大学出版社2009年版,第211页。

了法国宪法须经全民公决的传统。1802 年瑞士的联合宪法也是经国民投票而生效的。在现代世界,宪法公决成了普遍的政治与法律实践。在资本主义国家如法国、瑞士、澳大利亚、日本普遍实行着宪法公决制度。在曾经和现在的社会主义国家诸如保加利亚 1971 年宪法,古巴共和国 1976 年宪法,阿尔巴尼亚 1994 年宪法,都是经全民公决通过的。其他如埃及 1971 年宪法和 1980 年宪法修正案,喀麦隆 1972 年宪法,伊朗 1979 年宪法,刚果(布)1992 年宪法和 2002 年宪法,巴林 2001 年宪法,突尼斯 2002 年宪法,卡塔尔 2003 年宪法,都采用了全民公决。苏东剧变之后的俄罗斯 1993 年宪法,塔吉克斯坦 1994 年宪法,亚美尼亚 1995 年宪法,哈萨克斯坦 1995 年宪法,大多数都采用了全民公决的制度。乌克兰、阿塞拜疆、吉尔吉斯斯坦等则频频采用全民公决修改宪法。[①] 2010 年 6 月,吉尔吉斯斯坦临时政府决定将新宪法草案交付公决,是最近的一次新宪法公决的实践。

(三)关于立法的公决

制定宪法对于任何国家都是重要的,但是除了宪法之外的其他法律也对社会具有重大的影响。人民对于立法的决定权是十分广泛的,公决制度在立法上的发展也展示了近代以来,尤其是现代世界直接民主发展的时代趋向。关于立法的公决,包括立法公决、公民复决和公民创制公决三种形式。

所谓立法公决就是指全民对普通法律草案的公决。在第一次世界大战之后,世界上许多采用宪法公决的国家都采用了立法公决制度,将宪法公决制度延伸至一般立法领域。美国的联邦一级没有全民公决,但是在其十多个州除了宪法公决之外,还实行立法公决。爱尔兰、瑞士和一些北欧国家都实行立法公决。

所谓公民复决是指公民对立法机关已经拟制的法律享有复议的权利,依照这一权利所进行的公决就是公民复决。公民复决分为强制性复

---

① 魏贻恒:《全民公决的理论与实践》,中国人民大学出版社 2007 年版,第 88 页。

决与任意性复决。所谓强制性复决是指立法机关制定的规范性法律文件,必须经过公民的公决方为有效的制度。任意性复决则是指立法机关制定的规范性法律文件本无须经过全民公决即可生效,如遇法定主体依法提出公决请求,才实行公决的制度。世界各国对于法律规范性文件的复决,以任意性复决居多。

所谓公民创制公决,是指达到法定人数的公民,依法提出立法建议案——关于创制、修改或者废止法律的建议案,提交全民公决,或者提交立法机关讨论后再提交全民公决的制度。公民创制公决的形式多样,包括公民直接创制公决和间接创制公决。前者是指公民的立法建议案不经立法机关而径直提交全民公决,后者是指公民的立法建议案经立法机关讨论,如被通过则成为法律,如被否决即提交全民公决。对于公民的创制公决,相关各国法律一是有法定人数的限制,必须达到法定人数始可提出有效的立法建议案,提交公决;二是有创制范围有限制,对于涉及公民负担等包括税收、预算、大赦与免罪等的立法建议案,依法不得实行公决。

(四)关于政策的公决

政策公决是指一国或一国的特定地区就本国或本地区的重大改革措施或关乎人民生活、公共利益的重大政策性问题,在本国或本地区进行的全民公决。

国家或地区的政策涉及的范围非常广泛,包括经济、财政、文化、教育、宗教等各个方面。各国的全民公决实践同样表明,政策公决的主题范围十分广泛,对民主和法治都有着重大的影响。在瑞士,不断进行着关于行政与财政政策的全民公决,此外,还于1994年和2004年两次就外国人入籍问题进行全民公决等。在意大利,1946年就君主制的存废进行全民公决,结果多数赞成废弃,于是确立了共和制,随后制定的新宪法对共和制加以了确认。在澳大利亚,1967年就政府改革法案进行过全民公决,90%的选民赞成给予土著居民完整的公民权,使既有宪法的歧视性规定被废止;1999年就共和制问题进行过全民公决,多数人赞成共和制，从而修改了宪法。在苏联，1991 年 3 月，在戈尔巴乔夫的倡议下进行了题为“你是否赞成保留一个统一的、经过革新的联盟？”的全民公决，这也是苏联历史上首次全民公决，这也应该是苏联最后一次全民公决。根据公决结果，76% 的苏联公民不希望国家解体。遗憾的是苏联最终不幸地解体了。在俄罗斯，1991 年就是否实行总统制举行了全民公决。鉴于 70% 的选民支持，俄罗斯即实行了总统制。在 1993 年 4 月举行的全民公决中，叶利钦的经济改革政策赢得了 58.7% 的支持。于是叶利钦就大胆撇开人代会，另外组织立宪会议，制定新宪法。在乌克兰，2000 年就经济改革与总统权限问题进行过全民公决。

重大政策在全民公决中不被通过的情形也时有发生。据报道，2006 年 4 月大选前新修订的意大利议员选举法，规定给予在众议院得票最多的政党联盟以额外奖励，以确保其在众议院拥绝对多数席位。此外，选举法还规定候选人可以跨选区重复登记。这些条款被认为是造成意大利党派林立、政局不稳的主要原因。于是就启动了全民公决以决定是否废除这些条款。2009 年 6 月 22 日对此问题进行的全民公决，投票率刚刚超过 16%。而根据意大利宪法法院的有关规定，本次公决投票率必须超过 50%，否则无效，并且 5 年内不再举行类似的投票。这次全民公决的流产，意味着上述局面至少还将持续 5 年的时间。

政策不被通过的后果，有时是很严重的，但是利弊则是很难评估的。从后果来说，我们可以看看法国戴高乐总统失败的例子。1969 年春，戴高乐总统提出了一项宪法修正案，其中包括修改共和国参议院制度和在科西嘉岛设置经济发展大区两个内容。其草案，在 4 月 1 日的国民议会批准时被否决。其断然提出将该草案交付全民公决。在同年 4 月 27 日的公决中，未能获得多数通过。结果迫使英雄一世的戴高乐辞去总统职务，退出政治舞台。① 从利弊来说，并不是说通过就一定好，或者不通过

① 赵宝云：《西方六国权力制衡机制通论》，中国人民公安大学出版社 2009 年版，第 215 页。

就一定不好。价值评断往往十分困难。例如冰岛的一家银行在2008年金融危机中破产,该国政府同意以国家名义赔偿英国及荷兰损失存款的40万储户。按照谈判方案,冰岛需在2024年前向英荷政府赔偿39亿欧元,即34万冰岛人要在未来8年间每人每月偿还100欧元,这无疑将给冰岛及人民带来巨大的财政压力。总统格里姆松拒绝签署有关议案,而交由全民公决。冰岛在2010年3月6日就是否向英国和荷兰偿还巨额赔款举行全民公决。结果显示,高达93%的选民投下了反对票,只有1%的人赞成赔偿。这个公决的否决结论,从一方面来说,它有力地阻止了冰岛的巨额债务,从另一方面来说,它必然招致英国与荷兰的严重抵制和反弹,将会影响冰岛的政府信誉、外部援助,甚至将冰岛拖入有关诉讼,促使英国与荷兰阻拦其加入欧盟。

政策公决在全世界不断重复进行,它成为各国制定和发布新政策的重要根据与重要程序。政策公决丰富了直接民主的内容,扩大了直接民主的范围,并与宪法公决、立法公决、复议公决、创制公决等相联系,成为公决制度的有机构成部分。

四、公决的法律规制

由于公决中涉及的问题重大,其矛盾诸多,过程复杂,为了保证公决的顺利推进和成功举行,为了避免因公决引发社会危机或者引发社会动乱,于是依法公决就成了必由之路。

(一)确保公决的依法适用

在国家和社会生活中,将一些重大议题交付公决,是必需的。在国家和社会生活中,一些重大的议题与人民的生活与利益息息相关,要对其作出某种决定,必须是慎重的,甚至慎重到应该由全民决定的程度,于是全民公决才成了必需。在特定条件下的住民是否建立独立的民族国家,或者特定区域的住民及其领土应该归属于哪个国家管辖等,一国实行什么样的制度,建立什么样的政体,人民与政府之间是怎样的关系,这些重大的宪法问题,都与每一个公民或住民的利益密切相关,理当交付人民决定。尤其是那些在既有的制度上生活了多年的人民,他们习惯的制度即将被改革,甚至是极为重大的改革,他们的政治地位、经济利益、人权状况都将因此而被改变,这些重大的事项是否应该改革,应该进行怎样的改革,这就是重大的政策变化或者修宪活动,对此,交付人民表决也是顺理成章的。依法规制公决,强调公决的依法适用,是防止重大决策失误的有效保证。

公决的事项必须是依法的。公决的事项必须是重大的,重大决策的事项包括重要法律文件的通过与否,对社会的现实与未来的影响必然是巨大的,任何失误都可能导致难以弥补和补救的损失。但何为重大,谁来确定重大,必须有法律的制度性规定作为根据。公决事项的特定性应当由法律的规定加以体现。没有对于公决事项规格、重大程度的规定,公决就可能被随意启动,被随意启动的公决不仅无谓地耗费成本,而且还可能事与愿违,把本不宜交付公决的议题交付公决,有害无益。有些议题的公决尽管是必需的,但是它们是否被交付于公决,是一个十分重大的问题。有的国家动辄举行公决,固然失之过滥;有的国家则一直不举行公决,显然也失之专断。如何确保该公决的必须交付公决,不该公决的则不被交付公决,这就要求法律为必须交付公决的议题设定具体的规则。凡是法律要求公决的,就必须依法交付公决;凡是不必进行公决,也必须依法不得启动,从而为公决的举行与否设定法律的尺度。其实这也是为国家和政府设定关于公决的规程,防止国家和政府的懈怠与滥权。

公决的主体必须是依法的。在公决主体上,人们都说是一定的公民、国民,或一定区域中的住民,他们都需要具有投票权。何谓一定的公民、国民或者住民,何谓投票权,投票权的取得需要什么法律条件?投票权如何确认,投票权有无丧失的问题,有无恢复的问题,何为丧失,何为恢复?一般来说投票权与选举权是一致的,但是所有的选举权资格都是由法律明确规定的。公决主体的资格必须由法律确立,并依照法律来确认。只有这样公决才能因主体的顺利确定而顺利推进。再说,公决主体资格是一种重要的政治权利的资格,是其政治人格的构成部分与重要体现,它对于公民或者国民或者其他主体的政治身份的影响是重大的。公决主体的身份确认不当,会伤害特定公民、国民或其他主体的权益,有时甚至可能由此引发争端、引发社会动荡,法律不仅要为公决的主体提供标准,而且还要为相关纠纷的解决提供非诉讼与诉讼的机制。

公决的程序必须是依法的。公决一旦成功,对于实现民主的意义显然是不言而喻的。但是一旦发生失误,也会导致社会动乱等严重恶果,为了防止这种灾难性后果的发生,于是就由法律规定或者依照法律程序决定对特定决策进行投票表决,以使公决过程更为慎重和稳妥。公决程序的设计问题,是一个重大的法律问题。公决程序及其拟制要具有科学性、合法性。首先,公决程序必须是科学的。公决程序设计的不科学必然无法带来科学的结果,公决是无法在错误的程序引导下取得成功的。程序设计的科学性要求应当是第一位的。其次,公决程序必须是合法的。公决程序必须具有合法性,必须由合法的主体通过合法的程序制作,其程序的内容必须为实现公决主体的权利服务,而不是有违既有法律的规定,更不得损害公决参与者的合法权益。公决程序的科学性、合法性要求,是其权威性的保证。没有科学性和合法性作保障,公决就难以达到预期的政治效果。

当今世界公决已经非常普遍,就在1992年,爱尔兰全民公决堕胎法案,巴西公决维持总统制,俄罗斯公决批准社会经济改革方案,意大利公决新的选举制度,加拿大公决否定修宪,南非公决废除种族隔离制度等。从理论上讲,交付公决的事项都是重大的。但是对于重大事项的认识也还是见仁见智的。一个事项是否重大到需要公决的程度,是由有关国家依法判定的。事实上,有的国家纳入公决的重大事项的重大性,也许是可以得到各国公认的,也有的国家提交公决的事项,其重大性未必能得到学术界与其他国家的公认。在公决的实践中,有的国家为商场的营业时间,以及超市周日是否营业等议题进行的公决,其重大性实在难以得到公认。公决如同选举一样,与法律都具有不可分割的联系。选举与法律不可分离,至于非选举的公决也同样需要法律的有效规制。此外,公决如同选举一样,不仅要求立法予以应有的关注,而且也对执法、司法和守法提出了相应的要求。

(二)防止公决被违法滥用

公决是直接民主的体现,当然有其独特的优越性。但是公决并不是随处可以适用的。有时,在不适当的场合适用不仅无益而且有害,它不过成为一种表面民主的虚饰,根本就无法达成所应追求的民主目标。这是因为:

第一,公决的公民最关心的是个人利益,公共利益、国家利益和社会利益可能在公决中被忽略。尊重公民的个人利益,是民主的出发点,也是调动公民民主积极性的重要手段。尽管公民的个人利益与公共利益、国家利益和社会利益有一致性,但是公民的个人利益毕竟不等于公共利益、国家利益和社会利益有时甚至有矛盾。因此,每个公民投票未必会站在公共的、国家的、社会的立场来考虑。其投票即使是很负责任的,但其出发点未必是公共的、国家的和社会的。因此,在有的国家政策拟制中,有益于公共、国家和社会的议题,未必会在以个体为单位的投票表决中获得通过。公共利益、国家利益和社会利益也许会在公决中被忽略。

第二,少数人的正当利益也可能在公决中被否定,从而丧失社会公正。国家要保护少数人权益,诸如对难民的保护、对灾民的救济、对残疾人的保障、对贫困者的扶助甚至包括对罪犯合法权益的保护等;国家在必要时,可能会对特定的行业或者个人予以补贴或者特别的优惠等。这样的议题在议会中也许很容易获得通过,成为公共政策和财政政策。但是,在全民公决中却有着很大的不被通过的风险。如果我们不适宜地将其交付公决,就可能导致理性上应当通过的议题,在公决中被无情地否定。这种情形一旦发生就会成为侵害少数人权益,影响社会发展、危害社会公正的恶例。

第三,全民公决中的某些公民较容易受社会舆论等的左右,而难以理性地表达自己的意愿。公决一旦启动,各种传媒无疑会加入各种议论与争吵之中。由于新闻与媒体的自由属性和现实,往往使得有的公民不是根据自己的理性判断去投票,而是根据自己通过有关媒体所获得的资讯作出判断。公民个体也受到各种条件的局限而难以全面把握议题与相关情况,被有的媒体误导的可能性现实存在。因此,将必须理性决策的议题交付给众多媒体作用下不确定的公民心理,是值得疑虑的。

第四,公决是巨大的社会政治活动,成本耗费巨大,并不是每一个议题都值得交付全民公决。全社会的公民参与公决,社会必须为此支付巨大的人力、物力成本,尤其是在一个大的区域或者大的国家进行公决,成本耗费更不是一个小数目。从目前的公决实践来看,曾经就有国家为商店营业时间可否延长到晚上 8 点,超市在周日是否开门,某个医院可否改革为私营等进行过公决。为重大的问题举行公决,事出必然与必须,是应该的。但是动辄举行公决,必然使一些不必要的成本被支付。这些成本都是由公民通过纳税来承担的。表面上直接民主的公决,实际上有害于人民的切身利益,实不可取。

第五,公决可能为专制者利用,走向民主的反面。少数专制统治者也可以利用政治权势来操纵公决,通过公决来达成其他方式达不到的目的。拿破仑在 1802 年成为法国的终身督政官,到 1804 年成为世袭皇帝,都是通过法国国民公决的。拿破仑以民主的形式复辟了帝制;希特勒和墨索里尼都频繁利用公决,达成自己反动的政治目的,都是我们不可忘却的记忆。对此,我们不能不抱有极大的警惕。至今德国没有设置全国的全民公决制度,与历史的教训也是密切相关的,我们不能不拥有足够的警惕。因噎废食地拒绝全民公决,显然不是办法,更不是好的办法,民主会为此付出不应有的代价,因此,利用法律来确保公决的民主性质,防止被非法左右与利用,就更加必要。

第六,公决还可能成为官员与会议推卸责任的手段,最终导致对人民不负责的结果。由于公决是由每个个体形成的集体作出决定的,其后果无论好坏都无法追究责任，也不能追究责任。但是就是这样的机制也就为少数逃避责任的政治家找到了推卸责任的方法与路径。历史和现实中都不乏利用全民公决以逃避责任的现象。尤其是一些棘手的，又需要政治家自己勇敢面对，并无须人民参与的决策，有的政治家就将其责任转嫁到人民身上，堂而皇之地交付人民公决。这种情形的出现就是对全民公决的滥用，当然也是全民公决自身的无奈。

为了切实实行和保障人民民主，充分发挥公决的正面效用，而又较好地避免公决的不利因素，因此，我们就必须为公决设定必要的法律制度。要让应当公决的重大事项，一定交付全民公决，让人民真正当家做主。同时也要让不应公决的事项，不被交付公决而通过适当的方式审议通过。这样就可以在保证社会民主的同时，切实减轻人民的负担，节省社会资源。在众多的社会规范之中，能够担负规制公决任务的，只能也必须是法律。

（三）全民公决的法律根据

全民公决在许多国家都是由其宪法规定的，宪法是其重要而直接的根据。法国第四共和国宪法第 3 条就规定，“国家主权属于法国人民，人民之一部分或任何个人皆不得窃使之。有关宪法事项，人民由其代表，或通过公民投票来行使国家主权”。法国现行的第五共和国宪法继承了第四共和国宪法的有关精神，其第 3 条依然规定并将其扩展为，“国家主权属于人民。人民由其代表或通过公民投票行使国家主权。”两相比较，便可以发现法国现行宪法大大扩展了此前宪法规定全民公决的范围，将其由“宪法事项”扩展到了整个国家主权的事项皆可交付公决。至于瑞士宪法恐怕是当今世界对全民公决规定得最为全面的宪法。它在第 120 条对宪法的全部修改作出了全民公决的规定：联邦议会之一院主张宪法全部修正而另一院不同意时，或者 10 万有投票权公民要求全部修正时，宪法应否全面修改，应提交人民投票决定；经人民多数表示赞成修正时，联邦议会两院应即改选，以为修宪做准备。① 其宪法第121条对宪法的部分修改的全民公决作出了规定。此外，其第89条还对法令案的人民任意复决作出了规定。

全民公决在许多国家甚至由专门的法律加以调整。专门的全民公决法，有的就直接称为“全民公决法”，如苏联解体前的俄罗斯社会主义共和国就制定了《俄罗斯苏维埃联邦社会主义共和国公决法》(1990年10月)；在苏联解体之后，作为独立主权国家的俄罗斯联邦共和国又制定了《俄罗斯联邦公决法》(1995年7月)，并于2002年国家杜马通过了该法的修正案。在2004年俄罗斯又制定了现行的《俄罗斯联邦全民公决法》(2004年6月)，该法开篇就称“全民公决与自由选举是人民权力的最直接体现。国家保障每一个俄罗斯联邦公民在全民公决中自由表达意愿，捍卫公民参加全民公决权的民主原则与准则。”并作出如下定义：“俄罗斯联邦全民公决是指有参加全民公决权的俄罗斯联邦公民就国家重大问题举行的全民投票。”再如罗马尼亚有《全民公决法》，英国有《政党、选举与全民公决法》(PPERA)，日本制定有《国民投票法案》，它们都是专门的全民公决法律。

全民公决法有的是针对特定对象的，于是就以特定对象来命名。如对宪法进行公决的，就命名为“宪法公决法”。缅甸就是其中的一例。在2008年2月26日，缅甸国家和平与发展委员会就颁布了专门的《缅甸联邦共和国宪法全民公决法》，并宣布组成由大法官都为主任的45人全民公决委员会。该法律成为缅甸国家对其新宪法进行全民公决的重要根据，并在当年的5月以此进行了新宪法的全民公决，新宪法获得了通过。

① 魏贻恒：《全民公决的理论与实践》，中国人民大学出版社2007年版，第161页。

第十三章 法与宪政

何以理解宪政，这是论证宪政首先必须搞清楚的问题。宪政即规制政治，这是对宪政言简意赅的阐释。宪政包括规范意义的宪政与限政意义的宪政两重含义。从宪政的意识基础来看，宪政需要契约意识，更需要从契约意识中发展形成的宪政精神。在宪法与宪政之间，宪法是宪政的制度基础，宪政是宪法的社会化过程与结果。就宪政与法治的关系进行考察，可以说，宪政依赖整个法治的发展，又是整个法治的构成部分，甚至可以说宪政是法治的集中体现。在人权与宪政之间，人权为宪政创造基础，宪政为人权提供保障。在研究宪政时，必须厘清违宪审查制度的主体、对象、方式、效力等基本的范畴，及其对宪政的基本意义。这些都需要做深入的研究。就宪政与民主之间的关系来看，需要论证清楚民主是宪政的政治性前提，宪政是民主的法治化表现等重要的理论命题。

一、宪政即规制政治

对于宪政，学者们的认识并不统一。有的认为，“宪政是国家依据一部充分体现现代文明的宪法进行治理，以实现一系列民主原则与制度为主要内容，以厉行法治为基本保证，以充分实现最广泛的人权为目的的一种政治制度。”①有的认为“宪政即宪法政治，就其一般意义而言，是指以实行民主政治和统治为原则，以保障公民的权力和权利为目的，围绕宪法的产生、实施和实现而展开的一系列活动。它包括创制宪法（立宪）、实施宪法（行宪）、维护宪法（护宪）、发展宪法（修宪）等环节。”②其实，宪政是指权力为法律所规制的政治状态。从这个意义讲，宪政可以理解为为政设宪。宪者，规制也。它包括为政治设定规范和设置限制的两个方面。宪政要求限政（即限制政治权力）但并不完全等同于“限政”。对宪政仅仅做“限政”的理解就必然要犯理论上的错误。除了限政之外，宪政还具有规范权力及其行使的含义。论述到宪政，什么是这里的“政”？这里的“政”应该是指占据主导地位的“政治”——政治权力机构及其权力——公共权力机构及其权力，它包括各种具有公共权力性质的政治机构、政治权力等在内。政治权力或公共权力是十分广泛的，既包括具有国家机关性质的政府、议会、司法，也包括代行全部或部分国家权力的执政党及其权力。宪政在根本上还是一种政治状态。这种政治状态可以是权力受到法律规范和限制的过程，也可以是权力受到法律规范和限制的结果。

（一）规范意义的宪政

宪政第一位的意义即是规范政治权力。法律尤其是其中的宪法可

---

① 李步云：《走向法治》，湖南人民出版社1998年版，第2页。

② 蒋先福：《契约文明：法治文明的源与流》，上海人民出版社1999年版，第136页。

以为政治权力设置一系列完备的规则,使政治权力依法运行。这就是对政治权力的规范,这样的宪政即是规范意义的宪政。

1. 为何运用法律规范政治权力

规范政治意义上的宪政,也就是为政设宪。这里的规范是做动词使用的,具有使政治合于规范之义,意在使政治按照法律既定的路径运行,按照法律的规范行事。为什么要运用法律来规范政治?

之所以要运用法律来规范政治,是因为政治机构有不受规范约束和非规范运作的倾向,会危及统治秩序。政治表现为众多的政治机构和政治权力。随着社会的发展,政治机构日益复杂,政治权力也日益复杂。众多的政治机构,如果没有统一的规范,它们的行为就难以统一,就无法成为内在统一的有机体。为此,在君主时代君主的神圣意志和权威就成为其一统天下的武器。但是由于君主的一般意志并不具有确定的性质,因此,历代君主也愿意运用法律的方式来记载自己的意志,使自己的意志具有确定性和稳定性,同时辅之以神圣的权威来维系自己的统治。也有君主,不屑于运用法律的工具,或者忽略了运用法律的工具,于是其统治就表现出难以避免的紊乱,政治机构和政治权力也表现出某种程度的无法可依、无章可循的混乱。政治机构的不受规范约束与非规范运作的趋向,迫使统治者或多或少地运用法律来规范政治。

之所以要运用法律来规范政治,也是因为政治权力有不受规范约束和非规范运作的倾向。任何政治权力都有在实施中难以规范,并在实施中出现膨胀的倾向。政治权力的扩张性质,是政治权力本身具有的权威性、支配性和强制性所决定的。如果对于政治的支配性和强制性没有规范,政治就会在社会中表现出随意性和任意性。权力的任性必然会导致严重的社会后果。它可能直接导致社会的混乱,也可能导致摆脱必要的约束而走向专横。权力膨胀与滥用所导致的混乱与专横,当然会危及政治统治秩序,法律就成为防止政治权力膨胀和滥用最有效最有力的工具。

2. 法律何以规范政治权力

首先,法律为政治权力的存在提供合法的依据。任何政治权力如果要具有合法性，除了道德和政治的意义之外，法律意义上的合法性是断然不可缺少的。尤其是在法律的社会中，法律对于权力的设定是权力得以成立的根据，也是权力可以被行使的效力与强制力来源。现代社会中的宪法和各类组织法在某种意义上就是为设定政治权力而产生的。宪政之下的权力都必须是具有法律根据的权力。

其次，法律为政治权力的范围提供法律根据。政治权力不会是无边无际的，政治权力的范围是由多种因素决定的。多种因素所决定的范围得依赖一定的方式加以记录，并成为可凭可考的依据。法律就成为最好的选择。法律的明确、肯定的性质，为政治权力的范围确定提供了便利与可能。历代君王都会注意到法律的这一效用。现代社会中，法律更是名正言顺地担负起了这一重任。宪政制度绝对不允许无限的权力。在宪政体制下法律一个极为重要的任务就是确定政治权力的范围，并不许超越。

再次，法律为权力与权力之间划定界限。政治权力并不是单一的，多个政治权力之间何以协调，何以共存，何以减少冲突，这是非常重要的现实问题，统治者必须寻找到一个方式来协调它们之间的关系。在协调各种关系之中，最基本的就是划定各自的范围，防止职权的重叠与交叉，减少政治资源的损耗，同时最大限度地发挥政治权力的效用。确定政治权力的范围，也是历代法律的重要使命。所不同的只是，限于统治能力的强弱与水平的高低，或者划定得好，或者划定得差。宪政体制之下的权力与权力的界限总是非常明晰的，而且不允许相互混淆和相互取代。

最后，法律为权力与权利之间的关系设定处置原则。权力与权利之间的关系处理是非常重要的。任何时代都会涉及这一问题。在专制时代，政治权力可以面对权利而不顾，对权利加以肆意的侵犯，政治权力可以横行。在民主时代，权利具有比权力更大的优越性，权力必须对权利退让。如何处理政治权力与权利之间的关系，是法律不可忽略的。在宪政体制之下，权利是神圣的，权力只能服从和服务于权利。

（二）限政意义的宪政

就限政意义上的宪政来说，“从历史上看，宪政的产生总是基于这样的理由，即确定国家权力的边界并限制国家的管理者。宪政，是一个比法治或法治国更高的抽象概念，其含义与有限国家相当。在有限国家中，正式的政治权力受到公开的法律的控制，而对这些法律的认可又把政治权力转化成为由法律界定的合法的权威。"①"对于一个政府，宪政主义所关注的不是它能做什么，而是它不能做什么。宪政的本质的确是而且必须是限政。在宪政主义看来，不论一个政府的组织形式如何，都不得存在不受限制的最高权力。"②

为什么要限制政治，主要的原因有两点：一是任何政治权力都是第二位的，只有人民权力才是至高无上的。由人民权力派生的权力，最终还必须回归到人民权力上去。除了人民的权力之外，任何政治权力都不能是无限的，也不应该允许它无限，否则人民的权力就会受到严峻的挑战，甚至被强权所否定。二是任何政治权力，都具有不断膨胀，不受约束的属性。不断膨胀，不受约束，就很容易导致强权政治，破坏民主，破坏法治。所以，对于政治的限制就成为立足政治权力自身属性所提出的必然要求。宪政必然要求限制政治权力。

1. 政治权力的有限性

一是政治权力的主体是有限的。政治权力的主体是特定的，哪些机构或者哪些人拥有政治权力，应当具有宪法和法律上的根据。国家权力的分配必须是通过宪法来进行的。国家权力是一个整体，但是任何一个人或机构都不可能将国家所有的权力集中于一己。如果是这样，那就必然是集权和专制。政治权力主体的有限性，往往表现为政治权力主体的特定性。每一个特定的主体都只能行使自己特定的权力。对于权力的限制最终要归结为对于掌权者个人的限制。"政治自由只有宽和的政府里存在。不过它并不是经常存在于政治宽和的国家里；它只在那样的国家的权力不被滥用的时候才存在。但是一切有权力的人都容易滥用权

① [美]丹尼尔·S. 勒夫："社会运动、宪政与人权"，载宪法比较研究课题组编译：《宪法比较研究文集》，山东人民出版社 1993 年版，第 274 页。

② 刘军宁：《共和·民主·宪政》，上海三联书店 1998 年版，第 123 页。

力,这是万古不易的一条经验。有权力的人们使用权力一直到遇有界限的地方才休止。"①

二是政治权力的范围是有限的。没有一个政治权力的范围是无限的,也没有一个政治权力能够做到真正的无限。由于政治权力始终应当是有限的,所以任何追求无限政治权力的后果一旦现实化,都将是灾难,它将使人民的权利和权力被抹杀和侵犯,人民民主就可能被演化成为君主专制;它将会导致权力与权力之间的冲突与混乱,最终导致权力的无序化,引发社会的无序化,社会将为此承担灾难性的恶果。政治权力的行使范围是由法律所界定的。人民对于权力的赋予总是通过法律规定来实现的。凡是超出法定范围的权力行使,本身就是违反法律的。违法的权力主体就应当承担违法的法律责任。在法治原则下,公民的行为是法不禁止即不受处罚,而对于政治权力的行为来说则是法无授权即非法。两相比较,权力的有限性也就不言而喻了。

三是政治权力的行使是有限的。政治权力当然要行使,而且还要充分地行使。在强调权力的充分行使的同时,必须强调权力的正当行使,因为政治权力机构对于自己范围内的权力也不是可以为所欲为的。权力的运作过程必须遵循法定的程序,依照法定程序进行。政治权力的行使需要必要的法定程序。在政治权力行使与人民权利冲突的时候,政治权力必须退让,因为任何政治权力都是人民权利的派生物,相对于人民的权利或者权力,都是第二位的。

2. 何以使政治权力有限

一是分权。对于分权的重要意义,思想家们早有定论,当立法权和行政权集中在同一个人或同一个机关之手,自由便不复存在了,因为人们将要害怕这个国王或议会制定暴虐的法律,并暴虐地执行这些法律。如果司法权不同立法权和行政权分立,自由也就不存在了。如果司法权

① ［法］孟德斯鸠:《论法的精神》(上册),张雁深译,商务印书馆1961年版,第154页。

与立法权合二为一，则将对公民的生命和自由施行专断的权力，因为法官就是立法者。如果司法权同行政权合二为一，法官便将握有压迫者的力量。如果由同一个人或是由重要人物、贵族或平民组成的同一个机关行使这三种权力，即制定法律权、执行公共决议权和裁制私人犯罪或争讼权，则一切便都完了。① 分权是指政治权力在不同层次和部门之间所进行的分配。首先是中央与地方之间的分权。这是由不同的国家结构形式决定的。单一制国家和联邦制国家，在中央和地方的权力分配上有着极大的差异。单一制实行的是中央集权制，所以中央在与地方分权的时候，中央就占有主导的地位。联邦制的分权更多的是地方作主导。在有的联邦制国家，中央的权力范围在宪法上采用的是列举式的积极规定，地方的权力则采用禁止式的消极规定。美国即是如此。“联邦宪法对联邦政府和州政府权力的分配采取两种方式：对联邦政府积极地规定具有什么权力，对州政府消极地规定禁止行使什么权力。因为州保留一切没有放弃的权力，不能规定具有什么权力。”②由于规定的方式不同，权力的范围也就不一样。在联邦制的国家中，地方的权力也就大得多，因为除了中央的权力之外就应当属于地方的权力了。其次是中央或地方同级内部的分权。在中央和地方的同级权力中同样存在立法权、行政权和司法权的分配的问题。

二是制约。国家权力是一个整体，共同构成国家的完整主权。但是整个权力又会被分解为多个权力，分别由不同的机构来行使。在权力与权力之间应该有一个正常的结构关系。这种结构关系，是一种相互制约的关系。制约是在同级权力之间存在的基本关系。制约的意义首先在于防止权力被不当行使，其次在于及时发现权力运行中的问题并予以及时纠正。权力之间的制约会在权力之间形成一种张力。适度紧张的权力关系是保持权力正当性的必然要求。

---

① ［法］孟德斯鸠：《论法的精神》（上册），张雁深译，商务印书馆1961年版，第155～156页。

② 王名扬：《美国行政法》，中国法制出版社1995年版，第81页。

三是监督。国家的权力相对于人民的权利来说，总是第二位的，是服从性质的。何以保证权力的行使一直没有，而且永远不会超出人民意志的范围，人民的监督就显得十分必要。通过监督，人民可以随时发现权力的运作是否超出了人民设定的范围——法所设定的范围。一旦出现权力越轨的情形，人民就会采取合法的途径和方式来表达自己的意愿，或者让权力行使者改变其行使权力的状态或者从根本上改变权力行使者。监督是经常而普遍的。经常而普遍的权力监督，当然是对权力的体外约束，它与权力内部的各个部分之间的相互制约，形成一个互补的整体，共同作用于权力，使权力具有内外两个方面的限制而难以专横。

权力有了良好的内在分权和制约，加之以外在监督，宪政便能达成其限制政治，防止政治发生畸形变化的目的。把宪政解释为有限政治，当然特别重要。但是这依然是不够的，因为政府作为人民集体意志的产物，其不仅在权力上不是无限的，而且还必须承担起对于人民的责任，也就是说它还必须坚持为人民服务，为人民的利益而担负起自己的责任。因此，“宪政”之“政”还是“责任”之“政”。责任政府，或者更准确地表述为责任政治就成为必然的要求。就资本主义社会来说，有限政治仅仅是自由资本主义时代，宪政对于政治的要求。到了现代的资本主义时期，宪政对于政治的要求，已经从“有限”扩大到了“责任”的范围，即权力必须担负起应有的政治责任。社会主义的政治，同样不仅是有限的，也必须是有责任的。“宪政精神之一是用法律的手段使政治家对公民采取负责任的行动，为公民提供判断政治行为合法、正当与否的最可靠的天平。”①

二、宪政的基础

宪政是人类发展到近代的产物。就根本的基础来说，与民主、法治

① 刘军宁：《共和·民主·宪政》，上海三联书店1998年版，第123页。

共生的宪政有其必要的经济基础。就经济基础来说,它与民主与法治的基础具有根本的一致性甚至是共同的。但是在上层建筑的意义上,宪政还必须具有一定的观念基础、制度基础和人权基础等。宪政也正是建立在这些基础之上的。

(一)宪政的观念基础

宪政的观念基础是广泛的。在广泛的观念基础之中,一个不可缺少的方面就是一定的契约意识以及由此衍生出的宪政精神。契约意识与宪政精神是宪政在观念上的重要依据和思想平台。

1. 契约意识

契约,在不同的国家或学者那里可能有不同的认识。西方大陆法系国家普遍认为,"契约为一种合意,依此合意,一人或数人对于其他一人或数人负担给付、作为或不作为的债务。"①英美法系国家则认为,contract"是指'适格当事人之间基于合法之对价而达成的作为或不作为某一行为的协议'"。② 在中国现代的许多经济学者那里,尤其是在法学学者中的许多民商法学者眼里,契约也就是合同。在中国古代契约与合同并不是同一的概念。合同仅仅是契约的一种表现形式。③ 也许正是基于这种认识,中国现有的法典中,没有契约的概念,而代之以合同的称谓,可以参见中国现有的《民法通则》等各类民事经济立法。契约是经济活动中,当事人关于权利义务的约定。其目的在于进行经济活动,实现经济权利义务。在政治学学者,尤其是法学中的法理学学者看来,却不完全是这样。他们看到的契约,则往往是人民放弃自己的部分权利,组建国家和政府所达成的协议;或者是人民委托国家或政府行使管理国家和社会职能的授权协议。前者可以称为民事契约;后者可以称为社会契

① 《拿破仑法典》,李浩培等译,商务印书馆1979年版,第148页。

② 薛波主编:《元照英美法词典》,法律出版社2003年版,第312页。

③ 贺卫方:"'契约'与'合同'辨析",载《法学研究》1992年第2期。现代的《大百科全书·法学》(中国大百科全书出版社1984年版,第464页。)对于"契约"词条的解释就是"即合同";在"合同"词条处,又将合同解释为"又称契约"。

约。“最有意义的,也是我们欲主要考察的,是作为一种社会政治概念的契约。也正是在这方面,社会政治契约的思想不仅作为一种概念,而且是作为一种17、18世纪在西方社会政治思想中占据主导地位,并激发了社会改革和革命,影响巨大和深远的政治理论出现,在这一理论中,契约被解释为是社会和国家起源的合理根据,被解释为是政治权威的合法基础。”①契约这一概念正是在经济与社会这两层意义上被广泛运用的。②

社会契约理论萌芽于古希腊。古希腊的智者派学者伊壁鸠鲁就提出了人们订立契约成立国家和政府,形成法律制度的学说。17~18世纪以卢梭等人为代表的古典自然法学家们更是广泛地传播了社会契约论学说。社会契约与民事契约具有不同的含义。笔者试图就二者做一个简要的区别。

第一,主体状态不同。

民事契约的主体可能是两方,也可能是多方,不论主体的数量如何,总是有限的;主体地位和身份总是特定的和确定的。一般地说,国家或政府不是民事契约的主体。面对社会生活中大量的民事契约,国家的身份是民事契约之外,保障民事契约得以实现的外在强制者。它一般不是民事契约的当事人,而是民事契约得以履行或实现的保障力量。如果它们以一般主体身份参与经济活动,其身份则类同于一般的自然人和法人,而并非不同于一般自然人和法人的“国家”或“政府”。

社会契约最基本的应该有两类:一是人民之间订立的设立国家或政府的设立契约,二是人民与国家或政府之间订立的人民授权给国家和政府的委托契约。前者,也许可以称为设立契约;后者,也许可以称为授权契约。就设立契约来说,这一社会契约的主体数量是不特定的,也许是

① 何怀宏:《契约伦理与社会正义》,中国人民大学出版社1993年版,第11页。

② 何怀宏在《契约伦理与社会正义》(中国人民大学出版社1993年版,第12页。)提出契约有四种概念,即作为经济法律概念的契约,主要见之于罗马法;作为宗教神学概念的契约,主要见之于《圣经》;作为社会政治概念的契约,主要见之于中世纪末的反暴君理论家等;以及作为道德哲学概念的契约,主要见之于罗尔斯,而康德可以说是其先驱。

人类早期社会的全体成员，也许是绝大多数人，也许只是多数人。具体有多少，没有人能够准确回答。设立契约的主体是不特定也无法确定的全体社会成员，每个成员都在其中。国家或者政府不是设立国家或政府的社会契约主体，而是这一社会契约的产物。没有设立契约，国家或政府就没有产生的根据。就授权契约来说，这一契约的主体是人民和国家或政府两方。人民这一方是由众多的社会成员构成的。共同授权人是数量不确定的多数人或者全体人民。国家或政府则是接受人民委托，代表人民行使权力的主体。

第二，缔约目的不同。

民事契约的订立目的在于将当事人的共同意思表达出来或记载下来，以便各方遵照执行，以达到各方当事人所希望的订约目的。民事契约订立的追求在于使民事契约的目的现实化。民事契约是经济权利义务的记载，是各方关于权利义务的约定。契约目的的现实化，用最简单的表达即是契约的义务得到了履行，权利得到了实现。

社会契约的订立目的则在于建立国家或政府，或授权国家或政府进行社会管理。社会契约的目的在于，建立一种公共权力机构，行使公共管理权力，保障社会秩序，促进社会发展，保障全体社会成员乃至每一个成员的利益，为人类提供更好的生存条件和生活环境。社会契约，可以理解为设立公共权力机构，既为赋予公共权力而产生，也为限制公共权力而设定。

第三，实现方式不同。

民事契约的实现，依赖的是当事人的忠实履约，以及国家或政府的依法介入。在一方或多方当事人违背约定时，受害方可以向国家或政府请求法律上的救济，强制违约的当事人履行契约的约定义务，或者对其违约行为承担应有的法律责任。国家或政府在民事契约上，使社会公正和公平的天平得以平衡，使社会被损害的正义得以恢复。作为第三者的国家或政府的强制介入，是契约有效性的最后保障，即民事契约得以实现的保障。

就社会契约来说,两类社会契约的实现方式是不同的。具体来说,设立契约的实现,主要依靠的是全体社会成员对于契约的坚守和维护,以及国家和政府对于人民意志的尊重。因为国家不是这一契约的当事人,也不是这一契约的外在强制力量,也同样不是保障这一契约被履行的高于各方当事人的裁判者或处罚者。如果人民建立的国家或政府违背人民的意志,人民就只有运用自己没有放弃的权利,实行革命,重新组建人民的国家或政府。这也就是卢梭所认为的人民有权进行革命的理由。就授权契约来说,国家或政府是接受委托的当事人,该授权契约的实现靠的是国家或政府对于自己代行权力的认真负责,靠的是人民的监督,最终的保障是人民有权收回自己的委托授权,因为人民一旦收回授权,国家或政府都将因失去存在的依据而被否定。

第四,违约后果不同。

民事契约的违约主体,都是契约的当事人。一方当事人的违约,会导致对方当事人的利益受到损害。受害者为了自己的利益,会提起诉讼等,请求国家干预,以强迫违约者履约或者承担违约责任。

社会契约中设立契约一旦订立并履行,当事人就不得违反而必须信守,否则某一当事人的违约就是对其他当事人权利的侵犯。人民根据前一契约,进而与国家或政府之间订立一个向国家或政府授权的授权契约。授权契约上的违约行为,既是对契约的违背,也是对人民的侵权。由于人民并无个体那样的行为任性,所以人民是不会违约的,违约者只能是国家或政府。这种违约行为往往是超出人民授权范围的滥用权力并且是对人民固有与保留权利的侵犯。在人民与国家或政府之间,违约的只能是国家或政府,受害者则是权利部分让渡后就难以得到保障的人民。因此,人民就只能要求违反社会契约,侵犯人民权利的国家或政府对其承担责任。国家和政府既是设立契约的产物,也是授权契约的当事人。由于人民的广泛性和整体性,使得作为两类契约当事人的人民难以与国家或者政府相交涉。人民发现问题后,如果向国家或政府起诉,恰恰国家或政府本身就是裁判者,所以社会契约被破坏后,就很难得到补救。

民事契约与社会契约的差别是明显而巨大的。由于两类契约的以上差异,也决定了各自的精神蕴涵不同。

民事契约的内涵是自由、平等、诚实、信用、权利与义务等精神,因为民事契约存在的前提就是个体自由的存在,以及由个体自由所决定的个体自主、意思自治。自由是民事契约的基本精神。在每一个自由、自主、自治的个体之间达成的协议,必然要求是平等的。其中既不应该有特权也不应该有歧视。协议达成的过程中,各方当事人都应该表达自己的真实意志,而且尊重对方的真实意志。订立契约的目的就是为着要履行契约,于是诚实的契约要求就被提了出来。协议订立了,还必须忠实履行,这才能使契约的目的真正实现,也才能使纸面的规定被转化为社会现实,信用就成为基本的要求。契约的实现,也就是指契约所记载的权利得到了享有,义务得以履行。正常的权利义务观念是契约必不可少的精神内涵。

社会契约则包含的是人民主权、社会民主、权力制约、法治观念等基本精神。社会契约导源于西方思想家们的社会契约论学说。依据这种学说,国家和政府都是人民缔结契约的产物。人类历史上是否真有这样的契约,当然是值得怀疑的,但是由此所提出的主权在民、人民主权、社会民主、权力制约和法的统治学说是非常有价值的。人民按照共同的意志建立了国家和政府,国家和政府就必须忠于人民。人民具有相对于国家和政府的崇高的地位,就成为无须争议的命题。

2. 从契约意识到宪政精神

社会契约的观念是从民事契约的观念中引申发展而来的。社会契约的观念从一个新的角度强化了民主政治理念,成为宪政的思想基础。有学者认为,“在宪政活动中,深刻地渗透着契约精神,所以将宪政社会称为契约社会或法理化社会是十分恰当的。依照契约社会的原则,享有自然权力的公民交出其中的一部分由自己的政治代理人行使,并给政治代理人规定了权力的限制和行使权力的程序,并保留了撤回委托的权力,宪政过程中社会的法理化、契约化是它的精义。”①“就宪政的产生、根本任务及其手段和方法来看,其特征就在于它的契约性。只不过它与民事契约不同,是专门适用于政治生活领域的,是一种社会契约或政治契约、宪政契约。”②

契约理论是否具有历史的根据,本身是否科学人们对这些问题都曾经并且一直存在不同的看法。如果一定要把契约理解为若干当事人在一起共同商议,然后达成一个一致性的约定,并且还有个什么文本,那就过于机械了。作为社会契约来说,当然不是这样的。这里所说的契约也不过是借助这个概念来说明社会成员的合意罢了。如果一定要求有一个什么文本,也就难免失之迂腐。其实,只要不简单地把社会契约归结为如同民事契约那种具体和物化的协议,便可以看到契约理论有其深刻的社会根据、深远的历史意义和重要的现实价值。

建设法治必须确立起契约精神,并以契约精神作为意识基础。契约精神也正如契约有两个种类的划分一样,也包含两个类别。从民事契约的意义上讲,契约精神包含着自由、平等、妥协、互利、权利、诚信等精神内涵;从社会契约的意义上讲,契约精神包含着人民主权、法的统治、人权保障、社会权利等精神内涵。这两个方面的精神内涵都是宪政得以建立所必需的。

宪政中的政治权力必须尊重和保障人民的自由、平等,对人民诚实守信,尊重和保障人民的政治民主、社会权利等。两类契约为宪政和宪政精神提供了相得益彰的精神资源与认识基础。不管是有限政治,还是责任政治,都可以从契约精神获取认识资源,并将其作为自己的思想基础。所谓宪政精神,也就是以宪法为准则来拥有、分配和行使权力的政治观念、风尚与传统。其内容包括宪法、民主、法治和人权四个主要方

---

① 华玲:“宪政、宪政意识和现代化”,载龚祥瑞主编:《宪政的理想与现实——宪法与宪政研究文集》,中国人事出版社1995年版,第25页。

② 蒋先福:《契约文明:法治文明的源与流》,上海人民出版社1999年版,第138页。

面，包括由此而产生的宪法至上、人民民主、权力制约、法律至上、权利保障等基本的精神内核。李步云教授认为，“宪政这一概念，包含三个基本要素，即民主、法治、人权。民主是宪政的基础，法治是宪政的重要条件，人权保障则是宪政的目的。”①“宪政精神对宪政有着重大的作用。宪政精神的有无，决定着能否实现宪政。宪法到宪政的转化，离不开宪政精神的指引。离开宪政精神，最好的宪法也只能是一纸具文，它的作用等于零，根本无法在实际中实现。”②

宪政精神中似乎天然地包含着这样的认识，宪法是人民缔结契约的产物，宪法本身就是人民的授权契约。卢梭的学说也许就包含着这样的思想，“由于社会公约，我们赋予了政治体以生存和生命；现在就需要由立法来赋予它以行动和意志了。因为政治体得以形成与结合的这一原始行为，并不就能决定它为了保存自己还应该做些什么事情”。③“宪政主义者认为，为了使涉及人权的政府行动合法，即使是一个民主政府都必须依据事先存在的协议（成文或不成文宪法）中的明确规定才能行使相应的权力。”④

就契约精神来说，“在中国历史上，契约则主要是作为一种经济范畴起作用，不曾有过其他三个方面的系统含义：即不曾有过社会政治、宗教神学或者道德哲学方面的契约理论，甚至在经济的领域内，就跟商人阶级一直言微力轻一样，契约关系和契约观念在历史上也一直没有占据过最突出的地位，其法律形式相对于罗马法来说也尚不完备和明确。契约性的商品经济不是经济生活和经济关系的主流，严守契约的态度可能变成拜金主义和冷酷无情的代名词。在社会政治方面，契约思想并非没有萌芽，但它绝没有形成一种引发历史运动、改变历史进程的系统理论。

---

① 李步云：《走向法治》，湖南人民出版社1998年版，第2页。

② 隆仕明：“宪政精神论略”，载宪法比较研究课题组编：《宪法比较研究文集》，中国民主法制出版社1993年版，第172页。

③ [法]卢梭：《社会契约论》，何兆武译，商务印书馆1982年版，第48页。

④ 刘军宁：《共和·民主·宪政》，上海三联书店1998年版，第127页。

契约思想也没有踏进过哲学和伦理学的殿堂”。[1] 中国历史上有的仅仅是经济意义上的契约，当然也有一定的经济意义上的契约精神存在。由于社会契约观念的缺失，也使得中国的宪法、民主、法治、人权作为核心内容的宪政精神难以产生和确立。

现实中国，契约精神需要培养。随着市场经济和民主政治的发展，经济和社会两重意义上的契约精神都正在形成之中。目前，在社会经济生活中，故意违反合同，背信弃义的行径不断发生。合同的执行率之低，已经到了令人难以接受的程度。一些国家机关及其官员还没有确立起人民主权与人民民主的思想，还没有完全塑造和形成始终忠实于人民的品德。政治权力还具有权力制约上的不自觉，权大于法的现象还时有发生。法律并没有达到至高无上的地位，更没有成为权力的最高准则。政治权力所应担负的政治责任，还没有能够完全担负起来。政治对于人民利益的保障和维护都还需要做更大更多的努力。

中国历史上，在缺乏契约精神的同时，也缺乏宪政精神。“君权神授”或“君权天授”理念下的政治权力只能是专制权力，绝对不可能是宪政。在中国历史文化中的“宪”是“天宪”，而不是来自人民契约的“民宪”。君王心中所敬畏的只是“天”而不是“民”。世俗中作为人民授权记录的“宪法”没有产生，更不可能受到应有的尊重，宪政精神从未形成。

从契约精神与宪政精神的双重角度来考察我国现实，我国市场经济所需要和包含的民事契约精神需要全面确立，社会契约精神也同时需要得到张扬，甚至被创设。契约自由、平等、互利、诚信等都是市场经济急需的，它们应当成为一种基本而普遍的社会风尚。契约的自由平等、诚实信用将成为社会的良知与准则。在社会意义上，人民必须当家做主，政治权力在任何意义上都只是人民权力的产物，并且始终为人民服务。

---

① 何怀宏：《契约伦理与社会正义》，中国人民大学出版社 1993 年版，第 12～13 页。

民主应当从理想演化成为现实，政治权力应当永远保持其忠于人民的品格，并以法律来引导、约束和规范自己的行为，自觉地担负起自己所应当担负的社会责任，一旦对人民形成侵害，都能依法承担自己所应承担的法律责任。

契约精神与宪政精神之间，契约精神是基础，宪政精神是契约精神在社会、政治和法治领域的引申与应用，二者之间是内在统一的关系。二者的形成与确立，是中国法治发展的要求，也是中国法治得以建立和实现的意识基础。

（二）宪政的制度基础

宪政是建立在宪法基础之上的，宪法是宪政必需的制度基础。宪法并不等于宪政，也不必然导致宪政。但是没有宪法必无宪政。宪政需要的不仅仅是宪法，而且还必须是民主的宪法。徒有虚名的专制宪法之树永远也不可能盛开宪政的鲜花。

1. 宪法是宪政的制度基础

论述到宪政，必然涉及宪政与宪法之间的关系。宪政在原初的意义上，与宪法并没有直接的联系。宪政首先是指规范、制约政治尤其是要规范和制约政治权力。用什么来规范、制约政治和政治权力呢？在人类的所有社会规范之中，唯有法律最具有外在的强制性和权威性，所以，法律就顺理成章地成为宪政的最佳手段，宪政也就自然地提出了任何政治和政治权力都必须受法律规范和制约的要求。所有的宪政也都是指为法律所规范和制约的政治和政治权力。从这个意义上看，宪政只是与法律的规制具有必然的联系，“宪”是指整个法律及其之所“宪”。近现代以来的法律体系都是以宪法为主导的法律的总称。宪法在整个法律体系中具有最高的意义，所以受到法律规制的政治必然是受到宪法规制的政治。由此又将宪政与宪法紧密地联系了起来。所有的宪政显然也是无法脱离宪法的政治。

在古代西方和中国，宪法原本指的就是法律。只是随着法律的发展，到了近代，宪法才被作为法律中的一种特别种类——国家的根本大法加以确立。近代宪法一产生就成为对国家的国体、政体，以及国家的各项基本制度等根本问题进行规定，对国家与公民之间的关系予以界定，以规范国家权力，保障公民权利为目的的重要法律。宪法在整个法律体系中的最高效力地位被确立之后，宪政就自然地被理解为是受宪法约束的政治和政治权力。于是宪法与宪政之间的联系才被人们发现、论证，进而将宪法作为一个国家推行宪政的制度基础和根本依据。于是，宪法也就成为宪政之法，宪政也就逐步被理解为宪法规制的政治。所以许多政治家、法学家就自然地把宪政与宪法结合起来，并进而认为良好的宪法是宪政得以建立的前提条件。“作为宪政的载体，任何宪政都是通过宪法原则的制定及其在社会生活中的实施而实现的，宪政不可能脱离宪法而独立存在。”①

宪政必须要以宪法作为制度基础，但是宪法并不必然导致宪政。在宪政与符合宪政需要的宪法之间，具有极为密切的，乃至不可分割的联系。宪政会对宪法提出适合于自己生存的要求。宪法也就因为是否适应宪政的需要而被划分为了宪政的宪法与非宪政的宪法两类，也即符合宪政的宪法和违反宪政的宪法两类。符合宪政需要的宪法是宪政得以建立的制度基础。

2. 宪法保障宪政的实现

其一，宪法通过对国家基本制度的确认，保障人民对自己置身其中的国体和政体的自主选择。一国的国家制度和政治制度，乃至最基本的经济制度和文化制度，都是一国人民的历史性的选择。它们或者是历史选择的继承，或者是现实选择的结论。总之，在原本的意义上讲都是人民意志的一种集中的体现。这种意志对于国家这种特定的国家组织体系具有根本的规定性。国家权力是否保持这些基本的制度，也就是这些权力是否保持着对于人民选择和人民意志的基本尊重。这也是政治上的人民和法律上的公民的尊严的表现。这应该认为是对国家权力的根

① 李步云主编：《宪法比较研究》，法律出版社1998年版，第149页。

本性的首要限制。

其二,宪法直接规定公民的权利,给人民的权利以最直接的宪法宣示,为保护公民权利的立法提供宪法根据。在法律产生之前,人民的权力习惯地存在;在法律产生之后,人民的习惯权利,尤其是那些最基本的不可剥夺的权利就借助法律的形式得以记载和表达。这些人民权利的记载和表达,首先就直接体现在宪法之中。宪法确认了人民有人身自由、言论自由、迁徙自由、结社集会自由,以及包括参政、议政和监督政治在内的政治权利等,国家就不得随意限制这些自由和权利,而且还必须容忍这些自由,尊重这些权利,进而为这些自由权利提供实现条件。

其三,宪法通过对国家机构权力的明确规定,防止国家机构滥用职权。宪法严格地规定了国家的组织机构以及各个组织机构的权力。在这些机构中的国家工作人员必须在其机构的职权范围内活动。宪法要求各个国家机构及其工作人员各司其职,各负其责。宪法严禁各个国家机构及其工作人员的各种失职与渎职行为的发生。所有这些都是为了保证人民权利的实现。宪法对于国家机构职权的明确规定,在赋予相应机构及其工作人员职权的同时,也为这些机构及其工作人员的职务行为设定了边界。只要超出了这些界限,也就构成了违法或违宪,也就因此而可能承担违法或违宪的责任。公民也因此获得了更好的权利保障。

其四,宪法为公民权利的被侵犯设立最基本的救济路径。公民的权利被侵犯的可能性是客观存在的。宪法仅仅限制国家权力,以防止其滥用,是非常重要的;宪法确认公民最基本的自由权利也同样是非常重要的,但是这并不意味着公民的权利就因此而有了充分或全面的保障。一旦公民的权利被侵犯,所首先想到的当然还是如何予以补救。如何使公民受到的损害得到足够的补偿,是必要而基本的。宪法规定了基本的诉讼制度。诉讼基本制度的宪法设定,为诉讼制度的实际情形提供了宪法意义的依据。在世界上的大多数国家,都有民事诉讼、刑事诉讼和行政诉讼。这些诉讼制度都为公民的权利保障提供了路径。尤其是其中的行政诉讼,为民告官诉讼体制的建立开辟了道路,对于保障人民的权利发挥着重要作用。

（三）宪政的人权基础

宪政与人权是紧密联系的。人权意识的觉醒，人权呼声的高涨，人权制度的发展，为宪政提供了动力，也为宪政奠定了基础。作为宪政基础的人权对于宪政有着根本的决定与制约作用，直接影响着宪政的目标与功用，是宪政得以提出和建立的重要前提。

1. 人权为宪政奠定基础

政治权力来自人民的授权。人民的个体权利是政治权利的来源。没有人民的个体权利作为基础，也就不会有作为整体的国家的政治权利。人民在组成国家的时候，将自己原有的个人权利的一部分交付给公共权力组织，由公共权力组织也即是国家政治组织来行使。国家政治组织的权力来源为人民个体权利的崇高性奠定了历史性的基础。

人民的个体权利是国家政治权力的来源，也就意味着来自人民个体权利的权力，必须忠诚于人民的意志，服从于人民的利益。人民个体的权利，作为政治权力的基础，也就使得人民拥有了对于政治的决定权。人民的个体权利是国家权力的根据。国家权力必须始终以人民的个体权利作为自己的基础，才能使国家权力永远具有正当的性质。

为了保障体现为人民个体权利的人权，就必须确保权力行使的正当性，也就必须规范和限制国家权力，为国家权力的行使设定轨道，防止国家权力的滥用。所有这些恰好就是宪政的功用。宪政也就是立足于人民个体权利是国家权力的来源，规范和限制国家权力，确保国家权力对于人民个体权利的尊重、保障和维护。因此，可以说宪政是以人权作为基础的政治法治化与民主化的产物。

2. 宪政为人权提供保障

宪政对于人权来说，可以给人权提供有效的保障，使人权免受国家权力的侵犯，使人权免受人民代表的侵犯，使人民免受代表机关的侵犯。

可能对人权产生侵害的因素是很多的,但最严重地侵犯人权,侵犯事实发生后受害者最难以获得救济的是国家官员和权力对于人权的侵犯。官员及其国家权力本来是来自人民的,但是它一旦独立存在,就具有脱离人民的趋向,并有反过来危害人民的倾向。国家官员和国家权力对于人民的脱离,也就难以避免地发生侵犯人权的事件。官员和权力既有区别也有联系。国家官员虽然不同于国家权力,但是他们都拥有国家权力。国家权力虽然有别于国家官员,但是它需要依赖国家官员来行使。国家官员与国家权力是不可分割的两个相互联系的方面。对于来自国家官员和权力的人权威胁,只有宪政才能提供有效的抵御、防范与救济措施,使国家官员和权力不至于危害人权。

人民的代表和代表机关也不能对人权进行侵害。不仅国家权力不能侵犯人权,就是人民的代表和代表机构也不能侵害人权。人民的代表是由人民选举产生的,人民代表机构则是由人民的代表组成。人民代表的权力直接来自于人民选举的确认和法律授权。人民代表机构则必须遵守宪法和法律的规定来行使人民所赋予的权力。作为人民的代表或代表机构都没有任何理由可以侵犯人民的权利和人的权利。一旦人民代表或代表机构对人权产生了侵害就需要有效的措施予以制止。宪政将制止人民代表和代表机关对人权的侵害。

三、宪政与法治

有的学者将法治纳入宪政的体系之中,认为宪政包括法治。这是由误解所导致的。其实,法治是宪政的条件和环境,作为条件的法治也会体现在宪政之中。但是宪政中所体现的法治,只是法治之一部分,远不是法治的全部。宪政本身就是法治的构成部分。宪政所规制的对象也是法治所要规制的对象,而且宪政所规制的对象还是法治所最难规制的对象——政治权力。法治首要的含义是对政治权力的约束,宪政正是以规制权力作为自己的使命。宪政与法治的关系是十分紧密的。宪政是法治的构成部分,宪政是法治的集中体现和根本之所在。

(一)宪政以法治为依托

宪政与法治是同序的概念,并在相当大程度上相互重合。具体说来,宪法必须依赖法治的发展,宪政甚至是法治的构成部分,是法治的集中体现。

1.宪政必须依赖法治发展

法治是社会的一种整体化秩序状态,具有全局性。作为整体性的法治必然是宪政的基础。宪政是在法治的背景和基础上建构起来的,是法治发展的必要组成部分。

法治为宪政提供意识基础。宪政需要一定的意识条件。社会意识没有达到要求制约权力的高度,权力是无法受到制约的。对于权力的制约需要两个方面的认识基础,一个是社会的意识,另一个是权力拥有者的意识。没有权力制约的社会意识的形成,宪政就不会成为社会的现实需要。人们客观上需要,但是主观上没有认识到,那种需要还是以一种人所未知的状态存在的。这种需要也不会转化为人们的立法要求和法治实践。法治也就是要求社会培养起并形成制约权力的普遍意识。正是这种意识形成了社会心理和社会舆论。社会心理与舆论的统一就为社会普遍的制约权力意识的形成奠定了基础。作为宪政还需要权力拥有者的自觉,需要掌权者对于受法律制约的理性认识。如果所有的掌权者都拒绝法律,都不愿意接受法律的制约,甚至对于各种制约具有抵触的情绪和行动,那么法律必然得不到有效实施,权力也会被肆意滥用。只有掌权者有了受制约的意识,他们本身才会自觉地接受制约,同时他们也才会对其他的权力实行制约。如果一个社会的权力自己不接受制约,又不对其他权力进行依法的制约,那么,这样的社会就必然是一个集权或极权的社会,法治没有,宪政也没有。法治化的社会过程,也就是法治意识的形成过程。法治意识的形成无疑会给宪政提供最好的意识条件,使宪政成为人们的愿望、要求和行动。

法治为宪政提供制度前提。宪政需要必要的社会意识和权力主体的意识。但是具有了必要的意识基础还远不能说就一定会有宪政,因为宪政是需要一系列的制度作为前提的。宪政不是非制度化的。如果没有必要的制度宪政就无法确立,即使建立起来了,也无法得以维持,因为宪政只有以制度化的状态存在,才可能是长久的,持续有效的。完备的法律制度是法治的基本要求。有法可依是法治的最基本的条件。法治所要求和建构的完备法律制度为宪政提供着现实的制度条件。政治权力只要严格依照法律的轨道运行,只要始终严格地坚持依法办事,政治权力的法律制约就能成为现实,宪政也就顺理成章地得以实现。法治为宪政提供的制度基础是不容忽视的。没有这个基础,宪政的大厦就缺乏根基。

法治为宪政提供组织机制。建设法治必须建立起完备的组织机制,这也是法治的构成部分和重要内容。法治所建构的组织体系及其运行机制,为宪政做了组织与机制的双重准备。宪政不是一个无须组织机构和运行机制的社会存在。宪政的建立和运作都是由特定的组织来进行的。对权力制约的各种组织设置,各个组织之间的协调与配合,都是宪政必不可少的。宪政在这些方面形成了对于法治的依赖,同时法治也因此而成为了宪政的基础。法律监督机关,尤其是违宪审查组织的建立、权力机关的监督等相关的组织与运行机制都为宪政提供了物化的条件和机制支撑。

2. 宪政是法治的构成部分

宪政是对国家权力进行规范的实际过程和结果状态,其突出的表现是对国家权力的制约。法治是指法的统治。它所包含的是所有的国家机关及其工作人员、社会组织、社会全体成员都必须在法律的范围内活动。从宪政和法治的概念就可以看出,它们之间是一种包容的关系。法治的外延远比宪政更加广泛。当然相应地,宪政的内涵也就比法治的内涵更加丰富。法治不仅仅限于对于权力的规范,它还包括法对于整个社会生活的效用与影响。全体社会成员的法律意识,整个社会的立法、执法（包括司法）、守法的状况都属于法治的范畴。宪政则较少顾及除权力规范与限制之外的其他方面。社会的法律意识，民众和一般社会组织的守法情形，以及整体性的社会法治状态，都不属于宪政的范畴。法治所涉及的社会方面是广泛的，远比宪政广泛得多。

3. 宪政是法治的集中体现

宪政是法治的核心内容。法治涉及的范围虽然广泛，但其最根本的目标还是规范和制约权力，防止权力的滥用。宪政则是直接针对权力的规范与制约的。宪政把对于权力的规范作为自己最基本的使命和全部的内容。这就直接体现了法治的核心内容和最根本的要求。基于这种认识，可以认为，宪政是法治的核心内容，直接体现了法治的根本目标。就整个法治来说，其重大的难点就在于对于权力的规范。作为法治的对立物，有许多客观的因素。诸如社会法律意识的淡漠，社会普遍的守法状况不佳，法律监督滞后。但是这些因素都远不及权力的滥用危害深重。权力的滥用首先会使权力本身败坏，更进一步使社会的守法热情受到打击，使违法无法制裁，使合法难以保护，全社会的法治也就会因权力的滥用而丧失建立的可能性。即使法治建立起来了，也会因此而被摧毁。权力被法律规范的状态决定着法治的成败。宪政则直指权力规范，直指法治最艰难最重要的部分。

宪政的成败影响着法治的成败。法治关键在于治权，宪政最直接的内容就是制约权力。对于权力的约束是法治的一个重要的使命，而宪政正是直接以制约权力作为其直接目的的。对于政治权力的制约使得宪政与法治成为了种属范畴，使宪政成为法治的内容，也使宪政的成败决定着法治的成败。宪政的实现与否是法治实现与否之关键。没有宪政就一定没有法治。

（二）违宪的法治审查

违宪的法治审查，其核心是违宪审查。违宪审查是由特定的国家机关对特定的立法和行为，所进行的专门审查和处理。它是宪政法治化的重要机制。

1. 违宪审查的制度架构

违宪审查制度由违宪审查的主体、对象、方式和效力等几个方面的制度构成。这几个方面制度的有机组合即形成违宪审查制度的总体架构。

(1)违宪审查的主体

违宪审查的主体是特定的国家机关。违宪审查都是由国家机关来进行的。非国家机关的人民群众或社会组织,对于违宪审查的提出,至多只是关于提请有关机关进行违宪审查的建议,而不是违宪审查本身。进行违宪审查的国家,其违宪审查权是一种特定的国家权力,只能由特定的国家机关来行使。综观世界各国的违宪审查制度,可以发现,有的是由国家立法机关来行使,有的是由司法机关来行使,有的是由宪法法院来行使,有的则是由另外的某个专门的政治机构来行使。① 英国采取的就是由立法机关来行使违宪审查权的制度,这是由英国社会中的议会至上所导致的。议会在英国社会乃至整个权力体系中的地位和作用,决定了其违宪审查权交由议会行使,是非常有利和适当的。历史上的苏联,其违宪审查也是由议会来完成的,因为在苏联的社会主义理论中,作为议会的人民代表大会是最高的国家权力机关,具有至高无上的法律地位。美国是由司法机关进行违宪审查制度的典型代表。1801 年的马伯里诉麦迪逊案,开创了司法机关实施违宪审查的先例,奠定了司法机关进行违宪审查的历史基础,从此美国的违宪审查就由司法机关来进行。美国采用司法机关进行违宪审查的模式,与美国典型的三权分立国家权力模式是一致的。正是司法机关享有着违宪审查权才使得美国的三权分立得以更好地体现,使国家司法权具有了制约立法机关和行政机关的法律手段。由宪法法院行使违宪审查权的代表,是奥地利。在 1920 年奥地利建立宪法法院之后,德国、意大利、西班牙等国都相继设立宪法法院,专门从事违宪审查工作。设立宪法委员会来进行违宪审查,法国是

---

① 李步云主编:《宪法比较研究》,法律出版社 1998 年版,第 390 页。

其代表。依照法国的宪法规定，宪法委员会的成员为9人，任期9年，不得连任。宪法委员会成员每3年更新1/3，其中3名由共和国总统任命，3名由国民议长任命，3名由参议院议长任命。除此9名成员之外，各个前任共和国总统是宪法委员会当然的终身成员。① 法国的宪法委员会并不是一个立法机构，也不是司法机关，甚至也不是宪法法院式的机构，而是一个政治机构。

（2）违宪审查的对象

违宪审查的对象可以分为两类：一是立法，二是行为。

以英美为代表的立法机关和司法机关进行的违宪审查，主要是对中央和地方的立法的违宪审查。具体表现为审查中央立法机关的立法是否符合宪法的规定，以及地方立法机关和行政机关的立法是否符合宪法的规定。以违宪审查为名的审查活动主要集中于中央立法。对于地方立法，主要审查的是它们是否符合中央立法机关的立法。凡是与中央立法相矛盾的地方立法，都将被宣布无效，一般视为违反上位法而予以废止，较少宣布其为违反宪法而予以废止。除非遇到地方立法所调整的事项是中央立法未曾涉及的领域或方面，这时，地方立法若与宪法相抵触，就可能被宣布为违宪而被废止。

以法国为代表的宪法委员会进行违宪审查所审查的内容，在立法上是极其狭小的，它仅对立法的是否违宪进行审查。但是它具有超出立法的三项审查权力：一是审查总统选举的合法性并由它公布选举的结果；二是裁决议会议员选举中的法律争议，监督议员选举；三是监督包括总统选举、全民公决等在内的公民投票程序的合法性，并公布结果。有著作评价这三项监督的合宪性审查，“对国家政治生活的稳定，避免政治危机，起了很大作用。”②

在奥地利等国的宪法法院进行的违宪审查制度中，宪法法院有五项

---

① 《法国宪法》(1958年)。

② 李步云主编：《宪法比较研究》，法律出版社1998年版，第412页。

职能，即解释宪法；裁决议会、行政机关、司法机关相互或各自内部机关之间，以及中央和地方之间，地方和地方之间的权限争议；审查各类规范性法律文件的合宪性；审理或监督审理针对国家总统等在内的高级官员的弹劾案；审理公民提起的宪法诉愿，使公民在觉得其基本权利和自由受到侵犯而不能通过正常的司法途径获得救济时，可以提出请求，获得宪法上的救济。

(3)违宪审查的方式

通观世界各国的违宪审查方式，可以清晰地看到，其主要的方式有以下几种：

事前审查与事后审查。事前审查是指在相关的立法还没有产生法律效力之前，对其进行的违宪审查。法国宪法委员会的审查方式即是事前审查的方式。法国宪法委员会对于立法的事前审查分为两种具体的方式，一个是法定的事前审查。法国宪法规定，各个组织法在公布前，议会两院的规章在施行前，都必须提交宪法委员会，宪法委员会应就其是否符合宪法作出裁决。① 另一个是应请求的事前审查。法国宪法规定，各个法律在公布前，可以由共和国总统、总理、国民议会议长、参议院议长、60名国民议会议员提交宪法委员会，宪法委员会应就其是否符合宪法作出裁决。② 法国宪法之所以要对立法的事前审查作出不同的规定，是有其道理的。因为组织法事关国家机关的组织问题，议会两院规章直接关乎参议院和众议院的活动，它们虽然不是宪法，但都是宪法类的法律或宪法性质的法律，将直接影响国家的政治体制、社会生活，对一个国家政治和社会的影响往往是重大而全面的，所以，为了慎重起见，对其进行特殊的事前审查是非常必要的。至于其他法律，既不能像前者那样将审查作为必经的事前程序，也不能放任其违反宪法，于是就为其确立了一个应请求而进行审查的事前审查制度。这同样是可取的。

---

① 《法国宪法》(1958年)第61条。

② 《法国宪法》(1958年)第61条。

主动审查与被动审查。主动审查是由审查机关对相关的审查对象是否违宪而主动进行的审查；被动审查是指应某一特定要求而对相应对象是否违宪所进行的审查。立法机关作为违宪审查机构所进行的审查一般都运用这两种方式。立法机关作为宪法的制定者，对于其所制定的宪法当然具有最好理解；作为专门的立法机关，它对于立法是否违宪也理所当然地具有独特的判别能力。所以由立法机关对相关的对象进行违宪审查，自然有其合理性。这里需要引起注意的是，什么主体有权请求立法机关进行违宪审查。享有请求权的主体范围过大，立法机关难以受理和处理，范围过小，审查又容易流于形式。

通过司法程序进行违宪审查，具有事后审查和被动审查的双重性质。因为在司法程序中，案件当事人只是在面对他或他们所认为的不符合宪法的法律法规时，才会提起违宪审查的建议。各个法院也只是在适用法律的过程中，发现某个法律有可能违反宪法才主动进行违宪审查。所以这种审查是事后的，是相关的被审查的法律已经生效之后的。同时，通过司法审查的方式来进行的违宪审查，其实也属于被动审查的范围，因为如果没有诉讼的提起，没有诉讼的存在，当然就不会有违宪审查的问题。违宪审查实际上是在诉讼中被动产生的。法院并不对案件所不涉及的法律法规进行违宪审查，这就是它的被动性之所在。

宪法法院针对不同的对象运用不同的审查方式进行违宪审查。裁决争议，它可以采用召开听证会、法庭调查、直接裁决等多种方式。主动审查与被动审查，事前审查与事后审查各种方式的采用，不同国家的宪法法院有着不同的情形。

(4)违宪审查的效力

论述到违宪审查的效力，就可以想到它包含着两个方面的内容：一是经过不同审查方式确认为违宪后，对违宪情形进行处置的法律效果。二是不同主体采用相应审查方式的实际效果。

就事前审查来看，在立法机关的事前审查中，被确认为违宪的法律法规必须被修改或删除，否则就不能被发布、生效。在法国宪法委员会式的审查方式中,被认定为违宪的法律,也同样必须加以修改或删除,否则就不能公布成为法律。就事后审查来看,立法机关如果在事后审查中发现了违宪情形,相应的法律法规理当被宣告无效,或者加以修改。法院的审判活动中发现法律法规违宪情形,也同样应该宣布无效。

至于主动审查与被动审查,无论采用哪种方式,其效果都应是同一的,即被确认为违宪的,均是无效的,必须被宣告无效,被废止,或被修改。

不同的主体采用不同的违宪审查,其效果是不同的。一般认为通过司法程序进行的违宪审查是比较有效的。它是通过诉讼活动来审查法律法规的合宪与否,由于解决案件的必须裁决与时间限制的双重需要,往往使之富有成效。但是它的问题是,它是被动的,只是在法律适用上否定了违宪的法律法规的效力,但并不必然导致违宪的法律法规被废止或修改。

在通过国家立法机关来行使违宪审查权的情况下,由于立法机关自己有大量的立法工作要做,下级的地方立法数量又相当庞大,其中还包括自己对自己的立法进行审查,所以它进行的违宪审查效果总是相对较差。即使发现了自己的立法违宪,更多地也是采取废止或修改的办法来解决,而不首先宣告为违宪再行废止或修改。所以,这也使它的审查效果难以得到凸显。

在由宪法法院来行使违宪审查权的情况下,由于其工作的专门性质,往往也是颇有成效的。值得说明的是,宪法法院审理弹劾案件,只对罪名是否成立进行裁决,并不定罪量刑。定罪量刑交由普通法院确定。宪法委员会进行的违宪审查,尽管更具有非法律的政治性质,但是也还是比较有效的。宪法委员会对有关立法的事前审查对于减少违宪情形的发生具有重要的意义。

2. 违宪审查的宪政意义

首先,违宪审查有利于树立和确保宪法权威,为宪政发展提供基础与创造条件。宪法制度,包括宪法惯例都是宪法的构成部分。尽管宪政在原本的意义上与宪法并不具有内在的必然联系,但是在历史的发展中,尤其由于宪法所具有的独特地位,使得在实际上任何宪政都无不是以宪法作为基础的。就各国的违宪审查的实践来看,所有的违宪审查制度都是以宪法或宪法惯例作为根据而得以建立的,并且所有的违宪审查工作都首先是根据宪法来进行的。判定是否违宪的根据是既有的宪法规定或宪法惯例。违宪审查的目的首先便在于使宪法制度得以有效地施行。违宪审查对于宪法的意义,无疑是对宪政的推进。

其次,违宪审查有利于规范和制约国家权力,直接推进宪政和实行宪政。宪政的提出和推行都是围绕权力来进行的。接受违宪审查的主体并不是一般的公民或法人,而必须是特定的国家机关。被审查的对象也是国家机关的立法或运用权力的行为。这种审查对于权力是一种明显的制约。这种制约将有效地规范权力,防止权力的滥用。国家机关滥用权力的立法或行为一旦出现,也可以因为违宪审查的存在而受到阻止或者得以修正,因为违宪审查的直接后果就有可能是宣告某一立法或某一行为违反宪法而无效,有关的权力机关或人员就有可能因此而承担违宪的法律责任。违宪审查的法律效果是十分巨大的,将有效地防止权力的滥用并对权力的滥用行为与后果进行修正。

最后,违宪审查有利于促进和保障宪法实施,使宪政因宪法的良好实施而获得发展。违宪审查所关注的是宪法的实施活动。在宪法之下的立法和特定的行为都不过是将宪法付诸实践。没有良好的宪法实施,就必然会导致立法的违宪和国家权力行为的违宪。对于违宪的审查与责任追究,必将有效地制约违宪立法和违宪行为的产生。减少违宪,也就促进宪法的实施,对于违宪的制裁必将有力地保障宪法制度的现实化,使宪法从纸面的规定转化为生动的现实。违宪审查对于宪法制度实施具有重要的促进和保障作用,从而实实在在地推动宪政发展。

四、宪政与民主

宪政与民主是什么关系,研究宪政的学者一直以来都关注这个问题。宪政总是与民主相伴随的。真正的民主需要宪政来加以体现,真正的宪政也必须以民主作为基础。没有民主的宪政必然是虚假的,没有宪政的民主是不完备的。宪政是民主的法治化表现。

(一)民主是宪政的政治性前提

民主的本质是人民当家做主,即人民成为国家的主人,人民是国家政治权力的最终所有者。国家政治权力之所以要受到规范和限制,是因为民主的存在;之所以能受到规范和限制,也同样是因为民主的存在。

民主为宪政提供最重要的政治根据。宪政之所以能够建立并不首先因为宪政本身的优越性。宪政无论多么优越,如果没有民主理念作为先导,宪政的概念都无法产生。可以说,宪政首先就是作为民主的工具、手段或者过程而被发明的。在民主缺失的情况下,宪政就只能是幻想。在宪政的优越性被人们认识之后,要真正实行宪政,还必须借助民主的现实,才可能得以推行。没有民主的社会制度、政治制度和社会实践,宪政也就成为空中楼阁。民主是宪政的现实的基础和必要的前提。民主为宪政提供的首先是制度基础。其次,民主还为宪政提供动力支持。宪政能够被长期推行,它一定需要恒久的动力支撑。这种动力是来自于社会每个个体和由每个个体所组成的社会整体所提供的。这种动力源于个体的地位、自由、独立、权利的被主张、被确认和被保障。社会个体地位、自由、独立、权利也是个体在社会中获得幸福、快乐的依据。每个个体的自发和自觉构成了社会民主的真正的基础。由此而构建的民主又为宪政提供了最坚实的平台。

民主还为宪政提供着最重要的政治程序。民主既是实体的,也是程序的。实体的民主是宪政的基础,程序的民主也同样为宪政创造着条件。民主程序为宪政提供了过程和步骤保障。没有民主的程序,宪政的实施就成了问题。宪政的实现过程是一个复杂的过程,它既是历史性的,具有时间跨度;也是整体性的,具有空间范围。从时间和空间的双重角度来考察,宪政都需要民主作出程序性质的支撑。没有民主的程序支持,宪政的实质结果就无法实现。民主为宪政提供的是一种政治程序,使宪政作为一种严肃的政治现象被认真地对待,并充分地实行。

有的学者认为民主是宪政的构成部分。这种认识存在某种误解。第一,宪政以民主作为基础,因为宪政是以民主的发展作为基础的,作为基础的民主当然会对宪政有所影响,并将其因素渗透进宪政之中。但是,对宪政具有影响的民主还不能说就完全是宪政本身的一个元素,因为民主是宪政的基础并不意味着民主就是宪政的内容。恰恰相反,宪政是民主的内容,宪政是现代社会民主的重要单元和元素。第二,宪政以民主作为目标。宪政本身不是自己的目的。宪政的追求也就在于防止权力的膨胀和滥用,防止权力背离其本质与来源。如果承认主权在民,就应该承认,规范和制约权力的目的不过是切实保证人民的民主而已。人民的民主成为宪政的目标指引着宪政的发展。

(二)宪政是民主的法治化表现

宪政必须以规制国家权力为根本任务。政治是人民结合的产物,是人民基于社会生活的需要而创造的社会管理机构与机制的总称。没有人民组织设立政治国家,也就没有政治,当然也就不会有政治权力。政治包括政治权力都是人民集合的产物。相对于人民的权力和权利,任何政治权力都是第二位的。政治权力尽管是来自于人民的,但是从其一产生开始就具有与人民相对分离的性质,具有脱离人民的倾向。为了保持国家权力所应该具有并不应失落的对于人民和公民的忠诚,规制权力就成为政治发展的必须。法律中的根本大法也就天然地担负着约束和规范政治权力的重任,并且通过对于权力的规制,来实现其根本的目的。由于在所有的政治权力中最具有社会影响力的是国家权力,又由于宪法在本质上讲是规范国家权力的根本大法,所以宪法对于政治权力的规制是集中到对于国家权力的规制上的。宪法必须始终以规制政治权力或国家权力作为自己的根本任务,只有这样才能达成保护人民权利的最终目标。

宪政必须以保护公民权利为根本目的。在宪政体制之下,规制国家权力并不是宪法的最终追求。除了特别的情形之外,从最广义上讲,人民与公民两个概念是相通的。它们只是使用的语境不同——在政治的意义上更多使用人民的概念，在法律的意义上更多使用公民的概念。人民是政治意义上的公民，公民则是法律意义上的人民。人民为什么要设定法律，也就是为了保障自己的正当的权利，在赋予政治权力以管理社会的权力的同时，也为权力规定了限制，在授权的同时就是限权。在根本的意义上，任何法律不过是人民（在法律上表现为公民）保护其权利的手段，作为宪法来讲更首要地担负着这样的使命。如果作为国家根本大法的宪法，不以人民或公民的利益为依归，国家和法律都将失去自己应有的质的规定性，而背叛自己的本质。

宪政体现着民主，也包含着民主的因素。这正是作为基础的民主在宪政中的反映和对宪政的影响。民主除了作为宪政的基础之外，还作为宪政的目标而存在。宪政本身就是对于权力的规范，规范权力的目的在哪里？最根本就在于保障人民主权，防止权力对于主权的侵犯和轻慢。作为目标的民主也会影响作为过程和手段的宪政。宪政中会体现民主的精神，或者直接地表现为民主，这不仅仅是不可避免的，也是必须的。离开了民主，宪政既缺乏基础，也缺乏目的。作为基础和目的的民主必须在宪政中得以体现和实现。

第四编　法与国家

法与国家相伴而生，相伴偕行，须臾不可分离。它们既相分别又相制约，同呼吸，共进退。二者荣辱同在，沉浮并行，兴衰与共，或彼此羁绊，或彼此促进。它们是法学和政治学都不可回避的共同话题。由于学科的差异与分别，法学和政治学的研究往往各行其是，学科之间的壁垒影响了学科之间的沟通，也影响了对法与国家关系的全面解读。

在法政治学的学术视野之中，法与国家之间的关系，以及二者结合产生的法治国家问题都是极为重要的课题。如果认为法与政治是上层建筑中联系最为紧密的社会现象，二者之间血肉相连，法与国家则是法与政治关系中最重要的连接点。在法政治学中必须对法与国家之间的关系进行解析，对法与国家结合的最高状况——法治国家进行理论的阐述。明晰法与国家的基本关系，论证法治国家的理论基础、社会条件、基本特征和历史发展，为现实的法治建设提供理论支持。

第十四章　法·国家

法与国家之间的关系如何，它们有哪些共同的方面和差异的地方。法与国家主权、职能、机构之间的关系等，是认识法与国家关系的基本方面，都需要法政治学一一地研究。

一、法与国家的关系

法与国家是在人类政治社会中相互伴生的历史现象，它们的产生甚至是政治社会出现的标志。它们从萌芽时期起直至目前乃至以后都一直彼此互动、相互交融，具有内在的密切联系，二者之间的关系是法与国家理论的客观基础。

（一）法与国家的基本关系

在各种理论学说中，法与国家几乎无可争论地被当做两个各自独立而相互联系的事物。法与国家自然而然地被视作二元存在物。很少有疑问者。其实，放眼世界学术领域，法与国家是一元的还是二元的，并无一致的看法。甚至有人十分明确地批评法与国家的二元论是一种神话，是错误的，进而主张法与国家关系的一元论。也有学者认为将国家与法混为一谈的一元论是没有意义的。

法与国家一元论的观点认为,“法律与国家是同一个事物,国家只不过是从另一个角度看待法律秩序,即规范境内居民行为的集中化的法律秩序,或者说是由立法者、法官、行政官员和其他作为国家机器组成部分行动的人所执行的法律规则、法令的总和”。① 在一元论的主张者中凯尔森是一个典型的代表。凯尔森在其《法与国家的一般理论》中写道:“有时人们以国家具有或就是‘权力’(power)为理由,将它说成是一个政治组织。国家被描绘为在法律背后的权力,实施法律的权力。”②“法律和国家的二元论是我们认识对象的一个多余的重复或双重化;是我们先加以人格化然后又加以实体化的那种倾向的一个结果。我们在对自然的万物有灵论的解释里找到了这种倾向的一个典型例证,即原始人的这种观念,认为自然是有灵的,认为在每个东西的背后都有这个东西的一个灵魂、一个精神、一个神,一株树的背后有一个森林女神;一条河的背后有一个宁芙女神;月亮的背后有一个月神;太阳的背后有一个日神。这样一来,我们想象在法律的背后有它的被实体化了的人格化,即国家、法律之神。法律和国家的二元论是一种万物有灵论的迷信。”③与之相应地认为,“国家的权力是由实在法组织起来的权力,是法律的权力;也就是实在法的实效”④。“一个‘国家的机关’,就等于一个‘法律的机关’。”⑤

---

① [英]沃克:《牛津法律大辞典》,邓正来等译,光明日报出版社 1989 年版,第 523 页。

② [奥]凯尔森:《法与国家的一般理论》,沈宗灵译,中国大百科全书出版社 1996 年版,第 213 页。

③ [奥]凯尔森:《法与国家的一般理论》,沈宗灵译,中国大百科全书出版社 1996 年版,第 214 页(引文中“一个神”后似乎不应是顿号,可能是译者笔误或排印错误)。

④ [奥]凯尔森:《法与国家的一般理论》,沈宗灵译,中国大百科全书出版社 1996 年版,第 214 页。

⑤ [奥]凯尔森:《法与国家的一般理论》,沈宗灵译,中国大百科全书出版社 1996 年版,第 216 页。

凯尔森有他自己的认识根据。在他看来,国家与法律秩序是同一个规范性秩序,"既然我们没有理由假定有两个不同的规范性秩序——国家的秩序与国家的法律秩序,那么我们就必须承认我们称为'国家'那个共同体就是'它的'法律秩序"。① "从甚至连社会学家也将国家的特征说成是一个'政治上'有组织的社会这一事实来看,国家和法律秩序的同一性也是显然的。既然社会(作为一个单位)是由组织构成的,那么将国家界说为'政治组织'就更加正确。组织就是秩序。但这一秩序的'政治的'性质是在哪一点上呢?就在于它是一个强制性秩序这一事实。国家之所以是一个政治组织,是因为它是一个调整如何使用强力的秩序,是因为它垄断了对强力的使用。然而,正如我们所已了解的,这是法律的主要性质之一。国家是一个政治上有组织的社会,是因为它是一个由强制性秩序构成的共同体,而这个强制性秩序便是法律。"②

凯尔森的见解是有失偏颇的,他把法与国家的关系简单归结为一个"东西"与这个东西后面的"神"的关系,进而将"法与国家二元论"比之为"万物有灵论"加以批评,而证明其一元论的科学性。这个证明过程本身就有问题。法与国家之间远不是月亮与月亮神、太阳与太阳神之间的关系。法与国家是同时产生,相互联系,协同发展,共存互动的两种社会上层建筑。但是凯尔森的一元论并非毫无意义。他所坚持的法与国家的一元论,强调了法与国家的同一性,对于倡导法治是很有意义的。因为法与国家或者国家与法既然是同一的,国家当然就必须服从法律,实行法治。在国家实行法治的问题上就没有任何障碍。国家与法之间的统一就不会成为问题。这就是说,法与国家的一元论主张并非全无道理,至少在肯定法与国家之间的同步形成与内在联系上是有意义的,在寻求法与国家的同一性从而为法治寻找根据的目标期求上是无可厚非

---

① [奥]凯尔森:《法与国家的一般理论》,沈宗灵译,中国大百科全书出版社1996年版,第205页。

② [奥]凯尔森:《法与国家的一般理论》,沈宗灵译,中国大百科全书出版社1996年版,第213页。

的。但是,法与国家的区别也是客观存在的,因此,将法与国家混为一谈显然是不科学的。

法与国家关系的二元论主张者,人多势众,尽管他们不一定以二元论自居,但其二元论的主张都十分清晰。苏联乃至当今俄罗斯的法学家们,以及中国的法学家们多持二元论的观点。

俄罗斯的一些法学家声称,"没有意义去研究那些从国家与法产生方式和实质的不可知性出发的观点,以及那些将国家与社会混为一谈的理论"。[①] 他们一再论述的是法与国家的独立性,这种独立性中包括法相对于国家的独立性和国家相对于法的独立性。在前述拉扎列夫主编的《法与国家的一般理论》的教科书中,专门设置了《国家与法的相对独立性》一章,论述了国家与法各自的独立性问题。

我国的任何一部法学理论著作几乎都肯定了法与国家之间的紧密联系,论证了法与国家之间的相互关系,但没有一部著作将法与国家视为同一事物。它们都在强调二者之间的相互作用时强化了二者各自的独立性。也就是说,我国所有法学理论著作实际上都不主张国家与法的一元论,都主张国家与法的二元论。

法与国家的二元论主张显然是比较科学的,它本身并无什么错误可言,但是它关于二者差异的观点如果被过度强调,就可能导致将法与国家相分离的错误。往往会导致过分强调法的地位与作用或过分强调国家的地位与作用的问题。将法置于国家之上,虽然有抑制国家权力的重要意义,但是也有可能出现忽视国家在法的创制中的地位和作用的问题。将国家置于法之上,过分夸大法对国家的依赖,使法律的地位被贬低,形成法治倡导与发展上的障碍,会导致更为严重的后果。历史上的类似教训实在太多,需要牢牢记取。当然,法与国家的二元论也不必然导致强调国家否定法的后果。对于法与国家二元论中的优先问题的进

---

① [俄罗斯]B. B. 拉扎列夫主编:《法与国家的一般理论》,王哲等译,法律出版社1999年版,第47页。

一步讨论,会使问题更加明晰。

(二)法与国家的优先问题

法与国家关系的一元论主张者既已把二者视为一元,一般地说,显然不再有谁优先于谁的问题。其实并非如此。法与国家的一元论中有把国家归结到法的法律优先的一元论,或将法归结到国家上去的国家优先的一元论。凯尔森主张的是法律优先的一元论。凯尔森的一元论中包含着法律优先的观点。他认为:"我们从纯粹法学观点出发来研究国家时,情况就显得比较简单了。那时国家只是作为一个法律现象,作为一个法人即一个社团来加以考虑。因而它的性质在原则上取决于我们以前对社团所下的定义。唯一剩下的问题是国家如何不同于其他社团。其区别一定在于构成国家社团的那个规范性秩序。国家是由国内的(不同于国际的)法律秩序创造的共同体。国家作为法人是这一共同体的国内法律秩序的人格化。从法学观点来看,国家问题因而就是国内法律秩序的问题。"①在凯尔森的眼中,国家是一种法律现象,国家理论也是法律理论的一个部门。"作为实在法经验体现的规范体系具有什么特殊性质,以及它们是怎样分界和怎样相互联系的。这就是国家作为法律现象所提出的问题,同时也是作为法律理论的一个部门的国家理论负有任务要解决的问题。"②

法与国家谁优先的问题,更存在于二元论之中。在二元论主张者中一直有着法与国家之间谁优先的争论,根据学术界的不同认识,也许可以将其称为国家优先论、法律优先论和法与国家相互从属论。

关于国家优先论。俄罗斯学者在其著作中总结道:"对于法与国家的相互关系问题,学术界在传统上有两种不同的观点。第一种观点是基于国家优先于法的论点,依据这一观点,法被视为国家活动的产物和国

---

① [奥]凯尔森:《法与国家的一般理论》,沈宗灵译,中国大百科全书出版社 1996 年版,第 203 页。

② [奥]凯尔森:《法与国家的一般理论》,沈宗灵译,中国大百科全书出版社 1996 年版,第 204 页。

家的结果。这一观点在我国的法学著作中流传甚广。举例来说,法被认为从属于国家。倾向于把法看做国家附属物的政治实践成为这一观点的事实条件,而将法视为由国家制定的规范总和的形式教条主义则成为其理论前提。"①英国学者也注意到了国家优先论,并且还倾向于国家优先论,"法律制度和法律体系是国家的构成要素之一。它规定各种法律机构的权利和职责,确认其存在,维持社会秩序,提供维护公民之间利益和要求冲突的准则。法律制度的这种作用正是国家的基本职能之一"。②"在一国境内发生效力的法律制度和法律体系通常主要是由国家制定的,同时立法机关不断地对之进行修改和变更。而对于效力较低的一般法律的修改和变更,则通过行政机关授权立法以及司法机关的司法解释和判例等途径。由此可见,国家是法律规则和原则的直接的实际的渊源。"③中国学术界对于法与国家关系的认识普遍地既有相互从属论的观点,也有国家优先论的观点。先来看看国家优先论的表现,我国几乎所有的法学教科书在定义法或法律时,与国家相关的表述都是,"法或法律是国家制定认可的,表现为国家意志的,并由国家强制力保证实施的行为规则的总和"。这种对于法的认识贯穿了所有法学著作的始终,似乎成为我国法学界对于法与国家关系的一个基本的共同认知。

关于法律优先论。俄罗斯学者认为,法律优先论的观点"则是按自然法观念确立的。这一被称为自然法学派的拥护者从社会契约中得出国家概念,他们从国家受制于法的观点出发,认为来自于自然法的不可违背性和建立在自然法基础之上的个人主体公共权力的不可转让性。从这一观点的立场来看,法与国家相比具有绝对的优先地位。法产生于

---

① [俄罗斯]B. B. 拉扎列夫主编:《法与国家的一般理论》,王哲等译,法律出版社1999年版,第75页。

② [英]沃克:《牛津法律大辞典》,邓正来等译,光明日报出版社1989年版,第522页。

③ [英]沃克:《牛津法律大辞典》,邓正来等译,光明日报出版社1989年版,第522页。

国家形成之前，它早于国家，任何国家和政权都不是法的最初来源”。①《牛津法律大辞典》也注意到了这种观点的客观存在，它说，“一种观点认为法律高于国家，国家从其产生之日起即受到法律约束。这种观点接近于自然法学派的观点。自然法学派认为，国家虽然可以制定实在法，但它必须受自然法的约束。一些现代思想家否定国家创造法律的观点，认为法律的渊源另有所在，例如公众权利的主观意识、社会休戚相关的事实等”。②

关于法与国家相互从属论。法与国家相互从属的理论，没有人给它命名过，为了论述的方便，不妨将一元论和二元论之外的第三种观点称为“法与国家的互从论”。有著作认为这种界于一元论与二元论之间的相互从属论观点，作为“第三种观点，它可以在某种程度上综合上述观点拥护者的看法，并且同时避免对法与国家相互关系评价的偏激性”。③“依第三种观点，法与国家之间的关系并不具有如此一致的因果关系（国家产生法或者从法产生国家）。这一关系显然更加复杂，并且带有双向的相互从属性：国家与法彼此不能单独存在，即它们之间存在职能性关系。”④我国的法学著作在具有国家优先论的表象之外，还具有法与国家相互从属论的特征。我国的每一部法学著作都在肯定法对于国家的依赖的同时，也会四平八稳地论述国家对于法的依赖。或者强调二元并存中的国家优先，或者强调法与国家的二元相互从属。是选择国家优先或是二元相互从属，学者似乎并不特别在意。

就国家优先论来说，我认为它是一个非常传统的理论。前苏联和目

---

① ［俄罗斯］B. B. 拉扎列夫主编：《法与国家的一般理论》，王哲等译，法律出版社 1999 年版，第 75 页。

② ［英］沃克：《牛津法律大辞典》，邓正来等译，光明日报出版社 1989 年版，第 523 页。

③ ［俄罗斯］B. B. 拉扎列夫主编：《法与国家的一般理论》，王哲等译，法律出版社 1999 年版，第 75 页。

④ ［俄罗斯］B. B. 拉扎列夫主编：《法与国家的一般理论》，王哲等译，法律出版社 1999 年版，第 76 页。

前一部分俄罗斯学者、中国的部分法学家都持有类似的观点。这种观点充分强调了国家的意义。在强调国家至上,忽视或否定法律作用的时代是很有响应者的。它对于法要从属于国家的片面强调显然是有失偏颇的。持有类似观点的学者,甚至以主张国家比法先产生来证明国家要优先于法,这是没有根据的。恰恰是这种片面强调国家意义的理论,为专制者无视法律、否定法律提供了认识基础和理论基础。它本身的不科学性和它所产生的恶劣后果都要求我们必须将其抛弃。

就法律优先论来说,与前者同样是传统的理论,西方以自然法学为代表的法学家们多持有类似的观点。持有类似观点的学者常常以法比国家先产生作为论据。这一观点对于强调法,推行法治,有着不可置疑的优势,它"是在政治实践中确立法的统治地位思想的哲学纲领"。① 这一观点的追求目标是好的,但是这一观点的主张者常常以自然法先于国家,法比国家先产生作为论据,这同样是不妥当的。

就法与国家相互从属论来说,是在前两者基础上提出的比较中庸,而为目前许多学术著作和教科书实际采用的观点。这种观点可以避免在法与国家关系上的片面认识,使人们更清楚地把握法与国家相互之间的影响与互动。更清楚地把握法对国家的作用与国家对法的作用。这种表面上的公允,也有实际上的问题。法与国家并存而相互作用,看似客观,其实其忽略了法与国家的不同性质所决定的应然关系配置,会导致主张者意想不到的后果发生。

法与国家是在人类历史发展的过程中渐变形成的,二者之间没有谁先产生谁后产生的问题。法与国家的产生是一个漫长的历史过程,其间各自萌芽的因素是相互促进、彼此互动、互为因果的。一定要去确定某一时刻国家产生了或者某一时刻法产生了,既不可能也没有必要。如果不任意地改变法与国家的概念,就可以肯定地说,法与国家自始至终都

---

① [俄罗斯]B. B. 拉扎列夫主编:《法与国家的一般理论》,王哲等译,法律出版社1999年版,第75页。

会紧紧相伴,不离须臾。但由于二者的特性不同,法是一种普遍而公开的行为规则,国家是一种具有强力的又不能不为特定的少数人管理或运作的公共组织,因此,在法与国家共存的历史期间,运用法律规制国家,将是永恒的课题。否则,组成国家的民众的意志就无法受到尊重,利益就无法得到保障。在这个意义上,法律优先论是有其道理的,只是其理由不是基于自然法,也不是基于法比国家先产生,而是基于法与国家的不同性质,基于保障人民权利的价值期求的目标。狄骥主张国家必须合法,而且国家的目的也在于实现法。他说,“国家建立在强力的基础上,但这种强力当其行使得合法时才是合法的”。①“国家追求的目的有三项:(1)维持本身的存在;(2)执行法律;(3)促进文化,即发展公共福利、精神与道德的文明……我们如果深入事物的实质,则国家指定的这三个目的可以归结为实现法的唯一目的。”②

二、法与国家主权

国家是一个历史而又现实的存在,法与国家的关系,也许首先就是由法与国家主权的关系来体现的。国家的主权者是谁,法与国家主权之间有着怎样的结构关系,需要我们悉心地加以考察。

(一)法律确立国家主权原则

国家主权体现在国内和国际的两个方面,当然首先是国内的。随着国际交往的增加,国家主权的国际意义,体现得越来越充分,也日益重要。法律对于国家主权的确认也是两个方面的,即国内的与国际的。法律对于国家主权原则的确认,是法律对于国家的重要意义之一。

---

① [法]狄骥:《宪法论》(第1卷),钱克新译,商务印书馆1959年版,第482页。

② [法]狄骥:《宪法论》(第1卷),钱克新译,商务印书馆1959年版,第483页。

1. 法学家的认知

国家主权包括一国对内的统治权和对外的独立权。国家主权中对内的统治权,是一个国家对内所享有的最大权力。这一权力在所有的国内权力中具有最高的性质和最大的权威性。国家对外的独立权,表现为国家独立自主地处理自己的对外事务,不受任何别的国家或力量的干涉,它是一个国家对外所享有的最高权力,是国家在对外事务上的最高权力。

国家主权一直是政治学、法学的研究对象,国家主权理论也是政治学、法学的重要构成部分。对于国家主权的研究,在政治学中显然占有重要的学术位置。然而国家主权在法学中,则主要是由国际法学和宪法学来担负的。这也是因为对于国家主权的法律确认与法律保护主要地是由国际法和宪法首先承担的。

国家主权概念是一个一直为政治学家和法学家普遍关注的问题。从最高权力的角度来看,早在古希腊,柏拉图和亚里士多德都作出过关于国家最高权力的论述。但他们所称的这种国家最高权力并不完全等同于近代以来的国家主权概念。近代出现的国家主权概念是法国16世纪的法学家、政治学家让·布丹在《论共和国六书》中最先提出的。他提出了主权的概念,并对其进行了较为系统和全面的论述。在他看来,主权是一种绝对权力,是一种不受限制的权力,一种永恒的权力,一种高于法律的权力。在这一主权观念的影响之下,有关国际条约肯定了相应的国家主权原则。1648年欧洲的《威斯特伐利亚和约》就是对国家主权原则的最初确立。具体说来,它规定,“一块领土上的统治者可以而且应该决定该领土上的宗教”。从而将宗教神权让位于世俗的统治;它把领土主权原则和主权平等原则确立了起来;它把主权规定为与居民、领土、政府并列的民族国家的基本要素。①

国家的主权实质上是谁的主权呢?霍布斯认为国家主权是君主主

① 肖佳灵:《国家主权论》,时事出版社2003年版,第36页。

权,因此他提出了“君主主权论”。洛克认为国家权力来源于人民的契约所表达的人民的相互同意,来源于人民自然权利的让渡,最好的政府形式是由民选议会掌握最高权力的君主立宪制,因此他提出了“议会主权论”。德国的法学家和政治哲学家约翰内斯·阿尔特胡修斯提出了“人民的权力大于君主的权力”的主张,英国政治论辩家弥尔顿则从“天赋人权”的原则出发明确提出了“人民主权”的主张。卢梭将人民主权理论发展到了一个更高的境界。他对人民主权原则进行了系统的阐述。18世纪末期,美国的开国者们又在议会主权和人民主权理论的基础上,创设了自己的“联邦制主权论”。

19世纪初,德国思想家黑格尔总结了以前的主权理论,对“国家主权论”作出了重要的贡献。有学者这样评价黑格尔的主权理论,他把国家的独立看成是国家的本质规定,并鲜明地提出了“国家主权不容干涉”等先进思想;把国家作为国际政治和国际关系的基本因素,强调国际关系是独立主权国家间的关系,并深刻地论证了独立主权的排外性,洞悉并揭示了现代国家的战争本质;对以主权为基石的国际法与国内法的关系作了入木三分的分析,夯实了格劳秀斯奠定的从国际法角度分析国家主权的理论基础;强调了国家在历史上的意义,明确了在很长的历史时期,只要存在主权国家,国际政治就必然以国家为行为单位。他认为,从黑格尔国家主权理论的系统性、缜密性及其完整性来看,也代表了19世纪主权理论研究的空前成就。①

在20世纪,国家主权原则不断被确认,也不断受到各种冲击。不断被确认的过程中,前后经历了三次被否定的思潮。第一次是在第一次世界大战之后,狄骥、拉斯基等法学家和政治学家对国家主权学说的质疑。第二次是在第二次世界大战之后,以马里旦、凯尔森等为代表的法学家又一次对主权理论予以批判。第三次是在“冷战”结束以后,全球化理论对主权理论又提出了新的挑战。随着时代的发展,国家主权理论不断在

① 肖佳灵:《国家主权论》,时事出版社2003年版,第74页。

国际法律实践中被确认、丰富和完善,同时又受到了质疑、否定和反对。

2. 法律制度的确认

尽管国家主权原则不断受到来自理论和实践的双重挑战,但是从其被国际社会确认以来,在法律的制度层面,它一直是一个特别重要的国际法原则,并在国内法中也得到了充分的体现。

在国际法上,国家主权原则是其基本的原则之一。《联合国宪章》就规定"本组织系基于各会员国主权平等之原则"。[①] 这一主权平等原则,在旧金山会议上被指明为四个要素:国家是在法律上平等的;每个国家享受完全主权所固有的权利;国家的人权及其领土完整和政治独立应受尊重;国家应在国际秩序下诚实遵守其国际的责任。[②] 国家主权原则一直为国际社会所普遍认可。就弱势国家来说,维护国家主权始终是其艰巨的任务。一些霸权主义国家他们也很重视主权。它们所否定的国家主权也只是别国的主权,对于他们自己国家的主权,从来都没有放弃或轻视过。应该认为,到目前为止,世界各国依然充分认可国家主权原则的地位和意义。在复杂的国际关系中,维护自己国家的主权,始终是许多国家的宗旨与目标。维护国家主权和领土完整至今还是公认的国际法准则。国家主权原则依然体现在几乎所有的国际法律文件之中。

从国内法来看,国内法更是将国家主权予以了全面的法律规定。各国都在自己的立法中确认了自己对内的统治权力和对外的独立权力。各国宪法以及有关外交、国防方面的法律始终把国家主权放到特别重要的位置加以强调。各国都通过一系列的国内法来发展对外交往,加强自己的国防建设和军事建设等,目的还是在于维护国家的主权。国家主权是一个国家法律制度构建的政治基础,维护国家主权其实也就是维护国内统治和国内立法的正当性。

当然,随着历史的发展,传统的主权概念逐步受到挑战,到现在已经

---

① 《联合国宪章》第 2 条。

② 王铁崖:《国际法引论》,北京大学出版社 1998 年版,第 218 页。

成为不能不重新审视的问题。根据目前的情形,可以认为构成国家主权观念的障碍至少有三大因素:经济、人权与反对恐怖主义。如何处理经济、人权、国际反恐与国家主权的关系,是摆在各国面前的重大法律难题。

(二)国家主权是法律的基础

国家主权是法律的基础,可以从国际法和国内法两个方面加以解析。国家主权之所以是法律(包括国内法和国际法)的基础,都是由国家的本质和属性决定的,是由国家对于法律的意义决定的,也是由法律对于国家的依赖性决定的。

1. 国内法的基础

国家主权在国内表现为最高统治权。这种最高统治权意味着在其上没有更高的权力,而且这一权力还是独立的权力,不能为其他主体所分享。至于说国家主权最终应该是人民主权,要说明的是,人民是国家的主人,国家主权最终应当归结为人民主权,这并不是对国家主权的否定,而是对国家主权的深化,也是国家主权之根本。

一个国家如果没有对内的统治权,这个国家就不可能有独立的国家意志。没有独立的国家意志,国家就无法通过法定程序来制定法律,并依照法律来管理自己所辖区域的社会成员和社会事务。法律的制定与发布都是一个国家对其统治权的宣示,也是统治权作用的发挥。法律的实施更是国家统治权运行的结果。如果没有国家对内统治权作用的发挥,法律就无法被遵守和服从。违法犯罪者就不会受到应有的法律制裁。对于任何纠纷或争议的司法裁判,都是以国家的名义作出的;对于任何违法犯罪的惩罚,都是以国家的名义进行的。国家是硬化了的法律,法律是规则化了的国家。所以可以说,国家的主权是国内法律的基础。

2. 国际法的基础

国际法是由国际社会中众多主权国家共同缔造的。"国际法是对国家在它们彼此往来中有法律拘束力的规则的总体。”①“国际法或万国法是一系列规则的总称,这些规则——按照通常的定义——调整各国在彼此交往中的行为……所谓国际法,即在各国之间关系上通行的规则。”②国际法是以一系列国际条约和国际惯例构成的整体。国际条约是国际法的重要渊源。但每一个国际条约可以说是主权国家共同参与的结果,是主权国家之间通过协商达成的共同意志的体现。如果没有主权国家的参与,国际条约是无法订立的,共同的国际法规则就无法建立。国际惯例也是在主权国家之间的相互交往之中产生的。没有主权国家之间的国际往来,国际惯例就无法形成。如果国家没有主权,国家就无法在国际社会中享有独立的国家人格,就无法与其他主权国家平等相处,相互合作。国际法是在国家主权被确认和被享有基础上的产物,所以可以说,国家主权是国际法的基础。

(三)国家主权应受法律限制

国家主权是神圣的,但是国家主权不应当是无限的权力。从国内法和国际法的两个方面来看,都可以得出相同的结论,国家主权应当因为种种原因而受到法律的限制。

1. 国内法上的限制

国家主权在国内为最高统治权。这种统治权是最高的,但不是无限的,也不是不受约束的。最高是指在国家之上没有超国家的政治组织,各个国家之间互不隶属。但并不是说各国或其统治者可以为所欲为、肆无忌惮。最高权力并不等于无限权力,更何况国家主权意义的最高权力,仅仅是从政治组织的意义上说的,并不是说国家主权比创制它的人民更高更伟大。

在国内法上,国家主权的有限性首先是相对人民主权而言的。人民主权已经成为所有民主国家的共同认知。人民是国家的基础,人民的权

---

① [英]詹宁斯·瓦茨修订:《奥本海国际法》(第1卷第1分册),王铁崖等译,中国大百科全书出版社1995年版,第3页。

② [美]凯尔森:《国际法原理》,王铁崖译,中国华夏出版社1989年版,第1页。

力是国家一切权力的源泉。因此，在国家形成之后，任何国家都应该把人民置于至高无上的地位。国家主权相对于人民权力来说，永远都只能是其次的。也就是说，国家主权的有限性首先来自于它权力性质的第二性。任何国家主权都是从人民那里来的。国家主权的无限必然会伤害人民的权力。有了国家主权的无限就不可能有人民权力的至高无上。国家主权最终是来自人民的。人民要始终拥有最高的主权权力，国家主权就必须退而居其次。

在国内法上，国家主权的有限性也是基于其可能的危害性而言的。国家主权无限就难免泛滥成灾，人民、社会、公民、法人，乃至国家自身都可能成为其受害者。哈林顿就认为"主权是一个必不可缺的东西，然而又是十分骇人的东西。这正像火药对于士兵一样，可以使他安全，也可以使他遭受危险。这要看实际上是为你开火还是对你开火而定……有人说，权力受到限制的人就不能成为主权者。试问河流在自己的河岸之间流动，难道不比泛滥成灾、冲毁庄稼（纵使这样是合法的）时更加安全而有益民生吗？灵魂如果不藏在实在的肉体中，对肉体的作用难道不就像是鬼附了体的巫师一样吗？权力如果不限制在理性和美德的范围之内，岂不就只能以情欲与邪恶为范围了吗？如果邪恶与情欲是漫无止境的，而美德和理智却有一定的范围；试问圣者又将在这两种宝座中的哪一个宝座上膏他的主权者呢？"①

2. 国际法上的限制

国际法是调整国际关系的法律。国际关系使国家主权必须在国际法上受到应有的限制。任何国家都是与别国共存的，在国际关系之中没有任何一个国家可以一意孤行而无视别国的存在。国际关系本身就是国家之间的关系。国与国之间，就必须有彼此协调的问题，也有相互避让的问题，因此，任何一个国家的主权相对于其他国家来说，虽然没有隶属的关系，都是相对有限的。任何国家都不能不考虑同时并存并与其交

---

① ［英］詹姆士·哈林顿：《大洋国》，商务印书馆1983版，第103页。

往与互动的其他国家。国际法是调整国际关系的法律,也必然因此而对各国的主权权力有所制约,不允许任何一个主权极端化和无限化。

同时,国际法尊崇的国际价值准则制约着国家主权。国际社会之中还有共同的价值准则,这些准则也是人类共同价值准则的反映和要求。世界各国都不能以主权无限为理由,完全忽视国际价值准则和人类普遍观念的存在。从这个意义上看,各国的主权在国际法上必然是有所限制的。作为国际社会的行为规则,国际法理当对各国的主权作出适当的限制。各国只要愿意并且确实与他国并存、互动,就需要对自己的国家主权进行必要的约束,而不是任意放纵,无所不能。

三、法与国家职能

法与国家之间的关系必然体现在法与国家职能的关系上,认识法与国家职能之间的关系是对法与国家关系的深化和进一步认知。国家职能制约着法律,法律服务于国家职能,制定和实施法律就是国家的重要职能。

(一)国家职能制约着法

国家有其特定的职能,法律作为国家意志的独特表现形式必然会受到国家职能的制约,甚至为国家职能为中心,并为国家职能所左右。对国家的职能,学者们有着多样的见解。狄骥将其概括为"(1)维持本身的存在;(2)执行法律;(3)促进文化,即发展公共福利、精神与道德的文明。""我们如果深入事物的实质,则国家指定的这三个目的可以归结为实现法的唯一目的。"①马克斯·韦伯则认为,"国家"的基本功能是:法律的制定(立法功能);保护个人和公共秩序(警察);对已授予的权利之

① [法]里昂·狄骥:"宪法论",载《西方法律思想史资料选编》,张学仁等编译,北京大学出版社1983年版,第637页。

保护(司法行政);卫生、教育、社会福利和其他文化利益(行政的各个部门),以及有组织地抵御外部侵略(军事行政)。① 在我国,具有代表性的认识是,“国家职能,一般可分为对内和对外两个方面。对内职能是主要的,对外职能是对内职能的延续。国家的对内职能,执行着统治阶级的路线和政策;国家的对外职能,在与其他国家的相互关系上、在国际事务中,执行着哪个阶级的外交路线和对外政策。在国家的对内、对外职能中,因为一个掌握国家政权的阶级只有首先在国内加强统治,巩固自己的地位,才能有力量开展对外活动,顺利地实行国家的对外职能”。② 国家的职能确有内外之分。对内的职能包括对内的政治职能、经济职能、文化职能等,对外职能则包括维护国家主权、防御外来侵略等。国家职能制约着法的功用,法律对于国家职能的意义首先就体现在它记载和表现国家的职能。

国家的对内职能要求宪法必须对国内的统治权作出明确的规定。首先,国家职能要求宪法对国家制度、政治制度、经济制度、文化制度、教育制度作出规定,对政治、经济、文化、教育的基本原则和根本问题作出规定,对国家职能进行最宏观的概括与表达。其次,国家职能还要求各个基本法律将宪法的原则规定加以落实,提供与国家职能相关的各个方面的一般规定,使国家职能的实现具有基本的法律依据。最后,国家职能还要求宪法和法律之下的其他法规,对上位法的规定加以具体化,使国家职能的各个方面都具有具体的法律依据,以便于各个国家机关依法地各行其是,各行其宜,确保国家职能的全面实现。

在对外方面,为了维护国家的主权与独立,国家职能要求宪法确认国家对外的独立权,对于国防、外交都作出原则规定,成为一国处理国际关系的根本大法。同时,国家职能还要求与之相关的外交立法、国防立法、军事立法、外贸立法等法律制度,对国家主权予以维护,并对防御侵

① [德]马克斯·韦伯:《论经济与社会中的法律》,张乃根译,中国大百科全书出版社1998年版,第343页。

② 赵宝煦主编:《政治学概论》,北京大学出版社1982年版,第60页。

略作出具体的规定。作为一个主权国家其职能还要求通过缔结或者加入国际条约来进行国际交流、交往，主张和维护本国在国际社会的合法权益，这些都是国家职能对法律的要求，当然也体现了法律对于国家职能的重要意义。

(二)法服务于国家职能

法律服务于国家职能的表现也是多方面的，甚至是全方位的。它包括法律对于国家职能的确认与法律化，同时，它还服务于国家职能的现实化，即确保国家能够顺利和有效地运行。

法对国家职能的服务首先是通过立法活动来体现的。由于国家职能的重要作用和重大影响，法律，无论是宪法还是法律，还是其他的法规都将国家的职能作为法律的重要使命加以体现。国家对内对外的职能，国家的政治、经济、文化、公共事务管理的职能无一不依赖法律加以记载和明确。同时法律也竭尽其能地把国家的这些职能加以制度化，并通过国家强制保证得以实现。

法对国家职能的服务其次是通过法律的执行来达成的。法律颁布了就必须执行。国家机关对于法律的执行活动，也就是法实现国家职能的具体过程。在国家的治安维护、税收征管、工商管理、技术监督、经济调控、社会保障、灾难救助等执法过程中，国家的职能逐步得以体现。法律执行得越好，国家的职能就实现得越好。法律如果无法得到实现，有关的国家职能也就无法实现。法律实施的状况影响着法律实现国家职能的状态。

法对国家职能的服务也是通过法的适用来实现的。法的适用就是将法律运用于具体的个人或者组织，以处理具体事项的国家活动。法律适用是法律得以实现的中心环节，是法律实现中国家权力运用的过程。国家的行政机关的行政活动本身就是将法律运用于具体的人或具体的事的活动，是法律适用的重要方式。检察院和法院运用法律的规定来处理案件也同样是法的适用，他们对具体当事人的起诉、不起诉和审判，就是法律适用。通过法的适用，国家的职能逐步得以体现和实现。

法对国家职能的服务还是通过人们对于法律的遵守来实现的。法律体现了国家的职能,但是并不是任何法律都一定需要行政机关、检察机关或法院来执行或适用才能转化为社会现实。在大量的场合,法律都是依赖人们的自觉服从而被实施的。人们的自觉守法是法律被实施的最重要方式,也是国家职能得以实现的最重要方式。由于法律对国家职能的体现,达成了国家职能与法律的一体化,人们对于法律的遵守必将有利于国家职能的实现。守法的普遍化程度越高,法律实施的障碍就越少,国家的相关职能也就能够得到更好的实现。

(三)立法与执法是国家的重要职能

立法与执法都是法治的重要环节,也是法律的重要方面。国家职能首先要依赖立法才得以确认与法制化,其次要依赖执法才得以国家暴力保证的强制实施。立法与执法对于国家来说都是其职能实现的重要措施与途径。

1. 立法是国家的基本职能

任何国家都必须采用立法的方式,为保障公民的权利而制定法律,为防止政府的擅越职权而制定法律,为惩治一切重大的邪恶行为而制定法律。任何国家都需要为政府等国家机关提供行为规则,防止其懈怠,防止其滥用其权力。任何国家都需要为公民提供基本的行为规则,使其行使权利时不至于危及他人的权利。

立法具有两种基本的方式即法的制定与法的认可。从法的制定来看,法的创制、修改或废止的任何活动都是由特定的国家立法机关进行的。立法是国家职能的构成部分。立法机关的立法活动都是国家职能的实现过程。从法的认可来看,任何法的认可都是国家立法机关立法活动的构成部分。法的认可就是立法之一种特殊形式,它同样是国家职能的体现。

任何立法都是以国家的名义进行的。只有以国家的名义进行的立法,才名正言顺。任何立法都只有以国家的名义作出,才可能具有必要的神圣性和权威性。因为立法是国家的活动,法律才具有了神圣不可侵犯的性质,也才使一切违法犯罪行为必须承担应有的法律责任,受到应有的法律制裁。

2. 执法是国家的基本职能

执法有多重的含义,狭义的执法主要是指行政执法,广义上则既包括行政执法也包括司法审判。不论将执法的含义理解为何,只要它是与守法相对应的国家行为,它就是由国家机关作出的,就具有一定的国家意志的属性。政府机关是重要的执法机关,许多国家的宪法甚至直接把政府界定和规定为立法机关的执行机关,即执法机关。从法律的执行来看,各国议会制定的法律首先就是由各国政府来执行的。在世界各国,政府都担负着最为繁重的执法任务。它要把各项法律具体地加以贯彻实施,使制度化、规范化的法律构想转化为现实的社会实际,政府担负着重要的执法。

从司法审判来看,司法也是国家的职能活动之一。司法通过以审判为中心的活动,将相关的法律作为判断是非曲直的根据,作为保障公民权利,惩治违法犯罪的手段。司法不论是否被纳入执法的范畴,我们都可以毫无疑问地说,它必须也只能是国家的职能活动。国家为社会提供公正,为社会维护公正。如果说行政执法的重点在于提供公正的话,司法则重点在于维护公正。这是国家宗旨之所本,国家权威之所在,是国家神圣之所系。离开国家就没有司法,司法也就成为国家服务人民的表现与行动。

无论是行政执法或是司法审判都必须依赖国家强制力的保障。没有国家强制力作为后盾,任何法律都难以得到全面执行,任何司法判决都难以切实有效。执法都是特定国家机关以国家的名义进行的法律活动,都是国家职能在特定意义上的实现和体现。

四、法与国家机构

法对国家机构的意义是至为重大的,它是国家机构得以设立,其权力内容与范围,以及其开展活动的根据。与之相适应,国家机构也是法律适用的主体,它在法律实现上具有决定性的作用。

(一)法是国家机构设立的根据

任何国家机构的设立都应该有法律的根据,尤其是在法治国家或走向法治的国家,其国家机构更应依法设立。国家机构的依法设立,使其具有了权威的法律根据。国家机构设立的合法性是其存在的根据,是其开展活动的前提。国家机构的依法设立,使各个国家机构具有了身份的法律依据。各个国家机构的名称、组织结构、隶属关系等都应当于法有据。世界各国设立国家机构的法律,主要有宪法、组织法和其他相关法律、法令和法规。

在各国宪法中,都有关于国家机构的规定。由于宪法具有最高的法律效力,是一国的根本大法,它是一国的国家机构得以设立的最基本依据。宪法将对一国的国家机构的总体构架、主要单元、基本职权,以及国家机构之间的相互关系包括彼此的协调与制约等作出明确的规定。宪法对于国家机构的规定,往往是宏观的、总体的,它将国家机构的基本架构加以制度化。在总体上对一个国家的立法机关、行政机关、司法机关乃至军事机关等作出最基本的规定。为国家机关的活动确立基本的原则。当然宪法对于国家机构设立的规定也只是原则性的规定,但它是其他一切有关国家机构立法的最根本的依据,具有其他任何法律都不可替代的作用。

组织法是国家机构设立的具体依据。在宪法的规定之下,依照立法、行政、司法的组织体系,许多国家都制定了相关的组织法或类似的法律,对于这些国家机构的设立予以明确的规定。在我国的法律体系中,仅仅组织法就有《全国人民代表大会组织法》、《国务院组织法》、《人民法院组织法》、《人民检察院组织法》、《地方各级人民代表大会和地方各级人民政府组织法》等。这些组织法是相应国家机构成立的依据,它是国家机构进行组织建设的制度前提,是国家机构得以依法设立的保障。

其他的法律、法令和法规也可能有关于国家机构活动的规定。这些法律文件或者具体规定共同构成了国家机构法律制度的整体。它们为国家机构的名称、性质、职能、职权、领导体制、组织体系、活动程序等作出了规定。国家立法机构除了必须遵守宪法、相关组织法之外,还必须根据立法法等的规定行使自己的立法权。国家行政机关必须依法行政,在实体和程序的两个方面严格依法办事。这是依法行政的需要,也是法治政府建设的需要。至于国家的司法机构同样必须严格遵守法律,其司法活动必须依法进行。司法机关可以独立行使职权,但一个基本的原则就是必须依法独立行使职权,其违法行为也同样必须承担应有的法律责任。

(二)法是国家机构权力的根据

任何国家机构的职权都必须是由法律明确规定的。在民主和法治的国家,法律是人民意志的体现。法律对于国家机构职权等的规定也就是人民对于相应国家机构的授权。这是人民主权原则或者人民当家做主原则的具体化和法制化。法律为国家机构提供了职权范围和职责内容。国家机构只有具有了法定的职权,才能更好地依法履职。这样,其权力与责任才于法有据,其履职才具有法律的合法性。有了法律的根据,才既可以防止国家机构的擅越职权,也可以防止其履职不足。一旦对此发生疑问还可以依法而断,是否昭然。法确认国家机构的权力,是国家机构权力的内容、范围和程序的根据。权力来源于法律,是权力来源于人民的制度保证。因为,法律应该是人民意志的体现,应该是人民的代表共同制定的。从国家机构的角度看,只有来源于法律的权力,才具有足够的神圣性和权威性。

在法治国家与法治社会之中,权力的运行都必须以法律作为根据。如果说对于公民是法不禁止即不受处罚的话,对于国家机关而言则是法无授权即违法。国家机构当然要对自己的违法行为承担法律后果。国家机构的权力必须具有法律上的根据,这是国家机构的民主性质决定和要求。于是法律的明确授权,对于国家机构来说,就显得特别重要。因为对其来说,法不授权即不可为。

(三)法是国家机构活动的根据

国家机构一旦设立,就必须也必然要开展活动。国家机关如何开展活动。开展什么活动,也同样必须要有法律作为依据。法律是国家机构行为的准则,是其活动的依据。因为国家机构不遵守法律也就是对人民意志的违背,就辜负了人民的期望,就是对其自身本质的反动。法治对于国家机构的严格要求,区别于对公民的要求,也就表明国家机构的权力行使必须严格地遵从法律的规定。从社会公平的角度看,在要求公民和法人必须守法的同时,国家机关的活动也必须率先以法律作为自己的准绳,而不可任意妄为。在守法的问题上,国家机构如同任何公民和法人一样,都是平等的,也不能享有违法或者违法而不受追究的特权。具体地说,作为行政机关,它必须依法行政;作为司法机关,它必须依法司法。严格依法行政是法律对政府机构的基本要求,行政机关及其工作人员的行政行为必须于法有据。对于政府来说,凡是法律没有授权的,即不可为之。对于司法机关来说,的确依法享有独立的司法职权,但其独立也只是不受行政机关、社会团体和公民个人的干涉,而不是指其可以独立于法律。任何司法活动必须严格依法进行,而不可随意司法、枉法裁判。

法律为国家机构所提供的首先是实体的规范。它规定着国家机构职务活动的职权与职责,或者说是权力与责任,规定着国家与公民或法人之间的权利义务。法律的实体规定,设定了国家机构的职权范围、责任内容、法定义务等。其次,法律也规定着国家机关活动的程序。这些程序设置是国家机构全面履行职责的需要,也是作为相对当事人的公民和法人合法权益的保障。它保证了国家机构活动的有序性和法治化。国家机关及其工作人员在进行职务活动的时候,既要遵守实体法的规定,也要遵守程序法的规定,严格按照程序法规定的步骤和方式来作出自己的职务行为。只有这样才能保证自己行为的合法性和正当性。

法律是评价国家机构是否正确履职的准则。国家机构除了全面履职之外,还可能超越职权导致违法,或者严重渎职导致另类违法。国家机构的行为有可能超越其职权,使其行为涉嫌违法。一旦公民或者法人对国家机构的行为的合法性产生疑问,或者对国家机构的行为提出合法性审查的诉讼,任何审查与审判机构评价的标准就只能是既有的法律根据。如果特定国家机构的行为具有法律的根据,就可以认为其行为是合法的;如果其行为没有法律的根据,就应认定其行为是非法的,超越了其职权。作出越权行为——非法行为的国家机构就必须为自己的越权行为承担相应的法律责任。同时,国家机构的行为还有可能是不作为的——渎职。如何判断一个国家机构的行为是否渎职,判别的根据唯一的标准也只能是法律的既有规定。离开了法律的规定,我们是难以判定任何一个国家机构渎职与否的。凡是法律规定的相应国家机构必须作出的行为或者职责或者义务,如果不承担,就必须承担渎职的责任。

(四)国家机构是法的适用主体

法律应被实现,不能实现就无法达成其追求的目标和实现其理想。法律无非是通过适用和遵守得以实施,因此可以认为,法律在很大程度上都是通过法律的适用而被实现的。国家机构是法律适用的主体。所谓法律适用,也就是指特定的国家机关将法律的规定运用于具体的人和事的活动,就是把法律付诸实践的活动。它是由法定机构依照法律的规定进行的一种专门活动,表现为对特定主体适用具有的法律处理具体的事项,以作出决定、裁决、裁定甚至判决。法律适用主体的专属性首先就表现在其主体的专门性上。只有国家机构才是法律适用的主体,只有特定的国家机构才是特定法律的适用主体。非国家机构无权适用法律,非国家机构的组织或者个人对于法律的遵守和服从,属于守法的范畴,既不是司法也不是执法,不是法律适用。法律适用直接伴随着相应的国家强制性,具有一定的国家强制力保证。相对当事人非经法定的程序不得拒不执行,不得拒绝相应的法律适用。如果特定的当事人对于法律适用结果不服,只能通过必要的申请复议、提起诉讼、提起上诉、申诉等,通过法律的途径加以变更,争取新的法律适用结果,否则就只能遵从。

不同的国家机关适用不同的法律,它们之间不可相互取代或者相互混同。行政机关有需要它们适用的法律，法院和检察院也有它们各自应当适用的法律。行政法无疑主要是由行政机关适用的，诉讼法无疑主要是由司法机关适用的。从行政执法的行为方式来看，行政许可、行政处罚、行政强制、行政征收、行政给付、行政确认、行政监督检查等都是行政法律适用的具体表现。不同的执法方式也还有法律的不同程序要求。就是在行政机关内部也有机构的分别，各个机关依其法定性质和职权不同而各履其职，担负着不同的法律适用的任务。它们涉及的是科技、教育、文化、卫生、计划生育、土地、城建、环保、生产安全、工商、税务、交通等，不同的具体的行政法律适用也许还有不完全相同的程序规则。在庞大的行政机关内部，由此机关适用的法律，就不能由彼机关来适用，否则就是违法，因此依法行政就要求必须依法定的职权来行政。至于作为司法机关的人民检察院和人民法院更是职权明显分别，不容混同与混淆，严格依法履行检察职能和审判职能是法律对人民检察机关和人民法院的基本要求。

第十五章　法治国家及其基本特征

法治国家的基本特征蕴涵着法治国家与非法治国家的基本区别。这些基本特征来自于现实和历史的发现，也来自于经验和教训总结。对于这些特征的认识和把握，是进行法治国家建设所必需的理论准备。没有这种准备，在复杂的社会发展中，就难免会迷失方向，就难免会失却好不容易才发现的法治国家这一理想目标。法治国家的基本特征实际上是对法治国家基本情形的描述，也是对法治国家理想的具体期待。这些理想来自于法和国家关系的内在逻辑关系，也来自于我们在法和国家问题上的思考，更来自于我们在法治和民主建设上的不懈努力。其中的每一个特征都是一个标志，每一个特征也都是一个理想，每一个特征也都诠释着社会演进的方方面面，都蕴藏我们未来前进的轨迹。

一、法治及其与国家的关系

法治是耳熟能详的现代话语，法治的含义众说纷纭，我们有必要对法治的定义加以梳理。法治与国家是紧密联系的，任何法治都是以国家作为基本单元的，法治的建立及其作用的发挥都离不开国家并对国家产生重要的影响。

（一）法治的一般解说

法治就是一种以人民民主为基础和目标，以法律至上、实行宪政、保障人权和普遍守法为基本要求的社会管理模式、社会生活方式与社会秩序状态。

法治是一种社会管理模式、社会生活方式和社会秩序状态，这是从法治的社会化意义上讲的。最好的法治就应渗透到社会生活的方方面面和相关层次之中。它的极致状态就应是社会大众自觉与不自觉地服从法律、尊崇法律、依法办事。只有当法治成为社会管理模式、社会生活方式与社会秩序状态的时候，法治才真正达到了最高的境界，实现了理想的法治状态。

法治必须以民主作为基础和目标。只有在民主的基础上才能建立现代法治；也只有以民主作为目标的法治才是现代法治。法治是与专制与集权根本对立的。君主、集权、专制都是不民主，都是对于法治的阻碍与反动。只要有君主、集权、专制的存在，民主就无法存在，法治也就不可能存在。这是由法治的本性与发展所共同决定和要求的。民主对于法治来说具有基础与目标的双重意义，它既是法治的出发点也是法治的归宿。我们必须将基础与目标统一起来，我们才能说，法治是相对完备的真正的现代法治。

法治要求并坚持法律至上。法律至上，首先是指法律规则至上。它意味着在所有的社会规范之中法律应该是最权威的社会规范，具有至上的权威性，不可被取代，不可相混同。任何道德、纪律、习惯、政策都不能将法律取而代之或者置法律的既有规定于不顾。其次，法律至上是指司法裁决至上。司法是法律的现实化，没有司法的权威，就没有法律的权威。司法是最生动的法律，是法律的现实化与现实。因此，法律至上必然要求对于司法的尊重，使司法享有足够的权威与尊严。司法裁判一经作出，非经法定程序即不可变易，而变易程序的启动与运行必须具有相当的严肃性。最后,法律至上是指心理确信至上。法律至上意味着人们对于法律具有近乎天然的内心崇敬、尊重、认可与信赖,而不是怀疑或者随意否定。法律至上必须具有道德上的信任基础,否则法律至上的地位就会因此而动摇。

法治要求并实行宪政。法治的宪政要求与法治以制约权力为特征是完全一致的。宪政在根本上就是要规制政治权力和限制政治权力,防止政治权力对于人民权利的侵犯。为此,法治就成了宪政的目标与保障。宪政所要制约的权力是指公共的政治权力,尤其是以国家机构作为代表的公共权力。能否有效地控制权力,决定着民主能否切实保障,也关系着法治能否真正建立与实现。公共权力应当是民主的产物,这是从应然的意义上讲的,但事实上,公共权力并不一定来自民主,更不一定忠于人民,于是对于权力的约束就成为维护和实现民主的要求。法律作为人民意志的最好载体,就成为人民驾驭权力、监督权力、防止权力滥用的最有力的手段。但是,在客观上,公共权力又是否确实为法律所制约,则大成问题,于是法治就理所当然地将约束公共权力作为自己的理想目标。能否有效地约束权力是民主与法治能否存在的关键所在。

法治要求并保障人权。在人类创设法治之初,法治并不包含保障人权的内涵。但是随着人类社会的发展,随着人类主体意识的觉醒与自觉,人权逐步成为法治的重要目标日益受到重视。尤其是在法治经受了第二次世界大战的历史考验之后,尤其是随着"二战"以后的人权发展,法治的人权保障意义更加凸显。是否保障人权、能否有效地保障人权,成为真假法治的检验标准,也当然地成为法治的重要目标并被纳入法治的内涵之中。

法治要求并实现普遍守法。法治作为一种社会状态,普遍守法就是其典型而一般的表现。没有普遍守法就没有法治。法律随处随意地受到挑衅,就不可能有法治的出现和维持。法治首先是对公共权力的要求,最终也应是对全社会的要求。社会大众普遍地服从法律,是法治最深刻的基础与最牢不可破的保障。普遍守法为对权力的监督提供了最广泛最深刻的动力之源。人民普遍守法就不会容忍公共权力对于法律的肆意破坏与践踏。

(二)法治依赖并作用于国家

如果说国家与法是不可分离的,那么国家与法治则不是一定联系在一起的。因为客观上有的国家是法治的国家,有的国家则是非法治的国家。国家是否是法治的,为众多的因素所决定。即使一定要说国家离不开法治,也许是从最终意义上说的,而不是指国家存在的任何阶段或时候。

如果说国家并不一定与法治相联系,但是法治则必须与国家联系在一起,凡是法治都必须首先是国家的法治。法治是离不开国家的,这直接源于法离不开国家。一是因为,法是国家的意志体现,法是一种特殊的国家意志。没有国家,法就缺乏意志的主体与载体。二是因为,法的实施总离不开国家强制力的作用。没有国家强制力保障,法就无法得到有效的贯彻实现。国家是法律效用得以发挥的保证。

如果我们从法治本身来看,法治的作用对象就是国家及其公共权力。没有国家,法治就失去了存在的根本意义。社会存在各种公共权力。在众多的公共权力之中,唯有国家这一公共权力是最为强大和最为庞大的。所以,法治首先要约束的就是国家权力意义上的公共权力。没有国家这个最大公共权力的存在,法治就失去了最应该最必须约束的对象,法治也就在相当大的程度上失去了意义。

二、法治国家的理论界定

只要是法治国家就必然在许多原则上是一致的,但是其外在表现则具有多样性的特征。对法治国家进行理论界定,是法治理论研究的重要内容。

(一)法治国家的概念辨析

法治国家是法治化的国家状态,它与非法治国家相区别,与依法治国和法治社会相联系。法治国家是通过法治而得以建成的,它是对非法治国家的否定和批判,它必须依赖依法治国的社会实践,它以法治社会建设同步并且又以法治社会的建设作为自己进一步的目标。

1. 法治化的国家状态

法治国家,也称为法治国。有人还称法治国家为法律国家或法律国,其实从严格意义上讲,将法治国或法治国家称为法律国家或法律国,多有不妥,因为它很容易与“有法律的国家”相混淆。而“有法律的国家”显然不是法治国家或者法治国的含义。法治国的研究起源于古希腊,但现代意义的法治国家则是近代的产物。法治国家在德文中为rechtsstaat,在英文中则为 legal state, a rule of law nation 或者 law based state。从近现代法治的意义来看,“法治国家”的概念起源于德国,而对世界产生了广泛而深刻的影响。我国台湾地区有学者认为,“‘依法而治的国家’(a rule of law nation),被称为‘法治国’,却是不折不扣的德文用语”,①内地学者也有同样的认识,“‘法治国’至少在其起源之初,纯粹是个德国的概念。‘法治国’的概念据认为起源于康德的一句名言:‘国家是许多人以法律为根据的联合。’”②从德国源起的“法治国家”概念,如同从英国源起的“法治”概念一样,在人类历史上产生了重要的影响。甚至可以认为,“‘法治国’的思想与实践对西方之外的世界产生过广泛而深刻的影响,在许多地方甚至超过了起源于英美的‘法治’的影响”。③“‘法治国’,就其德文本意及康德的解释而言,指的是有法可依、依法治国的国家,或者说一个有法制的国家。”④显然,这一看法至少是基于第二次世界大战结束前的认识所得出的结论。在现代,“法治国”或者“法治国家”的概念,早已被注入了新的含义。前引著作也注意到了这一点,“基于传统‘法治国’的概念存在重要的缺陷,战后的一些欧陆法学家们

---

① 陈新民:《法治国家论》,台湾学林文化事业有限公司 2001 年版,第 41 页。

② 刘军宁:《共和·民主·宪政》,上海三联书店 1998 年版,第 140 页。

③ 刘军宁:《共和·民主·宪政》,上海三联书店 1998 年版,第 142 页。

④ 刘军宁:《共和·民主·宪政》,上海三联书店 1998 年版,第 146 页。

虽仍在继续沿用德国‘法治国’的外壳，但是换上了英美‘法治’的内容，对‘法治国’进行了脱胎换骨的改造。尤其是战后德国的自由民主主义者与‘法治国’的传统作了彻底的决裂。因此，尽管‘法治国’的概念被继续使用，但需要分清的是，此‘法(律统)治’的国家已不是彼‘(依)法(而)治’的国家”。①

在泛义上，法治国家还可以作形式上的法治国家和实质上的法治国家的划分。日本佃中和夫等所著的《现代法治国家》②等就论述了法治国家这种分类，认为形式上的法治国家是依据实定法实现国家的所有目的的国家，即依据法律推行国家事务的国家，确保了“依法律行政”和“依法律裁判”的国家。制定法律的机关(立法机关)的权能，优越于行政权和司法权并拘束行政机关和司法机关。关于人民权利、自由的规定，必须以法律的形式进行，由行政机关对人民的权利、自由的规制，必须以法律为根据，同时只要以法律的形式，便可以对人民的权利、自由予以制约。形式上的法治国家并不以保障人民的权利、自由为目的，相反它还通过法律对人民的权利、自由进行限制。这种形式上的法治国家既可以和民主主义结合也可以和法西斯结合。实质上的法治国家是指依法拘束和限制权力，保障和确保人或国民的自由和权利的国家。保障人或者国民的自由和权利，才是法治的内容和目的。“法治”中的“法”是指超越法律或实定法的更高层级的“法”或者“理性法”。因此，这种法不仅拘束行政机关和司法机关，而且也拘束立法机关。这种实质上的法治国家，类似于英国的“Rule of Law”，意味着抑制专断的权力，在宪法之下给予个人的权利最大限度的保障。③

我们作为目标追求的法治国家显然是实质上的法治国家，而不是形

---

① 刘军宁:《共和·民主·宪政》，上海三联书店1998年版，第156页。

② [日]佃中和夫、T. Wurtenberger编著:《现代法治国家》，日本晃洋书房1994年版。

③ 杨建顺:“‘法治行政’在日本”，载杭州大学法学院主编:《法治研究》，杭州大学出版社1998年版，第149页。

式上的法治国家。因此在对法治国家进行制度和体制设计时,就应充分考虑法治理想,而不能假法治之名行非法治之实。形式上的法治国家比完全不讲法治的国家要进步,但它还不是严格意义的法治国家,或者说在严格的意义上它仍然是非法治国家。作为本书论证主题的显然是实质上的法治国家,本书的有关论述也是以实质上的法治国家为核心的。

论及"法治国家"的概念,必然涉及"法治国家"概念与"法治"概念之间的关系问题。有许多学者都认为,法治国家的含义并不等同于法治,甚至还远离法治,与法治根本对立。美国学者伯尔曼在论述教会法时说,"教会是一个 rechtsstaat(法治国),一个以法律为基础的国家。与此同时,对于教会权威所进行的限制,尤其是来自世俗政治体制的限制,以及教会内部尤其是教会政府的特殊结构对于教皇权威的限制,培育出了某种超过法治国意义上依法而治的东西,这些东西更接近后来英国人所称的'法的统治'(the rule of law)"。① 伯尔曼的这一论述至少表明了在伯尔曼看来,法治国不是法治,只有"超过法治国意义上依法而治的东西"才更接近英国人所称的法的统治即法治。

我国有的学者还论证了法治国与依法治国不相等同,法治国与法治根本对立。"一个法治国可能是一个法制高度完备的国家,但却不是一个法治的国家。"②"法治国与法治不可相提并论、同日而语。"③进而论证了"法治与(依)法治国之间的一些根本分野",认为:(1)法治起源于自然法思想,基于自然法学的契约观,要求保护民权,限制政府权力,与宪政有着天然联系。法治国起源于实证主义法学,强调作为立法者的统治者的意志及权力至高无上,排除了体现平等精神的契约思想和为宪政提供依据的宪政主义。(2)法治体现了对公民权利与自由的偏爱,限制统治者的专横权力。法治国偏爱国家,尤其是偏爱作为无上立法者的统治者。(3)法治强调法律是被人们能动地发现的自然法则,而绝不是统

① [美]伯尔曼:《法律与革命》,中国大百科全书出版社 1996 年版,第 259 页。
② 刘军宁:《共和·民主·宪政》,上海三联书店 1998 年版,第 145~146 页。
③ 刘军宁:《共和·民主·宪政》,上海三联书店 1998 年版,第 147 页。

治者的权力意志，修改法律意味着修改人们认识自然法则过程中的偏差，注重法律的稳定性、持久性。法治国则强调法律是统治者的意志，作为特定个人意志的法律当然也就会随着个人的消亡而消亡，修改法律意味着统治者在塑造自己新的意志，注重法律的灵活性。(4)在法治中，人们服从法律时，是服从普遍的、客观存在的自然法则，服从自然法则的人是自由的。法治反对人治，是良法之治。在法治国中，人们服从法律是在服从统治者本人的意志，显然不能说在享有自由。法治国与人治并无根本差别，并印证了人治的结论：人存政举，人亡政息。①

以上关于法治与法治国区别的观点，笔者不敢随意苟同，更不同意将上述法治国家或法治国的含义，赋予现在我们所使用的"法治国家"或"法治国"的概念。其实，欧陆法学家早已都将英美的"法治"纳入了"法治国"或"法治国家"的概念之内，我们还有什么理由要把欧陆法学家都已经抛弃了的第二次世界大战结束前的"法治国"或"法治国家"概念重新找出来，与新的符合法治精神的"法治国"或"法治国家"进行什么比较呢？就是上述分析与理解毫无错误，笔者也依然主张今天的"法治国家"或"法治国"，应当注入"法治"的内涵，并将其与"法治"协同起来。

但是这并不意味着可以无视以上的分析与理解。其实，这些观点是很值得重视的，它至少警示我们：不当的"法治国家"或"法治国"并不等于法治，也并不必然导致法治的结果；"法治国家"或"依法治国"完全可能被畸形化，走向法治的反面。这需要我们警醒。

历史发展到现代，法治国家或法治国已经是普遍认可的政治、法律概念。许多法学家，乃至社会大众都清楚地认识到"国家应该创设法律体系，并且依此法律之规定来治理国家，已是每个民主国家的立国原则。国家这个'依法而治'的'属性'也被认为是最进步，且合乎理性的国家形态"。②

---

① 刘军宁：《共和·民主·宪政》，上海三联书店1998年版，第147～149页。

② 陈新民：《法治国家论》，台湾学林文化事业有限公司2001年版，第41页。

但是人们“并不存在,也未曾有过对法治国家的普遍认同的理解”。①

法治国家或法治国,是指国家法治化的状态或者法治化的国家,是法治在国家领域内和国家意义上的现实化。法治包含法治国家和法治社会在内,法治国家与法治社会是法治发展的相互连接的两个阶段,它们都是法治的构成部分。

2. 法治国家与非法治国家

国家的存在形式是多样的,从不同的角度,可以对国家的状况作不同的分类与概括。根据国家的治国方式方法和法律在社会生活中的地位与作用,可以把国家划分为法治国家和非法治国家。

法治国家与非法治国家并不是国家类型的简单划分,它们在历史上有着先后之分和优劣之别。就人类社会的一般发展而言,人类的国家首先是非法治的国家,然后才发展进步为法治国家。严格地说,在自然经济条件下是产生不了法治国家的。法治国家必须以商品经济或者市场经济作为其经济基础。商品经济或者市场经济的形成有一个历史的过程,因此,法治国家不是人类一进入国家状态就出现的,它是国家形式发展到较为进步阶段的产物。法治国家远比非法治国家优越和进步,并且是以非法治国家作为其历史准备的。在世界上,所有国家在形成之初都是非法治国家,法治国家是经过非法治国家的发展才逐步建立起来的。在此,笔者拟对法治国家与人治国家、专制国家、警察国家和宪政国家的关系作一个初步的分析。

法治国家与人治国家相对立。“人治国家”中的“人”并不是指民众意义上的“人”,而是拥有国家权力的人。人治国家实际上是没有法律约束的“权治国家”。谁拥有国家权力或者公共权力,谁就主宰国家和没有权力的民众。在法治国家中,一切人都必须服从法律。在人治国家中一切人都只服从于拥有权力的人,服从于拥有权力的人的意志。人治国家

① [俄]B. B. 拉扎列夫主编:《法与国家的一般理论》,王哲等译,法律出版社1999年版,第346页。

中有专制的人治国家,也有非专制的人治国家。专制的人治国家就是专制国家。法治国家与非专制的人治国家相对立,更与专制的人治国家相对立。

法治国家与专制国家相对立。这种对立至少表现在这样的两个方面:一是民主与否的问题。法治国家是以民主作为基础和目标的。甚至可以说,民主是法治的灵魂,是法治国家的基本精神。没有民主必然没有法治,也必然没有法治国家。而在专制国家,必然是没有民主的,有的是君主或者独裁,至多也是少数人的专横。其重要的特征之一就是非法。非法既表现为不需要法律,也表现为无视法律。也就是说,它根本就无须法律;即使有法律存在,也是或取或舍概由个人或少数人擅断。二是公权力是否受到法的制约问题。在专制国家,公权力不受任何法或法律约束。在法治国家则恰恰相反,任何公权力都必须受到法律的约束。任何权力的行使都必须以法律为依据。没有法律依据的权力行使,都将被视为非法,都为法治所反对,都应当承担相应的法律责任。从根本上说,专制国家是反法治的国家,法治国家也是反专制的国家。任何专制国家都必然是人治的国家而且是最坏的人治国家。

法治国家与警察国家既相互对立又相互联系。警察国家是国家公权力具有至高无上地位的国家。以政府权力为代表的整个权力都极少受到法律的拘束。它也许比绝对的专制国家要好一些,但离法治国家的要求还相当遥远,而根本不可能与法治国家同日而语。在警察国家里,国家被迷信为绝对真理的拥有者,享有绝对权威,不可怀疑,不犯错误,不承担责任。警察国家依然是非法治的国家。有西方学者这样概括二者之间的区别:“在警察国家时代,国家公权力只服膺民法及受到民事审判的拘束,而法治国则更进一步,所有公权力都要受到法律的拘束。”①我国台湾地区有学者认为,“警察国是国家由专制国发展到

① 陈新民:“国家的法治主义——英国的法治(The Rule of Law)与德国法治国家(Der Rechtsstaat)之概念”,载《台大法学论丛》第28卷第1期,第68页。

法治国的过渡阶段”。①

法治国家与宪政国家相联系和区别。宪政国家是法治国家的准备，或者历史前提，法治国家必须首先是宪政国家。何谓“宪政”，有学者这样解释：“宪政是国家依据一部充分体现现代文明的宪法进行治理，以实现一系列民主原则与制度为主要内容，以厉行法治为基本保证，以充分实现最广泛的人权为目的的一种政治制度。根据这一定义，‘宪政’这一概念，包含三个基本要素，即民主、法治、人权。民主是宪政的基础，法治是宪政的重要条件，人权保障是宪政的目的。”②这是对于现代宪政较为全面的诠释。也有学者侧重于限制权力的角度界定宪政，“宪政的本质的确是而且必须是限政。在宪政主义看来，不论一个政府的组织形式如何，都不得存在不受限制的最高权力”③。对于宪政国家，可以简单地说，是国家权力或公权力首先接受宪法和法律的约束，服从宪法和法律的国家。公权力没有在警察国家的那种专权。法首先成了政府的行为准则。宪政国家是法治国家得以形成的前提。政府不依法办事，法治就必然会遭到破坏。德国著名法学家麦耶在一百年前就认为，法治国是已完成的宪政国。④ 法治国家是以宪政国家作为基础发展起来的。所以法治国家的建设必须把宪政摆到极为重要的位置加以特别的重视。法治国家的法律至上，首先就是宪法至上。宪法首先就是保障人民权利、制约国家权力的重要工具。宪政的一个重要目标就是防止权力的滥用，保证权力的正当行使。

所有的法治国家都以法律作为治理国家的根本措施、战略策略、方式方法。否则就是非法治国家。法治国家与非法治国家划分的重要标准之一就是特定国家是否以法律作为治理国家的基本手段和根本措

① 陈新民：“国家的法治主义——英国的法治(The Rule of Law)与德国法治国家(Der Rechtsstaat)之概念”，载《台大法学论丛》第28卷第1期，第68页注二。

② 李步云：《走向法治》，湖南人民出版社1998年版，第2页。

③ 刘军宁：《共和·民主·宪政》，上海三联书店1998年版，第123页。

④ 陈新民：“国家的法治主义——英国的法治(The Rule of Law)与德国法治国家(Der Rechtsstaat)之概念”，载《台大法学论丛》第28卷第1期，第98~99页。

施，也就是法律在特定国家中的地位和作用如何。凡是以法律作为治国的方式方法的，凡是法律在一个国家中具有至高无上的地位和作用的国家，就是法治国家。反之，就是非法治国家。通观历史发展，法治国家都是由非法治国家发展而来的。非法治国家是法治国家建立的历史前提，法治国家是非法治国家的发展目标。非法治国家所提出的法治国家目标，应当说是其进步发展的反映，是其走向法治的必然要求。

3. 法治国家与依法治国

依法治国是指依照法律治理国家，是法治的重要方面和主要内容。在法治国家之中，民主是基础与目标，法律至上是依法治国的行动口号和价值准则，法律高于作为整体的人民之外的一切权力和权力拥有者，法律至高无上。

与依法治国最容易混淆的中国古代概念是"以法治国"。在中国传统社会的视野中，治理国家的方式方法是多样的，可以"以人治国"、"以礼治国"，也可以"以法治国"或"依法治国"。"以人治国"中的"人"是指掌握国家政权的人。以人治国，即依靠国家领导者的智能和才能来治理国家。"以礼治国"中的"礼"系中国古代的"周礼"或以周礼为渊源而形成起来的礼的规则体系。依礼治国，是中国传统社会中特有的、运用和依照"礼"来治理国家的治国方略。"以人治国"、"以礼治国"并不是截然分离或者相互排斥的。它们有时甚至是兼容相伴的。中国传统社会其实正是它们的综合。传统中国社会的管理模式与体制就是人治、礼治的统一。

对于中国传统社会"以法治国"与现代"依法治国"的区别，不要在字面上寻找。因为"以法治国"中的"以"可以作"运用"讲，也可以作"依照"讲，是指运用或者依照法律来治理国家。如果说"运用"的字面含义有别于"依法治国"之"依"的话，那么"依照"的字面含义则无异于"依法治国"之"依"。所以寻找中国传统社会中的"以法治国"与现代依法治国的区别，不必到字面中去寻找，而应该放眼字面之外的又在本质之上的因素。中国传统社会的以法治国区别于现代依法治国的根本点在于两个方面:一是有无政治民主的问题。传统社会之中的以法治国是在非民主状态之下的,而现代依法治国必须以民主作为基础和目标。二是有无法律至上的问题。有无法律至上的问题,核心是权力与法律之间的关系问题,是权力大于法律还是法律大于权力的问题。在传统社会的以法治国之中,权力至上,法律是权力的产物并从属于权力;在现代依法治国之中,法律至高无上,权力服从法律。

"以法治国"的字面外延广于现代"依法治国",即它既包括现代依法治国在其中,又不仅仅限于现代的依法治国。其广于依法治国的含义也就导致了其有可能走向歧途。等同于现代的"依法治国"的"以法治国",在中国传统社会并不存在。"运用法律治理国家"的治国方式,古往今来都有。只是在不同的时代,其实质才有所区别,主体有所差异罢了。传统社会中,没有近代民主,以法治国是君主们以法治国。在近代民主产生以来,以法治国的主体在应然上被修正为人民,应该是人民依法治国。将人民作为以法治国的主体,是没有任何错误可言的。因为法律对于法治来说,是目标。但是对于整体的人民来说,法律甚至法治都应当而且都只能是手段。

依法治国是法治国家的行动与过程,法治国家是依法治国的目标与结果。任何法治国家的建立都必须依赖依法治国。依法治国首先制约的是治国者,治理国家的主体最根本的是人民大众,最直接的是国家。人民大众的依法治国是指人民大众也得服从自己所制定的法律。人民可以改变法律,但是,在法律没有依照法定程序被改变之前,人民大众也有依法办事的义务。治国的主体,如果是国家,国家在任何意义上都应当服从法律,坚持依法办事以实现依法治国。

4. 法治国家与法治社会

法治国家与法治社会是法治发展的两个相对独立而又相互连接的两个层次,也被用指前后相继的两个阶段。中国早就有学者提出,"现今中国的紧迫任务,还只能是加强国家法制,首先建立法治国家,并经过长期努力，形成法治社会”。①

法治国家是否等同法治社会？认清这一问题，首先必须明确的是“国家”是否等同于“社会”。国家并不等于社会。西方学者普遍将国家与社会区别开来，德国法学家耶林就认为“同国家相比社会处于更高的地位，国家所进行的活动仅仅是为了维护秩序，而秩序是社会的目的所决定的。国家只是社会组织的一种。作为国家基本手段的法律同样也不是唯一的有决定性的规范，像人们在社会接触中的仪式、礼节之类的伦理性规范也极其重要。国家从属于社会，国家是随着社会的产生、存在而产生和存在的，国家必须为社会的利益服务”。②“国家”与“社会”两个语词，不论在西文还是在中文之中，含义都有差别而不会混淆。在我国社会科学中，对于国家与社会的理解，其区别也是显而易见的。“国家”在我国的权威性著作中被一直理解为“阶级统治的政治组织”，“是阶级矛盾不可调和的产物”，“本质是一个阶级对另一个阶级的专政”，“分为剥削阶级国家和无产阶级国家两种类型”，“作为阶级统治的工具，必将随着阶级的消灭而自行消亡”，“当人类进入共产主义高级阶段，国家将为更高级的社会组织所代替”。③“社会”其实是人类社会的同义语，在我国权威性著作中被理解为“人们在一定物质资料生产活动基础上形成的相互联系的有机体，包括历史上形成的人们相互交往、共同活动的关系和形式的总和”④或者将社会表述为“物质运动的最高形式，人们在特定的物质资料生产基础上相互交往共同活动形成的各种关系的有机系统”⑤。

---

① 郭道晖：《法的时代精神》，湖南人民出版社1997年版，第506页。

② 吕世伦主编：《现代西方法学流派》，中国大百科全书出版社2000年版，第296页。

③ 均可参见《中国大百科全书·哲学》，中国大百科全书出版社1988年版，第273～274页。

④ 均可参见《中国大百科全书·哲学》，中国大百科全书出版社1988年版，第770页。

⑤ 均可参见《中国大百科全书·哲学》，中国大百科全书出版社1988年版，第705页。

在中国历史上,由于皇权至上,"朕即国家"被普遍认同,国家被不当地过度强化,社会被国家所吞食。在人们的心目中,所存在的是至高无上的以皇权作为代表的国家,而毫无社会的地位,甚至没有社会的影迹。国家和社会总是被作同一的理解,被有意无意地等同起来。"片面的国家观念与国家实践,在过去一段时期造成了'国家—社会'一体化的格局,以致人们除国家之外,不知道还存在一个居于国家之上,或作为其基础的、相对独立自主的民间社会。"①社会依附于国家,仅仅在国家无法关照的领域,或者在国家权力的缝隙中偶然而间或地存在。在专制国家中,社会是很难真正存在和发展的。国家权力像空气一样无处不在、无时不有,堵塞了人际交流交往的每一个空间。在专制国家中,没有真正的社会。国家的过度强势与社会的过度弱势成为中国许多问题的症结。人们的生存空间因社会的弱势而狭小,国家则因社会的弱势而更加强化,随着历史的进程,在一些特定的历史阶段甚至出现了国家越来越强,社会越来越弱的马太效应。一般的社会舆论与社会大众也不区别国家与社会,甚至将国家与社会等同起来,看做一回事。

近半个世纪以来,中国的社会文化中依然没有国家与社会的分别。随着改革开放,人们才逐步意识到将国家与社会等同,或者用国家取代社会,是有害的,而逐步去寻找二者的分野。认识到"国家是整个社会的正式代表,是社会在一个有形的组织中的集中表现",而不是社会的全部。② 在中国建立市场经济的历史过程中,人们把社会建设,使社会与国家各得其所的问题提了出来。在国家无能为力或不应涉足的领域,必然成为远离国家的社会空间。国家再不是社会的主宰者,而相反地,国家却被社会所决定,作为一种社会现象而客观存在。人民将使国家回归其作为社会发展产物的应然地位,使社会成为名副其实的国家的基础和依据。

---

① 郭道晖:《法的时代精神》,湖南人民出版社1997年版,第503页。

② 《马克思恩格斯全集》(第20卷),第305页。

目前,中国的国家与社会一体化的格局尚未完全打破,而且依然以制度状态普遍地存在,国家无所不能的迷信依然笼罩着人们的思想。国家机关、国家工作人员乃至社会民众都在一定程度上固守着历史形成的国家迷信观念。但是人们毕竟已经逐步认识到了国家与社会的区别与差异,并且正在努力循着这种区别与差异,把国家与社会都建设得符合人发展的需要,以推进人的全面自由发展。市场经济的发展无疑是将国家和社会进一步区别开来的强大动力。

社会和国家是不同层次意义上的法的基础。从立法上讲,法直接由国家制定或者认可,国家是法的最直接的创制者。在最终意义上,法是由社会所决定的,由社会的物质生活条件与精神生活条件所决定的,是社会的产物。从法的实施上讲,法的适用总是由国家的特定机构——警察、监狱、法庭等运用国家强制力进行的;法的遵守也始终离不开法的国家强制力作为后盾,由国家提供强大的威慑力量予以保证。但法的实施总是以社会作为舞台的,法的实施过程本身就是人类的社会活动方式与内容之一。法的实施是以社会作为基础的人类关于法的实践活动。国家是法的载体,社会是国家与法的载体,国家与法都是以社会作为基础的。

社会与国家是不同范围意义上的法的空间。法都是在国家的空间内存在的。自从法产生以来,法都没有超出以国家意志作为表现形式的范围,每一部国内法典,都是一定国家在特定历史时期的作品,其“署名”权都归属于国家,即使是那些以个人名义命名的法典,在根本上也不是私人的物品。即便是国际法,也被人们理解为国家与国家之间的用以确定相互权利义务的条约、惯例等行为规则的总和。国家是法得以存在和发展的空间。法更是在社会空间中存在的,它作为社会关系的调整者,作为一种社会规范或社会规则,离开社会就会变得没有任何实际意义。即使是国际法也被认为是国际社会的产物,是调整国际关系的准则。国际法的实施更是离不开国际社会中各国的积极参与和多数国家的信守,也可以说,国际社会是国际法生存与发展的空间。

法与国家之间的关系备受关注，法与社会之间的关系也应当受到应有的重视。法治的问题，不仅是国家的问题，而且也是社会的问题。在将国家与社会区别开来的前提下，再来探讨法治国家与法治社会的分别就具有现实的可能。对于二者之间的区别，法学界尚无学者作出较为详尽的论述。其实，法治国家与法治社会的区别主要在以下几个方面：

首先，在法治发展中存在的历史阶段不同。法治发展是一个历史的过程，在这个历史过程中，法治国家是法治社会的基础，先于法治社会而存在于法治发展的历史中；法治社会是法治国家的延展，是法治国家发展到高级阶段继续进行法治建设而出现的法治状态，是法治发展的高级阶段。但值得特别注意的是，法治国家和法治社会这两个阶段并不是截然分离的。其实在法治国家的发展形成过程中，法治社会也在逐步生成。法治社会的萌生并不是在法治国家建成之后，而是在法治国家的建设之中。只是法治国家的建成并不等于法治社会的建成。从法治国家建成到法治社会建成还有一个漫长的历史发展过程。基于此，也可以说，法治国家是法治社会的准备，法治社会是法治国家的深化。它们形成于法治发展的不同历史时期，共同构成一个国家法治发展的历史过程。

其次，法治化的目标不同。在法治国家的建设中，追求实现的法治化目标是“国家法治化”。国家是法治化的对象，国家从只制定法律，到不仅制定法律而且更自觉地接受法的制约并服从法律。在法治国家建设的初期，国家是法律的制定者，真正的法律制定者——人民往往被国家巨大的身影所遮掩。在法治国家逐步形成之后，国家不再是简单的法律制定者，而仅仅是法律制定者——人民的集中意志的代表者。面对人民的意志，国家的意志不再至高无上，甚至在法律上除了人民的意志之外，没有什么国家意志。国家不过是一定地域范围内人民的总称，国家仅仅是一种符号和象征，而不是意志的主体。在法治社会建设中，法治化目标是“社会法治化”。国家继续保持其在法治国家阶段所形成的法治品格。社会的全面法治化将成为新的时代任务。法治不仅是约束国家权力的工具，而且是一种"社会管理机制、社会活动方式和社会秩序状态"。①

最后，法治发展的主导力量不同。在法治国家的发展中，国家是法治发展的主导力量。国家如果能够自觉地推进法治，服从法治，法治就能得到迅速发展；反之，如果国家还继续保存非法治状态下形成的专横恶习，法治就会受到阻碍。所以，法治国家的推行必须依赖国家的自觉与自律。在法治社会的发展中，社会则成为法治发展的主导力量。法治社会中的国家经受了法治国家建设的洗礼，早已具有了法治的自觉与自律，面对人民自觉地处于次要的、辅助的、服从的地位。由人民大众的交流交往而形成起来的社会，成了法治发展的决定力量，主导法治的发展。

（二）法治国家的状态及其意义

法治国家是一个什么样态的国家，我们对于它有着怎样的期盼，它具有怎样的图景是关于法治国家的最基本问题。确定法治国家这一目标具有怎样的意义，同样是我们在现代社会，构想国家模式和推动国家发展时理当考虑的重要问题。

1. 法治国家的国家状态

法治国家是以怎样一种状态存在？俄罗斯的法学家认为，"不管法治国家的解释如何不同，还是可以找出这一政治法律模式的某些共同特点和外形轮廓，因为法治国家的形成和最终建立是与下列因素密切相关的：人权和自由的最大保障，个人对国家和国家对个人的责任，法律威望的提高，所有国家机关、社会组织、团体和公民对法律的严格遵守，护法机关的有效工作"。② 作为法治国家，在其政治制度、权力结构、经济体制、文化制度和社会控制的各个方面都应当有其独特状况。

法治国家是政治制度为民主制度的国家。政治制度内容十分丰富，

---

① 卓泽渊：《法的价值论》，法律出版社 1998 年版，第 253 页。

② ［俄］B. B. 拉扎列夫主编：《法与国家的一般理论》，王哲等译，法律出版社 1999 年版，第 346 页。

它包括国家的管理形式、结构形式、选举制度和公民的政治权利等的制度状况。所有的法治国家的政治制度都必须是民主的，而绝非专制的。专制政治制度之下，只有专制、人治，而不可能有法治或者法治国家。

法治国家是权力结构为分工制约关系的国家。国家权力是一个复杂的整体，涉及和体现在社会生活的各个方面。国家权力不可能由某一个人或者某一个机关来具体行使，必须分别权力的性质，由不同的机构来行使不同的权力。由于权力拥有者的认识差异和利益差别，不同的权力拥有者就会有不完全相同的权力行使方式和状况，而且多数权力拥有者都难以避免地具有扩张或者膨胀权力的倾向。任何权力的扩张或膨胀，不是导致对其他法定权力的侵犯，就是导致对人民权利的剥夺。因此，对于权力的制约就成为保障国家权力正当行使与人民权利依法保护的基本要求。

法治国家是经济形式为市场经济体制的国家。经济形式有自然经济、产品经济和市场经济之分。在自然经济条件下，人们经济活动和社会生活的范围相对较为狭窄，少量的商品流通与交换，并不需要太多的法律，法律制度是否完备对社会经济发展的影响并不大。在产品经济中，计划成为经济活动的根据，经济关系只需行政调整，法律的调整成为多余，显然不会有法制或者法治的要求。只有在市场经济的条件下，经济活动的主体繁多，经济活动的行为纷繁复杂，经济活动的范围也特别广泛，没有法律确立统一的市场规则，市场和经济都会陷入混乱之中，因此市场经济就必然会提出完备法制、实行法治的要求，市场经济为法制经济和法治经济之说，正是在这个意义上成立的。将市场经济视为法治国家基础的，并不仅限于中国的法学家们，其他国家的法学家也认为，“只有在具备多种成分的市场经济时才可能形成法治国家”。①

法治国家是文化意识具有较高理性程度的国家。法制和法治都是

---

① ［俄］B. B. 拉扎列夫主编：《法与国家的一般理论》，王哲等译，法律出版社1999年版，第356页。

人类理性发展的产物。它以人类对自身与社会的科学认识为基础。法治国家目标同样是人类总结漫长社会实践经验的成果。法治国家正如法制和法治一样是相对最好的国家状态，但并不是绝对的、毫无缺陷的国家状态。因此对法治国家相对最好与客观局限的认识、对于法治国家模式的正确选择，都离不开必要的理性作为基础。否则人类对法治国家的追求与维护，就会演变为一种缺乏思想的盲动。法治国家的文化意识中应充满着理性或者理智或者科学精神。在非理性的文化意识基础上创立不了法治和法治国家，即使创立了，也不可能得以保持和发展。

法治国家是依靠法律进行社会控制的国家。社会控制是国家担负的重要责任。社会控制的手段是多元化的，道德、教规、习俗、纪律、政策都可以被作为社会控制的措施。在若干社会控制措施中，法律是最为可靠的、最为重要的措施。凡是不以法律，而是以其他任何社会规范作为社会控制的主要措施的国家都不是法治国家。法制和法治是法治国家行为的自觉根据、评价准则和活动方式。

2. 确立法治国家目标的意义

在由非法治国家向法治国家发展的进程中，法治国家就是一定阶段国家发展的社会目标。在市场经济、政治民主的发展中，中国提出了建立社会主义法治国家的目标。这一目标的确立具有不可低估的重大意义：

法治国家目标的确立有利于人权保障。法治国家是严格保障人权的国家。法治的创立在很大程度上有着保障人权的目标设定。法治国家都会把人权保障放到极为重要的位置来加以考虑。保障人权既是法治国家的目标也是法治国家的特征。确立了法治国家的目标就必须把人权保障作为重要的社会理想和社会责任加以特别重视。

法治国家目标的确立有利于市场经济的建立。市场经济的主体需要法律确定其地位，保障其权利；市场经济的各种活动需要法律来规范，各种矛盾需要法律来解决；市场经济体制的确立需要法律来确认；市场经济的正常发展需要法律保驾护航,离不开法律作用的充分发挥。没有法律和法治,就没有市场经济。市场经济是法治经济。确立了法治国家的目标,有利于全社会名正言顺地开展法制和法治建设,为市场经济的发展提供更好的法治环境。

法治国家目标的确立有利于政治民主的进步。政治民主总是与法制和法治密不可分的。首先,法制是政治民主的依据,政治民主总是由法治来保障的。没有法制,政治民主就缺乏依据,没有法治,政治民主就缺乏保障,进步了的民主也可能得而复失。其次,法制和法治是政治民主的规范。政治民主并不是政治活动主体的随心所欲,它必须遵循一定的规范,按照必要的轨迹进行。确立政治民主规范和轨迹的确定而权威的规则只能是法律。最后,法制和法治是政治民主的推动力、促进器。法律上的民主是政治民主的制度预设,是政治民主的先导。法治国家目标的确立为政治民主中的法制和法治建设开辟了道路、确立了目标,在法治国家建设中的政治民主建设必将取得更大的成绩。

法治国家目标的确立有利于精神文明的发展。精神文明是法治发展的基础,法治发展是精神文明的先导和保障。法治以明确肯定的方式引导精神文明的发展方向,以国家权威性和国家强制力保障精神文明的健康发展。法治国家目标的确立,有利于运用法律良化社会风尚,弘扬传统美德,开创社会新风;有利于发展科学技术和文化教育事业,总之,有利于运用法律来推进和保护精神文明建设的发展。

法治国家目标的确立为法制建设和法治建设确立了明确的奋斗目标。法制和法治的发展必须有明确的目标,有了明确的奋斗目标,法制和法治建设才能取得更大进步。法制和法治的目标是多元化多层次的。建设法治国家只是其目标之一,是最直接、最明确的目标。有了这一目标,法制和法治建设必将获得更大的发展。

三、法治国家的宏观特征

法治国家有其基本的特征。对其特征稍微加以分析,就不难发现,它具有宏观与微观两个方面的体现。我们可以先从宏观上对其特征做一个基本概括。

(一)民主完善是政治前提

民主是法治国家必备的政治基础,完善的民主是法治国家的重要标志。法治国家是以完善的民主作为基础和目标的。民主完善最首要的内容是完善政治民主,最直接的内容是完善立法民主。

政治民主和社会民主是民主的两个最基本的方面。如果说社会民主是政治民主的基础,那么政治民主就是社会民主的前提和保障。在整个民主中,政治民主具有特别重要的意义。政治民主它本身就是法治国家的构成部分和重要表征。政治民主的内容由法律来制度化、定型化,以便于实际操作和运作。政治民主的保障由法律来提供,法律不仅对破坏民主的行为进行打击,而且也要对政治民主的运行进行引导和规范,防止政治民主出现偏差。政治民主的根本内容就是人民主权。"随着国家法律制度的发展和对这些制度的理论思考,政权和个人的相互关系问题成为法治国家的主要的实质性问题。这一问题的解决导致人民主权思想的出现,这一思想实质上是法治国家的主要特征。"①"人民主权意味着只有人民才是国家政权的唯一来源。"②人民主权思想对于法治国家的建立具有先决的意义,对于法治国家的建设具有指导的意义。只有在确定的人民主权的思想之下,法治国家的建设才不会出现偏差,

---

① [俄]B. B. 拉扎列夫主编:《法与国家的一般理论》,王哲等译,法律出版社1999年版,第347页。

② [俄]B. B. 拉扎列夫主编:《法与国家的一般理论》,王哲等译,法律出版社1999年版,第347页。

法治国家才是民主的法治国家,人民的法治国家,真正的法治国家。

立法民主是民主在立法上的体现,是法治建设的第一位的工作,也是法治国家目标在立法上的首要要求,是法治国家建设必不可少的重要方面。历史发展已经清楚地说明,现代的法治国家要求立法、执法、守法、法律监督的全面法治化。而所有这些都是以立法的民主化作为首要条件的。立法民主为法治国家奠定制度基础。通过民主立法创制的法律制度将内涵法治状态的制度框架或理论格局。从一定意义上讲,法治国家的立法是立法者对一国法治状况的制度化预想,是一幅具有国家权威性的法治蓝图。执法、守法、法律监督无非是各尽其能地将其现实化而已。民主的立法被良好地实现了,这样的国家才可能是法治国家。民主的立法无法实现,法治国家就成为泡影;如果根本就没有民主的立法,法治国家就毫无任何希望与可能。立法民主中既包括立法的目的民主、立法的内容民主,也包括立法的程序民主。立法目的的民主与否,直接关系着立法的民主与否。一个为专制、集权目的而制定的法律是绝无民主可言的。无论这个法律的名称、形式多么民主,其结果必然是反民主的。其内容在有时也会表现得民主甚至很民主,但它往往都是在一方面赋予民主,在另一方面剥夺民主;在此处确认民主,在彼处否定民主;在总则中赋予民主,在分则中剥夺民主;在字面上确认民主,在行动中否定民主。仅有的些许"民主"实际上是不民主。有了立法目的的民主,立法的民主才可能成为现实。立法内容的民主是立法民主的核心内容。立法民主在根本上还是就其内容而言的。立法内容的民主是在民主的立法目的指导之下的。没有立法内容的民主,立法的民主就会成为空谈。同时立法内容的民主是以立法程序的民主作为保障的。没有立法程序的民主就没有立法内容的民主。立法程序的民主实际上是立法民主的条件和保障。

民主建设在中国具有特别的意义,完善的民主在中国的建立更加艰难。中国自古以来就是"大一统"的君主集权国家。君主集权在中国具有独特而悠久的历史。这种传统具有深刻的社会根据。"中华农业社会由千百个彼此雷同，极端分散而又少有商品交换关系的村落和城镇组成。但是，对外抗御游牧人的侵袭，对内维持社会安定又是这个农业社会的全民性需要，这就有建立统一的、权威巨大的帝国的必要。然而，农业型的自然经济决定了，不能指望以商品交换形成的纽带来维系国家的大一统，只能依靠政治上和思想上的君主集权主义将国家大一统变为现实。"①"中华农业社会需要并养育了一个君主集权政体，而这种君主集权政体一经形成，又成为超乎社会之上的异己力量，它剥夺了人民群众的一切权利，将军、政、财、文及思想大权全部集中到朝廷以致皇帝个人手中。"②韩非子提出"事在四方，要在中央，圣人执要，四方来效。"③以韩非子等为代表的法家"认为国君拥有无上威权，对臣民畜养以供驱使；而臣民对君则必须唯命是从。臣民不具备独立人格，视、听、言、动皆以君之旨意转移。"④中国历史上的多数学派和思想家都拥有不同程度的尊君思想，甚至有一大批绝对尊君论者。这在整个世界历史上也是少见的。在这样的国度推进民主受到了习惯与传统的阻力，将比任何其他国家为甚，中国的民主建设任重道远，而法治国家的建设又必须以完善的民主作为前提和目标。民主完善是法治国家与其他非法治国家的重要区别。

（二）人权保障是现代标志

人权是人所应当享有的权利，是以人的自然属性为基础、社会属性为本质的，人被当做人来对待的属于人的权利。人权的权利范围与保护程度是一个国家进步与文明程度的重要表现，是不同类型国家的重要差别。国家的进步过程，其实也是人权内容不断丰富、发展的过程。国家由非法治国家向法治国家的转换，也是人权内容与保护的一次飞跃。人权保障状况是区别法治国家与非法治国家的现代标志。俄国法学家拉

① 冯天瑜等：《中华文化史》，上海人民出版社1990年版，第179页。

② 冯天瑜等：《中华文化史》，上海人民出版社1990年版，第181页。

③ 《韩非子·扬权》。

④ 冯天瑜等：《中华文化史》，上海人民出版社1990年版，第180页。

扎列夫就认为,“法治国家的重要特征之一是对个人权利和自由的现实保证。人权是法治国家的精髓,也是社会整体发展的重要因素之一。”①

并非任何时候、任何人都能实实在在地享有人权。侵犯人权的事件在有史以来的任何时代都从未绝迹,保障人权几乎是所有国家都必须担负的社会责任。但在历史和现实中,许多国家都公开宣称要保障人权,少有国家公开宣称要侵犯人权。但实际的法律实践中,有的国家以法律制度来保护人权,有的国家则以法律制度来剥夺人权。保护人权者多为现代民主国家,剥夺人权者多为历史上的奴隶制国家、封建制国家和现代的一些非民主和法治的国家。在所有国家中,法治国家是人权最有保障的国家,它本身就是以国家对公民人权的充分保障作为标志的。

法治国家与非法治国家的区别,不是法治国家中没有侵犯人权的事件发生,而仅在于:法治国家侵犯人权的事件相对较少;侵犯人权的事件一旦发生,即能获得依法处理——侵权者必然受到应有的制裁,受害者必能依法获得应有保护。也就是说,在法治国家中,人权能够获得相对较好的法律保障;而在非法治国家则不能。

人权反对人对于人的奴役,反对不把人当做人对待的暴虐。历史上的不把人当做人对待的社会和法律制度已经受到了人类的批判,但其踪迹并未彻底消除,偶然的侵犯人权的现象还不时地出现在人类社会之中。即使是现在的一些学者或专家(或者被别人称作学者或专家的人),他们也不完全具有现代社会足够的人权意识。他们不仅不关注别人的人权,有时甚至自己的人权被侵犯了也会麻木不仁。法治国家的建设内涵人权意识的培养与人权法律制度的建设,尤其是内涵人权在社会实际生活中的切实保障与充分实现。

实现人权的障碍是多方面的,其中有个体的、群体的,甚至特定组织的。人权首先是每一个个体的权利。一个人面对侵犯其人权的其他个

---

① [俄]B. B. 拉扎列夫主编:《法与国家的一般理论》,王哲等译,法律出版社1999年版,第349页。

体，甚至面对侵犯其人权的一定群体，只要有包括法律在内的足够的救济手段与途径，也是可以获得救济的。如果一个人面对的侵权者为一定的组织，其人权获得保护的可能性必然大大降低。如果一个人面对的人权侵犯者是特殊的组织——国家或其政府，而且是强权的国家或政府，那么人权被侵犯者根本就无法获得任何救济。因为，强权的国家或政府不仅不会保障人权，甚至还会制定侵犯人权的法律来剥夺人权。所以，人权的最大障碍是强大的国家或其政府对于人权的侵犯。对于作为侵权者的国家或政府，个人是无能为力的。要充分保障人权就必须制约人们作为个体最无可奈何的国家强权与政府权力。法治正是以限制国家或政府的专横作为重要目标的。法治国家的一个使命就是使国家及其政府依法而行。法治国家通过法律的途径直接保障人权，法治国家还通过依法制约国家或政府的强权来保障人权。

（三）权力制约是根本表征

权力，这里当然指的是国家权力，它必须受到法律的制约。德国法学家耶林曾经论证，“伴随历史发展的进程，国家会通过自己制定的法律，不断地限制自己的政治权力和武装力量，不断限制自己的暴力属性。”①美国法学家博登海默认为：“法律的进步作用之一乃是约束和限制权力，而不论这种权力是私人权力还是政府权力。在法律统治的地方，权力的自由行使受到了规则的阻碍，这些规则迫使掌权者按一定的行为方式行事。”②

权力的根据并不在权力的本身。权力的根据在于民众对权力的赋予以及民众对权力行使的认可。所谓选举、推举，不过是权力获得的过程而已。由于权力获得的过程不可能让所有的人都参与，甚至绝大多数人都无法直接参与，因此，怎么保证权力的赋予是正当的，就成了一个十

---

① 吕世伦主编：《现代西方法学流派》，中国大百科全书出版社2000年版，第296页。

② ［美］博登海默：《法理学——法律哲学与法律方法》，邓正来译，中国政法大学出版社1999年版，第358页。

分困难的问题，于是就有一个对权力赋予过程的监督问题。人民将权力之一部分让渡于公共管理者的过程，站在民众的角度，是权力的赋予；站在管理者的角度，就是权力的获得。赋予与获得是权力移转过程的两个侧面。如果权力赋予与权力获得的过程没有制约，就无法保障这一过程是正当的，就无法保障权力赋予者和权力获得者在这一过程中的行为并未违反公众的意愿，甚至一定是公众意志的反映。至于权力行使，更不可能由每一个人来完成。它必须由公众依靠一定的程序认可的人代为进行，那么这些由公众认可而行使管理社会权力的人，其行为是否为公众利益，如何保证他们永远为公众的利益而工作，这就使对权力获得者的监督或制约显得必不可少。

任何国家权力无不是以民众的权力让渡与公众认可作为前提的。如果一个权力是由民众让渡，并为公众认可的，我们即说该权力的获得与行使是正当的，否则该权力存在的合理性就有问题，该权力的任何行使都无法具有合理性。何以保证权力的让渡过程是正当，就成为一个极为重要的问题。权力让渡的程序是权力让渡正当性的保证。这个程序应当是由人民设计，并用法律记载的。而且关键之处还在于这种程序被严格执行和遵守。权力一旦被让渡，再进一步的问题，就是何以保证被让渡出去的权力不被滥用。人民对于自己让渡出去的权力并不会不闻不问，而是还会时时关注，防止权力滥用的情形发生。人民用什么来制约自己让渡出去的权力，怎么制约自己让渡出去的权力就是一个重要而必须解决的问题。

制约权力正是在以上的意义上被提出的。受到制约的权力并不是直接执掌在人民手中的权力，而是被人民让渡出去的权力。如果把人民直接拥有的权力称为第一层次的权力，也可以把人民让渡出去的需要加以制约的权力理解为第二层次的权力。后面所谈及的制约权力都是指第二层次意义上的权力。制约权力，在逻辑上主要的应当是制约权力的行使。然而仅仅依靠对权力的行使进行制约也就很难达到制约权力的目的，于是制约权力的获得也就进一步为人们所重视。制约权力也就不仅是指对权力行使的制约，而且包括对权力获得的制约。

权力获得与权力行使，总是少数人的事情。而独立存在的每一个个体都是有自己独立思维和相对利益的，他们在总体上都有一种背离集体或公众的倾向。对他们的制约就成为必要。在制约机制中，最有效的制约手段当然是法律。这是由两个主要的因素决定的。一是任何权力的行使一般都是以法律作为根据的，并以法律作为权力行使的范式与轨迹；二是在制约权力的规范中唯有法具有国家强制力做保证，并具有公认公知的特点。日本法学家川岛武宜在阐释法律的不确定性问题时说，“法律决定关系到我们的权利义务的重要内容，因为它涉及动用政治权力的强制。所以，法律必须明确意味着：依据法律对所发动的政府强制力的制约是明确的，我等国民互相之间谁的、多大程度利益得到确保也是明确的”。[①] 有了相关的制约权力的法律，并不意味着权力就已经受到了制约，还需要把制约权力的法律现实化，使制约权力的法律成为社会的实际，这样也就达到了法治的目的，在制约权力的意义上也就实现了法治。笔者曾经也如同其他学者一样发表过法治所治的对象首先就是权力的观点，但后来，笔者读到了一篇批评文章说“法治是治权”的观点是对于法治的误读。笔者以为其中有一些道理。但笔者至今依然认为，把治权作为法治的首要任务是没有错误的。我们所反对的仅仅是简单地把法治与治权等同起来的狭隘观点。法治必须首先治权，而且必须是依法治权。

能否用法律有效而科学地制约权力，是一个社会管理状况的评价标准之一，也是一个社会制度优劣程度的标志，也是特定社会是否存在法治的标志。在我国这个具有长期专制和集权历史与惯性的国度，强调对权力的依法制约具有特别的意义。制约权力在世界各国法治化历程中的意义已经为历史发展所证明，在中国建设法治国家的征程中，是我们

① ［日］川岛武宜：《现代化与法》，王志安等译，中国政法大学出版社 1994 年版，第 152 页。

所不可忽略，必须予以特别关注并为之努力的。

（四）权利实现是明显特征

法律是权利和义务的载体，也是一定数量权利、义务的总和。无论是强调权利还是强调义务，在逻辑上都具有同等的效果。因为权利的实现是以义务的履行作为条件的；义务的履行是以权利的实现作为目标的。权利与义务在数量上的相等，在关系上的对应，决定了在逻辑上只要权利实现了，义务也就履行了；只要义务履行了，权利也就实现了。其实，在实践中，由于权利义务的不同属性和人们对于权利义务的不同心态，情形迥然有别。因为权利对于其主体具有有利、有益的特性，能够调动权利主体享有权利或者实现权利的主动性与积极性。而与之相反的义务，却不具有权利的这种特性。一般说来，只要义务主体不具有高尚的人格和思想品德，就很难自觉地履行义务。在社会还没有进步到所有或者大多数社会成员都具有高尚品德的时候，就必然会存在人们对于义务的排拒，使权利无法实现。既然在逻辑上从权利入手与从义务入手都可能达成权利、义务得以实现的结果，首选权利作为着眼点、入手处当然就最为有效，更能张扬权利，扩展社会生活，使社会生活充满生机与活力。以权利为本位与以义务为本位就会导致完全不同的社会后果。因此，是坚持权利本位还是坚持义务本位是法治国家与非法治国家的重要的区别，以权利为本位是法治国家的明显特征。

要以权利为本位，必须考察权利保障的制约因素。权利的保障来自两个方面的制约：一是权利受义务制约；二是权利受权力的制约。因此，权利本位就要求为权利的实现而履行义务，为权利的实现而制约权力。

坚持权利本位，以权利的实现带动义务的履行。权利与义务是构成法的两大要素。在权利与义务之间，作何种价值选择，是任何法律时代都存在的法的价值判断。在权利与义务的关系上有着一种错误的认识，似乎二者之间只有一种关系，似乎学者们的认识也只有一种才是正确的，即只有权利义务一致的理论和口号才是唯一正确的。实际上这是十分褊狭的。从不同的侧面认识权利与义务之间的关系，其结论自然就有所不同。在价值意义上,我们所应提倡的是权利先导。因为权利与义务在总量上是相等的。在理论上似乎强调义务或者权利,都是一样的,都能达到二者实现的目的。然而强调义务和强调权利的实际后果是不同的,因为每个人都有关心自我的本能。权利对于大多数人来说,具有比义务更大的号召力。因此从保障权利出发带动义务的履行,比从义务出发更加有效。权利本位的意义远非仅限于此,它还有利于社会权利的扩大和良性发展。

坚持权利本位,依法制约权力。这里的权力,是指国家权力;这里的权利主要是指民众个人或群体的权利。权力与权利有着重大的区别。首先,在终极意义上,权利是权力的基础,权力不是权利的基础。其次,权利要由权力予以保护,权利本身往往难以自保,而权力本身却有充分的自我保护能力。最后,权利本身不具有国家强制性,其保护要依赖权力,而权力本身就具有一定的国家强制性。权力与权利的区别就决定了,权力易于膨胀,而权利难以自保。在权利与权力之间,权利易于受到权力的侵犯。为了保障权利就必须制约权力。

要以权利为本位,必须有权利神圣的意识。这种意识的确立对于权利本位的确立具有至关重要的意义。一些社会成员轻描淡写地认为,权利不过是记录在法律上的符号。如果这样来认识权利,是怎么也产生不了权利神圣的意识的。权利实质上是一个人自由的体现,是一个人人格的体现。侵犯权利的行为是对于自由和人格的侵犯行为。对于权利的侵害不是一个利害得失的小事,而事关人格与尊严。如能把权利放到如此状态中去认识,就不会不为权利而斗争。正如有的学者所言:"如果说权利是主体人的自由、主体人的人格的具体化的表现,那么,对权利的侵害就只能是对主体人人格和自由的侵害的表现。"①在司法实践中,我们经常可以见到那种为所谓"蝇头小利"争斗的情形,许多人心中着实想不

---

① [日]川岛武宜:《现代化与法》,王志安等译,中国政法大学出版社1994年版,第56页。

通，深感“不值得”。这种争斗之心，无非是源于二者。一是其对于公正的渴求，希图通过诉讼以获得公正，给其某个“说法”或还其某种“清白”。二是其对于权利的珍视，希图通过诉讼以维护自己的权利，得到一个正确的“是非”认定。有了对于权利的深刻认识，所以才有人为权利而诉讼，而忘却了其余；所以才有人为了权利，历经千辛万苦也要打赢一个在财产上无足轻重的官司；所以也才有人为了所谓的权利，耗尽资财打赢了官司，却将赢得的财富捐献给福利机构或公益事业。有学者这样描述了拥有近代人格主体性的人的权利意识，“拥有近代的人格主体性的人，不仅意识到为了对抗侵害权利而主张自己的权利是问心无愧的正当行为，甚至会感到只有主张权利和为权利而斗争才是肩负维护这种秩序的权利人为维护法律秩序所应尽的社会义务。所以对他们来说，默认侵害权利的行为，或对此置若罔闻是难以忍受的痛苦，而且甚至被当做不履行社会义务来意识。对权利的这种意识的信念和热情，正是使权利得以成为权利、使法律秩序得以成为法律秩序的根本条件。如果没有这些，权利不复存在，被称为权利的内容尽管写在法律条文上，现实中它也绝不会是权利”。①

四、法治国家的微观特征

法治国家不仅具有宏观的特征，如果将其与非法治国家相比较，我们还会欣喜地发现它还具有微观的特征。这些特征既是它与非法治国家的区别，也由此而将法治国家的要求与目标具体化为微观的标志。

（一）法律至上是理性原则

法律至上是指法律具有至高无上的地位与权威的法治原则，它是法

① ［日］川岛武宜：《现代化与法》，王志安等译，中国政法大学出版社1994年版，第56～57页。

治中最基本的重要原则。法律至上是法学界所熟知的原则和口号,但由于种种原因,人们对它的误解、歧见长期困扰着我们。使我们难以名正言顺地提出和倡导法律至上的原则。

法律至上是资产阶级在其法治建设中提出的重要口号和基本原则之一。其意在强调法律在整个社会规范体系中具有至高无上的地位,其他任何社会规范都不能否定法的效力或与法相冲突。法律至上原则的提出和确立,对于人类的法治建设所具有的意义是不可忽略的。但它的提出显然不是一件容易的事情。法律至上,教规是否至上,权力是否至上,道德是否至上,政策是否至上?法律至上是否否定了经济的作用、政党的作用?法律至上一被提出,就面临着若干挑战。

法律至上并不反对权力,所反对的仅仅是权力至上。由于法律至上是对权力至上的否定,因此,有的人歌颂它,有的人否定它。其实,法律至上并不是对权力的简单否定。从一定意义上讲,法是权力的产物,没有权力,绝无法的产生和存在可言。法学理论和法的实践都说明,没有权力就没有法的产生包括制定或认可,也没有法的存在和被贯彻实施。权力始终是法得以存在的依据。在法产生和存在的意义上,没有法律至上的问题。法既不可能超越社会物质生活条件、超越社会发展的历史进程和人类进步的实际状况,也不可能逾越或凌驾于一切权力之上。然而撇开这一意义,法与法律社会的各种具体的权力之间的关系就不再简单的是一个权力高于法的问题,甚至恰恰相反,任何个别权力的获得和行使都应当具有法的依据。法相对于各种个别的权力都应当具有至高无上的权威。即使是法的制定和法的实施也都概莫能外。因为,除一些通过革命而建立的新政权的最初立法外,任何立法都得遵守法的规定,即依法立法;任何国家强制力的取得和行使都得具有法的依据,并依法行使。即使是革命政权最初的立法,虽然不必遵守旧时代既有的法律规定,但是也须遵守法的规律,遵照立法的原理乃至法的原理,而不能完全随心所欲。如何实现法律至上,面对权力,主要不是一个认识的问题,根本的是一个社会实践的问题。法律至上首先受到的挑战,是权力对于它的挑战。只要权力高居于法律之上,法律就只能是权力的附庸和奴仆,而无任何独立性可言。法律至上一旦受到权力的践踏,法治也就没有希望。所以,我们可以认为,肆无忌惮的权力是法律至上的劲敌。

法律至上并不反对道德,所反对的仅仅是道德至上。有的人认为,法律至上会导致对道德作用的否定,这是对法与道德关系的误解。法律至上与道德的作用并不矛盾,也并不否定道德的作用。法律仅仅是在道德与之产生了冲突的时候,我们得依照法律作出相应的行为,而不是去依据与法律相冲突着的道德规范。首先,法与道德是两个相互联系而又相互独立的社会规范体系。他们在并不完全相同的领域发挥着各自的作用,肯定法的作用并不等于否定道德的作用。其次,法律至上并不等于法律万能。只能由道德调整的问题,也不能因法律至上而由法取而代之。再次,任何法都以一定的道德准则作为自己的社会基础并在一定程度上引导道德的发展,法律至上不仅不会否定道德,甚至可能在一定程度上有助于道德的完善和发展,所以切不可将法律至上与道德作用对立起来,以为法律至上会否定道德的意义。法律至上与道德至上之间的冲突,在中国是很容易发生的。这主要是因为中国是一个有着悠久尚德传统的国家。提倡道德,极能得到社会的普遍认同。相反,法律至上却恰恰不可能受到如此的礼遇。因此,在中国坚持法律至上,反对道德至上就更为艰难。

法律至上是对政策至上的否定。政策是否至上的问题,在西方是不存在的。也没有一个民主或法治的国家,其政策会比法律具有更大更高的效用。政策是否至上在中国却是一个重大的问题。政策本有国家政策与政党政策之分。国家政策对于法律的制定或者执行在一定程度存在某种影响,是正常而无法改变的事实。然而政党政策是否具有如同国家政策一样的效用就很值得疑虑了。因为除了执政党政策之外,其他任何政党政策都不可能直接具有影响立法或执法的作用。在历史上,由于中国共产党独特的执政党地位,使得中国共产党的政策曾经发挥了法律或者准法律的重要作用。在很长的历史时期中,共产党政策在中国具有远比法律更高的效力，发挥着更为广泛的社会作用。经过改革开放后的法制建设，这种状况已经大为改观。但既有的惯性并未消除，甚至人民法院在一些特殊类别案件的审理中，依然按照党和政府的政策办理，而不是依法审判。

法律至上并不否定经济的作用。有的人认为，法律至上会导致对经济决定作用的忽视或否定。这同样是对于法律与经济之间关系的误解。法律至上与经济决定法是两个不同层面的问题。经济决定法，是最基本的法学原理之一，为历史和现实所反复证明。经济决定法是从法的本源意义上讲的。在终极意义上法始终是被经济所决定并为经济服务的。但是离开这一向度，就法对具体的经济关系和经济活动来说，显然就不再是从属的了。一切具体的经济关系和经济活动也都得遵守法的规定，符合法的要求。否则就可能导致违法甚至犯罪行为的发生。法律至上是在经济决定法的基础上对法的地位的概括和期望，它与经济决定法并不矛盾。在具体的经济关系与经济活动中，法律至上是至为必要的。如果经济活动主体不依照法律的规定来从事自己的经济活动，就不能达到预期的目的。

法律至上并不否定政党的作用。现代民主政治或者法治政治并不是不要政党的政治，正是充分正当地发挥政党作用的政治。可以说，在现代，政党在社会生活和政治生活中始终发挥着重要的作用。我们所要努力的方向，不是不要政党，而是如何使政党更为科学地在国家和社会生活中发挥应有的作用。依照当代宪政的要求，任何政党、武装力量、社会团体或其他社会组织都必须在宪法和法律的范围内活动。在我国，《宪法》作出了类似的规定，作为执政党的中国共产党也在自己的党章中明确宣布，党的组织和党员都必须在宪法和法律的范围内活动。在我国，法律至上在本质上也与发挥党的作用不相矛盾。因为，人民的政党必须也必然以人民的利益为依归，而真正的良法必须和必然是人民意志的反映。法律与政党政策在人民利益上统一了起来，因此坚持体现人民意志的法律至上，与坚持人民政党的领导并不矛盾而且是完全一致的。

（二）法制完备是形式要件

法制完备是法治国家得以建立的必要条件之一。法制是指一国以法律制度为基础的，包括法律组织及其运行机制在内的法的整体。法制完备首先表现为法律制度的类别齐全、规范系统而无一遗漏。凡是法律制度所应调整的，均应由法律制度调整；凡是由法律制度调整的，均应有恰当的法律制度调整；调整不同领域的法律制度应当相互衔接，有机协调；法律制度在执行、遵守、监督中的任何问题，均能在法律制度中获得解决的途径。法制完备其次还表现为有相应的法律机构存在，各种法律机构在组织上无所残缺。立法机构、执法机构、法律监督机构应有尽有。法制完备再次还表现为法律与法律之间，法律与法律机构之间，法律机构之间是一个相互完整的整体，他们有一个共振协同机制和反馈调节机制，能相互协同地运作，并作出适应客观需要的反映，能进行有效的自我修正与调节。

从法律制度角度来看，法制包含着一个国家对于自己法制和法治发展的构想，记录着一个或多个民族对于自己法制与法治发展的期望。法治建设的实际运作总是首先从法律制度的废止与保留，维持与创新开始的。在成文法国家，法制建设是最为首要的，法律制度的变革意味着法的实施及其后果的相继变革。法治之路开端于建立完备的法制。即使是那些以不成文法为主的国家，也同样会在不成文法意义上通过一个个判例和习惯来达成法制建设的目的，为新的法律理想作铺垫。在中国，法制完备对于法治国家的建立具有特别重要的意义。

首先，是因为中国是一个长期实行成文法并以成文法为主的国家，有着重视法的制度建设的历史传统，要建设法治国家必须注意到中国的这一历史传统，把法的制度建设摆到应有的位置。中国自古以来都以成文法为主要的法律形式，不成文法即使偶有存在也是补充性的，呈现为整个法制的枝节部分。翻开中国的法律史著作，您就可以发现，中国春秋战国时代就开始了对于成文法的探索，并使成文法传统逐步得以确立。有学者将春秋战国时代至秦代称为“国本位·成文法”时代，在

"法、律、令、事"等法律形式之中,"法"与"律"是相对稳定的主要法律形式。在西汉至清代两千年间虽然有"国、家本位·混合法时代"的称谓,但成文法依然是主导的基本法律形式。其间,法律形式为稳定型的成文法典,半稳定型的法令,与非稳定型的判例。其中绵延不绝的还是成文法。汉有《九章律》,魏有《新律》,晋有《晋律》,梁有《梁律》,陈有《陈律》,北齐有《齐律》,后周有《周律》,隋有《隋律》,唐有《唐律》,宋有《宋刑统》,元有《大元通制》,明有《明律》,清有《清律》。① 以后的中华民国时期,乃至以后的中国当代社会,都以成文法为主要的法律形式。

其次,是因为中国是一个长期实行中央集权的国家,有着从上与崇上的文化传统,有着普遍的从上与崇上的社会心理和社会现象。"从上"之"从"是顺从、服从、跟从、追从、从属、依从等意思,"崇上"之"崇"则有崇拜、崇敬、崇尚、崇奉等意思。"上"则是处于高级别的人或组织。其中包含着皇上、上级、上司等在内。"皇上"固然仅仅存在于帝王时代,但"上级"、"上司"却是普遍存在的。对于这种心理与现象很难进行简单的批评。它们的形成,与中国几千年的专制集权统治,与中国社会的权力崇拜和顺民观念都有关系。它们的存在对于人民主人意识的培养和主人权力与权利的行使,都是极为不利的,无助于甚至有害于人民当家做主,行使主人的权力与权利。在民主化发展的进程中,它们甚至是民主发展的障碍,很难得到一丝肯定。但存在就是存在,现实就是现实,不能因为它们是可恶的存在与现实,我们就拒绝承认它的客观存在与现实性质。最有效的办法还是尽可能地因势利导,逐步地加以改革,甚至彻底摒除。法律制度在长期的历史发展中,几乎一直是"上"意(并不一定违反民意,有时也与民意一致)的表现,至少一直被社会大众理解为"上"意的表现,因此从上与崇上的心态,对于强调法律制度的权威性具有重要意义。首重法制建设,在中国的整个法治国家的建设中的地位不容低估。

---

① 武树臣:《中国传统法律文化》,北京大学出版社1994年版,第6~7章。

再次，是因为法律制度具有稳定性、确定性、明确性的特点，便于人们掌握与运用，可以在一定范围内防止法治国家建设中的偏差与曲折，加速法治国家的进程，有利于法治国家建设长期而有效地进行。法治的建设是一个社会演变的阶段性过程，花费的时间少则几十上百年，多则数百年。对于人类的历史长河来说，不过是一瞬间，但就一个人的生命来说，实在是太长了，它往往要耗费几代、十几代人的生命。在整个法治化的历程中，如何确保法治被始终如一、坚定不移地恒久坚持，最可靠的不是别的事物，而是法制，而是那些记录着法治使命、包含法治目标，表明法治进程的法律制度和相应的组织构架与运行机制。法治的发展过程中发生畸变的悲剧在历史上并不乏先例。中国法治，包括法治国家的理想被提出来至少已经有一百年的历史了。但一百年来，多少不应有的波折都出现了，法治还是在艰难行进。中国法治的发展已经早就如九曲黄河经历了"九十九道弯"，尽管弯弯的河水总体是在向前奔跑，但实在是不应经受更多的曲折。

最后，是因为法律制度、法律组织及其运行机制，是法制建设的首要环节，没有法律制度就不可能谈及执法、司法、守法和法的监督等环节。法制和法治中都包含着立法、执法、司法、守法、法的监督，乃至更多的方面，而法制则是法治建设的最基本方面与内容。法制是法治的基础，没有法制就不可能有法治。如果有学者认为，法治可以在一片空白之上建立起来，那纯粹就是一种幻想。法治不论是作为一种法律原则、治国方略、社会状态，还是其他别的什么来看待，法治都要借助于法律制度，不管这些法律制度是成文法还是判例法，乃至习惯法。法，完备的法的存在是法治建设的一个先决的基本条件。法一旦产生就涉及它的执行与遵守，实施与监督的问题。执法、守法、法律监督是一个在立法之后的有机整体，各种法律机构的建立和作用的发挥是法制成其为法制的条件。法治是在各种法律机构建立与依照一定机制运行的基础上建立的。只是为了适应法治的需要，既有的法律机构及其运行机制都必须作出适合于法治或者法治国家要求的变革。

（三）依法行政是重要标志

行政是国家行使权力的重要方式，是国家对社会进行管理的基本途径。依法行政可以说是运用法律制约权力的重要表现。但是，由于行政权力具有与其他权力不同的独特性质，也由于依法行政与制约权力的视角差异，因此，在强调制约权力的同时，还有必要对依法行政予以特别的重视。

行政的特点要求行政必须依法。行政具有立法和司法等都不具备的特点。它的工作内容最为丰富，涉及的社会范围最为广泛，与社会民众的联系最为普遍，具有连续性、主动性、及时性与灵活性等特点。在行政权最小的国家，相对于其他国家权力而言，行政的权力也同样会是十分重大的。在所有的国家权力机构中唯有行政由于其独特地位与特点而难以羁縻。一旦放松管束就可能肆行无忌，任意横行。以制约权力作为重要标志的法治，在制约权力的过程中制约行政权力的任务是最为艰巨的。行政能否依法进行，直接关系着一个国家能否实现法治。任何法治国家都以依法行政作为自己最基本的特征与非法治国家相区别，依法行政是法治国家的重要标志。

依法行政是行政的自觉与自主的法治化成果。制约权力是从权力之外对保障权力正常行使的要求，侧重于对权力的外在约束。依法行政既是着眼于行政权力本身而对行政权力所提出的要求，也是行政自律的法治化反映。与一般的制约权力相比较，依法行政更侧重于发挥行政权力的主动性与自觉性。依法行政不应当仅是外在的要求，而更应当是来自行政的内在自省。行政之所以应当依法进行，是因为行政本身就是法治的主导力量之一。一国的法治如果不是由该国在渐进的发展中自然而逐步生成的，就必须由一国的国家主导推进。法治发展的国家主导中，政府必然担负着重要责任。政府在其中必须运用权力，而运用权力的结果，听其自然，必然是强化权力，权力的膨胀与扩充完全可能在无意识中进行，因此，在推进法治过程中的政府的法治化自律就成了十分必要的重要措施。

依法行政一是要保证国家行政权力的依法实现,使国家行政管理的职能被正确行使;二是要防止非法行政,保护公民的合法权益。依法行政是行政机关和行政官员对国家、社会、公民负责的统一。国家利益、社会利益、公民利益并不都是一致的,行政机关和行政官员只有以法律作为自己行政的根据,才能在国家利益和社会利益中寻找到一个最佳的结合点。只有依法才能使行政符合其本意。

强调依法行政的目的,不是要降低行政的作用与效能,而是为了防止行政权力的滥用,保障社会权利,保障公民的个人权利。依法行政有着限制权力的意味,但并不是不要行政权力或者不要行政权力的正当行使。如果行政权力的滥用,直接受到损害的首先是个人权利,其次是社会权利。个人权利包括个人人权,既应当是经常存在不可须臾缺失的,也应当是不可侵犯的。与行政权力相对存在的个人权利极易受到非法行政的侵犯,强调依法行政,在一定意义上有利于保障个人权利。与行政权力同时存在的还有社会权利。社会作为一个整体它是国家的基础,也是行政权力的基础,但社会权利面对行政权力依然是软弱的,极易受伤害的。强调依法行政,在一定程度上就可以为社会权利提供一个保护的屏障。

依法行政是指行政行为应当具有法律上的根据。行政行为的内容、形式、程序都应当依照法律的规定或要求进行。因为"通过法规或行政规则而预先规定实施行政目的的方式方法,将该机构的典型运作方式公之于众,在许多情形中也都是可能的。"①凡是在法律上没有根据的行政行为就是违法行政行为,就应当承担法律上的责任。这与法律对公民行为的要求是截然不同的。公民的行为不必要求具有法律上的根据,他只要不违反法律的规定,即不受法律的追究与制裁。但作为国家机关之一的行政机关的行政行为则不同。它必须要有法律的根据,否则就是违法

---

① [美]博登海默:《法理学——法律哲学与法律方法》,邓正来译,中国政法大学出版社1999年版,第370页。

行政。在实际生活中,人们往往混淆了法律的不同要求,甚至把法律的不同要求完全倒置,这是根本错误的,根本就不是法治的要求,甚至走到了法治要求的反面。

非法行政对法治具有最大的破坏性。这是因为:(1)行政机构力量特别强大,是法治的最大威胁。任何社会组织都不具有行政机构那么强大的力量,行政机构无疑是最有力、最庞大的社会组织。按照常理,最容易藐视法律的不是弱者而是强者。维护法治,对于强者的约束最为紧要。(2)行政违法发生在行政活动中,可以假行政权力的运作以行,难以监督。行政机构对于法治的破坏往往都是在行使行政权力的过程中进行的,具有极大的隐蔽性,外在监督特别难以操作。可见,行政违法行为比一般违法行为的破坏力、危害性都更大,要推行法治,首先就得要求政府依法行政。

依法行政要求行政官员具有必要的行政能力和法律素质。行政官员是社会需求数量最为庞大的官员子系统。他们的行政能力与法律素质的普遍低下与彼此之间的参差不齐,是依法行政的极大障碍。这种状况是与我国行政官员的来源密不可分的。我国行政官员,有的是由社会招干选用的、有的是由高等院校毕业分配的、有的是由企事业单位调入的、有的则是以荫袭其父母行政官员身份而进入的等。行政官员的行政能力普遍偏低,法律素质严重缺乏。为了确保依法行政,就必须改革行政机关。在目前,改革行政机关,确保严格依法行政的任务还十分艰巨。

进行制约行政权力滥用的立法是确保依法行政的首要任务。达成制约目标的相关立法,有的是为防止行政权力滥用而制定的单行的专门行政立法,如《行政复议法》和《行政诉讼法》;更多的则是在赋予行政权力的同时又制约行政权力的一般行政立法,如《行政处罚法》和《治安管理处罚法》。在法治状态中,每一部赋予行政权力的立法都同时也是制约行政权力,要求依法行政的立法。赋予行政权力与推行依法行政是行政立法一体两面的功用。

确保依法行政的最具有活力的手段是赋予并确保人民控告政府的

权利,全面而切实地推行行政诉讼。行政诉讼的立法与执法,不仅要赋予人民可以控告行政机构违法的权利,而且还要让权利受到侵犯的人民确实享有获得法律保护与救济的可能。如果说机械的法律规定还有某种惰性的话,为自己的权利而抗争的民众是最具有内在动力的依法行政的主张者和推动者。"不论赋予该机构的非限制性的自由裁量权有多大,一般来讲,一旦这种自由裁量权被肆意滥用,受这种行为侵损的个人就应当具有某种方式以求助于公正的法庭。"①法院、法庭、法官就应当特别珍视自己所享有的对于行政诉讼的裁决权,力图通过自己的审判行为给个人权利和社会权利以保护和救济,促进和确保依法行政的实现,最终确保法律的实现、社会的民主和国家的法治。

依法行政的目标中包括保证行政权力的正当行使,促进法治的实现,保证人们享有充分的社会经济生活条件等多个方面。前二者在前面已经有所论述。对于第三者还需要加以特别的明晰。参加1959年的国际法学家会议的法学家们就已经意识到了这一点,在他们的《德里宣言》中就宣布,"法治原则不仅要求对制止行政权的滥用提供法律保障,而且要使政府能有效地维护法律秩序,借以保证人们具有充分的社会和经济的生活条件,即要为个人谋福利"。②

(四)司法公正是基本要求

公正是法律重要的价值目标与价值追求。从理想的法律运作来看,我们可以毫无疑问地说,一切法律与司法都是在追求公正而已。社会赋予司法最神圣的职责就是实现公正或者与公正达成同一。司法至少在表面上都总以公正作为自己的理想。在法治国家建设中,司法公正具有更重要的意义。

首先,司法公正是司法的最本质要求。司法为什么要公正?这是与司法产生的背景密切相关的。司法是在社会某种纠纷产生之后,个人或

① [美]博登海默:《法理学——法律哲学与法律方法》,邓正来译,中国政法大学出版社1999年版,第370页。

② 龚祥瑞:《比较宪法与行政法》,法律出版社1985年版,第82页。

者社会无法凭自己的力量进行公正裁断的时候，能发挥裁断作用的特殊社会机制。一般地说，一个纠纷发生了，如果当事人能够通过自己的努力达成何谓公正的认知，司法就成了多余。司法就是要公正地解决一定的社会矛盾及其相应的涉法冲突。它是国家这一公共权力因冲突着的各方无法自主地解决纠纷，而为其设定的由国家专门机关予以裁决的纠纷解决机制。冲突着的双方都存在利益的差异或分歧。如果依其任何一方单方面的意愿裁决，都可能导致裁决的不公正。司法是居中的裁判者。不论如何主张司法官员在裁判过程中的主导性与主动性，都无法否认司法是以评判纠纷中的是非曲直作为自己使命的，司法被制造时就被赋予了公正这一生命内涵。如果裁决不公正，首先就不可能平息纠纷，甚至可能使矛盾更加激烈，司法的目的就不可能得以实现，也就违反了司法应有的本质。

其次，司法公正是司法赢得公信力的根本依据。司法的公信力也许首先源于国家的授权或者说人民的最初授权。司法权力是国家权力的构成部分，它的直接来源是国家的权力分配与赋予；它的最终来源则是民众权力的让渡。司法权力最终来自人民一是从国家权力来自人民的意义上讲的，二是从司法机关的官员由人民代表大会产生的意义上讲的。司法除了通过国家从人民那里获得对于纠纷的裁决权之外，它还从社会获得民众的信赖，以获取更大的公信力。司法需要具有的足够社会权威性就不是国家所能赋予的，它必须来自人民。司法机关的设立，在历史缘起上也许就是人民愿意将纠纷交其裁决的结果，当然包含着人民对其的信赖。这也是人民愿意通过国家赋予法院裁决权的根据。司法机关的继续存在，也离不开人民的继续信赖和支持。司法机关能否始终赢得群众，获得人民支持的根本，就在于其是否坚持了司法公正的原则。可以说司法公正是司法机关赢得人民的最基本、最主要的所在。如果司法一次一次地让民众在公正这一本质追求上失望，民众就会在一切可能逃避的情形下逃避司法，而求助于非司法的其他方式，乃至私了。如果私了是一种合法的和解或者调解，倒无可厚非，并值得提倡，它的确节省了司法的成本。但许多私了都并不是合法的和解或者调解,而是一方使用非法协议甚至暴力方式来平息纷争,或进行复仇,产生了纠纷不寻求司法予以公断,而是自行私了,一个根本的原因就在于不信赖司法,不信赖司法的公正。这种不信赖可能是由于当事人对于司法的误解所致,也可能是司法本身的不公正所造成的。在现实社会中,我们很少,甚至没有从私了案件中反思司法不公的问题,更没有从私了案件中提出对于司法公正的要求。这也许就是在对司法公正漫长的追求中所产生或遇到的意识麻木。

最后,司法公正是提高司法效率的必然要求。现代社会的快速发展给司法工作提出了大幅度提高裁决效率的要求。司法公正的实现是否要以损害司法效率为代价呢?相反地,提高司法效率是否意味着一定要放弃或者牺牲司法公正呢?不是这样的,在所有提高司法效率的灵丹妙药中只有司法公正才是唯一的治病良方,也就是说,只有司法公正才能提高司法效率。因为只有司法公正能简省诉讼程序。案件通过一审终结,当事人就获得了公正的裁判,当事人就不会提起上诉。如果一审不公正或者大量的当事人认为不公正,就必然会导致二审程序的进行。如果二审还不能达成公正,甚至还会引发再审程序。也许有人会责备当事人的公正观念或公正判断有问题。不否认,有的当事人确实属于执迷不悟者,始终以为真理与正确只在自己一方,过于自以为是。但是,我们也应该想到,上诉率过高,很可能就是我们的审判出现了问题,有可能就是因为我们的司法不公正。如果二审与再审案件能减少一半,我们将在怎样的意义上提高司法效率与效益,是不难想象的。我们是该认真思考了。司法不公,既不利于司法机关工作的顺利进行,也不利于人民群众正常的社会生活。

司法公正是一个随着时代而不断发展的概念,其内涵与外延在不同的时代或不同的历史时期有所差异,因此司法机关的司法公正认识也应有一个随历史发展而进步的问题。现代中国正处于一个伟大的变革年代,除旧布新成为时代的进行曲,只有随着时代进步的司法公正才可能适应社会的发展要求。

然而公正却并非随处可见，轻易可得。司法公正一直受到来自两个方面的检验。一是司法是否合于法律制度的公正；二是司法是否合于社会意识的公正。前者我们可以将其称为“合于法律制度的公正”，后者我们可以将其称为“合于社会意识的公正”。

司法的“合于法律制度的公正”，是司法公正的首要方面。公正之“正”不是“私正”，少数人或者个别人所认为的“正”绝非“公正”之本意。司法公正的前提是“立法公正”。立法公正就是指立法要能体现社会民众的意愿，就是要能体现绝大多数人的意志，是人民意志的体现。多数人的意志的载体——法律制度也就包含了多数人的公正观念和公正要求。在这个前提成立的情况下，司法公正首先所强调的就是司法合法。在这里“合法”即合于多数人之“正”——法律制度。这种“正”具有“公”的确定性，是司法公正的最客观的衡量尺度。当然，如果“法”不是“民意”（在这里或称“公意”）的体现，司法公正以司法合法作为目标，是否能导致真正的公正又另当别论了。

司法的“合于社会意识的公正”，是司法公正的主要内容。“正”不仅是法律制度意义上的，而且也是一定的社会意识意义上的。公正的司法要能获得公众的认可，就必须使大众信服。司法如果不具有这种力量，其社会影响是很难如愿以偿的。当然这里的“众”有一个“量”的问题；众人之“正”有一个正确与否的问题。法律制度的公正与社会意识的公正经常是一致的，但是二者之间也可能产生差别与冲突。社会意识中的公正观念，是很难把握的，但它又是客观存在的。而且一旦违反了它，违反者就会招致社会的反对或否定。司法也同样如此。司法的公正不论其在法律制度上的状况如何，如果它遭到人们观念上的反对或否定，那么它在实施上就难以如愿以偿。这种违反社会公正观念的司法不论其在理论或制度上是否正确都会受到社会的抵触和反对。极端时，人们甚至会故意地挑衅法，以表示自己对自己所认定的公正准则的忠诚和维护。

第十六章　法治国家的理论基础

理论是实践的先导。科学的实践必须是在科学的理论指导之下的实践。我们不反对甚至竭力主张理论来源于实践,强调理论要服务于实践。同时,还要呼吁:实践要具有理论的基础,实践必须接受理论的指导。没有实践的理论是无源之水,无根之草;没有理论的实践则可能是盲人瞎马、恣意妄为。法治实践是人类重大的社会活动,法治理论是人类重大的思想成果。法治既是实践的产物,也是理论的成就。人类从德治、人治,乃至礼治、神治等社会管理模式中走了出来,走上了法治之路。法治作为人类的理性选择,当然具有深刻的理论根据。对于法治理论基础的认识,有利于我们坚定法治的信念,掌握法治的精神,坚持法治的原则,开辟法治的未来。关于法治的理论基础,学者们有各种讨论和多种见解。这里所论述的仅仅是作者对于有关问题进行理性思考的心得。

一、法治的理性根据

法治是人类对国家与社会管理模式的理性选择，也是人类对集体生存与生活方式的选择。人类之选择法治并坚守法治，都有其重要的理性根据。

（一）治国方略与法治

"古之欲明明德于天下者，先治其国；欲治其国者，先齐其家；欲齐其家者，先修其身；欲修其身者，先正其心；欲正其心者，先诚其意；欲诚其意者，先致其知；致知在格物。物格而知至，知至而意诚，意诚而心正，心正而身修，身修而家齐，家齐而国治，国治而天下平。"①这是《大学》中的人生格言。它所描述的"格物、致知、诚意、正心、修身、齐家、治国、平天下"的人生历程，饱含了中国传统文化人的人生理想。"治国平天下"，多少年多少代的理想，不断地失落又不断地升起，也正是它将人生与治国紧密地结合在了一起。

为了治国平天下的理想，中国历代学者不断地探求着治国之道。许多著作甚至直接被命名为"治国方略"。笔者曾读过南宋永嘉先生所著的《治国方略》一书，相传被南宋孝宗皇帝赐名《八面锋》，并令科举学子人手一册，以为应试之助；也曾看过孙中山先生的《治国方略》。近年又有学者写出了以《治国方略》为题的新作。其中有技巧也有理论，有语录式也有专论式。由此可见，中国学术界对于治国方略包括治国理论的热情。有人总结中国古代的治国方略中就有民本论、廉政论、知人论、用人论、言路论、决策论、协调论、法治论、富国论、教化论、变革论和修养论等。②

---

① 朱熹：《四书集注》，岳麓书社 1987 年版，第 6 页。

② 田广清主编：《古代治国方略》，四川大学出版社 1996 年版。

中国古代的治国理论都是在人治的基础上进行的探索。其治国方式在实质上都是人治意义上的国家治理,并不具有真正的现代法治的意味。在当代中国,依法治国,建设法治国家已经成了理想目标,我们必须重新审视既有的理论,寻找甚至构建新的理论,为法治建立深刻的理论基础。

(二)法治需要理论基础

法治是一种以民主作为基础,运用法律来进行国家和社会管理的手段、方式和结果的总称。它包括社会制度状况和社会秩序状态,是一种整体化的社会模式。对于一个非法治的国家和社会来说,要实现法治化,本身就是一场深刻的社会革命。这场革命如果没有对法治理论基础的认识,也就很难进行,甚至根本就不可能取得真正的成功。一些著名法学家也热情研究有关问题。李步云教授曾发表《依法治国的理论根据和重要意义》一文探讨了相关问题,认为依法治国的根据和意义为:依法治国是实行市场经济的客观要求,是建设民主政治的基本条件,是人类社会文明的重要标志,是实现国家长治久安的根本保证。然而,就法治国家的理论基础的研究却相对较少。而且在法治的理论基础问题上也有着种种误解,一直影响着法治的理论研究和社会实践。

对于法治的理论基础的第一个误解,是以为是否认识到法治的理论基础并不影响法治。可以将其概括为法治理论基础的“可有可无论”。这种认识是根本错误的。因为:(1)法治的重要意义要求有其理论基础。法治对于任何一个国家都是至关重要的。它直接关系到一个国家、一个民族的政治运作方式、社会组织形式、社会秩序状态。法治与非法治对于一个国家和社会的发展进程、速度都有重要的影响,甚至或者是极大的促进,或者是严重的制约。法治的重要作用要求人们必须认识清楚其理论基础,以使法治的作用得以充分发挥。(2)法治的理论基础对于法治具有重要的意义。法治不是一种偶然的社会实践,它是一种有理性的社会活动,是一种整体性的社会实践。只有具有理论基础的法治才具有深刻的根基。只有认识到了法治的理论基础,人们才可能对法治具有坚定不移的信心。当人们遇到挫折的时候,才会有克服困难、争取胜利的勇气。只有认识到了法治的理论基础,才能说服民众,发挥民众在法治中的主体作用。因为没有民众的参与,任何法治终将是泡影。(3)人类的法治探索的确为法治奠定了理论基础。人类的法治探索,从泛义上讲,远的已有两千多年的历史;从严格的意义上说,近的也有数百年的历史。在漫漫的社会演进中,许许多多的思想家、政治家、法学家都进行了极为艰苦的理论探索。他们为人类的法治积累了大量的精神财富。如果不去寻求法治的理论基础,也就等于自动地放弃了人类历史上积淀下来的有关法治的理论成果,就难免要多犯一些错误,付出完全没有必要的代价。(4)中国的法治尤其需要确定自己的理论基础。对于一个幅员辽阔,人口众多,历史极其悠久的国家来说,从非法治状态走向法治,必然是一个极为复杂的社会工程。在法治建设中,不能也不应当犯任何较大的错误。为此,在启动这一社会工程的时候,以及在这一工程建设的过程之中,必须寻找到其科学的理论基础,并以此作为拟订法治化方案、确定法治化进程、实施法治化措施的重要依据。只有这样,这种全社会性质的法治才可能在全社会都认同的基础上进行。也只有这样的法治才可能具有更大的科学性,才可能达到真正法治的理想。

对于法治的理论基础的第二个误解是将法治的理论基础和指导思想相混淆,认为,法治的理论基础就是法治的指导思想。也许可以将其称为“指导思想论”。这也是不应有的误解,其实,法治的理论基础与法治的指导思想之间有着重要的区别。

指导思想是指在人们从事某种社会活动中,具有指示和教导意义的意识,它具有行动指针和行动导向的性质。理论基础是指人们从事某种社会活动的系统化的知识根基,它具有系统化的知识基础和理论根由的性质。指导思想是人们行动的意识指针,可以使人们方向明确,不犯错误或者少犯错误,顺利地实现既定的目标;理论基础是人们立论的知识依据,可以使人们有坚强的信心,持之以恒,正确地达成自己的目标。指导思想表现为思想观念,理论基础表现为理论学说;指导思想侧重于政治方向,理论基础侧重于科学根据;指导思想具有明确的针对性,理论基础具有普遍的基础性;指导思想是行动的思想指导,理论基础是立论的逻辑起点。二者不可混同。将其混淆就可能在使指导思想不能发挥应有作用的同时,又使理论基础被不恰当地忽略,甚至使人们的社会行为因缺乏理论根据,而缺乏信心。关于指导思想与理论基础的差别,此前并未引起人们的足够重视,也未能将其区别。尤其是在法治问题上,法治的指导思想与理论基础不仅未被很好区别,而且还被混同,不利于法治的正常发展和顺利进行。

法治是重大的社会工程和长期的社会过程,既需要正确而明确的指导思想,也需要科学而深刻的理论基础。缺乏其中任何一个方面,都会影响法治的发展。混淆二者之间的差别,必将影响法治的顺利进行和深入开展,甚至可能动摇实行法治的信心或在法治建设中出现不应有的失误。

(三)理性基础即理性根据

法治的理论基础是法治的理性根据。之所以说法治的理论基础是法治的理性根据,是因为:

第一,法治的理论基础是人类管理国家和社会的智能结晶。人类社会一旦出现,即产生了社会管理。即使在原始时代,人类的管理能力和水平都极为低下,但不可否认的是当时也存在或多或少的社会管理。随着社会的发展,社会管理越来越复杂、广泛,社会管理的手段也越来越丰富,逐步产生了道德、风俗、习惯、教规、法律等社会管理规则。至于国家管理不过是社会管理的特殊形式而已,也是社会管理的构成部分。各种社会管理规则都在国家管理中发挥着重要作用。尤其是法律更是为国家管理活动所必需。在人类社会管理及其国家管理中,人类曾经进行了,而且至今依然继续进行着复杂的社会实践。其中,有人类成功的经验,也有人类失败的教训。人类就是在不断总结经验和教训的基础上从事自己的社会管理活动的。人类曾经尝试过许许多多社会和国家管理的手段、方式和模式。有人治、礼治,也有法治。通过古今中外无数次的社会实践,人们千百次地发现,只有法治才是最可靠的。为法治理论作出了杰出贡献的思想家、法学家、政治学家,他们中的许多人,本身就是政治家,本身就曾用自己的生命去探求过社会管理和国家治理的方式。他们中的许多人最终得出结论:只有法治才是最好的社会和国家管理方式。柏拉图就曾得出结论,在最好的人治不可得的情况下,法治便是最好的。早在柏拉图之前的必达库斯就提出过"人治不如法治"。亚里士多德又提出并论证了"法治优于人治",并构想了自己关于法治的理想模式。近现代的法学家、政治学家们更多地关注法治理论的探讨,为法治的创新作出了空前的理论贡献。法治是人类经验教训的总结,法治的理论基础则是人类法治实践的智能结晶。

第二,法治的理论基础是人类千百年力行法治的科学根据。人类进行法治实践的时间,可以追溯到数千年以前。尽管当时的法治还不是近现代法治的含义。但是,完全可以肯定地说,那就是人类关于法治的初步探索和社会实践。在古希腊的梭伦立法以后,雅典城邦"进入'法律'统治,亦即希腊语所称为优鲁米亚时代……希腊城邦政治制度中的法治传统,遂于此奠定"。[1] 可以说,在古希腊,法治的理论已经萌芽,并且在优鲁米亚时期初步尝试过法律的统治。柏拉图经过自己的学术思考和人生体验,在晚年把法治国家视为仅次于哲学王国家的第二等好的国家。亚里士多德更是法治的倡导者,从理论上较为全面地探讨了法治。在古罗马,法治在更大程度上被作为一种社会实践。"罗马人不是有关法治理论的首创者,他们却首先实践了一种制度,创造了一种形式化的法律体制。"[2]古罗马的法学家们再不主要是哲学家,而是法官。古罗马法学家这一身份对其法治的推行是极为有益的。如果说古希腊对于法治的贡献主要还是法治思想的话,其法治思想就是古罗马法治实践的思想准备,古罗马的法治实践则是整个西方法治发展的历史前奏。在罗马

① 顾准:《希腊城邦制度》,中国社会科学出版社1982年版,第125页。

② 王人博、程燎原:《法治论》,山东人民出版社1998年版,第241页。

帝国破灭以后,法治一度进入了低潮时期。经过几个世纪的时代变迁,西方资产阶级学者又以复兴罗马法为口号,开始了新的法治理论探索。随着资产阶级政权的建立,作为反封建武器的法治又以全新的面目回到了政治舞台。先后建立了以英国、法国、美国为代表的资本主义法治。而各国的法治实践又各有特色。在批判资产阶级法治的基础上,马克思主义思想家们提出了无产阶级的法治理论,并且开始了社会主义法治的实践。在当代,中国经历了重重苦难之后,也深刻认识到中国必须走法治之路。中国法治的实践已经开始。人类千百年的法治实践都是在一定科学理论基础上的社会实践,中国的法治也不例外。它也必须是在科学理论基础上进行的。尊重法治的理论基础也就是尊重法治的理论根据。

第三,法治的理论基础是人类社会全面走向法治的精神依据。人类是有理性的动物。这种理性使得人类的社会行为也如同人类的劳动一样,是以一定的理性作为指导和根据的。“我们要考察的是专属于人的劳动。蜘蛛的活动与织工的活动相似,蜜蜂建筑蜂房的本领使人间的许多建筑师感到惭愧。但是最蹩脚的建筑师从一开始就比最灵巧的蜜蜂高明的地方,是他在用蜂蜡建筑蜂房以前,已经在自己的头脑中把它建成了。劳动过程结束时得到的结果,在这个过程开始时就已经在劳动者的表象中存在,即已经观念地存在。他不仅使自然物发生形式变化,同时他还在自然物中实现自己的目的,这个目的是他所知道的,是作为规律决定着他的活动的方式和方法的,他必须使他的意志服从这个目的。但是这种服从不是孤立的行为。除了从事劳动的那些器官紧张之外,在整个劳动时间内还需要有作为注意力表现出来的有目的的意志。”①人类的劳动如此,人类的法治实践也是如此。人类进行法治实践必须依赖其意志、理性,必须有其精神依据。法治的理论基础正是人类关于法治的理性体现,而且是法治的理性中最为严密、科学的部分,它是法治的精

① 马克思:《资本论》(第1卷),第202页。

神依据。

法治的理论基础，可以在历史与现实中寻找。东西方古代虽然没有近代意义上的法治，但是的确存在以法治国或类似法治的社会实践，而这种社会实践并不是毫无理论根据的。那些理论的确不能成为当代法治的根据，但作为一种文化，不管是否承认它是基础，它都以历史文化的基础状态存在。因此，中国古代的"以法治国"的理论依然是现代中国法治所必须尊重的文化遗产，其合理的部分理当受到重视。完全放弃这一部分，就是对于文化遗产的轻视和无知。法治是近现代的社会现象与社会状态，但法治的理论基础是从古及今发展而来的，切不可无视历史的理论成就。有史以来人类关于法治的正确理论或者对于法治有益有用的理论，都是现代法治的理论基础。

法治的理论基础有来自中国的，也有来自外国的。法治作为社会管理经验积累的产物，本身就是全人类的精神财富和制度财富，是人类共同的贡献。法治理论也并不是仅属于某一个国家或民族的。人类的知识没有国界，人类的法治理论也同样是没有国界的，只要它是科学的，对于法治是必需的或者有益的，就应当毫无疑问地把它作为法治的理论基础来对待。

法治的理论基础并不仅是法学家和法学的研究对象，哲学家和哲学、社会学家和社会学、政治学家和政治学、人类学家和人类学等都从不同角度对法治进行过考察和研究。从不同的角度都可以对法治的理论基础进行概括和总结。法治也的确是一个可供多学科研究的社会现象，不同学科对于法治的理论贡献都应当被视为法治的理论基础，而不能将法治的理论基础局限于任何一个单独的学科或某几个学科。

法治的理论基础为何，对此问题进行研究，并得出较为科学的认识，对于法治的理论研究和社会实践都具有十分重大的意义。对此，学术理论界并无清楚的认识，个别学者发表了自己的看法，但疏漏与歧见颇多。这也许是因为法治的理论基础内容十分丰富，很难甚至无法对其进行毫无遗漏的总结。在总体上，法治的理论基础主要包括民主治国的理论、权力制约的理论和法治优越的理论。

二、民主治国论

人类之所以选择法治,从国家治理的意义上讲是人类治国实践的要求。民主的存在与发展都要求建立法治与维系法治。民主治国理论是法治的重要基础之一。

(一)民主治国优于专制治国

通观历史,治国的方式是多样的,有人治、法治,乃至礼治等。在总体上,无非是民主之治与专制之治而已。在民主和专制之间,唯有民主为最好的治国措施和方略。民主的本意为多数人的统治、多数人的权力或者多数人决定。专制则是指权力为一个人或一小集团所掌握,不受任何其他限制。从治国方式上讲,民主治国与专制治国的差别就在于是多数人治国还是少数人治国。多数人治国即为民主治国,少数人治国即为专制治国。将民主治国与专制治国相比较,民主治国的优越性主要表现为:

民主治国比专制治国更能获得民众的支持。民主治国实为多数人治国。由于治国的意志是多数人的意志,因而,民主治国更符合多数人的意愿,它必然会赢得多数人的支持,多数人都会基于自身的认识,而对治国的方针和策略表示理解和赞同。在民主的国家中,由于治国者本身就是社会民众或者他们是以民众的意志为其意志的,所以治国者就拥有广泛的群众基础。其对国家和社会的管理活动就能够更好地得到社会民众的支持。赢得民众,对任何社会的统治者来说都是必要的,而民主治国正是赢得民众的正确道路与唯一选择。

民主治国比专制治国少犯错误。民主治国与专制治国的差别不是犯错误或者不犯错误,而是多犯错误或者少犯错误。“在许多事例上,群众比任何一人有可能作较好的裁断。又如,物多者比较不易腐败。大泽水多则不朽,小池水少则易朽;多数群众也比少数人不易腐败。单独一人就容易因愤懑或其他任何相似的感情而失去平衡,终致损伤了他的判断力;但全体人民总不会同时发怒,同时错断。”①民主治国由于坚持了多数人决定,集中了多数人的智能,因此,多数人犯错误的可能性就比少数人犯错误的可能性低。民主治国能在相当大程度上避免专制治国的错误。在失误概率上民主治国所占有的优势,是民主治国比专制治国优越的重要根据。

民主治国比专制治国更易于纠正错误。民主治国并非不犯错误,而仅仅是少犯错误而已。非但如此,一旦错误发生,民主治国比专制治国更易于纠正错误。因为民主治国中,多数人比少数人更容易发现错误,一旦发现错误,错误就有获得纠正的可能。在民主治国中,不仅保障多数人的权利而且还保留有少数人演变为多数人的途径。只要有人认识到错误,即使他们是少数人,也可以因其认识的正确和时间的延续,而发展成为多数人。一旦少数人成为多数人,原有多数人的决定就会为新的多数人纠正,错误就可能被及时地纠正。民主治国对错误的良性校正机制,同样是民主治国比专制治国优越的重要根据。

民主治国比专制治国更有利于保护反对者的利益。民主治国并不是民主的专制。在专制治国下,少数人本身就是不尊重多数人的,如果它尊重多数人就不再是专制治国了。专制者对反对者总是持一种敌对和敌视的态度,甚至会对反对者进行镇压。而民主治国本身是按照多数人的意见办事的,保护少数人并不会影响多数人决定的贯彻,相反,保护持不同见解的少数人正是多数人修正自己错误的必需,是使少数人可能成为多数人的必需。真正的民主治国,不仅不会仇视反对者,而且还会保护和尊重反对者。保护少数人是民主政治发展到高度理性的产物,也是民主与专制的重要区别之所在。因此,民主治国容忍甚至保护反对派

① ［古希腊］亚里士多德:《政治学》,吴寿彭译,商务印书馆1965年版,第163～164页。

和反对者,而专制治国就断无这种可能。

对于民主治国和专制治国的认识,一定要避免那种民主治国是在任何方面都好,专制治国是任何方面都坏的观念。笔者提出这一见解的原因,一是它是科学的真实;二是它有利于我们理智地对待专制政治或专制政治的主张,作出明智的抉择,更不会因偶然看到专制政治的"优点"而放弃民主。其实,专制治国有它的"好处":"君主政体比共和政体有一个显著的优点。事务由单独的一个人指挥、执行起来,较为迅速。"①而"民主政体,作为一种统治方法,受到一些根本的限制,还受到一些在原则上难以避免的限制,根本限制主要有两个来源,即某些决定必须作得迅速;另一些决定需要专门知识"。② 认识到专制治国的"优越性"和民主治国的"缺陷",也就不会面对专制治国的存在"合理性"有怀疑,也就会更冷静地对待专制治国的"优越性",更加理智地选择民主治国。同理,也就会正确对待民主治国的缺陷,并努力克服民主治国的缺陷。人类之所以愿意选择民主治国,不是因为它在任何方面都比专制治国好,而仅仅是因为民主治国比专制治国具有更多的优越性,仅仅是不愿意犯更多的错误。任何错误对于历史来说,只是一瞬间,但对于每一个人来说,则可能是一生,对于人类来说,则可能是一代人或者几代人。人类不愿也不能承担如此沉重的成本。因此,人类必须毅然决然地选择民主治国而摒弃专制治国。

(二)民主治国需要法治

民主治国比专制治国优越,但是民主治国必须依赖法治,必须实行法治。因为,民主治国需要法治来确认民主的基本制度,需要法治来贯彻与实现,需要法治来消除向专制治国转化的可能性与现实性。法治是实行民主治国,防止其向专制治国畸变的根本措施。为此,民主治国就需要法治。

---

① [法]孟德斯鸠:《论法的精神》(上册),张雁深译,商务印书馆1993年版,第56页。

② [英]罗素:《权力论》,吴友三译,商务印书馆1991年版,第136页。

首先，必须运用法律从国家制度的意义上确认民主的地位并保障民主的实现，保证国家和社会根本而首要的主体为全体人民。民主的国家制度对于民主是非常重要的，用法律确认国家制度上的民主，是最首要的。若非如此，民主就缺乏存在的法律根据，就可能被篡改或者被公然改变。在国家制度的民主上，最首要的是用法律的形式来宣告民主的国体和政体，最重要的是运用法律将民主予以具体的制度化。也就是说，民主不仅是依靠法律来宣告的，而且是依靠法律来落实和贯彻的。必须将民主表现和转化为具体的国体法律制度和政体法律制度，民主才可能获得严格的法律保障。

其次，必须运用法律规制权力的行使，防止权力不按民主的途径和方式运行，保证权力运行的民主。权力的制约是必需的，而制约权力的方式是多样的，可以采用权力制约权力的方式，权利制约权力的方式，责任制约权力的方式，法律制约权力的方式等。综观各种方式，权力制约权力方式、权利制约权力的方式、责任制约权力的方式等，都离不开法律制约权力的方式，他们都以法律制约权力作为实现的途径。没有法律，权力也会摆脱其他权力的制约，更不会受权利的约束，责任也会变得没有外在的强制意义。要防止权力运行的无序或者混乱，就必须为权力的运行设置轨道和规则。法律的规定正是这样的轨道和规则。惟其如此，权力运用的民主才可能有所保障。

再次，必须运用法律从社会层面上保证人民的民主权力与民主权利，实现社会普遍的民主。民主权力与民主权利是民主的重要内容。在民主治国中保证人民民主权力和民主权利的拥有与实现，是社会普遍民主的最基本、最普遍的部分。社会层面的民主最为广泛。没有法律这种统一而普遍的规则，其他任何手段都无法彻底防止人民权力和权利被剥夺。法律不仅是为人民的权力与权利提供制度根据，而且为他们得以实现提供程序保障。法律对于权力和权利的意义，远非只是认可，而且更有确保其得以现实化的途径与方式。一旦人民的权力或权利受到侵犯，他们可以通过申诉、控告、检举，乃至诉讼来加以救济。如果说申诉、控告、检举的方式还没有严格的程序保证,那么,诉讼的程序保证则是最为严格而绝少疏漏的。在这一方面,法律的作用是其他任何手段都无法替代的。

又次,必须用法律保护少数人,设置民主的救济措施。民主不是不犯错误,只是少犯错误而已。民主随时都应当有修正的机制和救济的措施。民主的错误实际上是多数人的失误,要防止民主犯错误,就必须在服从多数人的同时保护少数人。如果说一时的少数人可以成为另一时的多数人,那么,这种对少数人的保护,就是对潜在多数人的保护;如果说多数人的错误可以由原来的少数人来纠正,那么,这种对少数人的保护,实际上是对多数人可能失误的救济。服从多数人是容易的,而要保护少数人却是困难的。唯有法律能够使保护少数人成为制度,并将其贯彻。只有有了法律的规定,多数人才不至于酿成多数人的专断或者专横,少数人才能具有获得保护的制度根据,民主才是完善的。

最后,必须用法律来防止民主向专制的畸变。民主对于权力的行使来说,是最为科学的方式。然而,民主对于拥有权力的个人来说也意味着是一种约束。在这里必须考虑的第一个方面的问题是,行使权力的个人可能背离民主。权力是由人民掌握的,这是在总体上和根本上说的。在具体的社会生活中,每一个权力的具体行使都是通过具体的个人来进行的。这些有权运用权力的个人就始终存在着背离民主的可能性。这种背离有可能是故意的,也有可能是无意的。因为,现实中的个人都是有独立思维、个人意志、个人利益的个人。其中,就难免有人会为自己的私利考虑,故意滥用权力或者扩展权力。权力的滥用或是权力的扩展,都是对于民主的侵犯。此外,由于行使权力的人的能力、知识的差异,他们中有的人也可能过失地滥用权力或者扩展权力。不论其主观状况如何,都是对于民主的侵犯。民主一旦受到侵犯,民主治国就可能逐步为专制治国所取代。在这里必须考虑的第二个方面的问题是,民主的不完善可能导致民主畸变为专制。民主的发展是一个渐进的过程。民主制度的完善更不是一蹴而就的事。民主和民主制度的疏漏都可能给专制留下可乘之机。我们必须考虑的第三个方面的问题是,民主自身的缺陷也有使民主畸变为专制的可能。民主是多数人决定,多数人可能有多数人的误解和多数人的失误。多数人的误解与失误也可能使民主向专制恶化。为了防止权力行使者滥用权力和扩展权力,必须依靠法治来规范权力;为了民主不因其不完善而被专制所取代,必须依靠法治来预防;为了民主不因其自身的缺陷而转化为专制,必须要法治来救济。

民主治国与专制治国相比较的优越性表明了民主治国的必要性,形成了民主治国的理论学说,民主治国对于法制和法治的要求,以及对其的理论认识,使民主治国理论成了法治的理论基础。

(三)民主治国与中国民本主义

历史上,中国政治的主流文化一向推崇的是集权主义,与此同时,中国也有一种完全不同于西方人文主义和人本主义的民本主义长期生存着,它极具中国文化的特色。中国的民本主义是在两重意义上被设定的:一是在民与神的关系上,民为神本;二是在民与君的关系上,民为君本。就民为神本来说,"民为神本",仅是笔者的认识。在中国文化史和法律史的著作中,多称为"人为神本"。其实,概括为"民为神本"才对,因为中国古代许多相关著作中的"人"都包含着"民"的含义,或者直接就是指的"民"。作为民本意义上的"神之本"也应作"民"的理解才对。从后面的论述中,读者也可以看到这一点。在西周时代,就认为,"天道远,人道迩。"①"天之爱民甚矣地。"②"民,神之主也。"③"国将兴,听于民,将亡,听于神。神,聪明正直而壹者也,依人而行。"④"民之所欲,天必从之。"⑤就民为神本来说,在周的晚期就已经受到了相当的重视,老

① 《左传·昭公元年》。
② 《左传·襄公十四年》。
③ 《左传·僖公十年》。
④ 《左传·庄公三十二年》。
⑤ 《左传·昭公元年》。

子提出“圣人常心，以百姓心为心”①，孔子则提出“因民之利而利之”，②到了孟子更进一步提出“民为贵，社稷次之，君为轻。”③到西汉，贾谊将民本思想发展扩充为“闻之于政也，民无不为本也。国以为本，君以为本，吏以为本。”④荀子舟与水的比喻流传千古。“君者舟也，庶人者水也。水则载舟，水则覆舟。”⑤“民本”一直为历代开明君主作为古训，并被一些社会精英作为进行社会批判的武器。

中国的民本思想，远不是民主思想。“在中国古代，民本学说只能作为绝对君权的抑制剂、制动刹发挥作用，而不可能直接导向主权在民的以社会契约论为基石的民主政治轨道。”⑥但是，“当民主主义开始萌动之际，古老的民本主义再度发挥其社会批判功能，并成为生发近代民主主义的生长点。”⑦

民主思想对于法治有着根本的影响，它实际上也是立法者制定法律的重要价值趋向。中国社会传统的民本思想在现代社会依然很有影响力，它在一定程度上可以对民主起到引入的作用。而且，民本思想绝对比单纯的专制思想要进步得多。但是，由于“民本思想”毕竟是“君权思想”之下的产物，它骨子里包含的并不是现代民主与法治。如果将民本理解为民主，那么民本就会成为民主的障碍，从而影响法治。民本主义在一定意义上有助于民主治国，也会在一定意义上成为民主治国的障碍因素，并进而影响法治。因此，必须理性地对待中国既有的民本思想。

---

① 《老子》第四十九章。

② 《论语·尧曰》。

③ 《孟子·尽心下》。

④ （西汉）贾谊：《新书》（亦称《贾子》）。

⑤ 《荀子·王制》。

⑥ 冯天瑜、何晓明、周积明：《中华文化史》，上海人民出版社1990年版，第184页。

⑦ 冯天瑜、何晓明、周积明：《中华文化史》，上海人民出版社1990年版，第185页。

三、权力制约论

权力是国家基本而重要的元素。制约权力是法治的基本使命,也是建立法治的必要性之一。权力制约理论是法治重要的理论基础之一。

(一)为何对权力进行制约

之所以必须对权力进行制约,这是由权力的来源、性质和行使决定的。没有对于权力的制约,权力就可能走向极端或者被滥用。当然极端的权力也很难不被滥用。极端的权力与滥用的权力都必然导致腐败,最终背离权力本身的规定性,成为对民主的反动。

1. 权力的来源要求制约

权力的内涵和外延都十分复杂。这里所讲的权力实际上是政治权力。权力从何而来,是政治学和法学探讨的重要课题。对于权力的来源,学者有不同的见解。权力如何获得的?通过什么方式获得的?盖尤斯说,"一切权利都是从人民来的。皇帝的命令何以有法律的效力呢?因为皇帝的地位是由人民给他的;官吏为什么有权力呢?因为官吏是人民选举出来的。"①乌尔比安认为,"皇帝的旨意具有法律效力,因为人民通过 Lex regia(《国王法》)中的一段话把他们自己的全部权力授予了他。"②资产阶级学者普遍承认并论证了"主权在民"的权力根据。社会主义宪法也一再宣布,国家的一切权力属于人民。我国从1949年的《中国人民政治协商会议共同纲领》,1954年的《中华人民共和国宪法》,虽经1975年、1978年、1982年等多次修订和修改,起伏跌宕,但"中华人民共和国一切权力属于人民"的宪法原则始终未曾改变。

---

① 陈允、应时:《罗马法》,商务印书馆1931年版。转引自王人博、程燎原:《法治论》,山东人民出版社1989年版,第17页。

② [古罗马]乌尔比安:《论法律》(第1卷),第1、2章。转引自王人博、程燎原:《法治论》,山东人民出版社1989年版,第17页。

随着理论的发展和认识的进步,主权在民已经没有疑问。人民是权力的最终来源。任何权力都是一定社会成员共同赋予的。原始社会的公共权力来自人民,政治国家无非是对原始社会公共权力的取代而已。政治国家的权力仍然是在人民都交出自己的一部分权利的基础上建立起来的。因此,来自人民的权力就绝对不能是任性和任意的,它必须受到多种制约,以保证其对于人民的忠诚,保证人民永远是主权者。

2. 权力的性质要求制约

权力至少有人民性、相对性、支配性、权威性和组织性五个方面的性质。

权力的人民性要求对权力进行制约。权力的最终归属是人民。人民是国家权力的终极拥有者。人民将权力分别交付给不同机构不同的工作人员来行使。人民当然会关注和关心自己的权力如何被行使,以及被行使的效果如何。

权力的相对性要求对权力进行制约。权力的相对性表现在,权力必须受到人民权利的制约,权力也总是在一定地域范围内存在的,还总是在一定社会层面上成立的,不同性质的权力应由不同的机构行使,不同的权力拥有者拥有不同的权力,等等。权力的相对性是权力应该具有的属性。但是它常常受到多方面的挑战。一个严重的挑战即是权力摆脱制约的倾向。要保持权力的相对性,就必须对权力予以制约。

权力的支配性要求对权力进行制约。权力是一种政治上的强制力量,或指职责范围以内的指挥或支配力量。权力的支配性首先表现为权力是一种支配力量,它可以要求人们作出某种行为。没有支配性的权力就失去了权力应有的性质,甚至不成其为权力。权力的支配性使得权力具有了相对人不得不服从的性质,也使得权力具有被滥用的可能性。权力的支配性使对权力的制约成为必须。

权力的权威性要求对权力进行制约。权力的权威性应来自权力的规则性和公开性,而不仅仅是其暴力性。但权力未必能使自己的规则性和公开性得以彻底贯彻和实现。如果对权力进行必要的规制,就可能保证权力权威性的正当性质。

权力的组织性要求对权力进行制约。权力是由特定的组织来运作的,国家权力是一种有组织的系统支配力量。作为一种组织化的运作必须要有足够的规范,否则在运行的过程中就难免发生混乱和畸变。运行国家权力的往往是一个个组织系统,而且内部存在复杂的层级关系,也是由多个公务人员所组成的。这些组织和个人,如何使他们严格地服从于使命,忠实于自己的职责,是一个十分艰巨的任务,对权力进行制约是其组织性的必然要求。否则,连它的组织性质本身都可能受到危害,甚至被摧毁。

3. 权力的行使要求制约

权力的拥有者与行使者可否是不同主体,是一个争议已久的问题。有的学者认为权力是不可分解的,有的学者则认为是可以分解的。在专制统治之下,权力没有可否分解的问题。然而,代议制的产生,托马斯·戴伊认为,代议制政府或其他形式的现代政府体制建立以后,自然而然地分解了原来权力主体单一的格局。① 社会的进步已经使得民主成了人类普遍的追求(不管这种追求是否成为现实)。在民主政治中,权力的不可分解只是在根本意义上而言的。抽象的整体的权力属于人民,在这个意义上,权力不允许被分解。在具体的每一个权力的行使意义上,权力是可以分解,也是必须被分解的。因为人民拥有的全部权力并不都可以由全体人民共同直接行使。因此,权力最终属于人民,整体权力也只能属于人民,但各个具体权力则必须由人民委托其信赖的个人或者组织来行使。受托代表人民行使权力的人或者组织,如何知道人民的愿望、意志,他们行使权力的行为是否是忠诚于人民的,这都需要法律——需要法律来记载和表明人民的愿望与意志,需要法律作为受托者行为的根据,需要法律作为检验权力行使是否正当的标准——法律是人民制约权

① [美]托马斯·戴伊:《谁掌管美国》,梅士等译,世界知识出版社1980年版,第5页。

力行使的手段。

权力行使之所以需要制约，是由权力行使的主体因素决定的。任何非整体的具体权力都是由一定国家机关及其工作人员具体行使的。各个权力主体都有自己的权力认知能力和水平，都有自己相对独立的利益，因此他们就不可能对权力具有完全统一的行使方式、程度和效果。权力主体的差异性决定了要保证权力的统一性，就必须对权力的行使进行制约。

权力行使之所以需要制约，也是由权力行使的过程因素决定的。权力的行使是一个过程。这个过程中，除了时间的因素外，还会有各种因素介入并发挥作用。各种因素的作用可能改变权力行使的状况和后果。权力行使过程的各种变数决定了必须对权力进行必要的制约。

总之，权力的行使必须受到制约。从制约主体之间的关系来看，这种制约包括权力赋予者对于权力的制约，也包括权力主体相互之间的制约。资本主义国家的立法权、行政权和司法权的三权分立就是一个典型代表。在我国，刑事诉讼法所规定的“公检法三机关分工负责、相互配合、相互制约”，也是一个例证。

（二）权力制约的诸种方式

权力制约有着各种方式，中国是一个具有悠久吏治传统的国家，积累了丰富的政治经验，也有着沉重的历史包袱。人类包括中国历史上都尝试过运用道德、权利和权力来制约权力。这些制约方式都有各自的历史意义和现实意义，但是它们都不是最有效的措施。

1. 中国治吏传统

中国是一个重视吏治，强调治吏的国家。早在先秦时代，法家就提出了“明主治吏不治民”的观点。中国历代王朝都把治吏放到相当重要的位置加以特别的强调。在夏朝，就有运用派遣使臣、诸侯相互监督、天子巡行等方式对下属官吏进行监督的制度。以后各朝各代都有自己制约官吏的法律和制度，侧重于对官吏的失职、擅权、贪腐进行惩罚，实行了官吏的考核制度、本籍回避制度和举报制度。

中国的治吏传统在规范权力和防止权力的滥用上与当代法治有一定的相合之处。作为法治来说，其所治之关键在于治权。而治权的实质是治吏。两者的目的都在防止权力的懈怠与权力的滥用。中国的治吏传统对于倡行法治是有所助益的。法治对于权力约束的规定性，应当说在一定程度上是可以被中国文化和历史传统接纳的。

但是，中国的传统治吏不是法治意义中的权力制约。两者的主体是不同的，中国治吏的主体是皇帝，而法治中的权力制约的主体是人民；两者的对象是不同的，中国治吏的"吏"是不包括最高权力拥有者——皇帝的，而法治中的权力制约所要制约的是除人民及其终极权力之外的一切权力与权力拥有者；两者所存在的政治体制也是不同的，中国治吏是在专制政体中的权力制约手段，法治中的权力制约是民主政体中的民主和法治措施；两者的制约方式也是不同的，中国治吏所采用的主要是人治的方式，即使运用了法律，法律也仅仅是一个工具，法治中的权力制约所采用的则是民主和法治的方式，法律虽然也是工具，但它的被实现本身也是权力制约的重要目的。

2. 道德制约权力

道德是权力制约的重要手段。道德的性质决定了对于权力制约具有重要的意义。道德植根于人们的内心，对权力行使主体具有内在的心理制约。道德自觉是主体接受道德制约的前提。如果权力主体具有良好的道德修养，道德的作用将更为巨大。他可以发自内心地遵从道德的要求，约束自我，规范行为。历朝历代，不论是否存在法治，道德的约束作用都是不可忽视的，都发挥着极为重要的作用。对于为政之德与为官之德的强调，是对权力进行道德约束的前提和必需。良好的道德修养对于领导者有着良好的自律效用。任何时候，都有必要强调权力拥有者为政以德。

道德是一种社会规范体系，是社会的行为准则，也是重要的社会意识。在整个社会意识体系之中，道德蕴藏在社会意识的深处，体现在社会意识和社会舆论之中。对于那些道德意识薄弱的人，道德也可以通过它的舆论方式表达出来，通过舆论的作用，对各级官员产生拘束力。任何政治领导人都是在社会中生活的，舆论评价对其不能不产生影响。社会舆论通过其或褒或贬的评价，调整权力主体的行为。外在的舆论形成了官声。这种官声，在许多权力行使者那里还是很有意义的。尤其是在特别重视立功、立德、立言的中国，道德是作为权力主体必不可少的支点。在选任官员中，对于官声的考虑是必要的。

道德是权力的制约手段，但是并不是唯一的，甚至也不是最有力的手段。道德相对于其他社会规范的优点也同时决定了它具有自身的局限。相对于政纪而言，道德缺乏对于权力的特别针对性；相对于法律而言，道德缺乏对于权力的外在强制性。在这里，需要注意的是，不可以轻视道德在制约权力上的作用，也不可放大道德的作用，更不可用道德来取代法律或其他的制约方式。

3. 权利制约权力

权利制约权力，应当是很有效的方式。因为从人的本性上讲，不能说人都是自私的，但完全可以说人都是自利的。自利的人为了自己的利益，当然会认识自己的权利，享有自己的权利，进而维护自己的权利。权利的认识、享有和维护，都是对于权力的有效制约。

从权利的认识上讲，人们知道了自己的权利，就知道了权力的义务。权利的范围有多大，权力保障权利的责任范围就有多大。这是对权力的制约。譬如，人们知道了自己的知情权，它就会明白政府对于人民有公开信息的义务。当权力随意宣布保密的时候，人们就会表示他们的不满，甚至要求权力加以公开化。当人们知道自己有选举权的时候，人们就会正视自己的选举权利，并要求权力予以应有的尊重。

从权利的行使上讲，人们行使了自己的权利，也就必然要求权力承担相应的义务。相对于权利，权力有两个主要的义务：一个是权力主体本身就是义务主体（如在国家社会保障机关与公民之间最低生活保障的关系中，国家社会保障机关是权力主体也是义务主体）时，权力主体就必须主动履行义务。只有这样，公民的权利才可能成为现实。另一个是当权力主体不是相应的义务主体时（如法院对于自身不是案件当事人的买卖合同纠纷而言），权力主体（如法院）就有保障权利得以实现的义务。任何权利在实现的过程中遇到障碍，权利人都有权要求权力予以保障——对义务人予以强制或制裁。

从权利的维护上讲，人们对于权利的维护，更是对于权力的制约。权利的维护总是在权利被侵害的情况下，才具有实在的意义。权利人可以放弃权利，当其权利受到侵害时，他可以忍受，可以放弃对于权利维护的要求。但是他一旦要求保护或保障，权力的主体就有责任予以应有的保护或保障。

4. 权力制约权力

用权利来制约权力，当然是重要的，它特别能调动制约者的积极性，因为它立足于权利主体对于自己利益的关心。但是权利的主体往往是软弱的，如果没有外力的帮助，甚至是无法自救的。于是人们又思考再去寻找新的方式。显然，用权力来制约权力，无疑是重要的方式。

怎么用权力制约权力？人们的第一个设想便是将权力按照不同的性质进行不同的分类，交由不同的人或机构来执掌与行使，让不同的权力主体之间相互制约，以防止权力被滥用。于是就有了“三权分立”的分权理论，也有了社会主义权力的分工理论。其目的都是在于以权力制约权力最终实现有效的权力制约。

首先，从分权理论来看。一提到分权，大家马上想到“三权分立”，其实，分权理论是在两个意义上成立的。一个是权力的等级分配，如中央与地方的分权；另一个是权力的平行分配，如三权分立或五权分立。分权的目的就在于防止一权独大，失去制约，成为专制的权力。对于分权理论，不能笼统否定。至少不同权力级别之间的分权是必需的。中央与地方之间，当然应有权力划分，否则就会导致中央与地方之间权界不清，责任不明，妨碍国家权力的正常运行和有效运行。

其次，从分工理论来看。分工理论是基于对分权理论的排斥态度，又面对权力不能不分而提出的又一个权力制约方案。按照我国目前比较主流的观点：我国《宪法》规定了横向权力分工关系，明确了国家权力机关、行政机关、审判机关、检察机关、军事统率机关的职权范围；我国《宪法》规定了纵向权力分工的基本原则，即在中央统一领导下，充分发挥地方的主动性和积极性。

对于分权与分工的理论，还需要作进一步的研究，并且从中找出规律性和共同性的东西。对于资本主义的一些理论要采取马克思主义扬弃的辩证思维方法，加以科学对待。在分权与分工理论之间，如果撇开二者之间的分歧，就会发现许多共同点，其中一个重要的共同点也就在于用权力来制约权力。

（三）权力的法律制约

对于权力进行法律制约，是法治的基本要求和显著特征之一。权力本身要求法律制约。在众多的制约手段这种，法律无疑是最有效的。法律对权力的制约有其基本的模式。

1. 权力要求法律制约

如果对权力的来源和属性进行剖析，就会发现它们都提出了对权力进行法律制约的要求。

从权力的来源上讲，权力是人民的，但是权力始终存在脱离人民的趋向。正是因此，必须对权力进行监督，确保权力始终属于人民。人民怎么让权力按照自己的意志来行使，首要的问题就是用什么来表达人民的意志。在表达人民意志的众多方式之中，只有法律的方式具有最大的确定性、稳定性、权威性，所以人民经常就选用法律来记载自己的意志，并以此来要求权力的运行严格依照法定的方式进行。要求权力严格依法行使，也就是对权力的法律制约。

从权力的相对性来讲，权力必须受到人民权利的制约，必须受到地域范围的限制，必须受到社会方面的局限，必须与其他权力相并存。权力的相对性是对绝对权力的制约。“绝对的权力对行使这种和服从这种权力的人，对他们自己和他们的子孙及其后裔，都是不好的；这种企图无论是以任何方式都是充满灾难的。”①如何确保权力的相对性,防止权力的绝对性,法律就是最好的武器。

从权力具有支配性来看,任何权力都是有支配力的。权力的支配性是权力不可缺少的属性。这种属性使权力成了一种具有强制性的力量,也同时使它有可能成为一种不受拘束的力量。正是这种不可缺少又不能不予以制约的属性,使得对权力的法律制约成为必需。

从权力具有权威性来看,权力权威性主要依赖的是权力运作的规则性和权力运作的公开性。权力的权威性的这两个基本的依据为权力的法律制约奠定了基础。法律就是公开的规则,所以依照法律运作的权力最具有权威性。将权力的权威性和法律性质结合起来,就既能使权力的效用得到充分的发挥,也能使权力受到必要的拘束而不至于泛滥或被滥用。

从权力的组织性来看,权力是一种有组织的系统力量。这种有组织的系统力量是一个复杂的综合体,它需要法律来加以具体的规制、调控、协调。作为组织化的权力当然会产生对于规则的要求。这种规则要求,对于国家权力来说,最重要的就是国家法律这一特殊的规范体系。所以运用法律来规制权力正适合了权力的组织性特点。

权力的人民性、相对性、支配性、权威性和组织性都决定了它必须有既定的规则作为其正常运行的保证。既能符合权力的性质又能使其不至于异化的规则,只有法律。只有在法律被制定得很好而又被很好实现的法治状态中,权力才能不被变异,所以必须重视法律对于权力的制约。

2. 法律制约最为有效

权力的制约手段很多,有道德、权利、权力以及教规、纪律、政策、利益、责任和法律等。在众多的手段中唯有法律是最有效的制约手段。法律之所以能如此,主要是由于法律具有其他任何手段都不具有的公

---

①　[古希腊]柏拉图:《第七封信札》,第 334 页。转引自王人博、程燎原:《法治论》,山东人民出版社 1989 年版,第 7 页。

开性、国家强制性、国家意志性和普遍约束力。法律是制约权力的最佳手段,但并不是有了法律,就等于有了权力的良好制约。法律必须在法治化的社会状态中才可能发挥出对权力的制约效用,充分实现其权力制约功能。法律对于权力的最佳制约状态,就是法治状态。

权力的制约方式很多,有集权与分权的权力制约方式。只要不是处于极度专制之下,权力制约方式都不能离开法律的作用。权力的必要集中是重要的。没有一定的集权,各分散的权力就可能摆脱制约或者不受制约而滥用。因为权力过度分散,高层次权力就难以对低层次权力进行制约。但是,权力的适当分散同样是重要的。没有一定的分权,权力就可能因为过度集中而导致专制,使社会蒙受重大的损失。孟德斯鸠认为,"当立法权和行政权集中在同一个人或同一个机关之手,自由便不复存在了"。① "如果司法权不同立法权和行政权分立,自由也就不存在了。如果司法权同立法权合二为一,则将对公民的生命和自由施行专断的权力,因为法官就是立法者。"②"如果同一个人或……同一个机关行使这三种权力……则一切便都完了。"③行使权力的机构应当是必要的集权与适当分权的有机结合。然而在权力的社会实践中,常常出现的是两个极端。一是过度强调集中,形成专制集权;二是过度强调分散,出现无政府主义。如何保障权力的适度集中与分散,就必须依靠法律的作用和力量。只有依靠法律,在立法上的权力配置,才可能具有应有的权威。在法律实施上,只有依靠法律来规制权力才可以保证权力既不过度集中,也不过度分散,始终具有科学的性质。

3. 法律制约的基本模式

对权力进行制约的根本主体是人民,人民如何通过法律来制约权力呢?

---

① [法]孟德斯鸠:《论法的精神》(上册),张雁深译,商务印书馆1961年版,第156页。

② [法]孟德斯鸠:《论法的精神》(上册),张雁深译,商务印书馆1961年版,第156页。

③ [法]孟德斯鸠:《论法的精神》(上册),张雁深译,商务印书馆1961年版,第156页。

人民运用法律为权力的运用设定模式，从而制约权力。权力来自人民，当它一旦与人民相分离，就具有了一种脱离人民的倾向和离心力。要确保权力忠实于作为其基础的人民，就必须有对于权力的必要制约，防止权力远离人民或背叛人民。人民是一个整体，人民对权力进行制约的意志，只有通过法律才能得以表达。法律可以为权力的运用预设一个既定的模式。也只有法律才能作为人民整体共同意志的表现形式，对权力及其行使进行规范，防止权力成为没有约束的权力或者失去约束的权力。也许正是因此，有的学者直接把权力与法律联结起来，认为权力是法律秩序的效力和实效。“人民所从属的那种国家权力不过是法律秩序的效力和实效，而领土和人民的统一就是从这一秩序的统一性中引申出来的。如果主权被认为是国家‘权力’的一种属性，这一权力一定是国内法律秩序的效力和实效。”①

人民还可以运用法律所预设的模式来检测权力运行的状况，并适时校正权力的运行状态。法律具有模式的意义。人民可以通过法律对权力的范围、等级、效力、行使的程序、后果、责任等作出规定。法律，一方面是对权力行使者提出要求；另一方面也是人民检验权力行使状况的根据和准则。人民这个权力的终极来源才可能保证其所赋予有关机关和个人的权力被真正、正当地行使。

四、法治优越论

法治优越论是人类在自己的社会实践中总结得出的历史经验和理性结论。法治的优越性是将法治与人治相比较而得出的。中国历史上的依法治国实践为我们提供了历史的镜鉴。法治优越论足中国具有独

① ［奥］凯尔森：《法与国家的一般理论》，沈宗灵译，中国大百科全书出版社 1996 年版，第 283 页。

特的意义。

(一)法治优越论的历史发展

法治优于人治,是人类历史的经验教训的总结。在古希腊,柏拉图早年曾主张由哲学家做国王,或者将国王培养成哲学家的哲学王统治。对于柏拉图的"哲学家"概念,不应作现代的哲学家概念来理解。在柏拉图时代,哲学是科学的科学,甚至是一切科学的总称。其"哲学家"当理解为"学识渊博的学者"的意思。经过人生的世事变换,他修正了自己的观点,转而认为在无"哲学王统治"的情况下,法治便是最好的。他看到了法律的局限,"因为人和人,行为和行为,事和事千差万别,我敢说,在人类生活中没有任何东西是静止不动的,这就注定不可能用什么高明的知识,打算颁布一项简单的法规去永远处理每一件事情。"①但他很早就认为,"人能受同等之管束。而得享真正之平等也……国家之所以必有法律者即以此。盖法律者国家所赖之以维持。"②后来,他把采用法律的政府(法治)"作为第二种最佳的选择,这是完全正确的好政府,当你无法建立第一种或我们刚才所谈论的政府的时候。"③进而认为,"如果一个国家的法律处于从属地位,没有权威,我敢说,这个国家一定要覆灭;然而,我们认为一个国家的法律如果在官吏之上,而这些官吏服从法律,这个国家就会获得诸神的保佑和赐福。"④

亚里士多德通过对150个城邦国家进行比对研究后认为,共和政体是最为理想的政体。之所以最为理想,是因为它实行的是法治,而不是一人之治。因为法律是一种完全没有感情的中道的权衡。他说,"凡是

---

① [古希腊]柏拉图:"政治家篇",载《西方法律思想史资料选编》,北京大学出版社1983年版,第16页。

② [古希腊]柏拉图:"理想国",载《西方法律思想史资料选编》,北京大学出版社1983年版,第15页。

③ [古希腊]柏拉图:"政治家篇",载《西方法律思想史资料选编》,北京大学出版社1983年版,第18页。

④ [古希腊]柏拉图:"法律篇",载《西方法律思想史资料选编》,北京大学出版社1983年版,第25页。

不凭感情因素治事的统治者总比感情用事的人们较为优良。法律恰正是全没有感情的；人类的本性（灵魂）使谁都难免有感情”。① 他认为，“让一个人来统治，这就在政治中混入了兽性的因素”，②“法律是最优良的统治者。”③

近代法学家们对法治理论作出了新的贡献。洛克认为，“如果法律不能被执行，那就等于没有法律；而一个没有法律的政府，我以为是政治上的不可思议的事情，非人类的能力所能想象，而且是与人类社会格格不入的。”④“法律一经制定，任何人也不能凭他自己的权威逃避法律的制裁；也不能以地位优越为借口，放任自己或任何下属胡作非为，而要求免受法律的制裁。公民社会中的任何人都是不能免受它的法律的制裁的。”⑤法律高于权力，法律至上是法治在近代发展的结果和重要成就。

（二）法治比人治优越

法治与人治相比较，并不是在任何意义上都绝对比人治好。对于人治“优点”的肯定，正如前面对专制政治“优点”的肯定一样，笔者提出这一见解的原因，一是它是科学的真实；二是它有利于我们理智地对待人治和人治的主张而作出明智的抉择，更不会因偶然看到专制政治的“优点”而放弃法治。正如民主政治与专制政治的关系一样，历史上许多思想家和法学家都看到了这一点。只是在总体上，法治比人治更加优越。这种优越性主要表现为：

法治必须民主，人治没有民主。真正的法治都以民主为核心，而人治都是以专制为核心的。法治的法都必须是民主的产物，并以民主为目的。而专制往往都是个人的独裁或者少数人的统治。人治之下即使存

---

① ［古希腊］亚里士多德：《政治学》，吴寿彭译，商务印书馆1965年版，第163页。
② ［古希腊］亚里士多德：《政治学》，吴寿彭译，商务印书馆1965年版，第171页。
③ ［古希腊］亚里士多德：《政治学》，吴寿彭译，商务印书馆1965年版，第171页。
④ ［英］洛克：《政府论》（下篇），叶启芳、瞿菊农译，商务印书馆1964年版，第132页。
⑤ ［英］洛克：《政府论》（下篇），叶启芳、瞿菊农译，商务印书馆1964年版，第59页。

在某种听取意见和建议的“民主”,那也是一种不完全的民主。因为这种意见或者建议是否被尊重或者采纳并不取决于民众,而是取决于统治者的主观判断。他认为你是正确的便予以采纳,他认为你是错误的便可以置若罔闻。最终的决定权仍然掌握在个别或少数统治者手中,这种“民主”也许有助于统治者作出明智的判断与选择,也许可以为统治者赢得民心,但它不是真正的民主。

法治有利于自由,人治不利于自由。人的自由,除思想自由之外,一切行为自由都不是无限的。在法治状态下,人们可以按照既定的良好法律选择自己的社会行为,所以只要他严格依法办事,就不可能有不自由的情形。而人治状态下,人们看不到事先确定的行为规则,其社会生活的行为就缺乏准则。某种有权的人认为某某构成违法犯罪,即构成;认为某某不构成违法犯罪,即不构成。是否违法犯罪存乎掌权者的主观判定。这样,整个社会都不可能有什么安全感,也就不可能有什么自由。

法治有利于平等,人治不利于平等。在法治之下,任何人都必须守法,不允许任何人有违法而不受追究的特权。其实这也就是法律适用上的人人平等。人治则以一定人的意志为根据,随其主观意志的变化而变化。即使期望人人平等,也会因缺乏统一的行为规则和客观的评价标准而无法实现。人治的模式就注定了它不可能有平等可言。即使偶有某种平等,也会在时间的变换中,因缺乏规则而不能持久。

法治有利于社会稳定,而人治不利于社会稳定。社会稳定,需要有稳定的规则作为前提。只有在统一的社会行为规则之下,人们的行为才有一个基本的准则,人们相互之间才可能减少和解决冲突,使社会处于相对稳定的状态之中。如果人们没有一致遵行的规则,我行我素,各行其是,社会就会陷入动荡之中,而人治正是相对缺乏这种规则的社会管理方式,人治不利于社会稳定。

尽管人治并非一无是处,但是它毕竟不如法治优越。人类付出的沉重代价,经过了一代又一代人的苦苦思索,才得出了法治优于人治的结论。也就是说,确定法治的治国方略与具体措施,是人类进步与文明的表现。法治优越论成了法治的理论基础。

(三)以法治国理论与当代法治

中国历史上没有近现代意义上的法治,但却有自己的“法治”传统。中国传统中的“法治”是“以法治国”意义上的法治,即“命有司,修法制,缮囹圄,具桎梏”。① 中国先秦时代就已使用过“法治”这一语词。如“知法治所由生,则应时而变;不知法治之源,虽古终乱”。(《淮南子》)其对于“法治”的理解不过是“权衡具而重益轻,斗石设而多益少,故以法治国,举措而已也。”②

中国以法治国的“法治”传统理论有助于中国当代法治的启动。综观中国以法治国的传统学说,其中至少包含着完备法制、法律平等、强国富民等内容,它们与当代法治具有一定层面的契合。建立法律制度是实行以法治国的前提,对于法律制度,强调的“修法制”和“建法立制”。对于法律平等,主张的是,“法不阿贵,绳不挠曲,刑过不避大臣,赏善不遗匹夫”。③ 以及深入人心的“王子犯法与庶民同罪”,“不别亲疏,不殊贵贱,一断于法。”对于依法治国的目的,被概括为“建法立制,强国富人”。④ 中国古代的这些以法治国思想,与现代法治相去甚远,但是,其中所包含的法律观念,有助于民众对现代法治中的有关内容的接受。

中国传统的以法治国观念,也可能成为现代法治的障碍。这也是我们所必须警醒的。因为,在中国古代“生法者,君也;守法者,臣也;法于法者,民也。”⑤它根本就不是现代的法治。如果对此没有清醒的认识,就可能出现以中国传统的以法治国观念来指导现代法治的悲剧。

(四)法治优越论在中国的独特意义

法治优越论在中国具有特别重要的意义。之所以尤其需要倡导法

---

① 《礼记·月令》。
② 《韩非子·有度》。
③ 《韩非子·有度》。
④ 刘劭:《人物志·流业篇》。
⑤ 《管子·任法》。

治优越论,这是中国独特的历史过程和文化传统所决定的,也是中国的历史过程和文化传统长期未能得到有效清理和批评所必需的。

法治优越论有助于改变中国的人治传统。中国是一个具有人治传统的国度。从有国家以来,中国从未出现过真正的法律统治。法律在历史上几乎无一例外地是专制统治用以达到自己统治目的的手段和工具而已。人治在中国具有最悠久的历史。孔子就认为,“为政在人”。“文武之政,布在方策,其人存,则其政举;其人亡,则其政息。”①当权者“其身正,不令而行;其身不正,虽令不行。”②中国古代的治国方略,所宣扬的也是“示人以法不若以意”。即“上之人举目摇足,而天下已知其意之所在。是故以法示人不若以意示人。其意在是,其法不在是,则不令而自行;其法在是,其意不在是,则虽令而不从。”③“任官之道,示之以法,不若示之以意。其法是也,其意非也,虽重而亦轻;其意是也,其法非也,虽轻而亦重。”④在一个具有深厚人治传统的国家,确认法治优越论是非常有意义的,它有利于根除传统的思维定式。

法治优越论有助于正确认识道德与法律之间的关系。中国古代也是一个德治作为具体内容的人治国家。中国古代的德治实质上是人治。它把德的地位强调到了无以复加的地步。孔子倡导“为政以德”,“道之以政,齐之以刑,民免而无耻;道之以德,齐之以礼,有耻且格。”⑤孟子倡导“以德服人”,荀子主张“明德慎法”,董仲舒强调“大德小刑”和“先德后刑”。中国古代法律及其解释的代表《唐律疏议》就宣称“德礼为政教之本,刑罚为政教之用。”⑥道德与法律是并存的社会规范,将道德置于法律之上,把法律作为道德的工具,可以说是中国的传统。在这样的国家强调法治优越论,显然有助于矫正由于历史原因而形成的对于法律与

① 《礼记·中庸》。
② 《论语·子路》。
③ 《永嘉先生八面锋》(亦名《治国方略》),吉林人民出版社1997年版,第21页。
④ 《永嘉先生八面锋》(亦名《治国方略》),吉林人民出版社1997年版,第25页。
⑤ 《论语·为政》。
⑥ 俞荣根:《儒言治世》,四川人民出版社1995年版,第54页。

道德关系的误解。

法治优越论有助于彻底挣脱历史的重负，真正确立依法治国的治国方略。在中国历史上，比法律更受重视的不仅有德，而且还有礼、仁、义等。它们都有一定社会规范的意义。在中国历史上，还有以礼治国、以仁义治国之说。在20世纪末，我们选择了依法治国的治国方略与建设法治国家的法治目标。如果我们不能克服历史和传统的局限，是绝对不可能取得成功的。因为“一切已死的先辈们的传统，像梦魇一样纠缠着活人的头脑”①。法治优越论的倡导，有利于从历史传统中解放出来，将依法治国作为行动，将法治国家作为目标。

法治是一种整体化的社会行为，一种整体化的社会状态，另一种整体性的社会模式。法治的理论基础也是一个不可分割的整体。其中主要包括民主治国论、权力制约论和法治优越论。这三个理论是缺一不可的、有主有从的统一整体。民主对于法治具有根本的决定意义。民主既是法治生成的基础，也是法治追求的目的。民主的治国方式是依法治国的政治前提与存在空间。在专制之下，是不可能有法治存在的。所以，民主治国论是法治论的基础。法治的关键是对权力的依法制约。如果权力不受法律的约束，也就无所谓法治。法律对权力的制约，包括对权力赋予、权力行使、权力关系等的规范。没有对权力的有效制约，法治就会毫无意义。因为，如果法治只是为了治民，只需有纯粹作为手段和工具的法律就行了，根本就无须法治。法治必须治权，而治权也就是对权力的依法约束，保障权力的依法获得与依法运作。保障民主和制约权力的手段虽不仅限于法律，但是只有法律才是最可靠的。依法达成民主治国和权力制约的目的，也就是法治。在众多的手段、方式、模式，乃至体制、结构之中，唯有法治是最好的，最有效的。历史和现实都得出结论，法治是最优越的治国方式、方略、手段、模式。

法治的理论基础是一个有机联系的整体，具有统一性。其中民主治

① 《马克思恩格斯全集》(第8卷)，第121页。

国论是最根本的。民主治国论要求权力制约论和法治优越论与之相并存。要真正地实现民主,就必须制约权力和崇尚法治。对权力的制约和法治的崇尚是民主治国的题中之意。对于具有长时期专制和人治传统的中国,在强调民主治国的同时,强调权力制约和法治崇尚的意义是不容否定的。因此,我国法治的理论基础应当是以民主治国论为根本的、以权力制约论和法治优越论为重要支柱的理论整体。

第十七章　法治国家的社会条件

中国历史上为什么没有出现法治或者没有建立起法治国家？许多学者都进行过探讨。答案多种多样，但是可以肯定的是，其中有一条：中国社会一直没有具备法治或法治国家得以建立的社会条件。

一、法治国家与社会条件

社会条件包括物质生活条件与精神生活条件，包括一个社会为其成员生存发展所提供的经济、政治、文化、历史等基本因素。法治国家作为一种社会现象，也是一种社会条件的产物。法治国家是人类社会历史发展的产物，因此，就必须具备一定的社会条件。也就是说，如果缺少必要的社会条件，法治国家就不可能建立。

（一）法治国家是社会的历史产物

人类探索法治的历史非常久远，早在柏拉图时代，他就认识到法治国家是仅次于其最高理想——哲学王的国家——的第二等好的国家。尽管他一直把哲学王的国家认为是最好的,但是在其晚年十分明确地认为在建立哲学王国家不可能的情况下,退而求其次地认为,法治国家便是国家的理想状态了。至于亚里士多德更是主张国家应该处于法治的状态。在他的思想中,法治优于人治,国家应该是法治的国家。尽管他们都认识到了法治国家的优越性,其理论也不乏追随者,但是真正法治国家的出现却是遥遥无期。

中世纪是一个神学的世界。这个世界中,法律最多只是神意的体现。如果说要有一个理想的国家状态的话,主流的思想一定是一个神的王国。在神的国度中,法是从属于神的,是神的附属物。就封建社会来说,法治国家是历史的沉梦,早已被掩埋在历史的沙砾之中,似乎为世界所遗忘。即使是那些著名的法学家,也是在神意之下来图解法意的。《圣经》就是法律,宗教教规与戒律即是法律,真正意义的法治不复存在,真正的法治国家不是被遗忘,就仅仅是在梦想中,就是在期待中。中世纪为代表的西方封建时代,中国的封建社会等都无法建设法治,也不会建立起法治国家。

法治国家是近代社会发展的产物。之所以能在近代产生,那是因为资本主义因素的发展,导致了资产阶级革命,由资产阶级革命建立了资本主义社会。在资本主义的发育过程中,市场经济的经济体制逐步建立,在资本主义社会建立之后愈益完善。同时资产阶级的民主政治也不断完善乃至最终形成。在摧毁了神学之后,人们对于法治的认知得以恢复,并得到更高层次的发展。大量的资产阶级的革命家、理论家不仅为市场经济、民主政治鼓吹,也为资产阶级法治建立了一系列重要的理论。正是在这样的基础上,资产阶级才建立起了他们的法治国家。

当然资本主义法治国家的建立也不是一帆风顺的,从形式意义的法治国家到实质意义的法治国家,经历了巨大的历史变革。从某种意义上说,第一次世界大战与第二次世界大战都是法治国家走向现代化的苦难经历。也可以说,正是经历了两次世界大战及其社会历史条件的变革,现代资本主义法治国家才赢得了自己建立和发展的必要基础,法治国家才真正由形式意义的法治迈向实质意义的法治,使现代法治国家逐步发展形成。

人类的国家类型从奴隶制国家,经封建制国家,到资本主义国家和社会主义国家,在一个国家是一个连续不断的过程,在不同国家之间则是交叉共存的。纵观历史,只有在资本主义国家和社会主义国家中,才可能建立起真正的法治,也才可能建立起真正的法治国家。法治国家的建成必须具备一定的社会条件,学者们对此并无不同的认识。对于这些社会条件的内容是什么,看法就各不相同。在我看来,现代法治国家的建立必须依赖的社会条件是自资本主义出现以来,在社会主义发展到新的境界的经济的市场化、政治的民主化和意识的理性化。现代社会的经济、政治、文化的发展为法治的产生奠定了基础。法治国家的经济、政治、文化条件的建立,这三个方面都是法治自身无能为力的,必须依赖外在的社会予以提供,法治可以影响这三个方面,但法治并不能创造这三个方面。也就是说,是现代社会市场经济的出现、民主政治的建立和理性认识的深化,人类才最终找到了建立法治国家的道路。是资本主义社会为法治国家准备了条件,使社会主义更有了对资本主义法治国家超越的可能。

(二)法治国家是社会的现实要求

人类的社会和国家发展都是一个历史过程,而且有始无终地延展。人类自从进入国家状态以来,法治的思想就绵延不绝,但是在资本主义社会之前,真正的法治并没有真正出现过。在没有民主的专制社会中,是不可能建立法治和法治国家的。真正的法治国家是民主国家的产物,也是民主国家的必然属性。法治国家与民主国家是一体两面的国家状态,真正近现代意义的法治与民主是共生、并存的。

人类的社会实践一再表明,没有民主,法律不过是君王或者类似君王等统治者的统治手段。在君主专制类似的国家中,法律永远不可能具有至上的性质。只有建立了社会民主制度,人民的意志通过法律得以体现,法律才可能拥有至高无上的地位,国家才可能法治化,发展成为法治国家。因为人民是一个整体，人民的意志必须获得一个集中表现的载体。人类在社会实践中发现这个最好的载体就是法律制度。先用法律记载人民的意志，然后要求一切公共权力包括一切政治领袖忠实地执行法律和遵守法律。公权力和官员对于法律的忠诚也就是对于人民的忠诚，其判断的标准都必须也只能是记录和体现人民的意志的法律。因此，在民主的国家中，体现人民意志的法律被作为一切公共权力和官员的行为准则。

人类社会发展到当代不仅政治民主要求国家法治化，而且市场经济的发展也提出了同样的要求。当今时代，市场经济成为人类社会最普遍的经济体制，而且是现阶段最具有活力的经济体制。市场经济的发展，为法治国家的建立奠定了经济的多重基础，同时也呼唤国家的法治化。市场经济体制一旦建立很容易遭受来自国家的破坏，尤其是作为国家代言人或代表者的政府等公共权力的破坏。为此，就必须约束国家，约束以国家代表者的政府。法治就成为约束国家和政府的最有力的手段。同时，市场经济还需要国家和政府提供迫不得已的干预，否则听任经济的野马横行，也会将社会拉向倒退。市场经济的无序性必须政府运用法律来加以规制，必要时政府或者国家得直接干预经济运行。但政府或者国家对经济为何干预、何以干预、干预到何种程度都绝不能听任政府或者国家的任性，于是为其干预设定一定的条件与规则就成了必需，法律、法治就成了必需。在这两个意义上法治国家都是市场经济健康发展的要求。

现代社会是人类积累了几千年文明的社会，人类对于既有的各种政治统治方式与社会治理模式已经有了相当的认识，积累了丰富的政治文化。人类在经历了各种专制、人治之后，自觉认识到法治是人类发展到今天的正道。各国都开始并继续推进自己的法治事业，促进国家的法治化发展，以为社会的发展提供更好的手段与路径。法治成为人类政治文明的重要成果。法治的文化经过了历史的积淀、增长，早已蔚为大观。人类对法治的认识以及法治文化的累加，都提出了国家必须推行法治，实现法治化的目标。

我们这里是就现代社会发展的法治国家要求做的一个简要的阐释。对于法治国家各个主要的社会条件，我们将在此后的文字中进一步逐一地加以论述。

二、经济的市场化

如果说大规模的立法是伴随交换意义的市场出现而产生的，法治则是伴随着经济的高度市场化而逐步产生形成的，市场经济是法治形成的经济基础，经济的市场化是法治国家建设的经济动力。

（一）经济市场化是法治国家的前提

经济的市场化是法产生的重要条件。在原始社会早期，人们的一切财产都是公有的，共同劳动，平均分配，没有交易，也没有市场。没有法律，当然谈不上有法治或法治国家。在社会的逐步发展中，偶然的交换出现了，继而发展为商品交换，先是以物易物的直接交换，后来发展为以货币作为媒介的商品流通。随着人类交换行为的复杂化，使法的产生具有了现实的可能性与必要性。交换以社会分工、生产资料与劳动产品属于不同的所有者为前提。交换的发展要求确立具有公开性和强制性的交易规则。正如恩格斯所说，"在社会发展的某个很早的阶段，产生了这样一种需要：把每天重复着的生产、分配和交换产品的行为用一个共同的规则概括起来，设法使个人服从生产和交换的一般条件。这个规则首先表现为习惯，后来便成了法律"。① 法的起源的原因是多方面的，是多个力量综合作用的结果，但是不可否认的是，在众多的力量之中，经济从原始的高度公有走向市场化，是一个极为重要的原因。

经济的市场化是建设法治国家的重要前提。经济在未市场化之前，

---

① 《马克思恩格斯选集》（第2卷），第538～539页。

只能是非市场经济。作为非市场经济的自然经济、计划经济,乃至其他经济,都无法提供自由和平等的动力支持。在自然经济中,人们日出而作,日落而息,活动的范围和空间都极为有限。相对封闭的社会是与自然经济相对应的社会状态。在计划经济之中,自由并不是人们的理念,什么都按照计划进行,似乎自由就成了多余。在缺乏自由的同时,人人都处于简单的类同于均等的状态,与自由相联系的平等同样是没有的。市场经济与自然经济和计划经济不同,它要求社会成员有广泛的自由与平等。因为只有在自由和平等的环境之中,经济才会有市场化的正常而良好的运行。

法治及其所包含的法治国家,都要求有广泛的自由与平等,而市场经济是最要求自由与平等的。也唯有市场经济才能提供法治国家建设追求自由与平等的动力。

市场经济要求每一个市场活动主体都具有足够的活力,都能自主地展现自己的活力,全面实现自己在各个方面的能力与价值。这正是市场经济主体对于自由的要求。市场经济对于自由的要求决定了市场经济对于法治的需要。换句话说,市场经济主体也只有在市场经济的条件下才可能享有充分的自由。市场经济主体都需要人身自由、财产自由和契约自由等。缺乏其中的任何一个自由,就不成其为市场经济。市场经济中的自由不能够自我保护和保证的,它会受到来自多个方面的威胁:一个是相对应的市场经济主体对自由的侵犯,一个是经济主体对于自由的滥用,再一个是政府或者国家对个体自由的侵犯。这三个方面的任何一个方面都可能毁坏整个自由。要制约其中的每一个因素,只有法制是不行的,还必须有法治和法治化的国家才行。在法治和法治国家中,法律不是限制自由的手段而是保障自由的法宝,是实现自由的路径。首先,法治为自由设置范围和轨道,以便市场经济主体充分享有自由而又不至于滥用自由;其次,法治制裁侵犯他人自由的违法犯罪,而且对于侵犯他人自由权利者无一例外(平等)地加以制裁,防止对于自由的侵犯;最后,法治或法治国家严格约束权力本身,防止国家权力的放任,使自由免受来自国家的威胁或者侵犯。如果说前两个方面,在非法治状态中还可以做到的话,第三个方面就非法治国家而不能为。

市场经济对于平等的要求和市场经济的平等性质,决定了法治要以市场经济作为重要的社会条件。市场经济主体为了取得与其他主体同等的机遇和能力,就一定会要求与其他主体一样具有平等的发展权利。平等的发展权利是任何市场经济主体都需要和应当具有的。市场交易是市场经济中最经常的行为和现象,市场交易的前提条件是交易各方在法律地位上是平等的。市场经济是最讲求价值规律的经济,价值规律对于任何主体都是平等的。市场经济的发展要求有平等的权利,这些平等权涉及财产、交易等各个方面。前面所论及的市场经济中的自由,也是平等的自由。如果自由不是平等地具有、分配或享有的,自由就是不平等的自由,自由就会演变为特权。能满足市场经济平等要求的规则是一视同仁的法律规则,但仅有记录或确认这些规则的法制是不够的,要真正实现市场经济的平等,必须要有法治做保障,并在法治或法治国家中得以实现。法治要得以坚持,在各种可供选择的经济体制之中,唯有市场经济才能提供最强有力的支持。市场经济为主张平等,并把平等作为最重要的价值目标之一的法治提供了最有力的经济基础。

在市场经济中,法治所需要的和所能提供的不仅是自由和平等,还有人的其他基本权利。市场经济就是人的基本权利的最急切的呼唤者和主张者。在法治国家,并不需要对经济活动做过多的干预,只需要切实保障人的基本权利,为人们的经济活动提供最基本的条件。如果社会的经济发展没有对于人权的基本需求,法治的努力都可能是徒劳。市场经济既是法治对于人权进行保障的要求者,也是法治对于人权进行保障的客观基础。

(二)市场经济要求建设法治国家

市场经济是法治经济。综观人类社会的经济类型,一般地说,不外乎自然经济、产品经济和市场经济。相应地,主要依赖的调整手段不外乎伦理的、行政的和法律的。自然经济与其相适应的伦理手段结合在一起，又称为伦理经济；产品经济与其相适应的行政手段结合在一起，亦称为行政经济；市场经济与其相适应的法律手段结合在一起，也称为法治经济。市场经济是法治经济，在根本上是由市场经济本身所决定的。因为，市场经济的主体需要法予以确认，市场经济的运行需要法予以调整，市场经济的发展需要法予以保护。具体地说，市场经济主体的成立条件、法律资格、权利义务都需要法予以具体规定。如何保障市场经济的正常运行，是市场经济中法的主要任务。生产要素的流动，再不是由政府计划、配额、分配，而是在市场中自由地进行。法必须为市场提供完备的运行规则，确保纷繁的市场能有序地运转。同时，市场经济中的各项权利须依法行使，各项义务须依法履行。再说，市场经济中的各种越轨行为都需要法予以界定，予以处罚。

法治国家是法治发展的基础阶段。法治社会应当能够满足市场经济对于法治的需求，但在市场经济对法治的追求，最直接的目标是率先建立起法治国家。随着市场经济的发展，在法治国家也不能完全满足市场经济发展需要的时候，如果法治发展又能够提供进入法治社会的现实可能性，法治就会适应市场经济等各个方面的要求由法治国家向法治社会过渡，从而为市场经济提供更好的制度背景和社会背景。法治在更广泛、更深刻的意义上促进市场经济等各个方面的进步发展。

市场经济的发展，在中国当前主要是经济的市场化，它对法的发展提出了法治要求，也为法治或法治国家的形成奠定了基础。随着市场经济的发展，我国必将建立形成完整的市场经济主体的法律制度、市场经济运行的法律制度、市场经济宏观调控的法律制度和市场经济社会保障的法律制度等，从而为整个法治状态的形成创造条件。

每一种经济体制都有它自身的特点，在一定的社会环境之中，都会有一些在其他经济体制中不会产生或难以产生的社会问题。市场经济也会带来一些不同于自然经济和计划经济的社会问题。这些社会问题通过什么途径加以解决，特别值得探究，而且必须予以探究。如经济活动规则的问题。经济的市场化乃至市场经济的形成，必然导致经济活动比历史上任何时代都更加纷繁复杂，交易规模扩大、交易频率加快，各种经济纠纷会纷至沓来。面对不断发生而且数量激增的经济矛盾与纠葛，模糊的伦理手段已无济于事，机械的行政手段又有碍发展，只有法律手段才可能为其提供既有严格规则又有自由活力的现实道路。严格的以法律作为最高准则——坚持法律至上的司法、守法、法律监督和社会观念，就成了现实的期望。只有法治或法治国家才能满足这样的期望。

在市场经济中，权钱交易的几率必然比在自然经济和产品经济中大大增加，政治腐败的可能性也在增强。尤其是在由计划经济体制向市场经济体制转轨的过程中，腐败甚至会比在健全的市场经济状态中更为严重。

在由计划向市场的转轨中，利用计划与市场的差额进行"寻租"，已经是非常普遍的违法或犯罪现象。能进行这种"寻租"的，必然是拥有特定权力或特定社会关系的人。在中国这个具有权力崇拜和人情传统的国家，表现得尤为明显。要彻底消除这一"寻租"现象，最根本的只能是寄希望于市场经济体制的迅速建立。只有在健全的市场经济体制中，才可能彻底消除计划与市场之间的差额，消除"寻租"的可能性。其实，目前"寻租"现象除了在土地交易等方面还有所存在之外，已经比以前少多了。在这个阶段，在市场经济体制还无法健全起来的时候，依法制约这种"寻租"现象是最为必要和现实的。

在深化体制改革、全面进行市场经济体制建设中，在计划经济体制中积累的大量公有财产都会改变其经营方式，甚至还要改变其所有权关系。一方面不能不改革；另一方面又不能不防止和打击其中的违法犯罪。要达成这两点，唯有依赖法治。

任何经济体制中都会有腐败发生，但市场经济的确为政治腐败提供了更多的机遇。尤其是在法治不健全的情况下，政治腐败更会成为脱缰野马。如果任由政治腐败恶性发展，必然会葬送市场经济。要在市场经济中保证政治廉洁，就必须首先从体制、机制上杜绝腐败产生的可能性，强化法律监督。在制度设计上防止政治腐败，颁行阳光法案，加强对腐败的纠举,都是保证市场经济下政治清明的必要措施,也是保护市场经济顺利发展的法律武器。法治成为政治权力自律与社会他律的统一,才能在最大限度上遏制腐败的发生,制裁腐败。

三、政治的民主化

政治需要民主化,政治民主化的发展必然要求建设法治国家。让我们转换一个视角,我们还可以发现法治国家的建设也需要民主政治的发展。法治国家与民主政治之间具有重要的内在联系与互动关系。

(一)政治需要民主化

政治很早就来到了人类社会,而且在人类社会中不断发展演变。时而似乎是天使,时而似乎又变化成恶魔,始终与人类一道风雨同行。既然无法摆脱政治,如何使政治良性发展,就成了人类必须探讨的课题。除了原始社会的"政治"可能是民主的以外,由于经济、文化等各个方面的原因,人类政治起源之初并不都是民主的,相反,人类的早期政治多半是专制的。由专制走向民主,政治已经经历了千百年的发展历史。人类的政治实践,得出了结论,最有利于人类共同发展的只能是民主政治,而不是专制政治。所谓政治民主化就是政治从专制集权向民主过渡,以建立民主政治,实现政治民主的过程。为什么政治需要民主化?

首先,专制政治给人类带来了重大的灾难,只有民主化才能使人类远离专制,远离灾难。政治在很长的历史时期都为专制者把持,专制者对于公共权力的滥用,导致了数不胜数的严重恶果。人类在漫长的历史演进中终于发现,专制的政治必然是灾难性的政治。它由专权者意志决定,人民在专制之下,没有自由,没有平等,甚至没有最基本的人权。

其次,民主政治有利于人类进步,政治民主化必将使人类得到更快更大的发展。民主政治是多数人主导的政治。虽然多数人也可能有失误,但是,多数人的失误总会少于少数人,古人所说的集思广益便有此意。多数人的错误一旦出现,也比较容易发现和纠正。只要我们能给多数人修正错误设定机制与途径,我们就可以通过民主的法治化路径修正失误,不断进步。

最后,民主政治是政治民主化的结果,是政治良性发展的产物。政治在人类社会出现之时就产生了,政治一出现就具有非民主化的倾向。尤其是在英雄时代,人们都是在领袖的领导下生活的,英雄、领导主导社会的发展方向。政治在开明领袖手中就有了开明政治,在专制领袖手中就有了专制政治。专制政治一旦出现就有一个如何复归民主或实现民主的问题。政治由专制或者由非民主,向民主的转化就是政治的民主化。

(二)政治民主化要求建设法治国家

政治民主的内容要求法治和法治国家的建立。政治对法律提出要求并通过法律得以满足的情形,马克思主义的法学家都是赞同的,而资产阶级的学者也同样注意到了这一点。川岛武宜在其著作《现代化与法》中就写道:"因为政治是各种社会力量抗衡的最直接的表现形式,为获取自身社会利益的活动,必然会表现为政治上的权力之争,而这种政治权力之争的最终结果,又必然会表现为靠政治权力强制推行的法律命题。"①"任何强大的、有组织的政治权力,为了实现自己的政治目标,都要创造自己的法律观念或法律命题。"②"在社会结构之中,法律命题是为政治权力所支配的。因此,在法律命题之中,必然或多或少地体现着一定的政治理想。"③政治民主希望通过法律的方式得以实现,也同样会反映在法律中,形成对于法治或者法治国家的追求。

政治民主中最首要的就是人民民主,根本的就是人民当家做主,使

---

① [日]川岛武宜:《现代化与法》,王志安等译,中国政法大学出版社 1994 年版,第 232 页。

② [日]川岛武宜:《现代化与法》,王志安等译,中国政法大学出版社 1994 年版,第 232 页。

③ [日]川岛武宜:《现代化与法》,王志安等译,中国政法大学出版社 1994 年版,第 232 页。

人民真正成为国家和社会的主人,享有管理国家、社会事务的权力。人民的主人地位、权力、行使权力的方式和程序,都需要法律予以确认和保护。否则,人民当家做主的权利就难以落实。政治民主中最主要的是人民享有知政、参政、议政和监督政治的权利。知政权是人民在民主政治中享有的最基本的权利,是其他各项政治权利的前提。法应为知政的范围、途径和方式等提供法律依据。参政权是人民具体享受主人权力的体现,内含选举权、被选举权和表决权等。人民参政的方式、途径和程序等都需要法予以规定。议政权是人民评论政治、对现实政治发表自己见解的权利。法应确保人民议政权利的享有。监督政治的权利是人民监督政治、保障政治民主的手段。法应为人民监督政治提供有效的保证,确保政治对民主的忠诚。

政治民主的实现途径要求法治和法治国家的建立。民主政治,乃是多数人的统治。实行直接民主,让每个主人都直接地行使统治权,在现实社会中是根本不可能的。于是,就必须采用属于间接民主范畴的代议民主制。由人民选举代表组成代表机关。代表机关同时也是立法机关和权力机关,由它制定法律,监督法律实施;由它组织国家机构,监督国家机构。人民通过对代表的选举、监督,实现自己当家做主的权力。民主的实现过程是复杂的。民主有可能在其过程中发生畸变。要确保这一复杂过程不至于扭曲民主,就必须要有严格、稳定、权威、连续的程序规则。这种程序规则只能是法。

政治与法治都需要民主化,而政治民主化则是法治民主化的前提。民主政治与法治具有内在的同一性。民主政治的根本在于,政治要植根民主、反映民主、实现民主。法治的根本也在于民主。没有民主,法治就没有灵魂、核心和依归。真正的法治必然是民主的法被严格地遵守执行。立法、执法、守法、法的监督,一切法治环节都必须是民主的。民主是民主政治与法治的根本共同点。

中国民主政治法治化是一个渐近的历史过程。民主政治法制化是法治化的第一步或者第一个阶段。我国目前正处于这第一个阶段。有学者从十个方面总结了中国民主政治法制化，即制定了一部新宪法，推进了社会主义民主宪政的实施；改进了人民代表大会制度，使人民能更好地行使国家权力；改革了国家领导体制，使国家机关能够更有效地领导和组织社会主义事业；改善了选举制度，增进了选举中的民主；扩大了公民的权益，有些已有了法律保障；扩大了民族自治地方的自治权，保障了少数民族的权利和利益；建立了基层群众的自治制度，并正在把企业、事业单位的民主管理制度化法律化，把民主落实到基层；恢复并逐步健全司法机关与司法制度，在司法中贯彻了民主原则；经济文化领域中有了某些民主性的进展；初步建立了国家的监督制度，行政监督有所加强。并认为，还有几个方面的问题需要改进，即如何以法律来具体保障宪法民主的实施；如何在立法中贯注社会主义民主原则与精神；如何使已经法律化的民主得到认真切实的执行。①

如果进行更进一步反思，就会发现，除了这几个方面的问题之外，在民主的法制化方面，我国还存在许多其他的问题。诸如民主的法律制度还很不完善，甚至还有很大的缺陷，民主的程度还很低的问题。例如，我们的选举法律制度，就人民代表大会代表的选举来说，直选仅仅限于县级人民代表大会的代表，其余均为间接选举；就行政官员来说，目前尚无直接选举，一个由群众直选的“村长”在行政上还没有级别。此外，一些有关民主的法律制度之间还存在相互的冲突。部门法的一些具体规定与宪法赋予的公民基本自由权利相矛盾，影响了公民宪法上的自由权利在法律和制度上的具体化与现实化。

（三）法治国家建设需要民主政治

法治和法治国家都是以民主作为前提、基础、保障和目标的。没有民主就没有法治。就整个民主而言，政治民主对于法治具有最为首要的意义。没有政治民主就没有法治。政治民主的建立，需要一个政治民主化的过程。政治的民主化既是政治民主的形成过程，也是社会民主化的

---

① 郭道晖：《法的时代呼唤》，中国法制出版社1998年版，第103～109页。

龙头和关键。任何社会民主化要获得成功都必须首先将政治民主化。

法治作为一种思想理论,是人类思想积淀的结果,是人类法律文化的总结;法治作为一种社会实践,则是人类千百年社会管理的经验和教训的积累。

法治和法治国家建设需要国家或社会多数成员的共同努力。在中国的社会主义法治和法治国家的建设中,尤其需要千百万人的共同参与。法治或法治国家不是某个英雄人物或者少数的几个人、几十个人、几百个人就能完成的。法治和法治国家建设的过程需要全体社会民众的广泛参与。只有在人民广泛参与下,法治或法治国家才能得以推进。中国法治目标的提出已经不是一个很短的时间了,至少有了上百年的历史,为什么一直进展缓慢,离法治的目标还十分遥远呢?回答是多样的,但其中,缺乏民众参与,无疑是一个极其重要的原因。纵观世界法治发展的历史,也同样可以看到,一个成熟的法治或法治国家,都不是一蹴而就,一日之功的,也不是由少数政治领袖闭门造车形成的。旷日持久的法治发展,必须要有民众的普遍参与。

由于法治总是以政治民主作为前提,所以,法治必须以政治的民主化作为条件。

四、认识的理性化

意识的理性与非理性,对法治来说具有极其重要的决定性意义。即使有了市场经济和民主政治的基础,如果没有理性的意识,法治也同样不可能得以建立。其实,没有理性的意识的状态,市场经济和民主政治也同样是建立不起来的。因为市场经济和民主政治都同样不是非理性的。它们不仅不是非理性的,而且还必须依赖理性才能得以建立。没有受过非理性祸害的民族永远无法知道非理性的灾难性后果的。一个深受非理性祸害的民族要从非理性中摆脱出来,也是不容易的。中华民族是一个深受非理性祸害的民族。在几千年的历史中,大多数民众所具有的都是对以皇权为代表的非理性权力崇拜。皇帝总是被作为人和神的总代表而备受尊崇。皇帝又名“天子”,何谓“天子”,辞书是这样解释的,“天子指国王或皇帝(奴隶社会和封建社会的统治阶级把他们的政权说成是受天命建立的,因此称国王和皇帝为天的儿子)”。[①] 皇帝几乎享受了人间与天国的双重尊重与敬畏。在帝制被推翻以后,还有人梦想当皇帝,袁世凯就是一个典型的代表。就是在人们唱着《国际歌》那“从来没有神仙皇帝”歌词的时候,却又经历了一次次造神运动。皇帝作为神受到人们的礼拜,皇帝作为权力的象征同样受到人们的礼拜。被崇拜远不仅限于那天下一尊的皇帝,几乎一切权力都笼罩着光环。光环的大小随着权力的大小而变异。哪怕是一个极小的权力在善于玩弄“权术”的人的手中,也会放射出异彩,也会被发挥得淋漓尽致,也同样会受到应有的尊崇。“五四运动”是中国的一次声势浩大的文化革命,遗憾的是引发它的是国难,虽然民主、科学的口号被喊了出来,而且一大批思想家和革命家也着手批判中国传统文化,但是反帝救国的任务太繁重了,历史根本就没有把时间留给中国人民来彻底清算自己非理性的封建专制文化。进入社会主义时期以后,频繁的政治运动也不允许我们对于自己历史所留存的非理性遗毒进行彻底的清除。直至现在,法治国家建设已经成了时代任务的时候,历史遗迹还是建设法治的障碍。基于此,要进行法治国家建设,理性的意识对于中国人民实在是太重要了。在中国法治化的历程中,意识的理性化实在是不可或缺的重要工作。没有意识的理性化,就不可能有现代的法治建设,震天的法治国家口号也不过是一时的虚妄,历史的悲剧还将重演。每一个负责任的学者和中国人都不能不进行一番认真的检讨。历史教训已经够多够深刻了,不能没完没了地交学费。我们必须认真地学会怎么思考,学会怎么理智地对待历史、对待未

---

① 中国社会科学院语言研究所词典编辑室编:《现代汉语词典》,商务印书馆1985年版,第1136页。

来、对待我们自己。

(一)法治的意识前提

在意识的意义上,法治需要理性的意识,要求不理性的意识合于理性,成为理性的意识。理性的意识当然包括理性的法律意识,它与法律意识之间具有复杂且重要的关系。作为法律官员应当具有法律理性,具有理性的法律意识,并以此引导社会良好的法律意识的建立。

1.法治中的意识与理性

意识是人脑的机能和属性,是社会的人对客观存在的高级心理反应形式。意识可以分为个人意识和社会意识。无论是个人意识或是社会意识影响都是重大的,越是在社会文化交流充分的社会中,影响就越重大。法治是一项社会性的工程,涉及全体社会成员,因此,社会成员个人与集体的意识状态就必然影响法治。他们对于法治的接受与排斥构成法治形成和发展的思想基础,制约着法治的产生、发展与进程。在整个意识中,又以社会意识对于法治的影响最为重大。一般所说的作为法治基础或前提的意识主要指的是相关的社会意识,而不是个人意识。法治所需要的意识不是一般的意识,而是关于法的理性化的意识。社会意识是社会文化的观念基础,它只有在理性化的前提下,才可能为法治提供必要的思想和文化依据。

理性,是指人的概念、判断和推理等思维形式或思维活动,也指从感性认识上升到理性认识的阶段。它与感性相对应,是比感性更高层次的认识层面。有学者这样描述了"理性"和"理性的人",相信有助于对相关问题的理解,"理性是人用智识理解和应对现实的(有限)能力。有理性的人能够辨识一般性原则并能够把握事物内部、人与事物之间以及人与人之间的某种基本关系。有理性的人有可能以客观的和超然的方式看待世界和判断他人。他对事实、人和事件所作的评价,并不是基于他本人未经分析的冲动、前见和成见,而是基于他对所有有助于形成深思熟虑的判决的证据所作的开放性的和审慎明断的评断。他也不会关注因辨识事实真相而会给他个人的物质利益所造成的后果”。①

人的意识有处于感性阶段的，也有处于理性阶段的。所谓意识的理性化就是指人们将原本处于感性阶段的认识上升到理性认识阶段，它是指人的认识从感性阶段到理性阶段的过程与转化的结果。

2. 法治要求意识理性化

法治之所以要求意识理性化，是因为法治是人类理性发展的结果，是人类理性的表现。非法治的人治、礼治，都只有在理性的阳光下才可能受到彻底的批判。从非理性的意义上讲，人治并非一无是处。人治在管理方式和决策方式上，时常都比法治更加简便、快捷，比法治更少争论不休和议而不决，比法治更能满足奴化观念中的权威心理需求。而且，人类在特定的历史环境和客观条件下，也在一定程度上依赖着人治。在人治的“优点”得以表现的同时，法治的“缺点”也表现了出来，在非理性的意识中，人们并不一定就能对人治、法治的优缺点明辨是非。错爱人治的情况时常有之。至于礼治，不仅在非理性的意义上，就是在不彻底的理性意义上，也有一定的可取之处。然而，历史发展到现代，可以肯定，人治、礼治都已表现出了极大的不合理性。如果说它们还有什么益处，那也不过是“歪打正着”而已。就如同某乘客因生病而躲过了一场空难，某企业因行贿而得到了应得的出口权。人们总不能因此就歌颂疾病和行贿吧？然而，现实中是否就没有人喜欢这样的“疾病”和“行贿”呢？要使人们认识到“疾病”、“行贿”不值得歌颂，就必须要有正常的社会理性。只有在社会意识理性化了的时候，人们才可能不受非理性的纠缠，作出自己明智的选择；只有在大多数人逐步认识到非法治的“好处”并非真好处时，法治才可能逐步地在社会中建立。

意识可以理性化。意识既具有主观性也具有客观性，是主观与客观的对立统一。“从内容来说，意识是被意识到的存在（包括外部对象的存

---

① ［美］博登海默：《法理学——法律哲学与法律方法》，邓正来译，中国政法大学出版社1999年版，第454页。

在和意识承担者自身的存在），是客观存在的主观映象。”①“意识是人脑对外部客观存在对象的主观反映，其内容是客观的；但这种反映不是客观对象直接进入人脑，只是客观对象在人脑中的观念印象，因而其形式是主观的。意识是人的头脑中主观观念的形式和客观实在的内容的对立统一。”②意识的客观性决定了意识的可理性化。法的意识是人的意识之一种，法的意识必须被理性化，才能为法治提供最现实的基础与可能。法治不是天生的。法治来源于人们长期的社会实践，尤其是人们的法律实践。人类无数次法律实践的成功经验和失败教训共同凝结成了一个愿望——实行法治。法治的提出，就是人类理性思维的结果。在法治与非法治之间的明智选择，本身就依赖并表明了人的理性。人类对于法的一切期待、努力都是可以理性化的。只要人类正确地运用自己所拥有的理性天赋和理性能力，人类就会在法治发展的历程中作出明智的判断、推理，正确确定法的目标，寻找到达成该目标的最佳途径。

法治所要求的理性意识，涉及立法、执法、守法、法律监督，以及法治的每一个环节和方面。其中任何一个方面或者环节由非理性占了上风，法治就会受到威胁和危害，必然无法达到法治的目的。法治对于意识的理性化要求是全面的，但首要的还是立法上的意识理性化和执法上的意识理性化的两个方面。有学者认为，法律是理性的，“意味着法律是由一般性规范所控制，有合乎逻辑的安排，并合乎逻辑地被适用于具体案件。法官运用推理来判决案件，而不是对具体案件或情况作出个性化或情绪化的反应来判决”。③

3. 理性化的意识与法律意识

理性化的意识更接近真理，但并不等于真理本身。有了理性也未必一定能正确把握事物，但没有理性绝对无法正确把握事物。在法律事务

---

① 《中国大百科全书·哲学》，中国大百科全书出版社1985年版，第1093页。

② 《中国大百科全书·哲学》，中国大百科全书出版社1985年版，第1096页。

③ ［美］弗里德曼：“法治、现代化和司法制度”，载宋冰编：《程序、正义与现代化》，中国政法大学出版社1998年版，第114页。

中也完全如此。对于各种法律事实、法律制度及其法律规范,如果没有理性认识,就必然会出现错误。这是由事物本身的复杂性和人类思维的局限性双重因素所决定的。有学者曾经如此肯定地论述过,“在多数情形中,人之理性根本不可能在解决人类社会生活所呈现出的疑难情形方面发现一个而且是唯一的一个终极正确的答案。一个有理性的人往往会发现,在他判断一起事件或决定所应遵循的正确行动步骤时,他会面对各种各样的方法和各种可能性。如同人类集体生活的其他领域一样,立法和司法这两个过程亦是如此。仅凭靠理性,立法者或法官并不总是能够在两个或两个以上可以用来解决某个问题的方法中作出一个确然的和完全令人信服的选择。就此而论,古典自然法学派的一些代表人物的那种观点也是错误的,因为他们认为,只要运用人的抽象的推理能力,便能够建构出普遍有效的和完善的法律制度及其所有的细节”。① 这种分析非常有助于全面而正确地认识理性和理性的意义,但绝对不能因此就否定理性。将自己的意识不断理性化,是人类永远的工作,也是法治对人们的永远要求。

作为法治基础的意识理性化的重点是法律意识的理性化。法律意识是社会意识的构成部分。法律意识可以是特意培养形成的,也可以是社会自发形成的。但社会自发形成的法律意识,必然是非理性的。因为社会法律意识是自发形成的,其信息的来源是不准确、不系统、偶然性的。自发形成的法律意识一是来源于法律制度的传播,这可能是自发形成的法律意识中最准确的传播途径了。自发传播法律制度的方式也是多种多样的,其中有官方的、半官方和民间的等多条途径。自发形成的社会法律意识二是来源于社会舆论,社会舆论又有新闻舆论和大众舆论之分。对于新闻舆论来说,它本身就可能有新闻从业人员对于法律的理解蕴藏其中,也掺杂着新闻从业者对于法律和法律事实的误解。要借助

① [美]博登海默:《法理学——法律哲学与法律方法》,中国政法大学出版社1999年版,第454页。

新闻舆论来形成足够理性的法律意识多为缘木求鱼。对于大众舆论更是难以肯定其准确性,口口相传中不可避免地会产生种种差误。对于法律或者某种法律事实、法律现象的评价,不同的人会有不同的结论,甚至可能相互矛盾与冲突,法律意识如果是依靠这种途径来传播,后果将是不堪设想的。法律意识必须经过培养,只有这样才能使社会具有理性的法律意识,为法治奠定最直接的意识基础。

理性化的意识,包括理性化的法律意识都应当是超然的。对于这种超然性质的把握具有特别的意义。尤其是在对于法律问题的考量中,对超然性质的强调更显得必要。在我看来,这种超然,一是超然于相应主体对自身利害得失的考虑;二是超然于主体自身的个人偏好。每一个意识主体都是置身于现实社会中的,他或他们都有自己的利害与得失。如果将自己的利害得失纳入自己的认识,包括判断、推理之中,意识结论就无法是真正理性的。所以,理性的意识必须强调其超然于主体自己利害得失的性质,“不会关注因辨识事实真相而会给他个人的物质利益所造成的后果”。① 每一个意识主体也有自己的偏好,这种偏好常常是非理性的。有好多偏好甚至连相应主体自身也无法说清其缘由。作为法律事务的处理,司法官员必须排除其个人偏好。否则,在一个痛恨小偷的法官那里,就可能将他审理的每一个小偷都处以极刑;在一个有洁癖的法官那里,就可能让他审理的每一个身着脏衣服的当事人败诉。所有的司法官员都必须随时警醒自己,警惕自己因缺乏超然而缺乏理性,最终因缺乏理性而缺乏公正,玷污法律,危害法治。

4. 法律官员应当具有法律理性

法律理性是一种理性化的特定法律意识,是所有被称为法律官员尤其是司法官员所必须具备的。“在现代成熟的法治国家,法律理性不论是在重成文法形式的国家还是重判例法的国家都得到足够的重视并发

---

① [美]博登海默:《法理学——法律哲学与法律方法》,邓正来译,中国政法大学出版社1999年版,第454页。

挥着有效的作用。"①具有法律理性的法律官员们应当受过系统的法律专业知识教育，具有与法律职业相关的广博知识，包括一定历史、经济、政治和现代科学技术方面的知识。他们应当具有良好的价值认知能力，对于公平、正义、自由、平等、人权等价值准则有良好的把握与运用。他们具有敏锐的观察能力，能够准确地把握案件事实，进行很好的思维判断与逻辑推理。他们具有良好的领悟能力，不存在对于法律的误解和立法精神的模糊。"法律职业要求具备的法律理性并非单纯的法律知识，更非一般的判断、分析和解决法律问题的能力，它是在坚定法律信念、系统地掌握法律知识、学会法律思维论证和推理的基础上的分析、认识、判断和解决法律问题的能力。"②如前所引，在理性状态之中，"法官运用推理来判决案件，而不是对具体案件或情况作出个性化或情绪化的反应来判决"。③

法律理性作为特定的理性法律意识并不是凭空产生的。它来自于相应主体的自我修养。按照西方有的学者的看法是，法律理性是一种人为理性。就司法官员来说，"人为理性通过使公认的法律成为判决的一种必不可少的成分而确认其权威；在如此做的过程中，人为理性显示出其匠心独运，成为一种解决矛盾、弥合'差距'和提供所需要的法律变化的艺术。人为理性是法律正统性的修辞学。它援引公认的和有权威的东西，并使自己为寻找法律的某种专门技术所约束。与此同时，它也维护了法官的自治要求"。④ 人为理性显然是需要修养的。这种修养包括知识基础、理论水平、法律认知等几个方面。作为一般的社会成员，是否

---

① 葛洪义、朱继萍："法治 · 法治化 · 法律理性"，载杭州大学法学院主编：《法治研究》，杭州大学出版社 1998 年版，第 37 页。

② 葛洪义、朱继萍："法治 · 法治化 · 法律理性"，载杭州大学法学院主编：《法治研究》，杭州大学出版社 1998 年版，第 35 页。

③ [美]弗里德曼："法治、现代化和司法制度"，载宋冰编：《程序、正义与现代化》，中国政法大学出版社 1998 年版，第 114 页。

④ [美]诺内特、赛尔兹尼克：《转变中的法律与社会》，张志铭译，中国政法大学出版社 1994 年版，第 69 页。

具有这几个方面，主要还是影响自身对于法律把握的好与坏，对于社会的危害相对较小；作为法律官员，其情形恰好相反。法律官员不具有这几个方面的修养，就不具有理性的法律意识，就无法正确处理案件，就会危害整个法制和法治。

知识基础是现代社会中一个人认识和把握世界、认识和把握社会、认识和把握自己的先决条件。知识基础缺乏的人是难以准确认识自己的社会行为的。法律专业人士尤其应当具有良好的知识基础。深切理解案件的事实、所要适用的法律、自己所作裁判的法律意义等。一个法官可能会处理涉及各个方面知识的案件。虽然不能要求他们成为各个方面的专家，但至少要具有一定的知识作为其认识能力的基础。其知识至少要达到能准确了解案情，准确理解法律制度与规范，制作出合法、合理的法律文书的程度。

理论水平对于一般社会成员社会生活的影响常常不会引起人们的重视，一些人甚至认为，有无理论水平无足轻重。在中国，主要是近几十年来一直忽视理论的积习所致。片面理解"实践出真知"产生出"重实践轻真知"、"要实践弃真知"的流弊。理论水平对于法律专业人士具有特别重要的意义。一个时期以来，国内外的学者对于中国法律裁判文书的"不讲理"状况颇有微词。然而，法官要写出"讲理"的裁判文书，没有一定的理论水平是不行的。法律文书不能以理服人，也就失去了其存在的合理性，就成为荒唐的事情。

对于法律认知要达到一定水平是法治国家和法治社会中对一般社会成员的普遍要求，更是对法律工作者的基本要求。在法治国家中，大众生活也与法律密切相关，对于法律的足够了解是其生活与工作得以顺利进行的基本条件。法律工作是一种专门化的工作，没有经过专业的训练，不具有足够的法律认知是无法从事的。由于长期以来，把法律工作当做政治工作来对待，否定法律的专业性质，以致在司法人员的组成等方面都随之出现了一些法治国家不可能出现的畸形现象，成了一个严重的社会问题。这个问题在中国要得以彻底解决恐怕还需要很长的时间。

司法人员的理性是具有特别要求的，其法律意识也应高于其他社会成员。1608年英国国王詹姆士一世与英格兰法官科克会晤时的对话，是有助于人们思考这一问题的。国王说，他认为法律以理性为基础，而他和其他人也与法官一样具有理性。他和其他具有理性的人为什么不能成为法官的问题也就提了出来。科克回答说，"完全正确，上帝的确赋予陛下极其丰富的知识和无与伦比的天赋；但是，陛下对他的英格兰王国的法律并不精通，因为涉及其臣民生命、继承、动产或不动产的那些案件是由人为理性和法律判决来决定的；法律是门艺术，在一个人能够获得对它的认识之前，需要长期的学习和实践"。①

学习与实践始终是法律官员获得法律理性的途径。上述的知识基础、理论水平、法律认知这几个方面都必须依赖特定主体的学习与实践。其中，法学教育就必然被提及。"在法治国家，人们为确保法律的权威性，法律共同体的自治性和独立性，严格要求从事法律职业的人必备的法律理性，并通过科学的、旨在传播法律思想而非法律知识或技能的法学教育来造就具有内在凝聚力的法律职业群体。"②

（二）法治的文化保证

法律文化对于法治具有重要的意义，是法治国家得以建立的基本要求。培养社会的法律文化是建设法治国家的必需。要培养法律文化还需要我们做更多的努力。

1. 法律文化对于法治的意义

法律文化的定义纷繁，西方有学者认为，"法律文化一词泛指一些有关的现象。首先，它是指公众对法律制度的了解、态度和举动模式"。③或"法律文化意在指某些社会中的人们所持有的关于法律和法律制度的

---

① ［美］诺内特、赛尔兹尼克：《转变中的法律与社会》，张志铭译，中国政法大学出版社1994年版，第69页。

② 葛洪义、朱继萍："法治·法治化·法律理性"，载杭州大学法学院主编：《法治研究》，杭州大学出版社1998年版，第37页。

③ ［美］弗里德曼：《法律制度》，李琼英、林欣译，中国政法大学出版社1994年版，第226页。

思想、价值、态度和观点。”①“法律文化这个概念包括人们对法律、法律机构和法律判决的制作者,诸如律师、法官和警察等人的知识、价值观念、态度和信仰。”②或“法律文化基本上是指人们对法律、法律机构和对法律裁决的制作者的各种观念、态度和期望。”③中外法学家们都对法律文化进行了较为广泛的讨论。④ 法律文化的外延远比法律意识广泛。包括“人们的感觉和行为是否认为法院是公正的?他们什么时候愿意使用法院?他们认为法律的哪些部分是合法的?他们一般对法律有多少了解?这种态度各人不同,但是我们可以谈一个国家或集团的法律文化,如果有能把它与其他国家或集团的文化区分开来的模式。一种特别重要的集团法律文化是法律专业人员的法律文化,即律师、法官和其他在法律制度的神奇圈子里工作者的价值观念、思想意识和原则”。⑤

法律文化是指与法和法律现象有关的制度、意识和传统学说的总体。法律文化的外延比法律意识更为广泛,法治或法治国家建设必须关注包括法律意识在内的整个法律文化。

法律文化是法治的重要支柱。作为法治支柱的不仅是法律制度或者法律机构,而且也包括法律文化,而且是理性的法律文化。法治的建立必须要有理性的法律文化作为支撑。只有在理性的法律文化的基础上才可能建立起法治的大厦。在法律文化不正常或者畸形的情况下,将法律文化理性化是非常必要而可行的。“法治的存续,不仅要靠制度建设,而且还要靠一种新型的法律文化,一种为政治家、法官和所有公民所

---

① [美]弗里德曼:“存在一个现代法律文化吗?”,载《法制现代化研究》(第4卷),南京师范大学出版社1997年版。

② [美]L. S. 温伯格、J. W. 温伯格:“论美国的法律文化”,载《法学译丛》1985年第1期。

③ [美]L. S. 温伯格、J. W. 温伯格:“论法律文化和美国人对法律的依赖性”,载《法学译丛》1987年第1期。

④ 张文显:《法律基本范畴研究》,中国政法大学出版社1993年版;刘作翔:《法律文化》,商务印书馆1999年版。

⑤ [美]弗里德曼:《法律制度》,李琼英、林欣译,中国政法大学出版社1994年版,第226~227页。

共同信奉的法律文化。这种文化使人们怀有这样一种信念，法律应当得到遵守，没有人能够例外，掌权者更不能例外。”“法律文化对法治的支持却比制度设施牢固得多。”①

法律文化是人们在法治社会中的行为根据之一。法律制度是人们行为的准则，法律文化在一定程度上也发挥着法律制度同样的作用，甚至比法律制度来得更为自然。在法律制度与法律文化二者之间，一般的人们更经常地以法律文化作为自己的行为根据，而不是法律的制度性规定。特别是一般的没有经过法律专业培训的大众，他们对法律的理解更多的是文化意义上的。他们在作出自己的社会行为的时候，也很少会去考证法律的制度性规定，往往都是凭借自己对于法律的理解，实际上是基于自身的法律文化水平作出。“可以确信，大多数人的行为标准并不是法律，而是文化（一般文化和法律文化），因为他们并不知道具体的法律规定，也从未熟悉过法律文件。”②

法律文化对于立法具有重要的作用。立法者，如果被理解为法律的起草者，他们也许是法律的行家里手；如果被严格理解为立法机关的代表们，显然，他们中的大多数，甚至绝大多数都不是法律专家。法律文化在立法过程中的作用是不容轻视的。他在无形无影之中，以超文字，甚至超语言的意识状态对立法起着决定的作用。不管立法者是谁，立法者的法律文化观念都会伴随着立法者，与他们一道，如影随形。鉴于法律文化对于立法的影响作用，有的学者甚至将这种作用命名为“产生”作用。呼吁“不要忽视文化在立法活动过程中的‘产生’作用”。③

法律文化对于法律实施的作用也是极为重大的。执法官员的执法活动离不开他们对于法律的文化认知，并以他们的法律文化作基础。法

---

① 刘军宁：《共和·民主·宪政》，上海三联书店1998年版，第170页。

② ［俄］B.B.拉扎列夫主编：《法与国家的一般理论》，王哲等译，法律出版社1999年版，第404页。

③ ［俄］B.B.拉扎列夫主编：《法与国家的一般理论》，王哲等译，法律出版社1999年版，第404页。

官和其他执法官员在处理法律事务时,他们至少是把对法律的文化认知和对于法律的制度认知放到同一个层面来作为准则或者工具使用的。法官不会区别哪些是来自文化的认识哪些是来自制度的认识。“在法律适用过程中,一般文化和法律文化(与法律一样,并与法律一起)对评价事实情况和解决法律事务起作补充作用。”①

对于法律文化的重视是十分必要的,从理论研究上讲是如此,从司法实践上讲也是如此。但是,值得注意的是,强调重视法律文化,并不等于主张用法律文化来取代对社会物质生活条件的依赖,取代对实际情况的调查研究,取代对法律制度的研究和准确把握,取代于法学或法律理论的深入学习与探究。“把法意识的指导作用夸大到不适当的程度,把它看成是法制定与法实施的‘根据’,就可能造成任意立法和司法的错误。而这种性质的错误,如在法制中不重视对实际情况的调查研究而全凭自己的知识与经验起草法律;在审判中过分相信自己的经验和知识因而先入为主和主观臆断地处理案件等,在我们的现实生活中是屡见不鲜的。”②

2. 培养法律文化的目的

法律文化是可以培养也是应当培养的。法治和法治国家都不是天然生成的,要人为地建立法治或法治国家,培养法律文化就是一个基础性、长期性的工作。要使这项工作能够被持之以恒地进行,对于其目的的认识就特别必要,它是坚持法律文化培养的内在动力和认识基础。

守法意识的培养或者达成守法的目标,是法律文化的重要作用,或者也可以认为是培养法律文化的一个功利目的,但不是根本目的,更不是终极目的。培养法律文化的目的是什么?一种普遍的认识是为了让公民学习如何守法。我国的普法可以说是对全民法律文化的一种培养,对全民法律意识的普遍提高。但将普法或法律文化培养的目标确定为

① [俄]B. B. 拉扎列夫主编:《法与国家的一般理论》,王哲等译,法律出版社1999年版,第404页。

② 李步云:《走向法治》,湖南人民出版社1998年版,第735~736页。

守法就有失偏颇。原因在于，首先，达成守法的手段很多，培养法律文化，提高法律意识仅是其手段之一。事实上，法律在很多情况下都会得到相当多社会成员的自觉或者不自觉的遵守，原因或许在于相关社会成员认识到了违法的危害，认识到了违法的后果，慑于法律的强制力也可能遵守法律。其次，将培养法律文化的目的定位于守法，就无法实现法治，甚至会成为法治的障碍。因为法治要实现的是法的统治，其内涵为民主，特征是人权的保障。即使人们都守法了，也不能说，法治就实现了。在高度的专制之下，也可能出现阶段性的良好守法状态，但肯定没有什么民主可言，人权也未必能够得到保障。最后，片面的守法目标是义务本位观念在法律文化培养上的反映。守法对于任何公民来说都是必不可少的法定义务，固然是应当的。但是法治和法治国家都是以权利本位为社会目标。首重权利是必然的价值选择。以权利带动义务的履行，是所有法治或法治国家都努力的目标。如果片面地强调守法义务，就难免会忽视了权利。

培养法律文化的目的，是为法治国家建设奠定尊崇法治的社会文化意识基础。一个社会能否建立起法治，一个先决的条件是这个社会有无尊崇法治的心理，是否培养起了追求法治的信念。有了这种心理和信念，社会大众就会自觉维护自己的合法权益，自觉地同各种违法犯罪做斗争，自觉举报违法犯罪，疾恶如仇。有了这种心理和信念，行政官员就会自觉地依法行政，自觉接受法律的约束和监督，绝不会运用权力以求非法的利益。有了这种心理和信念，司法官员就会把法律视为自己的生命，就会有为法律献身与牺牲的精神。建立不起尊崇法治的法律文化，法治就没有希望，因为“没有落实到每个人的观念和行动中的尊重法治的法律文化的支持，任何法治都不可能横空独立”。①

3. 如何培养法律文化

培养法律文化就是要培养法治文化。法治文化不同于法制文化，它

① 刘军宁:《共和·民主·宪政》，上海三联书店1998年版，第171页。

关注的是法治原则与法治精神的实现,而不是如上所述的仅仅是为了法律的贯彻实施或者仅仅是要求公民遵纪守法。在法治文化中,人们有积极的权利意识,也具有正常的义务观念。为权利而努力不应仅是个别人的行为,而更应是社会普遍的行动。权利的充分实现为社会增添了活力与动力,使社会更具有张扬而开放的美德。

国家主导、民众推进是培养法律文化的基本模式。在没有法治传统的国度进行法治教育,必须由政府主导。没有政府有计划的培养行动,法律文化建设的速度就会减缓,就会遇到更大的障碍或者阻力。在培养法律文化上,政府主导会比其他任何方式都更为有效。因为,现实社会并不是一个法律文化的真空,其间已经有了形形色色的法律文化。现在我们所说的法律文化培养,内含着对既有法律文化的更新。要彻底清除旧法律文化的消极影响,确实非一般主体所能为,非国家先导而不可言他。国家拥有国家的权力,国家权力本身就具有改变或影响社会成员思想意识和行为方式的力量,当然也具有在一定程度上改变人们法律文化认识与社会法律文化状况的能力。因为,“权力就是影响他人行为的能力。权力能让人去做本来不想做的事。它可能使用强迫(通常称为强制)、说服或奖励等手段,但它的本质是以某种方式改变他人行为的能力。支配他人的权力越大,使他人改变越大、越容易。拥有更大的权力也意味着能影响更多的人,使他们改变”。① 其中强制难以甚至不可运用于法律文化的变革,但是其说服、奖励等及其影响总是可以的。在所有的权力中,国家权力是最大的,在权力的影响力上也肯定以国家权力的影响力为最。运用国家权力来更新法律文化,只要方法得当,显然是最有效的捷径。

民众的推进在法律文化的培养上始终是最重要的。法律文化的最深刻的社会基础是民众,法律文化的改变最根本的是民众法律意识的改变。不论是从法律文化培养的艰巨性还是从法律文化培养的基础与主

① [美]沃塞曼:《美国政治基础》,中国社会科学出版社1994年版,第4页。

体的角度都可以得出相同的结论，必须动员民众，依赖民众的广泛参与和积极推进。中国百年法治的经验或者教训都可以得出这一结论。没有民众的广泛的参与，任何法律文化的培养都难以进行，法治永远只是设想，不会成为现实。

国家主导、民众推进的法律文化培养也就是有计划的法治教育。对于法治教育，有学者曾经指出过它与法制教育的差别。“与单纯的法制教育不同，法治教育不是教育民众盲目、被动地服从法律，也不仅仅是教育民众现在实行哪些法律、其内容是什么，而是教育民众如何运用法律捍卫自己的权利和自由，捍卫法律的尊严，如何主动地参与法律的监督，抵制任何置个人意志于法律之上的行为。只有形成了这样的法律文化，法治及其传统才能持久而弥坚。”①

① 刘军宁：《共和·民主·宪政》，上海三联书店1998年版，第171页。

第十八章　法治国家建设的实践

法治国家怎样从历史中走来，在西方的学者那里，它们得到了怎样的理论阐释，西方的法治国家又经历了怎样的历史过程，都是在论证法治国家时需要了解和讨论的。在中国，法学家和政治家们曾经进行怎样的努力，有什么样的历史经验与教训，同样需要总结。总结历史并不是总结的目的本身，关注中国正在进行的法治国家建设才是我们最重要的着眼点。中国正在进行的法治国家将经历怎样的历史时段，具有哪些新的特点，影响这一建设的国内国际因素又有哪些，都需要一一作出回答。

一、西方的法治国家探索

在古希腊，法治国家的实践已经开始。梭伦改革开启了古希腊法治国家建设的大门。发展到伯利克里时代，雅典民主制度发展到了相当高的程度，雅典政治成为雅典法治的基石，法治得到了相当大的发展。在后世，就有学者将雅典称为“法治国”。“阿道尔夫·门泽尔认为，伯利克里时期的雅典,个人自由所受到的限制少于大多数现代法治国。阿道尔夫·J. 默克尔指出,近代法治国的一个重要标志——一切国家机关即使最高级的国家机关,也受到法律的约束——在雅典的宪法中虽然没有原则的规定,但它是通过实践中的法院保护予以保证的。此外,维拉莫维茨在其名著《论雅典国家的壮观》中同样谈到了雅典人的国家具有法治国的特点,文格尔在《欧洲古代的宪法和行政》一书中也有类似的话”。① 古希腊的法治实践是以其法治思想作为先导和支持的。柏拉图就指出,“如果一个国家的法律处于从属的地位,没有权威,我敢说,这个国家一定要覆灭;然而,我们认为一个国家的法律如果在官吏之上,而这些官吏服从法律,这个国家就会获得诸神的保佑和赐福。”②亚里士多德通过对 150 个城邦国家进行比对研究后认为,共和政体是最为理想的政体。其之所以最为理想,就因为它实行的是法治,而不是一人之治。因为法律是一种完全没有感情的中道的权衡。他说,“凡是不凭感情因素治事的统治者总比感情用事的人们较为优良。法律恰正是全没有感情的;人类的本性(灵魂)便谁都难免有感情”。③ 他认为,“让一个人来统治,这就在政治中混入了兽性的因素”。④ “法律是最优良的统治者。”⑤亚里士多德对法治作出了自己的解释,认为,“法治应当包含两重意义:已成立的法律获得普遍的服从,而大家所服从的法律又应该本身是制定得良好的法律”。

古罗马承袭了古希腊的法治精神,创造了自己的法治理论和法治实践。“罗马人的法治观,导源于希腊文明——不仅是制度(宪法)文明,而且是思想文明,包括柏拉图、亚里士多德及其斯多葛学说(自然法观念)构成了连接希腊法文化和罗马法文化的桥梁。尽管罗马人不善于思辨,却精于行动。除了西塞罗和罗马法学家以外,罗马人主要是通过实

① 张中秋:《中西法律文化比较研究》,南京大学出版社 1991 年版,第 298 页。

② [古希腊]柏拉图:“法律篇”,载《西方法律思想史资料选编》,北京大学出版社 1983 年版,第 25 页。

③ [古希腊]亚里士多德:《政治学》,吴寿彭译,商务印书馆 1965 年版,第 163 页。

④ [古希腊]亚里士多德:《政治学》,吴寿彭译,商务印书馆 1965 年版,第 171 页。

⑤ [古希腊]亚里士多德:《政治学》,吴寿彭译,商务印书馆 1965 年版,第 171 页。

践方式来接受和阐扬希腊法文明的。因此，在西塞罗的著作中，在罗马法学家的理论中，在辉煌的罗马法以及在罗马人的日常观念、情感中，都反映了罗马人对法治的探究、思考和态度。或许，罗马人的制度、行动能够成为他们高耸的纪念碑。"①在古罗马庞大的法律体系、广泛的法律实践中，都蕴涵着深刻的法治精神。即使古罗马进入了帝国时期，法治的影响也还十分强大，并与皇权的横行相抗衡。就连查士丁尼大帝也认为，"皇帝的威严光荣不但靠兵器，而且须用法律来巩固，这样，无论在战时或平时，总是可以将国家治理得很好；皇帝不但能在战场上取得胜利，而且能采取法律手段排除违法分子的非法行径，皇帝既是虔诚的法纪伸张者，又是征服敌人的胜利者"。②

中世纪欧洲，法学笼罩在神学的光环之中。但是由古罗马以来的法治影响并未因此而在历史中彻底消弭。后来的人们往往只看到其时的法律对于神的等而次之的一面，忽略了神也要服从"法"并借助于法来表达自己的一面。在中世纪最著名的神学家托马斯·阿奎那那里，法被分为了永恒法、自然法、神法和人法四种。法被作为上帝、神的理性的产物和表现。其中除了对于法的否定——次于神之外，也有对于法的肯定——是人类的最高主宰上帝和神的意志的体现，而且君主也必须服从法律。他说，"按照上帝的判断，一个君主不能不受法律的指导力量的约束，应当自愿地、毫不勉强地满足法律的要求"。③

真正的法治国家理论是近代世界的产物。在近代以来，资产阶级的学者们对于法治进行了新的探索。英国、德国、法国、美国都有一套自己的法治国家理论。

英国的哈林顿提出了法治共和国的模式构想，洛克从侧重于个人自由权利的角度论证了法治，认为，"政府所有的一切权力，既然只是为社

---

① 王人博、程燎原：《法治论》，山东人民出版社1998年版，第14~15页。

② 张中秋：《中西法律文化比较研究》，南京大学出版社1991年版，第300页。

③ [意]托马斯·阿奎那：《阿奎那政治著作选》，商务印书馆1963年版，第123页。

会谋幸福,因而不应该是专断的和凭一时高兴的,而是应该根据既定的和公布的法律来行使;这样,一方面使人民可以知道他们的责任并在法律范围内得到安全和保障;另一方面,也使统治者被限制在他们的适当范围之内,不致为他们所拥有的权力所诱惑,利用他们本来不熟悉的或不愿承认的手段来行使权力,以达到上述目的。"①戴雪提出了"法律主治"的法治思想。

德国的法治国家理论尤其具有典型的意义。有法学家在研究德国法治国家概念时论述道,"'依法而治的国家'(a rule of law nation),被称为'法治国',却是不折不扣的德文用语(Rechtsstaat)"。② 德国的法治国家理论产生于19世纪。"德国在19世纪是一个人文科学高度发展的时代,法学亦不例外。对国家的研究,如以法律的角度来观察,即产生所谓的'国家学'(Staatslehre)或'一般国家学'(Allgemeine Staatslehre)。这种将国家的'属性'侧重在与人民的关系或法律关系上讨论,便产生法治国家理论……德国法学界讨论法治国家蔚为风潮,其中好几篇脍炙人口的著作,不仅讨论法治国的概念,同时也把法治国当成书名。按法治国家的德文用语为Rechtsstaat,便是将国家(Staat)和法(Recht)结合在一起,以和所谓的强权国家(Machtsstaat)相对应。此用语使人一望可知,系彰显国家应'依法而治'的意义。"③

在法国,孟德斯鸠对法治进行了自己的思考,论证了"法律下的自由和权力"的法治。卢梭以社会契约论、人民主权学说为基础确立了自己的法治学说,倡导自由、平等、人民主权、合法政府和法律至上。

美国的潘恩着眼于以人权为轴心的法治观。杰弗逊倡导州权联邦主义模式的法治学说,汉密尔顿则倡导国家联邦主义模式的法治学

---

① [英]洛克:《政府论》(下篇),商务印书馆1964年版,第86页。

② 陈新民:"国家的法治主义——英国的法治(The Rule of Law)与德国法治国家(Der Rechtsstaat)之概念",载《台大法学论丛》第28卷第1期,第48页。

③ 陈新民:"国家的法治主义——英国的法治(The Rule of Law)与德国法治国家(Der Rechtsstaat)之概念",载《台大法学论丛》第28卷第1期,第87页。

说……在资产阶级法治学说的指导下，他们开始了资产阶级的法治国家建设。

由古希腊缘起、古罗马发展，并由中世纪传承，乃至到近代经资产阶级更新的法治，走过了一条漫长的历史道路，形成了自己的社会环境、文化背景、思想观念和理论学说。

二、中国的法治国家历程

法治国家的建立是一个历史过程，世界上的各类法治国家都经历了自身的历史发展，才达成了自己的目标。中国的法治国家建设已经是由来已久，并正在推进之中。反思历程，对于我们认识现实与规划未来都具有重要的意义。

(一)发展历程

中国古代，并无西方意义上的法治学说或法治实践。所有的仅仅是将法作为手段或工具的"以法治国"含义的法治。西方意义上的法治，尤其是西方资产阶级所主张的法治，在中国是近代才从西方引入的。梁启超等人就是引入西方法治理念的第一批中国思想家。他在《中国法理学发达史》(1904 年)一文中就多次使用了"今世之法治国"的用语，并认为，"法治主义是今日救时唯一之主义。"梁启超:《中国法理学发达史》。他在《管子传》一文中专门论证了管子的法治主义，并说:"今世立宪之国家，学者称为法治国。法治国者，谓以法为治之国也。夫世界将来之政治，其有能更微于今日之立宪政治者与否，吾不敢知。藉曰有之，而要不能舍法以为治，则吾所敢断言也。"①

由康有为、梁启超等人倡导的法律变革，其目标就是要建立中国的法治或把中国建设成为法治国家。由此推算，法治国家已经是中国的百

---

① 梁启超:《管子传》。

年梦想，也可以说是中华民族未了的百年心愿。

在1895年，面对甲午战争中惨败、民族危机日益严重的中国，以康有为为首的中国知识分子1300余人发动了“公车上书”，认为“使前此而能变法，则可以无今日之祸，使今日而能变法，犹可以免将来之祸”。提出了拒签和约、迁都抗战、变法图强的主张，而在三主张中又尤重变法。文廷式在北京组织“强学会”，发行《中外纪闻》和《强学报》，号召“变法图强”，掀起了变法维新运动。这实际上是中国法治之梦的开篇，是中国启动法治建设的准备。1898年，光绪帝接受变法主张，颁“定国是”诏，重用变法维新人士，颁发了数十道维新法令，推行新政。内容涉及政治、经济、军事、文教等诸多方面。“康有为、梁启超把制定宪法作为变法维新的三要义之一，同时提出制定‘民法、民律、商法、市则、舶则、讼则、军律、国际公法’等。”①这就是历史上著名的“戊戌变法”。“戊戌变法”虽然仅有百日，当时也仅仅是不得已而为之，远没有要在中国实现近现代“法治”的明确意识，但确实应被视为中国政治当局（官方）谋求法治的朦胧开端。遗憾的是，它不幸归于了失败。1901年，清政府发布了“变法自强”的上谕，拟制了宪法性文件、民律草案、商律草案、新刑律、刑事诉讼律、民事诉讼律，以及关于警务、新闻、教育、金融、税制，甚至商标、国籍等方面的行政法规。开创了与世界先发达国家类同的六法体系，开始了中国法制发展的重大改革，在中国法治化的漫漫征程上迈开了第一步。

20世纪上半叶的中华民国时期，也提出并努力探索过中国的法治之路，由于历史的局限使得它根本就无法把法治国家的口号喊响，更不可能提出建设法治国家的目标。1949年以后，应当明确的法治国家目标并没有得以明确，甚至还没有来得及明确，人为夸大的阶级斗争就取代了一切法治建设。法治被作为反动的资产阶级的东西加以了彻底的批判，人们甚至忌讳谈及“法治”二字。

---

①　张晋藩：“中国近代法观念的转变与法制变革”，载刘笃才执行主编：《走向法治之路》，中国民主法制出版社1996年版，第98页。

我国新一轮,而且是真正一轮法治建设开始准备的时间,也许可以定在1976年“文化大革命”结束,或1978年12月党的十一届三中全会。

我以为确定在1978年3月我国“1978年《宪法》”的公布为宜。因为,法治准备的开始应当以足以代表法治萌动的根本大法的产生作为标志。1978年《宪法》明确了我国新时期的总任务是实现四个现代化,强调了必须发扬社会主义民主和加强社会主义法制。1978年《宪法》的这一特征,不能表明其已经开始了社会主义法治建设,但是它为社会主义法治做了经济、政治、法制三个方面的准备。

随后,到1978年12月,中国共产党第十一届三中全会召开,社会主义法治的准备得到了党的政策的升华。这次会议制定了以经济建设为中心的政治路线,果断地停止了“阶级斗争为纲”的口号,作出了把工作重点转移到社会主义现代化建设上来的战略决策;提出了健全社会主义法制和加强社会主义民主的方针;审查和解决了党的历史上一批重要冤假错案和一些重要领导人的功过是非。中共党史誉为“开创社会主义现代化建设新局面的伟大起点”。这次会议使社会主义法治的准备阶段被进一步确立。

1982年《宪法》及1988年的宪法修正案就是这一准备阶段法治发展状况的标志。从经济制度的角度看,它为市场经济的提出及其法治建设进行着准备。这部宪法从根本大法的角度确立了我国社会主义初级阶段的基本路线为“一个中心,两个基本点”,即以经济建设为中心,坚持四项基本原则,坚持改革开放。规定我国社会主义经济制度的特征为:以生产资料公有制为主体,多种经济成分并存;以按劳分配为主体,多种分配形式并存。与此相适应,它还具体确认了城乡劳动者个体经济、私营经济和外资经济在我国经济体制中的地位和作用,规定国家要保护其合法权益。从政治制度的角度看,它也为市场经济的提出及其法治建设进行着准备。这部《宪法》扩大了全国人民代表大会常务委员会的职权与组织,加强了人民代表大会制度;赋予了省级人大及其常设机构的地方性法规制定权;规定了国家领导人的任期制和限任制,从而废除了国家领导职务的终身制,等等。

1993 年 3 月宪法修正案公布。这一修正案将《宪法》原有第 15 条关于计划经济的规定("国家在社会主义公有制基础上实行计划经济。国家通过经济计划的综合平衡和市场调节的辅助作用,保证国民经济按比例地协调发展。""禁止任何组织或者个人扰乱社会经济秩序,破坏国家经济计划。")。修改为"国家实行社会主义市场经济","国家加强经济立法,完善宏观调控","国家依法禁止任何组织或者个人扰乱社会经济秩序",从而启动了中国市场经济及其发展中的法治建设。

1993 年 11 月中国共产党的十四届三中全会通过的《关于建立社会主义市场经济体制若干问题的决议》从党的政策上进一步深化了上述宪法修正案。它明确提出要建设社会主义市场经济体制,要高度重视社会主义市场经济建设中的法制建设。它指出,"社会主义市场经济的建立与完善,必须有完备的法制来规范和保障。要高度重视法制建设,做到改革开放与法制建设的统一,学会运用法律手段管理经济。法制建设的目标是:遵循宪法规定的原则,加快经济立法,进一步完善民商法律、刑事法律、有关国家机构和行政管理方面的法律,21 世纪末初步建立适应社会主义市场经济的法体系;改革、完善司法制度和行政执法机制,提高司法和行政执法水平;建立健全执法监督机制和法律服务机构,深入开展法制教育,提高全社会的法律意识和法制观念"。

在法治建设起步后的 1996 年,第八届全国人民代表大会第四次会议制定的国民经济和社会发展九五计划和 2010 年远景目标,明确指出,到下个世纪初要初步建立社会主义法治国家。中国共产党的十四届六中全会通过的《关于加强社会主义精神文明建设若干重要问题的决议》又再一次肯定了依法治国,建设社会主义法制国家的社会理想。1999 年 3 月全国人民代表大会又对 1982 年《宪法》进行了修改,对法治与法治国家予以了确认。法治的目标意义更加突出,而且成为《宪法》的规定:"中华人民共和国实行依法治国,建设社会主义法治国家。"《中华人民共和国宪法修正案》(1999年3月5日第九届全国人民代表大会第二次会议通过并公布)第13条规定,在1982年《中华人民共和国宪法》第5条中增加该段文字为第1款。

(二)历史特点

纵观中国法制史,中国的法制变革可以说是一项生生不息的事业,不论人们如何评价每一次变革,它们都是中国社会变革的重要构成部分,并形成了中国法制变革的历史。我以为,近百年来中国的法制变革与历史上其他的法制变革相比具有一系列重要的特点,一个重要的特点就是从千百次重复的"以法治国"理想转变为对于"依法治国"的社会实践。

首先,逐步认识到法制变革应以民主为政治前提,以法治为理想目标。

除中国正在延续的法制变革之外,中国历史上所有的法制变革,都只是在既有专制社会制度与人治社会管理方式下的一种改良。通过法制变革,法律制度可以得到完备、改良,但始终未改变的是,它所依赖的政治背景是专制而不是民主,它所依赖的社会管理方式是人治而非法治。而近百年的中国法制变革总是模糊或明确、直接或间接地围绕民主和法治展开的。正是在这两点上,正在推进的近百年的中国法制变革与历史上的法制变革形成了极大的差异。

以民主为政治前提,以法治为理想目标的法制变革理念,并不是在近百年法制变革之初就被意识到或者就被明确提出来的,而是有一个由自发到自觉、朦胧到清晰的认识过程。当初的中国法制变革,在有的思想家或者法学家那里,主要是出自师夷以自强的理想;在有的思想家或者法学家那里,则主要出自对中国专制统治和人治传统的深恶痛绝。对于法制变革必须以民主作为政治前提、以法治作为理想目标的明确认识,则是在法制变革过程中逐步形成的。

中国目前正在进行的法制变革,可以说,民主和法治两个方面都成为思想家、法学家,乃至整个社会的共识。不仅存在于理论家们的著述中,而且为同时代的最高政治领袖们,至少是在口头上的认可或者公开宣示,甚至被作为社会发展的目标确立起来。以民主为政治前提,以法治为理想目标的法制变革是中国法制变革发展到当代的极致,也是其变革理念的重大进步和根本变化。

其次,自始即以法制现代化为直接目标,并以推进国家现代化为法制现代化的目的。

近百年的中国法制变革,从一开始都是以现代化作为自己的直接追求的,导致中国法制变革的不是中国法制内的任何因素,而是外敌侵略的现实,它在最初是中国社会在经历外敌入侵、国家衰微、民族蒙羞的耻辱中,发愤图强的不自觉产物。随着历史的发展,逐步成为中国优秀分子的自觉认识和理性追求。

现代化是一个过程——一个与世界发展同步的过程。不能说,今天的现代化才是现代化,其实昨天的现代化也是现代化。在以上这种受外来强敌逼迫的背景与心态下的法制变革,当然是谋求与万国同制,师夷以自强。而这种与万国同制、师夷以自强的法制变革,也就是当年的法制现代化。

也正是在这种现代化的直接目标驱动下,中国才进行了一系列可歌可泣的法制变革。延请外国学者或官员帮助立法,乃至直接移植外国的立法。即使是中国清末的法制变革,也表现了谋求法制现代化的浓厚色彩。一些在现代看来也十分需要而且缺乏的立法,在当年就已经从国外搬到了中国,其中有公司律、破产律和监狱法等。

当然,中国法制变革的现代化,只是中国国家现代化的构成部分。而且它总是以国家的现代化作为自己的目的的。也就是说,相对于国家的现代化,法制的现代化不仅是其的内容,而且是其手段与途径。法制变革本身的目的意义相对极低。随着历史的发展,法制变革中法制现代化也依然有着达成整个国家的现代化的意义,但是其本身的目的性也在逐步增强,甚至在更大的意义上它被当作了目的。

最后,法制变革迁延难成的重要原因就是中国社会缺乏法制变革的社会基础。

近百年的中国法制变革，其进程也不能说是太短，之所以收效甚微，不断失误，迁延不已，一个根本的原因就是缺乏进行法制变革、达成法治理想的社会基础。中国近百年的法制变革比历史上任何法制变革更难获得相应的社会基础。历史上的改革，都是中国社会自发发展的产物，其社会基础具有更大程度的先天已备或与生俱来的性质，中国近百年的法制变革却是受外力压迫的无可奈何的选择。它的改革动因不是"内生"的，而是"外迫"的。这种基于外力的变革，是否具有必要的社会基础就成了非常严重的问题。

法制变革的社会基础是多层次、多侧面的。我以为最严重的是缺乏民众基础和文化基础。

民众是法制变革最深刻的社会根据。没有民众在法制上的普遍觉醒，要进行法制变革或者要取得法制变革的成功都是不可能的。法制变革或法治理想的实现都是社会演变发展的过程和结果，仅有先锋引导并不能实现真正的法制变革，更无法实现社会整体的法治化。

法制变革，尤其是要建设法治，更需要社会的文化基础。中国固有的法律文化中，正统的主流文化是专制的法律文化，非主流的法律文化至多只是民本主义的法律文化。没有民主和法治的法律文化。法制变革中既有的法律制度可能作为民主化、法治化的变革，更可能作为民本主义甚至专制主义的变革，使以民主和法治作为精神企求的法制变革走向民主和法治的反面，使法制变革归于失败。

法制变革的民众基础和文化基础是共生、联系、互动的两个重要因素。它们对于一国法制变革的成败具有根本性的决定作用。在当代中国，法制变革的社会基础依然是不完备的，但我们不可能等待法制变革的社会基础完全具备了的时候才进行法制变革。不能以简单的符合社会基础或者类似的适合"本土资源"等理由，延缓法制变革的进程。近百年的法制变革之路，其实也是中国法治的百年历程。

（三）理论评析

反观百年的法治之路，法治发展在我国是：有制度移植，少社会根据;有机械模仿,无整体共进;有先锋引导,少民众基础;有羡鱼织网,无迎头赶上。

1.有制度移植,少社会根据

从清末的法律改革以来,中国的法治发展都可以说有相当大程度的制度移植。在20世纪初的前十年,清王朝所进行的制宪修律活动,基本上是对西方法治的制度移植。不仅颁布或草拟了取法西方的六法框架(宪法、民法、刑法、民事诉讼法、刑事诉讼法、商法或行政法),甚至移植了在当时的中国似乎没有多大存在必要的《公司律》和《破产律》等。其中的《大清监狱律草案》基本照抄了日本的监狱法,但又抄得犹豫不决,乃至草案内部也“相互矛盾”。辛亥革命后的《临时约法》将中国法治发展推进到了一个新的高度。国民党政府前十年的立法,应当认为是很有成效的。其《宪法草案》(五五宪草)、《民法典》、《刑法典》、《民事诉讼法》、《刑事诉讼法》的草拟和颁行,为国民党政府的法治发展奠定了基础。其立法目的固然有维护国民党统治的一面,同时也还有继承中国法律传统,吸收西方先发达国家立法成果,实现中国法治(国民党政权所追求的法治)的另一面。

从清末到国民党统治在大陆的结束为止,应当说,中国向西方移植的法律法规已经不少了,而且经历了至少半个世纪,为什么在中国还未建立起真正的法治呢?

真正法治的建立,是社会经济、政治、文化等多方面综合发展的自身要求,是社会发展的顺理成章的结果,而不是靠简单的模仿、抄袭就能成功的。中国之所以长期未能建立起真正的法治,关键就在于,当时的中国缺乏建设法治的社会根据。从经济上看,中国的经济一直是农业经济、自然经济,而不是作为法治基础的工业经济和市场经济;从政治上看,中国的政治长期是专制集权统治,而不是作为法治基础的民主政治;从文化上看,中国的文化,几乎一直是封建文化,集权、特权、宗法等传统观念没有被摧毁,民主、自由、平等等社会文化尚未形成,而现代法治却是以民主、自由、平等等为文化、思想基础的。

2. 有机械模仿，无整体共进

在长达一个世纪的历史过程中，中国本着师夷自强、与万国同制，赶上先发达国家的理念，竭力学习西方列强。或是在法律规范上抄袭，或是在法治组织上模仿，不一而足，但终未能建立起中国先进分子所期望的那种法治。这又是为什么？

法治是一个整体。是一个由法治原则、法治制度、法治组织、法治观念、法治过程共同构成的整体；是一个由合乎法治要求的立法、执法、司法、守法、法的监督共同构成的整体，甚至是法治内部各元素及其机制与社会协调统一的整体。它需要各个要素的共同作用和有机协调。任何一个方面或几个方面的发展，都不可能带来真正的法治。法治发展过程应是其内在各要素的整合发展过程，是其内在各要素的一体化共振共进过程。法治是一个内在有机联系的系统，不是简单地机械模仿就可以建立的。通观中国近百年的法治建设，不能不说缺乏整体共进是中国法治未能达到理想目标的重要原因之一。

3. 有先锋引导，少民众基础

中国法治的百年发展都是由先锋引导得以推进的。其引导的历史可以作两段来分析。

前 50 年（1949 年前），中国法治的发展基本上是“以学为先，以官为主”的。在中国法治建设之初，首先是由康有为、梁启超、文廷式等学者率先倡导，继而为君主所看中的。然而真正从事法治建设的并不是学者。因为中国学者无权从事法制改革，无权将西方的法律制度引入中国。法治，应当说是西风东渐的。没有官方的参与，封建的法制改革根本就无法进行。“以学为先，以官为主”的模式一直延续到国民党统治在大陆的结束。

后 50 年（1949 年后）又可以分两部分来考察。在前期近三十年（1949～1978 年）的时间中，可以说是“以学为主，以官为否”，意即，主张“法治”的基本上是学者，而“官方”则基本上是否定法治的。因此，所有主张法治的学者都免不了受到打击、迫害。在后期的近二十年的时间中，可以说是“以学为先，官学互动”。主要表现在，20世纪80年代初，中国的法学家们就已公开而较深入地研究、探讨了现代法治，并且经久不衰、千方百计地通过为国家领导人上法制课等形式，引导国家领导人实行“法治”。这对于国家领导人主张法治，并把“依法治国，建设社会主义法制国家”或后来的“依法治国，建设社会主义法治国家”作为目标写进国家和社会发展规划乃至宪法中去，起到了不容忽视的重要作用。其间，如果没有学者的先导固然不行，如果仅有学者的先导而无领导的互动，仍将十分困难。

然而，在除今而外的漫长历史中，中国法治竟然未能在这些先锋的引导下顺利建立，原因何在？

其实，一个根本的原因就是：缺乏民众基础。在近百年的法治发展过程中，法治似乎并没有成为中国民众的心理要求。在长期的封建法制思想的影响下，中国民众所拥有的仅是中国传统的明君思想和清官期望。民主未能成为民众的普遍追求。至于自由、平等等不是缺乏就是畸形。自由被无政府主义所取代，平等被平均主义所等同。面对非法，人们首先是忍受，其次是考虑以非对非，最后是寄希望于明君与清官。民众自己缺乏法治意识，也必然不会对社会提出法治要求。中国的法治，往往是中国先进分子的理想，而不是社会整体的期望。所以，中国近百年法治建设的未能成功，在很大程度上都缘于中国的法治理想缺乏民众基础。仅靠社会的优秀分子，无论这些优秀分子是多么优秀，要建立起以社会状态存在的法治，也是绝无可能的。

4. 有羡鱼织网，无迎头赶上

中国法治建设启动的历史原因是多重的。或许是为了主动变法，或许是为了被动图存，都可以肯定，其中包含着中国仁人志士对法治的向往；包含着中国仁人志士谋求与万国同制的理念。

事实上，他们不仅有临渊羡鱼，而且更有退而织网。他们苦心孤诣地学习西方法治。翻译西方法学著述，引进西方法律制度，构建中国法律体系。在中国建成法治，是他们中许多人梦寐以求的学术目标和人生理想。然而,他们一直未能成功,甚至往往是“出师未捷身先死,长使英雄泪满襟”。在他们的理想破灭的时候,中国的法治也形同泡影,被历史所湮灭。

三、中国建设法治国家的进程

急切地想透过现实瞭望未来、设计未来,这是人类普遍的心态。对于法治国家建设,人们抱有同样的心态。中国的法治国家建设如何走向未来,何时才能达成使自己成为法治国家的目标,是中国民众希望了解,也是作为学者应该重视并予以阐释的重大论题。

(一)法治国家的形成

中国社会主义法治,包括法治国家将于何时形成,这是中国法学和法工作者乃至整个中国社会都十分关心的重要问题之一。要确定其形成的时间表,并不是一件容易的事情。要列出绝对准确的时间表甚至根本就不可能。但未来中国的新世纪一定是新的法治旅程。整个21世纪都可以毫无疑问地成为法治建设的世纪。

法治发展的进程要受多种因素的制约,一个偶然的重大事件甚至可以使法治发展受阻或搁浅。一国法治的发展要受制于一国所处的国际环境。国际和平是一国法治发展的外在条件。一个不断与他国发生纷争的国度是无法进行良好的法治建设的。国内的安定更是一国进行法治建设的基本要求。任何重大的内乱对于正在进行法治建设的国家来说都不是一件幸事,而且是一场灾难。法治会直接受阻于斯。一国的政治体制与政治制度也是一国法治建设能否成功的重要制约因素。在专制的背景下,是难以走向法治的。这些都可以说是比较重大的方面或者因素。其实,就是一些细小的因素,诸如国家领导人的改变、领导人注意力的转变,有时都会成为法治建设能否进行的决定性因素。对于各种变数,法治发展的进程和发展方向并不是坚定不移的。缺乏法治传统的中国要进行法治建设，可以左右法治发展的因素就更多，被其他因素左右的可能性就更大。法治建设能否按预期的时间表进行并不是绝对肯定的，对此，应当有一个清醒的认识。

法治形成的时间界点要依据法治形成的标准来确定，而这一标准及其运用具有极大的可塑性。要预知法治形成的时间表，首先必须确立衡量法治形成的标准，该标准具有不确定性。其标准尚未拟订，尚无定论。这个标准应当由谁来拟制？有无特定的拟制程序？法治的形成是以法治国家的形成作为标准，或是以法治社会的形成作为标志？法治国家与法治社会之间有无差别，有何差别？其次运用标准的主体具有不确定性。宣告法治形成必须确定运用标准来衡量法治形成的主体。衡量法治形成的主体尚无定论。一国法治形成与否，是由专家学者们认定，或是由当时的政治当权者宣布，或是由国际社会的公认，或是由那个时代人们的一致赞同或者内心确信等，不一而足。同一标准由不同的主体来使用，其结论也未必同一。尤其是难以量度化的社会状况更是如此。这些都使法治发展程度具有了一定的不确定性。

法治形成不是一个时间点，而是一个时间段，是一个过程或者期间。法治形成，恰如法治的准备与起步一样，不是一个绝对的时间点。法治形成，是一个社会过程，它需要的是一个时间区间，而不是一个简单的时间点。它是两个时间界点中间的整个时间段。法治建设是一个重大的社会工程，其运作过程的阶段划分得遵从社会发展的逻辑，得受若干意料之内或者意料之外因素的影响。阶段划分中，如果一定要找出一个具体的时间界点，那也只是一定相对确定的时间界点而已。基于这种认识，可以认为，中国法治国家形成的时间区间大体为 2010 ~ 2050 年，其完善的时间区间大体为 2050 ~ 2100 年。法治国家的完善区间也就是法治社会的形成区间。因此，完全有理由说，21 世纪，对中国来说，是一个法治的世纪，是一个国家和社会全面法治化的世纪，是一个建设法治国家和法治社会的世纪。

从 2001 年到 2050 年这一期间，乃至从 2050 年到 2100 年，中国法治将如何发展,能否在这个期间形成法治国家,形成法治社会,我们可以作一个管豹之窥。

(二)法治发展的时段预期

中国法治于19世纪末20世纪初启动,经过了长达100年的由兴到衰,由衰到兴的历程。这100年的时间都可以说是整个中国法治化的准备。在21世纪即将来临的时候,中国法治开始了第二次勃兴,这是中国法治最具有现代意义和实践意义的勃兴。21世纪的中国法治,按照基本的历史轨迹,如果能够顺利发展,可以预期将经历两个阶段而得以完成:其前50年左右的时间为形成阶段;后50年的时间为完善阶段。如果从法治国家的角度看,未来21世纪实际都是法治国家建设的世纪。前50年是法治国家的形成期,后50年是法治国家的完善期。如果从法治社会的角度来看,前50年是法治社会的准备期,后50年是法治社会的建设期。如果要更具体地加以区别,我更愿意称前半个世纪为"法治国家建设时期",后半个世纪为"法治社会建设时期"。至22世纪的到来,中国法治全面进入一个良好的法治状态,又是一个世纪的历程。如果认为20世纪是中国断断续续而又持续不断地进行法治准备的世纪,我更期望21世纪是一个始终如一不断进取的法治世纪。

面对历史发展,个人总是那么卑微,个人的预想总是那么无所谓。尤其是对于学者,历史常常会搞出许许多多的恶作剧来捉弄他们,使他们自惭形秽。傲慢的历史时常会忽略任何学者的预想,而按照自己的轨迹前行。这些我都考虑过,所以,我必须声明的是,以上的时间预期,只是一个预期,能否如期地进入相应的法治发展阶段,实在是无法保证。历史发展的制约因素和偶然因素都实在太多。有许多因素都是无法把握的,至于学者更是无能为力的。

这种时段预期只是一种学理的分析,现实情况并非像年代划分那样清晰和简单。法治的发展始终都是一个过程,难以确定其起点,更难以确定甚至根本就找不到它的终点。其间的阶段划分有时会是清晰的有时则是模糊的。法治国家、法治社会并不是截然分离的两个阶段。它们前后相继而又前后交错，法治国家的形成就是法治社会建设的准备，法治社会的形成也是法治国家建设的继续。我相信法治始终或永远都是一个过程，有始无终是其基本特点。

这种预期也只是我对于法治发展的一种展望，其他学者未必能够赞同。也很难说我的预期具有多大程度的科学性。我之所以愿意去做这种别人不一定赞同的预期，是因为我具有对于中国法治的，如同其他学者一样的关注和急切的心情。这也许是自己对于国家未来与命运的关注的构成部分。

1. 法治形成阶段——法治国家建设时期

中国法治将在未来的50年中初步得以形成，法治国家将在这一时期得以建立。之所以如此认为，主要的思考是：中国现代化的历程将再需要50年左右的时间，中国民主化的过程将再需要50年左右的时间，中国法治的渐进发展也许再需要50年左右的时间。

中国的现代化已经挣扎了一个世纪，在这长达100年的现代化历程中，中国人民历尽苦难。中国法治建设启动的原因是与中国现代化启动的原因联系在一起的。中国最初的现代化并不是自觉的现代化，它是迫于帝国主义的压力，为了民族的独立和富强而开启的。这种现代化是在外力重压下被提出和推行的，因此，这种现代化对于中国本身来说就会缺乏社会根据，就会缺乏自觉意识和心理根据。中国法治也是在中国现代化的过程中，甚至作为现代化的重要内容被提出并推行的。在其创建中就不具有法治的土壤。经济上的自然经济、农业经济，政治、思想、文化上的封建主义、宗法主义、家族主义、专制主义，重叠、交叉而又相互纠缠、相互包含。经济、政治、思想、文化的社会现实，成为中国现代化发展的严重障碍，也是中国法治化发展的强大阻力。20世纪的后半期，中国的传统的政治构架、思想文化都受到严厉的批判，但并没有用真正的先进的政治构架与思想文化将其取而代之。初级阶段的社会主义，在经济、政治、思想、文化各个方面都表现出了不成熟性，旧的桎梏又以新的形式阻碍现代化和法治的发展。整个20世纪中国的现代化，中国的民主与法治的悲剧，使中国人民觉醒，使中国人民认识到现代化及其法治的必由之路。尽管开局状况不错，但毕竟仅仅是一个开端。而且偶然的失误导致长期损失的事例还在出现。

中国的民主化已经起步，然而民主的进步并不是一蹴而就的事情，民主的发展需要时间来提供空间与场景。中国是一个缺乏民主传统的国家，几千年的专制统治、专制文化都在历史、心灵上留下了深深的烙印。专制作为制度已经消除，但是作为一种思想文化观念还在现实社会中活跃着。在专制文化的基础上绝对建立不起现代的民主。现代民主如何从无到有，从少到多，不是轻而易举的一个变化，而是深刻的社会变革。这个变革的过程需要时间。民主的发展不仅是思想的进步，更重要的是要有制度的变革，要有社会现实的变革。从思想到制度，从制度到现实的变革历程实在是一个艰难的过程，它需要时间。考虑到中国民主已经经历的里程，再过50年的时间，中国民主的发展必将达到远比现在更高的水平。民主的这个发展变革的过程是法治国家建设所必需的基础与前提。

中国的法治建设从自发发展逐步过渡到自觉发展，从少数人的自觉到大多数人的自觉，再到全体人民的自觉，需要时间。中国的法治从19世纪末20世纪初开始启动的第一次勃兴，到20世纪末21世纪初的第二次勃兴，都不是基于深刻认知的理性行为。第一次勃兴是中国的知识先锐面对西方列强的侵略，痛定思痛，对西方社会进行考辨之后，临渊羡鱼的结果。他们从西方列强的船坚炮利、经济发达，进而认识到其法治的先进，于是发起了中国的法治启蒙与法制变革，希图实现中国的法治，甚至还梦想着把中国建设成为法治国家。当年的梁启超就认为，法治国家是极为成功的典范。到现在，中国的法治发展正在由自发转向自觉，但自觉程度依然有待提高。就社会大众来说，法治依然是不自觉的，还需要启蒙。一百年来，法治经受了风风雨雨，法治的道路还比较漫长，还需要时间和努力。因此，新世纪的到来并不意味着法治的实现，而是法治由准备转向形成。中国经济要达到中等发达国家的水平将是在21世纪中叶，中国政治的民主化的完备发展也应当在21世纪中叶，中国现代化的基本完成也应当是在21世纪中叶，因此，中国法治的形成也将会在21世纪中叶。

2. 法治完善阶段——法治社会建设时期

中国法治经21世纪前50年的发展以后，到21世纪后半叶，将会由形成走向完善，由法治国家向法治社会转化，并进入法治社会阶段。这一阶段是以21世纪前50年顺利完成历史任务为前提的。如果把法治国家建设完成的时间往后推延，其后这一阶段的法治社会建设也必将同样被往后推延。所以应当把目前的法治国家建设与未来的法治社会建设结合起来，把法治国家作为法治社会的基础来准备。

从法治国家到法治社会这个发展历程是与中国的经济、政治、思想、文化乃至整个现代化联系在一起的。如果从20世纪初中国法治的第一次勃兴起算，到2050年左右，中国法治已经经过了长达150多年的准备和形成过程，应当说已经发展到比较好的程度，法治国家已经形成。但是社会还在发展，一些新的问题还会提出来。法治社会还有它不同于法治国家的历史任务，使法治社会化将比使国家法治化更加艰难。那时的法治虽然仍然会把对于国家权力的约束摆到重要的位置，但其根本的目标已经转变成了使法治成为一种社会管理方式、社会活动方式和社会秩序状态。而且在中国法治发展的同时，世界各国的法治也在发展。中国法治要不落后于时代并与世界同步发展就必须立足于社会发展的实际，逐步完善。只有这样才能使中国成为世界先进的法治国家，营造出良好的法治社会。那时的中国法治也一定是与世界沟通的法治，与世界的法治发展并驾齐驱，或者作为世界法治发展前列的法治。

从法治国家到法治社会，将是中国法治在21世纪后半叶的历史使命。在法治国家建设的阶段，法治是以国家权力的法治化为首要特征的，是以包括权力组织、权力行为等的法治化为主要内容的法治建设。在21世纪的后半叶，中国法治的使命将从法治国家建设转向法治社会建设。那时候，法治建设将担负起新的使命。其主要的努力方向将是使法治不再仅是一种社会管理方式,而且更是一种社会活动方式和社会秩序状态。法治以一种社会整体状态存在和发展。那时不是没有不法,而是任何不法的事件一旦产生,都可以循着法治的轨道和途径加以解决。法治成为中国社会的一种最普遍的社会现实。显然这个阶段的任务还比前一个阶段更为沉重。前一个阶段的效果直接影响着这一阶段的速度与进程。

法治社会的形成是一个很遥远的目标。即使法治社会形成了,它也还不是法治的终点。法治社会也还有一个不断完善的问题。法治的发展也许是一个没有终点的过程,法治社会也不会是它的终点,而是它的一个新的驿站。法治可能是一个不断更新的过程,其高级阶段为法治社会。法治在什么时候到达最终点?我以为,如果真有法的消亡,我相信一定是在法消亡的时候。最完善的法治不过是法发展的最高境界和最终的归宿。只有当法都不存在,或者没有必要存在的时候,才有理由宣告法治也消亡了。那是一个远大的理想和宏伟的目标,没有理由去怀疑它,也没有理由因为它在目前的不可望、不可及而放弃它。相反,应当把法治国家与法治社会的建设过程看成是向法治最高顶点迈进的过程,是走向法和法治消亡的过程,更加努力,更加脚踏实地地孜孜以求,奋力向前。

四、中国法治国家建设的基本特征

中国的法治国家建设是与众不同的,具有自己的基本特征。稍加考察,我们不难发现,中国的法治国家建设是以自觉认知作为前提,以市场经济作为基础,与民主相共生,与世界法治相关联,并受国内外因素影响的法治国家建设。

(一)以自觉认知为前提

自发与自觉是关于人对自己社会活动的意义是否理解以及理解程

度的一对范畴。自发是人们在社会活动中盲目地为历史必然性所支配，不能预见自己活动后果的情形。自觉则是指人们在社会活动中在一定程度上理解了自己活动的意义，并且具有较为明确的目的性和计划性的情形。当人们认识和掌握了客观规律，按照客观规律的要求去行动，能够预见到较长远的后果时，就达到了高度自觉的状态。从自发到自觉是一个发展的过程。中国法治发展中，已经开始并正在经历着这样的过程。

在理论上也许应当认为，任何一个国家的法治建设都会是理性的选择。但是就每一个具体国家进行讨论，情况也许就大相径庭。中国从清末开始的法治，从总体上讲本身就不是一种理性的选择，而处于一种自发的不自觉状态。它是迫于国内外的压力，中国知识阶层和政治权力阶层的仁人志士促使当权者看到国力贫弱、政治腐败，临渊而羡鱼的结果。许多法律制度的产生都是急就章式的舶来品。完全可以说，中国清末的法治不是自觉的法治。且不说中国自己的御用法学家，就是外国的洋法学家也常为中国帝王所用，代为起草了不少的中国法律，更多的是代为抄袭了不少西方的法律制度。其后，在 20 世纪末期中国启动的新一轮法治建设，一开始也是不自觉的。促使中国发动第二次大规模法治建设的动力是近百年的屈辱，尤其是中国共产党自己领导中国 30 年中的种种失误。在人民共和国时期，大量的冤假错案发生，甚至一些政治领袖也无法自保或身陷囹圄，警醒了一些政治家，他们从倡导法制再到法治，从依法办事到法律至上，从以法治国到法的统治，一步步觉醒一步步走向法治。那些惨痛的教训，让世纪末的中国人民认识到，没有法治，国家和人民都无法免除类似的灾难。正是因此，中国启动了新一轮法治建设，并在总体上从自发走向了自觉。

中国现在进行法治国家建设的社会环境，已经与 20 世纪末期有很大的不同。在 20 世纪的最后 20 年左右的时间里，中国法治建设开始了从自发到自觉的过程，这个过程到现在也还没有结束，甚至才刚刚开始。但可以肯定的是，整个 21 世纪的中国法治建设再也不会如同 20 世纪那样绝大多数人都对于法治是无知的或漠然的。在整个20世纪的大部分时间里,即使有数量就极少的中国法学家或法律家们能够理性而自觉地追求法治,也只是他们的理想,无法得到社会普遍的认同。在21世纪,就会不同了,主张法治的法学家、法律家们将不再寂寞。他们对于法治的思考和呼吁,都可能在更大程度上得到社会的回应。经过20世纪几乎整个一个世纪的洗礼和法治的启蒙,中国社会大众已经在一定程度上认识到了法治的意义。城市人口的法治意识在高涨,中国最广泛的农村人口,其法治的意识已经超过了历史上的任何时代,具有无限增长的生命活力。国家权力层面也会更加理性地对待法治,甚至会自觉地追求法治。民众法治意识觉醒的进程与起而追求的脚步已经伴随新世纪的钟声在中国大地上震响。自觉认知的法治将以史无前例的速度向前发展。这是21世纪法治建设与20世纪法治建设的重大差别之一,也是21世纪中国法治的重要特征。

(二)以市场经济为基础

法治都是以市场经济作为基础的。但是中国的法治建设,也如同其他国家一样并不是在市场经济已经建立的基础上启动的。所不同的是其他国家在走向法治的过程中,似乎从来就没有担负过像我们这样繁重的经济体制改革任务。中国的法治将在改革自然经济和计划经济,走向市场经济的过程中逐步形成。

中国法治的启动点,不同的学者会有不同的看法。在我看来,中国法治的启动点,可以认为有两个,最早一个应当确定在清朝末年,也即是20世纪初。那时中国的经济是以农业为主的自然经济,也不是市场经济。那时为什么会有启动法治的动机呢?那是由中国的内忧外患所决定的。在内在方面,封建制度已经走到可尽头,如果不进行革命性变革,它就难以自拔,所以必须对包括法律制度在内的整个封建制度进行变革。在外在方面来看,从鸦片战争以来,经甲午战争,饱受了西方资本主义国家的侵略,力图师夷以制夷,变法以自强。其中也就包括要学习和借鉴外国的法律制度,走资本主义的法治之路。中国法治在清末启动后，并没有自发地走下去。清末、北洋军阀时期、国民党统治时期无不处于激烈的政治冲突，乃至国际冲突之中，法治建设无可奈何地让位于战争。直至1949年，中国的经济在频繁的战争之中也没有进入市场经济的状态，官僚资本主义的经济倒是在中国大行其道。广大农村的自然经济与封建的买办经济、官僚资本主义经济混杂交织在一起，与真正的市场经济体制相较，还有很远的距离。法治在民国时期也没有得到良好的发展。

在1949年以后，这时中国的法治建设又有了新的希望。但是当时的中国经济又在恢复重建中走上了计划经济的道路。旧的自然经济的痕迹还十分明显。从未经历过市场经济的中国实行计划经济显然是违背经济发展规律的。在自然经济之上建立的计划经济也同样不可能为法治提供必要的经济基础。政治上，一个个重大的政治运动又使法治建设长期被搁置，甚至还遭受到了前所未有的批判，直至发生了“文化大革命”那种严重的内乱，法治遭到了极为严厉的否定。1978年宪法和中国共产党十一届三中全会之后进行社会主义现代化建设，发扬社会主义民主，健全社会主义法制的口号才被提了出来。经济体制从计划经济、有计划的商品经济走向市场经济的经济改革在摸索中开始启动，法治的火炬才在倡导“法制”的基础上被重新点燃。也正是基于计划经济和“文化大革命”给中国人民和国家所带来的灾难性后果，中国人民才意识到必须走市场经济与依法治国的道路，法治才在一片废墟中重新启动。

到20世纪末，中国宣布市场经济体制已经初步形成，如果说这一估计是正确的，那么它也不意味着中国市场经济体制已经全面建立或十分完善，更不意味着市场经济已经完全建立。新的21世纪中国必然担负着进一步完善市场经济体制，发展市场经济的任务。中国法治的启动是以市场经济为基础并与市场经济的启动大体同步的，中国法治的发展也必将以市场经济为基础并与中国市场经济的发展大体同步。

可以预期的是，加入世界贸易组织后的中国，其市场经济必将因与国际经济的一体化交流而得到重大的发展。与之相适应，中国法治也必将随之发生一系列新的变化。如果说中国20世纪的法治是在缺乏市场经济基础的法治建设或者是在启动市场经济建设中的法治建设,那么21世纪的中国法治必然是在市场经济体制得以初步建立的基础上的法治。这就与20世纪的法治建设形成鲜明的对照和它自己的明显的特征。

(三)与民主政治相共生

政治民主是法治的基础。法治建设并不一定要在完善的民主基础才开始启动,它完全可以而且也正是与民主政治同步推进的。其实,在世界各国,法治的形成过程,也是其民主政治建立的过程。中国20世纪初的法治是在与专制相纠缠,甚至借助于一定的专制体制,又与专制进行斗争中起步的,它与专制结下了畸形的"不解之缘"。其发展基本上是在政治民主创立的过程中进行的。20世纪的中国历史可以说是从专制走向民主的历史,也是从人治走向法治的历史。而21世纪的情形将与此迥然不同,政治民主将与法治同在,同步发展,彼此互动共振。

深入历史之中,可以清楚地看到,在20世纪前半叶,清朝末年,虽然建立了大量的法律制度,但是由于其政治上的专制统治,必然严重地制约民主政治的发展,法治只能是梦想而不会成为现实。在北洋军阀和国民党政府时期,民主依然不可得,专制统治同样成了法治发展的桎梏。在20世纪后半叶,中国共产党在政治上的失误又使法治建设根本就无法启动。及至改革开放以后,中国的法治才获得了新生。民主政治逐步露出端倪,并蓬勃发展。一些在历史上不可想象的民主现象成了社会现实。应当认为,近20年来,中国民主政治取得了重大成就,中国法治建设也结出了极为可喜的成果。法治随着民主的发展而发展。

21世纪中国的民主政治将以20世纪末的民主政治作为基点,进行新的发展。随着中国对于国际社会的积极参与,以及在国际社会作用的加强,中国的民主政治必将吸收包括西方资本主义国家民主政治的积极因素在内的政治文化,而形成社会主义新的民主政治。21世纪的中国法治,既以20世纪的民主和法治成就为基点,也有21世纪民主政治的新的发展作为动力,可以相信,必然会得到更加迅速的发展。中国在21世纪的法治建设与民主政治建设是同步共生的，它们相互促进、彼此互动、协调共振。21世纪的法治也以这一特征与20世纪的法治相区别，并使法治在民主政治一道进步和完善。

（四）与世界法治相关联

20世纪中国的法治建设呈现出现法律制度与法律文化的固守与继受的二元分立与冲突。机械固守中国法律传统的人，坚持中国传统的法律文化，拒绝来自西方的法治。其典型的代表就是对于法治本土资源的过分强调，始终抱定传统不放，以为中国既有的法律文化中有包治百病的良方，将传统法律文化视为解决中国法治问题的最佳良策。简单继受西方法律文化的人，又自觉不自觉地忽略了中国传统法律文化和西方法律文化的中国化问题，使西方的法治观念无法在中国立足。其两者都主张法治，都以拯救中国为自己的出发点，以中国的法治化为归宿。保守的固有文化论者，拒绝与世界进行法治交流；机械的继受论者又没有与世界进行真正的法治沟通与交流。因此，可以说过去中国的法治建设主要是封闭地进行的，即使是那些借鉴西方立法而建立起来的法律制度，也是封闭于自身所认知的需要，满足于为我所用的。纵观近百年历史中国法治始终缺乏与世界对话与交流的意识与行动。这种情形与中国的历史背景有关。中国在清末以前一直以东方帝国自居。直至西方的大举入侵也没有彻底改变中国人所具有的这种自大心态。被迫开放以后，法律依然是立足于自我，并满足于自我的。排拒世界似乎始终在或多或少的量度上影响和制约着中国法治的发展。

21世纪的中国将在更大的范围和幅度上参与世界活动，将以历史上从未有过的风貌出现在世界上。她将更多地与世界对话，和世界交流。现代世界的发展也给各国提出了交流与沟通的可能。未来世界在经济上的全球化或者一体化发展，为法治的交流提供了便利也提出了要求。中国作为一个世界人口最多的发展中国家，必须与世界交流。这种交流会涉及各个方面，法治也是其中的一个重要内容。在法治的沟通中我国可以借鉴别国的成功经验，吸取别国的失败教训，使中国法治在广泛借鉴和吸收各国经验教训的基础上迅速发展,同时也使中国法治能为世界各国所接受,并为世界法治的发展作出中国应有的贡献。

(五)受国内外因素影响

1. 国内的改革与发展

中国的经济体制市场化改革已经启动。社会主义市场经济体制初步建立。市场经济体制的完善程度制约着经济发展的速度,经济发展的状况又影响着市场经济体制的完善进程。市场经济体制与经济发展状况又分别或共同地决定着法治发展的速度与进程。中国经济和经济体制对于法治的影响,在未来的21世纪可能得到更大的显现。到目前,中国的经济体制改革并没有结束而且正在艰难推进。国有企业的改革还需要假以时日。新的市场经济体制即使已经建立,要发展完善,还有一个过程。这个过程非一日之功,经济体制的改革与发展依然任重道远。

如果认为经济对于法治的决定作用主要是从根本意义上说的,那么政治对于法治制约却是十分直接的。法治总是与民主政治相伴随,在不民主的政治之上断然结不出法治的果实。中国法治对于许多政治生活现象的规范,都得以政治民主化的程度作为基点。而法治对于政治生活的规范程度和水平又是一个国家法治状态的表征。中国21世纪的政治体制改革的任务还十分艰巨。近20年来,中国一直在谋求政治体制改革,政治体制方面也的确发生了重大的变化。政治民主已成为国家与社会的目标,然而最根本的还在于究竟实实在在地改革了什么。与经济体制改革相比较,可以肯定地说,政治体制改革滞后了。但要推进政治体制改革,可能比经济体制改革的推进还要困难。推进得过快容易引起不良的社会后果,甚至引发社会动乱,最终葬送改革本身;如果过慢,时不我待,经济体制改革和其他方面的改革也会因此而受阻,延缓改革发展的速度,影响改革发展的进程。

改革与发展是一项涉及全社会方方面面的伟大事业,不仅限于经济和政治这两个方面。在文化、科技、教育等各个方面都还有改革和发展的问题,它们都在不同程度和不同方面影响着法治发展。整个改革和发展事业的推进都是法治发展不可缺少的重要基础和条件。未来法治发展的状况与整个改革和发展的进程都息息相关,紧密联系。

2. 国际的冲突与互动

世界经济一体化的进程越来越快,世界各国经济体制与相关法律规则之间的协调日益成了必需和现实。中国自从改革开放以来,就有了自己的经济体制与相应法制怎么与国际社会的普遍规则相适应的问题。在21世纪之初这个问题会更加凸显。因为,这时正是在中国加入世界贸易组织的初期,不完善的市场经济体制与世界贸易组织规则的冲突必然会现实化和表面化。其冲突与协调都会客观存在,法治建设就会出现与之相应的外在表现。如果这些冲突能够顺利地解决,法治就可能得到顺利的发展,如果这些冲突的解决受阻。法治就可能出现暂时的停滞不前。

中国与世界的互动与冲突并不仅仅表现在经济层面,而是表现在以经济为主的多个层面。政治、文化的相互影响会逐步加大,彼此的冲突也会凸显出来。意识形态的差异,是构成冲突的首要原因,也是最为敏感的原因。当今世界的许多冲突都是由意识形态所导致的。社会主义与资本主义的斗争并没有消除,而且还在更加广泛的范围中表现出来。既有的文化是民族与民族之间的区别所在,也是冲突的原因所在。中国累计了数千年的文明,显然具有自己的特色。世界上一些国家也难免以自己的文化观念强人所难。文化上的冲突并不亚于其他方面的冲突,甚至会成为其他冲突的诱因。中国与世界在各个层面或者方面的冲突与互动情形将直接影响中国法治的发展。

有冲突就有互动。互动有恶性互动和良性互动之分。冲突发生后,各国能理智地对待,用良性互动加以解决,世界就可以得到安宁,相关的各国的经济、政治、文化就会以最小的损耗获得发展的机遇,各国的法治也将不会受到或者将很少受到冲突的影响而继续发展。以恶性互动来对待冲突,各国都可能为此付出沉重的代价,最终导致各国都得不偿失,相关各国也许会付出法治迟延发展的代价。作为正在进行法治建设的中国,尤其需要安全稳定的国际环境。面对冲突力求以良性互动的方式加以解决,为法治的发展提供一个有利的国际环境。

3. 国内国际的和平与稳定

现代世界越来越一体化,政治、经济、文化的联系越来越紧密。国际环境的和平与否直接影响着一个国家的发展速度。任何时候的战争给人民带来的都只能是灾难。即使是一些不得不进行的战争也是人类无可奈何的结果,它永远都不应当是人类的期望。一旦本国或者邻国卷入战争,中国就会受到牵制,经济发展会受到影响,政治民主化进程也会受到影响,法治的发展也同样会受到影响。维护世界和平是中国的基本国策。维护和平不仅对整个世界有利,对中国更是有利的。中国尤其需要一个安全稳定的国际环境来发展自己的经济,推进自己的民主,完善自己的法治。

如果认为国际环境对于一国的法治化具有重要的影响的话,一国自己国内的秩序状况更是与其法治的发展息息相关的。在一个动荡的国家,是不可能进行法治建设的。任何国家一旦陷入混乱与动乱之中,国家和社会的注意力都会转向混乱或动乱本身。经济建设、民主政治、法制发展都无一例外地会被搁置起来。等到国内的秩序恢复,才可能被重新提起,那些因混乱或动乱而破坏的法治还必须加以重建。中国要推进自己的法治建设,国际社会乱不得,国内秩序更乱不得。如果说我国不介入的国际纷争,对于我国法治建设的影响还未必尽数巨大的话,国内的混乱或者动乱必将极大程度地妨碍法治化的进程,阻碍法治的发展。

中国21世纪法治发展的情形与中国21世纪所处的国际环境和国内的秩序状态具有十分密切的联系。因此21世纪的中国不仅要谋求国际的和平。而且也要谋求国内的稳定。国际和平与国内稳定的有机结合,才能构成中国法治发展最好的时代场景,中国应抓住历史机遇,将中国的法治建设事业不断推进,从而使中国的各项事业都因法治的发展而发展,因法治的完备而得到更加顺利的推进。

结语：为了正义和幸福

正如我在自序中所说，法政治学的目标在于倡导法治，实现民主，通过法治的途径为中国政治的民主化寻找出路、创设机制、提供保障，实现并维系民主。就法治与民主的关系来说，民主是目的，法治是手段。就法治与民主，相对于社会正义和人民幸福来说，前二者又是手段，后二者才是目的。社会正义和人民幸福是法政治学终极意义的价值追求。

一、为了社会的正义

法政治学研究的当然是法律和政治及其相关问题。在法律与政治之间，不能不问：它们有没有共同的价值追求，法政治学的价值追求与之是否一致？回答应该是简略而肯定的，有，而且应当一致。如果一定要说有所差异，那就是政治学、法学、法政治学比政治、比法律更容易更应当坚守这些价值准则，并为之奋斗。

孔子曾说，“政者，正也”。[①] “其身正，不令而行；

① 《论语·颜渊》。

其身不正,虽令不从。”①其“正”中当然有正义的含义。亚里士多德在《政治学》的开篇就写道:“我们见到每一个城邦(城市)各是某一种类的社会团体,一切社会团体的建立,其目的总是完成某些善业——所有人类的每一种作为,在他们自己看来,其本意总是在求取某一善果。既然一切社会团体都以善业为目的,那么我们也可说社会团体中最高而包含最广的一种,它所求的善业也一定是最高而最广的:这种至高而最广涵的社会团体就是所谓‘城邦’,即政治社团(城市社团)。”②城邦作为政治组织,它所追求的是善,也可以说是正义。

政治的应然目的是正义,法律的应然目的也同样是正义。“相应于城邦政体的好坏,法律也有好坏,或者是合乎正义或者是不合于正义。这里,只有一点是可以确定的,法律必然是根据政体(宪法)制定的;既然如此,那么符合于正宗政体所制定的法律就一定合乎正义,而符合于变态或乖戾的政体所制定的法律就不合乎正义。”③法的正义与政治的正义是密切相关的,甚至多少有些从属于政治的正义的意味。

法和政治都是为正义而存在的,正义是法和政治的终极目标,也是政治学、法学、法政治学的终极目标。亚里士多德曾说,“政治学上的善就是‘正义’”。④ 其实,法学上的善也是正义,法政治学上的善还是正义。

当然必须注意到,正义在不同的学者和时代会有不同的诠释。有人以为实现自由民之间的平等的法和政治就是正义,有人认为符合神意的法和政治就是正义,也有人认为保护自由、平等与人权的法和政治就是正义,更有人认为能够实现民主、法治的法和政治就是正义,等等。英国戴维·赫尔德就认为“民主应被优先视为政治的善的概念,因为它至少在理论上提供了一种以公平和正义的方式调解价值和价值争议的政治

① 《论语·子路》。

② [古希腊]亚里士多德:《政治学》,吴寿彭译,商务印书馆1965年版,第3页。

③ [古希腊]亚里士多德:《政治学》,吴寿彭译,商务印书馆1965年版,第148页。

④ [古希腊]亚里士多德:《政治学》,吴寿彭译,商务印书馆1965年版,第148页。

和生活的方式……应该强调的是，把民主定义为政治的善"。①

法政治学的研究和学习有无正义的问题呢？同样是存在的。在法政治学的研究和学习中，如果离开了价值的指引，前进的脚步也同样会偏离正确的目标，会失落美丽的理想。因为"世上一切学问（知识）和技术，其终极（目的）各有一善；政治学术本来是一切学术中最重要的学术，其终极（目的）正是为大家所最重视的善德，也就是人间的至善"。② 政治学如此，法学如此，法政治学也理当如此。

政治与法律的实践尤其需要正义。尽管人们对于正义的认识和界定不同，但是追求正义的期求没有变化，她一直是法律人和政治人生生不息的理想。人类在政治和法律上不可放弃自己的理想。在一定意义上，政治和法律的实践，简直就可以说是为正义而生。在漫长的历史发展中，在人类的法律和政治事务中，正义理想一旦失落必将使人类堕落，甚至会使人类陷于万劫不复的深渊，那将是法律人和政治人真正的悲哀。无论怎样，为理想而努力是快乐的，是幸福的。尤其是那理想是正义，就更加神圣了。一切从事政治和法律工作的政治人和法律人都应该牢记理想，并为神圣的理想去奋斗，甚至牺牲。凯尔森曾说，"对于正义的期望是人们永恒的对于幸福的期望。这是人作为孤立的个人不能找到幸福，因而他就在社会中寻找。正义是社会幸福"。③

二、为了人民的幸福

如果说正义是一个美好的价值追求，那么幸福是另一个美好的价值追求。从法律和政治的视角来看，他们的追求应当是从追求社会正义超

---

① [英]戴维·赫尔德：《民主的模式》，中央编译出版社1998年版，第376~377页。

② [古希腊]亚里士多德：《政治学》，吴寿彭译，商务印书馆1965年版，第148页。

③ [奥]凯尔森：《法与国家的一般理论》，沈宗灵译，中国大百科全书出版社1996年版，第6页。

越,进而升华到人类幸福的境界的。

说到人民的幸福,她是由人的每个个体和群体的幸福构成的。人是感性的动物,人也是理性的动物,一个人在同类的苦难中应该升华出怜悯、同情以至于感同身受,力求加以拯救的美德;绝对不能是那种莫名快感与幸灾乐祸。面对人类的罪恶,我们必须加以制裁,最终加以消灭。恶的消灭,需要善的张扬,更需要所有人都弃恶从善与远恶扬善。为此,必须解救人类于罪恶的泥潭,使人类的个体和群体皆能远离罪恶,远离苦难。对于高尚的人来说,应该如同普罗米修斯,不惜牺牲一己而为人类换来火种和保存火种。对于这种情怀,孔老夫子有,释迦牟尼有,耶稣基督有,穆罕默德有,马克思主义者也有,甚至更加超越而神圣。

说到幸福,如果不考虑对于社会与人民的责任,可以说主要是自己的幸福。一旦将我们置于社会与人民的背景之下,我们就会觉得完全局限于自我的幸福是多么的狭隘与愚蠢。在这个世界上,如果没有家人的幸福,没有朋友的幸福,没有邻居的幸福,没有一切相识与不相识的人的幸福,我们很难说就一定有自己的幸福。放眼望去,满目专制、极权、人治、暴政、非法、强权,满目罪恶、阴谋、丑恶、不正义、灾难、痛苦等,只要我们还有一点点良知,只要我们还有一点点理性,只要我们还叫人,我们就不能无动于衷,就不能安之若素。激发人类良知首先也许不是幸福,而是各式各样的苦难,但所有对于苦难的克服,其目标都是幸福,这个幸福不是仅仅局限于自我,它应该扩展至人民乃至人类。

说到人民的幸福,尤其是政治人和法律人,都不难想到在政治与法律的社会中,人民的幸福都是从政治与法律的正义中获得的。邪恶的政治与法律都是人类的苦海。对于孤立而弱小的个体或者弱势的群体来说,邪恶的政治与法律就是不正义,就是苦海无边。不正义可以毁坏人世间的一切美好与温馨,它足可以将人间变成地狱。恰恰相反的是,正义的政治与法律可以分配给人们以正义,使人们获得幸福;也可以修正一切不正义,从而使人们获得幸福。分配的正义与矫正的正义,只有在自由、民主、法治的社会中才能获得,而这正是真正的民主与法治才能提供的。政治人与法律人独谙其中的奥秘，甚至是最知道那正义之火之所在的普罗米修斯似的个体与群体。举起正义的火炬，照亮人世，是政治人和法律人的使命。

说到人民的幸福，一定有人会告诉我，这些都是有阶级差别的。我当然知道，也毫不怀疑。但是我们必须明白的是马克思主义的思想家绝对不是庸俗而狭隘的阶级斗争论者，他们在《共产党宣言》中就已经昭示了我们，夺取政权只是无产阶级的最近目标①，而最高的理想则是要建成"每个人的自由发展是一切人的自由发展的条件"的联合体②。我们理当做真正的马克思主义者。

三、为了正义与幸福

政治是一个难解的怪物。如同政治人一样，它可能是圣坚，也可能是恶魔。为了人类的正义与幸福，我们必须规制政治。要让政治发挥善良的美德，要让政治革除邪恶的习性。政治是一匹烈马，如果没有辔头和缰绳，它就可能践踏麦田，无所羁绊，横行霸道。千百年来，政治造福黎民，政治也祸害苍生；政治的恩泽广被八荒，政治的恶行也罄竹难书。多少政治的邪恶、卑污腐蚀了人类的道德与良知，毁坏了人类的灵魂。政治包含着国家、政府、权力，这一切都与暴力紧密联系甚至相互交融，为恶易，为善难。于是我们必须规制政治，使之永远合于正义。

法律，似乎总给我们良好的印象，其实法律既可能是天使，也可能成魔鬼。它可以服务于民主，同样也可以听命于专制，它可以维护公正，同

① 《共产党宣言》第二章指出："共产党人的最近目的是和其他一切无产阶级政党的最近目的一样的：使无产阶级形成为阶级，推翻资产阶级的统治，由无产阶级夺取政权。"

② 《共产党宣言》第二章末尾的结论，其原文是："代替那存在着阶级和阶级对立的资产阶级旧社会的，将是这样一个联合体，在那里，每个人的自由发展是一切人的自由发展的条件。"

样也可以屈从于偏私。在人类的漫漫征程中,所有的冤假错案无一不是法律不作为或者乱作为的结果。法律固有的神圣与美好自不待言。如果我们放下法律的丰功伟绩不说,就可以发现在若干个特定的历史时期,有多少善良在法律的重负下发出无辜的呻吟,多少邪恶在法律的庇佑下作出罪恶的勾当。不正义的法律完全可能助纣为虐,成为罪恶的帮凶。于是我们必须善用法律,必须运用法律来维护正义,实现正义。

宋代思想家张载提出了“为天地立心,为生民立命,为往圣继绝学,为万世开太平”的理想。多少年、多少代中国的仁人志士将其视为自己的使命,或为此抛头颅洒热血。其实,这并不是任何个人所能完成的使命,尤其是在现代社会与世界之中,更加不可能。但是希望的火种不应熄灭,它应该是知识阶层尤其是政治人与法律人的梦想和目标。张载所称的万世太平,有他的含义,但是在我们今天来解读,它不应该是中国历史上任何太平盛世的复归。中国历史上的文景之治、光武中兴、贞观之治、开元盛世,都不过是政治清正廉明、人民安居乐业、社会和谐安宁的一个时间片段。且莫深究它们究竟有多好,仅仅就它们没有能够得以延续来说,就可以断言,那时的政治家、那个盛世就未能开启万世太平。且莫说我们不能复制与回归历史上的太平盛世,即使可以甚至我们也能做到,那样的时代也不是我们的最高目标与理想。真正的“开万世太平”应该是为中国塑造出完善美好、与时俱进、生生不息、不断自新、永续不绝的社会模式。在那里人民永无内乱之苦,国家少有外敌之虞,政治民主、国家法治、经济富裕、生活美好、社会公正、人民幸福等。这个模式的内涵丰富,而且还有待探索,但是其中一定包含民主、法治,包含政治民主、国家法治、社会公正、人民幸福的元素和期待。

面对太多的不公与苦难,如果能用自己的努力给社会提供正义、为人民创造幸福,我们还有什么可以吝啬和犹豫的呢?正义与幸福是政治与法律,是政治人与法律人,是法治时代一切政治家与法律家的觉悟与希望,是法政治学或法律政治学研究的意义之所在。正义与幸福是政治学、法律学的理想,也是法政治学或法律政治学的理想。

主要参考文献

1. [古希腊]柏拉图:《法律篇》,上海人民出版社 2001 年版。

2. [古希腊]亚里士多德:《政治学》,商务印书馆 1965 年版。

3. [法]孟德斯鸠:《论法的精神》,商务印书馆 1993 年版。

4. [英]洛克:《政府论》,商务印书馆 1986 年版。

5. [法]卢梭:《社会契约论》,商务印书馆 1982 年版。

6. [意]阿奎那:《阿奎那政治著作选》,商务印书馆 1963 年版。

7. [英]罗素:《权力论》,商务印书馆 1991 年版。

8. [英]罗素:《西方的智能》,世界知识出版社 1992 年版。

9. [美]罗伯特 · A. 达尔:《现代政治分析》,上海译文出版社 1987 年版。

10. [荷]亨利 · 范 · 马尔赛文等:《成文宪法比较研究》,华夏出版社 1987 年版。

11. [德]哈贝马斯:《交往与社会进化》,重庆出版社 1989 年版。

12. [德]卡尔·施米特:《政治的概念》,上海人民出版社 2003 年版。

13. [美]格林斯坦、波尔斯比编:《政治学手册精选》,商务印书馆 1996 年版。

14. [英]沃克:《牛津法律大辞典》,光明日报出版社 1989 年版。

15. [美]凯尔森:《法与国家的一般理论》,中国大百科全书出版社 1996 年版。

16. [美]凯尔森:《国际法原理》,中国华夏出版社 1989 年版。

17. [俄]B. B. 拉扎列夫主编:《法与国家的一般理论》,法律出版社 1999 年版。

18. [法]狄骥:《宪法论》(第 1 卷),商务印书馆 1959 年版。

19. [英]詹宁斯·瓦茨修订:《奥本海国际法》(第 1 卷第 1 分册),中国大百科全书出版社 1995 年版。

20. [德]马克斯·韦伯:《论经济与社会中的法律》,中国大百科全书出版社 1998 年版。

21. [英]罗德里克·马丁:《权力社会学》,三联书店 1992 年版。

22. [美]托马斯·戴伊:《谁掌管美国》,世界知识出版社 1980 年版。

23. [日]川岛武宜:《现代化与法》,中国政法大学出版社 1994 年版。

24. [美]E. 博登海默:《法理学——法律哲学与法律方法》,中国政法大学出版社 1999 年版。

25. [美]诺内特、塞尔兹尼克:《转变中的法律与社会》,中国政法大学出版社 1994 年版。

26. [美]弗里德曼:《法律制度》,中国政法大学出版社 1994 年版。

27. [美]沃塞曼:《美国政治基础》,中国社会科学出版社 1994 年版。

28. [日]佃中和夫、T. Wurtenberger 编著:《现代法治国家》,日本晃洋书房 1994 年版。

29. [美]伯尔曼:《法律与革命》,中国大百科全书出版社 1996 年版。

30. [美]胡克:《理性、社会神话和民主》,上海人民出版社 1965 年版。

31. [美] Bryan A. Garner, *Editor in Chief*, *Black Law Dictionary* (seventh edition), West Group 1999.

32. [美] David Kairys, *Editor*, *Politics of Law* (third edition), A Member of the Perseus Books Group, 1998.

33. [美]戴维·赫尔德:《民主的模式》,中央编译出版社 1998 年版。

34. [美]唐·布莱克:《社会学视野中的司法》,法律出版社 2002 年版。

35. [德]恩斯特·卡西尔:《国家的神话》,华夏出版社 1990 年版。

36. [美]乔·萨托利:《民主新论》,东方出版社 1993 年版。

37. [德]威廉·冯·洪堡:《论国家的作用》,中国社会科学出版社 1998 年版。

38. [美]列奥·施特劳斯、约瑟夫·克罗波西:《政治哲学史》,河北人民出版社 1994 年版。

39. [意]萨尔沃·马斯泰罗内:《欧洲政治思想史》,社会科学文献出版社 1992 年版。

40. 李步云:《走向法治》,湖南人民出版社 1998 年版。

41. 李步云主编:《宪法比较研究》,法律出版社 1998 年版。

42. 郭道晖:《法的时代精神》,湖南人民出版社 1997 年版。

43. 陈新民:《法治国家论》,台湾学林文化事业有限公司 2001 年版。

44. 赵宝云:《西方五国宪法通论》,中国人民公安大学出版社 1994

年版。

45. 吕世伦主编:《现代西方法学流派》,中国大百科全书出版社2000年版。

46. 王铁崖:《国际法引论》,北京大学出版社1998年版。

47. 程燎原、江山:《法治与政治权威》,清华大学出版社2001年版。

48. 王人博、程燎原:《法治论》,山东人民出版社1998年版。

49. 郭道晖:《法的时代呼唤》,中国法制出版社1998年版。

50. 宋冰编:《程序、正义与现代化》,中国政法大学出版社1998年版。

51. 杭州大学法学院主编:《法治研究》,杭州大学出版社1998年版。

52. 张文显:《法律基本范畴研究》,中国政法大学出版社1993年版。

53. 刘作翔:《法律文化》,商务印书馆1999年版。

54. 程燎原:《从法制到法治》,法律出版社1999年版。

55. 冯天瑜等:《中华文化史》,上海人民出版社1990年版。

56. 武树臣:《中国传统法律文化》,北京大学出版社1994年版。

57. 龚祥瑞:《比较宪法与行政法》,法律出版社1985年版。

58. 张中秋:《中西法律文化比较研究》,南京大学出版社1991年版。

59. 范忠信编:《梁启超法学文集》,中国政法大学出版社2000年版。

60. 刘笃才执行主编:《走向法治之路》,中国民主法制出版社1996年版。

61. 张卫平等:《司法改革:分析与展开》,法律出版社2003年版。

62. 张焕光、胡建淼:《行政法学原理》,劳动人事出版社1989年版。

63. 罗豪才主编:《行政法学》(新编本),北京大学出版社1996年版。

64. 应松年主编:《行政法学新论》,中国方正出版社 1998 年版。

65. 徐红:《比较政治制度》,同济大学出版社 2004 年版。

66. 王名扬:《法国行政法》,中国政法大学出版社 1988 年版。

67. 张恒山:《法理要论》,北京大学出版社 2002 年版。

68. 陈盛清主编:《外国法制史》,北京大学出版社 1982 年版。

69. 李林:《立法机关比较研究》,人民日报出版社 1991 年版。

70. 蒋先福:《契约文明:法治文明的源与流》,上海人民出版社 1999 年版。

71. 宪法比较研究课题组编译:《宪法比较研究文集》,山东人民出版社 1993 年版。

72. 何士青:《政治文明的法学解读》,中国社会科学出版社 2004 年版。

73. 王浦劬主编:《政治学基础》,北京大学出版社 1995 年版。

74. 陈鉴波:《现代政治学》,台北三民书局 1974 年版。

75. 赵宝煦主编:《政治学概论》,北京大学出版社 1982 年版。

76. 吴志华主编:《政治学导论》,上海教育出版社 2003 年版。

77. 陈子明等:《现代政治学导论》,宁夏人民出版社 1988 年版。

78. 严强等:《宏观政治学》,南京大学出版社 1998 年版。

79. 朱光磊编著:《政治学概要》,天津人民出版社 2001 年版。

80. 郑楚宣等编著:《政治学基本理论》,广东人民出版社 2001 年版。

81. 郭济主编:《政府权力运筹学》,人民出版社 2003 年版。

82. 桑玉成、朱勤军主编:《人类政治问题》,科学出版社 2000 年版。

83. 肖佳灵:《国家主权论》,时事出版社 2003 年版。

84. 田广清主编:《古代治国方略》,四川大学出版社 1996 年版。

85. 顾准:《希腊城邦制度》,中国社会科学出版社 1982 年版。

86. 俞荣根:《儒言治世》,四川人民出版社 1995 年版。

87. 刘军宁:《共和·民主·宪政》,上海三联书店 1998 年版。

88. 韦政通:《中国的智能》,吉林文史出版社 1988 年版。

89. 柳文超、李培湘主编:《西方自由民主研究》,重庆出版社 1990 年版。

90. 何怀宏:《契约伦理与社会正义》,中国人民大学出版社 1993 年版。

91. 王长江、姜跃等:《现代政党执政方式比较研究》,上海人民出版社 2002 年版。

92. 乔耀章:《政府理论》,苏州大学出版社 2000 年版。

93. 程效:《权力的制约》,江西人民出版社 1999 年版。

94. 万斌、薛广州:《民主哲学》,浙江人民出版社 1994 年版。

95. 魏贻恒:《全民公决的理论与实践》,中国人民大学出版社 2007 年版。

后　记

这是2006年我获得中央党校人才强校专项基金资助的项目“法政治学研究”的学术成果。在此，特别要向这一项目的资助者中共中央党校的马克思主义基金会和中共中央党校组织部等有关组织和机构表示最衷心的感谢。

回想2004年下半年，我在中央党校博士生招生简章中列出将在政治学理论专业中招收法政治学方向的博士研究生，并在2005年春夏招收了首届法政治学方向的博士研究生。2007年我开始在法学理论专业招收法政治学方向的博士研究生。2005年我在《现代法学》上发表“论中国法政治学的创立”一文，在法律出版社出版《法政治学》。此前，在中国法学界以及既有的一切工具书中，在互联网上，还没有“法政治学”或“法律政治学”这个汉语词组。仅仅五六年的时间，我以“法政治学”作为专业方向，招收的政治学理论和法学理论专业的博士研究生从2008年开始也陆续毕业。“法政治学”或者“法律政治学”作为一个学科或者固定词组，已经得到了学术界较为普遍的认可，法政治学的发展甚至得到了中国法学会工作计划的重视。现在有相当多的学者在使用这一名称，并有一些学校开设这一课程，开始招收这一方向的学位研究生。

《法政治学》出版后的五年来，我一直继续进行法政治学的思考与研究，又是几多白昼的苦苦思索，推敲琢磨；几多夜晚的披衣疾起，奋笔疾书。终于有了现在这一成果。这一著作的出版想来依然只是一个小节点，于我自己是，于法政治学的发展更是。它也同样会有很多值得批评的地方，这是我深知的，只是为自己学术的浅薄而惭愧，但还是鼓足勇气，将它奉献给学术界，以此来掩饰自己既有《法政治学》的过度粗略，并以此来迎接同行们更多的批评和更好的著作。虽然它仍然是一个粗糙的产品，但是它熔铸了我更多的心血，我期待它能稍微好些。

如前所述，本书的出版要衷心感谢中央党校的优秀人才奖励计划暨“人才强校专项基金资助项目”的资助之力与催促之功。2007 年，我侥幸地入选中央党校首届四个优秀教学科研人才的奖励计划，本书的写作计划也是那一计划中的科研课题。原计划的是到 2009 年底完成，后来由于大量行政事务而无暇全身心投入，申请延期一年。在 2010 年暑假，我几乎谢绝了一切邀请，在书房中度过了难忘的日日夜夜，才有了这一著作的初稿产生，我要向被我拒绝约请的朋友们表达深深的歉意和谢意。其后的整个秋季和到现在的冬季，都可以说是我修订这一著作的时节，现在终于可以付梓了。

该书的集中写作时间，也正好是我在研究生院做行政，在学校中青二班学习的时候。尤其是 2010 年我一直扮演着三个角色，一是学生，二是教师，三是研究生院的行政人员。是我中青二班的同学们和研究生院的同事们伴随我度过了这一繁忙而美好的 2010 年。我要感谢中央党校中青二班第十期的所有同学，他们给予我同学友谊，给我以学术启迪，他们的美好情感是我心底的阳光，让我感动和温暖，也是促使我加速写作的动力。我要向我们研究生院的同事们表示谢意，他们给了我极大的支持和关爱，融洽美好的同事情谊，是我安心写作的外部条件；我要感谢我的爱人龚瑜女士，她给我创造了最好的写作环境。

时光荏苒，恍惚之间，我从事法学学习已经是30个春秋，投身教学与学术工作也有二十多个寒暑。这部著作可以说是我从事法律学习30年的一个纪念，也是对自己多年学术与教学感悟的一个小结。郑板桥曾经有《道情》中的一诗说："老书生，白屋中，说黄虞，道古风，许多后辈高科中。门前仆从雄如虎，陌上旌旗去似龙，一朝势落成春梦。倒不如蓬门僻巷，教几个小小蒙童。"读罢，多少有些庆幸与欣慰。夜半自思，尤其欣慰的是，教师还是一个令我倍感幸运的职业。只是，回想过往，难免有些马齿徒增的感慨。检索自己为之奋斗的事业，法学的发展还长路漫漫，民主法治的推进还有一个漫漫征程。作为一个长期从事法学理论包括法政治学、法的价值理论、法治国家理论研究的学者，看未来，豪情满怀；看现实，忧心如焚。所幸的是还可以自娱自乐地倒过来说，看现实，忧心如焚；看未来，豪情满怀。

个人的力量是多么的渺小啊！历经风霜的"为天地立心，为生民立命，为往圣继绝学，为万世开太平"的期待，对于任何个人可能都是梦境，对于一个生生不息的民族来说，她就是理想。在未来的岁月里，最可靠的愈来愈是人民，而且只能是人民。只有以政治民主作为基础的法治国家，才可能带来社会正义与人民幸福，才可能真正开万世之太平。作为学者之一分子，我盼望，我努力。是为后记，是为期待，是为祷祝。

卓泽渊

2010年冬于大有北里

图书在版编目(CIP)数据

法政治学研究/卓泽渊著.—北京:法律出版社,2011

(卓泽渊法论丛书)

ISBN 978-7-5118-1615-3

Ⅰ.①法… Ⅱ.①卓… Ⅲ.①政治学:法学—研究 Ⅳ.①D90-05

中国版本图书馆CIP数据核字(2010)第253102号

法政治学研究 | 卓泽渊 著 | 责任编辑 刘彦沣 装帧设计 乔智炜

© 法律出版社·中国

开本 A5
印张 19 **字数** 519千
版本 2011年3月第1版
印次 2011年3月第1次印刷
出版 法律出版社
编辑统筹 学术·对外出版分社
总发行 中国法律图书有限公司
经销 新华书店
印刷 永恒印刷有限公司
责任印制 陶 松

法律出版社/北京市丰台区莲花池西里7号(100073)
电子邮件/info@lawpress.com.cn
销售热线/010-63939792/9779
网址/www.lawpress.com.cn
咨询电话/010-63939796

中国法律图书有限公司/北京市丰台区莲花池西里7号(100073)
全国各地中法图分、子公司电话:
第一法律书店/010-63939781/9782
西安分公司/029-85388843
重庆公司/023-65382816/2908
上海公司/021-62071010/1636
北京分公司/010-62534456
深圳公司/0755-83072995

书号:ISBN 978-7-5118-1615-3
定价:42.00元

(如有缺页或倒装,中国法律图书有限公司负责退换)